量产自动驾驶

林 伟 ◎ 编著

清华大学出版社

北 京

内 容 简 介

本书围绕量产自动驾驶的相关内容进行讲解,共分为五篇 15 章。

背景篇(第 1 章)主要讲解自动驾驶行业的发展历程,量产赛道的形成,以及量产自动驾驶研发体系。

产品篇(第 2～5 章)主要讲解量产产品方案和典型的量产功能,具体包括传统的 ADAS 功能、行车功能以及泊车功能。

算法篇(第 6～9 章)基于数据驱动的自动驾驶算法特征,详细讲解全栈算法内容及演进路线,具体包括感知融合算法(视觉、激光、毫米波雷达、超声波雷达以及多传感器融合),建图定位算法(SLAM、高精度地图、众包建图、在线建图、高精度定位等),预测规划控制算法(目标物轨迹预测、自车轨迹规划、车辆横纵向控制等)。

系统篇(第 10～14 章)详细讲解自动驾驶系统在工程落地过程中需要明确的技术方案,具体包括系统架构、关联系统方案、关联零部件需求、系统安全、系统集成与评价。

展望篇(第 15 章)从产品、技术、商业模式三个角度对量产自动驾驶的未来发展趋势进行展望。

本书结构完整清晰,内容翔实,理论基础和工程实践兼备,适合所有已从事或将要从事自动驾驶领域相关工作人员阅读和参考。由于书中讲解的技术贴近产业、内容完备,且具备一定的前瞻性,因此非常适合高等院校教师用于教学及参考。此外,具身机器人产业在全球范围内刚刚开始萌芽,其核心技术框架与自动驾驶重叠度很高,本书也可作为机器人相关从业人员的参考书目之一。

图书在版编目(CIP)数据

量产自动驾驶 / 林伟编著. -- 北京 :清华大学出版社,2024. 9. -- ISBN 978-7-302-67115-2

Ⅰ. U463.61

中国国家版本馆 CIP 数据核字第 2024M16154 号

责任编辑:袁金敏
封面设计:杨玉兰
责任校对:王勤勤
责任印制:沈　露

出版发行:清华大学出版社
　　　　网　　　址:https://www.tup.com.cn,https://www.wqxuetang.com
　　　　地　　　址:北京清华大学学研大厦 A 座　　**邮　　编:**100084
　　　　社 总 机:010-83470000　　　　　　　　**邮　　购:**010-62786544
　　　　投稿与读者服务:010-62776969,c-service@tup.tsinghua.edu.cn
　　　　质量反馈:010-62772015,zhiliang@tup.tsinghua.edu.cn
　　　　课件下载:https://www.tup.com.cn,010-83470236
印 装 者:三河市少明印务有限公司
经　　销:全国新华书店
开　　本:185mm×260mm　　**印　　张:**34.5　　　　**字　　数:**838 千字
版　　次:2024 年 9 月第 1 版　　　　　　　　**印　　次:**2024 年 9 月第 1 次印刷
定　　价:129.80 元

产品编号:104422-01

前言

  自动驾驶技术是当今科技领域备受瞩目的研究方向之一。随着人工智能、芯片技术以及传感器技术的不断发展，自动驾驶汽车已经从科幻小说中的概念逐渐变成了现实。这种技术的出现不仅给人们的出行方式带来了革命性的改变，也为人们的生活带来了深远的影响。在近 10 年的行业发展历程中，自动驾驶呈现百花齐放的景象，涉及领域众多，包括量产车辅助驾驶、无人出租车、干线物流、轨道运输、短途配送、矿山作业、港口运输、环卫清扫、园区移动零售、工程机械以及农用机械等。

  然而，自动驾驶技术的发展并非一帆风顺。在追求更安全、更高效的交通方式的同时，我们也面临着诸多挑战，包括技术上的限制、法律法规的制定以及公众对于自动驾驶技术的接受程度等。早期自动驾驶的"渐进式"和"跨越式"两条路线之争在近两年已初见分晓。"渐进式"的量产自动驾驶通过规模化商用已受到产业和市场的双重肯定。而"跨越式"的完全无人驾驶则因难以落地而渐露颓势。

  本书着眼于量产自动驾驶这一主题，对主流产品、全栈算法以及全方位的系统技术进行全面和深入的讲解，并根据产品和技术发展趋势对行业的未来做展望。旨在提供一本相对完备的技术参考资料，帮助读者对量产自动驾驶有全方位的了解，激发读者对这一领域的兴趣，并在日常工作和学习过程中随时查询。自动驾驶系统是一个复杂的超级系统，要想掌握这些关键技术，仍需读者深入查阅更多文献资料，与行业专家充分交流，并积极参与量产实践活动，才能真正领悟其中的精髓。无论是对自动驾驶技术感兴趣的普通读者，还是从事相关行业的专业人士，相信本书都能提供有价值的信息和见解。衷心期待每一位读者都能从本书或多或少有所收获，这对笔者来说将是莫大的荣幸。

  此书最初源自一本数万字的工作笔记。笔者以"汽车人"自诩，亲历汽车从节能环保到智能网联的高速发展历程。在近 8 年的自动驾驶技术研究和工程落地工作过程中，一直保持着记录工作笔记的习惯，时常总结和归纳工作过程中积累的知识和心得。到 2022 年的春天，不知不觉竟总结了 6 万余字的笔记。这一方面得益于近年来高频的工作节奏和高效的学习过程，由此积累了丰富的知识，另一方面也说明了量产自动驾驶技术的高度复杂性。随后该笔记作为参考资料被分享到工作团队的同事手中，得到了大家的一致好评。但面向更大范围的读者，原笔记仍然过于晦涩。与此同时，随着行业发展的日新月异，当时总结整理的内容已略显滞后，不少新的学术成果和产业实践并未涵盖其中。因此，笔者在工作之余，对笔记内容进行了大幅度的拓展，力争将这些年的所学、所得、所思、所感条理清晰地整理出来，最终编写成书。由于笔者能力和精力所限，书中可能仍存在理解不准确、语言组织不恰当，内容不够完备之处，恳请读者多多包涵，批评指正，并欢迎共同讨论，以便再版时修订完善。

  感谢业界朋友穆北鹏、陈仁等，在本书编写过程中提出了非常宝贵的意见。

感谢北京理工大学智能车辆研究所的熊光明教授,为笔者进入自动驾驶研究领域打开了一扇窗。感谢北京理工大学清洁车辆实验室的张幽彤教授,在笔者求学过程中的悉心教导和关怀,使笔者养成并一直保持着较好的科研态度和习惯。

感谢近些年工作过的几家公司:法法汽车、美团无人配送团队以及 Momenta。在此期间笔者以公司平台为依托,积累了大量的技术研究成果和工程实践经验。尤其是在 Momenta 工作的几年间,有幸参与并负责了多个顶级车企的量产交付项目,受益匪浅,感触良多。同时,感谢这些年一起工作过的同事。在本书编写过程中,脑海里不断涌现跟大家一起并肩作战的场景:对技术问题相互挑战,推演产品细节,优化工作组织方式,研究项目推进策略等。在这个过程中,笔者跟大家一起得到了十足的成长。由衷地感谢大家一路同行,感谢每一家经历过的公司,促成了这些跟大家一起战斗的日子。心之所向,素履以往。希望有一天与各位在不同的场合重逢,也期待大家收获应有的成果,在行业里,在工作上,在生活中找到自己的价值所在。

最后,感谢父母,感谢你们的养育与照顾;感谢妻子,感谢你的理解与体贴;感谢儿女,感谢你们相伴左右,带来了无尽欢乐。在多年的自动驾驶行业工作的过程中,孩子们也耳濡目染,对高度智能的未来汽车产生了浓厚的兴趣。如下图所示,孩子在绘画板上畅想,在绿树成荫鲜花盛开的城市,极具科技感的自动驾驶车辆进入人们的日常生活,驰骋在大街小巷。

林　伟
2024 年春
于北京

目录

系　统　篇

展 望 篇

背　景　篇

从 20 世纪中开始,自动驾驶技术在世界范围内陆续展开研究,并于 21 世纪初在中美两国掀起了产业落地的高潮。

第 1 章通过讲解行业发展历程,引出自动驾驶量产赛道形成的经过,并总结归纳量产自动驾驶研发体系的构成,为本书后续内容做铺垫。

绪　论

　　自动驾驶，简言之，是指车辆能够在没有人类驾驶员手动操控或干预的情况下进行自主驾驶。自动驾驶系统通过车载机器实时观察周围环境，判断交通情况，制定行车路线和策略，最终完成车辆的加速、减速，以及转弯等控制任务。笔者第一次知道自动驾驶汽车是在 2008 年的北京理工大学课堂上。现在还清晰地记得当时熊光明老师在给大家介绍实验室的科研工作，自动驾驶技术是其中的重点研究方向之一。当时自动驾驶行业还处于早期的预研阶段，离实际应用距离尚远。没想到十多年后的今天，自动驾驶技术发生了天翻地覆的变化，成为现代车辆最核心的技术之一，并形成完整的产业链蓬勃发展起来。自动驾驶产业今天的繁荣离不开行业先驱们的不断探索。

1.1　行业先驱们

1.1.1　世界的洪流

　　人类历史上有记载的第一辆自动驾驶汽车 American Wonder 出现在 1925 年的美国纽约街头。其发明人是 Houdina 无线电公司的创始人——美国前陆军工程师 Francis P. Houdina。如图 1.1 所示，该车改装自一辆 Chandler 汽车，通过无线电接收天线获取另一辆车发出的无线电控制指令，再由一系列小型电机完成对车辆的控制，如启动、转向、刹车、加速、鸣笛等。该车本质上是一辆无线电遥控汽车，并不是真正意义上的自动驾驶汽车，但它的轰动效应在一定程度上推动了自动驾驶技术的发展。

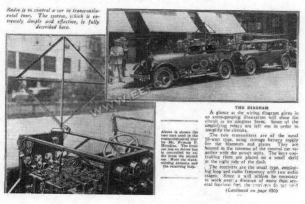

图 1.1　Houdina 公司的 American Wonder

1956年,通用汽车推出概念车型 Firebied 2,如图 1.2 所示。该车搭载了被命名为 Safety Autoway 的自动驾驶技术。通用汽车公司与美国无线电公司合作对高速公路进行了改造。其核心原理是在公路里预埋金属电缆,通过电缆向汽车发送电磁脉冲信号,然后控制汽车顺着电缆前进。该项技术可以理解为早期形态的车路协同和智能交通技术。

图 1.2　通用汽车的 Firebied 2

1961年,美国斯坦福研究所(Stanford Research Institute,SRI)的自动驾驶车 Stanford Cart 问世,如图 1.3 所示。它是第一辆人们今天理解的真正意义上的自动驾驶车。该车利用摄像头沿白线行驶和绕行障碍物,但每移动 1m 需要 20min。1966年,美国斯坦福研究所的人工智能研究中心又研发出一款名为 Shakey 的智能移动平台。该车首次应用了人工智能技术,搭载了电子摄像机、三角测距仪等当时的先进科技。

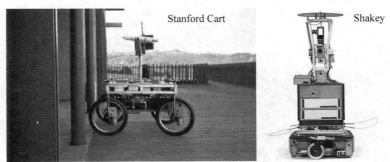

图 1.3　斯坦福研究所的自动驾驶车

1977年,日本的筑波工程研究实验室使用摄像头检测技术对道路前方标记或导航等路况信息进行检测,并据此开发了自动驾驶概念车,如图 1.4 所示。这是人们首次在自动驾驶领域将视觉技术与导航结合到一起。这辆车内配备了两个摄像头,并用模拟计算机技术进行信号处理。得益于 CPU 和图像技术的改进,该车时速能达到 30km/h,但仍然需要高架轨道的辅助。

1983年,美国国防部高级计划研究局(Defense Advanced Research Projects Agency,DARPA)开启了名为陆地自动巡航(Autonomous Land Vehicle,ALV)的新计划。该计划的研究目的是让汽车拥有充分的自主权,该计划使用基于摄像头的地形检测、基于计算机系统的导航和行驶路线计算等解决方案。1984 年 ALV 车辆首次利用激光雷达和计算机视觉技术,实现了车辆自主控制下的自动驾驶,行驶速度约为 31km/h,如图 1.5 所示。

图 1.4　筑波工程研究实验室的自动驾驶车　　　　图 1.5　美国 ALV 自主陆上车辆

　　1986 年美国卡内基-梅隆大学开始进行无人驾驶技术的探索。该团队率先使用神经网络对自动驾驶汽车进行横向控制。其自动驾驶车被命名为 NavLab 1,改装自一辆雪佛兰,加装了五台便携计算设备,其行驶速度约为 20km/h。直至 1995 年,NavLab 发展到第五代,改装自一辆 1990 年款的 Pontiac Trans Sport 车型,如图 1.6 所示。通过在车辆上加装便携式计算机、前视摄像头、GPS 接收器,以及其他辅助设备,最终实现方向盘控制并提升了安全性能。在横穿美国的行程中,行驶了超过 5000km,成功完成了从匹兹堡到洛杉矶的自动驾驶之旅。整个过程大约有 98.2% 的里程是无人驾驶状态,仅在避障时人为进行了一些干预。该项目用到的技术已初具完整的自动驾驶系统雏形,从原理上来看已经接近今天的自动驾驶系统。卡内基-梅隆大学的研究成果为当代无人驾驶技术提供了非常宝贵的经验。

图 1.6　卡内基-梅隆大学第五代 NavLab 自动驾驶车

　　在 20 世纪后期,欧洲同样在自动驾驶领域取得了重要的研究成果。德国慕尼黑联邦国防军大学航空航天教授 Ernst Dickmanns 开创了一系列“动态视觉计算”的研究项目,并且在 Eureka 项目的资助下,成功开发了多辆自动驾驶原型车,其中第一辆车改装自奔驰的 Vario。Dickmanns 的成功促使戴姆勒奔驰公司启动了 Eureka Prometheus 项目,共耗资约 7.5 亿欧元。在 1993 年和 1994 年,Ernst Dickmanns 团队又改装了一辆奔驰 S500 轿车,并配备了摄像头和其他多种传感器来实时监测道路周围的环境。该车使用了模仿人眼运动的系统和大量当时最新的计算机技术,在普通交通环境下自动驾驶行驶里程超过 1000km。Prometheus 项目历时 8 年,其成果为创建梅赛德斯-奔驰安全和驾驶辅助系统奠定了基础。图 1.7 所示为 Ernst Dickmanns 使用的两款自动驾驶车。

图 1.7 德国 Ernst Dickmanns 团队的自动驾驶车

1998 年由意大利帕尔马大学视觉实验室 VisLab 在 Eureka 资助下完成了 ARGO 项目,并进行了 2000km 的长距离实验,如图 1.8 所示。该实验中 94% 的里程使用自主驾驶,平均时速为 90km/h,最高时速为 123km/h。该系统成功地证明了利用低成本的硬件和成像系统,仅使用视觉技术的情况下依然可以实现无人驾驶。ARGO 利用立体视觉系统来检测周围环境,通过计算机制定巡航路线。

图 1.8 意大利帕尔马大学的自动驾驶车 ARGO

进入 21 世纪后,短短 20 年间随着芯片技术、信息技术、AI 技术的发展,世界范围内又掀起了几波自动驾驶浪潮。

2004 年 DARPA 在美国莫哈维沙漠地区组织举行了自动驾驶挑战赛。此举掀起了 21 世纪第一波自动驾驶浪潮。虽然最终 15 支参赛队伍无一完赛,但众多业内顶尖的人才聚在一起带来的技术创新引发了新一轮的技术探索和研究。2005 年 DARPA 在同样的地点再次举办该赛事,23 支进入决赛的队伍中有 5 支车队完成了比赛全程。其中研究基础雄厚的斯坦福大学的无人车 Stanley 获得了第一名(图 1.9),卡内基-梅隆大学的 Red Team 和 Red Team Too 包揽了第二名和第三名。2007 年 DARPA 又在美国加州维克多维尔的乔治空军基地举办了城市挑战赛,这一次 6 支车队完赛,卡内基-梅隆大学的 Boss 获得了第一名(图 1.10),斯坦福大学的 Junior 获得了第二名。

图 1.9　斯坦福大学的无人车 Stanley　　　　图 1.10　卡内基-梅隆大学的 Boss

DARPA 组织的三届挑战赛对自动驾驶产业影响非常深远。该赛事将全球顶级的专业技术专家聚到一起,"孵化"了一系列无人驾驶团队。这些团队成员在今天已经成为自动驾驶大潮中的主力军。与此同时,也让更多的人看到了自动驾驶落地的可能性,促成了自动驾驶技术创业和投资热潮的兴起。

由 DARPA 赛事的触发,2009 年 Google 率先在 GoogleX 实验室开启了自动驾驶项目 Project Chauffeur,以探索自动驾驶商业落地的可行性,其第一辆无人驾驶车改装自 Prius。2012 年 Google 的无人驾驶车型改为 Lexus Rx450h SUV,车队在高速公路上累计完成了超过 480000km 的测试里程。2014 年 5 月 27 日,Google 公司推出了一款全新设计的,不带方向盘、刹车和油门踏板的纯电动无人驾驶汽车 Firefly。2016 年 12 月,Google 母公司 Alphabet 对外宣布将其自动驾驶项目独立出来,并成立专门的公司(A new way forward in mobility,Waymo)来推动商业落地。该公司用来运营的无人驾驶车型采用了与菲亚特-克莱斯勒合作的 Pacifica。图 1.11 所示为 Google 或 Waymo 设计和使用的几种无人驾驶车辆。2018 年,摩根士丹利给出 Waymo 的估值从 2017 年的 700 亿美元飙升至 1750 亿美元。时至今日 Waymo 仍然在无人驾驶出租车商业落地项目上披荆斩棘。

图 1.11　Google 或 Waymo 无人车成果(Priue 改装、Firefly、Pacifica)

Google 的自动驾驶项目无疑是自动驾驶商业落地人才的西点军校,人才的流动让整个自动驾驶行业蓬勃发展起来。除了 Google、Waymo、Apple、Tesla、Uber、GM Cruise、英伟达、高通等公司陆续宣布研发无人驾驶技术的计划。一大批自动驾驶创业公司如 Velodyne lidar、Aurora、Argo AI、Nuro、Zoox、Lyft 等如雨后春笋般创立起来。

1.1.2　我们的探索

国内自动驾驶研究起步较晚,在 20 世纪 80 年代的艰苦条件下,我国成立了"遥控驾驶的防核化侦察车"项目,哈尔滨工业大学、沈阳自动化研究所和国防科技大学三家单位参与了该项目。由此我国正式开启了自动驾驶技术的探索。

"八五"期间,由北京理工大学、国防科技大学、清华大学、浙江大学、南京理工大学五家单位联合研制成功了 ATB-1 无人车,如图 1.12 所示。这是中国第一辆能够自主行驶的测试样车,其行驶速度最高可以达到 21km/h。ATB-1 的诞生标志着中国无人驾驶汽车正式起步,无人驾驶技术研究工作已经启动。ATB-2 无人车也在"九五"期间顺利研制成功,与ATB-1 相比,其功能得到了显著的加强,直线行驶速度最高可达到 21m/s。ATB-3 在 2005 年研制成功,在环境感知和轨迹跟踪能力上得到进一步提升。"863 计划"颁布后,在国家自然科学基金委员会的支持下,更多的大学与机构纷纷加入研究无人车的行列。

图 1.12　"八五"期间国内研制的 ATB-1 无人车

进入 21 世纪后,国内自动驾驶技术发展速度逐步加快。从 2009 年起每年举办一次"中国智能车未来挑战赛",如图 1.13 所示。该赛事为国内孕育了大量的自动驾驶专业团队,积累了丰富的技术和经验,如北京理工大学、国防科技大学、清华大学、军事交通学院、湖南大学、上海交通大学、西安交通大学、中国科学院等高校和研究机构。在国内萌芽的同时,大量的专业人才也纷纷从北美回国加入国内的自动驾驶行列,行业变化日新月异,在该领域的研究热潮从高校逐渐深入到了企业。

图 1.13　第一届中国智能车未来挑战赛前三名(湖南大学、北京理工大学、上海交通大学)

2013 年百度深度学习研究院(Institute of Deep Learning,IDL)启动了自动驾驶的研发项目,并于 2014 年与宝马公司签署了在该领域展开合作的战略协议。2015 年底百度公司首次实现了城市环路和高速公路的自动驾驶功能,并在北京市内的五环路完成演示。2017 年百度公司内部整合资源成立智能驾驶事业部(Intelligent Driving Group,IDG),并迅速推出了自动驾驶开放平台 Apollo。2018 年又推出了与金龙客车合作的无人小巴 Apollo(阿波龙),并开始陆续在各地展开无人巴士和 Robotaxi 的落地运营。2022 年百度公司对外首次发布其第六代量产无人车 Apollo RT6,计划次年投入到 Robotaxi 的运营。RT6 支持有方向盘、无方向盘两种模式,前排可根据不同出行场景配置座椅、售卖机、办公桌、游戏机等,满足乘客办公、娱乐等多元需求。图 1.14 所示为百度公司设计和使用的无人驾驶车。

图 1.14　百度无人车成果(北京市五环路演示,Apollo RT6)

随着国内自动驾驶量产赛道的逐渐清晰,百度公司在乘用车量产自动驾驶解决方案上也开始布局,并成立了专门的团队作为供应商与整车厂开展量产自动驾驶产品和技术落地的合作。2020 年百度公司先后发布了第一代和第二代车载计算平台 ACU 1.0 和 ACU 2.0,并于 2021 年联合吉利汽车公司成立了"集度汽车"智能汽车公司。

百度公司作为中国自动驾驶领域的企业先驱,为自动驾驶在国内的繁荣发展做出了不可磨灭的贡献。国内多家知名自动驾驶公司创始人都出自百度公司,包括小马智行、文远知行、元戎启行、中智行、地平线、禾多科技、毫末智行、千挂科技、赢彻科技、主线科技、斯年智驾、领骏科技,还有曾经的 Roadstar 等。在这一波浪潮下多家行业巨头在自动驾驶领域增加投入,同时也催生了众多自动驾驶创业公司。近年来技术的演进已深入各细分领域,研发重心从解决科学问题逐渐转移至细分场景的工程问题。如图 1.15 和表 1.1 所示,国内自动驾驶行业呈现百家争鸣的景象。

图 1.15　百家争鸣的中国自动驾驶行业

表 1.1　国内自动驾驶细分场景和部分公司(企业按字母顺序排列)

公司名称	出租车	量产乘用车	公交车/小巴	卡车干线运输	机场/港口/园区物流	矿山运输/工程机械	道路清扫车	物流小车	铁路运输
阿里菜鸟				●				●	
AutoX	●								

续表

公司名称	出租车	量产乘用车	公交车/小巴	卡车干线运输	机场/港口/园区物流	矿山运输/工程机械	道路清扫车	物流小车	铁路运输
百度	•	•	•						
大疆		•							
滴滴	•			•					
地平线		•							
毫末智行		•						•	
皓耘科技									
禾多科技		•							
华为									
慧拓智能						•			
京东								•	
领骏科技			•						
美团								•	
蘑菇车联	•		•				•		
Momenta	•	•							
千挂科技				•					
轻舟智行		•	•						
商汤		•							
斯年智驾				•	•				
赛迪奇智									•
踏歌智行						•			
图森未来				•					
文远知行	•	•							
希迪智驾				•					
小马智行	•	•							
新石器								•	
徐工科技						•			
易控智驾						•			
赢彻科技				•					
元戎启行	•	•							
驭势科技	•				•	•		•	
中智行	•								
智加科技				•					
挚途科技				•					
智行者							•		
主线科技				•	•				

1.2 量产赛道的形成

自动驾驶的核心目标是让机器取代人的工作,如开车、提供运力、操作工程机械作业等。其中量产自动驾驶基于驾驶员在环(Driver In the Loop)的情况为驾驶员操控车辆提供帮助,通过减轻驾驶负担提高驾驶员的驾车体验,进而给量产车带来高附加值并提升整车市场竞争力。完全无人驾驶的目标则是机器完全取代车内人工驾驶的过程,通过去掉人工成本和提高行车效率来实现商业价值。2014 年美国汽车工程师学会(Society of Automotive Engineers,SAE)发布了 J3016 标准,将自动驾驶技术分为 L0~L5 五级,如图 1.16 所示。L0、L1、L2 为当前阶段量产车自动驾驶产品和技术研发的范畴,其中 L2 是研究重点。L3 由于驾驶员和自动驾驶系统之间的责任划分不够清晰,现阶段仍处于探索阶段。L4 和 L5 则为完全无人驾驶技术研发的重点,当前的产品形态是限定区域内出租车、矿山、港口、干线、校园等场景下运人或运货的服务。

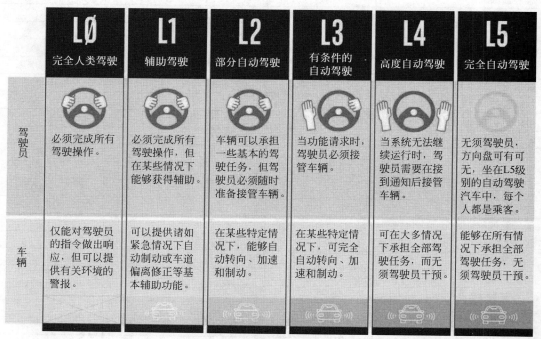

图 1.16　SAE 的自动驾驶分级标准

自动驾驶是一场马拉松长跑而不是百米冲刺,长期来看要解决的是复杂多变的长尾问题,如图 1.17 所示。Waymo 的软件工程总监 Sacha Arnoud 曾说:"从 Waymo 的经验来看,前 90% 的技术工作量只占总工作时间的 10%,而要完成最后 10% 的工作,需要花费 90% 的时间。"完全无人驾驶研发周期长、成本高。为了尽早实现商业价值,越来越多的自动驾驶公司、整车厂和零部件供应商开始在量产车自动驾驶的方向上大展身手。

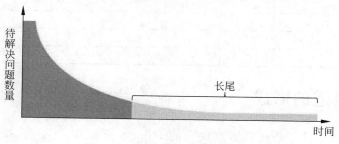

图 1.17　自动驾驶长尾问题模型

Mobileye 是最早将机器视觉技术在量产辅助驾驶系统中大规模应用的公司。该公司由以色列希伯来大学的机器视觉专家 Amnon Shashua 教授和 Ziv Aviram 于 1999 年创立。自创立之日起,Mobileye 便将其公司的使命定为开发和推广一个视觉系统,以协助驾驶员在驾驶过程中保障乘客安全和减少交通事故,从研发到商用历经八年。早期获得了 Toyota 和 GM 数十万美金的支持,得以将单目相机三维探测学术研究成果进行产业化。Mobileye 于 2007 年量产了第一代包含视觉感知算法的芯片 EyeQ1,BMW、GM 和 Volvo 成为首批装配 Mobileye 芯片的车企。此后该公司一飞冲天,在传统辅助驾驶领域成为全球唯一的视觉方案提供商,一度占领全球 70% 的市场。2016 年,300 多种车型约 1500 万辆车装载了 Mobileye 的产品,2020 年其芯片当年的销量已经接近 2000 万片。图 1.18 所示为该公司 2020 年及以前逐年的芯片销量。

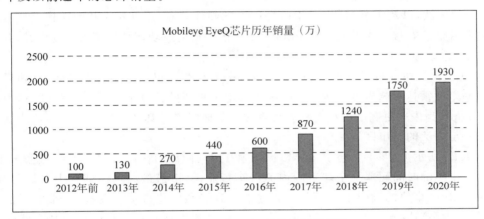

图 1.18 Mobileye EyeQ 芯片历年销量

通过在汽车行业近 20 年的深耕,Mobileye 算法加芯片的一体化产品也从 0.0044Tops 算力的 EyeQ1 演进至 24Tops 算力的 EyeQ5,并于 2021 年发布。图 1.19 所示为 Mobileye EyeQ 系列芯片示例。

Type	Time	Tops	Power W
EyeQ1	2008	0.0044	2.5W
EyeQ2	2010	0.026	2.5W
EyeQ3	2014	0.256	2.5W
EyeQ4	2018	2.5	3W
EyeQ5	2021	24	10W

EyeQ ULTRA 1000Tops

图 1.19 Mobileye EyeQ 系列芯片

随着机器视觉技术的高速发展,加上传统芯片巨头在自动驾驶领域投入力度加大,在高阶自动驾驶时代车载芯片算力需求急剧扩增,Mobileye 不再凸显优势。为追赶竞争对手,2022 年 Mobileye 发布了最新的智能芯片 EyeQ ULTRA,其算力预计可达 1000Tops。

同年 10 月该公司正式上市纳斯达克。时至今日，Mobileye 在以色列建有研发中心，在美国、塞浦路斯、中国、德国和日本设有分支机构，其市值高达三百多亿美金。

Tesla 不仅是电动汽车的先驱，更是首个在量产车上落地高阶辅助驾驶系统的厂商。2012 年 Model S 的横空出世在全球汽车行业掀起了轩然大波。该公司最早提出发展自动驾驶是在 2013 年 5 月，埃隆·马斯克在公开场合指出："自动驾驶系统用在飞机上是好事，我们应该也把它放到车里。"

2014 年 Tesla 发布了 Autopilot 1.0，该版本采用了 Mobileye EyeQ3 解决方案来完成前视单目摄像头的视觉感知，并配备了 1 个前向毫米波雷达和 12 个超声波雷达。该系统具备了车道跟随、自适应巡航、自动泊车等能力。

2016 年 Tesla 又推出了 Autopilot 2.0，该版本采用了 8 个摄像头、1 个前向毫米波雷达、12 个超声波，以及 1 个 Nvidia DRIVE PX2 的硬件方案，并以此为基础迭代全栈自研的自动驾驶算法。在接下来的几年 Autopilot 2.0 的车道巡航功能得到了大幅度提升，并开始具备换道、超车等能力。

2019 年该公司发布了 FSD(Full Self Driving)，该版本仍然采用 8 个摄像头，随后逐步去掉了毫米波雷达和超声波雷达。该系统中采用了自研的计算平台，两颗芯片的算力可达 2×144Tops，为未来更高阶的自动驾驶解决方案落地铺路。其功能使用的范围逐步从高速路段拓展至广泛的城市区域。

图 1.20 所示为 Tesla 的量产车 Model S 和 FSD 计算平台。从 2003 年成立至今，Tesla 用不到二十年的时间颠覆了全球范围内的汽车行业，其市值最高点达到九千多亿美金，是第二名 Toyota 市值的近四倍。特斯拉通过不断升级和优化自动驾驶技术，采取了低成本的纯视觉、无高精度地图的方案，直接面向行业发展的未来状态。其产品和技术路线一直都在引领行业的发展方向。在本书后文中，将有多处进一步将 Tesla 的产品和技术作为典型案例进行详细分析和讲解。

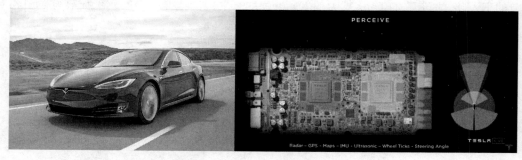

图 1.20　Tesla 的量产车 Model S 和 FSD 计算平台

随着 Tesla 对汽车行业发展方向的引领，各大汽车企业在自动驾驶领域的竞争日益加剧。一部分车企采取自研路线，大举投入建立自动驾驶研发团队和设施。尤其是新造车势力，为在该方向上建立护城河，纷纷采取了自建自动驾驶产研能力的发展路线，如图 1.21 所示。另一部分车企则选择与自动驾驶公司开展量产落地的合作。

在众多自动驾驶公司中，Momenta 是量产自动驾驶赛道上的佼佼者。2016 年成立之初，Momenta 就确立了用量产车的海量数据来驱动算法迭代，并最终实现完全无人驾驶的基本思想，后据此制定了"一个飞轮，两条腿"的战略，如图 1.22 所示。作为一家 AI 公司，

图 1.21　自建自动驾驶产研能力的发展路线

Momenta 获得了汽车圈的高度认可,多轮融资后其股东包括上汽、通用、戴姆勒、丰田、博世等汽车行业巨头。成立至今,该公司与多家国内外汽车厂商开展了量产产品和技术落地的深度合作,具体包括吉利、路特斯、上汽智己、比亚迪、长城、戴姆勒-奔驰、通用、丰田等。在量产自动驾驶赛道上,Momenta 无疑已经走在大多数自动驾驶公司前面,领先同行数个身位。

其他自动驾驶公司或 AI 公司也纷纷在量产赛道上发力,如百度成立专门的团队做量产业务,毫末智行依托长城汽车也取得了落地成果,地平线以 AI 芯片为基础在各车企开拓业务,禾多科技、大疆、商汤也有各自的车厂合作项目。部分早期专注于 Robotaxi 业务的自动驾驶公司因量产赛道的逐渐清晰也加紧在量产技术和产品上布局,如小马智行获得了 Toyota 的投资,文远知行和 BOSCH 形成了战略合作,驭势科技、轻舟智航、智行者、元戎启行等也都开始推广其量产车自动驾驶解决方案。

一些行业巨头和零部件供应商也在为量产自动驾驶行业的发展加砖添瓦,如 NV、TI、华为、Mobileye、MiniEye、MaxiEye、Innovusion、速腾聚创、禾赛、纵目科技、宏景智驾、鉴智机器人、旷视科技等。传统的汽车零部件供应商,如博世、大陆、Aptiv 等,在该赛道上占的市场份额越来越少。

图 1.22　Momenta 的"一个飞轮,两条腿"战略

量产车自动驾驶的赛道已经形成并逐渐清晰,各款新发布的车型上自动驾驶系统硬件配置鳞次栉比,新的自动驾驶产品和功能也层出不穷。

1.3　量产研发体系

在量产赛道中,自动驾驶技术需要解决的问题俨然从科学问题转换为工程问题。规模化的自动驾驶产品需满足的量产要求包括:规模化成本低,速度快;质量可控,一致性有保障;高安全,高可靠。

量产自动驾驶产品和技术的研发过程与无人驾驶出租车有较大差异。在无人驾驶出租车业务中,系统软/硬件与车辆本身的耦合性较为松弛,对成本的敏感程度偏低。该类业务一般通过车辆改制、设备加装的方式获得可供路测和运营的车辆。例如通过外挂 CAN 节点实现对车辆执行器的线控,在车辆四周加装各类传感器得到感知算法需要的数据源,在后备厢加装工控机等设备构建软件运行和迭代环境,在车辆座舱内加装显示器实现与安全员和乘客的交互等。软件运行环境现阶段仍是以算力充足的 x86 平台环境为主。整体来看无人驾驶出租车的研发更多是在维护相对稳定的车端研发平台和云端研发平台,并在此基础上迭代算法能力。量产自动驾驶产品则与之不同,其软/硬件系统与车辆耦合性非常紧密,对成本敏感程度很高。一般在整车概念设计阶段,自动驾驶产品和系统的设计工作就与之同步开展起来。自动驾驶系统不再是以改装的形式附加到已量产的车辆上,而是根据整车研发项目流程的推进,作为整车的一部分与相关联的所有零部件同步设计和开发。

要满足上述要求,自动驾驶产品的量产落地过程离不开完备和高效的研发体系。这意味着在研发体系构建之初,需要深入分析产品研发的任务构成,提升工程能力,挖掘关键技术与核心环节,通过体系中的标准化流程和自动化过程来保障研发效率。如图 1.23 所示,量产自动驾驶研发体系主要由四类重要工作组成:产品系统方案设计、相关软/硬件的开发和生产、研发过程中的系统迭代,以及云端和车端的平台建设。

量产自动驾驶产品研发体系最上游的工作是产品系统方案设计。产品的主要功能范围与车型定位强相关,方案的设计以要量产落地的产品为前提。目前主流的产品功能分为三类:传统 ADAS(Advanced Driver Assistant System)功能、行车功能和泊车功能。产品设计的任务是根据所框定的功能范围完成详细的功能定义。有了产品设计结果就可据此进行系统设计,具体包括软件方案设计、硬件方案设计、整车电子电器架构方案设计,以及与自动驾驶系统相关的整车关联系统方案设计。系统设计结果将作为需求为自动驾驶软/硬件开发以及量产车其他关联零部件的开发和生产提供依据。

自动驾驶软件的开发需要以符合车规的嵌入式硬件平台和底层软件为基础。应用层软件为开发的重点内容,主要包括适配层、算法层,以及功能层。自动驾驶域内的硬件开发主要为域控制器和所有的传感器。对非自研路线的整车企业来说,软/硬件的开发过程一般由供应商完成,但需要保证满足系统设计的要求。量产自动驾驶系统不是孤立的,量产车的开发和生产过程与自动驾驶息息相关。整车各领域的关联零部件、整车产线的建设、售后体系的搭建、车云服务等都需要满足自动驾驶系统各方面的需求。

系统迭代相关的工作是指自动驾驶系统软/硬件在产品开发周期过程中各阶段的集成迭代。具体包含云端研发平台建设迭代、嵌入式平台集成迭代、工程车研发平台集成迭代、量产车集成适配,以及量产车交付后跟踪。云端研发平台提供 x86 环境,能够满足软件开发过程中的单模块、关联模块,以及系统软件的整体验证。其实现方法包括场景仿真、数据集评测、路测数据回放等。嵌入式平台则以域控制器和传感器为依托,分步验证所开发的自动驾驶软/硬件。量产车的研发周期一般以年为单位计算,自动驾驶技术的研发和迭代需要有长期稳定可靠的车辆研发平台做验证。工程车研发平台提供了稳定可靠的车辆道路测试环境,软/硬件集成后可利用该平台的工具链实现高效的路测迭代。在工程车研发平台上

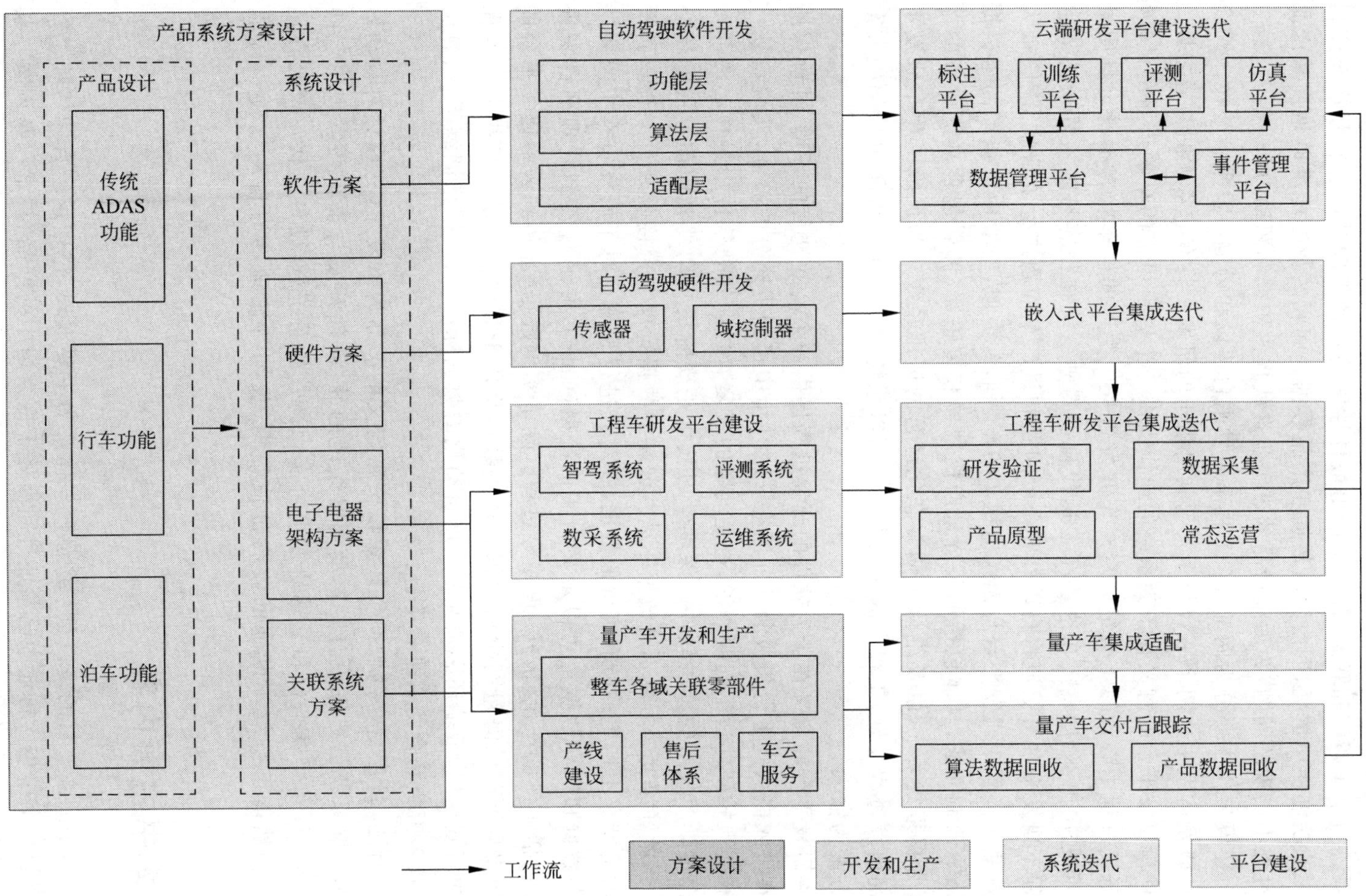

图 1.23 量产车自动驾驶研发体系

一般可以完成日常的研发验证、研发需要的数据采集、产品原型演示、常态化运营等工作。量产车的集成适配则是迈向量产的最后一步。在整车项目各阶段生产的目标车型上，将自动驾驶系统与整车匹配和联调，最终量产出最佳性能的自动驾驶产品。在量产车交付后还需持续跟踪功能使用情况，回收算法数据和产品数据。回收的数据能准确地反映产品在用户使用过程中出现的问题，为后续产品的进一步迭代提供依据和驱动力。

平台建设工作主要分为两部分：工程车研发平台建设和云端研发平台建设。综合来看量产产品研发体系中这两个平台与无人驾驶出租车的研发工具有非常大的共通之处。

工程车研发平台的意义在于为系统的迭代提供一个稳定可靠的车辆道路测试环境，同时提供研发过程中必备的工具链。量产车开发过程中生产的样车状态不稳定且质量不可控，整车问题层出不穷，直接在这些车上迭代自动驾驶系统往往容易陷入复杂的耦合性问题。工程车研发平台有效地将自动驾驶系统问题和量产车问题进行了解耦，能够极大地提高研发效率。工程车研发平台与无人出租车的车辆非常类似，一般由已量产的车根据系统设计的需求改制而成，具体包括加装待量产控制器和传感器、部署包含真值设备的评测系统、部署数据采集系统，以及维持车辆常态化运营的运维系统。为保障工程车研发平台对量产产品研发过程友好，工程车的改制方案应当以系统设计产生的电子电器架构方案和关联系统方案为输入。

云端研发平台的意义在于为软件的开发过程提供一个高效迭代的环境，并确保所开发的软件在进入嵌入式平台集成测试前已在 x86 环境中得到了充分的验证，实现将软件本身的问题和嵌入式硬件适配问题解耦，避免问题的反复。自动驾驶软件中最核心的部分是大量使用深度学习技术的算法软件。深度学习技术是现阶段自动驾驶向前发展的核心驱动力之一，要做好深度学习离不开数据驱动。云端的数据管理平台接收来自工程车研发平台和各阶段量产车上产生的所有高价值数据，并对其进行管理。对于研发过程中需要特别关注的问题数据和标杆数据都可以定义为实例数据（Case），并通过实例管理平台来进行管理，具体包括实例的产生、流转、跟踪等过程。除了实例数据，上传到云端研发平台的还有量产车售出后回收的海量高价值数据。这些数据将用于算法能力的长期提升。为保障算法软件的高效迭代，云端还必须配备高度自动化的数据标注平台、模型训练平台、算法评测平台，以及多模块联合仿真平台等。

综上所述，量产自动驾驶研发体系以清晰定义的产品为出发点，完成针对自动驾驶系统和整车关联系统的方案设计。自动驾驶系统的软/硬件开发与整车开发和生产同步进行，并借助工程车研发平台和云端研发平台实现高效的系统软/硬件迭代。产品在用户使用过程中仍然能够持续不断地回收高价值数据，长期持续地助力自动驾驶系统能力的提升。

1.4　本书主要内容

撰写本书的主要目的是以量产产品研发体系为主要框架，整理量产自动驾驶工程技术的关键思想。书中包含行业中已验证过和尚处于探索当中的产品、技术以及方案。其中不乏个人的思考与总结，仅代表个人观点，为读者在参与自动驾驶产品和技术落地相关工作过程中提供参考。

后续内容主要分为四部分：产品篇、算法篇、系统篇以及展望篇。

产品篇主要论述当前和可预见的未来能够量产落地的产品功能。以终为始，从总体上讲解量产自动驾驶工程技术的研发目标和方向。

算法篇主要论述量产解决方案中自动驾驶算法的构成、算法实现的重要思想，以及各类算法的详细技术方案，并基于算法的演进历程和当前研究热点，对其做深入的技术洞察。

系统篇主要论述量产解决方案中系统相关内容的正向设计和开发过程，除自动驾驶系统本身，还广泛涉及整车结构、电子电器架构、车云链路通信等方面，是产品量产落地最为关键的环节之一。

展望篇主要从产品、技术、商业模式三方面对量产车自动驾驶未来的发展方向做讲解。

由于撰写时间和篇幅的关系，研发体系中工程车研发平台和云端研发平台在本书中未专门展开讲解。希望本书将来再版之时另行补充。

产　品　篇

　　智能化是当代汽车的主题,其中自动驾驶产品是整车产品中智能化集大成者。

　　产品篇包括第 2～5 章,首先从工程实践的角度讲解针对确定车型的量产自动驾驶产品方案设计流程,然后按照功能类型详细讲解传统的 ADAS 功能、主流的行车功能和泊车功能。

第 2 章

产 品 方 案

量产自动驾驶产品功能丰富,不同类型的车辆其产品方案往往不尽相同。本章将针对产品方案设计过程的关键环节展开讲解。

2.1 光明的前景

随着量产赛道的形成,各大汽车厂商的自动驾驶量产落地工作也如火如荼地开展起来。自动驾驶产品常常是新发布车型的核心亮点之一,在一些高端车型上自动驾驶功能已成标准配置。

从统计数据上看,近年来自动驾驶产品出货量增长趋势显著。2022 年全球知名 IT 市场研究机构 IDC 发布了《中国自动驾驶汽车市场数据追踪报告》和《中国自动驾驶市场环境与趋势预测》。报告显示,在 2022 年第一季度 L2 级自动驾驶产品在新量产的乘用车上渗透率达到了 23.2%(图 2.1)。其中,新能源车市场渗透率更高,达到了 35.0%,远高于汽油车市场 19.9%的渗透率。IDC 认为,随着新能源车市场规模的迅猛增长,自动驾驶产品的渗透率将进一步攀升,预计在 2025 年总出货量可接近 1400 万台。

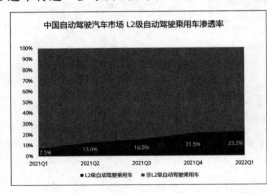
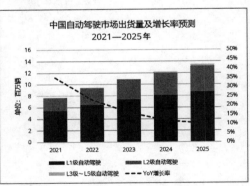

图 2.1 中国自动驾驶市场渗透率和增长率预估

站在未来的视角看当前,自动驾驶产品的前景是光明的。当年轻群体长大成人逐渐成为汽车消费群体的主力军时,自动驾驶产品将变成每一辆汽车上不可或缺的组成部分。

为给用户提供高性价比的自动驾驶体验,汽车厂商在新车型项目启动之初,相关团队就需要开始着手制定该车型的自动驾驶产品方案。方案设计一般采用自顶向下的设计思想,其主要步骤为明确车型定位;框定功能范围;定义产品细节。接下来对这三个步骤分别进行讲解。

2.2 明确车型定位

每一款车型根据其定位的不同,在用户群体、售价区间以及投放地区等方面差异明显,这些差异将进一步影响自动驾驶产品方案。因此在方案设计之初首先需要明确车型定位。

不同用户群体对自动驾驶功能的感兴趣程度有所区别。例如某车型的目标用户为企业家,对于记忆泊车功能,由于需要人工驾驶记忆轨迹,该功能对企业家来说使用率极低,应当慎重放入该车型的自动驾驶产品方案中。如果目标用户为勇于尝鲜的青年科技从业者,记忆泊车功能将给该车型带来更强的吸引力。不同的车型定位和目标用户群体示例如表 2.1 所示,可以从不同用户群体的用车习惯进一步研究各类自动驾驶产品给用户带来的价值,此处不再详述。

表 2.1 不同车型及目标用户群体示例

车型定位	车型举例	目标用户群体	用 车 习 惯
紧凑型车	大众高尔夫	年轻上班族、学生、小型家庭	在城市中使用车辆进行日常通勤和购物
豪华轿车	奔驰 E 级	成功白领、商业人士、高收入家庭	对于舒适性、豪华感和先进技术有较高的要求
SUV	宝马 X5	家庭用户、户外运动爱好者	需要更大的空间容纳家庭成员和装载物品,以及对越野能力有一定的需求
超级跑车	保时捷 911	车迷、富裕的车主	追求极致的性能、速度和操控感,通常将跑车作为一种奢侈品和娱乐工具
小型电动车	Tesla Model 3	环保意识较强的城市居民、年轻人	对于电动车的低碳排放、节能环保和科技感非常关注

车型定位的售价区间影响着自动驾驶零部件对成本的敏感程度,并进一步影响产品功能。例如售价 50 万元以上的豪华车型,比较容易接受较高成本的计算平台和多传感器冗余,而冗余带来的高安全性能是自动驾驶功能实现脱手的基础。售价较低的经济型车则无法配置成本较高的高性能硬件,较难支持复杂程度高的城市道路自动驾驶功能。

整车产品投放到不同市场与之相应的自动驾驶产品方案同样需做区分。一个具备全球视野的产品,常常需要根据地域差异对产品方案进行本地化,以满足不同地区用户的个性需求,对自动驾驶产品方案尤为如此。具体地域差异包括法律法规、用户行为习惯、交通规则、文化背景、气候变化、日常环境等。中、美作为全球最大的两个汽车市场,目前也是近十年自动驾驶浪潮中热度最高的两个区域。两地的自动驾驶产品也常常被相互比较,其应用也因此而有不同,具体如表 2.2 所示。传统 ADAS 功能的 NCAP 法规在各地很接近,产品方案基本一致,在此不进行详细分析。

表 2.2 中、美两地自动驾驶行/泊车场景和产品特点

区域		场景特点	产品特点
中国	行车	高速公路有收费站,交通拥堵情况时有发生,且拥堵情况下加塞严重。 城区道路静态目标种类较多,如锥桶、水马、施工牌、各类石墩、栅栏/护栏等。动态目标除汽车以及行人,各类非机动车参与交通非常频繁。 路口以红绿灯为主,红绿灯类型多,部分路口包含左转待转区。 不论高速还是城区道路,不良驾驶行为高频发生	自适应巡航、车道巡航、巡航换道、导航巡航均为常用功能
	泊车	根据交通运输局 2018 年的统计结果分析,国内配建停车场占比 80%,该类停车场几乎都是室内停车场。 室内停车场视距范围小,环境相对稳定,但巡航空间小、拐弯多,车流密度每天高峰期都比较大。繁忙时段停车时间紧张,会车、让行、绕行场景发生概率较大。车位狭窄、停车压线、车位入侵情况比较常见。用户习惯倒车入库以及前进出库。 目标物类型包括车位、车、人、VRU、锥桶、墙柱子、车位锁、挡轮杆、闸机、停车牌、减速带等	自动泊车辅助功能:强需求,能够解决停车难的问题。 记忆泊车:住宅/写字楼等固定车位跨层停车场。 代客泊车:商超、交通枢纽等大型室内公共停车场
美国	行车	高速上收费站极少,交通拥堵情况较少。 城区道路静态目标种类主要为锥桶、垃圾桶、施工牌等。动态目标主要为汽车和行人,且行人直接参与交通流的发生频率低,非机动车(VRU)在路面很少见。 小路口以 Stop Sign 为主,大路口以红绿灯为主。 在道路上不良驾驶行为发生频率较低	自适应巡航、车道巡航、巡航换道、导航巡航均为常用功能
	泊车	大部分停车场是地面停车场。住宅区域停车环境以私有空地为主。 地面停车场视距范围大,环境受天气、植被等影响,但巡航空间大,车流密度一般较低,会车、让行、绕行场景发生概率较小。车位宽敞、停车压线、车位入侵情况少见。 用户习惯前进入库以及倒车出库。 目标物类型包括车位、车、人、锥桶、购物车、路沿等	自动泊车辅助:弱需求,停车难的场景发生概率很低。 记忆泊车:室外私人停车环境,易实现人在车外视距范围内的远程巡航、泊入、泊出。 代客泊车:室外地面公共停车场居多

通过上述比较,可以初步得到结论:对于行车功能,中、美场景有一定程度的差异,其中中国交通环境更加复杂,需要处理更高频的复杂交通场景问题;对于泊车功能,美国市场对泊车功能需求不强烈,发展比较缓慢,且主要场景为室外停车场,中国市场需求旺盛且主要场景是室内停车场,目前正在快速发展。

2.3 框定功能范围

接下来需要根据车型定位框定自动驾驶功能范围。自动驾驶功能大体可以分为三类:传统 ADAS 功能、行车功能,以及泊车功能。相关功能的功能点将在后续几章中详细讲解。汽车厂商在其诸多车型中,往往会设置高、中、低三种挡位的配置,自动驾驶产品功能也随之分挡,如表 2.3 所示。

表 2.3　不同挡位车型的自动驾驶产品配置

车型挡位	自动驾驶硬件配置	自动驾驶功能配置
高	较大算力的 AI 芯片,配置数量充足、性能顶级的传感器,如 3L12V5R12USS,包含激光雷达、全视野的高分辨率摄像头、4D 毫米波雷达、超声波雷达等	覆盖所有的传统 ADAS 功能和所有主流的行/泊车功能,以及脱手/脱眼、人离车远程监控的功能点
中	较少算力的 AI 芯片,配备数量充足且性能良好的传感器,如 12V5R12USS,包括普通分辨率的摄像头	覆盖所有的传统 ADAS 功能和基础的行/泊车功能。遇到复杂的交通情况,性能受限
低	ASIC 芯片或 MCU,配备少量的传感器,如 1V1R4USS 或 1V5R12USS	仅覆盖所有传统 ADAS 功能

注意:表中传感器型号中,L 为激光雷达,V 为摄像头,R 为毫米波雷达,USS 为超声波雷达

除硬件和功能配置外,自动驾驶产品方案还需考虑功能组合的方式。在整车智能化发展的不同阶段,汽车厂商采取了不同的功能组合方式,大致为如下两类。

(1) 在整车智能化发展初期,受限于传统 ADAS 产品能力,新车型常常通过部署尽可能多的功能种类来体现车辆的智能化程度和价值,力争"人无我有,人有我优"。车辆配置中一般会展示繁复的功能列表,且每个功能的交互过程都有差异,如 CC、ACC、BSD、LDW、LKA、FCW、AEB、LCC、TJA、NOA、NOP、APA 等。

(2) 在整车智能化发展成熟期,自动驾驶产品从功能到用户交互过程都趋向简洁。以行车功能为例,各功能的功能点逐步递增,继承性的交互方式给用户带来风格一致的体验,降低功能使用的学习成本。如默认情况下自动触发多模态报警提醒,单次拨杆激活自适应巡航,连续拨杆激活车道巡航,有导航时进一步激活高速/城市导航巡航。部分新造车势力还将自动驾驶产品包装为个性化的功能品牌,如 Tesla 的 Autopilot 和小鹏的 X-Pilot 等。

显然,上述第二类功能组合的方式对用户更加友好,产品不再是繁复的功能堆砌,而是通过 OTA 技术在简洁的功能组合框架下更新功能点。简洁好用的功能,不断出现新功能点更新,能够有效地增强用户黏性。一个比较好的量产车功能部署方案应当具备的特点:功能简捷,新增功能和已发布功能具备继承性;功能点逐步递增,ODD 逐步扩大,递增过程同样是逐渐跟用户建立信任的过程;在同一个功能下通过功能点不断去延伸和优化用户体验。

2.4　定义产品细节

最后还需对自动驾驶产品完成详细定义。清晰的功能定义能够给技术方案的设计带来明确目标。完整的功能定义一般需要包括如表 2.4 所示的相关内容。

表 2.4　自动驾驶产品功能定义

内　　容	描　　述
功能概述	使用用户旅程图等方式展现功能概述,简要从整体上介绍功能的形态和用途
功能	结构化的描述功能适用的设计运行范围(Operational Design Domain,ODD),其内容应当包括: • 静态实体:路面信息、区域信息等。

续表

内　　容	描　　述
功能	• 环境：天气、光照等。 • 动态实体：障碍物。 • 使用速度范围。 • 驾驶员在环程度要求。 • 其他
功能关联架构	用架构图描述功能相关的整车关联系统，并进行对应的文字描述，如围绕域控制器的传感器、整车其他域重要关联部件等，如图 2.2 所示
功能描述	从场景划分的角度描述功能细节，内容如下： • 对功能的核心场景做划分，对场景做详细描述。 • 对场景中自车应有的行为表现做详细描述。 • 各场景下容易影响用户体验的核心 KPI
法规标准	参考的法规和标准，及其不同版本的差异。 当产品需要投放到全球市场时，还需充分比较和考虑国内外不同地区的法规
最小原型	在产品正式开发前用低成本的手段在车上实现产品最小体验原型。其形式可以有多种，例如在车内用平板电脑模拟车机界面交互的过程。它不但是个体验工具，更是一个需求对齐和澄清的工具，能让参与量产项目的所有团队成员在一个统一的环境中相互对齐对产品功能的认知

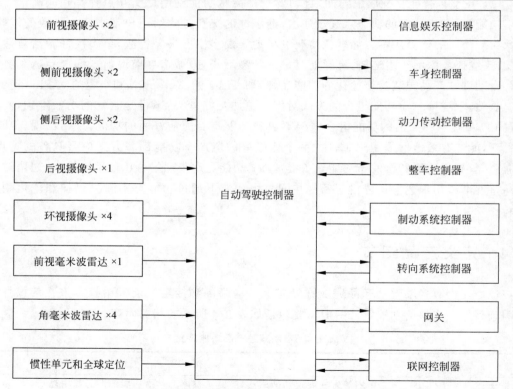

图 2.2　量产自动驾驶产品的功能关联架构示例

2.5　小结

总体来看,自动驾驶产品有光明的前景,在对车型做产品方案设计时需采用自顶向下的思想,即根据车型定位确定自动驾驶产品的整体定位,并通过对产品的进一步分解框定自动驾驶的功能范围,最后针对每一个功能逐层定义产品的细节。产品方案的设计与每一个具体功能的形态紧密关联,在"产品篇"中将对不同类型的产品功能做详细讲解。

第3章

传统ADAS功能

传统 ADAS 功能是自动驾驶功能的早期形态。本章根据现存的 ADAS 功能特点将其归属为报警类、紧急控制类,以及舒适控制类三个类别,并分别展开详细讲解。

3.1 ADAS 的由来

ADAS(Advanced Driver Assistant Systems)即高级驾驶辅助系统,定义为辅助人类驾驶车辆以提高安全性或舒适性的产品和技术。ADAS 的历史最早可以追溯到 20 世纪 70 年代,BOSCH 将来自航空领域的防抱死系统(Anti-LockBrake System,ABS)成功应用于量产汽车。20 世纪 80 年代梅赛德斯-奔驰开发并推广了侧向撞击保护系统(Supplemental Restraint System,SRS)。20 世纪 90 年代雷诺量产了自动泊车系统(Auto Parking System,APS)。进入 21 世纪后,奥迪于 2005 年发布了低速防撞系统。

在自动驾驶行业爆发之前,中、高档的量产车上一些 ADAS 功能已经开始得到普及。功能实现时一般使用较少数量的传感器信息作为感知的输入,采用传统的算法方案,并在计算资源很少的单片机内运行。受限于当时的技术水平,该类功能的智能化程度并不高。其主要的生产商包括博世、大陆、奥托立夫、德尔福、法雷奥、采埃孚、电装等公司,直至 Mobileye 的 EyeQ 系列产品出现后才将 AI 芯片引入系统中来。

传统 ADAS 功能在车辆避免碰撞和减少交通事故方面发挥了重要作用。在日常行车过程中,当车辆出现碰撞风险时,系统向驾驶员发出即时告警,必要时对车辆采取少量的控制措施,为驾驶员的行车安全提供辅助。如图 3.1 所示,传统 ADAS 功能可以分为三个类别:报警类功能、紧急控制类功能,以及舒适控制类功能。随着软/硬件技术的不断进步,这些功能未来有融合的趋势。总体来看各子功能已经逐步由单传感器的方案转变为更加稳定可靠的多传感器方案。

图 3.1 传统 ADAS 功能演进路线

美国、欧洲、日本、中国、澳大利亚等地先后颁布了各自针对汽车安全性能评估的 NCAP

(New Car Assessment Programme)标准。NCAP的评估原本主要聚焦于车辆在碰撞测试过程中的表现和被动安全性能。随着时间的推移,传统ADAS系统提供的主动安全功能也越来越被重视。以中国的C-NCAP为例,传统ADAS功能已成为5星评分不可或缺的一部分。

3.2 报警类功能

报警类功能是指用户驾驶车辆过程中,当系统检测到当前车辆行驶存在风险时,通过座舱内声、光以及仪表或中控屏图标显示的形式发出报警,提醒驾驶员及时采取适当措施。在此过程中,系统不对车辆做任何控制操作。报警类功能在提供驾驶辅助的同时,还能提高驾驶员的注意力和驾驶员的反应速度。这些功能的准确性和可靠性在很大程度上取决于传感器的性能、环境条件,以及驾驶员是否正确使用。

典型的报警类功能如图3.2所示,其详细描述如表3.1所示。

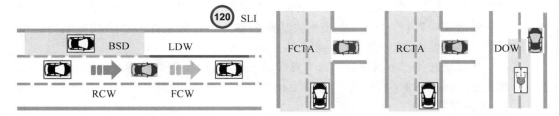

图3.2 典型的报警类功能场景示例

表3.1 典型的报警类功能描述

名 称	功 能 原 理	传 感 器
FCW(Forward Collision Warning,前向碰撞预警)	利用对前向目标物的检测结果,分析自车和前车/人的运动关系,当判断未来可能发生碰撞时,发出警报提醒驾驶员减速或保持安全距离	早期:前雷达。 当前:前雷达+前摄像头
RCW(Rear Collision Warning,后向碰撞预警)	检测后向快速接近的目标物,当存在被追尾风险时,发出警报信息(如双闪),提醒后车减速或保持安全距离。自车驾驶员同样可在车机仪表盘上收到报警信息,必要时可主动采取安全措施	早期:后角雷达。 当前:后角雷达+前摄像头
BSD(Blind Spot Detection,盲点监测)	对自车侧后方驾驶员盲点区域做监测,驾驶员在正常行车时,系统监测到盲区有障碍物则及时发出提醒	早期:后角雷达。 当前:后角雷达+侧后摄像头
DOW(Door Open Warning,开门预警)	在停车或极低速状态下,当车门被打开时侧后方如有快速接近物体,则向座舱内驾驶员和乘客发出警报	早期:后角雷达。 当前:后角雷达+侧后摄像头
RCTA(Rear Cross Traffic Alert,后方横向交通报警)	在停车场倒车场景中,自车后方或侧后方有横向接近的目标物,当出现碰撞风险时,及时向驾驶员发出警报	早期:后角雷达。 当前:后角雷达+侧后摄像头+后摄像头

续表

名　称	功　能　原　理	传　感　器
FCTA（Front Cross Traffic Alert，前方横向交通报警）	在路口通行场景中，自车前方或侧前方有横向接近的目标物，当出现碰撞风险时，及时向驾驶员发出警报	早期：前角雷达。 当前：前角雷达＋前广角摄像头＋侧前摄像头
LDW（Lane Departure Warning，车道偏离预警）	利用前向摄像头监测车辆前方的车道线，在高速行驶状态下，当自车偏离车道且未正确开启转向灯时，及时向驾驶员发出警报	前摄像头
SLI（Speed Limit Information，限速提醒）	利用视觉检测或地图获取道路限速信息，当发现自车车速超过道路最高限速时，及时向驾驶员发出提醒	早期：前摄像头。 当前：前摄像头＋地图

　　传统的报警类功能种类较多，各功能相对孤立，处理算法差异较大。从产品体验上看，不同的报警功能提醒方式差异显著，功能越多，用户的学习成本和适应成本越高。在触发报警的时刻，交通情况一般都比较紧急。复杂的交互界面容易造成驾驶员难以在第一时间对警报类型做出准确判别。此外，由于相关功能的软件一般集成在传感器的控制单元中。当传感器来自不同供应商时，这些功能组合方式将更为复杂。

　　随着车载自动驾驶传感器资源和计算资源的日渐丰富，报警类功能有望融合到系统级的自动驾驶整体解决方案中，用统一的算法处理，并在 HMI 界面上保持交互风格的一致性，给用户带来完整一致的良好体验。

3.3　紧急控制类功能

　　紧急控制类功能是指用户在驾驶车辆过程中，当系统检测到严重碰撞风险且来不及提前向驾驶员报警，或报警后驾驶员已来不及采取措施时，通过对制动系统或转向系统进行临时控制或干预，将车辆调整至尽可能安全的状态。

　　典型的紧急控制类功能场景如图 3.3 所示，其详细描述如表 3.2 所示。

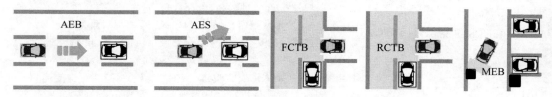

图 3.3　典型的紧急控制类功能场景示例

表 3.2　典型的紧急控制类功能描述

名　称	功　能　原　理	传　感　器
AEB（Automatic Emergency Braking，自动紧急制动）、AEB-P（Pedestrian）	利用对前向目标物的检测结果，分析自车和前车/行人的运动关系，当判断出现严重碰撞风险时，采取自动紧急制动措施，从而达到避免碰撞或尽可能减轻碰撞的目的	早期：前雷达。 当前：前雷达＋前摄像头

续表

名　称	功能原理	传感器
AES（Automatic Emergency Steering, 自动紧急转向）	利用对前向目标物的检测结果,分析高速上自车和前车的运动关系,当判断前向碰撞不可避免时,在确认旁侧无干扰情况下,采取临时的自动紧急转向措施,躲避碰撞	前雷达＋前角雷达＋后角雷达,前摄像头＋侧前摄像头＋侧后摄像头,雷达和摄像头互为冗余
MEB（Maneuver Emergency Braking, 低速紧急制动）	低速泊车场景下对自车前向/后向障碍物做实时检测,当判断出现高概率碰撞风险时,采取自动紧急制动措施,避免或减轻碰撞	早期:USS。当前:USS＋环视摄像头
RCTB（Rear Cross Traffic Breaking, 后方横穿制动）	倒车时检测到车辆后方横向有快速靠近目标物,当系统判断出现高概率碰撞风险时,采取自动紧急制动措施,避免或减轻碰撞	早期:后角雷达。当前:后角雷达＋侧后摄像头＋后摄像头
FCTB（Front Cross Traffic Breaking, 前方横穿制动）	路口通行时检测到车辆前方横向有快速靠近目标物,当系统判断出现高概率碰撞风险时,采取自动紧急制动措施,避免或减轻碰撞	早期:前角雷达。当前:前角雷达＋前广角摄像头＋侧前摄像头

　　紧急控制类功能被用来实现人工驾驶时碰撞不可避免情况下的安全兜底,在极端情况下保障人的生命安全和减轻车损。在工程实现时该类功能有如下共性特点。

　　(1)不论是制动还是转向,在功能激活时往往会导致较大的纵向减速度或横向加速度。当系统出现误触发时,容易给用户带来极大的恐慌感,严重时甚至容易导致额外的安全事故。因此,在设计该类功能时,即使漏触发率提高,仍然会采取一些专门的措施以减少误触发。例如,感知模型增加准确率、牺牲召回率,或者对功能触发增加更加严格的判定条件。

　　(2)该类功能安全性要求极高,紧急控制类功能的软件一般与其他应用软件模块相互独立,以尽可能减少自动驾驶系统中其他复杂软件对这些模块的影响。

　　(3)为保证紧急控制功能的软件运行稳定,一般将其部署至高功能安全等级的单片机或 ASIC 芯片中,或者在大计算平台中采取分配固定计算资源的方案。

　　(4)该类功能都是在紧急场景下被触发,系统时延应保持尽可能低,除了软件流程做必要的优化外,在整车电子电器架构还需要设计尽可能短的信息传输通道。舒适类控制功能减速指令一般通过动力系统控制器或整车控制器转发至制动系统控制器,对于 AEB 这样的紧急控制指令,则直接发送至制动系统控制器。

　　总体来看,紧急控制类功能应当保持一定程度的独立性,作为整车安全的最后一道防线,需要尽可能做到稳定可靠。

3.4　舒适控制类功能

　　舒适控制类功能的核心目标是通过对车辆进行纵向控制、横向控制或两者结合,分担驾驶员对车辆操控的任务,提高驾驶员驾车过程中的舒适性。

　　典型的舒适控制类功能场景如图 3.4 所示,其详细描述如表 3.3 所示。

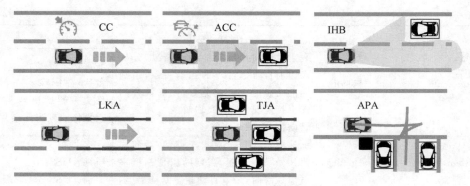

图 3.4 典型的舒适控制类功能场景示例

表 3.3 典型的舒适控制类功能描述

名　称	功能原理	传感器
CC(Cruise Control,定速巡航)	通过对自车做加/减速控制,使车辆在路面变化过程中始终保持设定的车速行驶	无
ACC(Adaptive Cruise Control,自适应巡航)	根据前向目标物的检测结果,对自车做加/减速控制,保持与前方车辆的距离,当前方无车时则保持设定的最高车速行驶	早期:前雷达。当前:前雷达+前摄像头
LKA(Lane Keeping Assistant,车道保持辅助)	利用前向摄像头监测车辆前方的车道线,对自车方向盘施加控制,保持车辆在两侧车道线内行驶	前摄像头
TJA(Traffic Jam Assistant,交通拥堵辅助)	在交通拥堵情况下,无法观测到车道线,利用对前向目标物的检测结果,控制车辆低速跟前车行驶。当观测到车道线时则沿车道线行驶	前雷达+前摄像头
APA(Auto Parking Assistant,自动泊车辅助)	在泊车环境中,对可泊车位进行识别,通过控制车辆加/减速、方向盘和挡位,实现多次揉库,最终将车辆泊入目标停车位	早期:USS。当前:USS+环视摄像头
IHB(Intelligent High Beam,智能远/近光)	通过前向摄像头识别道路前方车辆、其他交通参与者,以及交通环境的光照情况,在夜间行车开启大灯后,可按照前方光照情况自动调整大灯照射高度,避免给其他交通参与者带来行车安全隐患	前摄像头

上述舒适控制类功能在一定程度上给用户驾驶车辆带来了便利,但各功能点切分得非常零散,用户较难有连续平顺的功能使用体验。例如用于中、高速区间的 LKA 功能和用于低速区间的 TJA 功能,当路面交通情况出现变化时,需先退出一个功能,再手动激活进入另一个功能,用户体验非常不好。随着行业技术的演进,该类功能逐渐被吸收到更高级别的自动驾驶功能中,并与自动驾驶系统形成一个完整的整体。在后续关于行车功能和泊车功能的章节中将进一步详细讲解。

3.5　小结

根据前面几节内容可以知道,传统的 ADAS 功能形态多样,可给用户带来一定价值,其中报警类功能和紧急控制类功能可以让驾驶员行车更加安全,舒适控制类功能能够减轻驾驶员的负担。但各功能之间相互割裂,分布零散,整体的体验较差。

传统 ADAS 功能未来的一个重要变化趋势为部分功能实现软/硬件聚合。其中诸多报警类功能将聚合成一个完整的功能,舒适控制类功能将合并至高阶的行车或泊车功能中。主要基于如下方面的考虑。

(1)量产车的传感器越来越丰富,尤其是成本较低的摄像头、毫米波雷达、超声波雷达这三类传感器将以组合的形式普及到绝大多数车辆上。因此报警类功能和舒适控制类功能会自然而然地在最大程度上相互复用这些传感器。

(2)在算法实现上,报警类功能、舒适控制类功能和高阶的行/泊车功能同根同源,有较高程度的重叠。例如对于感知、融合、预测、碰撞分析的依赖,不同功能基本一致。

(3)从产品体验上看,集中式的产品比离散式的产品能给用户带来更好的体验,例如对于传统的报警类功能,用户需要了解和学习近十种不同功能的交互形式。功能聚合后,则是在一个统一的虚拟环境中获取所有可能出现碰撞风险的信息。

与报警类和舒适控制类功能不同,紧急控制类功能将继续保持独立,主要基于如下方面的考虑。

(1)紧急控制类功能作为自动驾驶系统安全冗余方案的一部分,应当保持软/硬件的相对独立性,并采取更高效率的信息传输路径。所使用的硬件资源应当为安全等级更高的芯片,或划分出独立的硬件资源,或使用芯片自带的安全岛区域。软件同样为独立的模块,保障运行时的低时延和高响应性等特点。

(2)在算法实现上,所有紧急控制类功能与其他功能区别明显,设计目标差异较大,需要尽可能地降低误触发率。

(3)此外,紧急控制类功能只有在极端情况下才会被触发,跟用户交互过程极少,无须跟日常使用的功能融合到一起。

第4章

行 车 功 能

车辆在路面日常行驶的过程基本都属于自动驾驶行车功能所覆盖的范围。本章将对行车功能的相关内容展开详细讲解。

4.1 什么是行车功能

行车功能一般是指泊车场景以外的舒适性自动驾驶功能,包含高速公路(Highway)和城区(Urban)两大场景。其主要运行的环境是地面标线丰富清晰、交通规则相对明确的结构化道路。

在行车功能发展早期,仅能支持车辆单维度控制(纵向或横向)的功能,如3.4节所述的CC、ACC、LKA等。这里的纵向是指对车辆的加/减速进行控制,横向是指对方向盘进行控制。近年来同时支持双维度控制(纵向和横向)的功能已经越来越普及,如车道巡航等功能。独立的纵向控制功能在某些场景下尚可一用,例如在车道线不清晰的路段启动ACC。早期仅支持横向控制的LKA功能已经逐渐从市面主流产品中消失。

常见的行车功能演进路线如图4.1所示,其中自适应巡航对应3.4节所述的ACC功能。为保证整体演进路线的完整性,在本节对该功能做进一步描述。在图4.1中,从左至右,以前序功能为基础递增功能点,并逐步形成更高级别的功能形态。

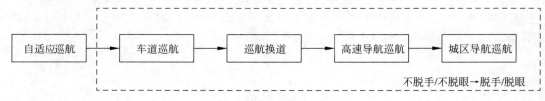

图 4.1 行车功能演进路线

自适应巡航即3.4节所述的ACC,仅实现车辆纵向控制。在自适应巡航基础上增加车辆横向控制则可实现车道巡航功能。在一些情况下,车辆沿车道巡航过程中需要变换车道,因此递增巡航换道功能。当用户在导航地图上开启导航功能时,自动驾驶系统可以沿导航路径行驶,由此形成导航巡航功能。导航巡航功能根据自动驾驶系统所支持的路段,又分为高速导航巡航和城区导航巡航。与高速路况相比,城区路况更为复杂,存在大量人车混流路段,且需要重点解决各类复杂路口通行的问题。随着自动驾驶技术的不断进步,行车功能运行时人工介入程度也将逐渐降低,主要体现在驾驶员是否脱手或脱眼。脱手是指驾驶员双手可同时长时间离开方向盘,脱眼是指驾驶员视线可长时间离开车辆行驶前方的路面。人工介入程度主要取决于系统的稳定性能和安全方案的实施,车辆自动驾驶行车表现不受影响。

接下来对各行车功能的主要功能点进行讲解。

4.2 自适应巡航

自适应巡航(ACC)作为行车的基础功能,是一种旨在为驾驶员提高驾车舒适性的功能。功能激活后,车辆在道路上自适应调节速度,一般情况下保持设定的巡航车速行驶,当前方出现低速行驶的车辆时则降速行驶,并根据预先设定的跟车挡位与前车保持一定的跟车距离。自适应巡航功能场景示意如图4.2所示。

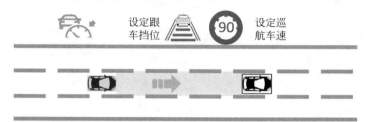

图 4.2 自适应巡航功能场景示意

自适应巡航功能主要功能点如表4.1所示。

表 4.1 自适应巡航功能主要功能点

功 能 点	子 功 能 点	描 述
巡航	巡航车速控制	前方无车或前车较远时,根据驾驶员设定的巡航车速,控制车辆匀速行驶
	跟车距离控制	前方有车且车速低,根据驾驶员设定的跟车挡位,控制车辆与前车保持安全距离行驶
	接近静止目标	当前方出现静止目标物时,舒适减速接近目标,直至停车。当出现紧急碰撞风险时,则由优先级更高的 AEB 功能处理
	Cut In/Cut Out	巡航时被他车 Cut In/Cut Out 时,控制车辆舒适性减速或加速,持续保持跟车距离和最高限速
	自车换道	驾驶员控制车辆换道过程中,纵向上始终与前车保持安全距离
	请求驾驶员接管	当判断与前车距离快速缩短,无法通过减速避免碰撞时,则发出驾驶员接管请求指令
启停控制(Stop/Go)	跟随停车	当前车停车,控制车辆自动跟随前车停车
	跟停起步	当前车起步,控制车辆自动跟随起步,或在驾驶员的指令下起步
舒适降速	限速控制	依据限速标志或地图信息,实现巡航状态下的主动限速
	弯道降速控制	道路前方出现弯道时,控制车辆降速过弯,保障行车舒适性

4.3 车道巡航

车道巡航(Lane Center Control,LCC)功能也常常被称为车道跟随,或车道居中控制。

在激活条件满足的情况下,车辆可激活车道跟随功能。在一些产品中,当车辆处于自适应巡航模式下,如果系统识别到车道线,则自动施加横向控制,进入车道巡航模式。车道巡航功能主要基于系统感知到的障碍物、车道线等信息自动控制车辆转向、加速和制动。通过单车道内对车辆的横/纵向控制,实现车辆在横向上的车道内居中保持、本车道内小幅度避让,以及纵向的自适应巡航等功能点。车道巡航功能场景示意如图4.3所示。

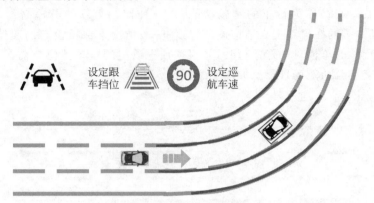

图 4.3　车道巡航功能场景示意

车道巡航功能主要功能点如表4.2所示。

表 4.2　车道巡航功能主要功能点

功能点	子功能点	描述
居中巡航	直道行驶	车道内居中行驶,控制车辆保持车速和前车距离
	弯道内行驶	车道内尽可能居中行驶,为保证舒适性,在必要时进行适当降速
	单侧车道线	有HDMap时沿地图车道行驶,无HDMap时依托单侧车道线虚拟出车道行驶
	车道线消失	有HDMap时沿地图中车道行驶,无HDMap时跟前车行驶,无HDMap且无前车则降级至自适应巡航功能
	拥堵路段	当因遮挡无法观测到车道线时,控制车辆跟前车行驶
	车道过宽或过窄	过宽时靠一侧车道线行驶,过窄时如导致压线则报警
	车道分流/合流	以前方目标车道为基准,控制车辆保持居中行驶
	接管提醒	当判断与前车距离快速缩短,无法通过减速避免碰撞时,则发出驾驶员接管请求指令
道内躲闪	车道内小幅度避让	当出现以下情况时,控制车辆在车道内靠远离障碍物的车道线行驶: • 相邻车道车辆压线。 • 相邻车道有大型车辆靠近。 • 他车近距离Cut In。 • 车道内有可绕的小障碍物,如锥桶、立柱等

车道巡航功能基本覆盖了传统ADAS中的主要舒适控制类功能,如ACC、LKA、TJA等。该功能在复杂多变的路况下,为用户避开了繁杂的激活和退出过程,给功能的使用带来完整、一致、连续的体验。该功能对传统ADAS功能的聚合符合产品发展的客观规律:支撑产品的技术复杂程度逐渐变高,但用户交互过程越来越简洁,实现技术赋能产品,增强用户体验。

4.4 巡航换道

巡航换道(Lane Change,LC)常常也称为自动换道。在车道巡航过程中,当前方出现影响交通效率的低速行驶车辆,或根据驾驶员意图,或根据导航路径指引方向,自动驾驶系统可触发换道行为。在换道条件满足的情况下,例如目标车道有清晰的车道线、换道轨迹无碰撞风险等,系统控制车辆完成换道过程。巡航换道功能场景示意如图 4.4 所示。

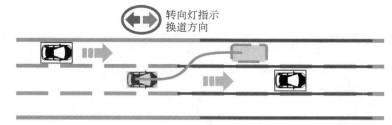

图 4.4 巡航换道功能场景示意

巡航换道一共有如下三种触发形式,其中前两种有驾驶员干预,所以又被称为交互式换道,具体如下。

(1)驾驶员指令式换道。当驾驶员有换道意图时,通过明确的指令操作主动发起换道,系统在接收到指令后完成安全换道过程。指令形式可以为拨动转向杆或语音等。

(2)系统推荐式换道。系统基于对交通环境的理解,判断当前有换道的必要,通过车机或仪表盘的 HMI 界面提醒驾驶员可进行换道操作。驾驶员通过拨动转向杆或语音等形式确认接受换道推荐。系统在接收到驾驶员确认信息后完成安全换道过程。

(3)系统自主换道。系统基于对交通环境的理解,判断当前有换道的必要,无须驾驶员确认过程,直接控制车辆进入换道状态,并完成安全换道过程。

三种换道形式的主要区别在于触发条件,换道功能被触发后的车辆表现则无区别。巡航换道功能主要功能点如表 4.3 所示。

表 4.3 巡航换道功能主要功能点

功 能 点	子 功 能 点	描 述
触发换道	指令式换道	驾驶员换道指令: • 向左/向右拨动转向杆操作。 • 语音指令
	推荐式换道	当出现如下场景时,推荐驾驶员换道: • 前方车辆行人缓行或静止。 • 前方车道有静态障碍物(锥桶、三角牌等)。 • 前方车道被占用、车道合并、有施工区域、有合流点或分流点等。 驾驶员确认接受推荐后,触发换道
	主动换道	场景同推荐式换道,触发过程无须驾驶员确认。 由导航路径触发的换道在 4.5 节讲解

续表

功 能 点	子 功 能 点	描　　述
执行换道	换道过程防碰撞	当换道轨迹不受其他目标物干扰时,直接完成换道。反之,则等待一段时间,其间随时根据条件伺机换道。 等待超时则放弃本次换道
	换道符合交通法规	判断目标车道的车道线类型,符合交规则直接换道。反之,则等待一段时间,其间随时根据条件伺机换道。 等待超时则放弃本次换道
	应对车道线消失的情况	若此时换道未触发,则对换道功能做抑制。 当换道功能已触发,且当前路段无 HDMap 覆盖,若自车已进入目标车道则完成换道,若未进入则控制车辆返回本车道。 若换道已触发,且当前路段有 HDMap 覆盖,则依据地图信息完成换道过程
取消换道	取消指令	取消指令可以有多种,如取消拨杆、反向拨杆、语音取消等
	取消过程	系统接收到驾驶员的取消指令后,如车辆已进入目标车道则完成换道,反之则控制车辆返回本车道

　　上文讲解的功能点中,系统主动换道技术难度较高,需要时刻保障换道决策和换道过程中的系统稳定性和安全性。例如,当感知系统对旁侧车道目标物检测不稳定时,容易触发不合理的换道决策。尤其是感知漏检情况下,容易让用户产生恐慌感的换道轨迹,严重时发生碰撞事故。在主动换道性能未达到极佳状态时,推荐式换道中用户确认的过程能在很大程度上减小风险。此外,非导航巡航下的系统自主换道需要慎重考虑,该场景下自主换道决策往往比较难与用户预期保持一致,容易影响用户体验。

4.5　高速导航巡航

　　导航巡航(Navigation Pilot,NP)是指驾驶员开启导航的情况下,车辆进入自动驾驶模式后沿导航路径巡航,在必要时通过换道操作切换至导航指引的道路。高速公路(Highway)导航巡航是指该功能运行范围限定在高速公路/高架等封闭路段,如图4.5所示。这些路段路面洁净,标线清晰,交通参与者主要为各种类型的车辆,偶尔有两轮摩托车,而行人、静态障碍物,以及其他低速非标准类别目标物比较少见。

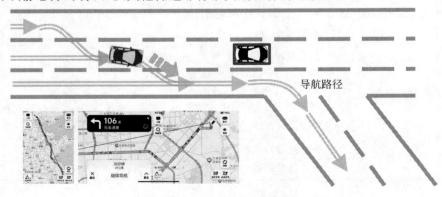

图 4.5　高速公路导航巡航功能场景示意

高速公路导航巡航功能主要功能点如表 4.4 所示。

表 4.4　高速公路导航巡航功能主要功能点

功 能 点	子 功 能 点	描　　　述
干线巡航	进入 ODD 区域	当 ODD 条件满足时,如导航已开启,可手动激活或在已进入自动驾驶模式后自动切换至导航巡航。 ODD 即功能可正常使用的范围。其考虑因素一般包括电子围栏、HDMap 覆盖范围、车辆与收费站出/入口之间的距离、天气条件、光照条件、路面状态等
	导航换道	当前方出现车道分流或合并,根据导航路径提前进行自主换道,如已处于目标车道则保持当前车道行驶
	离开 ODD 区域	当前方道路即将离开 ODD 区域,系统提前向驾驶员发出提醒,并在适当时机进行功能降级或退出功能
匝道巡航	进入匝道	根据导航路径在合适的位置提前换道进入与匝道相连的车道,之后在适当时机进入匝道。当出现交通干扰时,通过变更换道点、等待、加速、以及减速等操作对其合理避让
	匝道通行	根据匝道类型、限速条件、弯道曲率等,提前进行舒适减速。 当匝道内出现车道分流时,提前判断分流点距离,尽早完成自主换道。 当匝道内出现车道合流时,根据合流车道的交通状态,通过变更换道点、等待、加速、以及减速等操作来规避汇合风险
	离开匝道	即将驶离匝道时,根据交通情况在适当时机换道进入主干道
驾驶员干预	巡航中主动干预	当驾驶员的干预指令与导航巡航任务冲突时,以驾驶员指令为第一优先级执行,并通过车机或仪表盘发出提醒。例如: • 驾驶员换道指令与导航巡航目标路径相悖,执行驾驶员换道指令。 • 驾驶员更换导航路径,导航巡航目标路径随之更换。 • 因执行驾驶员指令,导致车辆偏离导航路径时,系统向驾驶员发出提醒并将功能降级至车道巡航,直至导航恢复后再进入导航巡航
	巡航中请求干预	当交通情况过于恶劣,无法完成导航路径跟踪任务时,系统向驾驶员发出干预请求。例如: • 因交通拥堵,系统长时间无法通过自主换道进入目标车道。 • 前方道路出现长时间阻挡,系统无法绕行

高速公路导航巡航功能以导航路径为指引,能够给用户带来可预期的连续自动驾驶体验。根据导航路径完成的自动换道行为也能在最大程度上符合用户预期。该功能的功能点拓展的目标是尽可能延伸巡航的路径,让自动驾驶体验更连续、更持久。

4.6　城市导航巡航

城市(Urban)导航巡航是指将导航巡航功能的运行范围拓展至城市路段,主要场景包括封闭和半封闭的城市主干道、多种交通参与者混流的一般开放道路,以及各类复杂路口的通行等。城市道路运行区域的场景复杂多变,与高速路段相比,城市主干道交通更为繁忙,一般开放道路由于交通参与者众多,会对系统的感知和决策带来更大的挑战,路口通行作为全新的场景则需要采取独特的巡航策略。路口通行(Intersection Crossing)也称为路口巡航,是城市导航巡航范围不断拓展的重要组成部分,是增强用户自动驾驶连续体验的关键场景,如图 4.6 所示。

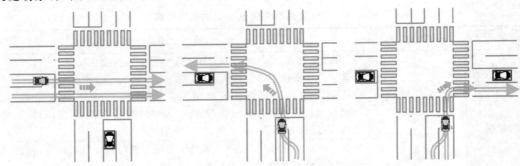

图 4.6 城市导航巡航功能的路口通行场景示意

城市导航巡航功能除了覆盖与高速相似的干线巡航、匝道巡航、驾驶员干预等功能点外,非路口场景还包括城区各类限速区、公交车道、潮汐车道、禁行区、禁停区、分流和合流车道、无保护人行横道、VRU(Vulnerable Road Users)横穿等,此处不做详细讲解。路口通行的主要功能点则分为有导航模式和无导航模式,两种情况下都能为用户带来自动驾驶的产品体验,如表 4.5 所示。其中无导航模式严格意义上不属于导航巡航的功能,但场景重叠且使用的自动驾驶基础能力相同,因此放在一起讲解。

表 4.5 路口通行主要功能点

功 能 点	子功能点	描 述
有导航模式	进入路口	即将进入路口,结合道路的分流点、长实线等信息,适配不同的换道点计算策略,并在适当时机完成自动换道。 当出现交通干扰时,通过变更换道点、等待、加速,以及减速等操作对其进行合理避让,然后继续执行导航任务,提前进入对应的左转、直行、右转、掉头等车道
	通过路口	通行过程中必须严格遵守交通规则,具体包括: • 红绿灯规则,红灯或黄灯停在停止线,黄闪减速,绿灯正常通过。 • 停车标志(Stop Sign)规则,停车让行,先到先行。 • 斑马线规则,礼让行人,停车让行。 • 直行、左转、右转、掉头需应对不同路口结构,如 T、Y、十、X、环岛等,通行策略以停车让行为主。 • 停车让行超时后,请求驾驶员接管
无导航模式	红绿灯提醒	人工驾驶状态下,结合导航指示运动方向及红绿灯识别信息,进行红绿灯提醒,包括闯红灯提醒、绿灯起步提醒
	红绿灯启停	自动驾驶状态下,路口亮红灯,或者非红灯情况下不足以通过路口时,则控制车辆在停止线内停车,待信号灯由红灯变为绿灯时,则控制车辆起步
	直行过路口	自动驾驶状态下,在通过路口时,按照原车道延长线方向继续直行过路口

路口通行场景复杂多样,是城市道路自动驾驶功能需要解决的主要问题之一。虽然 HDMap 的引入能够显著减小实时感知的压力,但千变万化的交通流以及多样的交通参与者仍然给自动驾驶系统带来极大的挑战。路口通行的性能是检验城区场景下自动驾驶产品能力的重要方面。

4.7 脱手和脱眼

量产自动驾驶产品和技术的目标是减轻驾驶员的驾驶负担,即降低驾驶员在环(Driver In the Loop)的程度。行车功能使用时,降低驾驶员在环程度主要有两种方式:脱手(Hands off)和脱眼(Eyes off)。

脱手是指自动驾驶功能激活情况下,驾驶员在驾驶位上双手长时间离开方向盘。一般脱手情况下,油门和刹车同样无须驾驶员操控,但其视线仍需时刻注意车辆前方路面的交通状况,以便在出现安全风险时随时接管车辆控制权。脱眼是指自动驾驶功能激活情况下,驾驶员眼睛无须关注车辆周围交通情况,可以将注意力转向别处,例如操作车内信息娱乐系统或手机。支持脱眼的场景下,一般也默认同时支持脱手。量产车中首个支持脱手的自动驾驶产品为 Cadillac CT6 车型的 Super Cruise。该产品在有高精度地图(HDMap)的高速路段,可以支持驾驶员脱手情况下的车道巡航功能,从自动驾驶分级上看其仍处于 L2 级别。支持脱眼的自动驾驶产品则能直接跃迁到 L3 级别。目前由于安全保障和法规支持等问题,暂未出现能够支持脱眼的产品,同行仍需努力。

支持脱手和脱眼的自动驾驶功能实现的前提是对驾驶员状态做监控。主要方式有两种:驾驶员手在方向盘的检测(Hands On Detection,HOD)和基于驾驶员面部识别的状态监控(Driver Monitor System,DMS),如图 4.7 所示。其中 HOD 是指通过方向盘表面的电容传感器判断驾驶员手扶方向盘状态,如检测出单手或双手握住方向盘、分辨出驾驶员握住的方向盘位置分区等。当无 HOD 时,系统通过方向盘力矩传感器,检测自动驾驶模式下驾驶员手部给予方向盘的反向力矩来判断脱手状态,该情况下需要用户间歇性晃动方向盘持续提供反向力矩信号。DMS 则是通过车内摄像头,利用基于视觉的面部检测技术,持续判断驾驶员状态,包括分心、疲劳、安全带状态、接听电话、抽烟等影响驾驶的行为。

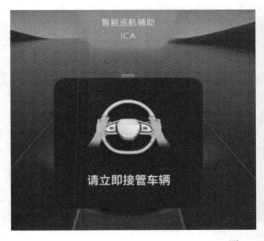

图 4.7 HOD 和 DMS

脱手和脱眼功能的主要功能点如表 4.6 所示。

表 4.6　脱手和脱眼功能的主要功能点

功　能　点	子　功　能　点	描　　　述
不支持驾驶员脱手	脱手检测	通过 HOD 或力矩传感器对驾驶员手握方向盘状态做监控。当发现驾驶员脱手时,系统发出手握方向盘提醒
	短时间脱手	在系统向驾驶员发出手握方向盘提醒后,若驾驶员未及时接管,则切换为接管请求,并在座舱内通过声、光给予驾驶员足够的提醒,直至接管完成
	长时间脱手	在系统向驾驶员发出接管请求后,若驾驶员长时间未完成接管,系统将退出自动驾驶功能,并尽可能沿车道减速停车。同时,在本次点火周期内禁用所有需要驾驶员主动触发的自动驾驶功能
支持脱手,对驾驶员做状态监控	驾驶员分心检测	监控驾驶员在脱手过程中视线是否处于非正常驾驶位置,DMS 根据视线位置和持续时间计算并输出驾驶员分心等级信息。系统根据分心等级报警或提醒接管
	驾驶员疲劳检测	监控驾驶员在脱手过程中是否处于疲劳状态,DMS 根据眼睛张开程度和眨眼频率综合判断并输出驾驶员疲劳等级。系统根据疲劳等级进行报警或提醒接管
	驾驶员非安全行为检测	监控驾驶员在脱手过程中是否出现不符合正常驾驶的异常行为,如打电话、吃东西、玩手机等。系统根据非安全驾驶行为等级报警或提醒接管
受限区域内的脱眼	车道巡航的脱眼约束	车道巡航模式下,出现以下情况,则退出脱眼模式: • 车道线不标准或不清晰,单侧线或双侧线缺失或被遮挡,车道过宽或过窄。 • 当前交通条件下判断出自车有碰撞风险,例如前车连续减速,以及后车长时间跟车过近等。 • 车辆即将驶出可支持的 ODD 范围,如接近收费站、匝道、服务区或城市道路等。 • 换道功能被触发。 • 系统软/硬件出现故障
	导航巡航的脱眼约束	导航巡航模式下,出现以下情况,则退出脱眼模式: • 自车即将自主换道进入匝道,提醒用户手扶方向盘,同时退出脱眼功能,座舱内通过声、光、文字等方式给驾驶员发出提醒。 • 自车即将进入电子围栏外区域,如收费站、服务区等。系统在距离电子围栏一定距离时提醒用户手握方向盘。在距离进一步缩短时,功能退出脱眼,座舱内通过声、光、文字等方式给驾驶员发出提醒。 • 前方遇到施工等复杂工况,对脱眼有较大挑战,系统无法保证安全性。此时需提醒用户手扶方向盘,同时退出脱眼模式。 • 系统软/硬件出现故障

接下来,用一个日常生活场景分析脱手功能的用户体验,具体如下。

(1) 早晨上班路上,"小林"开车驶入城市环路,并开启自动驾驶导航巡航功能。

（2）车辆行驶过程中，"小林"左手轻握方向盘，右手则自然地搭在中央扶手箱上。

（3）道路偶有拥堵，"小林"想听首歌，于是右手在大屏上点了一首汪峰的《怒放的生命》，然后又顺势从中央杯槽处拿起一杯咖啡。

（4）这时座舱内响起语音提醒："自动驾驶可以进入脱手模式，双手离开方向盘后，请时刻注意道路前方交通情况"，并在车机上显示相应的提醒图案和文字。

（5）"小林"左手离开方向盘并很自然地放在车门扶手上，右手端着咖啡小口品尝，视线则一直关注车辆前方。

（6）咖啡喝完后，"小林"下意识地用右手拿起手机，低头翻阅微信朋友圈。

（7）座舱内很快响起语音提醒："请注意目视前方，在必要时随时手握方向盘接管车辆"，并在车机上显示相应的提醒图案和文字。

（8）为了不导致功能退出，"小林"将视线调整到车辆前方，并放下手机，双手放置于两侧的扶手上。

（9）一段时间后，车辆即将驶出环路，座舱内响起语音提醒："即将退出脱手模式，请手握方向盘，并随时接管车辆"。

（10）收到提醒后，"小林"立即将左手抬起并握住方向盘，控制车辆离开环路。

上述场景示例中，在脱手模式下，由于视线仍然需要时刻关注道路前方，"小林"被释放的双手除了偶尔端起咖啡杯子，似乎也难以做其他的事情。当出现复杂路况时，还必须时刻保持注意力让双手快速接管或扶握方向盘。人在环程度的降低，其本质是给驾驶员释放注意力。脱手时眼睛要时刻注意前方，难以给用户释放注意力。反而让驾驶员在真正需要接管时更加慌乱。同样的功能体验，不脱手反而会让驾驶员更加心安，在空旷路面，驾驶员的注意力可以间歇性地挪移到手机或车机上。

综上所述，纯脱手功能难以给用户带来全方位注意力减轻的体验，作为技术验证的过渡阶段，这种产品形态或许也会存在一段时间。而脱眼功能不但手可以长时间离开方向盘，视线也可以长期离开车辆前方，在系统提醒的情况下再干预车辆，可以从真正意义上让驾驶员从"开车"这件事情上解脱出来。脱眼的前提是车辆有足够的冗余保障安全行车，在系统出现失效时能及时发现并尽早提醒驾驶员接管车辆。

4.8　小结

根据前面的讲解，可以做出如下总结，行车功能在车辆运行时，主要给用户带来如下价值。

（1）缓解长时间驾驶带来的疲劳，这里包含生理疲劳和心理疲劳。

（2）道路拥堵时，减少因频繁的驾驶操作带来的心烦路怒。

（3）当用户有临时性事务需要处理时，可分散一些用于驾驶的注意力，如语音通话、视频电话、开个短会等。

（4）帮助用户短暂地解除心瘾，自动驾驶状态下允许用户临时刷一下手机，或点播音、视频等资源。

行车功能除了通过性能逐渐优化与用户建立越来越深的信任，未来的新功能和功能点的拓展同样很重要。其发展趋势主要集中在如表 4.7 所示的三方面：多场景打通、ODD 扩展以及新的自动驾驶任务。

表 4.7 行车功能未来功能点

功能点	子功能点
多场景打通	打通高速行车和城区行车场景:实现稳定可靠的收费站通行、收费站到城区路段的匝道通行等
	打通城市行车和泊车场景:停车场入口和城市道路之间的连接路段一般为室外园区,实现室外园区与城市道路,以及与室内停车场道路的平滑过渡
ODD 扩展	天气:不同程度的雨、雪、雾等天气
	时段:白天、黑夜、早/晚高峰等时段
	区域:从部分高速路段拓展至全国高速路段,从城市局部区域拓展到全城,从一线城市逐步覆盖到二三线城市
新的自动驾驶任务	高速:服务区通行等
	城区:路边安全停车接客、充电调度等

如图 4.8 所示,多场景打通的主要目的是尽可能延长连续自动驾驶体验,通过打通高速公路/高架道路、城市道路、停车场三大场景,实现端到端(End to End)的连续自动驾驶。

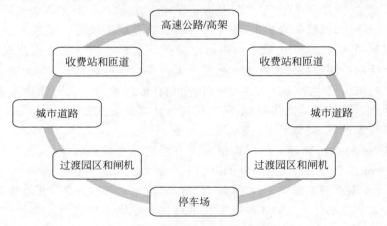

图 4.8 端到端自动驾驶场景示意

通过脱手/脱眼的方式逐步降低人在环(Driver In the Loop)程度同样是自动驾驶功能未来发展的明确方向,对行车功能来讲,除了脱手/脱眼,更进一步的产品形态是无驾驶员出租车形态,即 Robotaxi。本书主要聚焦量产形态的自动驾驶,不对无驾驶员出租车产品进行详细讲解。

第5章

泊车功能

有行车过程就会有泊车过程,就像飞出去的鸟儿,总有要落地的时候。本章将对泊车功能的相关内容展开详细讲解。

5.1 泊车功能的定义

泊车功能一般是指泊车场景下的舒适性自动驾驶功能。其主要运行的环境是停车场,泊车期间地面标线给予的指引更多是车位框等信息,车辆的行驶不严格受车道等交通规则约束。

泊车功能基本上同时支持双维度控制,即横向和纵向。常见的泊车功能演进路线如图 5.1 所示,其中自动泊车辅助对应 3.4 节所述的 APA 功能。为保证整体演进路线讲解的完整性,在本节对该功能做进一步详细描述。在演进路线图中,从左至右,以前序功能为基础递增功能点,逐步形成更高级别的功能形态。

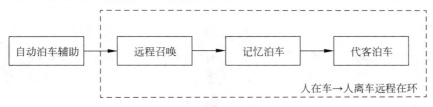

图 5.1　泊车功能演进路线

自动泊车(APA 功能)是所有泊车功能的基础,通过多次揉库操作,将车辆泊入或泊出停车位。远程召唤功能在车辆泊出车位后,继续在停车场内巡航至用户指定位置。记忆泊车功能则分为远程泊入和泊出召唤两种形式。该功能首先需要记录人工驾驶过程的轨迹。在停车场内启动远程泊入后,车辆根据泊入记忆轨迹巡航至目标停车位附近,再通过自动泊车辅助功能泊入车位。同理,泊出召唤启动后,车辆根据泊出记忆轨迹从停车位泊出并巡航至用户指定位置。代客泊车功能不再受限于目标车位和固定轨迹,车辆可以在整个停车场内规划轨迹并巡航至任意车位或指定接客位置,并根据泊车任务完成库位的泊入和泊出。随着自动驾驶技术的不断进步,从远程召唤功能开始,驾驶员参与方式可从车内拓展到车外。人离车的可行性主要取决于系统的稳定性能和安全方案的实施,车辆自动驾驶行车表现不受影响。

此外,一些低速小功能集合也常常被归纳至泊车功能中,目前也是部分同行量产落地的工作方向,简要概括如下。

（1）探索前进：根据车辆前方探寻到的可行驶空间低速前进，主要用于窄巷等非结构化道路。当遇到行人、车辆等非固定障碍物且有碰撞风险时，自动驾驶系统一般采取停车让行策略。

（2）倒车辅助：低速工况下，车辆记录最近保持 D 挡前进一定长度的路径（如 50m），开启功能后系统自动按照原路径退回。当遇到行人、车辆等非固定障碍物且有碰撞风险时，自动驾驶系统自动完成刹停并驻车。

（3）遥控移车：用户使用手机 App 与车辆建立近距离通信，通过长按向前、向后、向左以及向右按键控制车辆进行前后移动或左右小幅度转弯，松开按键后车辆停止移动。车辆应时刻保持在用户视野范围内，便于应急接管。

本章后续内容将对图 5.1 中各泊车功能点的主要功能点进行讲解，上述低速小功能集合不做进一步拓展。

5.2 自动泊车辅助

自动泊车辅助包含自动泊入和自动泊出两种过程，该功能激活状态下，用户无须任何操作。如图 5.2 所示，在人工驾驶模式下扫描到可泊车位后，驾驶员可从车机界面上选定并确认目标停车位，并激活泊入功能。系统将根据实时环境计算泊车轨迹，并通过横/纵向控制自动完成各段轨迹的跟踪，最终实现停车位的泊入。泊出过程则更加简洁，在驾驶员激活功能后，系统控制车辆向左或向右泊车出位即可。在泊车过程中，用户需要时刻观察周围情况及泊车提示信息，在必要时对车辆进行接管。

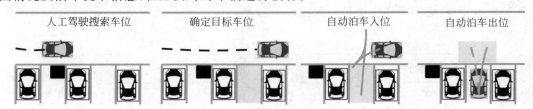

人工驾驶搜索车位　　确定目标车位　　自动泊车入位　　自动泊车出位

图 5.2　自动泊车辅助功能场景示意

自动泊车辅助功能主要功能点如表 5.1 所示。

表 5.1　自动泊车辅助功能主要功能点

功能点	子功能点	描　　述
车位搜索	触发车位搜索	触发车位搜索一般有两种方式： • 用户可以通过 APA 键主动发起车位搜索任务。 • 在低速前进或后退时，自动驾驶系统自动触发车位搜索，并在触发后在车机仪表界面上显示实时搜索结果
	连续记忆车位	在车位搜索过程中，随着车辆运动，在一定行驶距离范围内，连续记录沿途车位搜索结果并完成基于位置的拼接
	可支持车位类型	对线框车位，支持各类地面漆线、砖、草、各类线型（I、T、U）、垂直双侧、水平双侧、斜列式双侧等。 对空间车位，支持单侧或双侧的垂直、水平、斜列式车位

续表

功能点	子功能点	描 述
车位搜索	车位占用判断	对占用车位内空间的物体进行检测,如地锁、锥桶、购物车、禁停牌等,保障泊车过程的安全性
	车位止点判断	通过对车位内限位器、限位杆进行检测,防止后轮过于强烈的撞击,保障在泊车止点完成停车过程中的舒适性
自动泊入	倒车入库	规划最后一把倒车入库的泊车轨迹,既符合大部分中国人习惯,又对人工驾驶出库更加友好
	前进入库	规划最后一把前进入库的泊车轨迹,应对部分电动车充电口在车头的情况。在美国,部分停车位要求 Head In
	绕行和让行	对所有静态障碍物做绕行决策,据此完成泊车轨迹规划。在进入泊车轨迹跟踪后,对遇到的动态障碍物做停车等待的让行决策。等待超时则提醒驾驶员接管
自动泊出	平行车位泊出	规划泊出轨迹,目标点优先选择驾驶员侧,出现阻挡时则选择另一侧
	垂直和斜向车位泊出	规划泊出轨迹,目标点优先选择出库方向的右侧,出现阻挡时则选择另一侧
界面显示	环视拼接	完成环视图像拼接,在车机界面显示鸟瞰图
	障碍物检测结果	将目标检测结果显示到车机界面,出现碰撞风险时高亮报警

自动泊车辅助功能一方面在狭窄车位场景下可解决泊车难的问题,另一方面通过提高泊入/泊出速度、减少揉库次数等策略能在一定程度上节省用户泊车时间。从泊车产品战略上看,自动泊车辅助功能必须要做好,具体原因如下。

(1)该功能是远程召唤、记忆泊车,以及代客泊车等高级泊车功能的重要组成部分,没有好的自动泊入/泊出功能,这些高级功能就不完整,且整体性能的提升受限。自动泊车辅助功能是基础,如基础未打牢,将对整个泊车产品线造成重大影响。

(2)自动泊车辅助功能使用场景频率很高,容易建立用户黏性。据统计,泊车场景平均每天出现次数超过两次。传统 ADAS 阶段的自动泊车辅助功能,其成功率仅约 50%,大多数用户对该功能基本处于弃用状态。但当其成功率做到 95% 以上时,新手用户将再也离不开该功能。

5.3 远程召唤

使用远程召唤(Smart Summon)功能时,用户通过手机与车辆建立网络通信,在一定距离范围内(如 60m)激活该功能,自动驾驶系统规划合理路径,泊出车位并巡航至用户指定位置。在远程召唤过程中,用户需要时刻观察车辆周围情况及手机上车辆提示信息,在必要时通过手机对车辆发出停车指令。由于该功能依赖车端和手机端稳定可靠的 GPS 信息和无线网络通信,因此仅支持室外空旷场景。最早完成远程召唤功能量产落地的厂商为Tesla,其功能场景如图 5.3 所示。

远程召唤功能主要功能点如表 5.2 所示。

图 5.3 Tesla 汽车的远程召唤功能场景示意

表 5.2 远程召唤功能主要功能点

功 能 点	子 功 能 点	描　　述
功能启动	功能使能	用户打开手机 App,通过网络通信与车辆建立连接,车辆位置和手机位置同时显示在地图中,当两者距离在限定范围内时,功能使能。出现以下情况功能禁用: • 手机和车辆无法建立网络通信,或通信质量较差。 • 手机或车辆无法获得稳定的 GNSS 信号,无法定位或定位质量较差。 • 手机和车辆所在位置大于限定距离,如 65m
	功能激活	用户可通过两种方式激活功能: • 默认状态下,车辆巡航目标位置为手机所在位置,车辆规划轨迹至该位置。 • 在距离范围内指定车辆巡航目标位置,车辆规划轨迹至该指定位置
泊出和巡航	泊出过程	车辆泊出支持各种停车位类型,如水平式、垂直式、斜列式、窄车位、宽车位等,支持前进出库和倒车出库
	巡航过程	巡航过程中,车辆低速前进(如 0～20km/h),自动驾驶系统对静态障碍物采取绕行策略,对动态障碍物采取停车等待让行策略。等待超时则通过手机向远端的用户发送接管指令。接管时需要用户前往车辆所在位置,进入车辆后驾车离开
远程接管	安全停车	在车辆自动驾驶过程中,用户实时观测车辆运行状态,在任意情况下都可通过手机发送停车指令。在 Tesla 的产品中,实现方式为,用户松开手机 App 中的按钮即默认发出停车指令

远程召唤功能在室外环境能给用户带来一定程度的便利。例如,当遇到大风、雨、雪、冰雹等恶劣天气时,无须步行去停车场,直接召唤车辆(点击手机 App 上的 Come To Me 按钮),避免用户受到恶劣天气伤害。当用户提抱重物取车时,同样可以召唤车辆,省时省力。由于该功能轨迹规划过程依赖导航地图中的信息,当出现停车场道路环境发生变化而地图更新不及时的情况时,容易导致车辆无法按照规划的轨迹抵达目标位置。

5.4　记忆泊车

记忆泊车功能因有记忆人工驾驶轨迹的过程而得名,部分同行也称之为学习泊车。在功能使用前,用户在停车场内沿固定路线人工驾驶车辆前进,自动驾驶系统实时采集并记录环境信息，直至抵达目标车位附近，可完成轨迹和目标车位的记忆过程，即完成建图。此后，每当用户驾驶车辆进入记忆轨迹的范围，即可激活记忆泊车功能。其间车辆自动完成巡航、泊入，以及泊出过程，无须用户对车辆进行任何控制操作。泊车过程中，为保障安全，需要用户实时监控周围环境，在必要时接管车辆。人在车的记忆泊车，泊入后需要在车停好后用户才能离开车辆，泊出前则需要用户先步行至停车位并进入车辆。首个完成记忆泊车功能量产落地的厂商为小鹏汽车，但其产品仅支持泊入过程，功能场景如图 5.4 所示。

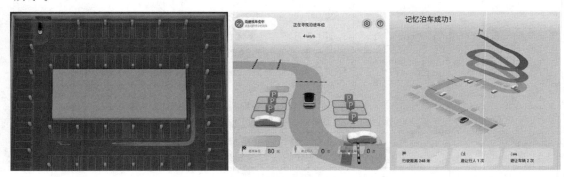

图 5.4　小鹏汽车的记忆泊车功能场景示意

记忆泊车功能主要功能点如表 5.3 所示。

表 5.3　记忆泊车功能主要功能点

功能点	子功能点	描述
人工驾驶轨迹记忆	记忆过程	在停车场内，人工激活轨迹记忆模式，用户驾驶车辆从 A 点运行到 B 点，并在 B 点通过车机界面，在已识别出来的停车位中，选定需要记忆的目标停车位。在此过程中系统自动记录沿途泊入轨迹信息和选定的目标停车位，并生成记忆泊车地图。同理，用户可以通过人工驾驶记忆泊出轨迹
	退出记忆	为保证所记忆轨迹的质量，出现以下情况退出记忆，并及时提醒驾驶员： • 在非入库或出库状态下，出现倒车或换挡操作。 • 在入库或出库时，人工揉库次数过多。 • 当轨迹记忆的距离范围（如 20～1000m）和行车速度范围（如 0～30km/h）出现超出界限可能性时，及时提醒驾驶员。长时间超出界限则退出轨迹记忆模式，并通知驾驶员本次记忆失败
	轨迹共享	用户向云端提交自建的记忆泊车地图，将记忆轨迹推荐给其他用户。 汽车厂商的充电桩管理方也可在停车场内自建从入口至充电桩的记忆泊车地图，并提交到云端面向所有用户共享。 当其他用户进入同一停车场时，系统在后台下载可用的记忆泊车地图。在车辆进入地图范围后提醒用户记忆泊车功能可用

续表

功 能 点	子功能点	描　　述
功能激活	地图下载和匹配	当用户驾驶车辆接近停车场时,自动驾驶系统根据 GNSS 位置信息匹配单一停车场内多张可选地图,并构建候选地图列表。 当该停车场存在共享轨迹时,系统在后台自动下载可用的记忆泊车地图,并将共享地图纳入候选地图列表中
	定位初始化	车辆进入停车场后,根据候选地图列表,依次进行定位初始化。定位初始化成功则可激活记忆泊车功能。 当候选地图列表中有多张地图时,除通过定位初始化自动匹配外,用户还可通过手动的方式,在车机界面上选择特定的地图
泊车巡航	让行和绕行	自动驾驶系统对静态障碍物采取绕行策略,对动态障碍物采取停车等待让行策略。等待超时则向用户发送接管请求
	窄路会车	一般工况下,在直路会车,采取缓慢靠边让行的策略。挑战工况下,在狭窄路口,采取沿原轨迹缓慢倒车靠边让行的策略。当会车不成功时向用户发送接管请求
	偏离轨迹	因让行、绕行,或会车需要离开轨迹时,可以短暂小幅度偏离轨迹,正常状态下需按照轨迹路线巡航
	地图元素显示	一般显示元素如下: • 记忆轨迹,目标停车位。 • 静态环境信息,如墙、柱子、减速带等。 • 与地图元素关联的 POI,如电梯口、充电桩等
泊入和泊出	固定车位泊入	泊入记忆轨迹末端的目标车位
	沿途泊入	沿途检测到车位实时显示,用户可随时选择需要泊入的车位,并在选定后激活自动泊入功能
	泊入失败	当由于巡航阶段受到阻挡或目标车位被占用而导致泊入失败时,提醒驾驶员重新选择可泊车位或接管车辆
	启动泊出	用户启动泊出功能后,系统默认泊出方向为记忆轨迹的方向,泊出后自动切换至泊车巡航状态

记忆泊车功能主要面向有固定车位或固定停车区域的住宅或办公地点环境,该类场景几乎每天重复发生。人在车情况下,自动巡航、泊入,以及泊出的过程在增加车辆科技感的同时,还可以让用户从枯燥乏味的泊车任务中得到暂时的解脱,一边泊车一边在车内收拾随身物品,还可帮助用户节省时间。作为代客泊车技术的过渡阶段,该功能有效避开了停车场大规模离线建图成本高的问题,实现了量产落地。

5.5　代客泊车

代客泊车(Auto Valet Parking,AVP)是指代替用户完成泊车任务。在该功能中,自动驾驶系统可帮助用户提前下载好附近停车场的高精度地图,系统基于地图规划车辆行驶路线,自动巡航至地图范围内任意选定车位附近并泊车入位,或自动从任意车位中泊出并巡航至停车场出口或用户在地图中指定的其他位置。与记忆泊车相比,该功能的自动泊车行动空间更大,扩展至整个高精度地图的覆盖范围。同时其泊车自由度也更大,到达同一位置的行车路径可能存在多条。威马 W6 是首个尝试将自动代客泊车功能量产落地的车型,该产品软/硬件解决方案由百度提供,如图 5.5 所示。

图 5.5 威马汽车的代客泊车功能场景示意

代客泊车功能主要功能点如表 5.4 所示。

表 5.4 代客泊车功能主要功能点

功 能 点	子 功 能 点	描 述
AVP 地图管理	建图和保鲜	通过专门的地图数据采集车收集停车场数据,利用离线的高精度地图生产线生产初始地图。后续使用低成本的众包数据保持地图鲜度
	车端下载更新	在导航开启情况下,如导航目的地是支持 AVP 功能的停车场,则直接下载或更新该停车场地图。在导航未开启的情况下,系统根据位置判断车辆接近 AVP 停车场后,自动下载或更新该停车场地图
功能启动	定位初始化	车辆进入停车场后,系统自动开启定位初始化。初始化完成后在车机和仪表界面上主动给用户推荐 AVP 服务。用户选定车辆目标位置即可启动功能。目标位置可以是特定停车位,特定区域,以及地图中的各类 POI,如电梯口、充电站、洗车店等
	默认服务	系统提供默认目的地和可选列表,并支持新增途经点,如进入停车场后默认下车点在电梯口附近,泊出时默认目的地为停车场出口;提供推荐停车区域和可选停车区域;提供默认泊车巡航路线和可选路线。 地图中包含各类丰富的 POI,用户可根据个人偏好,随时在车机界面中选择,如停车场内的充电站、洗车店等。系统将重新规划轨迹至新目的地
泊车巡航	让行和绕行	自动驾驶系统对静态障碍物采取绕行策略,对动态障碍物采取停车等待让行策略。等待超时则向用户发送接管请求
	窄路会车	一般工况下,在直路会车,采取缓慢靠边让行的策略。挑战工况下,在狭窄路口,采取沿原轨迹缓慢倒车靠边让行的策略。当会车不成功时向用户发送接管请求
	偏离轨迹	因让行、绕行或会车需要偏离轨迹时,可以短暂偏离轨迹。当偏离轨迹幅度较大时,可基于地图信息对巡航轨迹进行重新规划
	地图元素显示	高精度地图元素充分渲染,提供泊车场景下的导航级服务

续表

功 能 点	子 功 能 点	描 述
泊入和泊出	选定车位泊入	车辆巡航至用户选定的车位附近并泊车入位。当由于车位占用无法完成泊入时,则重新规划轨迹,在最近的泊车区域寻找可泊车位泊入,并给驾驶员发送对应的提醒
	选定区域泊入	车辆巡航至用户选定的区域,自动就近选择可泊车位并完成泊入。当该区域无可泊车位时,则重新规划轨迹,就近选取其他泊车区域泊车,并给驾驶员发送对应的提醒
	泊入失败措施	一直无可泊车位,靠边停车等待,向驾驶员推送服务停车场内自动转圈等空车位服务。如不响应则向驾驶员发送接管请求,接管前车辆可巡航至用户指定位置
寻车服务	寻车服务	当用户需要取车时,回传实时位置和图像至手机,手机同步车辆在高精度地图中的位置,寻车时车辆闪灯鸣笛

代客泊车功能主要面向大型公共停车场,如商场超市、公共场馆、写字楼的停车场。与记忆泊车功能的记忆轨迹相比,离线构建的泊车高精度地图能够带来更加丰富的信息,让自动驾驶系统给用户带来更好的体验。人在车内的情况下,该功能主要帮助用户减少下车前收拾东西的时间,导航找兴趣点(Point Of Interesting,POI),缓解停车场繁忙时找车位的焦虑,结合手机视频或图像传输降低取车时找车的困难。但高昂的建图成本和地图保鲜维护成本,仍然是制约代客泊车功能量产落地的关键因素之一。

5.6 远程监控泊车

第 4 章所述的行车功能,其主要意义在于车辆将用户从起点运送到终点,因此在整个过程中用户需要在车内乘坐。对于泊车过程来说,其意义在于将车辆存放到安全有序的位置,如果有其他方式保障该过程的安全和效率,用户无必要在车内乘坐。此外,整个泊车过程对用户来讲毫无正向体验感可言,不仅费时费力,且枯燥乏味。因此,自动驾驶从业者们不断尝试人离车的可行性,努力开发各种产品和技术,保障人离车后自动驾驶泊车过程中车辆安全可控。其中的产品之一为远程监控泊车,即车辆在运行记忆泊车或代客泊车功能时,用户无须在车内,而是在远端通过手机或监控平台对车辆实时状态做监控。该状态下,人离车仍然保持在环(Driver In the Loop)。

从场景上看,各类泊车功能车速一般较低(小于 30km/h),大部分时候车流和人流密度不高,安全风险相对较小。几种尚在探索中或已量产的产品技术路线如表 5.5 所示。注意:人不在环的产品形态此处不做详细讲解。

表 5.5 几种人离车在环的泊车产品技术路线

技 术 路 线	功 能	大 致 方 案
驾驶员通过手机在环	RPA(Remote Parking Assistant)功能:人在车外 10m 范围内,通过手机点击"泊入"和"泊出"按钮,车辆自动泊入或泊出车位	在 APA 基础上增加通过蓝牙从手机发送指令到车端的通道,蓝牙通信距离限制了人离车的距离,车辆接收到指令后做响应,即激活自动泊车功能或停车

续表

技 术 路 线	功　　能	大 致 方 案
驾驶员通过手机在环	视距范围内的远程召唤或记忆泊车：人在车外可视范围内（如60m），通过手机点击"记忆泊车泊入"或"召唤"按钮，车辆自动巡航并泊入车位，或自动泊出并巡航至预定位置	在记忆泊车基础上增加通过4G/5G网络从手机发送指令到车端的通道，通过GPS位置限制人离车的距离，车辆接收到指令后做响应，即激活记忆泊车功能或停车
	视距范围外的记忆泊车：人在车外可离开泊车环境，通过手机点击记忆泊车功能的"远程泊车"或"召唤"按钮，车辆自动巡航并泊入车位，或自动泊出并巡航至预定位置。该过程中用户通过手机观察车辆周围实景，在必要时通过手机指令停止车辆	在上述"视距范围内的记忆泊车"基础上，将车端视频流传输至手机端并实时显示出来，全链路优化保障高带宽和低时延，车端监控到通信质量较差时自动停车
	视距范围外的代客泊车：交互过程同上	通信方案同上
云安全员在环	视距范围外的记忆泊车：人在车外可离开泊车环境，通过手机点击记忆泊车功能的"远程泊车"或"召唤"按钮，车辆自动巡航并泊入车位，或自动泊出并巡航至预定位置。该过程中，云安全员对车辆进行在线实景监控，在必要时远程停止车辆，并在小范围内帮助车辆脱困。驾驶员离开后可随时查阅车辆状态，无须时刻保持监控	通过4G/5G将车端视频流传输至云端，在云安全员的远程操作界面中实时显示出来。全链路优化保障高带宽和低时延，车端监控到通信质量较差时自动停车
	视距范围外的代客泊车：交互过程同上	通信方案同上
场端安全员在环	视距范围外的记忆泊车：人在车外可离开泊车环境，通过手机点击记忆泊车功能的"远程泊车"或"召唤"按钮，车辆自动巡航并泊入车位，或自动泊出并巡航至预定位置。该过程中，停车场场端安全员对车辆进行在线实景监控，在必要时远程停止车辆，并在小范围内帮助车辆脱困。驾驶员离开后可随时查阅车辆状态，无须时刻保持监控	改造停车场内的通信设施，通过车场直连的通信方式保障高带宽和低时延，车端视频流传输至场端安全员工作界面并显示。同时可以在场端增加摄像头，对整个泊车环境进行无死角监控
	视距范围外的代客泊车：交互过程同上	通信方案同上

上述视距范围外的人在环方法中，人机交互界面上除了显示视频流，还可以增加一些辅助信息，帮助在环人员及时发现潜在的碰撞风险，如图5.6所示，具体如下。

（1）适配中主要包含前视图或俯视图，在视频上叠加高亮车辆易发生碰撞的区域，在环人员应当重点关注。

（2）高亮区域会根据车速以及通信时延发生变化，车速越快通信时延越长，区域就越大，车速降低通信时延缩短，区域则随之缩小。

（3）当路面障碍物进入高亮区域时，推荐用户采取应对措施，如及时制动减速。

表5.5中讲解了三种人离车在环的技术路线，其主要区别在于对车辆做远程在线监控

图 5.6   实景视频中辅助信息叠加显示示意

的通信链路和监控角色,即远程在环形式,综合对比分析如表 5.6 所示。

表 5.6   三种人离车在环的技术路线对比

比 较 项	用户通过手机在环	云安全员在环	场端安全员在环
用户交互体验	体验一般,功能启动后用户需要高频通过手机关注泊车过程	体验好,功能激活后用户无须关注泊车过程	体验好,功能启动后用户无须关注泊车过程
通信稳定性	手机-车端通信不可控	车-云通信在一定程度上可控	车-场通信完全可控
系统安全性	一般,用户未经过专业培训,易忽略危险场景	较高,安全员经过专业培训,且经验丰富	较高,安全员经过专业培训,且经验丰富
责任划分	责任在用户	责任在运营方	责任在运营方
基建成本	无	有一定成本,需集中建设云端远程监控系统	有很高成本,每个停车场场端通信设备和远程监控设备
运营成本	无	有一定成本,根据功能使用情况调配云安全员任务,规模化后成本可优化	有很高成本,场端安全员任务固定,难调配,成本优化难

通过上述综合比较可以初步得出如下结论。

(1)"用户通过手机在环"虽然成本低,具备商业落地可行性,但现阶段技术和基础设施在通信稳定性和系统安全性方面都不够好,最终的用户体验也一般,难以做成一个好产品,可以是未来努力的一个方向。

(2)"云安全员在环"成本有机会优化,现阶段技术和基础设施在通信能力和安全性方面在一定程度上可以得到控制,也有优化空间,能给用户带来很好的体验,是值得尝试落地的方向。该类方案已在 Robotaxi 示范运营中得到验证。图 5.7 所示为百度已经开始在试点运营的"5G 云代驾"。

图 5.7　百度 Apollo 的"5G 云代驾"

（3）"场端安全员在环"在基建成本和运营成本上都极高，较难有优化空间，现阶段不具备商业落地可行性。

5.7　小结

根据前面的讲解，可以做出如下总结，泊车功能在车上运行时，主要给用户带来如下价值。

（1）解决泊车难问题：车位狭窄容易剐蹭，对很多新手驾驶员，停进去和泊出来的操作都有难度。

（2）节约泊车过程的耗时：主要节约场内巡航找车位时间、人离车前收拾东西的时间，以及步行走出停车场的时间。

（3）在日常的固定停车场环境，缓解用户停车过程的枯燥乏味感：家和公司停车场停车基本上每天都要发生，日复一日地重复场景，枯燥乏味感很强。

（4）帮助用户在陌生泊车环境快速找到兴趣点：大型公共停车场环境复杂，参照较少，取车时找车困难，停车场繁忙时找车位焦虑，用户容易找不到兴趣点，如充电桩、电梯口、停车场出口等。

对于泊车功能，除了性能逐渐优化实现泊车过程人离车，与行车功能一样新增功能和功能点的拓展同样很重要，其趋势主要集中在如表 5.7 所示的三方面：多场景打通、ODD扩展以及新的自动驾驶任务。

表 5.7　泊车功能未来功能点

功　能　点	子　功　能　点
多场景打通	打通城市行车和泊车场景：停车场入口和城市道路之间的连接路段一般为室外园区，实现室外园区与城市道路，以及与室内停车场道路的平滑过渡
	地上和地下跨层泊车场景打通，在环境特征稀少的跨层路段保障性能
	室内和室外泊车场景打通，包括停车场闸机通行、室内和室外场景的平滑过渡
ODD 扩展	天气：不同程度的雨、雪、雾等天气
	区域：从部分类型停车场拓展到更多类型，从一线城市逐步覆盖到二、三线城市
新的自动驾驶任务	车外交互：泊车环境下，通过车外声、光与周围行人、车辆等交通参与者交互，提高会车、让行、绕行的效率
	自动充电：自动巡航至充电桩位置，并实现自动插拔充电枪或无线充电

上述内容都是关于人在环的泊车功能，人不在环的泊车同样是未来的重要发展方向，在此对其做简要讲解。

人不在环的泊车功能是典型的 L4 级别自动驾驶产品形态，也是人们认为的代客泊车终极形态，即真正的无人代客泊车。随着技术的不断进步，不论是单车智能还是车场结合的技术方案，未来一定可以实现停车场内泊车的完全无人化。这里畅想一下未来完全无人化的泊车产品演进路线如下，主要分为三个阶段。

（1）封闭专用停车场：在产品和技术落地初期，为了杜绝人身安全隐患，将无人泊车环境与有人参与的泊车环境完全隔离。该情况下，即使出现碰撞事故也仅为财产损失，无人身安全风险，对应的法规和保险也比较容易落地。

（2）半封闭专用停车场：在产品和技术落地中期，完全无人的车辆和有人驾驶车辆可以混流进入停车场，人下车后在停车场内具备安全防范措施的范围内行走。此时车辆的智能化程度已经得到大幅度提升，人身安全有保障。

（3）一般停车场：在产品和技术落地成熟期，车辆智能化程度已经很高，全社会应当开始大规模普及 L4 级别自动驾驶车辆。由于法规和保险等体系已经非常健全，此时人不在环的泊车产品在停车场环境中可以完全开放。

算 法 篇

好的自动驾驶产品需要以优秀的算法为基石,功能的稳定运行离不开算法对路面复杂场景的处理。

在算法篇中,第 6 章将从工程角度讲解自动驾驶算法中广泛应用的数据驱动思想,并结合学术界和工业界的研究成果,第 7~9 章详细论述感知融合、地图定位,以及预测规划控制这三方面的算法方案。

第6章

数据驱动的自动驾驶算法

自动驾驶技术被誉为人工智能"皇冠上的明珠"。数据驱动(Data Driven)的思想在人工智能领域已经深入人心,其利用真实场景中的数据来驱动算法能力的提升和迭代,该思想的优势为,数据的不断积累能让算法能力逐步触碰到更高的天花板;数据的真实性能够保障算法能力的提升往解决实际问题的方向发展。本章将对数据驱动思想在自动驾驶算法中的应用展开详细讲解。

6.1 自动驾驶算法的组成

自动驾驶任务的本质是让机器自行控制车辆从起点位置出发,安全、高效地行驶到目标位置。为实现这一任务,自动驾驶系统需要具备各项基础算法能力,如图 6.1 所示。

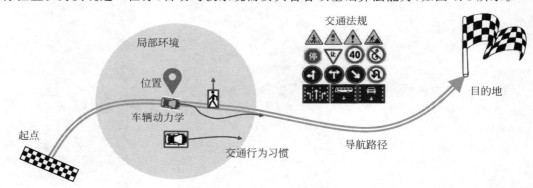

图 6.1 完成自动驾驶任务的基础能力

在车辆启动自动驾驶功能前,系统首先根据自车的当前位姿(位置和姿态),在地图中搜索出起点至终点的最优路径,如现阶段广泛应用的地图导航功能。在任务进行过程中,系统需要实时确定并更新自车位姿,当道路出现拥堵或临时封闭时,自车能重新规划巡航至终点的最优路径。这里有一个特例,在车道巡航功能中不涉及巡航路径计算和更新的问题,起点即为自车实时位置,终点为系统可观测到的前方车道最远点,两者同时处于实时更新状态。

自动驾驶车辆在路面行驶过程中需要面对非常复杂的交通状况,除了完成车辆本身的控制任务,更需要与环境中其他交通参与者或元素进行实时交互。为保障自动驾驶任务执行过程中的"安全"和"高效",系统需要严格遵守现有的交通法规和日常行车习惯。常见的自动驾驶车辆有既安全又高效的行为:沿车道中心行驶,与前车保持安全车距,安全换道,面对不同类型和状态的障碍物采取让行、绕行、超车、跟随等决策,在出入匝道或路口时需要提前变换至正确的车道,红灯停绿灯行,礼让行人,在不同路段根据法规要求限定车速范围,等等。

为实现这些既安全又高效的行为,自动驾驶系统需要尽可能真实完整地构建车辆周围局部的虚拟环境。构成虚拟环境的信息包括各类道路标线(如车道线、斑马线、车位线等)、标识(如限速、让行、停车等)及其包含的语义信息。各类静态障碍物(如锥桶、路沿、龙门架、减速带、桩、柱、墙体等)、各类动态障碍物(如车辆、行人等)以及其运动趋势。这些信息主要来源于两方面:高精度地图和感知模块。高精度地图一般包含道路元素以及和道路相关联的其他静态元素,该类元素一般不会轻易移动和改变。感知模块则在系统中实时运行,动态检测传感器探测能力范围内的所有目标物。由于感知模块涉及车身周边不同类型的诸多传感器,因此需要对目标物做时间和空间融合。对于其中的动态目标物还需要预测其未来一段时间内的运动状态。

在包含所有实时交通信息的虚拟环境完成构建后,系统根据交通规则和日常行车习惯规划出局部范围内向前行驶的最佳目标轨迹,并与车辆底盘通信将控制模块输出的控制指令下发到对应的执行器,使车辆沿目标轨迹行驶。随着自车的不断前进,小范围的目标轨迹沿着总体的导航路径实时更新,最终使车辆到达目的地,并完成自动驾驶任务。

综上所述,自动驾驶任务的完成需要诸多基础算法能力做支撑,自动驾驶系统算法构成如图 6.2 所示,主要解决的问题包括感知融合,即各类动/静态目标物检测和多源多帧目标融合;地图定位,即地图构建和自车位姿估计;预测规划控制,即目标状态和轨迹预测、自车行为决策、自车轨迹规划以及控制。自动驾驶技术发展到今天,尤其是在量产自动驾驶赛道,算法方案需要解决的主要问题已然从科学问题逐步转换至工程问题,算法的实现主要运用以下几方面的技术。

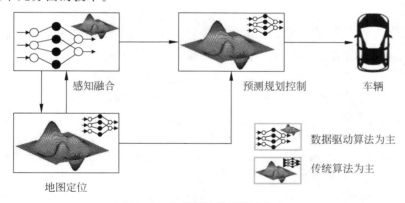

图 6.2　自动驾驶系统算法构成

(1) 以深度学习、强化学习等技术为基础的数据驱动算法,主要用来实现自动驾驶任务中基于图像和激光点云的感知任务、感知融合,以及动态目标物轨迹预测等。

(2) SLAM(Simultaneous Localization And Mapping)技术,主要用来解决地图构建和更新、自车位姿估计、传感器参数标定、数据连续帧拼接、真值系统等问题。

(3) 基于搜索和优化的规划控制技术,主要以车辆为本体生成目标轨迹,并实现跟踪控制,如车辆最优行为决策、轨迹规划,以及控制过程中的动态误差修正等问题。

其中数据驱动算法已在各工业领域大放异彩,如 FaceID、AlphaGo、Chart GPT 等。该类技术通过大量数据对模型进行迭代,驱动算法能力不断提升,拓展模型能力的边界,是目前业内认为解决自动驾驶这一复杂问题最具天花板的技术之一。数据驱动算法在自动驾驶领域的量产应用最早出现在感知算法上,并逐步深入到融合与预测算法,地图定位和决策规划也开始逐渐涉及,目前已取得诸多工程落地的进展。其开发和使用一般需要经历如下过程:数据采集和标注,数据预处理,模型设计,损失函数和参数优化器选择,模型训练和调优,模型评测,模型工程化部署等。在所有这些工作开展前,还需要根据算法任务目标预先设计好整体的算法方案。此外,地图定位和决策规划控制算法虽然当前仍以基于规则的传统算法为主,但使用数据驱动的算法来解决相关问题的成果已经屡见不鲜,并逐步开始在量产车上得到应用。

6.2 数据驱动思想

数据驱动算法的核心思想主要由四部分组成:问题定义、算法、数据、工具链,如图 6.3 所示。其中问题定义是核心,主要目的是将一个自动驾驶任务要解决的问题定义清楚,细致到可操作层面。算法、数据和工具链则形成迭代闭环,是算法能力不断优化的过程。

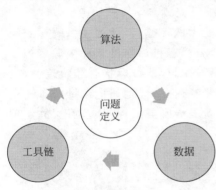

图 6.3 数据驱动算法的核心思想

为更好地帮助自动驾驶系统实现量产,以数据驱动思想为依托,在设计深度学习算法方案时需要巧妙地定义深度学习技术待解决的工程问题。问题定义主要回答三个问题,即学习什么(What)、向谁学习(Who),以及如何学习(How)。一个好的问题定义结果应当体现在如下三方面。

(1) 明确学习什么(What):明确学习目标。所学即所用,所学习的数据特征跟实际应用场景结合,能够解决系统分解下来的问题。真值(Ground Truth)的标注规则简洁明了,能做到"千篇一律"。

(2) 回答向谁学习(Who):选择合理的学习对象,在成本和性能之间找到最佳平衡点。原始数据和真值数据易获取,且付出成本低。

(3) 厘清如何学习(How):设计工程友好的数据预处理方法、适用于学习目标的深度学习网络结构,以及符合量产要求的模型训练和推理过程。

算法的迭代是一个螺旋上升的过程,与图 1.22 所示的 Momenta 公司的飞轮战略相似,主要有三个组成部分:数据驱动的算法开发、海量高价值数据采集和自动化的工具链建设。问题定义清晰后,算法方案、数据方案以及工具链使用方案即可完成设计。

数据驱动的算法主要为当前广泛应用的深度学习算法,通过自动学习数据中的规律解决实际工程问题。在量产落地的赛道上,要解决真实道路上层出不穷的问题,需要有海量的高价值数据做支撑,既要保障数据的数量又要保障其质量,为先进的深度学习算法提供丰富的补给。大多数自动驾驶公司通过自建车队完成数据采集,难以做到低成本、高效率。而通过每天在路面运行的上亿级别的量产车回收数据成为获取海量数据的最佳路径之一。图 6.4 所示为 2016—2022 年我国机动车及汽车保有量变化趋势。

量产车提供了丰富的数据来源,在线和离线的数据挖掘技术则是保障数据质量的有效手段。在线数据挖掘是指在车辆运行时,依托车载软/硬件将高价值数据截取并上传至云端的过程。其好处在于,从工程上极大减少了无效数据对车端和云端的传输资源、存储资源,以及计算资源的损耗和浪费,整体提高了数据采集的效率,降低了成本。离线数据挖掘

图 6.4　2016—2022 年我国机动车及汽车保有量变化趋势

则主要针对新发现的问题在已有数据库中挖掘特定数据,在最大程度上复用存量数据,减少因解决新问题而增加的数据采集成本。

　　自动化的工具链则支撑数据生产和算法迭代过程的自动化运转,提高研发效率,降低研发成本。当车端配备自动化真值系统,在场景数据采集的同时往往需要同步收集真值数据。绝大多数时候真值的性能决定了模型性能的天花板。算法从设计到最后工程应用需要经历如下阶段:网络结构设计,数据准备(如采集、分析、聚合等),数据标注,模型训练,模型评测,嵌入式集成和验证等。针对每个阶段的任务,自动化工具链提供效率保障,加速模型迭代和工程应用的全过程。

6.3　学习什么

　　学习什么即学习目标,从宏观上看是指学习型算法要解决的特定问题或者要完成的特定任务。面对一个新的学习任务,首先需要制定清晰的学习目标,明确模型输出结果的表达方式。例如,针对泊车场景下的感知任务,从功能场景分析感知需求,得到该场景下的具体检测任务有车、人、墙、柱子、地锁、车位框、限位器等。从微观上看则是指针对特定问题或特定任务对学习内容做进一步的细化。其中针对车位框识别,车位框的不同表达方式决定了不同的学习内容,而不同的学习内容又进一步影响着数据标注需求。

　　图 6.5 所示为三种不同的车位框表达方式。左侧的表达方式为有顺序的车位框角点坐标,即 p_0-p_3,对于垂直车位,默认 p_1-p_2 为开口边,对于平行车位,默认 p_0-p_1 为开口边。中间的表达方式为一个向量和向量坐标距车位框每条边的距离,向量坐标为目标停车位的位置和朝向。右侧的表达方式为车位框中心点坐标和有顺序的车位框角点极坐标。不同的车位框表达方式在数据标注方法和模型训练的难易程度上有区别。

　　在深度学习技术工程应用过程中,学习目标的制定直接决定了最终能否较好地完成预定任务。在设计算法方案时,学习目标的制定需要遵循如下原则。

　　(1)所学即所用:即所学习的目标跟实际应用场景相结合,能够匹配系统分解下来的问题,输出结果尽可能直接被下游模块所使用。深度学习模型与传统基于规则建立的数学模型相比,其天然的优势是通过数据自动总结输入与输出的映射规律。与直接解决问题的

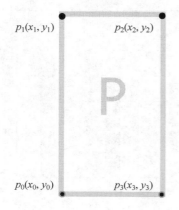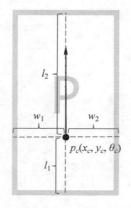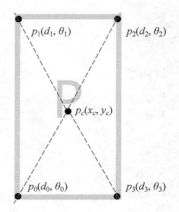

图 6.5　三种不同的车位框表达方式

方式相比,间接方法意味着在深度学习模型下游仍需要建立基于规则的模块做后处理,进而造成整体性能受限。

(2) 真值标注能做到"千篇一律":学习目标决定了真值标注的需求,而真值的性能又是模型性能的天花板。标注规则应当简洁易懂,一千个标注员能在短时间内对标注任务有相同的理解,输出高度一致性的结果。如果标注规则过于复杂,对人工标注还是自动化标注都是一个挑战。不仅带来更高的标注成本,还容易造成标注结果的一致性难以保证、模型的学习目标不清晰的后果,并进一步影响模型性能。

对于同一个检测任务采用不同的学习目标实现,最终的检测结果性能差异显著。为进一步说明该问题,讲解几个示例,如图 6.6 和表 6.1 所示。

示例一　　　　示例二　　　　示例三　　　　示例四

图 6.6　几种不同的学习目标示例

表 6.1　几种不同的学习目标对比

编号	检测任务	学习目标	综合评估
示例一	图像中停车场可行驶区域	停车场环境下,鸟瞰图中可行驶区域的边界,下游模块以此边界为基准避免碰撞	优点:对于训练集中且高频出现的障碍物,其边界可以有较好的检测效果,一个模型完成所有障碍物检测的任务。 缺点:参与边界分割的目标物种类不计其数,标注规则难以统一,且对数据量以及数据分布的需求过大,数据积累时间成本、采集和标注成本都很高,短期内模型泛化性较难提高。 结论:短期内模型泛化性较差,如能做到低成本数据积累和模型优化才有可能工程落地,长期看有潜力

续表

编　号	检 测 任 务	学 习 目 标	综 合 评 估
示例二	图像中室内停车场墙/柱子	室内停车场中墙/柱子与地面的相接线，下游模块以此线为基准避免碰撞	优点：在不规则的墙/柱子中找到共性特征元素接地线，模型容易学习到这些共性特征。 缺点：停车场环境中接地线容易被遮挡，数据采集时需要挑选场景。 结论：具备量产落地可行性
示例三	图像中不同类型车辆	检测车辆的轮胎与地面相接线，超出车轮部分的车头和车尾用规则的方法预估长度	优点：不同车辆的车轮接地线特征一致，容易学到一个通用的高性能检测模型，由于接地线贴地，基于规则的方法容易计算出较为准确的 3D 信息。 缺点：车轮接地线不能很好地表达车辆的实际轮廓，车辆轮廓估算结果精度差，且有些视角下车轮线看不全，检测距离有限。 结论：模型检测性能高，但不满足下游模块对车辆轮廓的使用需求，工程落地性较差
示例四	图像中不同类型车辆	直接检测车辆的实际 3D 框	优点：所学即所用，避免了使用规则型算法将检测结果从像素平面投影至三维空间的过程。 缺点：需要解决 3D 真值低成本获取的问题。 结论：采用激光感知结果作为真值，方案具备量产落地可行性

6.4　向谁学习

向谁学习即明确被学习对象，也就是训练所使用的数据，具体包含原始数据（Raw Data）和表征学习目标的真值数据。

在工程应用过程、模型开发和迭代优化的方法主要有三种：改进训练方式、优化模型结构、更新训练数据。其中更新高质量的训练数据是最有效、最快捷的方法。在设计算法方案时，数据的获取方案尽可能遵循如下原则。

（1）原始数据质量高：数据样本分布多样且均衡，模型用较少数据量就能获得较高的泛化性。

（2）原始数据获取成本低：数据在车端的采集过程和在云端的筛选过程尽可能使用自动化工具完成。

（3）数据利用率高：面对新任务时尽可能复用现存数据，提高数据利用率，减少新数据采集、标注以及维护的成本。

（4）真值数据获取成本低：首先尽可能实现自动化标注，当人工标注过程无法避免时，所设计的标注方案应当尽可能减少标注员的操作步骤。

根据模型迭代的数据需求，如何通过车端实时采集和上传，或在浩如烟海的云端数据库中高效提取，是数据筛选器需要解决的问题。数据筛选相关的内容将在 11.6 节详细讲解，此处不赘述。

有了原始数据后，为避免模型训练过程中由于样本数据的原因陷入过拟合，一般会采取数据增广的正则化措施,以提高模型的性能。例如在图像分类任务中,常见的数据增广方法有数据解析采用不同解码形式,如 RGB 或 BGR;数据尺寸变换,如裁剪、缩放、堆叠等;不同方向上的镜像变换,如旋转、平移等;通过颜色空间变换改变图像色彩;数据归一化,改变数据的格式,如 UINT8、Float32;改变输出类型,如 ToTensor;增加图像过滤器,如锐化、各种模糊策略;增加畸变等。数据增广的操作低成本地扩充了原始数据总量,增加了数据的多样化分布,提高了整个数据集的数据质量。

有了高质量的原始数据后,需要在此基础上进一步获取真值数据。在量产阶段的自动驾驶系统中,深度学习模型绝大多数都是使用有监督学习的方法。而有监督学习的网络模型开发之前都有大量的真值标注任务。真值的应用主要为两方面:在模型训练过程中用来做监督;在模型评测过程中用来做评测基准。真值输出的能力即学习所获得的能力。有监督模型学习的本质是一个低精度系统学习高精度系统(真值)的过程。在实际使用过程中,所选取的高精度系统要高于自动驾驶任务所需要的水平。低精度系统学习结果能无限逼近真值水平,在不增加其他监督或采取额外措施的情况下,无法超越真值。作为被学习对象,真值可以由人工实现,也可以是机器实现。

在人工标注方案中,模型学习的是人工标注的规则,其背后隐含的意义是标注员对学习目标的理解。人工标注阶段,致力于设计更加清晰简洁的标注规则,让不同的人、不同时间、不同地点、不同数据,都能得到同样的高质量标注结果。例如在一个框出二维图像中车辆轮廓四边形的任务中,模型训练前往往是通过人工标注的手段获取真值,这个过程意味着学习获得的能力为标注员的能力,即能力来源于人类。

在当前的自动驾驶任务中,车辆行为的决策和行车轨迹的规划都是基于虚拟的三维空间实现。二维图像目标检测结果在使用前需要投影到三维空间,投影过程以地面平整的假设为前提,并受到传感器内部参数和外部参数的影响。然而地面平整的假设在很多真实场景下难以成立,投影误差比较难控制。如果想要在二维图像中通过模型直接预测前方车辆在三维空间中与自车的距离,则需要获得物体的深度信息作为真值参与监督。标注员无法通过图像将三维深度信息标注出来,人类的能力不再满足要求。此时需要使用具备较高三维测量精度的设备进行标注,例如激光雷达。

此外在自动驾驶量产解决方案中,为保障模型具备覆盖日常使用环境的泛化能力,达到可量产落地的性能,需要标注大量的数据。完全由人工标注的方式不仅需要耗费大量的人力成本,模型开发和迭代的周期也很长,对产品研发不友好。

因此研究自动化标注方法、开发自动化工具,以及获取高质量高效率的真值,一直都是深度学习技术工程应用努力的方向之一。目前主流的自动化标注方案有三类:云端大模型真值系统、高精密设备真值系统,以及高精度地图真值系统。

6.4.1　云端大模型真值系统

云端大模型真值系统是指由跑在云端的大模型推理输出原始数据真值的完整工具。车端由于计算资源受限且有实时性要求,一般只能运行参数较少的小模型。与车端域控制器相比,云端计算资源充足,能够支撑更为复杂、参数数量更多的大模型运转。大模型网络复杂,参数量庞大,虽然不适宜运行在嵌入式工程方案中,但其推理输出的高性能结果经过人工核验后可以作为小模型的真值使用。云端大模型真值系统原理如图 6.7 所示。

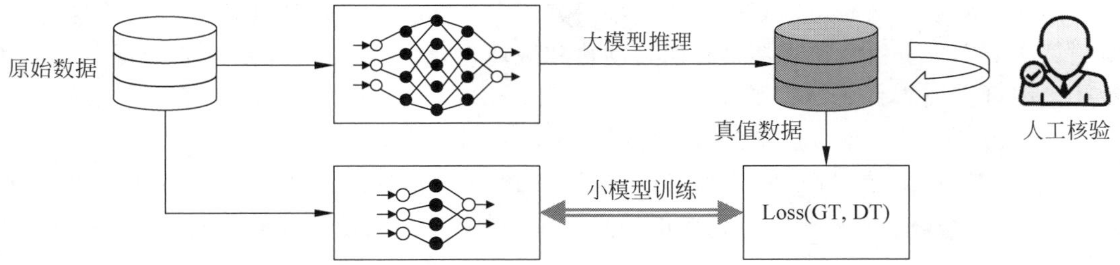

图 6.7　云端大模型真值系统原理

在工程应用过程中,将相同的原始数据分别输入大模型和小模型。此时大模型已经完成训练,虽然能达到很高的准召率(Precision 和 Recall),但推理结果中仍然存在少量的误检(False Positive,FP)、漏检(False Negative,FN),以及偶发的目标检测结果误差过大的问题。因此需要增加必要的人工过程:剔除误检、补正漏检,以及校准误差明显的检测结果。人工操作中删除一个误检框往往比补充一个漏检框效率高很多。为使大模型召回更多的目标,可以把检测结果的得分(Score)阈值设置在较低的位置,适当降低漏检率。对于点云类数据,基于规则的传统点云聚类算法同样可以实现召回更多目标的目的。召回率提高后一般误检率也随之增高,但人工核验的过程中可以高效地实现误检框的剔除,真值生产的整体效率有保障。此外,在连续数据帧中目标物不会出现超物理运动,也不会平白无故地产生或消失。基于连续数据帧中目标的物理约束和运动稳定性,可以实现针对检测框坐标的误差修正,也可以进一步自动化修正误检和漏检结果。

经过人工核验后的大模型推理结果可作为真值与小模型训练过程中的推理结果做比较,并由损失函数计算小模型推理结果的误差。小模型循环往复执行推理、误差反向传播,以及模型参数更新的过程,持续迭代优化,将推理结果的误差缩小到可接受范围内,最终完成模型训练。

该方案的优点是能够充分利用现有学术界顶级的研究成果,整个过程可以自动化完成。缺点是当大模型的性能天花板不够高时,大模型的迭代优化仍然需要大量的原始数据和真值数据做支撑。综合来看,在具备现成高性能大模型的情况下,可用该方法对需要工程落地的小模型快速赋能,学习的本质是迁移大模型的能力。

6.4.2　高精密设备真值系统

高精密设备真值系统是指利用高精密设备的能力生产高性能真值的技术组合。该类设备输出的信息本身具备更高的精度,经过与量产传感器完成空间坐标系一和时间同步,可以作为真值使用,其采集过程易于实现自动化。

激光雷达是自动驾驶技术研发过程中最常见的高精密设备之一。激光点云以及基于点云获得的各类目标检测结果天然具备很高的三维精度。这些信息可投影至图像中,用作视觉感知模型训练和评测的真值。使用时,将同一时刻、同一视场范围内采集到的激光点云数据投影到图像中,由此完成激光点云深度信息与图像中像素的关联。二维像素点附属深度后,原有针对二维图像的算法模型可以在三维信息预测性能上得到显著提升。此外,激光感知得到的检测结果(3D边框)也可直接投影到图像中,形成带深度信息的 2D 边框真值,同样可以在图像目标检测算法模型训练和评测过程中使用。

图 6.8 所示为激光雷达真值系统方案。其优点是能获取目标的高精度三维信息,激光检测算法能实现真值数据采集过程的自动化和规模化,所有配备激光雷达的数据采集车和量产车都可实现。其主要缺点如下。

(1) 极近区域一般为激光雷达的物理盲区,无有效点云输出。

(2) 受限于激光的穿透距离和点云密度,在小目标物和远处的目标物上落点较少,极难刻画目标物的特征,且容易与点云中的噪点混淆,无法对其进行有效的检测,进而影响真值的输出。

(3) 由于安装位置不同,其他传感器与激光雷达视场或多或少存在差异,两者获取的信息在空间上难以完全统一,进而影响真值的性能。图 6.9 和图 6.10 所示为传感器视场差异带来的两类问题。

图 6.8 激光雷达真值系统方案

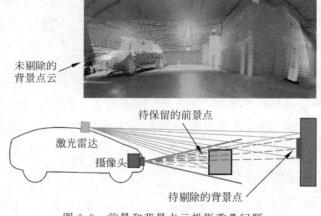

图 6.9 前景和背景点云投影重叠问题

视场差异带来的问题之一是通过图像获得的前景/背景与通过激光获得的前景/背景有差异。图 6.9 中激光雷达由于位置比摄像头安装得更高,摄像头拍摄不到的区域激光雷达仍然可以扫描到。如果初始点云不做处理直接向图像投影,容易造成同一片像素附近深度差异显著的前景点云和背景点云同时出现。视场差异带来的问题之二是不同的传感器对同一目标物的观测有差异。图 6.10 中摄像头和激光雷达针对同一目标的观测中心线的夹角越大,则对目标观测的差异越大。在 θ_1 位置两者观测的差异较小,在 θ_2 位置两者观测的差异较为明显。因此在激光点云使用时需要对数据做一些处理,裁剪部分点云,仅保留与其他传感器有共同观测的部分,如去除背景点云、去除目标边缘位置的点云等。弱化视场角问题最直接的方法是将不同传感器安装到尽可能靠近的位置,使共视区域的视线尽可能相同。

除激光雷达,高精度的定位组合设备也常常用在自动驾驶车辆研发平台中,具体包括带差分定位技术(Real Time Kinematic,RTK)的 GNSS 设备、高精度 IMU 模块和轮速传感器等。这套设备在一些场景下也可作为定位真值系统使用。

综合来看,高精密设备真值系统的方案工程落地性很强,但在使用过程中需要考虑传感器安装位置的选取和数据处理工作,学习的本质是迁移高精密设备的能力。对于上述多设

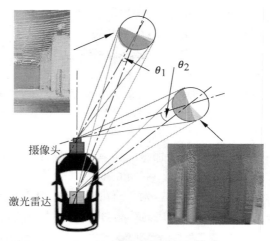

图 6.10　传感器对同一目标的观测差异

备或多传感器的联合标注,还需保障设备输出信息之间高精度的时间同步,使同一帧信息的生成发生在同一时刻,保证观测的一致性。例如,激光雷达和图像的时间同步要做到毫秒级别,确保每一张图像曝光时刻和激光点云捕获时刻尽可能接近。

6.4.3　高精度地图真值系统

高精度地图真值系统是指利用高精度地图的信息生产真值的技术组合。高精度地图在制作过程中有大量人工标注或人工质检的过程,图中的元素具备厘米级别甚至更高的形状精度和位置精度。在图像或激光数据采集时,结合高精度定位结果可得到各地图元素与自车的相对位姿。在完成时空坐标系统一后,可将地图元素投影至图像或激光点云中,并用作视觉或激光感知模型的真值。

高精度地图真值系统在使用时将地图中的矢量化元素投影到图像中,可以直接生成对应元素的图像检测模型真值。该方案的优点是地图元素主要包含路面常见的静态目标信息。静态目标的检测任务与地图绑定,有图即有真值。由于地图已将环境空间完成矢量化,一旦进入地图范围内,传感器在车辆四周任意视场范围内采集的数据都可以获得来自地图的真值。此外针对不同的天气状态、光照情况、车流密度、白天晚上等任意场景下采集到的传感器数据,只要不涉及由于修路等原因的地图更新,地图提供的真值数据完全不受影响。其缺点是对于地图精细程度和定位精度有较高要求,当需要新增地图中没有的元素做检测任务时,需要更新地图数据。图 6.11 所示为地图元素在图像中的投影过程示意。

图 6.11　高精度地图元素在图像中的投影过程示意

地图的精细化和地图元素的增加可以在制图环节完成,数据采集环节的定位精度提升则需依赖精密设备(GNSS-RTK、高精度 IMU 和轮速计)或稠密激光点云定位图层。在点云定位方法中,通过点云配准算法将实时采集的点云与定位图层中的点云做匹配,由此实现自车的精确定位。该定位方法虽然因点云图层数据量过大不适宜用于量产系统中,但在算法研发阶段的真值系统方案中可以大放异彩。

稠密激光点云图层的引入还可以解决 6.4.2 节所述激光雷达真值系统对小目标和远距离目标难以产生有效真值的问题。定位图层中的点云是由路过该区域时的多帧点云经过运动补偿后拼接而成。落在同一目标上的点云包含不同视角多个距离下的探测结果。因此该图层的点云对目标的观测非常充分,落在目标物上的点云密度极高,小目标的真值提取不再成为问题。对于远处目标物,由于目标物信息已经通过高密度点云建在定位图层中,无须再通过远距离的观测对其做检测。图 6.12 所示为稠密激光点云图层及其真值标注示例。

图 6.12　稠密激光点云图层及其真值标注示例

激光的目标检测算法能够轻易地在稠密点云图层中对目标物进行特征提取,并输出其三维检测结果(即 3D 边框或 3D 坐标),如牌、杆、路沿、车道线、锥桶、桩柱、小垃圾桶、地锁、禁停牌、石墩、限位器、水马等。因此点云图层提取的三维检测结果也可根据自车在地图中的位姿将其投影至二维图像中,并作为目标在图像检测模型训练和评测过程中的真值使用。

此外,当激光目标检测算法性能不够高时,如果在图像上的二维目标检测算法能有好的表现,同样可以利用稠密点云图层来生成单帧激光点云目标检测模型的真值。尤其是针对落点较少的小目标和远距离目标,标注员往往很难脑补出完整的目标边界,自动化的标注工具能够获得比人工标注更好的结果。

如图 6.13 所示,利用稠密点云图和图像二维检测结果可以自动生成单帧激光点云检测模型的真值。图中数据采集车辆包含前向激光雷达和前视摄像头,场景假设是在两侧带路沿的平直路面上,车辆驶向前方的锥桶。其真值生成步骤如下。

(1) 在 t_i 时刻获取当前帧数据,以及该时刻前后 n 帧的数据。主要包含连续帧的自车位姿和预处理后的激光点云,以及当前帧的图像。图中所示点云已经过去噪点和去地平面点的预处理,仅保留路沿和锥桶反射的点云,并完成运动补偿。

(2) 基于连续帧的自车位姿将多帧点云拼接起来,得到该方案中最为关键的稠密点云图层。

(3) 将稠密点云图层中所有的点云通过传感器的内外参和当前时刻(t_i)车辆的位姿投影到当前帧的图像上。

(4) 利用图像检测模型提取当前帧图像中的目标物(锥桶)并形成 2D 边框。此处也可用图像分割模型将锥桶在图像中的轮廓分离出来。

(5) 此时,在同一张图像上同时投影了 2D 边框(或分割轮廓)和稠密激光点云。由于两

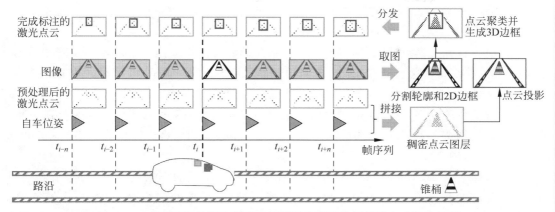

图 6.13　基于图像检测和稠密点云图层的激光检测模型自动标注示例

个传感器的安装位置非常接近,图 6.10 所示的视场差异极小,锥桶上反射回的点云应当与 2D 边框(或分割轮廓)刚好重合。因此可以从投影到图像的稠密点云中分离出所有打在锥桶上的点。

(6)在稠密点云图层中给分离出来的点打上标签,并通过聚类算法得到包络这些点的 3D 边框。

(7)根据连续帧的自车位姿又可以将所有打上标签的点关联到每一帧点云上,并将稠密点云图层中的 3D 边框分别投影到单帧点云中,由此得到单帧点云对锥桶检测的真值。

(8)在数据采集过程中,每一帧数据都可以进行上述步骤,因此每一帧单帧点云可以得到多个 3D 边框自动标注结果。可以采取一些预设的规则对这些边框进行筛选和融合,例如删除偏离较远的边框、对交并比(Intersection over Union,IoU)大的边框采用取并集或取均值的策略等。也可采用将 3D 边框重新投影回图像计算与 2D 边框(或分割轮廓)的交并比,取与 2D 边框(或分割轮廓)交并比大的 3D 边框作为最终的标注结果。

整体来看,高精度地图真值系统方案的工程落地性较强,在必要时需要对地图做更新或新建地图,同时在定位图层中增加稠密激光点云图层。该图层的引入不仅可以基于激光的 3D 检测结果生成 2D 检测模型的真值,还可以反向基于 2D 检测结果生成 3D 检测模型的真值,使激光感知模型的能力和图像感知模型的能力实现双向传递。

6.4.4　自动化真值方案应用

不同的模型训练任务需要依赖不同的真值系统。对于目标检测等感知模型,可采用云端大模型真值系统、激光雷达真值系统,或者高精度地图真值系统的输出结果;对于解决定位问题的深度学习模型,可采用高精密定位设备真值系统或使用高精度地图中稠密激光点云图层精确定位的结果;对于目标轨迹预测模型,采用视觉感知或激光感知模块连续记录动态目标物历史轨迹,每一帧轨迹预测真值即为后序若干帧组成的未来轨迹;对于自车轨迹规划模型,根据高精度定位结果记录自车连续位姿并形成历史轨迹即可。

本节以自动驾驶系统中视觉感知模型的标注方案为例,简要讲解自动化真值方案的实际应用。先看视觉感知模型承担的任务,主要有如下三类。

(1)单帧目标边框检测,即对所有参与交通的目标物进行检测,其结果以包络边框的形式表达。如汽车、行人、两轮或三轮车、购物车、锥桶、红绿灯、牌、杆、桩、柱等。除边框外，常常还包括类别、三维位置、姿态、运动、语义等属性信息。

（2）单帧目标关键点检测，即对地平面上感兴趣的目标物进行检测，其结果以多个关键点或边界点的形式表达。如车道线、道路边缘、路面标识、车位框、地面可行驶区域边界（Free Space）等。除关键点外，常常还包括类别、语义等属性信息。

（3）时空多帧检测，即将一段时间内多摄像头在不同时刻采集的图像信息融合到一起，最终得到连续可靠的高性能三维检测结果。如时空多帧的 BEV 目标检测、三维空间可行驶区域（Occupancy）等。

对自动驾驶系统来说，针对不同的视觉感知任务有不同的数据标注需求，需采取不同的真值方案。总体来说可以分为三大类：单帧二维真值、单帧三维真值、时空多帧真值。表 6.2 所示主要讲解自动化真值方案的一些基本思想。在自动化真值方案实施的同时一般会包含少量的人工处理过程，如校核、查漏补缺等，过程不详述。

表 6.2　部分视觉感知模型的自动化真值方案示例

任　　务	单帧二维真值	单帧三维真值	时空多帧真值
车辆、行人等动态目标物和垃圾桶、水马等较大静态目标物的检测		在图像帧采集时刻，同步采集激光感知的检测结果，将目标物三维位姿转换至摄像头坐标系。对于需要转 BEV 视角的，则还需投影到 BEV 平面	依赖单帧三维标注方法，采集时空多帧结果，通过 Ego Motion 转换至同一个世界坐标系下
锥桶、桩/柱类静态小目标物的检测	方法一：使用云端大模型从图像中提取真值框。方法二：依赖三维标注或模型检测结果，通过摄像头内/外参将目标物从三维空间投影到图像。对于需要转 BEV 视角的，则直接投影到 BEV 平面	依赖时空多帧信息构建的点云地图，通过自车的高精度定位结果，截取当前时刻车辆周围点云地图中的小目标物、地面目标物、地面相接线、Free Space 等元素的三维信息。对于需要转 BEV 视角的，则还需投影到 BEV 平面	根据 Ego Motion 拼接连续帧激光点云，生成与图像关联的稠密激光点云图，通过视觉二维检测大模型提供激光三维检测算法的真值，利用激光三维检测算法在点云地图中标注各类静态小目标物
车道线、车位框等地面喷涂类目标物的检测			采集连续帧的图像、激光点云、定位设备等信息，离线构建高精度地图，将目标元素在地图中完成标注
墙、柱子等建筑物与地面相接线			采集连续帧激光点云，根据 Ego Motion 做点云拼接，生成稠密激光点云图，截取打在建筑物上一定高度范围内的点云，将点云在垂向上拍平成二维点云图。计算平面点云轮廓线并投影到地面，即得到建筑物与地面相接线
地面可行驶区域（Free Space）			根据 Ego Motion 拼接连续帧激光点云，生成稠密激光点云图，利用地面分割算法获得 Free Space 的边界

续表

任　　务	单帧二维真值	单帧三维真值	时空多帧真值
空间占用（Occupancy）	无须标注	依赖时空多帧信息构建地图，根据自车高精度定位结果，截取当前时刻附近的地图数据	通过激光和图像的三维重建、渲染等技术生成空间占用地图

6.5　如何学习

　　如何学习即学习方法，具体包含数据的预处理、模型的网络结构设计，以及模型的工程化训练。模型训练的过程由推理、误差反向传播和参数更新三部分组成。其中推理过程与模型使用过程基本一致。因此在量产解决方案中，模型的学习过程和使用过程都需要满足工程友好的要求。

6.5.1　数据预处理

　　深度学习模型不论是在训练过程还是在使用过程中，都需要先对模型输入的数据做预处理。一方面在量产自动驾驶系统中，同一个车型上相同类型传感器的配置和安装位置往往有差异，不同车型上更是如此。为保持算法模型输入接口的统一，使其与传感器参数解耦，并提升对不同规格传感器的通用性，有必要对输入数据做预处理。当适配新的传感器时，模型仅需采集少量的数据做精调即可。另一方面在工程应用上为使模型训练过程更加高效，模型在量产嵌入式平台中更易于集成适配，同样需要对数据进行一系列预处理操作。本节主要讲解对图像数据和激光数据的处理。

　　先讲解图像。不同摄像头输出的图像分辨率、长宽比、视场角、畸变都有区别。在送进深度学习网络前，图像预处理方案的设计主要考虑两方面：一方面不同图像预处理方案对深度学习网络的训练结果会有影响，需要根据网络特点选择最佳的图像类型；另一方面在工程应用过程中，不同的芯片平台对于图像预处理的计算资源分配有差异，需要结合芯片平台的特点选择最佳的图像类型，以满足工程上节省资源、降低时延等要求。一般图像预处理过程主要涉及如下几种操作。

　　（1）改变（Resize）图像分辨率，即将不同分辨率的图像统一到相同分辨率。该过程一般在原图上采取降分辨率处理，以适配不同分辨率的摄像头。

　　（2）去畸变，即使用摄像头内部参数消除镜头给图像带来的畸变。不同摄像头的畸变因镜头的不同而产生区别，不同畸变将使图像中的相同特征产生差异。直接将带畸变的原始图像输入至网络进行训练，将显著增加训练的难度。其本质是将不同摄像头的内部参数也学到模型中。当系统中引入新的摄像头时，还需重新补充大量的数据对模型做调整（Refine）。

　　（3）柱面、鸟瞰（Bird Eye View，BEV）等投影，即将图像完成不同类型投影转换后再输入模型。其中柱面图具有各向同性的特点，整个画面具有相同的性质，对于网络学习的难度较低，使用相对较少的数据量便可完成对图像特征的学习。BEV图则能更好地对紧贴地面的目标物和目标物之间的关联关系进行观测，有利于模型更加准确、直接地学习该类目标物的特征。

（4）截取（Crop），即从原图中截取部分图像形成一张新的图。截取范围往往选取图像中感兴趣的区域。

（5）拼接（Stitching），即将多张图像通过传感器外部参数拼接成一张图，例如，基于柱面投影的周视拼接图能完整地体现与真实视觉相同的空间约束。基于 BEV 投影的多摄像头拼接图能对地面的目标表达得更加完整，例如路面喷涂的车位框、箭头、文字、图案等各类标签。

（6）数据格式转换或数值调整，其目的是减少模型训练和模型使用过程中的数值计算量，如 float32、减均值等操作。

（7）色彩空间转换，如灰度图、YUV、BGR 等。

针对量产车配置的多摄像头，基于上述一系列的图像预处理操作，最终得到的图像与摄像头输出的原始图像已产生较大差异。送入深度学习模型的图像已经从摄像头硬件中抽象出来，因此可以将这类图像定义为"虚拟图"。虚拟图的作用不仅完成了输入模型的数据统一，而且使目标检测任务中对感兴趣区域的选择自由度更大，灵活性更高。

如图 6.14 所示，在车辆周围设置一个虚拟的球面，将每一个摄像头的像素经过去畸变后投影到球面上。为便于观察，图中仅展示前视摄像头，以及侧前和侧后视摄像头的像素投影。由此得到一个覆盖了像素的球面，像素覆盖范围与各摄像头的视场角及布置位置相关。局部区域的像素密度与该区域摄像头的分辨率相关，有像素重叠区域像素密度将更高。接下来根据预先设计的像素长宽比，在虚拟球面的像素范围内抽取感兴趣的任意区域，最终得到需要的"虚拟图"。框选感兴趣区域时需尽可能保证候选区域内的像素分辨率不低于预设的分辨率。例如预设的"虚拟图"分辨率要求为 800×1024，候选区域内的像素数量应尽可能高于该分辨率，也就是说区域不能太小。如像素过少则可采取补黑边或补白边的方式实现数据格式统一。通过该方法最终生成的虚拟图像素可能来源于多张原始图像，并能够展现所有摄像头组成的视场中某些特定的区域。

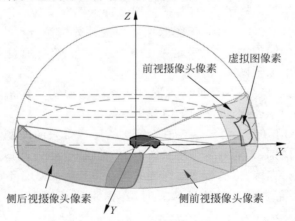

图 6.14　摄像头像素在虚拟球面的投影示例

图 6.15 所示为从原图上抽取"虚拟图"的多种方法，其中原图分辨率比"虚拟图"高。这些不同的"虚拟图"抽取方式在工程上具备实际意义。例如"虚拟图"可以通过原图直接由 Resize 生成，主要用于检测该摄像头视场范围内中距离和近距离的目标物；从原图的中间

位置抽取则有利于检测摄像头正前方远距离的目标物；针对高分辨率的侧向环视摄像头，原图边缘处像素密度比较高，从原图旁边位置抽取"虚拟图"可以检测到距离车辆侧前或侧后较远处的目标；跨摄像头(跨原图)做像素抽取生成的"虚拟图"则能有效避免相邻摄像头视场角边界处目标截断的问题。

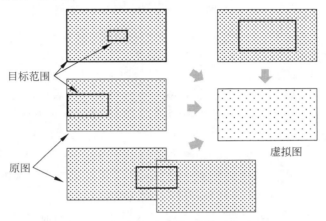

图 6.15　抽取"虚拟图"的多种方法

在量产自动驾驶系统中，由于嵌入式计算平台算力的限制，系统能够处理的像素数量有限(可等效为"虚拟图"数量)。与此同时，模型输入的单帧数据量越大，模型包含的参数将越多，进而增加训练过程的难度，并降低使用过程中的实时性。因此模型在设计之初对输入数据量需要进行限制，如限制单张图的分辨率或限制图像数量。一般送入网络的图像的分辨率不会太高，对于高分辨率的原图一般采用降分辨率和截图的操作。虚拟图在像素提取上有极大的灵活性，能使系统在不同的传感器配置以及不同应用场景下，根据数量约束快速获得车身周围实际观测区域的最优解。

如图 6.16 所示，根据观测需求可以调整像素抽取区域的大小和数量。高速高架场景下取一张由全图降分辨率的"虚拟图"对近距离和中等距离的目标物做检测，取原图中地平线附近的"虚拟图"对远距离目标物做检测。城区路口场景则除了全图降分辨率，还需取原图两侧处的"虚拟图"以应对路口横穿小目标物的检测任务，如行人、自行车等。

图 6.16　不同场景下"虚拟图"抽取示例

与图像类似，针对不同的激光雷达传感器，对激光点云也经常需要进行数据预处理。一般激光点云预处理过程主要涉及如下几种操作。

(1) 框定有效范围，即确定需要进行算法处理的点云范围。对于单帧数据来说，距离越远点云越稀少,信息量过少,无须算法处理。从应用场景上看,远离道路边缘的动/静态物体,对自动驾驶车辆的运行无影响,同样无须处理这类区域中的点云。此外,从自车身上反射回来的点云也无须处理。有效范围的框定能显著减少系统处理的点云数量,数据标注过程得到简化,模型训练过程中提高数据使用效率,模型使用过程中提高计算资源的利用率。

(2)去地平面,即去除道路地平面上的点云。除了根据激光反射强度做地面标识/标线检测相关的任务,道路上其他目标物的检测都不需要地平面上的点云。在数据标注阶段地面点云会增加标注的难度。在模型做目标分割和任务识别时,地平面上的点也会带来干扰。此外,地面点云的去除还能在一定程度上降低后续算法处理过程对计算资源的消耗。

(3)滤波去噪,即利用数据的低频特性剔除点云中的离群数据,并进行数据平滑或提取特定频段特征。激光雷达在工作时除自身测量误差,还会受到环境的影响,如目标被雨雾、水汽、烟尘遮挡等。因此工程应用时需要使用各类不同的滤波器做过滤,平滑密度不规则的点云数据,删除离群点和噪点,以及对数据量大的点云做降采样。其中降采样的操作能在保留足够特征的情况下大幅度降低点云数据量,可以适配参数更少的模型,让模型训练过程更高效,模型使用过程中计算资源利用率也更高。

(4)运动补偿,即根据车辆运动给每个时刻返回的点做位置补偿。点云数据采集时,激光雷达随车辆移动,每个时刻收到的点坐标系均随之变化。换言之,每一帧点云是由多个时刻下采集的点聚合而成,运动补偿就是将这些点统一到相同坐标系的过程。不同时刻坐标系之间的平移和旋转由激光雷达的运动决定。

(5)点云拼接,即将同一辆车上多个激光雷达的点云或连续帧的点云统一到相同坐标系。多激光雷达的点云拼接通过各雷达的外部参数转换而成。连续帧的点云则通过车辆的连续位姿转换而成。

(6)格式转换。为弥补点云的无序性、不对称性、非结构化和信息量不充分等缺陷,在对点云进行特征识别及语义分割等操作前,先对点云进行数据格式的变换操作。常用的变换方法有网格化点云、体素化(Voxel)点云、将点云进行球面映射等。

如图 6.17 所示,为对点云进行地平面分割和有效范围的框定流程,整体思想是利用多帧地面候选点云拟合当前帧下的地平面,基于拟合结果实现分割和框定。在处理实时数据时,这里的多帧指前序若干帧和当前帧,在处理离线数据时还需加上后序若干帧。

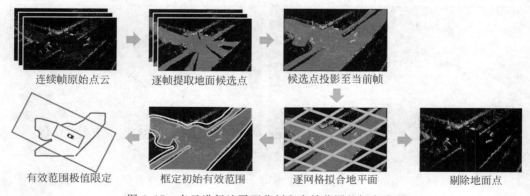

连续帧原始点云　　逐帧提取地面候选点　　候选点投影至当前帧

有效范围极值限定　　框定初始有效范围　　逐网格拟合地平面　　剔除地面点

图 6.17　点云进行地平面分割和有效范围的框定流程

首先逐帧提取地面候选点。提取的依据是假设车辆近距离范围内所在道路是平的,即地平面(假设为 S_g)与车辆坐标系的 XY 平面平行。故可基于激光雷达的外部参数计算每一个点与 S_g 平面的距离,将小于某一距离阈值的点保留下来作为地面候选点。距离阈值应当取地面平面度附近的值,如 0.3m。而中、远距离的地面高度连续变化,物理上表现为相邻区域的点之间连线与 S_g 平面的夹角连续变化。如图 6.18 所示,在中、远距离上相邻区域的最远点连线夹角在地平面上小幅度变化,当最远点在障碍物上时则出现突变,突变处的点 p_6 则为非候选点,其余点为地平面候选点。

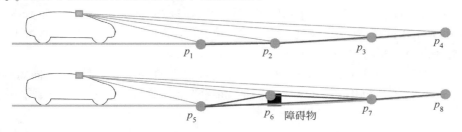

图 6.18　激光点与相邻区域最远点连线示意

接下来根据车辆的连续位姿将每一帧的地面候选点投影至当前帧。其核心意义为将不同时刻对地面的观测信息聚合到一起,尽可能减少因遮挡和激光雷达视场限制对地面观测的影响。投影完成后对地平面进行拟合,其前提假设为,整个地面由多个小平面组合而成,将整个空间划分为均匀的网格,根据每个网格内点的坐标拟合成该网格的平面。所有网格平面组合在一起形成道路附近的地平面。在每个网格内,依次计算当前帧的所有地面候选点到所拟合平面的距离,其中小于一定阈值(如 0.1m)的点确定为最终的地面点。直接剔除最终的地面点则可完成当前帧的地面分割,地面点连通区域即为地平面区域。

自动驾驶车辆在路面行驶过程中,与之产生交互的其他交通参与者基本都在地平面区域范围内。考虑到实际环境中道路外面可能会出现穿插的行人、自行车等目标物,在确定点云初始有效范围时,一般以地平面区域为基础向外扩展一定的距离。除了基于地平面分割结果向外扩展外,有效范围的框定还可以根据道路边缘的检测结果来扩展。其基本思想是道路边缘之内的范围即为自动驾驶车辆需要关注的范围。

最后还需对点云有效范围做极值限定。一些情况下,车辆近距离处激光雷达的视场范围内布满了障碍物,激光雷达对地平面无任何观测,既无地平面的返点,也无法检测到路沿,进而无法框定点云的有效范围。另一些情况下路面比较空旷,大部分点云散射到非常远的地方,由于远处点云过于稀疏,算法无法对其做有效的特征提取,这些点基本无效。为使系统更加健壮,需要为激光点云预先设置最小和最大两个有效范围边框。最小边框如距离车辆前 40m、后 20m、左右各 10m,与初始有效范围取并集。最大边框如距离车辆前后各 80m、左右各 40m,与初始有效范围取交集。框定最终的有效范围后,即可根据需要对范围外的点云做剔除。

6.5.2　网络结构设计

在进行模型的网络结构设计前,需要深入分析待解决的问题和待输入的数据,即分析学习目标和被学习对象。模型采用的结构应当易于提取数据中的特征(Feature),能够高效地达到学习目标,最终解决实际工程问题。

不同的学习任务常常采用不同的网络。单帧的视觉感知一般采用卷积神经网络（Convolutional Neural Network，CNN）相关的结构，如经典的 AlexNet、VGGNet、Google Inception Net、ResNet、RegNet、FCOS、ATSS 等。激光感知一般采用 Voxel、Point、3D 稀疏卷积相关的思想，如 Voxelnet、PointPillars、PointNet＋＋等。图数据相关问题则采用 GNN 相关网络的思想，如 Vectornet 等。对于生成类问题，采用编解码器（Encode & Decode）、生成对抗网络（Generative Adversarial Network，GAN）以及强化学习（Reinforcement Learning，RL）等相关结构，如 VAE、World Models 等。面对多帧数据的序列问题（Sequence to Sequence），则采用循环神经网络（Recurrent Neural Network，RNN）相关的结构，如 LSTM，以及采用自注意力机制的 Transformer 等。

深度学习网络通常由许多层组成，每一层都有其各自的功能和任务，不同类型的网络在结构上有其共性。以图 6.19 所示的目标检测模型网络为例，可拆分为如下四个主要部分。

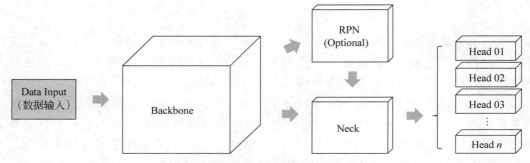

图 6.19　CNN 目标检测模型网络结构的组成

（1）Backbone 为网络的主要组成部分，通过多层卷积（Convolution）和池化（Pooling），逐层对输入数据做充分的特征提取，最终得到数据的高级特征表示。Backbone 通常需要进行预训练，如 VGG、ResNet、RegNet 等。

（2）RPN（Region Proposal Network）仅存在于两阶的检测模型中，用于生成可能出现目标物的候选框。

（3）Neck 为连接 Backbone 和 Head 的中间层，主要对 Backbone 的特征做各类处理，如降维、多层融合等调整，以充分利用不同层的特征，适配学习任务的要求。一般可以采用卷积层、池化层或全连接层等，如特征金字塔网络（Feature Pyramid Network，FPN）、注意力机制（Attention）、上采样层、RoI Pooling（Region of Interest Pooling）等。

（4）Head 为模型的末端，一般为分类器和回归器，通过输入经过 Neck 处理过的特征，产生最终的输出。Head 的结构根据任务的不同而不同，例如对于图像分类任务使用 Softmax 分类器，对于目标检测任务使用边界框回归器等。

以经典网络 FCOS（Fully Convolutional One-Stage Object Detection）为例，该模型是一种基于全卷积网络的目标检测算法。Backbone 使用 ResNet-50 或 ResNet-101，用于提取输入图像的特征图；Neck 结构是 FPN（Feature Pyramid Network），用于实现多尺度特征融合，通过连接多个不同分辨率的特征图实现多尺度检测；Head 中使用全卷积层实现分类分支和回归分支，并对每个像素预测物体类别和位置信息，中心偏移分支则用于进一步优化检测框的位置。该网络将在感知算法章节进一步详述。

在工程应用中,同一个模型常常需要将多种网络思想相结合。例如,针对目标轨迹预测问题,其输出为目标未来的多模态轨迹,所以该问题首先是一个生成类问题。由于所生成的预测轨迹是随时间连续的,所以它同样是一个时序问题。虚拟环境中的任意交通参与者之间都相互影响,包含各类地图元素、车辆、行人等,同时这些交通参与者自身又包含很多信息(如速度、形状、位置等),因此这些数据又具备典型的图数据特点。目标轨迹预测的深度学习网络设计需要参考上述多种网络思想。

自动驾驶系统是一个复杂的多任务耦合系统,解决耦合任务的深度学习网络结构一般比较复杂。由于复杂任务的样本数据稀少,难以快速获取足够丰富的样本数据,进而不易训练出一个好的模型。因此在系统能力建设初期,设计多任务的深度学习网络难度大,研发和迭代周期长,短时间内难以得到符合预期的效果。通常在面对复杂任务时,采取的措施是任务解耦,即将复杂任务分解为多个简单的子任务分步处理。在问题定义过程中,将自动驾驶系统需要解决的问题做详细拆分,使用单独的深度学习模型来解决每一个子问题,让每一个模型学习的过程更加简单。假定所有任务都用学习型算法完成,图 6.20 所示为系统问题详细拆分后的模型架构。其中感知问题根据检测任务需要覆盖的目标种类做拆解,其他模块则按照算法任务属性做拆解。

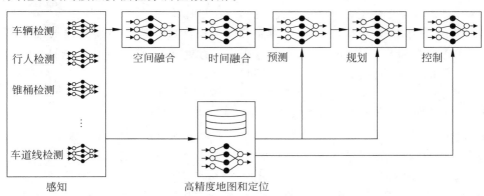

图 6.20 自动驾驶系统问题详细拆分后的模型架构

在系统能力建设初期,算法的研发从单个目标检测任务开始,逐步横向拓展感知任务,纵向拓展系统下游的融合、定位、预测、规划、控制等任务。在此过程中工程师根据对系统的理解,合理抽象模型之间的接口,定义每一个模型需要学习的内容。

随着系统能力建设的逐渐深入,模型数量越来越多,系统串行流程越来越深,整个模型架构将会变得非常复杂。系统问题拆分过细在工程上带来的副作用将越发明显。在真实世界中,路面常见的目标物包含几十种,不常见的更是不计其数。如果每一类目标物都使用一个模型,单就感知任务来说,需要的模型数量将会非常庞大,这还不包括下游的模型。模型数量过多将会带来以下几方面的工程问题。

(1)一般深度学习模型包含的参数数量高达几百万个甚至几千万个,单个模型需要几十甚至几百兆字节(MB)的存储空间,量产域控制器中的存储资源有限,模型数量过多对存储资源来说是一个挑战。

(2)自动驾驶系统是一个在线运行的系统,尤其在车辆高速行驶情况下,对系统的实时性要求更为严苛。在一个计算周期内运行的模型越多,对计算资源需求量越大,多模型运行调度过程也更复杂。量产的硬件平台(System on Chip,SoC)计算资源有限,需要对模型数量进行控制。

(3) 模型数量过多对算法的研发迭代也是一个巨大的挑战。不同的模型需要准备大量不同类型的数据并完成其标注。模型训练过程需要耗费巨量的云端计算集群资源。系统迭代过程中的集成、评测、验证等过程周期会很长。

此外,从图 6.20 中还可以发现系统处理的环节很多,串行流程很长。从环境感知到最终的车辆控制,其间要经过空间融合、时间融合、目标预测、自车轨迹规划,甚至还依赖高精度定位。长链条的多模型处理流程容易带来另一些工程问题。

(1) 在系统迭代过程中,整体性能提升需要处理的环节较多,需要串行流程上所有模型相互配合。系统整体性能是逐级传递的,所有模型性能提高才能使系统性能整体得到优化。就像木桶原理,组成木桶的木板数量越多,系统风险越高,系统能力提升难度越大。

(2) 串行组合的模型架构中,流程越长系统迭代周期越长。学习型算法的核心思想是模型根据输入数据的特点,学习输入数据与输出结果之间的映射关系。当输入数据特点发生变化时,原有的映射关系将随之改变。换言之,在串行架构中,上游模型性能变化后将直接影响下游模型的性能,下游模型需要增量采集上游最新数据对模型加训。上游变化越大,下游模型加训需要补充的数据量越大。例如,在目标检测模型得到优化后,检测结果的误差分布将发生变化,此时下游融合模型需要增量采集目标检测模型的输出数据并做优化;视觉和激光融合模型中加入毫米波雷达检测信息后,融合模型的输出结果特性会发生变化,此时下游的预测模型需要新增数据做同步优化。

(3) 模型架构的串行流程过长,意味着人工定义的中间状态过多,系统整体性能容易受限。上、下游模型之间相互配合的策略受限于问题的拆分方法。人工定义的本质是基于规则制定信息抽象策略的过程,串行流程中的每一步都伴随着信息损失。例如,自车前方目标车辆沿车道直线行驶,并打开左转灯准备换道。此时感知模型输出的车辆检测结果经过时空融合后进入预测模块。人工定义的目标检测结果往往只包含抽象的位姿信息和运动信息,并不包含转向灯信息,因此预测模块大概率会预测出该目标车辆继续沿车道直行。

"天下大事合久必分,分久必合",对自动驾驶的模型架构同样如此。针对模型数量过多和串行流程过长的问题,在系统能力积累到一定程度后需要开始进行模型聚合。前期的研发工作积累了大量的高价值数据,针对不同类型子问题的网络架构设计沉淀了诸多方法,模型训练和评测过程又积攒了丰富的工程经验,把解决子问题的小模型聚合成处理复杂多任务的大模型将成为可能。这里将自动驾驶系统中的模型聚合总结为三种形式:横向聚合、纵向聚合、混合聚合。

横向聚合是指将系统中需要并行工作的多个模型汇聚成少数几个或者一个模型的过程,这些并行工作的模型无上下游关系。横向聚合的主要作用是通过减少模型数量来减少模型参数总量,进而降低车端系统对计算资源、存储资源的需求,提高迭代效率。其主要方法有两种:通过多任务学习聚合和通过重新定义学习目标聚合。

多任务学习(Multi-Task Learning)即优化多个目标函数,模型更倾向于那些可以同时解析多个任务的解。原有多模型的学习目标保持不变,将网络中的通用部分聚合共用,用一个模型同时完成多个目标的学习。多任务学习主要有两种学习模式。

(1) 参数硬共享,其特点是所有隐含层参数共享,即 Backbone 完全共享,根据不同任务配置对应的 Neck 和 Head。其好处是通过捕捉多个任务的同一表示,降低过拟合风险,同时跟单任务网络的总和相比能大幅度减少参数数量。

(2)参数软共享,其特点是每个任务有自己的模型和参数,对模型参数的距离进行正则化来保障参数的相似,各任务 Backbone 层之间作相互间的约束。该方法同样可以降低过拟合风险,但对参数数量的减少无明显优势。

图 6.21 所示为使用参数硬共享的多任务学习方法,主要在同源输入的模型聚合中实现,相同的数据源才能复用特征提取过程。其中 Backbone 完全聚合,Neck 部分聚合,原有的 Head 可以保持不变。以图像为例,Backbone 主要用于提取底层特征,对不同的目标检测任务区别不大。例如点、线、边缘、角、可扩展的轮廓、某些特定的面等集合,绝大多数目标物都是以这些基础的图像特征组合而成。理论上所有的视觉感知任务可以使用相同的 Backbone 做特征提取。Neck 则主要用于做各类特征处理,不同学习目标之间同样存在一定的通用性,例如走路的行人、跑步的行人,以及骑两轮车的行人在特征尺度上基本相同。对多任务网络来说,需要提取和处理的特征更加多样,因此其 Backbone 和 Neck 与单任务的单个网络相比会复杂一些,但其参数量与先前的各网络参数总和相比将得到大幅度下降。此外,用一个模型解决多感知任务,还统一了各感知任务对图像或激光点云的数据预处理过程,进而减少数据预处理的资源消耗。

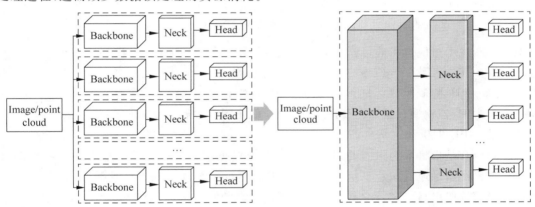

图 6.21 同源输入的模型聚合示例

另一种横向聚合的方法是重新定义学习目标,即改变目标物的表达方式,在模型中设计通用型的 head 表达大多数目标物或所有目标物,将目标检测任务在一个模型中实现聚合。该方法在网络层面没有像多任务学习那样的共享或复用过程,而是使用全新的网络学习多种目标物的通用表达形式。其典型的应用是通用障碍物检测模型,如图 6.22 所示的 Free Space 模型和 Occupancy Network 模型。其中 Free Space 模型的学习目标是在二维地平面上提取各种类型障碍物与空旷地面的边界,据此对自车周围可行驶的区域进行提取。Occupancy Network 则是 Tesla 在 2022 年 CVPR 上对外公开的一个模型,它以多摄像头作为输入,将自车周围的空间用 Voxel 来表达。其中 Voxel 被占用时代表有障碍物,可以理解为一个三维空间的 Free Space。根据 Voxel 的运动信息可以对其完成聚类,由于 Voxel 尺度大小可作为超参数调整,与以往目标检测模型的 Bounding Box 相比,该模型还具备对目标物轮廓做精细表达的能力。

通用障碍物检测模型的优点在于仅学习不同目标物的低层次特征,而不对目标物整体

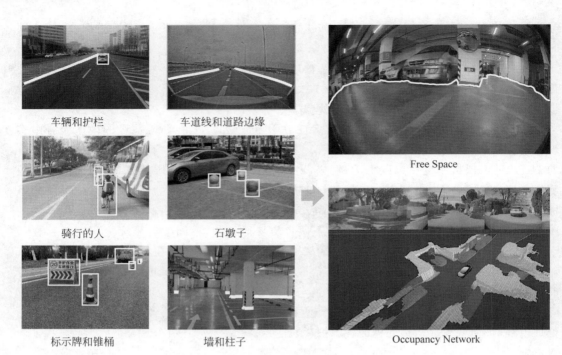

车辆和护栏　　　　　　车道线和道路边缘

Free Space

骑行的人　　　　　　　石墩子

标示牌和锥桶　　　　　墙和柱子

Occupancy Network

图 6.22　检测任务聚合示例

做识别。图像中组成大多数目标物的低层次特征基本相同,因此该类模型能够识别从未见过的物体。其难点是参与训练的数据量需求很大,需要尽可能覆盖真实世界中尽可能多的场景,以保障样本多样性。同时训练需要用到的计算资源也非常巨大。以 Occupancy Network 为例,该模型在发布时使用了将近 15 亿张图像进行训练,训练一次需要满负荷下 10 万小时 GPU 的资源。

纵向聚合是指将系统中需要串行工作的多个模型汇聚成少数几个或者一个模型的过程。其主要作用是通过缩短系统串行链条,进而缩短系统开发和迭代的周期,让系统性能提升过程的效率更高。聚合的意义在于将原先定义的模型之间的状态隐含到网络里,让模型自动学习和提取上下游任务之间所需的有价值信息,尽可能剔除人工定义的过程。

纵向聚合网络的设计需要以上下游原有网络的特点为依据,接下来讲解如图 6.23 所示的串行架构中两种可能的聚合方式。

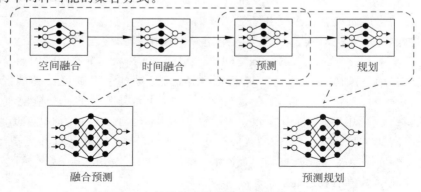

图 6.23　串行架构中两种纵向聚合模型的方式

　　第一种可能的聚合方式为将空间融合、时间融合以及预测三个模型聚合。这三个模型要处理的数据都有图数据的特点。对空间融合任务来说，每一个传感器间的任意目标物可以当成节点，传感器输出的目标检测结果是节点的属性，同一目标与不同传感器之间的关联关系形成边。对时间融合任务来说，每一个时刻的目标物都是节点，该时刻下的目标物信息为节点的属性，同一目标物在不同时刻之间的关联关系组成边。对预测任务来说，每一个地图元素和交通参与者都是一个节点，节点的属性是地图的结构信息和交通参与者的运动信息，边则是目标物未来位姿与地图和其他交通参与者的关系。模型中需要提取的数据特征都是各节点之间的相互关系。例如针对融合任务需要提取多个共视传感器之间或者多个时刻目标物之间的特征，最终找到多传感器在不同时刻检测结果到每一个时刻目标物唯一真值之间的映射关系。与之类似，针对预测任务需要提取场景中多个交通参与者历史连续帧之间，以及交通参与者与地图元素之间的特征，最终找到不同场景下每个目标物历史运动信息与未来运动信息之间的映射关系。因此空间融合、时间融合以及预测三个任务需要用到的输入数据类型和内容基本一致，当任务聚合时可以使用同一个 Backbone 做特征提取。目标物的时空融合信息直接隐含到网络中，模型输出结果为每一个目标物的未来轨迹，未来轨迹起点处的目标物信息即为融合结果在模型输出端的显式表达。在视觉感知领域，目标检测和时空融合任务聚合到一个模型里的方法在量产方案中得到了应用，学术界也出现进一步将预测任务参与聚合的成果，7.2.4 节再详细讲解。

　　第二种可能的聚合方式为将预测和规划模型聚合。两个模型输入数据和输出数据的格式、内容基本一致。唯一的区别是，预测输出的结果是目标物未来的行驶轨迹，规划则是输出自车未来的行驶轨迹。由于自车也是场景中交通参与者集合内的一个成员，作为交通参与者，自车在无驾驶员干预情况下和他车是同样的角色。因此预测和规划任务复用同一个模型来解决问题具备可行性。此外，在量产产品中，驾驶员会有很多对自车自动驾驶行为进行干预的情况。例如开启转向灯换道、增加或降低速度上限、开启导航巡航等。在出现驾驶员主动干预的情况下，自车应有的行为特征与周围其他目标物相比会出现差异。在模型输入数据接口内需要增加这些干预信息，模型训练过程中需要补充所有干预场景的数据。

　　当然，图 6.23 所示的串行架构还有其他的纵向模型聚合方式。例如，空间融合模型和时间融合模型聚合、所有模型一起聚合等。分析过程与上述两种方式基本类似，不再赘述。

　　混合聚合是指同时包含横向和纵向的模型聚合过程。当系统能力建设进入成熟期，研发体系基本完整，高价值数据充沛，自动化工具链丰富，算法的积累深厚。以系统能力为依托进行模型的混合聚合可以进一步提高算法的工程性能。

　　近几年 Tesla 的自动驾驶算法架构就采取了混合聚合的方式，感知、空间融合、时间融合都聚合到了视觉模型（Vision）中。该模型的输入是其车身周围 8 个摄像头的连续帧图像，覆盖了超过 50 种目标检测任务，并对这些检测结果进行了融合，输出分为两部分：矢量空间（Vector Space）和模型中间态的特征（Intermediate Features）。矢量空间是对车辆周围环境进行矢量化建模的结果，包含道路中与车辆行驶相关的绝大多数常见元素。例如，车道线及其关联的道路属性、道路边缘、红绿灯、车辆、行人、锥桶、垃圾桶等。虽然图像在矢量化过程中对关键信息进行了提取和抽象，但仍然损失了大部分的原始信息。为保障下游的算法模型能够得到足够充分的输入，视觉模型中间态特征被保留了下来，并与矢量空间一同被送入神经网络规划模型(Neural Net Planner)中。该模型聚合了预测和规划两个任务,其输出为目标物预测轨迹和自车候选轨迹。更进一步的显式规划和控制模块(Explicit Planning & Control)则通过规则型算法,根据安全、交互、舒适、车辆动力学等约束,在候选轨迹集合中选择最优的一条,并计算跟踪该轨迹的底盘控制指令。图 6.24 所示为 Tesla 在 2021 年 AI Day 上公布的算法架构。

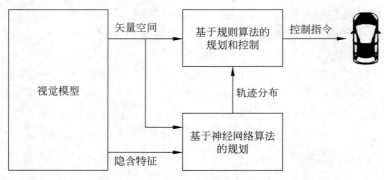

图 6.24 Tesla 自动驾驶算法架构

模型混合聚合的极致是直接用一个模型完成整个自动系统的算法任务,即端到端模型(End To End),如图 6.25 所示。模型的输入为传感器数据、图像或激光点云等,输出为向车辆底盘发送的横/纵向控制指令。端到端的模型优势在于模型极致的简洁高效,在学术领域一直是研究热点,如 ALVINN、PilotNet、Multi-modal multi-task、ST-Conv + ConvLSTM+LSTM 等网络,但工程上存在许多难以落地的风险。例如,系统完全是一个黑盒,难以调试,巨量的数据需求使模型难以处理长尾问题,模型结果不确定性太强导致安全风险非常高,训练过程缺乏先验知识,更多的是模仿驾驶员行为等。目前在量产领域尚未出现端到端模型的落地成果。

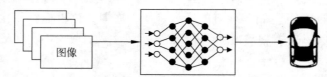

图 6.25 端到端模型的算法架构示例

总而言之,网络设计过程不是一蹴而就的,在充分吸收学术界先进网络经验的同时还需依托不同发展阶段的系统能力,为需要解决的工程问题对网络进行合理的组合与验证。自动驾驶系统中不同学习任务的网络结构设计方案将在接下来的章节详细展开讲解。

6.5.3 模型训练

在准备好数据并完成网络结构设计后,接下来进入模型训练阶段。模型训练期间,通过损失函数(Loss Function)来评估模型检测值(Detection Truth,DT)与真实值(Ground Truth,GT)的偏离程度,即误差。网络各层中的模型参数将根据反向传播过来的误差进行优化更新。

不同的模型采取的损失函数一般有差异,损失函数越合理,模型训练出来的性能越好。损失函数的分类方式有多种,按照是否添加正则项可分为经验风险损失函数和结构风险损失函数。按照任务类型分类,可分为针对连续变量的回归损失和针对离散变量的分类损失。表 6.3 所示为常用的回归损失函数和分类损失函数。除这些常用的损失函数外,还可以根据项目实际情况进行自定义,如 DIoU Loss、CIoU Loss、Dice Loss 等。

表 6.3　深度学习中常见的损失函数

类别	名　　称	原　　　　理	特　　　点
回归损失	L1 Loss(平均绝对误差)	计算公式为 $$L(Y,f(x)) = \frac{1}{n}\sum|Y-f(x)|$$ 其中,Y 为真实值,$f(x)$ 为模型预测值;求预测值与真实值之差的绝对值,衡量两者之间距离的平均误差幅度,范围为 $0\sim +\infty$	对离群点(Outliers)或者异常值具有健壮性。但在 0 处不可导,求解效率低,收敛速度慢;梯度始终相同,即使很小的损失值,梯度也很大,不利于模型的收敛,需要在损失接近最小值时降低学习率
	L2 Loss(均方差)	计算公式为 $$L(Y,f(x)) = \frac{1}{n}\sum(Y-f(x))^2$$ 求预测值与真实值之间距离的平方和,范围同为 $0\sim +\infty$	收敛速度快,能对梯度给予合适的惩罚权重,梯度更新的方向精确。但对异常值敏感,梯度更新的方向很容易受离群点主导,健壮性较差
	Smooth L1 Loss(也称为 Huber Loss)	计算公式为 $$\text{smoothL1}(Y,f(x))$$ $$= \begin{cases} \frac{1}{2}[Y-f(x)]^2, & |Y-f(x)|<a \\ a\left[|Y-f(x)|-\frac{1}{2}\right], & \text{其他} \end{cases}$$ 在 0 点处附近采用 L2 损失中的平方函数,其他区间采用 L1 损失中的线性函数,使得梯度能够快速下降	综合了 L1 和 L2 损失的优点,在训练初期输入数值较大时能够较为稳定,而在后期趋于收敛时也能够加速梯度的回传
	IoU Loss	计算公式为 $$\text{Loss} = 1-\text{IoU} = 1-\frac{|A\cap B|}{|A\cup B|}$$ 其中,IoU 为预测边框和实际边框的交集与并集的比值	在目标边框检测任务中可以通过交并比量化预测边框和实际边框的重叠程度,具有尺度不变性
	GIoU Loss	计算公式为 $$\text{Loss}=1-\text{GIoU};$$ 其中,$\text{GIoU}=\text{IoU}-\frac{|C/(A\cup B)|}{|C|}$,$C$ 为预测边框 A 和真实边框 B 的最小闭合凸面,如最小外接矩形	能够避免预测边框和真实边框无重叠而造成梯度消失的问题
	Perceptual Loss	计算公式为 $$L(Y,Y') = \frac{1}{C_iH_iW_i}\|\phi(Y)-\phi(Y')\|_2$$ 其中,ϕ 为预训练的特征提取网络,如 VGG	通过预训练好的特征提取器对生成的图像和真实图像做评估,使提取到的特征尽可能相似

类别	名 称	原 理	特 点
分类损失	Cross Entrop(交叉熵)	计算公式为 $$H(p,q) = -\log(p_t)$$ 其中，p_t 为预测概率分布	对分类任务真实概率分布为 0 或 1。模型估计的概率分布越贴近真实概率分布，对应的交叉熵值越小
	Balanced Cross Entrop（平衡交叉熵）	计算公式为 $$H(p,q) = -\alpha_t \log(p_t)$$ 其中，α_t 用于调节正负样本损失之间的比例	通过权重因子缓解正负样本不平衡的问题
	Focal Loss(加权交叉熵)	计算公式为 $$FL(p_t) = -\alpha_t(1-p_t)^{\gamma}\log(p_t)$$ 其中，γ 为调制因子，$(1-p_t)^{\gamma}$ 用来调节难易样本的权重	在缓解正负样本不平衡问题的同时，对样本分类难易程度做区分，使模型更聚焦难分类的样本
	Divergence KL (KL 散度，也称为相对熵)	计算公式为 $$D_{KL}(p \| q) = H(p,q) - H(p)$$ $$= \sum p_i \log \frac{p_i}{q_i}$$ 其中，p_i 为预测概率分布，q_i 为真实概率分布	模型估计的概率分布越贴近真实概率分布，对应的 KL 散度值越小

参数的更新需要选择合理的深度学习优化器完成。通常优化器利用计算机数值计算方法来获取使损失函数输出值最小的网络参数，其实现步骤如下。

（1）t 时刻，计算损失函数 **Loss** 关于网络参数 w_t 的梯度 g_t，如式(6-1)所示。

$$g_t = \frac{\partial \textbf{Loss}}{\partial w_t} \tag{6-1}$$

（2）计算 t 时刻，一阶动量 m_t 和二阶动量 V_t。其中一阶动量是与梯度 g_t 相关的函数，二阶动量是与梯度 g_t^2 相关的函数。在深度学习中，不同的优化器定义了不同的一阶动量和二阶动量。常用的优化器主要有随机梯度下降法（Stochastic Gradient Descent，SGD）、Momentum、AdaGrad（Adaptive Gradient）、RMSProp（Root Mean Square Prop），以及 Adam（Adaptive Moment Estimation）优化器，具体如表 6.4 所示。

（3）求 t 时刻的下降梯度 η_t，如式(6-2)所示。其中 lr 为学习率（Learning Rate），是一个超参数。过大的学习率会导致 **Loss** 无法收敛，甚至出现无结果的情况。当学习率较大时，**Loss** 收敛速度较快，但容易陷入局部最优解的情况。较小的学习率虽然 **Loss** 收敛速度慢，但更容易找到全局最优解。过小的学习率则容易产生在预设的 Epoch 内无法收敛到最优解的情况。

$$\eta_t = \frac{\text{lr} \cdot m_t}{\sqrt{V_t}} \tag{6-2}$$

（4）更新 t 时刻的网络参数 w_{t+1}，如式(6-3)所示。

$$w_{t+1} = w_t - \eta_t = w_t - \frac{\text{lr} \cdot m_t}{\sqrt{V_t}} \tag{6-3}$$

表 6.4 不同类型的深度学习优化器

名 称	动量计算和原理	特 点
SGD	一阶动量 $m_t = g_t$； 二阶动量 $V_t = 1$； 原理：将数据分成 n 个样本，通过计算各自梯度的平均值来更新梯度，即对网络参数 w_t 更新过程中无须全部遍历所有样本，而只对一个训练样本使用梯度下降进行更新，然后利用下一个样本进行下一次更新	简单易实现，解决随机小批量样本的问题，由于只对一个训练样本进行梯度下降，可以提高网络参数的更新速度。 训练时下降速度慢、准确率低、容易陷入局部最优以及不容易实现并行处理等问题
Momentum	一阶动量 $m_t = \beta \cdot m_{t-1} + (1-\beta) \cdot g_t$； 二阶动量 $V_t = 1$； 原理：通过引入动量因子 β 的方式来增加前一时刻的动量	与 SGD 相比，加快了模型的学习速度。当两者梯度保持相同方向时，动量因子加速参数更新。当梯度方向改变时，动量因子会降低梯度的更新速度
AdaGrad	一阶动量 $m_t = g_t$； 二阶动量 $V_t = \sum_{t=1}^{T} g_t^2$； 原理：引入二阶动量，对不同的参数使用不同的学习率进行更新。对于梯度较大的参数，学习率变得较小，对于梯度较小的参数，学习率变得较大	Loss 在陡峭的区域下降速度快，在平缓的区域下降速度慢。 二阶动量为累计梯度的平方，一段时间后该值就会非常大，导致学习率变得极小，严重时会导致梯度消失
RMSProp	一阶动量 $m_t = g_t$； 二阶动量 $V_t = \beta \cdot V_{t-1} + (1-\beta) \cdot g_t^2$； 原理：二阶动量使用指数滑动平均值来调节学习率，代表过去一段时间的平均值，能够应对非凸情况	学习率自适应能力强，能够在目标函数不稳定的情况下平滑且快速地收敛，能够避免梯度快速降低的问题
Adam	一阶动量 $m_t = [\beta_1 \cdot m_{t-1} + (1-\beta_1) \cdot g_t] / (1-\beta_1^t)$； 二阶动量 $V_t = [\beta_2 \cdot V_{t-1} + (1-\beta_2) \cdot g_t^2] / (1-\beta_2^t)$； 原理：引入 Momentum 的一阶动量来累计梯度与 RMSProp 的二阶动量，使得收敛速度快的同时波动幅度小，然后在此基础上增加两个修正项，实现参数自动更新	实现简单，计算高效，对内存需求少；能自动调整学习率，更新的步长能够被限制在大致的范围内；能够处理不稳定的目标函数、梯度稀疏、梯度噪声，以及梯度伸缩变换等问题；适合大规模的数据及参数的场景。 在最优值附近仍然容易出现震荡

选定优化器后还需要设置训练网络的超参数迭代次数（Epochs）和学习率（Learning Rate）的值。迭代次数是指单次训练过程中所有样本数据被使用的次数。Epochs 过少时模型容易欠拟合，过多则容易过拟合，需要根据训练集中样本的分布状况来调整。学习率一般在训练开始时设置较大的值加快收敛，后续再根据 Loss 的变化逐渐回调。训练时也可以采用动态变化学习率的方式，如每一轮衰减或者根据损失的变化动态调整学习率。设置完成后即可启动机器开始模型训练的过程。

在量产自动驾驶项目中,模型最终需要运行在计算资源和存储资源受限的嵌入式环境中,模型在训练阶段就需要充分考虑的工程问题如下。

(1)模型中应用的算子应当完全包含在硬件计算平台所支持的算子列表中。

(2)将模型进行稀疏化训练,利用稀疏约束对模型进行剪枝处理,减小模型复杂度,防止过拟合,提升泛化性。

(3)在训练阶段就完成模型参数量化,参数从浮点数转换为整型数据,使模型部署到嵌入式时既实现压缩,又能够保障性能。

(4)采用低秩近似相关技术来重构权重矩阵,将稠密矩阵由若干个小规模矩阵近似重构出来,同时降低模型训练和模型使用过程中的存储和计算开销。

"不积跬步,无以至千里;不积小流,无以成江海"。一个好的模型不是一蹴而就训练出来的,跟人的学习过程一样需要循序渐进。所训练的模型最终需要集成到嵌入式平台中,并在车端实现运行。因此在训练开始前就需要考虑一系列量产相关的工程问题,并提前拟定模型训练的整体策略。

量产车的使用环境多变,场景多样。在模型发布初期,模型不可能一次性解决所有场景中的问题。模型的训练耗时间,耗计算资源,当出现一些参数设置不当时还容易前功尽弃。因此,从训练的角度看,应当逐步积累训练的样本数量。先用几千帧数据验证模型的可用性,再逐步递增至几万帧、几十万帧,最后再扩增至成百上千万帧,甚至更大的数据集。从应用的角度看,同样需要采取渐进的方式逐步扩增能够覆盖的场景。先从理想场景入手,然后逐步扩展高频场景,最后再补增极端场景。例如,针对车道线识别任务,首先应当验证高速公路、路面干净、晴天、车道线清晰无遮挡的场景,再逐步增加城区、路面有脏污、阴雨雪雾天气、车道线斑驳、被遮挡等场景。场景的扩增主要体现在训练集数据的样本分布上。

综上所述,一个较好的模型训练策略是,有循序渐进的学习路径,学习效率高,不易反复;有极佳的样本分布管理过程,即较少数据量就能获得较高的泛化性;契合产品的路线图,不断推出各阶段可工程落地的版本,通过持续进化,在新版本上不断提升能力。

6.6　小结

总体来看,几乎全栈的自动驾驶算法都在往数据驱动的方向演进。通过数据驱动,自动驾驶产品和技术可以不断进步,为人们创造更加安全、高效和智能的驾驶体验。数据驱动思想对自动驾驶的意义在于提供学习和训练的基础,支持模型优化,实现实时决策,并推动系统的不断改进和迭代,具体如下。

(1)学习和训练:自动驾驶系统需要通过大量的数据进行学习和训练,以了解路况、交通规则、交通参与者行为等。这些数据可以包括传感器数据、车辆状态数据、地图数据等。通过数据驱动的模型训练,自动驾驶系统可以逐渐改进环境感知、行驶决策以及运动行为,提高驾驶的安全性和稳定性。

(2)模型优化:数据驱动思想可以用于优化自动驾驶系统的模型和算法。通过收集和分析大量的实际驾驶数据,可以发现模型中的弱点和改进空间,并进行相应的优化。例如,可以通过数据驱动的方法来调整车辆感知和决策模块,以提高其健壮性和准确性。

（3）实时决策：自动驾驶系统需要实时地对不断变化的路况和环境进行决策。数据驱动思想可以帮助系统根据当前的数据输入进行智能决策，例如避免与障碍物发生碰撞、规划最优路径、调整车速等。通过实时的数据驱动决策，自动驾驶系统可以更好地适应各种情况，并做出符合安全和效率要求的行驶决策。

（4）改进和迭代：自动驾驶技术是一个不断发展和改进的领域。数据驱动思想可以帮助系统进行改进和迭代。通过分析驾驶数据，可以了解系统在不同场景下的表现，并通过数据驱动的方法进行问题分析和改进。这样，可以不断优化系统的性能和用户体验，提供更加可靠和便捷的自动驾驶解决方案。

现阶段数据驱动思想的本质是"归纳"，即从真实数据中总结规律，对算法能力的提升以高质量的数据为基础。在自动驾驶车辆的长尾问题中，越到后期，问题的发生概率将越低，单台车辆能采集到的数据非常有限，无法支撑算法迭代。此时量产车的群体优势将得以发挥，成百上千万辆车行驶在路面时，长尾问题在群体中出现的概率将得到显著的放大。在这个阶段，数据的生产不再成为主要矛盾，如何从不同汽车厂商手里同时获取到成规模的数据成为待解决的商业问题，数据的获取将遇到极大挑战。

尽管汽车工业在近百年得到了空前的发展，但全球汽车的保有量仍然有限，而自动驾驶任务面临的场景却是无限的。总有一天，面对极低概率才会触发的问题，我们将无法再从车端获取到足够多的有效数据。届时，数据驱动的"归纳"将面临失效，自动驾驶问题将需要新的思路来解决。这里不妨参考人类的解题思路。人类的学习过程中会同时存在"归纳"和"演绎"两种方法，从过往认知中总结规律，面对新事物时利用总结的规律进行推理演绎，从而实现对新事物的理解。因此，在未来，随着数据获取的成本越来越高，或理论上无法获取到足够的有效数据，具备"演绎"能力的新方法将成为解决自动驾驶问题的关键。

第7章

感知与融合

本章主要对自动驾驶算法中的感知与融合展开详细讲解,在数据驱动算法实现方案中重点讲解网络架构的核心思想。其中,感知算法根据传感器的不同分为视觉感知、激光感知、毫米波雷达感知以及超声波雷达感知。融合算法则同时从时间和空间两个维度讲解不同层级的信息融合策略。

7.1 "看得见且看得准"

自动驾驶系统要想像人一样驾驶车辆,其首要目标是要求对车辆周围环境和其他交通参与者"看得见且看得准",这一过程称为感知与融合。"看得见"是指对目标物完成稳定的检测,"看得准"是指针对检出的目标物还需精确估计其位姿。感知与融合在整个自动驾驶算法流程中处于上游位置,可以拆分为三个不同的子任务:单帧感知、空间融合以及时序融合。

单帧感知是指利用传感器输出的单帧原始信息,经过一系列算法处理,识别传感器探测范围内的目标物,并在三维空间中矢量化地表达出来。不同传感器输出的信息差异较大,使用的感知算法和最终得到的矢量化三维信息往往不尽相同,如表 7.1 所示。

表 7.1　量产车主流的感知传感器

名　　称	数 据 特 点	感 知 应 用
摄像头 (Camera)	摄像头输出在成像面上紧密排列的二维像素,无深度信息。由于图像分辨率很高(如 2M、5M、8M 甚至更高),在二维平面上对环境的描述极为精细。 不同的镜头畸变容易造成图像产生不同程度的失真。在低光照、强曝光、脏污挂水,或大雾、大雨等极端天气下,成像质量将严重下降,对环境的观测易受影响	视觉感知算法可以较好地在二维成像面上完成目标的检测,包括二维位置、姿态、类别、形状等。再通过近大远小的特点估计目标的深度,最终得到目标物在三维空间中的位姿
激光雷达 (Lidar)	激光雷达输出视场范围内反射回来的激光点云。点云包含精准的深度信息,能够直接刻画周围环境的三维空间结构。受限于激光扫描的机械或电子结构,点云帧率较低,一般为 10Hz,其密度远小于摄像头的像素密度。 该类传感器虽不受光照影响,但在雨雾、灰尘、汽车尾气等环境中容易出现较多噪声,表面脏污时极易影响观测	激光感知算法直接在三维点云空间对目标物做检测,点云的反射强度可作为额外的信息对目标物做分类,最终得到目标物在三维空间中的位置、类别、形状、姿态等

续表

名 称	数 据 特 点	感 知 应 用
毫米波雷达（Radar）	毫米波雷达基于多普勒效应接收从目标物反射的回波，通过回波解算得到稀疏的目标点，包括三维位置和速度信息。 传统雷达输出的目标点水平方向目标物分辨率低，垂向上则无法分辨。新型 4D 成像雷达在水平和垂向上都可以实现更高的分辨率，点云密度相当于低线数的激光雷达。 该类传感器环境适应性好，不受光照、天气、灰尘、尾气、表面脏污等因素影响，但对目标物轮廓的刻画能力较差	毫米波感知算法可以通过目标点的强度、速度、方位、收发时间差等信息对目标物做识别，最终得到目标物的运动和位置信息。4D 毫米波雷达信息量相对较丰富，可更加精准地估计目标物位姿
超声波雷达（USS）	超声波雷达接收视场角范围内的回波，输出声波模拟信号。 传统超声波雷达组采用轮询发波和收波方式，其输出频率较低，时延较大。最新的传感器采用信号编码技术，多探头同时收发，提高了频率，降低了时延。 该类传感器信号分辨率极低，单探头信号仅反映其视场范围内的一维距离。环境适应性较差，易受周围噪声、鸣笛、空气温/湿度、目标物材质等因素影响	超声波算法根据回波信号的变化趋势对障碍物的距离做计算，通过将多探头检测结果三角化可以进一步确定障碍物大致的位置

空间融合是指将不同传感器信息聚合的过程。自动驾驶系统中一般配置多种类别、多个数量的传感器，这些传感器的探测范围相互叠加覆盖车辆四周空间。在系统运行的某一时刻，同一个目标物可能被多个传感器观测。这就需要对不同传感器的空间探测信息进行融合。探测信息可以是传感器输出的原始数据，也可以是感知算法完成目标识别后的数据。前者的融合算法一般称为前融合，后者称为后融合。在该阶段，融合的本质都是实现观测结果的空间统一。

时间融合是指将不同时间断面的传感器信息聚合的过程。对于同一目标物，在相邻时间断面上的检测信息可以相互关联，算法将这些信息融合可以进一步得到目标物在连续帧中的运动状态。该过程中，融合的本质是实现观测结果的时序统一，故也称为时序融合。很多时候同行也称该过程为目标跟踪（Tracking），为保持行文统一性，本书统一称为时序融合。

图 7.1 所示为高速车道巡航功能场景中的目标物感知融合过程。视觉感知算法和激光感知算法分别基于多个传感器数据完成目标检测，并将结果投影到自车三维空间坐标系中。融合算法将多传感器的检测结果实现聚合，完成真实目标物和检测结果的依次对应，注意此处示意的融合为目标级融合。接下来在时序融合完成后可以得到目标物的运动信息。

如图 7.2 所示，对感知融合的算法任务进行拆分，主要有如下三种方案。

方案一：将整个问题做最细致的拆分，每一个模型只解决其中相对独立的最小单元。业内绝大多数的自动驾驶系统曾经采用该方案。首先在每个传感器的单帧数据上做目标检测，然后再分别进行空间多帧融合与时序多帧融合。在单帧数据上做目标检测又分为 2D 检测和 3D 检测。对图像来说如果做 2D 检测，则需要在末端增加一个 2D 至 3D 投影的算

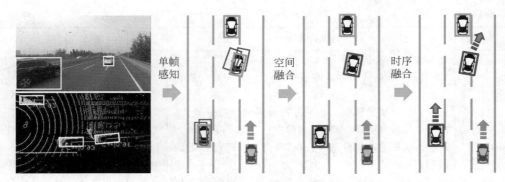

图 7.1　目标物感知融合过程示例

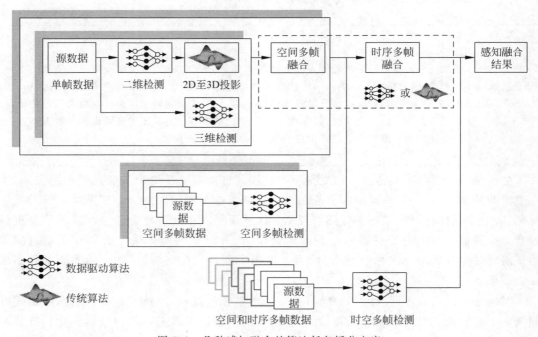

图 7.2　几种感知融合的算法任务拆分方案

法模块。如果直接做 3D 检测，则需要在模型训练时用 3D 真值做监督。对激光点云直接进行 3D 检测即可。注意这里的 2D 是指二维图像坐标系，3D 是指三维的空间坐标系。不论是 2D 还是 3D，单帧数据的目标检测目前行业主流方案都是使用学习型算法，投影模型则仍是传统的规则型算法。对于空间融合与时序融合算法，行业使用的方案中学习型算法和规则型算法并存。

　　方案二：在方案一的基础上合并单帧数据目标检测和空间多帧融合两个任务。该方案以空间上的多帧数据为输入，直接用学习型算法进行空间多帧 3D 检测，输出单个时间断面中车身周围所有可探测区域内的目标检测结果，包括目标物形状、位置、姿态，但不包括其运动信息。源数据包括车身周围不同摄像头的图像，经过预处理后可以直接送入模型。常见预处理操作如环视图像拼接、多视角激光点云拼接、激光点云在图像上的投影，或像素在激光点云空间的投影等。时序多帧融合则作为单独的算法模块计算感知结果的运动信息，如速度、角速度等。

方案三：进一步合并串行流程中的任务，将空间和时序多帧数据一同作为输入，直接用学习型算法进行空间和时序多帧 3D 检测，并输出当前时刻车身周围所有的检测结果，包括目标物形状、位置、姿态、运动信息等。例如 Tesla 在其 AI DAY 上公开的 HydraNet 模型就是使用的该方案。

接下来根据图 7.2 所示的各算法模块，分别讲解满足实际量产工程需求的算法实现方案，具体包括不同类别传感器的感知算法，以及感知结果时空融合算法。

7.2 视觉感知

由于摄像头的成本可控，单帧图像包含的信息量丰富，同时深度学习技术兴起于机器视觉。视觉感知成为自动驾驶系统中最受欢迎、应用最为广泛的感知技术，并在量产赛道中得到了空前的推广。为了更好地理解自动驾驶感知算法方案，有必要深入考察其关键技术，熟悉其演变过程，了解其未来发展趋势。视觉感知技术发展历程大体可以分为如图 7.3 所示的四个阶段。

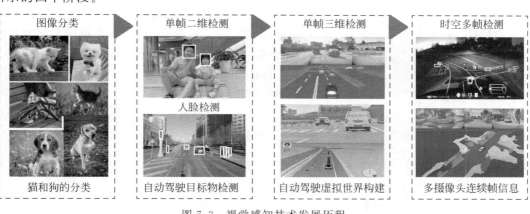

图 7.3 视觉感知技术发展历程

最初人们希望通过机器视觉对图像进行分类，以代替人类的视觉判断。图像分类技术根据目标物在像素信息中所反映的特征，对图像进行定量分析，并把图像归类为若干目标物类别中的某一种。例如，图像中的动物是猫还是狗，图像中的花是荷花还是菊花，一组卫星图中是否包含河流、桥梁或机场等。

为了获得图像中目标物更多的信息，除了对图像分类，还需要知道目标物在图像中的位置和所占像素比例。由此视觉感知技术进入二维检测阶段。该阶段中算法需要捕获不同类别、不同尺度、不同数量的目标物在图像中的特征，并基于特征的分布框定目标物在图像中的范围，同时仍然需要对这些目标物进行类别划分。例如，图像中的多个人脸识别、自动驾驶场景中的多个目标物识别等。

仅有图像分类和二维检测技术在自动驾驶场景下是不够的。车辆运行的环境是一个动态变化的三维空间，自动驾驶车辆与周围环境其他交通参与者的交互均以准确的三维信息为基础。例如，自车与前车的车距保持是以精准的前车纵向距离为前提，对障碍物的平滑绕行以障碍物横向距离为基础，在红绿灯路口精确舒适地停车则严格依赖对红绿灯和停止线的识别。针对该类需求，视觉三维检测技术逐渐发展起来，将二维图像坐标系中的目标物提取出来,然后将其投影或直接映射到三维空间中,并对每一帧检测结果做实时更新。

单帧的三维检测结果仍然不足以支撑自动驾驶系统保持优良的性能。在空间上,系统获取的图像来自车身周围各不同视场范围的摄像头,感知模块需要利用这些图像构建车身周围完整的环境模型,为下游模块提供足够充分的环境信息。在时序上,一方面轨迹规划除了需要知道车身周围所有目标物的位姿,还需要根据动态目标物的运动状态对自车行为做决策,必要时还需要参与局部路权博弈;另一方面实际路面上交通参与者众多,在单帧图像中自车的传感器观测视线容易被遮挡,同时传感器安装位置也容易造成观测盲区。因此视觉时空多帧检测技术应运而生,既利用时空多帧信息补足传感器观测盲区,对静态目标物进行完整的检测,又利用连续帧信息对动态目标物做运动信息的提取。自动驾驶系统构建车辆周围环境的矢量化三维空间,空间中增加了时间维度信息,检测结果包含连续帧中目标物的类别、位置、姿态、运动等。例如,通过时空多帧的实时感知模型可以构建车辆周围所有道路和三维空间占据栅格。

7.2.1　图像分类

图像分类任务主要包含两步。第一步为特征提取,即提取图像中的特征,对原始图像信息做简化,仅保留表达目标物特点的重要信息。第二步为特征分类,即根据不同目标物在图像上的特征差异划分图像类别。图像分类技术在其发展的不同阶段应用不同的实现方法,逐步完成从传统算法到数据驱动算法的演进,如图7.4所示。

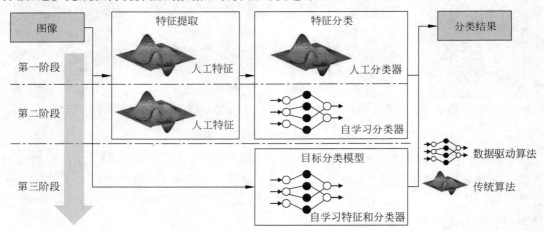

图7.4　图像分类技术的演进

早期的简单分类任务中目标物特征简单,特征分类规律也容易获得,因此采用人工特征和人工分类器,例如将一堆六面体分成两类:立方体和非立方体。针对该任务设计待提取特征为六面体三条相邻边的边长,相邻边两两之间的夹角。设计分类器规则为三条相邻边的边长相等,相邻边两两之间正交。针对图像分类任务,通常使用人工设计的卷积核(Convolution Kernel)对图像进行卷积操作,进而实现特定特征的提取。其中卷积核由对应的算子生成。例如,用来提取边缘特征的卷积核,其常用算子包括 Roberts、Sobel、Prewitt、Laplacian、LoG、Canny 等。如图7.5所示,通过卷积可以从图像中提取像素梯度变化较大的边缘特征。

单纯的边缘检测不足以对复杂的图像特征做分类,还需进一步设计更为有效的特征描述方式。图7.6所示的方向梯度直方图(Histogram of Oriented Gradients,HOG)就是一

图 7.5　使用 Prewitt 算子进行边缘检测

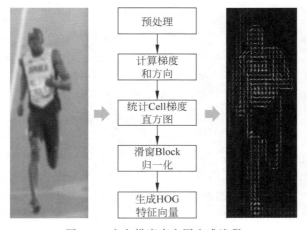

图 7.6　方向梯度直方图生成流程

种经典的图像特征,其生成过程大体可分为五步。首先需要对图像进行预处理,如调整图像尺寸,根据需要转灰度图,调整亮度、对比度等。然后使用边缘检测卷积核提取图像中的边缘特征,即计算梯度及其方向。接下来将图像划分为若干 Cell 区域,并对边缘特征按照方向和幅度进行统计,形成梯度直方图。为使最终形成的特征向量更加健壮,将若干 Cell 组成一个 Block。在图像上通过滑窗法获得所有的 Block,并对每个 Block 直方图进行归一化,生成每个 Block 的特征向量。最终将所有 Block 的特征向量拼接到一起,形成图像的 HOG 特征向量。方向梯度直方图使原图信息得到了极大的简化,并且保留了图中目标物的关键特征。除 HOG 外,常用的人工设计特征还有边缘方向直方图(Edge Orientation Histograms)、尺度不变特征变换(Scale-Invariant Feature Transform,SIFT)以及形状上下文(Shape Contexts)等。

随着神经网络技术的发展,自学习分类器逐渐被广泛应用,接下来讲解其中最经典的两种:感知器(Perceptron)和支持向量机(Support Vector Machine,SVM)。

感知器是一种训练线性分类器的算法,利用被错误分类的训练数据调整分类器的参数,通过迭代使分类器判断更加准确。如图 7.7 所示,单层的感知器框架主要包含三个组成部分:加权、求和以及激活。该算法旨在构建输入(特征向量)和输出(分类结果)之间的映射关系,即分类函数,如式(7-1)所示。

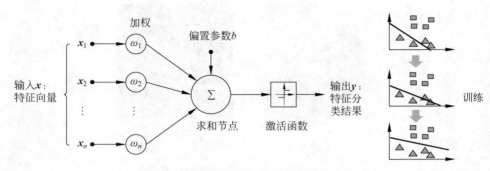

图 7.7　单层感知器架构及训练过程示意

$$y = f(\boldsymbol{x}) = \begin{cases} 1, & \boldsymbol{\omega} \cdot \boldsymbol{x} + b > 0 \\ 0, & \text{其他} \end{cases} \tag{7-1}$$

感知器在训练过程中通过对分类误差做评估,使用梯度下降法连续将分类器参数 ω 向减小误差的方向调整。最终在训练数据集中实现所有数据的正确分类。多个感知器可以互相连接在一起构成多层感知器(Multi-Layer Perceptron,MLP)。多层感知器一般有多个层次,是神经网络的基本形式,与感知器相比具备更强大的拟合能力,可以解决更加复杂的问题。

感知器的训练目标是对训练集所有数据实现正确分类。由于不同类别的数据之间存在一定间隔,感知器的训练结果并不唯一。当新增待分类数据时,新增数据特征离分类线的距离具有不确定性,由此导致分类结果准确率较低。另一种分类器为支持向量机(Support Vector Machine,SVM),其采取与感知器不一样的优化目标,避免掉了该问题。

支持向量机是一种按监督学习方式对数据进行二元分类的广义线性分类器。其学习策略是最大化分类间隔,将问题转换为一个求解凸二次规划的问题,在高于三维的特征空间中其决策边界是求解的最大边距超平面。

SVM 分类原理如图 7.8 所示。当训练数据线性可分时,需要将所有数据完全正确地分类。此时分类间隔的边界称为硬边界,分类间隔即为硬间隔。与分类间隔边界相接的样本数据的特征向量即为支持向量。通过硬间隔最大化,学习一个线性的分类器,即线性可分支持向量机,又称为硬间隔支持向量机。然而真实世界存在大量非线性系统,对分类任务同样如此。当训练数据在当前维度的特征向量空间线性不可分时,需要使用核函数将其映射至更高维度的特征空间,将分类任务转化为线性可分任务。常用的核函数有高斯核、拉

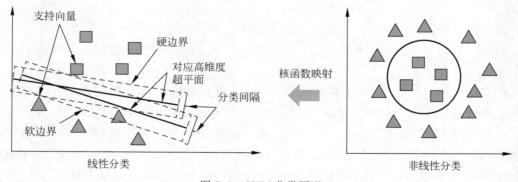

图 7.8　SVM 分类原理

普拉斯核、多项式核等。为避免过拟合,在超平面优化过程中引入一个松弛变量,允许少量样本数据被错误分类。此时分类间隔的边界称为软边界,分类间隔即为软间隔。支持向量机的学习目标调整为最大化软间隔,并学习一个非线性的分类器,即非线性可分支持向量机,也称为软间隔支持向量机。

除感知器和支持向量机,常用的自学习分类器还有高斯混合模型(Gauss Mixture Model,GMM)、自适应增强法(Adaptive Boosting,AdaBoost)、K-最近邻法(KNN)等多种类别。

至此通过使用人工设计的 HOG 特征,结合自学习神经网络分类器 SVM 即可实现对图像的分类。直到 2012 年,在国际计算机视觉识别竞赛(ILSVRC)上,AlexNet 神经网络横空出世,并在图像分类任务上一举夺冠,且性能远超其他方法。从此拉开了卷积神经网络(Convolutional Neural Network,CNN)和深度学习风靡全球的序幕。

AlexNet 使用基于卷积神经网络的深度学习架构,完成图像的特征提取和特征分类两个过程,抛弃了人工设计特征的方法。图 7.9 所示为 AlexNet 网络架构,该网络主体部分由五个卷积层和三个全连接层组成,经过五层卷积及其相连的非线性激活和池化后,又经过两层全连接层和 ReLU 层的变换,最终提取到原始图像的高维(4096 维)特征向量。其末尾再通过一个全连接层和一个 Softmax 归一化指数层完成最终的分类任务。网络中所有卷积核的元素值,以及全连接层的系数均通过使用误差反向传播的训练过程获得。模型自主学习图像中分类任务所需要的所有特征与以往的神经网络相比,AlexNet 网络更深、更宽。为使特征提取过程更加高效,作者将所有卷积操作分别映射到两个不同的 GPU 上并行计算,显著提高了模型的运行速度。

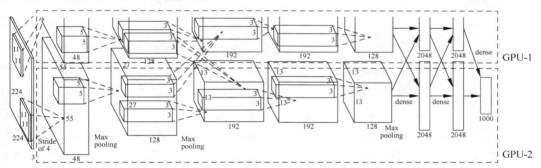

图 7.9 AlexNet 网络架构

此后在国际计算机视觉识别竞赛的图像分类项目中,2014 年诞生了经典的 GoogLeNet 和 VGGNet,2015 年诞生了图像分类能力超过人类大脑的 ResNet(其网络深度达到 152 层),以及后来诞生的其他优秀网络。图像分类网络意义深远,其中卷积神经网络对图像特征提取的强大性能为后续的视觉目标检测打下了坚实的基础。例如,ResNet 在后来的目标检测网络中被频繁用作 Backbone 来提取图像特征。

7.2.2 单帧二维检测

二维检测是指在图像的像素坐标系中找到特定类别目标物相关的信息,如二维边框(2 Dimension Bounding Box,2D B-Box)、关键点、所占像素区域等。算法的主要任务是目标分类、边框和关键点的回归,以及像素层级的分割。

从图像分类到视觉二维检测的先验假设是,如果图像的边界即为所分类目标物的边界,那么该图像可以被正确分类,反之则不能被正确分类。如图7.10所示,以人脸检测示例讲解该先验假设的基本思想。首先从原始图像中裁剪出许多不同尺度的子图像。理论上最大尺度可以取原图,最小尺度可以是原图中的某一个像素。此时所有子图的边框就是视觉二维检测任务的候选框。接下来用已经训练好的图像分类模型对所有子图进行分类,分辨子图"是人脸"或"非人脸"。取出所有"是人脸"的子图边框,并将其投影到原图上。于是在原图上得到了非常多的检测框,这些框分布在原图中每一张人脸附近。将同一张人脸附近的边框采取后处理融合手段可得到最终的二维检测结果,即一张人脸对应一个准确的边框。

图 7.10　从图像分类到视觉二维检测的先验假设示例

在上述例子中,为使最终得到的二维边框有较高的准确率,且与真实的人脸边界能尽可能贴合,人工候选框的提取需要考虑如下几个工程问题。首先是拍照时,由于距离的远近和人脸的朝向不同,人脸在图像上有不同的大小、不同的长宽比以及不同的位置,这就意味着在提取候选框时需要覆盖多种大小、比例以及位置。此外为保证多框融合前得到的检测框与真实人脸贴合得更加紧密,子图分类模型在训练过程中需要对数据做一些特殊处理。例如将那些人脸在子图中占比小或者显示不全的图标记为负样本,仅将人脸完全且几乎布满整张图像的子图标记为正样本。

如图7.11所示,视觉二维检测技术从使用传统规则型算法演进到数据驱动的算法,从两阶(Two Stage)检测算法演进到一阶(One Stage)算法,从基于预瞄框(Anchor base)的算法演进到基于无预描框(Anchor Free)的算法,其演进历程大体可分为四个阶段,接下来进行详细讲解。

在视觉二维检测技术演进的第一阶段,使用传统规则型算法提取候选框,然后再使用分类与边框优化的神经网络模型得到图像中目标物的最终二维边框。传统规则型候选框提取方法主要有滑窗(Slide Window)算法和选择性搜索(Selective Search)算法。滑窗法是一种从物理上暴力提取候选框的方法:设置不同大小的边框,将边框按照一定的像素间隔像窗口一样在整个原图范围内纵向和横向滑动,每滑动一次提取一个候选框。通过滑窗法可以得到成千上万张子图。显然绝大多数子图是无用的,该方法工程效率较差。选择性搜

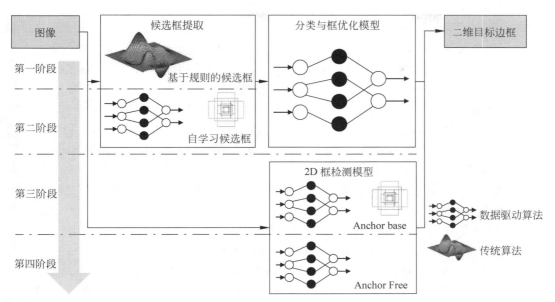

图 7.11 视觉二维检测技术的演进

索算法则不同,它根据像素分布的特点以及区域之间的关联性提取原图中的候选框,极大减少了无效的候选框数量。其核心思想:首先通过图像分割方法初始化原始区域,将原图分割成众多尺度尽可能小的区域;接下来使用贪心策略,计算每两个相邻区域的相似度,每次合并最相似的两个区域,直到最终仅剩完整的图片;保存合并前后的所有区域,得到图像的分层表示;最后通过一定的规则衡量每一个候选区域存在目标物的可能性,并对所有区域完成排序。选择性搜索算法的工作过程如图 7.12 所示,从图中可以看到目标物的真实边框已经包含在候选边框集合中。

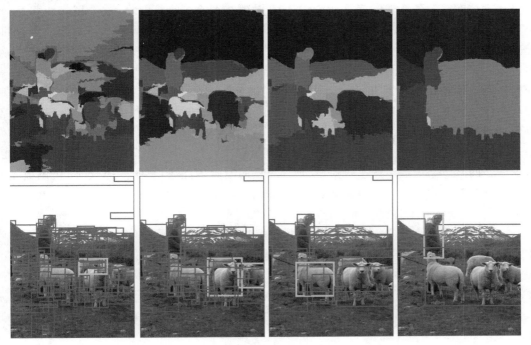

图 7.12 选择性搜索算法的工作过程

2014 年,发表于顶级会议 CVPR(Computer Vision and Pattern Recognition)的 RCNN (Region with CNN Features)算法,首次将深度学习应用于视觉二维目标检测。该算法凭借卷积神经网络对图像特征提取的出色能力,大幅度提升了物体检测效果。该模型采用选择性搜索的方法得到候选框,用 CNN 网络提取候选框图像中的特征,使用 SVM 进行目标分类,并增加一个回归器,对得到正确分类的候选框进行边框精修。2015 年同一作者提出了更快更强的 Fast RCNN,训练速度快了 9 倍,测试速度快了 200 多倍。其检测率也得到显著提升,并首次实现了端到端的检测和卷积共享。该模型不再对图像做裁剪,而是直接对原图进行卷积得到共享特征,再将选择性搜索算法提取的候选边框投影到特征图上,利用特征池化(Pooling)的操作提高对图像大小的适应性,使用 Softmax 函数对候选框中的特征进行分类。RCNN 和 Fast RCNN 网络的框架如图 7.13 所示。

2015 年,Faster RCNN 发表于顶级会议 NIPS(Conference On Neural Information Processing Systems)。该模型完全抛弃了传统规则型算法,划时代地提出了 Anchor 机制,使用学习型算法 RPN(Region Proposal Network)生成高质量候选框,检测速率提高到 17f/s。从此视觉二维检测技术演进至第二阶段。在该阶段候选框的提取、目标分类和边框回归的两阶任务都通过学习型算法实现。

如图 7.14 所示,Faster RCNN 模型主要分为四部分:Backbone,即卷积层(conv layers),用于对图像做特征提取,如 VGGNet-16 等;RPN(Region Proposal Network),其输入为 Backbone 提取的特征图,输出为特征图上的候选框;RoI(Region of Interesting)池化,用于将 RPN 中的特征转换到固定维度送入全连接层;classifier,末端使用 RCNN 分类和回归网络对候选框中的目标做分类,并精修候选框,当然此处也可以使用其他分类器。

其中 RPN 工作过程中采用一个小网络(256-d),在最后一个共享卷积层输出的特征图上滑动。这个小网络以特征图(conv feature map)上一个 3×3 的空间窗口作为输入。每一个滑动窗口都映射一个低维度特征,这个特征被输入两个子全连接层,一个用作回归,另一个用作分类。在每一个滑动窗口的位置都预设 k 个候选框。这些候选框不是无中生有的,而是预先设置好 k 个预描框(anchor boxes)作为重要先验。Anchor 中心与滑窗的中心重叠,大小与尺度和长宽比相关。其本质是原图上一系列候选边框在特征图上的映射。作者根据不同尺度和长宽比的组合,在特征图每个位置分别产生 9 个 Anchor。RPN 末端的回归网络用于预测目标物真实边框与 Anchor 的偏移量,分类网络则对输出的边框做分类,前景类别表示有目标物,背景类别表示无目标物。

Faster RCNN 使用两阶检测的思想,结合 RPN 的使用实现了精度较高的检测性能。该算法在两阶方案中运行速率很快,处理多尺度问题具备优势,发明的 Anchor 机制更是开启了一个全新的研究方向。如后来的 HyperNet、Mask RCNN、R-FCN、Cascade RCNN 等网络,都在这个方向上进行了研究。

前面讲解的网络都是视觉二维目标检测中基于候选区域的两阶检测方法,通常需要两步:第一步从图像中提取深层特征并计算候选区域;第二步对每个候选区域进行分类和回归。虽然该类方法检测准确度较高,但运行速度仍然有待提升。为使目标检测满足实时性要求,研究人员开始展开一阶检测方法的探索,视觉二维检测技术演进到第三阶段。该阶段仍然需要预先设计 Anchor,但不再计算候选框,而是直接对边框进行回归,并对框内目标物完成分类。

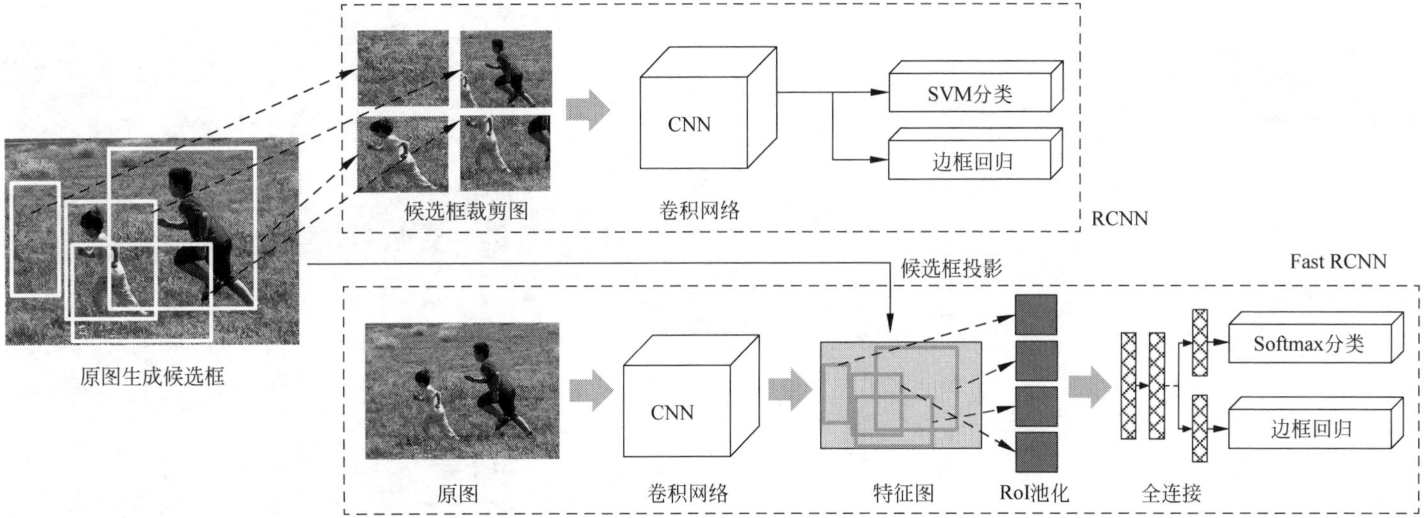

图 7.13 从 RCNN 到 Fast RCNN 的网络框架

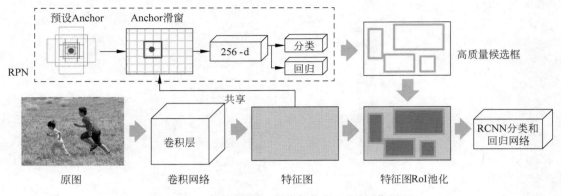

图 7.14 Faster RCNN 网络架构和 RPN 工作原理

2015 年 YOLO(You Only Look Once)和 SSD(Single Shot Multibox Detector)网络先后被提出,两者都是使用一阶方案完成目标检测任务。YOLO v1 利用回归的思想直接完成目标检测,虽然速度很快,但模型精度下降明显。SSD 则同时借鉴了 Faster RCNN 和 YOLO v1 的思想,使用了固定框进行区域生成,并利用多层特征信息,在速度和精度上都有一定的提升。

YOLO v1 在网络结构上采用 8 个卷积层来提取特征,最终生成 $7 \times 7 \times 30$ 的特征图,如图 7.15 所示。该算法将原图划分成 7×7 个区域与特征图对应,在每个区域内预测两个边框,预测结果由类别概率、边框置信度以及边框的位置组成。其核心思想是边框的预测与落在该区域的物体相对应。因此一个区域内的两个边框类别相同。整个过程没有用到先验框 Anchor,这一点在后续的 Anchor Free 网络中再详细讲解。此后在 2016 年和 2018 年,YOLO 算法又相继演进到 v2 和 v3 版本,性能得到不断提升。其中 v2 版本加入了 Anchor 机制,v3 版本沿用了 Anchor 机制并融合了多尺度的特征图。随着行业技术的发展,YOLO 不断吸收前人经验,在 2020 年出现了 YOLO v4 和 YOLO v5,2022 年出现了 YOLO v6 和 YOLO v7。

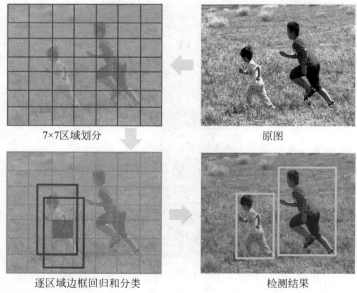

图 7.15 YOLO 算法思想

　　SSD 网络的 Backbone 在 VGGNet 的基础上延伸了多个深层卷积层,不同卷积层生成的特征图具有不同的尺度和感受野,如图 7.16 所示。该模型继承 Faster RCNN 的 Anchor 思想,在六个不同的特征图上设置人工设计的 Anchor,在浅层特征图上设置较小尺度的框,在深层特征图上设置较大尺度的框。最后直接预测 Anchor 的类别以及真实框与 Anchor 的偏移量。并通过非最大值抑制(Non Maximum Suppression,NMS)的方法从众多检测框中过滤掉多余的检测框,筛选出高质量的框作为最终的检测结果。SSD 网络最大的创新在于利用了多层特征图进行预测,此后行业研究人员在其基础上又探索了多种提升性能的方式,如 DSSD、RSSD、RefineDet、RFBNet 等网络,采取各种不同的方式对多层特征进行融合。2016 年发表的特征金字塔网络(Feature Pyramid Network,FPN)融合了多层特征,综合了高层、低分辨率、强语义信息和低层、高分辨率、弱语义信息,显著提高了网络对小目标的处理能力。在后续发展的视觉目标检测网络中 FPN 被广泛应用。2018 年 FPN 的作者基于 ResNet 和 FPN 提出了一阶检测模型 RetinaNet,如图 7.17 所示。该模型在速度和精度上全面超过以往的两阶模型。

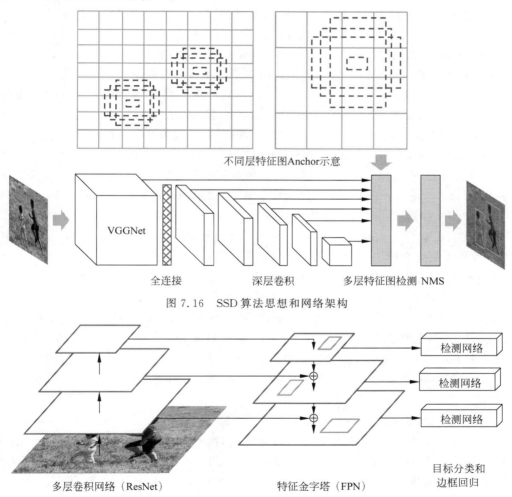

不同层特征图Anchor示意

全连接　　　　深层卷积　　　多层特征图检测 NMS

图 7.16　SSD 算法思想和网络架构

多层卷积网络（ResNet）　　　特征金字塔（FPN）　　　目标分类和边框回归

检测网络

检测网络

检测网络

图 7.17　RetinaNet 网络架构

虽然一阶算法的网络运行速度更快,精度也得到了进一步的提升,但人工 Anchor 机制的使用仍然存在一些缺陷:检测性能对 Anchor 的尺度、长宽比、数量比较敏感,人工调节 Anchor 超参数过程烦琐;Anchor 的尺度和长宽比固定,在处理形变较大的目标时先验丢失,尤其是小目标;预定义的 Anchor 限制了模型的泛化能力,需要针对不同目标物大小和长宽比进行设计;为了提高召回率,需要增加 Anchor 数量,其大多数属于负样本,容易造成正负样本不均衡,且增加了计算量和内存占用。基于以上原因,越来越多的人开始研究 Anchor Free 的一阶算法,视觉二维检测技术演进到第四阶段。该阶段进一步去掉了人工的过程,在无须预先设计 Anchor 的情况下,直接实现目标物的分类和边框回归。

Anchor Free 的一阶目标检测算法可大体分为两类。一种是以 FCOS 为代表的 Dense Prediction 类型,其核心思想是密集预测目标边框的相对位置。早期的 YOLO v1 也属于该类型。另一种则是以 CornerNet 为代表的 Keypoint-based Detection 类型,其核心思想是检测目标的关键点来确定边框。两种方法在目标检测领域都有非常好的表现,这里讲解几个有代表性的模型。

最早提出密集预测这一超前思想的是 2015 年发表于 CVPR 的 DenseBox,该算法为后来 Anchor Free 方法的兴起埋下了伏笔。2019 年,FCOS(Full Convolutional One-Stage Object Detection)模型发表于顶级会议 ICCV(International Conference on Computer Vision)。该模型直接预测四个边界距特征图像素的距离。为解决重叠的多框边界回归目标不明确的问题,该网络采用 FPN 方法,融合不同层级的特征图,其 Backbone 采用的是 ResNet,如图 7.18 所示。每个特征图后端的检测器分为三个分支:目标分类(Classification)、边框回归(Regression),以及当前像素位置与要预测的物体中心点之间的归一化距离(Centerness)。当 Centerness 距离较大时,则认为预测的目标边框和分类质量较低,最终得分也较低。Centerness 机制的使用抑制了那些偏离中心的边框,显著降低了误检(False Positive,FP)。FCOS 在当时达到了 SOTA(State Of The Art)的水平,它的出现进一步推动了一阶 Anchor Free 算法的发展。

接下来再讲解一个 Keypoint-based Detection 类型的经典模型 CornerNet。该模型在 2018 年发表于顶级会议 ECCV(European Conference On Computer Vision)。其基本思想是将目标检测定义为目标边框左上角点和右下角点的检测,如图 7.19 所示。该算法的 Backbone 使用 Hourglass Network,后接两个预测模块(Top-left 和 Bottom-right)作为检测网络,每个模块有自己的 Corner Pooling 层,最终预测 Heatmaps、Embeddings 和 Offsets 三部分。其中具备创新性的 Corner Pooling 沿边框与角点相连的两条边方向做池化。Heatmaps 表示不同类别角点位置及其置信度;Embeddings 表示配对角点的距离,用于做角点配对;Offsets 则表示特征图经过下采样和上采样后的精度损失,以缓解小边框位置精度的影响。

综上所述,Anchor Free 相关的目标检测算法进一步抛弃了人工预设 Anchor 的过程,使用完全数据驱动的方式实现视觉二维目标检测,检测速度和精度都达到了一个新的水平,并且不断攀升。除上述经典模型外,Dense Prediction 类型的算法还有 FSAF、Guided Anchoring、FoveaBox、SAPD、ATSS、FCOSv2、DDBNet、ObjectBox 等,KeypointBased Detection 类型的算法还有 ExtremeNet、CenterNet、TTFNet、CSP、CornerNet-Lite、RepPoints、SaccadeNet、CentripetalNet、RepPointsv2、CPNDet 等。

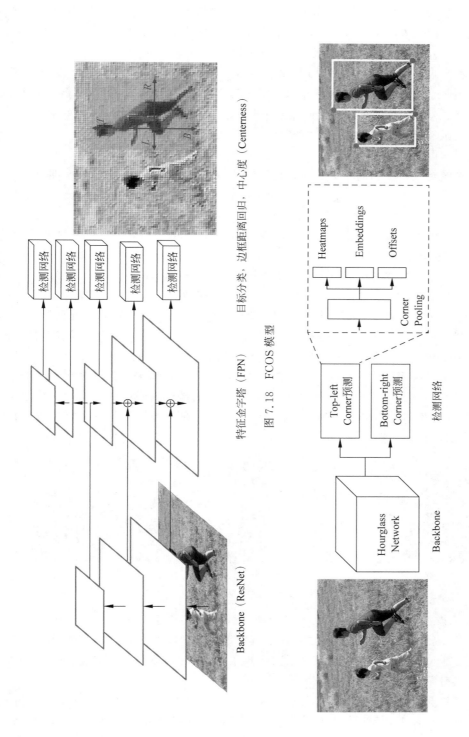

图 7.18 FCOS 模型

图 7.19 CornerNet 网络架构

上述两类算法代表了两种不同的算法设计思想。一种是自顶而下(Top Down)的设计思想,例如人们想找某样东西,对某样东西有大致的外观估计,会根据当前任务的特点,遍历视野所见范围,聚焦于与任务密切相关的部分,由粗到细直到精准匹配为止。早期的两阶网络、Anchor Based 的一阶网络,以及 Anchor Free 的 Dense Prediction 类型都是这种设计思想。另一种是自下而上(Buttom Up)的设计思想,例如人们观察物体的方式,人眼会被一些特征明确、独特的部分吸引,再由小及大,把观察到的部件拼成一个完整的目标。Anchor Free 的 Keypoint-based Detection 类型的算法使用的就是自下而上的设计思想。自下而上的算法虽然能够对目标物的细节特征检测得更准确,但容易出现属于不同目标物的细节特征被误匹配的问题。

自动驾驶系统绝大多数情况下无须对目标物细节做检测,仅需 Bounding Box 即可满足下游需求。因此,从工程友好的角度看,自顶而下的算法更适用于自动驾驶系统。无论是哪种设计思想,其检测任务思路也存在如下共性。

(1) 图像上的物体表示方法类似,如 Bounding Box、Conner Points、Center、RepPoints (Representative Points)等。

(2) 分配正负样本的方法相近,如 IoU、高斯热图、Centerness 等。

(3) 分类任务计算物体类别损失,解决样本不平衡的问题。

(4) 回归任务计算物体尺度或离中心的偏移量(Offsets)等,然后进行修正或精调。

绝大多数目标物都可以用 Bounding Box 来表达,但该方式不适合线类或区域类目标。例如,自动驾驶感知任务中的车道线、道路边缘、路面标识、墙/柱子接地线,以及可行驶区域的检测。在视觉二维目标检测算法蓬勃发展的同时,语义分割和实例分割算法也不断涌现,如图 7.20 所示。与目标检测的二维边框不同,语义分割是对图像中的每个像素打上类别标签,类别包含人和草地。实例分割则是两者的结合,先在图像中将每一个目标提取出来,然后为每个像素打上标签。

目标检测   语义分割   实例分割

图 7.20   几种二维目标检测方法对比

2014 年发表的 FCN(Full Convolution Network)是 CNN 用于语义分割的开山之作,其网络架构如图 7.21 所示。该算法创新之处在于其使用反卷积层进行上采样,并提出使用跳跃连接来改善上采样的粗糙程度。在其之后又出现了 U-Net、SegNet 以及 DeepLab 系列等有代表性的语义分割模型。

实例分割算法与目标检测类似,同样分为两类主要的思想。一种是自下而上的思想,在语义分割基础上通过聚类等措施将同类语义中的不同实例区分开来,通常其后处理过程烦琐,效果较差。另一种是自顶而下的思想,通过目标检测定位出每个实例所在的 Box,在 Box 内部进行语义分割得到实例的 Mask。由于该思想是基于目标检测进行的实例分割,因

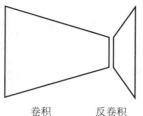

原图　　　　　　卷积　　反卷积　　　　逐像素预测完成分割任务

图 7.21　FCN 网络架构

此相关的算法也分两阶/一阶、Anchor Base/Anchor Free。这里仅讲解几个自顶而下的思想的经典实例分割算法。

　　Mask RCNN 被评为 2017 年顶级会议 ICCV 的最佳论文,是采用两阶模型完成实例分割的经典之作,如图 7.22 所示。该算法继承了 Faster RCNN 的主体架构,Backbone 使用 ResNet 和 FPN 的各种组合做尝试,RPN 基于 FPN 的不同特征层生成候选区域,Head 中增加了 Mask 分支,采用 FCN 结构对框内像素做最终的分类。该模型同时在目标检测任务、实例分割任务,乃至人体关键点检测任务方面都取得了当时业内最佳效果。除此以外,相关的两阶模型还有 Cascade Mask RCNN、HTC 等。

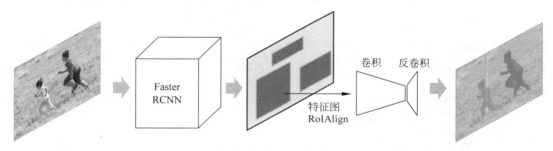

图 7.22　Mask RCNN 网络架构

　　前面讲解的一阶 Anchor Free 模型通过增加 Mask 预测的 Head 同样可以实现实例分割。2020 年发表于 CVPR 的 PolarMask 算法就是基于 FCOS 将实例分割融入 FCN 框架中。如图 7.23 所示,该算法提出了一种基于极坐标系建模轮廓的方法,把常见的实例分割问题转化为实例中心点分类问题和密集距离回归问题。通过预测从中心点散发出去的 36 根射线(为便于表达,图中射线数量做了简化)的长度来描述目标物的范围。网络架构沿用 FCOS,仅把 Head 的 Bounding Box 分支更换为 Mask 分支,通道数从原先的 4 个增加为 36 个,

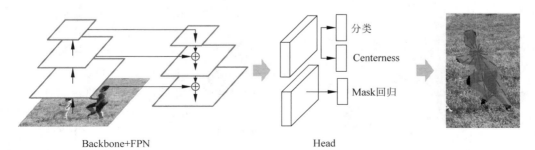

Backbone+FPN　　　　　　　　　　　　　　Head

图 7.23　PolarMask 网络架构

中心度(Centerness)也随之做了调整。在自动驾驶的应用场景下,该算法定义的问题与车辆周边地平面的可行驶区域(Free Space)检测任务非常类似,尤其适合用于室内停车场的场景。除此以外,一阶的实例分割算法还有 YOLACT、Blend Mask、EmbeddMask、CondInst、SOLOv2、TensorMask 等。

7.2.3 单帧三维检测

自动驾驶感知任务需要解决的是周围环境中目标物的三维检测问题。视觉单帧三维检测是指通过单帧图像计算图像中目标物在三维空间坐标系中的信息,如边框位置、多边形轮廓、目标物与摄像头的距离、深度、姿态等。算法的主要任务是目标分类、三维边框和深度信息的回归。7.2.1 节和 7.2.2 节主要对图像分类和视觉二维检测技术的发展历程做了回顾,本节开始将对自动驾驶的工程实践做详细讲解。考虑到绝大多数量产自动驾驶系统中采用的都是单目摄像头方案,利用双目摄像头视差计算图像深度的技术不在本节讲解范围内。

以针孔摄像头为例,二维图像信息与三维真实世界中目标物之间的关联如图 7.24 所示。根据小孔成像原理,在摄像头感光面上形成的图像是倒置的,图像上的物体可以投影到三维世界中,例如,图中悬空的红绿灯、路面的车辆、车道线等。由于图像在产生过程中已经丢失掉显性的深度信息,图像信息投影到三维世界时只能确定其方位。为重新获得深度,确定目标物在三维世界中的投影位置,需要依赖真实物理环境中的先验条件做合理推导。在自动驾驶应用场景中,单帧图像深度估计常用的先验条件有两个。

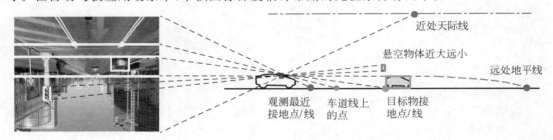

近处天际线

悬空物体近大远小

远处地平线

观测最近 车道线上 目标物接
接地点/线 的点 地点/线

图 7.24 从视觉二维检测到视觉三维检测的基本思想

(1) 地平面假设先验:即车辆所在的地面是平的,道路上所有的物体都处在同一个地平面上。因此图像中的目标物与地面相接的像素投影到真实世界中也应当落在地平面上。根据视觉几何关系,通过摄像头的内部参数和外部参数即可计算目标物与摄像头之间的距离。

(2) 近大远小先验:真实世界的目标物尺寸保持不变,对于标准物体其物理尺寸已知。例如红绿灯是标准件,几乎路面遇到的所有红绿灯尺寸都一样。根据近大远小的原理,可以通过图像中的边框估计目标物深度。

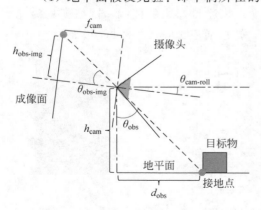

图 7.25 地平面投影的先验条件

所有目标物与地面相接点的地平面投影过程如图 7.25 所示,此处使用理想的针孔相机模型。

在实际工程项目中,成像过程受镜头畸变和投影模型影响,10.4.3 节有详细分析过程,此处不赘述。如果已在原图中完成了目标物的二维检测,并获得图像中的地面点,通过地平面假设先验对该点离摄像头的纵向距离 d_{obs} 进行计算,过程如式(7-2)所示。

$$d_{\text{obs}} = h_{\text{cam}} \times \sin\theta_{\text{obs}} \tag{7-2}$$

$$\theta_{\text{obs}} = \frac{\pi}{2} - \theta_{\text{cam-roll}} - \theta_{\text{obs-img}} \tag{7-3}$$

其中,h_{cam} 为摄像头离地高度,$\theta_{\text{cam-roll}}$ 为摄像头的俯仰角,两者可通过摄像头外部参数获得。$\theta_{\text{obs-img}}$ 为图像中地面点投影光线与光心轴线的夹角,计算过程如式(7-4)所示。

$$\theta_{\text{obs-img}} = \tanh^{-1}\left(\frac{h_{\text{obs-img}}}{f}\right) \tag{7-4}$$

其中,$h_{\text{obs-img}}$ 为图像中接地点与图像光心距离,可通过相邻像素间的距离和接地点像素坐标计算获得。f 为摄像头焦距,可通过摄像头内部参数获得。联立式(7-2)~式(7-4),可得

$$d_{\text{obs}} = h_{\text{cam}} \times \sin\left(\frac{\pi}{2} - \theta_{\text{cam-roll}} - \tanh^{-1}\frac{h_{\text{obs-img}}}{f}\right) \tag{7-5}$$

基于近大远小先验计算目标物三维信息的过程如图 7.26 所示,此处使用理想的针孔相机模型。根据成像的几何关系可得

$$\begin{cases} \tan\theta_{\text{obs-img-1}} = \dfrac{h_{\text{obs-img-1}}}{f} = \dfrac{h_{\text{obs-1}}}{d_{\text{obs}}} \\ \tan\theta_{\text{obs-img-2}} = \dfrac{h_{\text{obs-img-2}}}{f} = \dfrac{h_{\text{obs-2}}}{d_{\text{obs}}} \end{cases} \tag{7-6}$$

$$h_{\text{obs}} = h_{\text{obs-1}} + h_{\text{obs-2}} \tag{7-7}$$

其中,$h_{\text{obs-img-1}}$ 和 $h_{\text{obs-img-2}}$ 分别为目标物在图像中的边缘点与图像光心的距离,$h_{\text{obs-1}}$ 和 $h_{\text{obs-2}}$ 分别为目标物在物理世界中被摄像头光心轴线切分的长度。h_{obs} 为目标物的标准高度,可通过先验知识获得。联立式(7-6)和式(7-7)可得

$$d_{\text{obs}} = \frac{h_{\text{obs}} \times f}{h_{\text{obs-img-1}} + h_{\text{obs-img-2}}} \tag{7-8}$$

因此在已获得目标物真实尺寸的情况下,通过二维检测结果可以依托"近大远小"的先验条件计算目标物的距离信息。

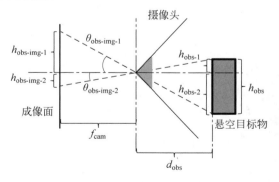

图 7.26 近大远小深度估计的先验条件

如图 7.27 所示,视觉三维检测技术的演进大体可以分为三个阶段。

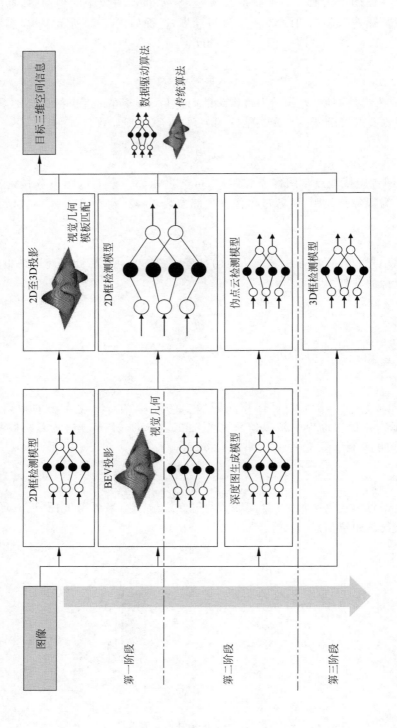

图 7.27 视觉三维检测技术的演进

第一阶段以数据驱动算法和传统算法混合的形式分两阶段完成三维检测任务。主要有两类组合方式：第一类先在图像中用网络模型完成 2D 框检测，再根据先验知识用传统规则型算法将 2D 检测信息投影到三维世界；第二类先用传统规则型算法将图像转换到 BEV（Bird Eye View）视角，在 BEV 图上使用 2D 检测模型直接获取地平面上的三维信息。

第二阶段用数据驱动算法取代传统规则型算法，但仍然是两阶过程完成三维检测。分为两类方式：第一类是先将特征图投影到 BEV，再使用二维检测模型完成 BEV 视角下的目标检测；第二类是生成深度图，将深度图转换成伪点云，利用激光点云检测模型最终完成三维检测。

第三阶段则使用一阶三维检测模型实现从图像到目标物三维信息的直接映射。

首先讲解视觉三维检测技术演进的第一阶段第一类方法。二维检测模型在图像中得到目标物的二维边框后，一般默认边框下沿是接地点。通过式（7-5）即可计算目标物离摄像头的距离，并进一步根据摄像头外部参数计算目标物与自车的距离。当求得目标物边框上多个接地点时，根据几何关系又可以计算出目标物的朝向。此处特别说明，对于无法观测到接地点的目标物通过该方法估计的距离将出现较大误差，严重时容易出现背景目标距离比前景目标近的情况，如被遮挡的车辆、行人等。工程上常见的做法是在做二维检测时忽略无法观测到接地点的背景目标，利用对前景目标的识别实现避障。在数据标注时仅框出背景目标物中包含接地点的部分，如图 7.28 所示。

图 7.28　与接地点匹配的标注方法

在一些研究工作中，基于近大远小深度估计的先验条件实现目标物距离的计算。具体方法是，通过构建目标物三维模板库，利用图像二维检测结果（如类别、边框、关键点等）做检索，找到模板库中与之最匹配的三维模型，由此获得目标物近似真实的尺寸，并进一步计算其距离信息。如图 7.29 所示，发表于 2017 年 CVPR 的 DeepMANTA 算法开创性地应用了模板匹配的方法。该算法首先使用一个三阶段的神经网络检测目标物的 2D 信息：使用 RPN 提取候选框，使用第一个精炼网络提取目标边框，使用第二个精炼网络得到每个目标物上的关键点坐标、关键点可见性，并预测目标物的模板相似性向量。与此同时，该算法预先设置了各种车型模板，使用目标 2D 检测结果中的模板相似性向量完成与模板的匹配，最终得到目标物与其真实大小近似的尺寸和距离，即 3D 检测结果。此后基于该思想实现三维检测的算法还有 3D-RCNN、MonoGRNet、Monoloco 等。

视觉三维检测技术演进的第一阶段第二类方法则完全依赖地平面假设先验，其中 BEV

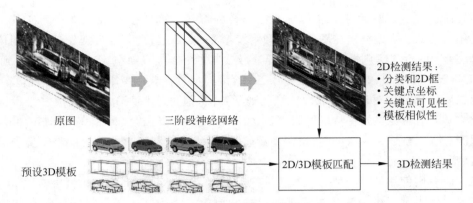

图 7.29　DeepMANTA 算法流程

投影的方式主要有两种：原始图像直接进行逐点逆透视变换（Inverse Perspective Mapping，IPM），在 BEV 图像上完成二维检测；通过几何方式将体素特征完成 BEV 投影后再进行目标检测。

如图 7.30 所示，BEV-IPM 算法先将原图中的像素投影到地平面生成 BEV 图，以 BEV 图作为二维检测模型的输入。该算法假设图像中所有像素在真实世界的高度都为 0，采用单应性（Homography）变换将图像转换到 BEV 视图。在 BEV 视图下采用基于 YOLO 网络的方法检测目标的 Bottom Box，也就是目标物与路面接触部分的矩形框。Bottom Box 高度为 0，因此可以准确地投影到 BEV 视图上作为真值来训练神经网络，同时神经网络预测的边框也可以准确估计其与摄像头的距离。这里的先验条件是目标需要与路面接触，对于车辆和行人来说一般情况下都满足该条件。

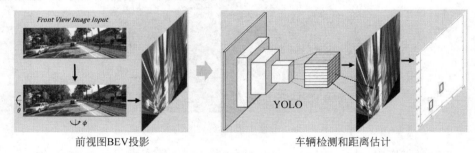

图 7.30　BEV-IPM 算法原理

针对紧贴地面的目标物，通常也使用原始图像 BEV 投影后再检测的方法。例如地面标识、车道线、箭头、减速带、车位框、道路边缘等地面静态目标，以及地面可行驶区域、墙/柱子的地面相接线等。其好处不仅在于 BEV 图能直接表达地平面上目标物与自车的距离信息，而且紧贴地面的目标物在 BEV 图上能更好地表征其真实物理特征，视觉二维检测网络能更好地学习一个高性能的模型。除了完成地面标识的实时检测任务外，该方法对基于地面标识检测的 SLAM 建图定位算法也能起到非常积极的作用。BEV 图的生成过程同样使用图 7.25 所示的视觉几何关系，通过单应性变换逐像素完成投影。其生成效果主要受益于结构化道路先验条件的满足程度：路面平整，地面标识紧贴地平面，摄像头内/外参数精度高。

接下来以泊车场景中车位框检测任务为例进行详细讲解。如图 7.31 所示，原图上由于畸变、透视视角差异等原因,各车位框的特征表现并不完全统一。检测结果在不同场景下容易出现偏差,并且从二维图像到三维地面的投影过程也容易受到内/外参数误差的影响。而环视 BEV 的拼接图中,各车位框边界基本横平竖直,特征一致性非常高,检测效果也相对稳定。此外 BEV 图中包含多个摄像头不同视场范围的观测信息,可以使车身周围的车位框在图像中表达得更加完整,出现截断框的比例较小。BEV 图像拼接过程中,虽然使用了空间多帧的图像,但目标检测算法本质上还是处理单帧数据。其一般做法是完全保留侧视图像,后视图像部分被侧视图像覆盖,以充分使用侧视对两边停车位大范围观测的信息。当需要关注车辆后部视野时,如观测限位器、墙角等,则采用保留完整后视图像,侧视被后视部分覆盖的方案。

图 7.31　BEV 图的车位框检测方法

　　为符合日常习惯,工程上一般采用 4 个锚点的坐标表达车位框形状,锚点可以是车位框角点或车位框与遮挡物相接点。检测算法优先考虑自顶向下的思想,主要实现车位框空闲/占用分类和锚点坐标回归。有些工程项目中还会增加限位器位置的回归和车位类型的分类,如一般车位、残疾人专用、女士专用、电动车专用等。这里主要讲解两种检测方法。方法一参考 7.2.2 节所述的 FCOS 网络结构,核心思想是基于中心点按顺序回归 4 个锚点的位置坐标,坐标值为相对中心点的横/纵向距离,如 $p_1(x_1,y_1)$。方法二则参考 PolarMask 网络,核心思想是将中心点周围区域切分为若干等角度的扇区,图中设置了 16 个区域,也可以根据需求切分为其他数量。对每个扇区进行有/无锚点的二分类,如有锚点则进一步回归锚点的位置坐标。这里采用极坐标系,锚点位置由角度和模长表达,如 $p_1(\theta_1,d_1)$。采用自底而上的思想同样可以实现车位框的检测,使用类似 RepPoints 的网络架构,将 4 个锚点作为关键点回归其坐标向量。该方法能得到更加精准的锚点位置,但基于锚点计算车位框的后处理过程复杂,相邻车位间容易发生锚点漏连或错连的情况,整体稳定性较差。

　　此外,使用 PolarMask 算法的思想还可以实现 BEV 图中可行驶区域的检测,如图 7.32 所示。以自车为中心,将 BEV 图切分为若干个扇区。对每一个扇区进行二分类,即存在或不存在障碍物。当存在障碍物时,取该扇区内离中心点最近的障碍物边缘点为锚点,回归锚点坐标,坐标采用极坐标系由角度和模长表达。当不存在障碍物时,则取扇区与 BEV 图的两个边缘点为锚点,无须模型输出,通过几何关系计算获得。将所有相邻锚点两两连接可以得到一个闭环区域,该区域即为可行驶区域。图中仅设置了 16 个扇区,可行驶区域边缘的分辨率较低。如需表达得更加精细,可对扇区做更高密度的切分,如 36 扇区或者更多。

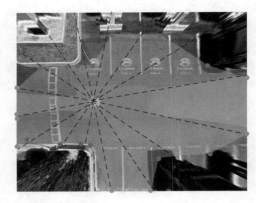

图 7.32　BEV 图的可行驶区域检测方法

综上所述,通过视觉二维检测模型获得目标物在图像上的精准 2D 信息后,基于先验条件可以将目标物投影到真实世界中获取三维信息;也可先基于先验条件将图像或特征图投影到包含三维尺度的 BEV 视角,再通过二维检测模型在 BEV 中获得目标物的三维信息。

然而先验假设并不永远成立:真实路面极有可能出现起伏弯曲,摄像头的内/外参会出现难以忽视的误差,在道路上遇到的目标物也并不是严格标准,尺寸一成不变。考虑到环境因素的多变性,该类方法难以得到能适应各种场景的高精度三维检测结果。上述计算结果在先验条件出现变化时,模型输出的三维信息可能出现不可预估的误差,进而造成自动驾驶系统整体性能下降,甚至出现安全风险。此外二维到三维空间投影过程使用了传统规则型算法,三维模板匹配方法中模板的设计也都是人工过程。随着自动驾驶功能场景的不断扩增,需要构建的规则会越来越多,对算法长期的高效迭代非常不利。幸运的是,既然可以通过人工设计规则在某些场景下实现二维信息到三维空间的投影,那么说明在图像中其实隐含了深度信息,只不过对人们来说建立和维护这种映射关系过于烦琐和低效。于是人们开始研究数据驱动的方法,让模型通过数据自动学习从原始图像转换到 BEV 视角的过程,视觉三维检测由此进入第二阶段,即基于数据驱动的方法实现两阶的三维检测。

2018 年发表的 OFT(Orthographic Feature Transform)算法采用将体素特征投影到 BEV 后再进行目标检测的方法,如图 7.33 所示。其核心思想是采用 CNN 提取多尺度的图像特征,然后将这些图像特征正交变换到预先构建的三维网格。每个网格通过透视变换与图像上的一块区域相对应,并将这个区域内的图像特征均值作为该网格的特征。通过加权平均压缩三维网格中的高度这一维度获得 BEV 特征图,最后在 BEV 特征图上进行 3D 信息检测。类似的工作还有 Cam2BEV、VectorMapNet 等。

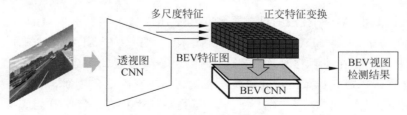

图 7.33　OFT 算法框架

如图 7.34 所示,2020 年发表的 LSS(Lift-Splat-Shoot)算法是典型的基于 BEV 思想的算法,主要分为三部分,Lift、Splat、Shoot。Lift 过程主要实现将 2D 的图像特征升维至 3D,

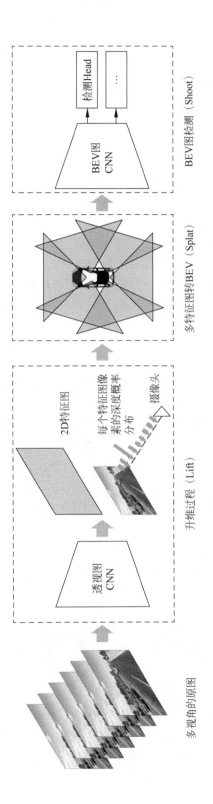

图 7.34 LSS 算法原理

通过对透视图的卷积,在提取 2D 特征的同时,对每个像素的深度分布进行估计,将 2D 的图像特征升维形成每个摄像头的视锥体特征。Splat 过程中则通过外部参数将所有图像的特征图投影到 BEV 视角,并在图像重叠区域采取 sum-pooling 操作,最终形成完整的 BEV 特征图。最后在该特征图上完成目标检测,即 Shoot 过程。LSS 算法开创了一种新的 BEV 目标检测范式,基于该思想的算法还有 BEV-Seg、BEVDet、M2BEV、BEVDepth 等。

除了采用深度估计生成 BEV 特征图外,还可以使用 MLP(Multi-Layer Perceptron)直接获取透视空间到 BEV 空间的映射关系,其本质是学习摄像头内/外参数的隐式表达方式。2020 年 VPN 网络发表于 RAL(Robotics and Automation Letters),该算法的核心思想是完全忽略摄像头的内/外参数,直接用 MLP 学习从图像到 BEV 特征图之间的映射关系,最终完成 BEV 图中的图像分割任务。2022 年发表的 HDMapNet 网络采用与 VPN 相同的方法使网络实现单帧图像的视角变换。与 VPN 算法的不同点在于,该算法显式地使用了外参数将不同摄像头的 BEV 特征图进行拼接,从而提升了特征图在 BEV 的分辨率。与之类似的算法还有 Fishing Net、PON、STA-ST、HDMapNet、PYVA、HFT 等。

基于 MLP 相关的 BEV 感知方法在理论上可以实现从透视图到 BEV 的转换。但由于缺乏深度信息和遮挡等原因,视角的转换性能受限。用数据驱动算法将单帧图像转换,用传统规则型算法完成融合,这类方式仍然没有实现真正意义上的端到端学习过程,其性能很快被能实现 BEV 视角时空多帧融合的 Transformer 超越。基于 Transformer 的 BEV 感知将在 7.2.4 节中详细讲解。此外,MLP 的本质是学习摄像头的内/外参数,这意味着车身周围十几个摄像头需要使用不同的模型,工程适配上会有极高的成本。

在两阶的三维检测算法中,除了通过 BEV 获得三维信息,还可通过对图像的稠密深度预测来实现,即伪点云法。伪点云法是用图像的深度图伪造与激光传感器类似的点云,使用激光点云类似的检测算法对伪点云直接进行三维目标检测。

伪点云(Pseudo LiDAR)算法发表于 2020 年的 CVPR,如图 7.35 所示。其核心思想是通过深度估计模型构建基于图像的深度图(Depth Map),并由深度图生成伪激光点云图(Pseudo LiDAR),最终通过点云和图像融合的三维检测模型(如 AVOD 和 F-PointNet)提取目标物三维边框。相关的研究还有 Pseudo-LiDAR＋＋、End-to-End Pseudo-Lidar、RefinedMPL 等。整体来看,与真实的点云(LiDAR)相比,由于视觉深度估计的精度一般,Pseudo LiDAR 方法对三维物体检测的准确率尚存在一定差距,尤其是目标物边缘以及远处目标的深度估计误差会对检测带来显著影响。

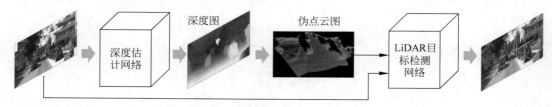

图 7.35　伪点云法视觉三维检测算法流程

视觉三维检测技术演进的第三阶段是目标物三维边框直接法,即采用端到端的深度学习模型实现视觉三维检测。跟前面介绍的两阶法相比,直接法在车载环境中具备更好的实时性能。接下来对其展开详细讲解,并由此衍生自动驾驶任务中非边框类目标物检测任务的实现方案。

直接法需要充分利用图像中隐含的三维信息,在原有二维边框检测模型基础上直接回归目标物的三维边框,无须复杂前处理(IPM)、后处理(如三维模型匹配)或 BEV 投影过程。仅用少量先验知识定义目标物三维参数的初值,如各类物体实际大小均值、目标物二维尺寸与深度对应关系等。在初值基础上回归与实际值的偏差,极大降低搜索空间,并进一步降低网络学习难度。与视觉二维检测算法类似,早期的模型也分 Anchor Base(如Deep3Dbox、MonoFlex、CaDDN、Mono3D、MonoRCNN、M3D-RPN、TLNet)和 Anchor Free(如SS3D、FCOS3D、FCOS3D++、SMOKE 等)。这里重点讲解 Anchor Free 的方法。

2021 年发表的 FCOS3D 是基于 FCOS 改进的三维检测方案,该算法在 NeurIPS 2020的 nuScenes 3D 检测比赛中取得了第一名的成绩。图 7.36 所示为 FCOS3D 网络架构,FCOS3D 与 FCOS 相比在 Backbone 和 Neck 上几乎没有变化,在 Head 上做了较大改进。Head 在分类和中心度的基础上增加了中线偏移、深度、外轮廓尺寸、航向,以及 x 方向和 y方向速度。其中中心度被用于重新定义基于 3D 中心的 2D 高斯分布。航向的编码方案采取将 360° 回归任务解耦的方式:方向的二分类和 180° 回归。FCOS3D 与伪点云法相比,无须再通过图像估计稠密深度,仅预测目标物中心点附近深度即可。这恰恰避开了图像中目标物边缘处因像素深度差异过大而估计不准的问题。不同类型的车辆(小轿车、公共汽车、卡车、两轮车、三轮车等)、行人、各类静态目标物(锥桶、水马、桩柱、垃圾桶、地锁)等目标物都可以用该方法实现三维检测。

工程上直接预测目标物三维边框的方法还需要解决两类问题:远处目标物的深度因像素少而估计不准;极近处目标物因三维边框过于粗糙造成自车绕行困难。

远处目标深度估计不准容易造成对目标物位置和速度产生误判。当距离估计过近时容易触发高速行驶误制动。反之则情况更危险,对前方低速行驶或静止的车辆无法及时采取制动措施,不可避免地产生追尾风险。针对该问题可以通过 6.5.1 节所述的方法从高分辨率原图的中心位置截取远端的图像,保障远处目标的像素数量。具体操作方式可参考图 6.16。

在绝大多数的感知方案中,目标物的表达方式都为边框(Bounding Box),且为了避免碰撞风险都会包含车辆外后视镜。因此检测得到的边框一般都比实际轮廓稍大。在一般场景中,自车与他车相对距离在米级别以上的范围,相互之间不会有干扰。但在近距离场景下,常常容易因为目标物轮廓过于粗糙,而造成自车绕行困难。典型场景之一是泊车入位的过程,如图 7.37 所示,为使目标物轮廓表达得更清晰,采用激光点云的数据做显示。使用边框做环境构建时,发现泊车空间特别狭小,以至于无法生成不碰撞的泊车轨迹。如果目标物采用多边形(Polygon)表达精细轮廓,泊车空间更接近真实场景,如此很容易生成安全的泊车轨迹,提高泊车成功率。

精细轮廓生成原理如图 7.38 所示。在 FCOS3D 模型中,既然可以对中心点深度进行准确的估计,那么同样可以估计其他位置点的深度。在目标物的二维边框范围内设置若干锚点,预测每一个锚点的深度,通过将锚点变换至 BEV 视角下可描绘目标物的精细轮廓,表达形式可以选择多边形。为使网络学习到相邻锚点之间的约束关系,仅直接回归中心点的深度,并向两侧依次预测相邻点的相对深度偏移量。锚点数量和位置的选取应当根据目标物的特点预先设定,具体需要注意如下事项:

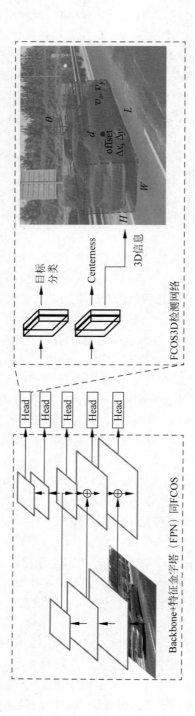

图 7.36 FCOS3D 网络架构

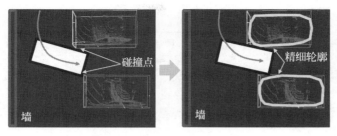

图 7.37 三维边框粗糙问题示例

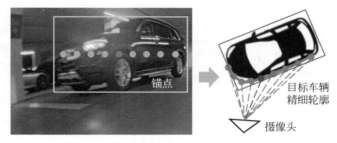

图 7.38 精细轮廓生成原理

（1）锚点位置应当能尽可能表达车辆的真实轮廓。例如,对小轿车来说,其轮廓一般由其中、下部外表面决定,锚点位置选取二维边框的中、下部分。

（2）考虑到目标物边缘处像素的深度差异显著,离中心较远的锚点应当与二维边框边缘处保持一定的距离。

（3）为保持工程上的统一性,各帧检测时锚点数量保持一致,目标物在图像中所占区域越大,锚点之间的间隔越大。

（4）当目标物较远时,像素数量少,能表达的特征也少,深度容易估计不准。此时从场景角度分析,中、远距离的目标物无须精细的轮廓表达。应当设置激活精细轮廓检测的距离阈值,尽可能避免无效的检测。

（5）需要通过稠密激光点云获取精细轮廓以作为真值使用,对车辆来说重点保障下半部的轮廓。

对于车道线、道路栅栏、道路边缘等线类目标物在三维空间无法用边框表达,其检测算法与三维目标检测算法有异。以车道线检测任务为例,深度学习相关的方法可以分为四类,如表 7.2 所示。

特别说明:道路边缘和道路栅栏可以认为是一种特殊的车道线,其检测方法与车道线检测方法相似。

表 7.2 几种车道线检测方法对比

方　　法	基 本 思 想	经 典 网 络	综 合 评 估
语义/实例分割	将图像逐像素分类为车道线前景或背景,通过 BEV 图或对车道线做深度估计获得其三维空间信息	SCNN、RESA、LaneNet	基于分割的方法未充分利用车道线的先验知识,在车道线遮挡严重的情况下,检测性能容易出现显著下降。此外,从工程上考虑分割模型一般较大,运行速度较慢

方　法	基本思想	经典网络	综合评估
目标检测	采用自顶而下的思想预测车道线,利用车道线在视场角内由近到远延伸为先验,构建车道线实例	Anchor Base: LineCNN、LaneATT、3D-LaneNet。Anchor Free: CondLaneNet、UFAST	自顶而下的设计思想不仅能更好地利用车道线先验知识,提高检测实时性,在处理遮挡场景时依然能获得连续的车道线检测结果。但 Anchor Base 的方法容易使车道线形状拘泥于 Anchor 的设计,影响检测的灵活性
关键点提取	采用自底而上的思想提取车道线的关键点,由后处理过程对车道线做拼装与拟合	FOLOLane、GANet	能对车道线端点等关键点做精准的提取,模型整体实时性和灵活性较好。但不同场景下(遮挡)、不同形状的车道线关键点的拼装与拟合过程烦琐,易出错
曲线拟合	预先设定车道线的曲线方程,输入图像,利用网络学习曲线方程的参数	PolyLaneNet、BezierLaneNet	可以直接学习到车道线的自然表示,但精度较差

　　量产自动驾驶算法方案的设计是一个系统工程,在方案设计时需要充分考虑不同算法之间的关联性和继承性。上述车道线的检测算法中自顶而下思想的 Anchor Free 算法与其他视觉感知算法有一定的共通性,更利于量产系统环境中的集成和维护。此处对 CondLaneNet 做进一步讲解,该算法的基本思想参考了实例分割模型 CondInst,后者的实例检测采用了 FCOS 的方案。

　　CondLaneNet 算法发表于 2021 年的 CVPR,其网络架构如图 7.39 所示。该算法的 Backbone 和 Neck 采用 ResNet＋Transformer＋FPN 的组合,其中 Transformer 在最小的特征图层用于捕捉细长车道线的关联信息。Proposal head 将图片划分为若干 Grid,主要输出 Proposal heatmap 和 Parameter map。前者用于表达每一个 Grid 中是否存在车道线实例(Instance),后者为每个存在车道线实例 Grid 的卷积参数。此处的车道线实例定义为车道线起点在图像中的位置,避开了捕捉车道线细长特征这一难点。在 Condition shape head 中首先利用 Parameter map 的参数在共享特征图上做卷积操作,分别生成 Location maps 和 Offset maps,两者用每一行中车道线的基本位置和偏移量共同表达最终精准的车道线位置。值得一提的是,该算法采用前视摄像头检测车道线,车道线在图像中大致沿上下的方向排列,车道线最小单元栅格的位置在图像中采用逐行表达的方式。

　　CondLaneNet 算法中并未涉及车道线三维信息的预测,但根据 FCOS3D 的思想,可以在 CondLaneNet 基础上做如图 7.40 所示深度估计的探索。在已获得车道线在图像中每一行的位置后,可以对这些位置直接做深度的回归。为使网络学习到相邻点之间的约束关系,也可以选择仅直接回归个别点的深度,并依次预测相邻点的相对深度偏移量。此外,在工程方面还需考虑如下几个问题。

　　(1) 并不是图像中检测出的每一个车道线的点都需要计算深度。为减少计算量,避免稠密深度估计,可以设置若干锚点,预测锚点的深度即可。

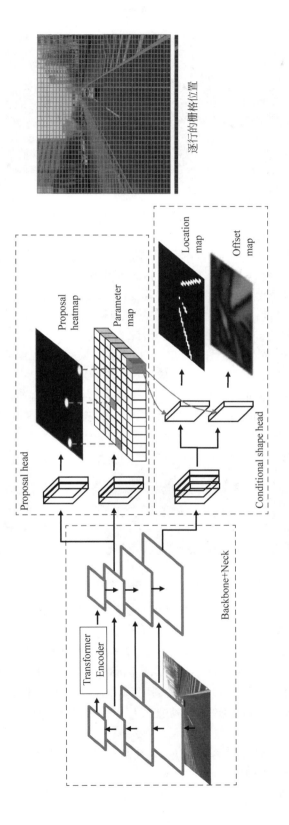

图 7.39 CondLaneNet 网络架构

图 7.40　车道线深度估计

（2）深度预测时需要避开车道线被遮挡的部分，这些位置图像中的深度信息为被遮挡物的深度信息，不能作为车道线深度的参考。

（3）为方便下游算法使用，车道线获得深度信息后根据摄像头的内/外参数可转换至世界坐标系中，但最终还需要投影到 BEV 视角，拟合曲线表达式并输出。

此外，还可以先通过图像构建地面的稠密深度图（Depth Map），再基于车道线二维检测结果查询车道线各处的深度。图像深度图的弱点是目标物边缘处因像素深度差异过大而估计不准。地平面一般在图像中所占面积较大，深度变化连续且平缓。因此通过训练可以学习到一个性能较好的地平面深度图模型。有了 Depth Map，将二维图像中的车道线检测结果与之关联，即可得到车道线各处的深度信息。

上述车道线检测方法还可以借鉴来实现其他线类目标物检测，如墙、柱子、栅栏、门框等建筑物与地面的相接线，以此来表征障碍物的边界，确保车辆行进过程中不发生碰撞。

如图 7.41 所示，建筑物与地面相接线的检测流程大体可分为三步。

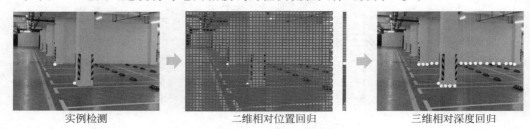

实例检测　　　　　　　　二维相对位置回归　　　　　　　三维相对深度回归

图 7.41　建筑物与地面相接线的检测流程

首先利用目标检测网络（如 FCOS）提取实例，该处实例定义为相接线的端点。在必要时还可以同时预测与地面相接建筑物的类别。

然后将图像划分为若干个 Grid，在每一列 Grid 中回归地面相接线在图像中的位置。为保证精度，可采用与 CondLaneNet 相同的方式同时回归二维图像中的位置和偏移量。注意，由于地面相接线的方向与车道线不同，此处是逐列回归，而车道线检测中是逐行回归。

最后设置锚点，完成深度的回归。仅需直接回归个别点的深度，并依次预测相邻点的相对深度偏移量。

在完成上述三步后，可利用摄像头的内部参数、外部参数以及地面相接线锚点深度恢复出建筑物与地面相接线在 BEV 图中的结构。

这里再拓展两个工程问题。

（1）理论上使用另外一个模型预测稠密的深度图,再将之与地面相接线二维检测结果相关联,也可以获得地面相接线的深度信息。停车场环境与结构化道路环境相比相对复杂,稠密 Depth Map 可能经常出现不准确的情况。

（2）真实世界中,车道线相邻锚点间的深度是平滑过渡的,因此锚点可以均匀采样。地面相接线与之不同,在某些墙角边缘处很可能出现深度突变。如果采用均匀采样的策略,密度过大容易增加计算量,密度过小则容易丢失掉深度突变点,造成轮廓分辨率过低。如果在"二维相对位置回归"过程中对回归点增加一个二分类的任务,即深度突变点/非突变点,在深度估计采样时借助该分类结果选取锚点,则可有效避免该问题。

7.2.4 时空多帧检测

自动驾驶车辆在路面行驶过程中,车辆四周参与交通的目标物众多,且大部分处于运动状态,自车对周围环境的观测区域也在动态变化。单帧数据的视觉三维检测不足以使系统在动态变化的交通环境中完成最佳的行为决策。因此,对视觉感知的要求需要同时考虑时间维度和空间维度,利用不同摄像头的连续帧信息提升整体感知性能。例如,通过多摄像头信息实现单帧完整环境的构建,又通过连续帧信息推导动态障碍物的运动状态、补充前序帧中被遮挡区域的环境信息、融合时序多帧观测的结果等。

利用三维检测结果进行时空多帧信息融合的基本思想如图 7.42 所示。根据不同摄像头的外部参数将同一时刻所有检测结果统一至自车坐标系下。又根据自车的运动信息计算不同时刻自车的位姿(Ego Motion)变化,将不同时间点的检测结果从车辆坐标系投影到统一的世界坐标系中。由此可以实现对静态目标物信息的补充与融合,以及对动态目标物运动状态的估计,完成行车环境构建。对于静态目标物,单帧的检测结果由于摄像头视场角范围受限和遮挡等原因,往往无法得到完整的观测信息。多摄像头连续帧观测结果的拼接与融合能够让自动驾驶系统快速得到环境的全貌。对于动态目标物,其运动信息能使下游模块对目标物未来轨迹做出更准确的预测,并进一步提升自车轨迹规划的性能。图 7.42 中仅展示了一个前视和一个侧前视摄像头在路口通行过程中三帧数据的拼接过程,当同时使用更多摄像头和更多时刻采集的数据帧时,多传感器的多帧融合结果将实现范围更大、性能更高的行车环境构建。

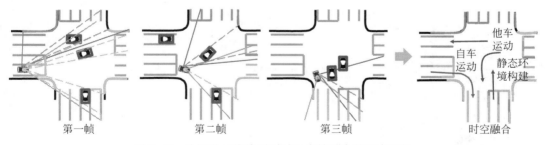

第一帧　　　　　　第二帧　　　　　　第三帧　　　　　　时空融合

图 7.42 从视觉三维检测到时空多帧融合的基本思想

总体来看,时空多帧检测一般基于如下两个先验条件。

（1）空间共视先验：在某一时刻下,不同摄像头在共视区域能够观测到相同的目标物。将所有观测结果统一至车辆坐标系下,相同目标物的位姿坐标应当重合。

（2）时序共视先验：在不同时刻下,运动中的车辆能观测到真实世界同一区域中相同的静态目标物。将每个时刻的检测结果统一至世界坐标系下，相同目标物的位姿坐标应当重合。

将多摄像头空间信息进行融合，其先验条件如图 7.43 所示。其中 P_{C1} 和 P_{C2} 分别为空间中点 P 在前视摄像头坐标系和侧前视摄像头坐标系中的位姿坐标。为简化绘图过程，所有坐标系仅表达两个维度。根据两个摄像头的外部参数可得摄像头坐标系至车辆坐标系的变换矩阵 $T_{V,C1}$ 和 $T_{V,C2}$。根据空间共视先验可得

$$P_V \approx T_{V,C1} P_{C1} \approx T_{V,C2} P_{C2} \tag{7-9}$$

其中，P_V 为点 P 在车辆坐标系下的真实坐标。摄像头外部参数、视觉三维检测结果都存在误差。因此经过变换后的坐标并不严格相等，式中使用约等号。空间多帧检测结果融合算法最主要的目的就是在这些误差不可消除的情况下，计算较为准确的 P_V。

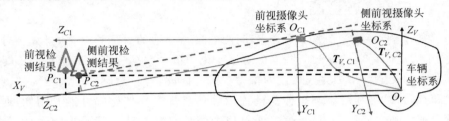

图 7.43　空间信息多帧融合的先验条件

时序上的信息多帧融合原理如图 7.44 所示。为简化绘图过程，所有坐标系仅表达两个维度。在某个特定时刻，感知模块输出车辆坐标系下的所有目标物检测结果。为了计算不同时刻相同目标物检测结果之间的相互关系，需要将所有检测结果进一步转换至同一个世界坐标系 O-XYZ 下。这里的世界坐标系常常使用开机坐标系，即自动驾驶系统启动时刻的车辆坐标系。车辆在运动状态下每个时刻的位姿都在变化，不同时刻之间车辆坐标系的变换关系通过相邻时刻的车辆相对位姿计算。而相邻时刻的车辆相对位姿又可由 IMU 和轮速计组成的里程计积分获得，8.2.1 节会进一步讲解里程计相关的内容。

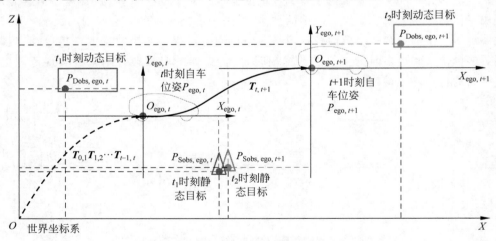

图 7.44　时序信息多帧融合的先验条件

于是可以得到 t 时刻和 $t+1$ 时刻车辆坐标系至世界坐标系的变换矩阵 $T_{w,t}$ 和 $T_{w,t+1}$

$$\begin{cases} T_{w,t} = T_{0,1} T_{1,2} \cdots T_{t-1,t} \\ T_{w,t+1} = T_{0,1} T_{1,2} \cdots T_{t-1,t} T_{t,t+1} \end{cases} \tag{7-10}$$

其中，$T_{t,t+1}$ 即为从 t 时刻和 $t+1$ 时刻车辆运动产生的旋转量和平移量计算而成。

将动态目标物转换至世界坐标系下，一阶求导计算其运动状态 S_{Dobs}，包含各方向速度和角速度，如式（7-11）所示：

$$S_{\text{Dobs}} = \frac{\mathrm{d}P_{\text{Dobs},w}}{\mathrm{d}t} = \frac{P_{\text{Dobs},w,t+1} - P_{\text{Dobs},w,t}}{\Delta t} = \frac{T_{w,t+1}P_{\text{Dobs},\text{ego},t+1} - T_{w,t}P_{\text{Dobs},\text{ego},t}}{\Delta t}$$

$$(7\text{-}11)$$

其中，$P_{\text{Dobs},w,t+1}$ 和 $P_{\text{Dobs},w,t}$ 分别为 t 时刻和 $t+1$ 时刻动态目标物在世界坐标系中的位姿，$P_{\text{Dobs},\text{ego},t+1}$ 和 $P_{\text{Dobs},\text{ego},t}$ 为两者在车辆坐标系下的位姿，Δt 为相邻时刻的时间差。

联立式（7-10）和式（7-11）可得

$$s_{\text{Dobs}} = \frac{T_{0,1}T_{1,2}\cdots T_{t-1,t}(T_{t,t+1}P_{\text{Dobs},\text{ego},t+1} - P_{\text{Dobs},\text{ego},t})}{\Delta t} \qquad (7\text{-}12)$$

在式（7-12）中，如果省去 $T_{0,1}T_{1,2}\cdots T_{t-1,t}$ 也可以完成动态目标物的运动状态估计。其物理意义在于将目标物位姿统一到 t 时刻的车辆坐标系下做计算。上述计算方法中仅使用了相邻时刻的两帧目标物检测结果。为降低单帧误差的影响，在实际工程项目中往往会使用更多的连续帧参与计算，以保证计算结果平滑连续并且更加健壮。

对于静态目标物则主要将自车在不同时刻、不同位姿处观测到的目标物转换到统一的世界坐标系下做融合，如式（7-13）所示：

$$F_{\text{fusion}}(P_{\text{Sobs},w}) = F_{\text{fusion}}(T_{w,1}P_{\text{Sobs},\text{ego},1}, \cdots T_{w,t}P_{\text{Sobs},\text{ego},t}, T_{w,t+1}P_{\text{Sobs},\text{ego},t+1})$$

$$(7\text{-}13)$$

其中，$P_{\text{Sobs},w,t+1}$ 和 $P_{\text{Sobs},w,t}$ 分别为 t 时刻和 $t+1$ 时刻静态目标物在世界坐标系中的位姿，F_{fusion} 表示多帧静态目标物检测结果融合算法。

综上所述，利用空间信息和时序信息的多帧融合先验条件，可以实现目标物时空多帧的检测。

如图 7.45 所示，视觉时空多帧检测技术的演进大体可分为两个阶段。

第一阶段以高性能的三维信息提取网络为基础，将单帧三维检测结果作为输入，采用传统规则型算法或数据驱动算法对时空多帧的三维信息进行融合。该类方法的本质跟图像无直接关联，同样适用于处理其他传感器的检测结果，在 7.6 节中将进行详细讲解，本节不赘述。

第二阶段则使用端到端的深度学习模型，直接实现从时空多帧图像到矢量化行车环境之间的映射。

Tesla 在 2021 年 AI DAY 上公开了基于 Transformer 的视觉 BEV 感知算法思路。该思路受到了同行的广泛关注和认同。近两年使用以图像为输入的 BEV 感知算法已成为量产自动驾驶视觉感知技术的重要发展方向之一。由此时空多帧检测技术发展进入第二阶段：以多帧图像为输入的端到端 BEV 感知算法。接下来重点讲解该阶段中 Transformer 实现时空多帧图像检测的发展历程。

图 7.46 所示为 Tesla 视觉 BEV 感知思路，其核心思想是，在不同时刻采集到不同摄像头的时空多帧图像，利用神经网络构建所有图像中相同目标物信息与 BEV 矢量空间中目标物检测结果之间的映射。与基于三维检测结果做时空融合不同，该思想主要避免或解决如下问题。

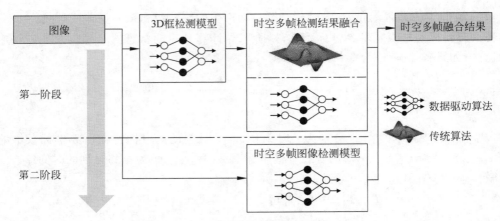

图 7.45　视觉时空多帧检测技术的演进

（1）基于单帧三维检测结果的融合强依赖地平面假设和自车运动估计，传统规则型算法在场景多样的真实世界中难以保持高性能。

（2）单帧三维检测结果已经丢失掉图像的绝大多数信息，相同目标物在不同摄像头图像和不同时序图像中的时空关联性被极大地减弱。

（3）某些场景下，目标物同时被多个摄像头观测到。但每张图像都仅捕获到目标物的少部分视角，无法观测全貌。在某些时刻还容易出现目标物部分被遮挡的情况。该类情况下单帧三维检测无法得到很好的结果，甚至无法检测到目标物。

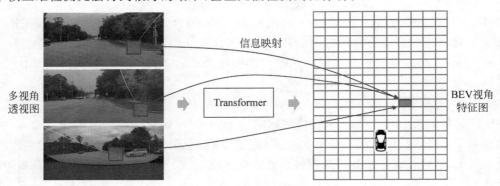

图 7.46　Tesla 视觉 BEV 感知思路

BEV 感知算法以时空多帧图像为输入，最大限度地保留了环境信息。多帧图像在空间上和时序上的关联关系使相同目标物在不同时空上的观测结果得以更好地聚合。将不同视角的图像特征在 BEV 下统一表达是很自然的描述方式，避免了其他视角下的遮挡和尺度问题，方便下游模块对目标物做轨迹预测和对自车做轨迹规划。实现这一过程最核心的算法组成部分是 Transformer。

Transformer 于 2017 年由 Google Brain 团队提出，是一种 Sequence to Sequence（Seq2Seq）模型，采用编码（Encoder）和解码（Decoder）的框架，最早被用于机器翻译，如图 7.47 所示。该算法通过注意力机制（Attention）获得输入数据之间的关联关系，完成对信息的特征提取。

注意力机制的计算过程如式（7-14）所示，其中 Q（Query）为查询语句，V（Value）为从

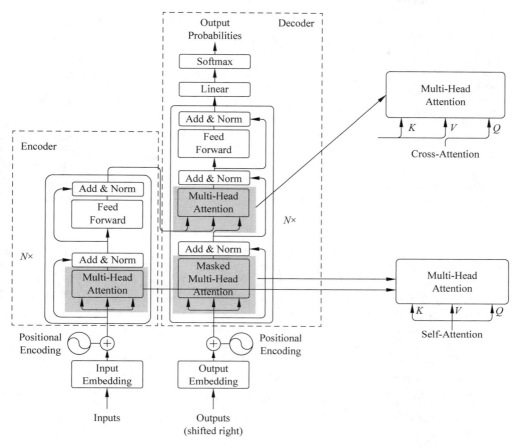

图 7.47 Transformer 的网络架构

Token 空间提取出来的数据库, K(Key)可理解为用来查数据库的标签或钥匙。通过 Q 和 K 可以从 V 中查询到需要的信息, d_k 为 K 的维度。该网络包含两种注意力机制,分别为 Encoder 中的 Self Attention 和 Decoder 中的 Cross Attention。两种 Attention 的输出尺寸均与 Q 相同,其区别在于,Self Attention 中 Q、K、V 的输入来源相同,Cross Attention 中 Q 与 K、V 域不同。在功能上 Self Attention 实现对特征的提取和增强,Cross Attention 则更像一个跨域的生成器。不同于 RNN(Recurrent Neural Network),Attention 用多层堆叠的方式实现 Sequence 的并行。

$$\text{Attention}(Q,K,V) = \text{softmax}\left(\frac{QK^{\text{T}}}{\sqrt{d_k}}\right)V \qquad (7\text{-}14)$$

2020 年在顶级会议 ECCV 上发表的 DETR 算法首次将 Transformer 引入机器视觉的目标检测任务中,如图 7.48 所示。该算法主要包含四部分。首先使用一个 CNN 网络做 Backbone 实现特征提取和尺寸缩减,并得到特征图,避免原图给 Transformer 带来的巨量计算挑战。然后使用 Transformer Encoder 对降维的特征图进行全局分析,其中 Self Attention 机制用于关联图像中不同位置和不同目标物与附近图像的相互关系,即 V 和 K。由于仅在最后一层的特征图上进行 Self Attention,因此 DETR 算法对大尺度目标物的检测表现更为突出。接下来在 Transformer Decoder 中初始化一个固定数量的 Q(Object

Queries),通过 Cross Attention 查询到所有的目标物向量。最终通过一个 FFN(Feed Forward Network)将所有目标物向量映射到其二维边框位置和对应的类别。

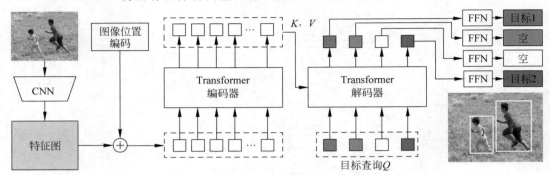

图 7.48　DETR 网络架构

　　DETR 算法为 Transformer 的应用带来一个启示：使用 Cross Attention Decoder 可以实现目标检测视角的转换，仅需在该处初始化一组目标视角的 Object Queries，网络可以自动学习对应的 Q 参数矩阵。2021 年发表于 CVPR 的 PYVA 算法和发表于 ICCV 的 NEAT 算法都使用 Attention 机制将图像特征转换到 BEV 空间。同年发表的 STSU 算法和 DETR3D 算法都遵循 DETR 思路，使用稀疏查询(Sparse Queries)的方式进行目标检测。

　　如图 7.49 所示，DETR3D 在 Encoder 中使用 ResNet＋FPN 同时提取多视角图像的特征，在 Decoder 中设置一组定长的 Object Queries，利用一个全连接网络(Full Connection, FC)预测 BEV 空间的 3D 参考点坐标，在 Cross Attention 过程中需要将每个 Query 对应的三维坐标通过摄像头内/外参投影到图像坐标系，并利用线性插值采样对应的图像特征。由此实现三维信息和二维信息的关联，并在网络中更新 Object Queries。最后 Cross Attention 查询 BEV 视角下的目标物向量。网络末端通过两个 MLP 分别预测目标物的类别和边框。

　　DETR3D 实现了多摄像头信息在 BEV 下的融合，避免了多摄像头检测结果的后处理过程，有效缓解了相邻摄像头重叠区域目标截断的问题。但 Query 对应的三维参考点坐标可能因摄像头内/外参误差而不准确，进而使特征超出目标区域，且显式的投影过程容易限制网络执行全局推理的能力。

　　2022 年发表于 ECCV 的 PETR 算法利用 3D 位置编码器输出具有 3D 空间位置的特征，如图 7.50 所示。Encoder 中多视角图像的 2D 特征提取采用如 ResNet 的 Backbone 实现，然后将摄像头视锥空间离散为三维网格，利用摄像头内/外参编码图像中每个点在不同深度下的 3D 空间位置(3D Coordinates)，利用 3D Position Embedding 实现视锥体的 3D 位置编码；最后将二维图像特征和三维坐标注入 3D 位置编码器中，生成三维位置感知的 3D 特征图，即 K 与 V，解码器则与 DETR 类似，通过稀疏的目标查询 Q 直接对 BEV 视角下的目标物类别和边框进行预测。PETR 与 DETR 和 DETR3D 等算法都采用了稀疏查询的思路。

　　稀疏查询(Sparse Queries)的方法使网络直接输出稀疏感知结果，对于以目标为中心的感知任务看起来比较自然。近两年相关的研究还有 TopologyPL、MonoDTR、MonoDETR、Graph-DETR3D、PolarDETR、SRCN3D、ORA3D 等。

　　自动驾驶感知任务除了目标检测，还有语义或实例分割。一些研究者尝试使用显式空间分布的密集查询(Dense Queries)进行图像特征的变换，为 BEV 空间提供密集且统一的表

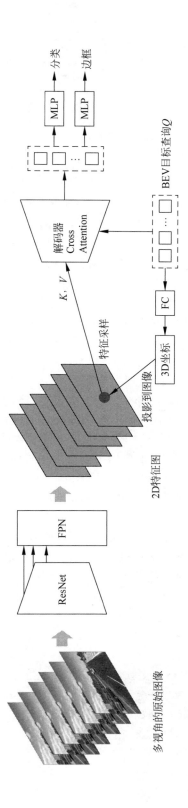

图 7.49　DETR3D 网络架构

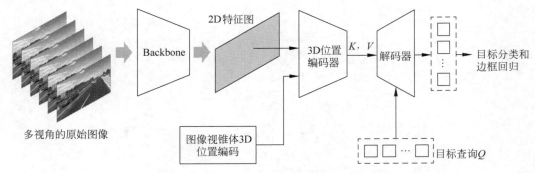

图 7.50　PETR 网络架构

示。密集查询的方法中每个 Query 都预先分配 3D 空间或 BEV 空间中的位置。Query 个数由栅格化空间的分辨率决定,一般大于稀疏查询方法中的 Query 个数。密集的 BEV 表示可以通过稀疏查询和图像特征间的交互来实现,进而用于 3D 检测、分割和运动预测等诸多下游任务。

Tesla 在 2021 年 AI Day 公开的 BEV 感知算法便是采用密集查询的思路。如图 7.51所示,HydraNet 是 Tesla 提出的多任务模型,即用一个模型解决自动驾驶场景中各类型目标物的检测问题。该框架中所有图像特征的空间融合都通过 Transformer 实现。首先初始化一个 BEV 空间的栅格,使用正弦和余弦的位置编码铺平,先后利用 Context Summary 和MLP 在 BEV 空间中生成密集的 BEV Q;然后使用 Queries 和多视角图像特征间的 CrossAttention 完成视角转换,并生成融合后的 BEV 特征图。整个过程摄像头的内/外参并未考虑进来,视角的转换关系完全由网络通过学习获得。HydraNet 中的时序融合阶段使用特征队列(Feature Queue Module)来缓存时序特征,包括连续帧自车运动和位姿特征、多摄像头融合的 BEV 特征,以及特帧的位置编码。队列组装策略分为时序队列和空间队列,分别基于时间和自车位姿进行特征采样。视频模块中根据不同的任务采取不同的网络,如 3DCNN、RNN 或者 Transformer。该模块用来整合上述时序信息,并生成时序融合后的 BEV视角的局部特征图供下游的目标检测 Head 使用。

2022 年顶级会议 ICRA 的最佳论文 *Translating Images into Maps* 同样使用了密集查询的思路来实现 BEV 分割的网络。其核心思想是,图像中的垂直扫描线与通过 BEV 地图中摄像头位置的极射线之间存在一一对应关系,极射线上每个像素都是整个图像列的元素组合。根据该约束在列方向上使用轴向交叉注意力机制,按图像列完成特征的 BEV 视角转换。同时在行方向上使用卷积操作,由此减少模型总体计算量。该算法的网络包含三个主要组成部分:由 CNN Backbone 提取图像平面的空间特征;基于密集查询的方式使用Transformer 将图像平面特征转换为 BEV 视角特征;最后使用分割网络将 BEV 特征分割为语义地图。除此以外,基于密集查询的研究工作还有 BEVSegFormer、PersFormer、CVT、GKT、Polar Former 等。

Transformer 除了能实现空间多帧的图像检测,还能将时序上的多帧信息融合到一起。时序多帧信息对于自动驾驶感知任务十分重要,主要体现在如下两方面。

一方面时序信息可以补充单帧数据中空间信息的缺陷,更好地检测当前时刻被遮挡的物体,或者为确定物体的位姿提供更丰富的信息。

另一方面可以通过目标物相邻时序的状态差异对其运动状态做出判断。

2022 年发表于 ECCV 的 BEVFormer 算法受启发于 Tesla 的 BEV 感知思路,使用解码器同时实现了 BEV 空间下的时间和空间信息融合。与 Tesla 类似,BEVFormer 算法中定义

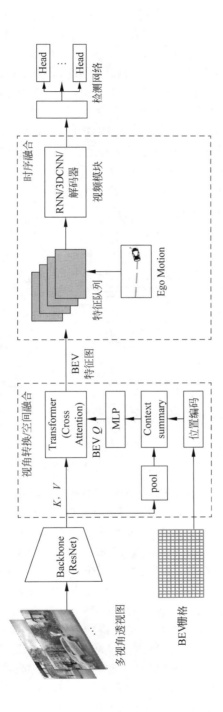

图 7.51 Tesla HydraNet 网络架构

了一个 BEV 视角下的 200×200 的可学习栅格,作为 BEV Queries,每个栅格都仅负责表征其对应的小范围区域。

如图 7.52 所示,BEVFormer 首先通过 Backbone 依次提取每一张透视图头像的特征,并得到 2D 特征图。使用 Transformer 时,在空间上采用 Cross Attention 机制实现图像特征的视角转换。为降低计算量,通过摄像头内/外参找到 BEV Q 和空间多帧图像特征图间的投影关系,BEV Q 仅对投影点邻域进行加权特征采样,由此实现空间信息聚合。在时序上则采用时序 Self Attention 机制。不同于 HydraNet 直接堆叠时序 BEV 特征的方法,BEVFormer 采取在每个时刻融合上一时刻特征的方式,让模型自动学习有效的历史帧信息。时序融合时,利用 Ego Motion 将相邻时刻 BEV 特征对齐。由于相邻帧目标物位姿变化范围小,为控制计算量,BEV Q 仅对时序帧上投影点附近区域进行加权特征采样,由此实现有效时序信息的聚合。在经过 Transformer 网络后,即可得到当前时刻经过时空融合的 BEV 特征图,末端的检测和分割网络可实现各类不同的任务。

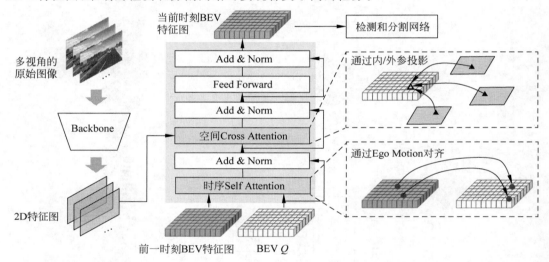

图 7.52　BEVFormer 网络架构

发表于 2022 年的 PETRV2,在 PETR 基础上探索了时域建模的有效性,利用前一帧的时序信息来增强 3D 目标检测,并实现分割任务。PETRV2 中将图像特征采用直接拼接的方式实现融合,其中 3D 坐标来自完成时序对齐的 Ego Motion。在 3D 位置编码过程中还引入了 2D 图像特征引导的 Attention 操作做优化。为实现分割任务,与 Tesla 和 BEVFormer 做法类似,在 Decoder 中初始化一个 BEV 的栅格,通过 MLP 网络生成用于分割的 Seg Queries,然后与 Encoder 生成的 K 和 V 元素进行交互。为控制计算量,对栅格大小进行了限制(16×16)。目标检测部分则沿用了 PETR 中的方法。

BEVFormer 和 PETRV2 基于密集查询思路的 Transformer 实现了时空多帧的视觉 BEV 感知,极大地简化了视觉感知融合算法的流程,并在公开数据集上先后达到了 SOTA 性能。但在工程上 Transformer 网络难以训练,需要庞大的数据集来提高场景泛化能力。低成本的自动化标注措施成为该类模型研发的重要环节。Transformer 模型运行时有巨量的计算需求,在量产自动驾驶解决方案中如何部署和优化 Transformer 成为又一个工程上的挑战。

继 HydraNet 之后,Tesla 在 2022 年的 AI Day 中又公开了其最新研究成果 Occupancy Network,其网络架构如图 7.53 所示。Occupancy Network 沿用与 HydraNet 相同的 Backbone

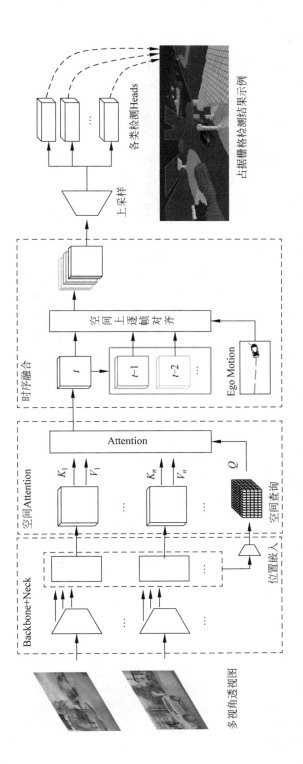

图 7.53　Tesla Occupancy Network 网络架构

(RegNets)和 Neck(BiFPNs)做图像的特征提取；在空间多帧融合中使用空间 Attention 机制，此处的空间查询 Q 不再是 BEV 视角的平面网格(X,Y)，而是增加高程维度的空间网格(X,Y,Z)；在时序融合中使用特征图融合机制，通过 Ego Motion 实现连续帧空间特征的对齐，并对结果进行加权堆叠，时间戳距离当前时刻越远的空间特征权值越低；最终获得时空融合的空间特征，并输出到不同的 Head 完成检测任务。通过分析可以看到，空间 Attention 在高程维度上增加了成倍的计算量，时序融合的处理则相对简洁。Occupancy Network 整体可以平衡计算需求，Tesla 已将其在实车上开展了工程落地工作。在 FSD 控制器中该模型的运行帧率可接近 $100\,\mathrm{Hz}$。

Tesla 的 Occupancy Network 实现了对车辆周围三维空间的建模，并用占用栅格的形式表达，摆脱了视觉分类检测模型对未分类物体无法识别的问题。在训练过程中，该算法采用的真值来自云端视觉三维重建结果。与之不同的是，2023 年发表于 CVPR 的 TPVFormer 算法采用了稀疏激光点云做真值监督。该算法提出了一种三透视视图（Tri-Perspective View，TPV）表征的方法，将 BEV 思想同时应用到三个正交平面上，并利用三个平面投影特征预测带语义的稠密三维占用栅格。

图 7.54 所示为 TPVFormer 网络架构。其以多个摄像头的图像为输入，先使用 Backbone 提取多尺度的二维特征图。然后使用三个平面中的网格单元作为正交的 TPV Queries，采取可变形图像交叉注意力机制（Image Cross Attention）聚合多尺度和可能的多视图特征，并将其提升为 TPV 三个平面的三维特征。接下来使用交叉视图混合注意力机制（Cross View Hybrid Attention）实现 TPV 三个平面的相互作用，完成上下文信息的编码。最终针对三个平面的投影特征总和，使用一个轻量的 Head 来预测空间栅格的占用情况和语义信息。实验表明，在 nuScenes 数据集中的 LiDAR 语义分割任务中，纯视觉的 TPVFormer 算法达到了与 LiDAR Base 模型相当的性能。

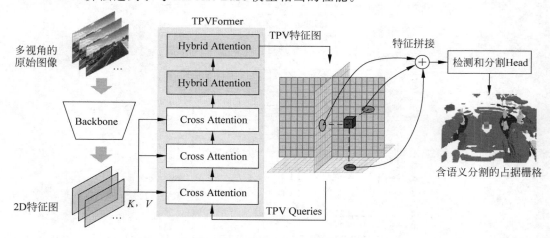

图 7.54　TPVFormer 网络架构

Transformer BEV 思想除了可以实现时空多帧的视觉感知任务，还可进一步扩展完成目标物轨迹预测任务。2021 年发表于 ICCV 的 FIERY 算法和 2022 年公开的 BEVerse 算法通过时空多帧的 BEV 特征图均实现了纯视觉的感知与预测联合任务。

2023 年发表于 CVPR 的 TBP-Former 算法重点解决了时序 BEV 特征对齐和时空特征提取问题，如图 7.55 所示。该算法以连续的环视图像为输入，首先使用 Backbone(ResNet)

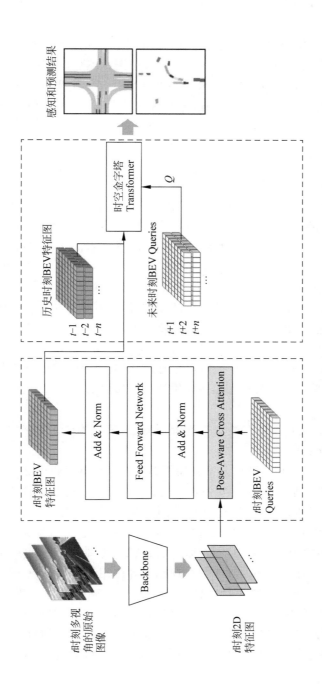

图 7.55　TBP-Former 算法网络架构

网络提取各张图像的特征。然后将 BEV 图的网格单元作为 Queries,将摄像头位姿和与之对应的图像作为输入,采用 Pose-Aware Cross Attention 机制,将每一组环视图像特征映射到经过空间对齐的 BEV 特征图中。接下来以历史多帧的 BEV 特征图为输入,并将未来各个时刻的 BEV 图网格单元作为 Queries(Q),利用时空金字塔 Transformer 对未来表征感知和预测结果的 BEV 图序列做预测。在时空金字塔 Transformer 实现过程中,利用 Swin-T 提取时序特征,由此得到完成时空融合的 BEV 特征图。然后将该特征图进行下采样卷积操作,将生成的 4 种不同尺度特征作为 Key(K)和 Value(V)。TBP-Former 在 nuScenes 数据集的评测结果表明在分割任务、预测任务、推理速度上都达到了 SOTA 性能。

7.3　激光感知

与车载其他传感器相比,激光雷达最大的优势是天然自带精准的深度信息,其测距精度可达到厘米级别,非常适合用于自动驾驶应用场景中的目标检测。在行业发展初期,激光雷达主要用在无人驾驶出租车和数据采集车上。由于成本的逐年下降和算法能力的逐步提升,越来越多的量产车也开始预装激光雷达。

总体来看,激光雷达在自动驾驶领域的应用有如下几方面。

(1)激光感知融合,即使用激光点云进行目标检测,并将激光点云信息与其他传感器信息相互融合,共同完成感知相关的任务,为下游模块提供连续可靠的感知结果。典型目标物包括车辆、行人、锥桶等轮廓特征明显的物体。

(2)激光真值系统,即使用激光点云构建真值,将精准的深度信息与其他传感器信息相互关联。例如,视觉模型训练过程中利用激光雷达信息做深度或三维信息的监督,如 6.4.2 节所述。

(3)辅助建图,即在高精度地图绘制过程中,将点云图层当成重要的三维参考信息,辅助地图元素做位置校准。

本节重点讲解激光感知相关算法方案。如图 7.56 所示,单帧激光 3D 检测技术大体可以划分为三个演进阶段。第一阶段主要使用传统规则型算法,逐步完成点云的地面分割、点云聚类,以及边框计算和分类,最终得到目标的三维空间检测结果。第二阶段使用传统规则和数据驱动相结合的算法。前面讲到深度学习的应用兴起于机器视觉,那么很自然地想到把三维激光点云转换为图像近似的数据格式,将视觉感知算法的研究成果复用到激光感知任务中,实现激光的目标检测。其中传统规则型算法用于将激光点云在不同视角投影成伪图像,数据驱动算法则用于实现伪图的目标检测。第三阶段中主要使用数据驱动算法,考虑到点云在三维空间中的特点,用网络实现不同的点云特征表示方法,再进一步完成目标检测。点云特征表示分为 Voxel Base、Point Base,以及两者相结合三种方式。特征提取网络则与视觉感知算法类似,也分为 Two Stage 和 One Stage,检测网络则分为 Anchor Base 和 Anchor Free。

此外,与视觉感知类似,激光点云也涉及时空多帧检测技术,7.3.4 节将重点讲解该内容。

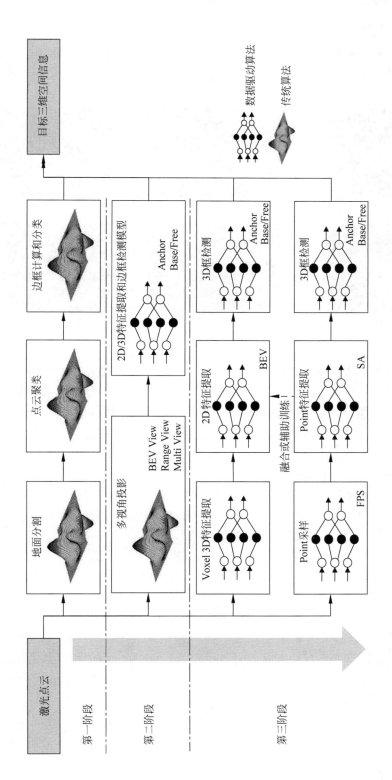

图 7.56　单帧激光 3D 检测技术的演进

7.3.1 传统方法检测

在深度学习技术兴起之前,传统的激光检测算法实现流程如图 7.57 所示。从输入原始点云到获得目标检测结果,其间一般经历四个主要过程:点云预处理、地面分割、点云聚类、目标检测。

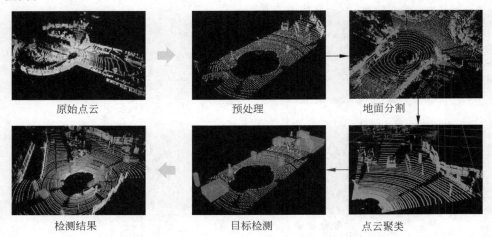

图 7.57 传统的激光目标检测算法流程

不同型号的激光雷达产生的点云数量和密度不尽相同。传感器纵/横向分辨率越高,产生的点云越密集,单帧数据量越大。因此,在算法处理前有必要对点云数据进行一系列预处理操作,如滤波、降采样、去噪、限定处理范围等。6.5.1 节已有讲解,此处不赘述。

接下来对完成预处理的点云进行地面分割,即分离出车辆行驶道路中地面上的点。一般认为车辆周围地面区域为车辆可行驶区域,获得的地面点不属于任何一个障碍物,无须参与后续步骤中的目标检测相关计算。地面分割任务的核心问题是如何在点云空间中找到地平面。离地平面一定距离范围的点即为地平面点。从一堆点中找到一个平面或者一条直线可以采用随机抽样一致性算法(Random Sample Consensus,RANSAC)。

图 7.58 所示为 RANSAC 算法运行流程。这里以在一堆点云中寻找一条直线为例展开说明,地面分割中找平面过程与之类似。其详细步骤如下。

(1) 首先在点云中随机采样少数点,用这些点拟合需要构建的模型。对于直线最少需要采样 2 个点,对平面则需要至少 3 个点。

(2) 根据采样点进行模型构建,即拟合直线或平面。

(3) 对采样点外的其他点云做内/外点分类。这里的内点是指离所拟合的模型(直线或平面)距离小于一定阈值的点,反之则是外点。对内点数量或在点云中所占比例做统计。

(4) 重复上述步骤若干次,选择内点数最大的组合备用。在计算资源允许的情况下,重复次数越多,最终得到的结果越好。

(5) 在选出来的数据组合中,挑选所有的内点参与计算,重新拟合模型,拟合结果即为最终需要的直线或平面。

完成地面分割后,点云中剩余的点即为车辆周围所有障碍物反射回来的点。接下来通过点云聚类的方式将剩余点分离至每一个目标物中,形成一个个目标集合。聚类算法运行

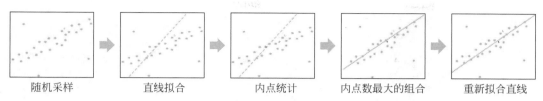

图 7.58　RANSAC 算法运行流程示例

时,首先在未完成聚类的点云中随机采样一个点,然后计算该点与附近点的距离,再设置阈值将距离相近的点划归为一类,该过程与 RANSAC 算法思想类似。如此反复,直至将点云中所有点完成聚类。当某类别中点数过少可判别为噪声,当某个类别中点数过多,可判别为两个障碍物点云出现重叠。最简单的聚类算法为欧氏距离法,即利用欧氏距离作为聚类的判据。在寻找距离相近点过程中,如果遍历所有点求取欧氏距离,过大的计算量将很难实现工程落地。更常见的做法是构建 k 维树(kD-Tree),使用最近邻搜索的方法获得近距离的点。

激光点云处于三维环境中,包含 x、y、z 三维坐标,因此是一个三维树的计算过程。图 7.59 所示为 k 维树算法的运行流程。为便于理解,示例中仅展示二维平面上点的处理过程。kD-Tree 的构建过程如下。

(1)示例中一共包含平面上六个点,分为 x 和 y 两个维度。分别计算所有点坐标 x 方向和 y 方向数据的方差,取方差大的维度为初始分割域。示例中 x 方向方差更大,优先分割 x 维度。

(2)在所有点坐标中取 x 值的中位数,选择(7,2)为根节点,并用分割超平面 $x=7$ 将空间一分为二,即左半边子空间和右半边子空间。

(3)在上一步骤基础上,在所有子空间中继续取 y 值中位数,选择子空间中的二叉树子节点,并确定对应的分割超平面,对子空间进行进一步切分。

(4)交替在 x 维度和 y 维度进行域分割,直至子空间中无任何一个点。最终在二维平面中完成域分割,并创建与之对应的 kD-Tree。

最近邻搜索的思路是,利用 kD-Tree 快速检索出采样点所处的子空间,然后逐级回溯采样点与分割节点的距离,最终确认最近邻点。图 7.59 中示例的详细步骤如下。

(1)采样点坐标为(2,4.5),从根节点开始 DFS(Depth First Search)检索。依次根据采样点的 x 坐标和 y 坐标,在二叉树中逐级检索,确认最终的节点为(4,7)。

(2)计算采样点与(4,7)的距离,然后往上一级回溯节点(5,4)并计算距离,通过对比确认与采样点最近的点暂时为(5,4)。

(3)以采样点为圆心,以采样点和(5,4)的距离为半径画圆,发现该圆与 $x=4$ 的分割超平面相交,说明超平面另一侧可能存在最近点。

(4)在另一边继续 DFS 检索,找到距离更近点(2,3),同样按照距离画圆,再逐级回溯,判断圆是否与分割超平面相交,不相交则说明超平面另一边不会有更近的点。

(5)直至回溯至根节点为止,完成检索。

当需要检索多个近邻时,方法与上述步骤类似,存储区间变为了多个,判定方法完全一样。还有一种搜索方式是距离范围搜索,即把满足一定距离阈值的点都检索出来。其实现方法同样如此,在 kD-Tree 检索过程中把满足距离阈值的点全部记录下来即可。

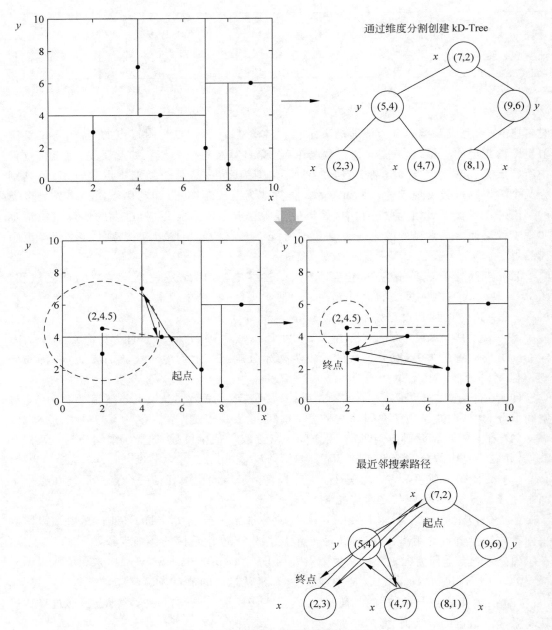

图 7.59　kD-Tree 算法运行流程示例

点云完成聚类后得到一个个目标集合，接下来对目标的关键参数进行计算。例如目标物三维矩形边框的计算，其计算过程较为简单，在聚类的某一个点云集合中找到最大和最小的 X、Y、Z 值对应的点，求这些点的内接矩形即可。在多帧数据之间，再使用卡尔曼滤波的方法对目标物进行连续帧跟踪，可进一步提高检测性能。

综上所述，传统规则型检测算法可以实现激光点云基础的目标检测，但是其性能上限并不高，在动态变化的场景中容易出现误检和漏检，更高的性能需要采用学习型算法通过数据驱动实现。

7.3.2 基于点云投影的检测

点云投影相关的算法实现思路分为两步。第一步是将激光点云投影到正视图(Range View)或 BEV 视图,生成三维点云的单视图或多视图二维网格,即点云伪图像。第二步是借鉴视觉二维检测算法的能力,对伪图像通过 CNN 处理完成特征提取,进而实现伪图像的目标物检测或语义分割,最终完成激光点云的感知任务。

2016 年发表于 CVPR 的 VeloFCN 算法采用将点云投影到正视图的方法完成目标检测任务,如图 7.60 所示。该算法首先将所有点云投影到正视图(Range View),转换成点图(Point Map),由此形成伪图像。伪图像上每一个像素点与一个激光点相对应。将伪图像输入模型中,输出包含所有的目标物边框和目标概率,其中目标边框预测每一个激光点到边框各顶点的偏移向量,目标概率则预测每个点反射到自车上的概率。网络结构借鉴图像二维检测算法 DenseBox,使用全卷积网络(FCN),先降采样再升采样,并在过程中将浅层特征与深层特征采取了融合策略。由于点云自带深度信息,正视图的检测结果可以非常容易地投影到俯视图并形成目标边框。在同一个目标物附近能够得到多个边框预测结果,使用非极大值抑制(Non-Maxum Suppression,NMS)的方法选取最终的检测结果。

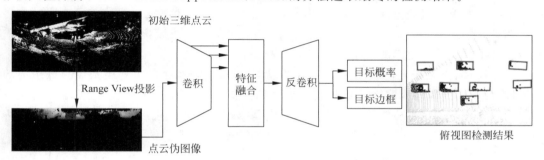

图 7.60 VeloFCN 算法流程和网络架构

除此以外,使用 Range View 伪图像做目标检测的算法还有 LMNet、LaserNet、Laser Flow、RangeDet 等。Range View 投影的方法不仅能够有效地借鉴视觉感知领域的成功经验,还能避免三维点云稀疏性带来的问题,从而更好地完成点云的分割任务。

2018 年发表于 ICRA 的 SqueezeSeg 算法将点云经过球面投影获得正视图,使用基于 SqueezeNet 的图像卷积网络对点云正视图进行特征提取与分割。为了避免因下采样过程中低层细节信息损失而导致最终分割结果中出现边界模糊的现象,该算法利用条件随机场(Conditional Random Field,CRF)作为最后的 RNN 层对分割结果进一步优化。同年发表的 PointSeg 算法同样使用点云正视图做分割任务,该算法在 SqueezeNet 基础上扩增了新的特征提取层来提升准确率和效率,采用了扩张卷积来获得不同尺度下的感受野,保持更多的位置信息,用 EL(Enlargement Layer)和 SR(Squeeze Reweighting Layer)代替 SqueezeSeg 中的 CRF,并使用 RANSAC 算法剔除异常点。

Range View 投影虽然增加了点云之间的上下文信息(Context),但去除了三维空间稀疏点的深度结构,并引入了遮挡和目标尺度变化等问题。因此一般需要在模型输出的基础上做较多后处理操作。为避免该类问题,一些算法采取了 BEV 投影的方法。BEV 投影过程中牺牲了显式的点云高度信息,但保留了三维空间距离。将生成的 BEV 视角点云图作为输入,经过 CNN 网络后,最终可实现点云目标检测。

2018 年发表于 IEEE ITSC(Intelligent Transportation Systems Conference)的 BirdNet 算法将三维点云投影到 BEV 视角,生成三通道的 BEV Feature Map。通道中依次存储高度信息、反射强度,以及归一化的点云密度。然后使用 Anchor Base 的两阶检测网络 Faster RCNN 在 BEV Map 上进行目标检测。最终结合检测结果和地面估计,通过后处理操作完成三维目标检测,其网络架构如图 7.61 所示。在 Faster RCNN 末端输出目标 BEV 二维边框、类别以及横摆角(Yaw)。后处理过程中在 BEV 二维边框内去除地平面点,将剩余点的最大高度值减去地面点高度值,即得到目标三维边框的高度。

2018 年发表于 CVPR 的 PIXOR 算法同样使用了 BEV 投影的方式,并建立两通道的 BEV Map。通道中包含点云高度信息和反射率。然后使用基于 RetinaNet 的改进网络实现目标检测。由于 RetinaNet 中使用了 FPN,且是一个一阶检测网络,因此与 BirdNet 相比,PIXOR 检测性能更好,算法运行的实时性更高。

除此以外,基于 BEV 视角投影的检测算法还有 PIXOR＋＋、RT3D、HDNET、CenterPoint 等。BEV 视角投影的方法同样存在缺陷。一方面,点云中的细长目标投影后点数过于聚集,降采样时信息容易丢失,且垂直方向的显性特征完全消失。另一方面,在一些场景中垂向上也可能出现重叠和遮挡问题,如天桥、涵洞、伸出来的树枝等。为同时获得正视图投影中点云间的上下文信息和 BEV 投影中完整的三维距离结构信息,一些研究采取了多视图投影共同使用的策略,如 MV3D 算法等。

综上所述,点云投影的检测方法基本思想为,通过转换视角的方式生成由点云组成的伪图像,再利用图像检测网络的经验实现点云伪图像上的目标检测功能,在末端一般通过少量的后处理过程获得最终的三维边框。不论是 Range View 还是 BEV,伪图像生成过程中都会丢失掉点云的一部分原始信息,该类检测算法性能有限。

7.3.3　基于点云特征表示的检测

基于点云投影的检测算法将三维点云压缩到二维,直接损失了一个维度的点云空间结构。为尽可能保留空间结构特征,人们开始研究点云特征表示相关的方法,并以此为基础进一步提取特征,实现最终的目标检测。点云特征表示的检测算法一般由三个核心部分组成:特征表示(Representation)、特征提取(Backbone),以及最终的目标分类和边框回归(Detection Head)。由于点云特征表示方式的不同,点云目标检测算法逐渐发展成三个主流的分支:Voxel Base、Point Base,以及两者相结合的方法。

先讲解 Voxel Base 相关的检测方法,其核心思想是,首先将点云栅格化为离散的空间网格(Voxel),然后运用二维卷积神经网络或三维稀疏卷积神经网络实现特征提取,最后将三维特征图压缩成二维的 BEV 特征图并完成目标检测任务。

2018 年发表于 CVPR 的 VoxelNet 是 Voxel Base 检测算法分支的开端,其实现框架如图 7.62 所示。主要分为三层。第一层是特征提取网络(Feature Learning Network)。首先将点云量化到一个均匀的 3D 网格中,每个网格内部随机采样固定数量的点,数量不足的就重复采样。接下来进行 Voxel 特征编码(Voxel Feature Embedding,VFE),每个点用 7 维特征表示,包括该点的 X、Y、Z 坐标,反射强度 R,以及该点相对网格质心(网格内所有点位置的均值)的位置差 ΔX、ΔY 和 ΔZ。然后采用全连接层提取点的特征,并将每个点的特征

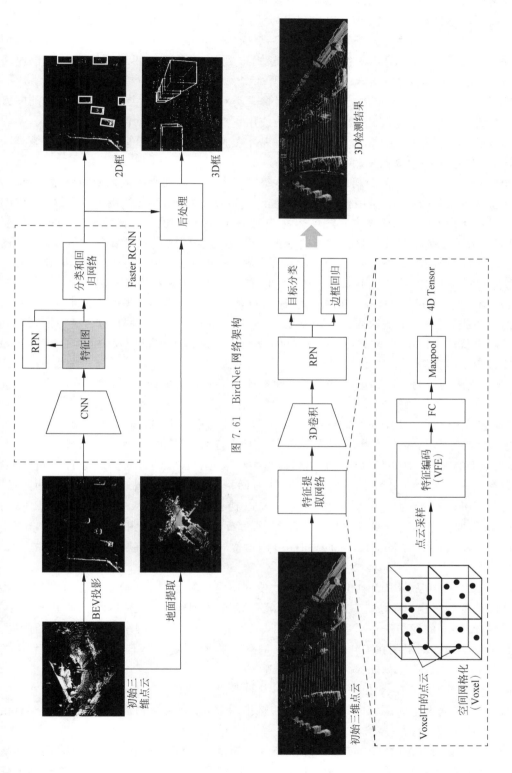

图 7.61 BirdNet 网络架构

图 7.62 VoxelNet 网络架构

再与网格内所有点的特征均值进行拼接,得到新的点特征。这种特征保留了单个点的特性和该点周围网格区域的特性,其提取过程可以重复多次,以增强特征的描述能力。接下来对网格内所有点进行最大池化操作,以得到一个固定长度的特征向量,即一个稀疏的四维 Tensor,维度分别为 X、Y、Z 坐标和前序步骤提取到的点特征。第二层是三维卷积网络(Convolutional Middle Layers),采用 3D 卷积对 Z 维进行压缩并与特征维度合并,生成一个三维 Tensor。第三层是 RPN 网络,实现目标分类和边框回归,用类似图像目标检测的方法获得最终的三维边框。VoxelNet 开创性地使用了点云基于 Voxel 的特征表达方式,实现了端到端的点云目标检测。3D 卷积后的步骤基本复用图像的 2D 目标检测算法,但该算法中间层的 3D 卷积计算量太大,实时性非常差。

2018 年发表于 Sensor 期刊的 SECOND 算法针对 3D 卷机计算量大的问题做了改进。其网络整体框架保持不变,但用稀疏卷积(Sparse Convolution)策略替换了 VoxelNet 中的 3D 卷积层,并在 RPN 末端增加了对目标物 Direction Map 的预测。稀疏卷积的核心思想是,根据点云的稀疏性绕开对空洞数据的卷积操作,通过重新构建数据结构(Ruler Book)的方法在卷积时只计算 Activate Input 和对应的卷积核元素。如图 7.63 所示,其过程分三步:首先将稀疏的输入特征通过 Gather 操作获得密集的输入特征;然后使用 GEMM(General Matrix Multiplication)对密集的输入特征进行卷积操作,获得密集的输出特征;最后通过预先构建的输入-输出索引规则矩阵,通过 Scatter 操作将密集的输出特征映射到稀疏的输出特征。Direction Map 对目标物的方向估计进行了重新建模,避免了 VoxelNet 在训练过程中因预测框和 GT 方向相反而 Loss 过大,进而造成训练过程难收敛的问题。SECOND 算法在检测性能和运行速度两方面都得到了显著的提升,但仍然无法满足实时性要求。

2019 年发表于 CVPR 的 PointPillars 沿着 Voxel 的思想在 SECOND 基础上做了进一步改进,如图 7.64 所示。该算法最大的创新之处在于将点云划分为 Pillars,将落到每个 Pillar 的点直接叠加到一起组成平面网格,通过随机采样和补零的方式保证每个 Pillar 中的点云数量统一。然后使用简化的 VoxelNet 学习网格的特征,并生成 BEV 视角的伪图像,其中每个 Pillar 转换为一个伪像素。接下来以伪图像作为输入,利用 2D CNN 作为 Backbone 提取三个不同分辨率的高维特征图,通过反卷积层将特征图合并。最后在末端用 SSD 网络在融合的二维特征图上完成 2D 边框检测,Z 轴坐标和高度则通过回归的方式得到。

PointPillars 算法提出的 Pillars 编码方式使网络完全避免了 3D 卷积的过程,实现了检测速度和精度的平衡,平均帧率达到 62fps,峰值帧率达到 105fps,远超同类型其他算法。与此同时,端到端的网络避免了手动设计特征导致信息丢失,以及网络适应性不强的问题。其缺点是点云的特征限制在 Pillar 内部,无法有效地提取邻域的上下文信息。此后相关的研究还有 Pillar RCNN、PillarNet、Pillar-OD 等。

接下来讲解 Point Base 相关的检测方法,其核心思想是直接处理原始点云数据,在点云的不同位置、不同大小的区域进行局部点云的特征提取,并做目标物前景和背景的分类,由此实现目标检测的目的。

2017 年发表于 CVPR 的 PointNet 算法利用点云集合的几何变换不变性和多层感知机(MLP),首次实现了点云数据的直接特征提取,最终完成了全局点云分类和点云分割两个任

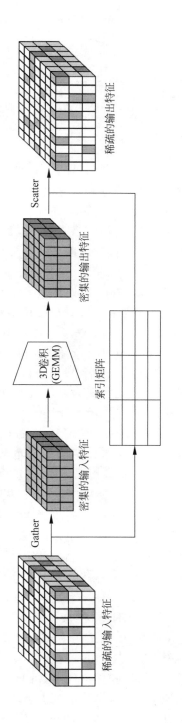

图 7.63 SECOND 稀疏卷积算法原理

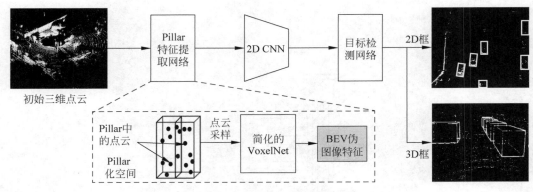

图 7.64　PointPillars 网络架构

务。对于每一个 $n \times 3$ 的点云输入,网络首先通过一个 T-Net 将其在空间上对齐,然后通过 MLP 将其映射到 64 维的空间并再次对齐,之后映射到 1024 维的空间上。接下来用最大池化操作,得到 n 个点云的全局特征。对分类任务,直接将全局特征再经过 MLP 输出每个类别的概率;对分割任务,则将全局特征拼接到之前的 64 维点特征上,最后通过 MLP,输出逐点的分类概率。

同年发表的 PointNet++算法以 PointNet 为基础实现了点云的三维目标检测,其网络架构如图 7.65 所示。该算法分为三部分:分层点集特征学习网络(Hierarchical Point Set Feature Learning)、分割网络、以及分类网络。特征学习网络由两组 Set Abstraction 组成,每一组又包含 Sampling Layer、Grouping Layer 和 PointNet 三层。Sampling layer 采用 FPS(Farthest Point Sampling)方法完成点采样,Grouping Layer 以每个采样点为中心聚合相邻点组成邻域(Patch),PointNet 则完成特征提取。为解决点云分布不均匀的问题,采取了多尺度分组(Muti-Scale Grouping)和多分辨率分组(Muti-Resolution Grouping)的措施。对分割问题,应用上采样的特征传播策略(Feature Propagation,FP),将高维点反距离插值得到与低维相同的点数,再使用 PointNet 提取特征,并采取特征融合策略,最终得到每个点的类别评分。对分类问题,用 PointNet 提取全局特征,采用全连接得到每个类别评分。

PointNet 虽然实现了点云数据的直接特征提取,但仅提取全局特征,缺乏局部点之间的关联,在复杂任务上表现较差。PointNet++的多层次特征提取结构较好地解决了这个问题,且能自适应点云密度。该算法虽然无须对空白区域进行处理,但点云的处理效率低,并成为影响整个算法运行速度的主要因素。一些研究者开始借鉴视觉目标检测的经验。

2018 年发表于 CVPR 的 PointRCNN 算法采用了与 RCNN 类似的两阶检测思路,如图 7.66 所示。该算法第一阶段使用 PointNet++作为 Backbone 提取点云特征,其中一个 Head 将点云分割成前景和背景,另一个 Head 生成少量高质量的 3D 候选框。为加快模型训练收敛速度,不直接回归候选框的坐标,而采用 Bin(整数刻度)分类和 Res(小数项)回归的方式。第二阶段首先通过 Point Cloud Region Pooling 操作将候选框尺度稍微增大,得到候选区域附近的有效点云及其特征,并在第一阶段提取的特征上填充坐标、反射强度、前景类别等信息。接下来通过正则变换将每个候选框中的点集转换成坐标,以更好地学习局部空间特征。最后融合局部空间特征和第一阶段得到的全局语义特征,并再次通过 PointNet++实现候选框的精调和置信度预测。

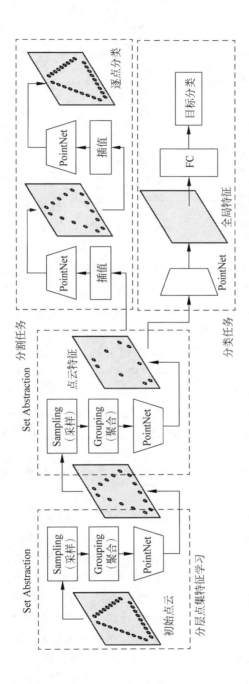

图 7.65 PointNet＋网络架构

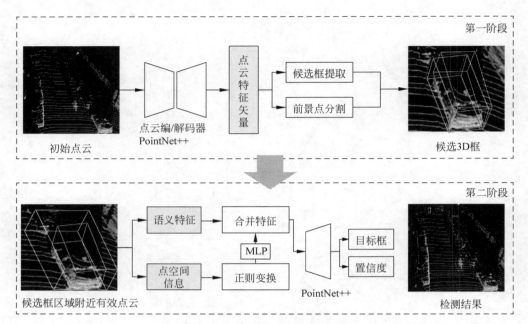

图 7.66　PointRCNN 网络架构

Point-RCNN 只在前景点上生成少量候选框,避免了三维空间中生成稠密候选框所带来的巨大计算量。但两阶处理过程和 PointNet＋＋提取特征的过程仍然是提速的瓶颈。与视觉目标检测类似,点云检测算法很快演进至一阶模型的阶段。

2020 年发表于 CVPR 的 3DSSD 算法在两阶算法的基础上主要优化了 SA 层(Set Abstraction),以提升检测性能,去掉了第二阶段做上采样和特征传播的 FP 层(Feature Propagation),以减少模型运行耗时,如图 7.67 所示。该算法在特征提取的 SA 层中使用两种点云采样相结合的采样机制,即 D-FPS(Distance-Farthest Point Sampling)和 F-FPS(Feature-Farthest Point Sampling),均衡了前景点和背景点的数量。在 Candidate Generation Layer 中选择 F-FPS 得到的点作为前景候选点参与最终的分类和回归任务。过程中未使用 Anchor 机制,并借鉴 FCOS 算法的中心度思想来提升预测边框的质量。最终该算法运行速度提升至 25fps。

除上述经典的算法,Point Base 的算法还有 STD、Point GNN、PointFormer 等。

根据前面对 Voxel Base 和 Point Base 经典算法的讲解,两者比较如下:总体来看,Voxel Base 的方法模型运行速度较快,但由于信息的损失,细粒度的精度相对偏低;Point Base 的方法计算成本高,模型运行速度偏慢,但可以获得更大的感受野,准确度相对较高。为了对两种方法取长补短,人们又开始研究两者相结合的方法。Voxel 和 Point 相结合的核心思想是,利用较低分辨率的 Voxel 来提取局部上下文特征或生成目标物候选框,与此同时,利用 Point Base 的方法提取点云全局特征,然后将表征局部点云空间关系的特征和点的全局特征进行融合,利用融合的结果完成目标检测任务。

2019 年发表于 NIPS 的 PV CNN(Point Voxel CNN)算法首次将 Voxel Base 和 Point Base 的思想结合到一起,网络架构如图 7.68 所示。该算法使用 MLP 对稀疏、不规则的原始点云数据进行全局特征提取,对密集、规则的体素(Voxel)表示数据则通过卷积得到局部

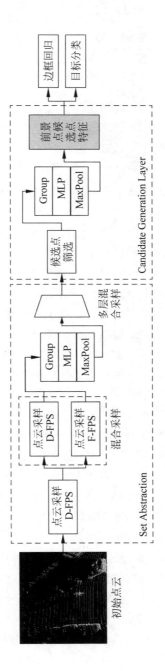

图 7.67 3DSSD 网络架构

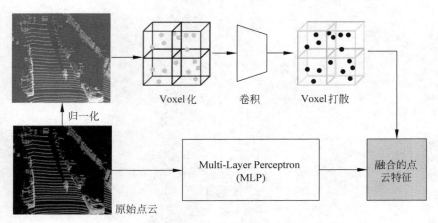

图 7.68　PV CNN 网络架构

特征,然后将两个特征融合。该算法减少了内存占用和不规则的内存访问空间,最终使模型运算速度得到显著提高。

2020 年发表于 CVPR 的 PV RCNN 算法同样采用 Voxel 和 Point 相结合的思路。PV RCNN 网络架构如图 7.69 所示,网络分为两个阶段。第一阶段采用 Voxel 的方法进行特征提取,投影到 BEV 后用一个 RPN 网络实现分类和候选框的回归。与此同时,在另一个分支对原始点云进行 FPS 采样获得关键点,然后针对不同 Voxel 层的点采用类似 PointNet++中 Set Abstraction 操作来提取点特征,并对关键点属于前景或背景的权重进行预测。在第二阶段采用 RoI Pooling 操作将前序步骤输出的候选框和关键点特征完成融合,再通过全连接网络输出精确的三维边框和置信度。PV RCNN 的检测精度在当时达到了 SOTA(State Of The Art)的水平。同类型的算法还有 Fast Point RCNN、PV RCNN++、SIENet 等,但这些都是两阶检测网络,模型运行速度并不高。

2020 年发表于 CVPR 的 SA SSD(Structure Aware SSD)算法尝试用一阶网络解决模型运行速度的问题。SA SSD 网络架构如图 7.70 所示,该算法在主网络中采用 Voxel Base 的方法进行 3D 卷积提取点云特征,最终完成目标分类和边框回归,主要创新在用于提取点云结构信息的辅助网络。在辅助网络中,对于每一个原始点云,在每一个 Voxel 特征层计算其附近一定半径内的下采样特征加权值(Point Base),欧氏距离越远权重越小。然后将不同尺度下的重建特征按照坐标匹配级联,得到的特征用于分割和中心点预测。辅助网络不参与模型使用时的推理过程,仅参与训练过程,其主要作用是帮助主网络更好地学习到有利于构建点云结构特征的参数。SA SSD 算法的检测精度比 PV RCNN 略低,但模型运行速度有显著提升,在当时仅次于 PointPillars,达到与 3D SSD 相当的 25fps。

SA SSD 算法的出现让人们看到一阶网络在点云处理上同时满足检测性能和实时性能的可能性,成为激光感知算法量产落地的努力方向。2021 年发表于 AAAI(American Association for Artificial Intelligent)的 CIA-SSD(Confident IoU-Aware SSD)算法进一步提高了实时性能。同年发表于 CVPR 的 SE-SSD(Self-Ensembling SSD)在 CIA-SSD 的基础上保持实时性能,将检测性能提高至当时的 SOTA 的水平。值得一提的是,两者都是 Voxel Base 的方案。

如图 7.71 所示,CIA-SSD 算法分为三个主要的处理步骤:3D 稀疏卷积、空间语义特征

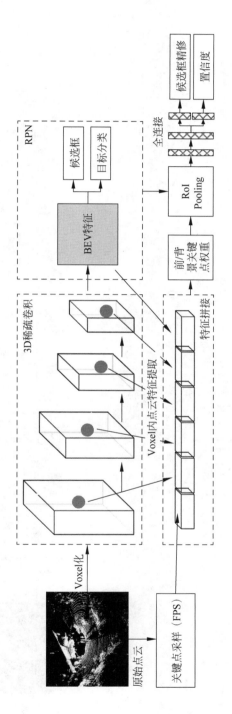

图 7.69 PV RCNN 网络架构

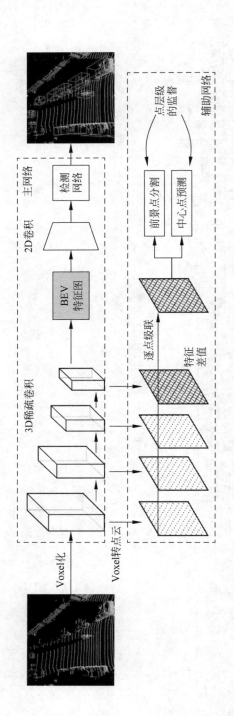

图 7.70 SA SSD 网络架构

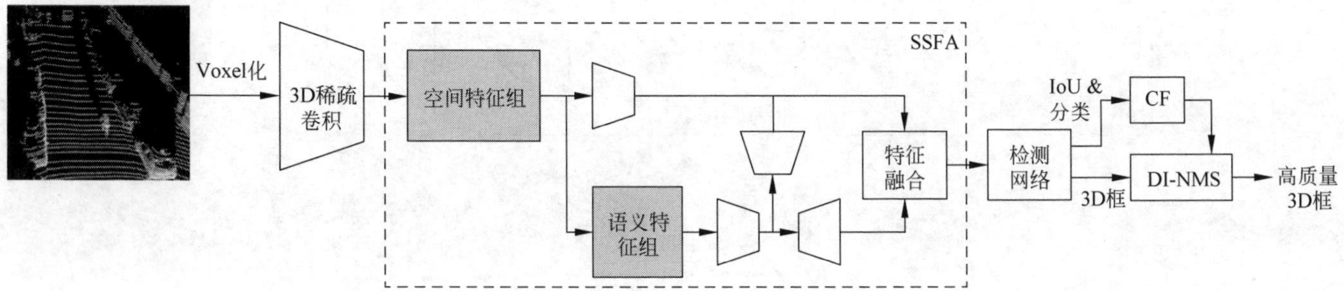

图 7.71 CIA-SSD 网络架构

聚合(Spatial-Semantic Feature Aggregation,SSFA)、多任务检测(Multi-task Head)。首先将点云 Voxel 化,使用 3D 稀疏卷积提取特征,并将 Z 方向特征拼接获得 BEV 特征图。在SSFA 中分两组处理特征:对于空间特征保持维度不变进行卷积,增大感受野;为获得语义特征,降低空间维度,增加特征通道数,并通过反卷积恢复维度。语义特征一方面与空间特征直接拼接,另一方面与该拼接结果使用 Attentional 机制融合。多任务检测网络则实现目标和朝向分类、边框和 IoU 的回归。为消除 Confidence 和 IoU 预测不匹配的问题,抑制低IoU 框的预测,该算法在推理阶段使用一个 Confidence Function (CF)的计算结果来进行DI-NMS(Distance-variant IoU-weighted NMS)操作,以提高最终筛选出来的框质量。

SE-SSD 算法使用数据增强和知识蒸馏的方式,解决标注样本中由于距离远、被遮挡等因素造成相同目标的样本点云和特征可能差异很大的问题。该算法使用了两个经过预训练的 CIA-SSD 网络,并分别作为 Teacher 和 Student。在 SE-SSD 训练阶段,两者同时迭代,使用 Student 网络参数通过 EMA(Exponential Moving Average)策略更新 Teacher 网络参数。如图 7.72 所示,Teacher 使用原始点云做输入,对其预测结果做过滤处理,提高预测框质量,通过全局转换后作为 Soft 目标监督 Student。Student 则使用原始点云经过增强的数据作为输入。数据增强过程包含全局变换扰动增强(做随机平移、翻转和缩放等操作)和 Shap-Aware Data Augmentation(做随机概率的 Dropout、Swap、Sparsify 等操作)。网络末端对 Student 预测的结果做两方面监督:来自 Teacher 的 Soft 目标主要监督 Student 预测结果与 Soft 目标的一致性,减少梯度方差;来自标注数据的 Ground Truth 作为 Hard 目标主要监督 Student 预测结果的 Orientation-Aware Distance IoU,即边框中心和航向角的偏差。SE-SSD 训练过程虽然烦琐,但推理阶段仅运行 Student。因此与 CIA-SSD 相比较,其运行速度并无变化,检测精度得到进一步提升。KITTI 数据集的评测结果表明,SE-SSD在精度和速度综合性能上达到了当时同类型算法的 SOTA 水平。

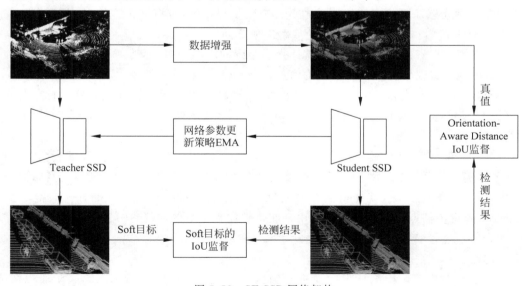

图 7.72 SE-SSD 网络架构

近两年 Transformer 在视觉感知时空多帧检测领域大放异彩,在激光感知领域也有相关的研究出现。2021 年发表于 ICCV 的 Voxel Transformer 首次将 Transformer 应用到单帧点云 3D 检测网络的 Backbone 中做特征提取,虽然该算法性能不高,但有较大的提升空间。

2022 年发表于 CVPR 的 SST 算法借鉴了处理视觉的 Swin Transformer 算法思想,对 PointPills 的 Backbone 进行了替换。该算法将 Voxel 化的点云图划分为若干个 Block,又先后两次将每个 Block 划分为若干区域,对每次划分结果的单个区域内的非空 Voxel 采取 Self Attention 机制,并最后通过 Dense Feature Map Recovery 的卷积操作对特征图的空洞进行补全,得到完整的特征图。网络末端采取 SSD 的检测 Head 实现最终的目标检测。

2023 年发表于 CVPR 的 DSVT 算法沿着 SST 算法思想同样采用了 Transformer 作为骨干网络,并引入可并行处理的动态稀疏窗口注意力机制,在 Waymo 公开数据集上得到了检测性能和运行速度 SOTA 的结果。图 7.73 所示为 DSVT 的 Pillar 版本,该算法针对每一个 Block 不再进行区域划分,而是先后从 X 轴方向和 Y 轴方向对邻域内的非空 Voxel 做相同数量的分组,基于每次分组都采取一次组内 Self Attention 机制,由此实现 Block 内 Voxel 之间的信息交换。Block 内的非空 Voxel 数量越多,分出的组数也越多,分配给该 Block 的计算资源也随之动态调整。完成所有 Block 的特征提取后,使用 BEV Backbone 将特征投影到 BEV 视角。网络末端使用 CenterNet 的检测 Head 实现最终在 BEV 特征图上的目标检测。由于每一组的 Voxel 数量都相同,因此可以非常简单地实现 Self Attention 过程的并行计算,显著提升模型运行速度。对于 Block 间的信息交换,该算法复用了 Swin Transformer 算法的思想,使用两个连续 Block 之间的位移技术来重新划分稀疏 Block。为了支持有效的 3D 采样,并在无需任何额外 CUDA 操作的情况下更好地编码几何信息,DSVT 中还设计了一个可学习的 3D 池化模块。

7.3.4 时空多帧检测

大多数激光感知算法专注于从单帧点云中检测到目标,也有许多方法利用多帧点云来实现更准确的 3D 目标检测。主要避免或解决如下问题。

(1)单帧数据容易受遮挡或激光雷达视场范围的影响,对目标观测不完全。

(2)单帧数据仅包含物体三维结构信息,不包含时序相关的信息。

(3)对于小目标物和远距离目标物,单帧点云数量稀少,无法较好地表达目标物特征,单帧的激光感知从原理上实现困难极大。例如几十米范围外的锥桶、上百米范围外的行人等目标。

一些传统算法和数据驱动算法都能实现激光点云空间和时间上的信息聚合。在空间上,由于没有畸变等影响,激光点云的拼接与图像相比较为容易。一般使用较为精确的外部参数,或者 ICP 等方法,就能得到较高精度的点云空间拼接结果。在时序上,除了通过 Ego Motion 将多帧点云合并到同一帧中来获得更完整丰富的特征,还可以通过学习型算法直接融合时序多帧特征来解决检测问题。例如,使用 LSTM、GNN 以及解码器的 Attention 机制等思想。

激光点云时空多帧检测技术的演进分为两个阶段,如图 7.74 所示。第一阶段以激光 3D 检测模型的输出为基础,通过传统规则型算法或数据驱动算法实现后融合。该类方法与传感器不直接相关,在 7.6 节中再详细讲解。第二阶段采用端到端的深度学习模型完成时空多帧点云的检测任务。以下介绍几个数据驱动的算法研究案例。

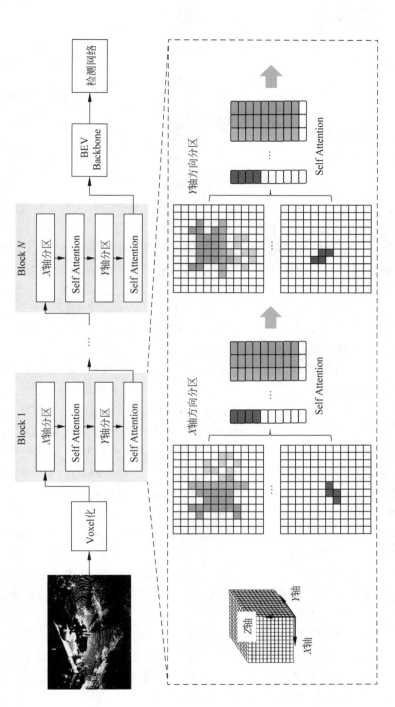

图 7.73 DSVT-P 算法网络架构

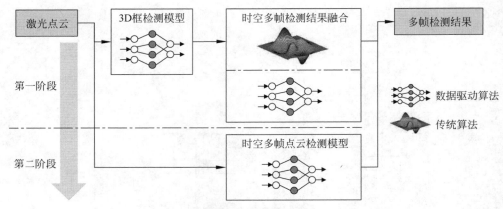

图 7.74 激光时空多帧检测技术的演进

发表于 2022 年的 D-Align 算法通过使用 Attention 机制对齐和聚合从单帧点云中提取到的 Voxel Base BEV 特征,对用于产生检测结果的目标特征进行了增强,提高了点云目标检测性能,在单帧 BEV 特征末端,网络使用了双重查询 T-QS 和 S-QS 分别处理当前帧的目标信息和前序帧的支持信息。接下来的双查询联合注意力网络是时序多帧融合的关键。首先将当前帧和前序帧做差,用 CNN 提取运动信息(Feature Pyramid Motion Extraction),通过时序上下文引导的 Deformable Attention 模块更新每一个前序帧的特征。然后将得到的每一个前序帧特征与当前帧的 Query 做多层 Gated Attention,由此得到时序多帧聚合后的特征。最终的特征经过上采样后连接到 Head 完成检测任务。

同样在 2022 年发表于 ECCV 的 MPPNet 算法在三个不同层级(单帧层级、组内层级以及组间层级)进行时序多帧信息融合,大幅度提升了点云目标检测的性能,如图 7.75 所示。该算法首先通过一个 RPN 网络得到单帧候选框,并使用 IoU 匹配得到连续帧的运动轨迹(3D Proposal Trajectory),与此同时利用该轨迹从多帧点云中分离前景点(Object Point Sequrnce)。单帧层级(Per-Frame Feature Encoding)主要对运动轨迹和几何结构进行编码。为提高点云信息交互效率,在每帧边框范围内设置一些虚拟的 Proxy Points 来关联每一帧的点云特征,并在第一层级将点云特征分解为几何特征和运动特征。接下来将连续帧分成若干组,以减小多帧融合的计算和显存代价。组内特征混合过程中使用 MLP 依次完成每组点云中 X、Y、Z,以及特征通道四个维度信息的融合。相邻组之间则使用 Cross Attention 机制完成所有组之间的信息整合,其中 Key 和 Value 采用所有组经过 MLP 融合后的共享特征,每组特征都作为 Query 来查询和更新组内特征。网络末端使用 PointNet 提取运动轨迹的特征,然后将之与组间层级融合后的各组特征进行聚合,最后通过一个 MLP 网络实现目标物边框和置信度的预测。

与视觉感知类似,时空多帧的激光感知算法由于包含时序信息,因此同样可以进一步扩展为同时处理感知任务和预测任务的模型。2018 年发表于 CoRL 的 IntentNet 算法将 BEV 视角 Voxel 化的点云特征和经过卷积生成的地图特征拼接,经过进一步的特征提取分 Head 实现了目标检测、意图预测,以及预测轨迹回归。

2021 年发表于 IEEE Intelligent Vehicles Symposium 的 MultiXNet 算法借鉴 IntentNet 的思想并进行了改进,如图 7.76 所示。该算法分为两个阶段,其中第一阶段为 IntentNet,其输

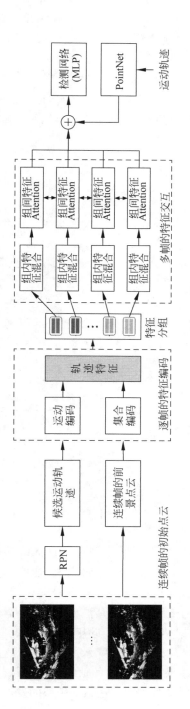

图 7.75 MPPNet 网络架构

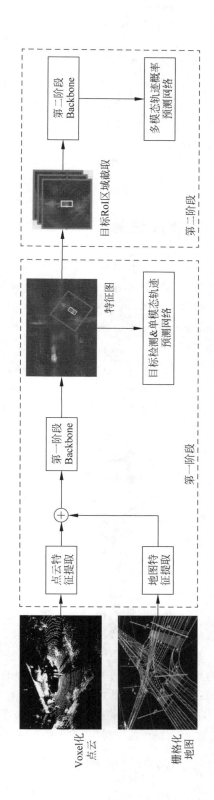

图 7.76 MultiXNet 网络架构

出为目标检测结果和单模态的预测轨迹。在第二阶段,首先从第一阶段特征图上截取每个目标物周围一定范围的区域 Rotated ROI,然后通过卷积操作进一步提取每一张 Rotated ROI 的特征,最后输出每一个目标物的多模态预测轨迹及其不确定性。实验结果表明,IntentNet 和 MultiXNet 都能较为准确地完成目标检测和轨迹预测任务,其中 MultiXNet 输出的多模态轨迹概率分布更具工程价值。

总体来看,激光点云的时序多帧检测算法在离线的自动化标注流程中能产生重要价值,但连续多帧处理的方式不可避免地带来额外的时间成本和计算成本,在实时系统中仍然存在时延过大的问题。因此在量产自动驾驶系统中,独立的时序多帧激光感知算法应用较少。

7.4 毫米波雷达感知

毫米波雷达是指工作在毫米波波段(Millimeter Wave)探测的雷达,其频域通常在30~300GHz,在航空、船用、车用、制导、火控等领域有广泛的应用。雷达根据波束形成方式可以分为机械扫描雷达和电子扫描雷达,根据发波形式可以分为脉冲雷达和调频连续波(Frequency Modulated Continuous Wave,FMCW)雷达。车用雷达使用的是电子扫描、FMCW 方案,在本书中提及的毫米波雷达或雷达都指该类型雷达。

车用雷达在传统的 ADAS 功能中长期起到至关重要的作用。在视觉感知兴起以前,早期的 ACC 和 AEB 系统甚至将其作为仅有的感知传感器使用。雷达目标检测算法主要分为两个组成部分和两个发展阶段,如图 7.77 所示。

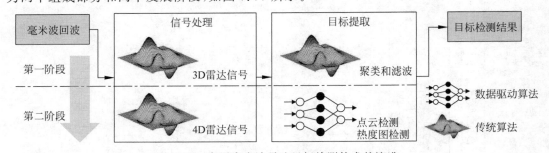

图 7.77　车用毫米波雷达目标检测技术的演进

雷达工作时向周围环境发送毫米波,波束遇到目标物后反射回来并被雷达天线接收。雷达感知的第一步是对回波信号做处理,解析出周围环境中波束反射点的距离、速度、方位等信息。第二步是根据这些信息做目标提取,具体包括目标边框、位置、速度等。在雷达感知技术发展的第一阶段,信号处理和目标提取过程都采用传统规则型算法实现。随着深度学习技术的兴起,在第二阶段目标提取过程开始出现数据驱动算法。近年来,在传统雷达基础上,4D 成像雷达逐渐发展起来,使雷达对物体的分辨从距离、速度、水平方位角等进一步扩展到垂向俯仰角维度,并获得了更高密度的点云提取结果。4D 雷达的信号处理结果能对目标物的特征表达得更加细致和完整,并进一步促进数据驱动算法在雷达感知领域的发展。

7.4.1　回波信号处理

毫米波雷达收发的是有一定波束宽度的电磁波,回波中目标物的距离、Doppler 速度、方位角等信息远不如激光和图像传感器直观。对这些关键信息的提取是雷达感知最为核心的技术之一。因此,接下来对雷达的回波信号处理过程进行详细讲解。

雷达信号处理总体流程如图 7.78 所示,主要分为两部分:射频和模拟信号处理过程、数字信号处理过程。

先看射频和模拟信号的处理过程。首先由信号合成器生成一个连续的调频脉冲,即 FMCW 波。该电磁波的频率在带宽范围和脉冲周期内线性变化,一般调频范围为 77～81GHz,带宽为 4GHz,脉冲周期约 40μs。当雷达配备单发射天线时,则直接将该电磁波向外发送;当配备多发射天线时则需对原始信号做处理,通过多个发射天线分时发送,或编码后同时发送。从环境中目标物身上反射的回波被接收天线捕获。每一路接收天线得到的信号都通过各自的混频器与发射信号进行混合,由此得到具有新频率的信号,即中频信号 (Intermediate Frequency, IF)。多个 IF 信号经过滤波器去除杂波后,通过 ADC 模块 (Analog to Digital Converter Module)转换为数字信号。

再看数字信号的处理过程。发射天线和接收天线共同组成了多个信号处理通道,在数字信号处理过程中主要完成对多个通道的信息提取。首先针对每个通道先后提取距离和速度的二维信息。然后在同一组水平方向上的二维信息之间提取第三个维度的水平方位角信息,由此得到回波中包含的距离、速度、水平方位角的三维信息,而回波强度可以通过波形图的振幅获取。最终可以得到这些信息两两之间的多张 2D 图。使用三维信息后处理模块对无效点或低质量点做滤除,再通过坐标系转换生成 3D 点云图。对于 4D 雷达,则需要以 3D 信息处理结果为基础,并进一步提取第四个维度的垂向俯仰角,最终获得同时包含距离、速度、水平方位角、垂向俯仰角以及强度的信息,由此形成 4D 点云图。

接下来将天线阵列简化为单发单收的形式,推导从雷达信号中提取距离和速度的过程,并进一步增加天线数量讲解方位角的计算方法。

理想状态下,在某个时刻雷达通过发射天线向外发送了一束波 T_x,并在 τ 时间后通过接收天线接收到某个距离处回波 R_x,于是可得混频信号 IF 为

$$\begin{cases} T_x = \sin(2\pi f_1 t + \varphi_1) \\ R_x = \sin(2\pi f_2 t + \varphi_2) \end{cases} \tag{7-15}$$

$$IF = \sin\left[2\pi(f_1 - f_2)t + (\varphi_1 - \varphi_2)\right] = \sin\left[2\pi f_{IF}t + \varphi_{IF}\right] \tag{7-16}$$

其中,f 和 φ 代表电磁波的频率和相位,f_{IF} 既是接收和发送信号的频率差,也是 IF 信号的频率,φ_{IF} 同理。假设目标的距离为 d,电磁波以光速 c 传播,其频率变化率为 S,则有

$$\tau = \frac{f_{IF}}{S} \tag{7-17}$$

$$d = \frac{c \times \tau}{2} = \frac{cf_{IF}}{2S} \tag{7-18}$$

从式(7-18)可以看到雷达的探测距离主要受限于 IF 信号的频率 f_{IF},而该频率的最大值又取决于两个因素:调频带宽和 IF 信号的采样频率。调频带宽决定了频率变化的最大范围,IF 信号的采样频率则受限于硬件。数字信号处理过程中要恢复一个信号,采样频率必须是信号自身频率的两倍以上。

在真实环境中,雷达周围目标物非常丰富,回波不止一个,接收端得到的信号往往是多

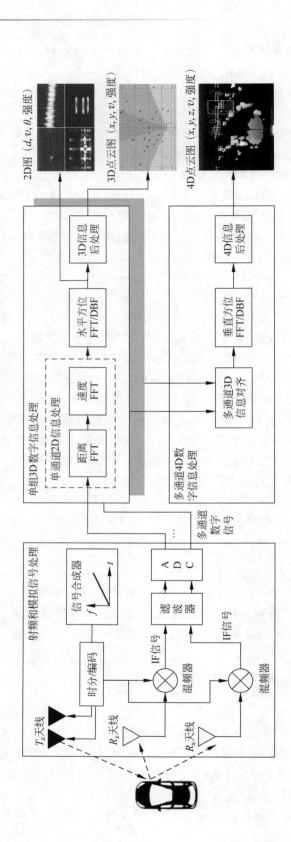

图 7.78 雷达信号处理总体流程

个回波叠加的结果。常见的 FMCW 波调频的形式有三角波、锯齿波以及其他形式。为方便讲解这里采用线性变化的形式。不同的回波接收时刻有差异，因此 IF 信号的频率 f_{IF} 由多个单频叠加而成。对时域的 IF 信号进行快速傅里叶变换（Fast Fourier Transform，FFT）。变换结果之一是在频域产生一个具有不同峰值的频谱，变换结果之二是根据每个峰值频率对应的波的相位产生相位谱。相位谱将在下一步的速度估算中用到。频谱中的每一个频率峰值表征在某个特定距离处存在目标物，根据峰值和式（7-18）即可计算与之对应的目标物距离。此处的傅里叶变换常常称为距离 FFT，上述过程如图 7.79 所示，其对频率差异的分辨能力决定了毫米波雷达目标检测的距离分辨率。

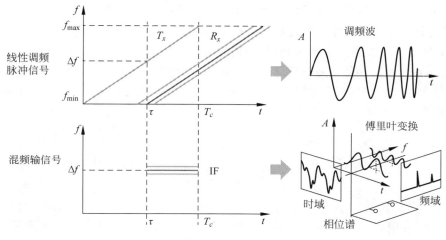

图 7.79　雷达信号测距原理

根据傅里叶变换理论可知，在观测时间窗口 T 范围内，可以分辨间隔超过 $1/T$ Hz 的频率。IF 信号的观测时间窗口即为调频脉冲信号的周期 T_c，结合式（7-18），于是有

$$\left| \Delta f_{IF} \right| \geqslant \frac{1}{T_c} \tag{7-19}$$

$$\left| \Delta d \right| = \left| \frac{c \times \Delta f_{IF}}{2S} \right| \geqslant \frac{c}{2ST_c} = \frac{c}{2B} \tag{7-20}$$

其中，B 为调频带宽。由此可见，雷达探测的距离分辨率与信号带宽成正比，增加带宽即可提升距离分辨能力。

雷达对目标的检测有一个其他传感器都不具备的特殊能力，即利用多普勒效应（Doppler Effect）精确估计目标物的速度。在连续的信号周期中，距离 FFT 能得到同一距离目标回波相同的频率峰值。由于信号周期很短，目标物移动距离很小，相邻周期 IF 信号的频率基本保持不变，但其相位容易因目标物速度发生显著变化，其关系为

$$\Delta \varphi_{IF-t} = \varphi_{IF-t1} - \varphi_{IF-t2} = \frac{2 \times 2\pi \times \Delta d_t}{\lambda} = \frac{4\pi T_c v}{\lambda} \tag{7-21}$$

其中，$\Delta \varphi_{IF-t}$ 为 IF 信号随时间的相位变化，λ 为波长，Δd_t 为因目标速度产生的波束传播距离偏差，v 为目标物速度。由此可得

$$v = \frac{\Delta \varphi_{IF-t} \lambda}{4\pi T_c} \tag{7-22}$$

从式(7-22)可以看到雷达对速度的探测范围主要受限于 $\Delta\varphi_{\text{IF}-t}$。前面已讲解过,在每个调频周期中,对 IF 原始信号进行距离傅里叶变换,可以通过相位谱获得频谱中每个分频信号的相位。为保证相位计算过程中没有歧义,$\Delta\varphi_{\text{IF}-t}$ 一般在 $(-\pi,\pi)$ 范围内。因此雷达可测量到的最大速度为 $\lambda/4T_c$。

真实场景中的目标物速度有差异,在相同距离上可能存在多个速度不同的目标物。在距离傅里叶变换产生的每个峰值中,包含来自相同距离、不同速度的多个目标物的合并信号。因此频谱中单个峰值信号的相位融合了多个目标物速度的影响。分辨多个速度与距离分辨的方法类似,同样可以使用多普勒傅里叶变换(也称为速度傅里叶变换)从频谱中提取相位差异。对距离傅里叶变换中每个峰值信号的相位进行采样,经过 N 个调频周期后得到峰值信号连续的相位周期性变化规律,并由此组成一个新的信号。

以图 7.80 所示的两个速度为例,不同速度对相位信号的影响均是周期性的,但其变化频率有差异。通过对相位信号进行傅里叶变换可以得到包含两个波峰的频谱,每个波峰表征一个周期性的相位变化,即目标物速度。结合式(7-22),根据傅里叶变换理论的可分频范围,可得到速度分辨率:

$$|\Delta\omega_t| = |\Delta\varphi_{\text{IF}-t-a} - \Delta\varphi_{\text{IF}-t-b}| \geqslant \frac{2\pi}{N} \tag{7-23}$$

$$|\Delta v| = \left|\frac{\Delta\omega \times \lambda}{4\pi \times T_c}\right| \geqslant \frac{\lambda}{2T_c N} \tag{7-24}$$

其中,$\Delta\omega_t$ 为相位信号中不同角频率的差异,$\Delta\varphi_{\text{IF}-t-a}$ 和 $\Delta\varphi_{\text{IF}-t-b}$ 分别表示相位信号中的两个分量,N 为相位信号的采样个数,即参与速度傅里叶变换的连续调频周期数量。从式(7-24)可见速度分辨率正比于采样数量,但采样数量不宜过多。过多的采样数量使整体采样耗时和计算耗时增加,容易影响整个雷达感知的帧率。

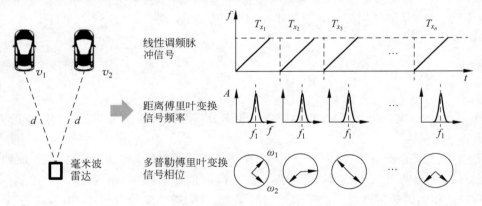

图 7.80　雷达信号测速原理

有了距离和速度,还需要提取另一个重要信息,即目标物相对雷达的方位角。传统的 3D 雷达仅包含水平方向的方位角,4D 雷达则同时包含水平和垂直两个方向的方位角。图 7.81 所示为雷达信号测角原理,这里先从简单场景开始:一个目标物,一发两收的天线配置。两根并列布置的接收天线与目标物的距离有差异,因此接收回波的时间延迟不一致,进而使两个 IF 信号的相位产生偏差,于是有

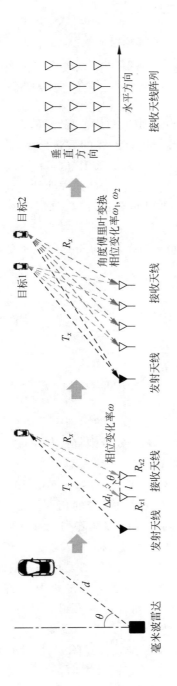

图 7.81 雷达信号测角原理

$$\Delta\varphi_{\text{IF}-l} = \varphi_{\text{IF}-l1} - \varphi_{\text{IF}-l2} = \frac{2\pi \times \Delta d_l}{\lambda} = \frac{2\pi l \sin\theta}{\lambda} \tag{7-25}$$

$$\theta = \sin^{-1}\left(\frac{\lambda \Delta\varphi_{\text{IF}-l}}{2\pi l}\right) \tag{7-26}$$

其中，$\Delta\varphi_{\text{IF}-l}$ 为不同天线接收到的 IF 信号相位偏差，Δd_l 为两根天线距离目标物的距离偏差，l 为接收天线之间的距离，θ 为目标物距离雷达中心轴线的水平方位角。从式(7-26)中可以看到 θ 的范围受限于 $\Delta\varphi_{\text{IF}-l}$ 和 l，$\Delta\varphi_{\text{IF}-l}$ 一般在$(-\pi,\pi)$范围内，l 最小值为 $\lambda/2$，因此 θ 的测量范围是$(-\pi/2,\pi/2)$。

当真实场景下有多个目标时，如果距离和速度都相同，两根天线很难区分这些目标物。提高角度分辨率最直接的方式是增加接收天线的数量。多个并排等距布置的接收天线阵列依次接收到多个目标物的回波信号，相邻天线 IF 信号的相位差相等。按照顺序对每根接收天线 IF 信号的相位进行采样，可以得到一个新的周期性变化信号。该信号的频率同时受到多个不同方位角目标物的影响。与速度分辨过程类似，将该相位信号进行傅里叶变换分频可以得到包含多个波峰的频谱，每个波峰表征其对应的相位差，即目标物方位角。结合式(7-25)，根据傅里叶变换理论的可分频范围，可得到方位角分辨率：

$$|\Delta\omega_l| = |\Delta\varphi_{\text{IF}-l-a} - \Delta\varphi_{\text{IF}-l-b}| \geqslant \frac{2\pi}{M} \tag{7-27}$$

$$\Delta\omega_l = \frac{2\pi \times l}{\lambda} \times [\sin(\theta + \Delta\theta) - \sin\theta] = \frac{2\pi l}{\lambda}(\Delta\theta\cos\theta) \tag{7-28}$$

$$|\Delta\theta| \geqslant \frac{\lambda}{Ml\cos\theta} \tag{7-29}$$

其中，$\Delta\omega_l$ 为相位信号中不同角频率的差异，$\Delta\varphi_{\text{IF}-l-a}$ 和 $\Delta\varphi_{\text{IF}-l-b}$ 分别表示相位信号中的两个分量，M 为相位信号的采样个数，即接收天线个数。从式(7-29)可见，天线间距确定后，角度分辨率主要受目标物方位和天线数量的影响。雷达视场范围内，越靠近 FOV 中心方向，角度分辨率越高，反之则越低。天线数量则直接与角度分辨率成正比，通过增加接收天线数量可直接提高雷达角度分辨率。

除角度傅里叶变换，数字波束形成（Digital Beam Forming，DBF）是另一种常见的目标方位角估计算法。该算法利用阵列天线接收信号的相位信息，通过数字信号处理技术对信号进行波束形成，使来自不同方向的信号能够在阵列上形成明显的干扰和信号叠加效应。通过对形成的波束进行加权平均，可以得到目标在空间中的到达角度。其本质是构造视场范围内各角度的导向矢量，并用这些导向矢量分别去和阵列的回波信号相乘以得到各角度下的能量值。由于目标所处方向的回波与导向矢量相干叠加，这些方向的能量会得到增强，而噪声是非相干的，能量不会增强。因此能量得到增强的方向对应极大值的位置，即信号的方向，由此实现角度测量。

传统的 3D 雷达仅在水平方向布置接收天线阵列，因此仅能实现水平方位角的检测。4D 雷达的天线阵列则同时包含水平和垂直两个方向，先后对水平阵列和垂直阵列的 IF 信号进行采样，通过傅里叶变换可以得到多个目标物在两个方向上的方位角。为提高雷达对目标物探测的角分辨率，最直观的办法是在水平和垂直方向上增加天线数量，但直接增加接收天线数量的方法有一定的局限。

一方面,受限于物理尺寸的限制,接收天线数量的扩充意味着雷达体积的增大,对整车总布置不友好。

另一方面,每增加一根天线,都需要配备单独的信号接收处理单元,如滤波器、混频器、数模转换器等,从产品角度看并不经济。

MIMO(Multiple Input Multiple Output)是提高雷达角分辨率更好的技术方案。它是指在雷达中同时配置多个发送天线和多个接收天线,同时利用两组天线阵列组成数量更加充足、形式更为丰富的虚拟接收天线阵列。

图 7.82 所示为 MIMO 雷达的信号处理原理。先以两根发送天线 T_{x1} 和 T_{x2} 的方案进行讲解。该情况下每一根接收天线会收到分别来自于两根发送天线的两个 IF 信号。针对同一个目标物,接收天线得到的每一个信号,其波束传输的距离同时受到接收天线位置和发送天线位置的影响。换言之,IF 信号的相位与接收天线和与该信号对应的发送天线相关。通过对发送天线和接收天线合理布置可以得到一组相位不同的 IF 信号。图 7.82 中所示的两发四收天线阵列的方案,一共能得到相位间隔相等的八个 IF 信号。这八个 IF 信号与一发八收天线阵列得到的结果相同。这两个天线组合方案完全等效。

接下来需要解决的问题是如何在同一根接收天线中分离出来自不同发送天线的信号。常见的策略有两种:分时复用(Time Division Mutiplexing,TDM)和二进制相位调制(Binary Phase Modulation,BPM)。分时复用,顾名思义,是在不同发送天线上分时间片交替输出 FMCW,然后将接收天线得到的信号按照同样的周期对信号做切割,即可分离出来自不同发送天线的信号。TDM 虽易于实现,但多根发送天线交替工作的形式无法使用雷达完整的传输能力。二进制相位调制的策略则是让多根发送天线同时工作,但对每路发送信号做二进制相位调制。然后在接收端根据调制策略再对信号进行解码,最终实现信号分离。如图 7.82 所示的编码方式,在接收端对两两相邻的调频周期内的信号(R_{xa} 和 R_{xb})进行解码,方法如下:

$$\begin{cases} T_{x1} = \dfrac{R_{xa} + R_{xb}}{2} \\ T_{x2} = \dfrac{R_{xa} - R_{xb}}{2} \end{cases} \tag{7-30}$$

在实际工程应用中,还有其他的编解码方式,此处不详述。不论是使用 TDM 还是 BPM,都可以实现同一根接收天线中的信号分离。以此为基础可以根据期望的等效虚拟接收天线阵列,设计满足经济性和易于集成的收发天线阵列方案。为提高雷达的角分辨率,一般的做法是增加发送天线的数量 M_{Tx} 和接收天线的数量 M_{Rx},等效虚拟接收天线的数量则为 $M_{Tx} \times M_{Rx}$。除增加实体天线,还有一个方法是采用虚拟孔径成像技术。该技术对发送的调频波形进行相位调制,使每根接收天线在不同时刻产生不同的相位响应,通过对接收数据进行处理,生成虚拟孔径,进而增加虚拟天线的数量,提高角分辨率。

无论是何种方案,经过信号分离后,可以获得每一根虚拟接收天线的 IF 信号。然后根据前文所述的距离傅里叶变换、速度傅里叶变换得到距离和速度组成的二维图像。其本质是对单天线的 IF 信号在频域和相位变化率两个维度基础上进一步做信号分离。由于目标物速度对信号的相位产生了影响,在角度傅里叶变换/DBF 前需要先对每个 IF 信号的相位做修正,以保证角度计算的精度。接下来在每张二维图像中,按照虚拟天线的排布顺序对信

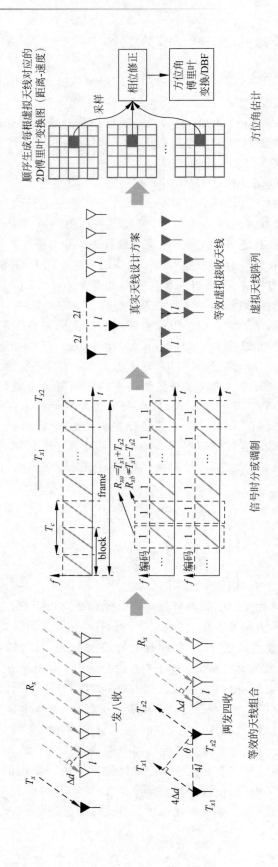

图 7.82 MIMO 雷达的信号处理原理

号的相位采样,通过角度傅里叶变换获得每一组相同距离和速度目标物的不同方位角。针对 4D 雷达,方位角和俯仰角的计算需要根据天线阵列的布置方向,先后选择水平方向和垂直方向对应的天线信号完成计算。

在得到目标点的距离、速度、方位角后,经过坐标系转换、滤波等相关的后处理操作,最终可以获得如图 7.83 所示的雷达回波信号的几种处理结果。2D 图与图像有些类似,但其信息量与图像差异明显,单张图仅体现距离、速度、水平方位角、回波强度两两之间的信息。3D 点云图与稀疏的 BEV 视角激光点云图类似,没有高度信息,在 $x\text{-}y$ 平面上有若干包含速度和回波强度的点,这些点可能包含在同一个目标物上,也可能属于不同目标物。4D 点云图则与三维空间中的激光点云图非常接近,数据内容基本相同,但比激光点云图多了一个速度信息。现阶段的 4D 雷达点云密度与激光雷达相比稍微稀疏一些。在 3D 点云图和4D 点云图中提取目标都可借鉴激光点云的检测算法。需要特别说明的是,不论 2D 点云、3D 点云,还是 4D 点云,通过雷达回波信号处理得到的速度并不是目标点在世界坐标系的真实速度,而是目标点在雷达坐标系下,相对雷达的速度在其方位角上的分量。真实的目标物速度需要在进一步的目标检测算法中求得。

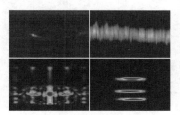 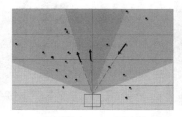 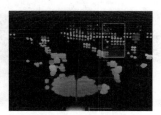

2D图 $(d, v, \theta,$ 回波强度$)$　　　3D点云图 $(x, y, v,$ 回波强度$)$　　　4D点云图 $(x, y, z, v,$ 回波强度$)$

图 7.83　雷达回波信号处理结果

7.4.2　传统方法检测

毫米波雷达的目标检测以其回波信号处理结果为基础。传统的 3D 雷达可以输出 2D 图和 3D 点云图。由于 2D 图对目标特征的表达不够直观,早期主要以 3D 点云图为输入,采用传统规则型算法实现目标检测,其一般流程如图 7.84 所示。

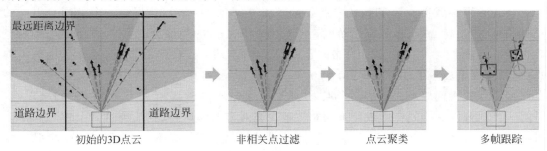

初始的3D点云　　　　　　非相关点过滤　　　　　　点云聚类　　　　　　多帧跟踪

图 7.84　传统规则型雷达目标检测算法流程

首先对初始的 3D 点云进行非相关点过滤。根据道路边界、最远距离边界等约束条件划定感兴趣的区域,去除区域外的点,与此同时,通过速度信息过滤掉所有静态点。静态点的去除意味着雷达目标检测算法放弃了所有静态目标物,其原因有以下两点。

（1）传统 3D 雷达点云非常稀疏。单帧数据中用于目标检测的高质量点仅在几百个的量级，分布到单目标物上的点极少，无法表达目标物的轮廓特征。因此对从静态目标物和周围静态环境中反射得到的点无法做区分，无进一步分析价值。

（2）3D 雷达得到的点仅包含距离、水平方位角、径向速度的信息，无法在垂向俯仰角上做区分。当目标点无速度时，无法分辨该点来自超过自车高度的龙门架，或是地面高反射强度的金属接缝，或是路面静止的车辆。在 AEB 功能中，如果针对这些点进行紧急制动措施，在实际道路上容易出现误触发。如果忽略掉这些无速度的静态点，则不可避免地对路面静止的目标物产生漏检。这部分目标物需要依赖其他传感器完成检测，如视觉感知或激光感知。此外，AEB 功能为特殊情况下的紧急措施，为防止功能被误触发，其设计原则是尽可能提高精确度，对 Recall 容忍度可放宽。

如图 7.85 所示，由于传统雷达无法分辨目标物高程信息，在一些场景中雷达过滤掉了道路前方静态目标物返回的点。当其他传感器也出现漏检时，就容易造成碰撞事故。

龙门架　　　　　路面金属接缝　　　　道路静态目标　　　　　　　雷达检测点

图 7.85　传统雷达无法分辨目标物高程

接下来对过滤后的点云进行聚类。在激光感知中讲解了激光点云采用 kD-Tree 检索最近邻的方式完成聚类，雷达点云可采用与之相同的方法。由于雷达点云不如激光点云密集，常常还采用 K-Means 和 DBSCAN 等方法完成聚类任务，其中 DBSCAN 对样本分布适应性更好，这里对其做进一步讲解。

DBSCAN(Density-Based Spatial Clustering of Applications with Noise)是一个基于密度的聚类算法，能够把具有足够高密度的区域划分为簇，并在有噪声的数据中聚合任意形状分布的点集。图 7.86 所示为该算法的核心思想，其实现步骤主要分为三步。

首先利用邻域半径 R 和邻域内点数量 N 定义高密度区域，并将每一个点划分不同的属性类别，包括核心点、边界点以及噪声点。其中核心点的条件为该点半径 R 的邻域内包含大于或等于 N 个点。边界点为非核心点，但包含在某个核心点邻域内。噪声点则为离群点，其周边点密度较低。

接下来随机选取点云中的某个点，开始根据预先设定的 R 和 N 计算其周边点云属性，并逐步扩大范围。相邻核心点如果同时被包含在对方的邻域内，则认为这两个核心点密度可达。密度可达性可通过相邻的核心点向远处链式传递，链条上的所有核心点都密度可达。

最后将所有密度可达核心点邻域集合内的点定义为密度相连点，并聚合成一个聚类簇。遍历初始点云中的所有点，得到的所有聚类簇即为最终的点云聚类结果。

完成点云聚类后，即得到表征同一个目标物的点云集合，点云集合的中心即为目标物中心。将点云中各点的速度融合至中心点，即为目标物相对雷达的径向速度，即真实速度

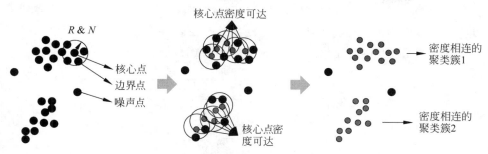

图 7.86 DBSCAN 算法核心思想

在雷达方位角连线方向上的分量。速度融合最简单的方法是直接求均值,也可将各点的速度先投影到中心点与雷达方位角连线方向再求均值。

传统规则型雷达目标检测的最后一个步骤是多帧跟踪。该过程一般使用卡尔曼滤波的方法更新每一个目标物的状态。运动方程通过目标物历史位置和速度信息对当前帧的位置做预测。其中目标物的航向需利用前后帧相对位置关系获得。然后利用前序步骤中得到的目标物相对雷达的径向速度,通过三角函数求解其真实速度。与此同时,根据航向和点云集合的边界,可以框定目标物的矩形边框。观测方程则由当前帧从回波信号解算出来的目标物距离、方位角以及径向速度组成。

7.4.3 基于 2D 图的检测

随着深度学习技术的发展,数据驱动的雷达目标检测算法陆续出现,根据数据表达形式的不同主要分为两大类:2D 图目标检测和点云图目标检测。

这里先讲解基于 2D 图的检测方法。如图 7.87 所示,2D 图目标检测的核心思想为,从连续的傅里叶变换三维数据块中直接抽取距离、速度、水平方位角,以及时间两两之间的对应关系,并根据回波强度形成 2D 图像。该方法避免了 3D 点云生成过程中的信息损失,最大程度保留了回波信号处理后的特征。然后使用 CNN 网络像处理图像一样对雷达 2D 图进行各类特征提取的操作。最终在 BEV 视角下对目标物的位置和边框做回归。以下讲解近几年涌现的一些有价值的工作。

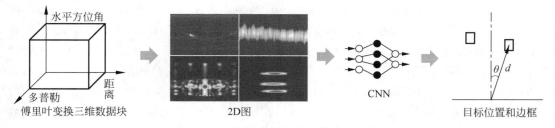

图 7.87 雷达 2D 图目标检测核心思想

2019 年发表于 ICCV 的一项 Qualcomm AI Research 的工作提出从傅里叶变换三维数据块中抽取的 2D 图像可以反映目标物位置和边框的特征,并尝试使用深度学习模型完成目标检测任务,其网络架构如图 7.88 所示。该算法分别对距离-水平方位角(RA)、距离-速度(RD),以及水平方位角-速度(AD)三张图进行卷积,并在每张 2D 图之外的另一个维度进行叠加,通过拼接操作得到一个 3D 特征图。接下来对速度维度(D)做 Pooling,并逐层叠加距离-水平方位角（RA）各层级的特征图。然后将距离-水平方位角特征图转换到极坐标系下，以符合雷达检测中目标物大小随位置变化这一实际特点。在最终的检测 Head 前增加一个 LSTM 单元以利用时序信息，检测网络输出目标边框。

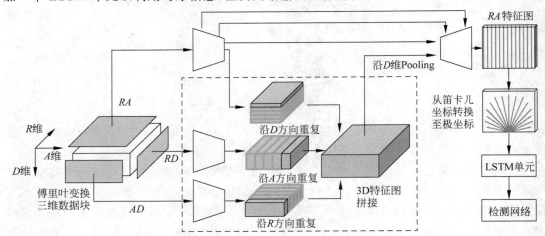

图 7.88　Qualcomm AI Research 的雷达目标检测网络架构

与 Qualcomm AI Research 类似的思路还出现在 2021 年发表于 IEEE Sensors 期刊上的 RAMP-CNN 算法中，如图 7.89 所示。该算法从连续帧的 FFT 三维数据块上抽取距离-方位角（RA）、距离-速度（RV），以及速度-方位角（VA）的 2D 图序列，通过 CNN 自动编码器（Autoencoder）提取对应的特征图。接下来对三个特征图进行融合，融合过程中压缩特征图中的速度（V）维度，并通过拼接生成融合后新的距离-方位角（RA）特征序列。最后在融合特征图末端使用 3D Inception 结构进行卷积，以覆盖不同尺度的感受野。模型训练过程中使用摄像头的目标检测和深度估计结果进行监督，正常推理过程中视觉感知不工作。RAMP-CNN 算法充分利用了连续帧的时间信息，以及帧间空间信息的变化，使其与之前的工作相比取得了显著的性能改进。

发表于 2021 年的 WACV（Winter Conference on Application of Computer Vision）的 RODNet 算法侧重于对时序信息进行提取。RODNet 算法网络架构如图 7.90 所示，该算法在回波信号处理阶段，仅通过 FFT 解算每一帧的距离和水平方位角，并形成射频图（RF Images）。然后通过一个 M-Net 对单帧射频图中的多 Chirp 数据做时间维度的卷积和 Pooling，由此得到距离和水平方位角的多 Chrip 合并特征图。接下来用一个 3D 时序可变卷积网络对多帧特征图逐层进行编码，以解决目标物运动带来的帧间信息对齐问题。为训练 RODNet 模型，采取摄像头-雷达融合（CRF）的自动化监督架构。充分利用视觉感知的目标分类和边框检测结果，以及传统雷达感知算法对目标位置的检测结果，避免了人工数据标注过程。

除了 CNN，也有使用 GNN 对雷达 2D 图进行特征提取的算法出现。2021 年发表于 ICCV 的 GTR-Net 算法在视场范围内根据方位角和距离将雷达数据划分为图数据结构，采用 GNN 处理雷达的距离-水平方位角 2D 图。该方法能够使特征图适应不同的距离尺度，其网络架构如图 7.91 所示。在傅里叶变换三维数据块上取极坐标系下的距离-水平方位角（RA）2D 图，建立图结构后，通过图卷积操作实现空间信息的聚合，并输出视场范围内的特征

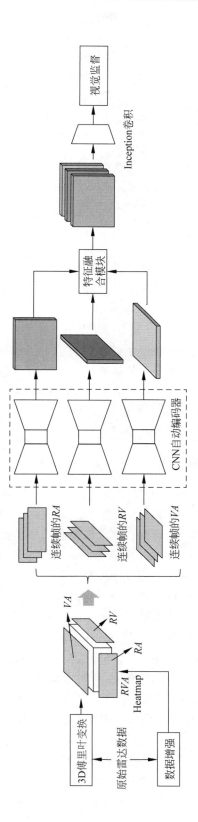

图 7.89 RAMP-CNN 算法网络架构

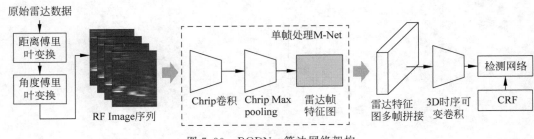

图 7.90　RODNet 算法网络架构

图。接下来使用 ResNet 和特征金字塔算法进一步对特征图做特征提取,并采用二阶网络先输出候选框,最终回归精调的边框。

图 7.91　GTR-Net 算法网络架构

综上所述,基于雷达原始信号进行傅里叶变换后的 2D 图,使用数据驱动的方法完成特征提取和目标检测的任务,其检测性能优于传统算法。同步采集的视觉检测结果能够为雷达网络带来自动化的真值数据,提高算法迭代效率。但上述雷达 2D 图未经过滤波处理,常常容易因场景的变化带来各类噪声,对数据驱动模型并不友好,给性能的提升带来困难。此外,传统雷达角分辨率低的问题仍然制约着雷达检测算法的性能上限。

7.4.4　基于点云的检测

基于点云的检测方法是使用深度学习技术实现雷达目标检测的另外一个分支。在 3D 雷达阶段,相关的目标检测算法应用在雷达 3D 点云上,更像是处理 BEV 视角的稀疏激光点云投影图。因此在算法设计过程中,研究者常常借鉴激光检测算法相关的经验。

2018 年发表于国际会议 ICIF(International Conference on Information Fusion)的一项 Daimler 的研究工作借鉴了 PointNet＋＋的方法,实现了雷达点云的语义分割。考虑到单帧的点云密度过低,无法较好地表征目标物特征,该算法将时序上的多帧点云进行了融合,并利用 Ego Motion 对雷达的多普勒速度进行了修正,其网络架构如图 7.92 所示,该算法使用 PointNet＋＋中定义的多尺度分组模块(Muti-Scale Grouping,MSG)和特征传播模块(Feature Propagation,FP),通过跳连接将多尺度分组模块中提取的特征直接传递到相应层的特征传播模块中。接下来逐层进行一维卷积,其间增加多普勒操作防止过拟合,最终通过 Softmax 实现逐点的类别划分,完成语义分割。实验证明,利用雷达散射截面积(Radar Cross Section,RCS)值和 Ego Motion 补偿后的多普勒速度可以提高点的分类性能,其中多普勒速度对分类结果的影响更大,符合常规认知。

2019 年发表于 IEEE ITSC 的一项德国 Ulm 大学的研究工作借鉴了 Frustum PointNets 和 PointNet 的思路,在雷达 3D 点云中实现了目标检测,其网络架构该算法主要由三部分组成:首先基于雷达点云生成 2D 的 Patch Proposals,与 Frustum-Pointnet 中的

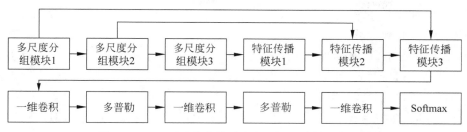

图 7.92 Daimler 提出的雷达点云语义分割网络架构

Frustum 类似用于聚合局部特征；然后对 Proposal 内部点云提取局部和全局特征，完成点云前景和背景分类和实例分割，并输出筛选后的 Radar Targets 向量；最后将筛选出来的点经过 T-Net 和 Box-Estimation 输出位置和边框。网络结构中的分类和分割网络使用 PointNet 模型，非模态 2D 边框估计网络则与 Frustum Pointnets 网络相同。虽然该研究仅在理想环境下完成了实验，但成功地将激光点云经典的深度学习网络用到了雷达目标检测任务上。

2021 年发表于 IEEE Radar Conference 的 Radar-PointGNN 算法使用 GNN 来处理雷达 3D 点云数据，其网络架构如图 7.93 所示。网络分为三部分：首先利用 MLP 完成原始点云特征向高维向量的映射，其间在雷达信息中增加点云密度和反射强度；接下来通过图卷积操作更新边特征和节点特征，又通过 Max-pool 聚合所有边特征，并生成上下文嵌入（Contextual embeddings）向量；最后用多个 MLP 解码，输出类别、航向以及边框等检测结果。该算法首次在雷达 3D 点云中使用 GNN 提取特征，并在 nuScenes 数据集中取得了当时的 SOTA 性能。

图 7.93 Radar-PointGNN 算法网络架构

2022 年发表于 IEEE ITSC 的一项慕尼黑工业大学的研究工作使用全卷积神经网络 YOLOv3 实现雷达的目标检测，其检测流程为实现卷积首先将雷达 3D 点云转换成网格，再用 YOLOv3 实现目标位置、边框、类别等信息的提取。该方法在 nuScences 数据集下与 Frustum PointNets 算法进行了对比，虽然精度较低，但运行速度上的优势明显，其帧率是 Point Base 方法的 20 多倍，接近 200Hz。

在 3D 雷达阶段，由于点云过于稀疏，且仅包含距离、水平方位角以及 Doppler 速度这三个维度的信息，目标物在点云中的特征并不明显。因此上述深度学习相关的方法虽然比传统规则型算法检测能力更强，但其性能天花板仍旧受限。到了 4D 雷达阶段，通过傅里叶变换获得的点云密度更高，且增加了垂向的俯仰角信息。4D 点云图与低线数的激光点云图特点已经非常接近。例如，以色列 Arbe 公司推出的 Phoenix 雷达，具有 48 发 48 收，共 2304 个通道，单帧输出的有效点云数量可达上万个。

图 7.94 所示为自动驾驶常见场景中 4D 雷达输出的点云图，下面稍微展开分析。

（1）高速路段中，路面上的车辆、双向道路中间和路侧隔离栏都有相对密集的点云，远处一定高度的树木同样有与之对应的返点。

（2）天桥路段中，过街天桥反射的点在高程上特征明显，与路面车辆、路侧隔离栏、路灯杆等物体能被清晰地区分。

（3）城区路段中，双向道路中间的栅栏有密集的点云返回，特征显著。由于有多普勒速度信息，路侧静态目标物与路面动态车辆能被较好地区分。类似场景中激光雷达得到的栅栏反点一般比较稀疏，特征不明显。

（4）车流量大时，点云中可视范围内车辆几乎无遗漏，甚至透过栅栏，对向道路中的车辆同样能有点云返回。

（5）车多拥堵情况下，前方近处的车辆在点云图中能得到稳定的表征，但目标物轮廓表达不够完整和清晰。

（6）对于道路中的行人和自行车，同样可以看到密集的点云返回。

高速路段　　　天桥路段　　　城区栅栏　　　车流量大　　　车多拥堵　　　行人自行车

图 7.94　常见场景中 4D 雷达输出的点云图

根据上述分析可知，4D 雷达对环境中的各类目标物都有密集的点云返回，对于稀疏的杆类（如路灯杆）或栅栏类物体返点的密度比激光雷达更高。但该传感器对车辆、行人等类别的目标物，单帧数据返回的点并不能表达完整和清晰的轮廓。其主要原因在于，雷达是从目标物上反射回来的电磁波中解算距离、速度、水平方位角、垂向俯仰角等参数，解算出的单个点并不表征物理上真实目标物表面某个准确的点，其位置具有一定的随机性。激光雷达则是通过光线从目标物表面某个特定点反射回来的 FoT 来计算距离，激光点云中的每一个点包含目标物表面轮廓的物理意义。为更好地描述环境中目标物轮廓，有必要对雷达4D 点云做连续帧拼接的处理。图 7.95 所示为 Arbe 公司的雷达 4D 点云连续帧拼接图。

图 7.95　雷达 4D 点云连续帧拼接图

综上所述，针对雷达 4D 点云与激光点云相近的特点，可以尝试使用 7.3.2～7.3.4 节讲解的 Point Base 或 Voxel Base 相关的深度学习算法完成目标检测任务，如 PointPillars、3DSSD、SE-SSD、MPPNet 等。目前高分辨率的 4D 雷达正在研究当中，并已经引起了行业的强烈关注，已公开的数据集包括 Astyx、RADIaI、K-Radar、TJ4DradSet 等。相信接下来两年将有大量针对雷达 4D 点云图进行目标检测的优秀算法涌现。

7.5 超声波雷达感知

超声波雷达(Ultrasonic Radar)是指使用超声波发送和接收的时间间隔测算距离的雷达,其探头工作频率一般在 40~60kHz。量产车上一般配置多个超声波雷达探头相互配合使用,因此常被称为 USS(Ultrasonic Sensor System)。车载 USS 的探头根据功能的不同又分为 UPA(Ultrasonic Parking Assistant)和 APA(Automatic Parking Assistant)两种。UPA 探头安装于车辆前部和后部保险杠上,用于检测车辆前后近距离范围的障碍物,频率较高(55~58kHz),FOV 较大(120°),测距范围较小(20~250cm)。APA 探头安装于车辆两侧,用于检测车辆两侧的障碍物和空间车位,频率较低(48~51kHz),FOV 较窄(60°),测距范围较大(30~500cm)。

车用 USS 在传统的智能泊车功能中起到重要的作用。在视觉感知兴起以前,早期的泊车系统将其作为仅有的感知传感器使用,实现自动泊车和泊车预警相关功能。USS 目标检测算法至今仍然以传统规则型算法为主。本节将主要讲解 USS 信号的处理过程、距离测量、目标物定位、空间车位检测等原理,并探讨未来使用深度学习技术实现 USS 目标检测的可行性。

7.5.1 传统方法检测

USS 输出的信息不如激光和图像传感器那样直观,先对其处理过程做简要讲解,主要分为如图 7.96 所示的探头部分和控制器部分。

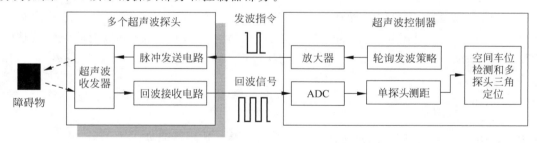

图 7.96 USS 信号处理总体流程

探头端主要由超声波收发器、脉冲发送电路以及回波接收电路组成。常见的超声波收发器由压电晶片构成,压电晶片可以实现电信号和机械动信号之间的转换,既可以发射超声波,也可以接收超声波。在发波时,脉冲发送电路将发波指令转换为高频电振动,压电晶片利用逆压电效应又将电振动转换成高频机械振动,进而将振动传播给空气产生超声波。在收波时,由于压电晶片的正压电效应,作用到其表面的超声波将引起晶片伸缩,晶片两个表面产生极性相反的电荷,由此产生回波电信号。一般回波电信号振幅波动范围较大,为便于数据电路处理,回波接收电路会对波形进行调整,如最大/最小值范围限定、低通滤波等操作。在超声波探头和控制器之间,发波指令和接收的回波信号都以 PWM 的形式进行传输。

控制器端主要对数字信号和模拟信号进行转换,实现多探头发波的策略,并对接收的回波信号做处理和计算。绝大多数的 USS 探头发送的超声波不带编码,当相邻探头同时发波时,回波无法区分。为避免同频干扰,一般采取多 UPA 探头轮询发波的策略,即相邻探头在不同的间隔时段发波。APA 探头与其他探头的 FOV 无交集,因此可以在每个周期都进行发波。

发波指令通过放大器后输出给探头。如图 7.97 所示,USS 发波指令信号为一段很短的高电平,一般为 $100\mu s$ 左右。探头发波完成后,由于压电晶体固有的机械惯性,会紧跟一段每次发波后产生的余震信号。在余震信号持续的时间内,回波信号与之融合,无法提取有效回波。因此,在极近距离内,一般会存在 USS 探头探测盲区,其范围 d_{blind} 如式(7-31)所示。

$$d_{blind} = \frac{v_{utrasonic} \times t_{aftershock}}{2} \tag{7-31}$$

其中,$v_{utrasonic}$ 为超声波在空气中的传播速度,一般用 $340m/s$ 估计。$t_{aftershock}$ 为余震持续时间,一般在 $1\sim2ms$,因此盲区范围为 $0.17\sim0.34m$。

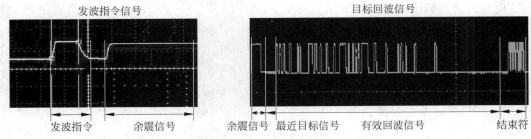

图 7.97　USS 的发波指令和处理后的回波信号

余震信号过去后,紧接着的目标回波信号其余部分由有效回波信号和结束符组成。在有效回波信号中包含若干波峰。这些波峰由环境中不同距离处目标物反射回来的声波产生。其中,第一个波峰表征与探头直线距离最近的目标物回波信号,也是 USS 对最近距离目标探测最重要的信号。之后的波峰成分随机性比较大,可能来自某个特定的目标物回波,也可能来自多个目标物叠加的回波。因此在实际使用时,一般仅取最近的波峰到达时刻与发波时刻之间的时间差 $t_{first-crest}$,并据此计算探头与环境中目标物最近的距离 d_{det},如式(7-32)所示。

$$d_{det} = \frac{v_{utrasonic} \times t_{first-crest}}{2} = \frac{(c_0 + 0.607 \times T) \times t_{first-crest}}{2} \tag{7-32}$$

其中,c_0 为气温零摄氏度时的声波速度 $332m/s$,T 为环境摄氏温度。

在完成单探头的测距后,USS 控制器中需要根据泊车相关功能的需求,进一步实现车辆周围环境中空间车位的检测,并根据多探头的测距信息对可探测到的目标物位置进行估计,即目标定位。

图 7.98 所示为 USS 空间车位检测原理。在车辆沿着空间车位一侧进行车位扫描过程中,APA 探头持续探测空间距离,由此得到一条随时间变化的距离曲线。将时间坐标轴根据自车速度做时间积分,可得到车位扫描过程中 BEV 视角的环境空间信息。在图 7.98 中,距离曲线下的阴影部分区域即为环境中可用于泊车的非占用空间。对于空间宽度 W_{space} 和长度 L_{space} 的计算如式(7-33)所示。

$$\begin{cases} W_{space} = \int_{t_1}^{t_2} v_{ego} \, dt \\ L_{space} = d_{max} - d_{min} \end{cases} \tag{7-33}$$

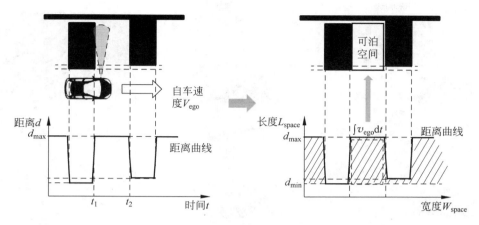

图 7.98　USS 空间车位检测原理

其中，t_1 和 t_2 分别为最大非占用空间边缘处的探测时刻，d_{min} 和 d_{max} 分别为 APA 探头得到的最近距离和最远距离。在做空间车位判断和提取时，仅在该阴影区域找到符合泊车空间长度和宽度要求的矩形框即可。该矩形框与真实环境中的可泊空间相对应。

接下来讲解 USS 测距和目标定位方法。单探头测距计算过程虽然都是用如式（7-32）所示的方法，但实际测试的声波路径分为两种。一种是自发自收，即探头接收来自自身发出并反射回来的超声波，一般称为直接回波测距。直接回波情况下，超声波沿探头和目标物之间的直线往返传播，测得的距离即为目标物与探头间的距离，待测目标物处于单探头一定距离的 FOV 圆弧边缘处。另一种是它发自收，即探头接收来自其他探头发出并反射过来的超声波，一般称为交叉回波测距。交叉回波情况下，超声波沿发波探头、目标物、收波探头的路径传播，测得的距离包含三者之间距离之和的一半，待测目标物处于以收发探头为焦点的椭圆弧边界处。根据 USS 的整车布置和 FOV 范围，相邻 UPA 探头两两之间存在共视区域，会存在直接回波和交叉回波的情况。对于 APA 探头，由于跟其他探头无共视区域，因此仅有直接回波。

如图 7.99 所示，单探头测距结果无法表征目标物的位置。常见做法是通过多探头的测距结果估算相对准确的目标位置，该过程常常称为目标定位。在真实场景中，目标物可大致分为点柱状目标和线面状目标，两者的测距结果具备不同特征。对于点柱状目标，当被两个 UPA 探头同时检测到时，其位置会在两个直接回波探测的圆弧和交叉回波探测的椭圆弧三者交界处。根据平面几何，直接回波测距结果和交叉回波测距结果存在如下关系，

$$d_{cross\text{-}12} = \frac{d_{dir\text{-}1} + d_{dir\text{-}2}}{2} \tag{7-34}$$

其中，$d_{cross\text{-}12}$ 为探头 1 和探头 2 之间的交叉回波测距结果，$d_{dir\text{-}1}$ 和 $d_{dir\text{-}2}$ 为两个探头直接回波测距结果。

对于线面状目标，目标物会同时与两个直接回波探测的圆弧，以及交叉回波探测的椭圆弧同时相切。根据平面几何，直接回波测距结果和交叉回波测距结果存在如下关系，

$$d_{cross\text{-}12} = \frac{\sqrt{{l_{sensor\text{-}12}}^2 + 4 \times d_{dir\text{-}1} \times d_{dir\text{-}2}}}{2} \tag{7-35}$$

其中，$l_{sensor\text{-}12}$ 为相邻的探头 1 和探头 2 之间的横向距离。

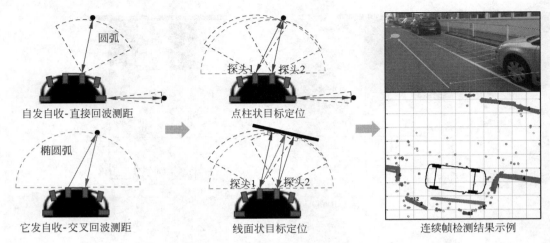

图 7.99　USS 测距和目标物定位原理

综上所述,根据多 UPA 探头的直接回波测距结果和交叉回波测距结果可以分析出被探测目标的形式(点柱状或线面状),并由此根据平面几何关系估算出目标物的位置。由于车辆在泊车场景中容易前后移动,并以不同转弯半径腾挪,而 USS 探测距离比较短,对周围环境的观测并不连续。为保证泊车过程中自动驾驶系统对环境的描述相对稳定,在实际使用时常常将多帧检测结果通过 Ego Motion 拼接到一起,以保持一定时间段或一定位移范围内的历史信息。此外,还可以根据连续帧的检测结果对同一目标物做跟踪,利用卡尔曼滤波策略提升多帧融合的性能。图 7.99 所示为 USS 连续帧检测结果示例。

7.5.2　数据驱动检测方法探讨

现阶段 USS 相关的算法仍旧是以传统规则型算法为主。面对复杂环境的真实泊车场景,图 7.99 所示的目标定位前提假设常常不能满足,进而容易导致检测性能变差。根据前面讲解的视觉、激光、毫米波雷达相关学习型算法经验,深度学习技术利用数据驱动解决 USS 检测问题应当能具备更好的环境适应性。当前尚未有公开的 USS 数据驱动型算法出现。因此本节将从三方面讲解学习型 USS 检测算法可行性:学习什么,即模型输出表达形式;向谁学习,即真值来源;如何学习,即网络结构。

首先讲解模型输出表达形式,如图 7.100 所示。在泊车场景下,USS 传统规则型算法主要输出三部分内容。

(1) 在单探头探测范围内,实时输出每个探头离障碍物最近距离,及其在探头坐标系中点柱状或线面状目标在 BEV 视角的坐标位置。

(2) 在车辆运动过程中,通过拼接连续帧中各探头的输出结果,描绘出障碍物静态轮廓边界,给下游的轨迹规划模块输出更准确的求解空间。

(3) 在搜车位场景下,基于轮廓边界提取空间车位在 BEV 视角的坐标位置。

其中最核心的输出结果是多帧描绘的轮廓边界。单探头的检测结果和空间车位框信息在该轮廓边界中都有体现。USS 系统对环境中障碍物边界的描述是一个典型的时空多帧检测任务。因此可以对泊车场景进行如下的抽象描述:车辆在泊车环境巡航过程中,根据 Ego Motion 聚合一段时间内每个探头单帧检测的结果;由于点比较密集,基于距离将所

| 传统规则型算法输出结果 | 泊车场景抽象 | 数据驱动算法输出结果示例 |

图 7.100　USS 检测模型输出表达形式分析

有检测得到的点和线聚合，并形成独立的 Instance；考虑车辆会在较大范围内移动，还需要框定 BEV 图的维护范围，以满足下游模块对泊车轨迹规划的需要，如以自车为中心 30m×30m 的范围；在完成边界轮廓 BEV 图构建后，车辆可以基于该图进行自动泊车相关的操作。由此可以确定 USS 学习型算法的合理输出结果，即在以自车为中心的一定范围内，以密集点聚类形成 Instance 的 BEV 图。

接下来讲解真值来源。与其他传感器的目标检测结果不同，USS 检测模型需要监督的最关键信息是每一个探头范围内目标物轮廓距离自车的最近点。6.4 节讲解的自动化真值方案中，基于激光点云的高精度地图真值方案更适合 USS 轮廓边界检测的应用场景。

图 7.101 所示为可行的 USS 检测模型真值方案，主要分为四步。

（1）构建稠密点云图。在泊车环境中采集激光点云数据，根据 Ego Motion 对所有点云做拼接，完成三维空间稠密点云图的初始构建。考虑 USS 对环境中动态目标物检测性能较差，可考虑使用激光感知算法提取动态目标物，并根据检测结果去除动态目标物表面反射的点云。裁剪掉与 USS 探测范围不相关的点云，以减少后续步骤的计算量。最直接的裁剪方式是根据 USS 垂向 FOV 的高度范围，去除该范围以外所有的激光点云。

（2）提取单帧最近点。针对每一帧数据，提取 USS FOV 范围内点云图中距离自车最近的点。图 7.97 中提到，一般仅将 USS 回波信号中的第一个波峰作为有效信息使用。因此最近点的定义需要符合 USS 的探测特性，与从 USS 采集到的回波有效信号相对应。此处定义为探头 FOV 扇形区域内，距离探头最近的点。由于模型输出结果定义为目标轮廓边界距离车辆的距离，因此最近点与车辆的位置关系可通过 USS 外部参数换算至车辆后轴中心点或车辆中心点。

（3）拼接连续帧最近点。在车辆行进中，连续记录自车位姿，然后根据 Ego Motion 拼接所有帧中获得的最近点。在拼接过程中需要记录每一个最近点与被观测时自车位姿之间的对应关系，以便后续步骤中根据自车可见点对真值数据做裁剪。

（4）BEV 真值图生成。首先根据自车一段时间内的历史轨迹，分离出该轨迹沿途可观测到的所有点。分离过程需要用到第 3 步中提到的最近点和自车位姿对应关系。然后对分离出来的最近点做聚类，并形成 Instance。由于采集的点足够密集，根据点与点之间的距离可以较好地完成聚类任务。最后根据预设的范围（30m×30m），以自车为中心截取数据，生成 BEV 真值图。图 7.101 所示的真值图示例中红色线段即为目标物轮廓边界，自车和轨迹仅做数据截取的参考信息，在模型训练时并不需要放入真值图中。

步骤（2）和步骤（3）采取了单帧取点多帧拼接的策略。如果不考虑单帧检测的输出性

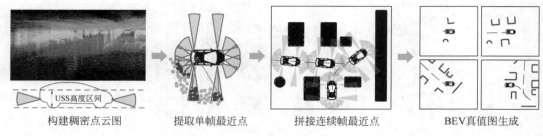

构建稠密点云图　　　提取单帧最近点　　　拼接连续帧最近点　　　BEV真值图生成

图 7.101　USS 检测模型真值方案

能,也可在构建稠密点云图时直接拼接连续帧的探头 FOV。然后借鉴图 7.32 所示表达 FreeSpace 的方式,从自车向外布置角度间隔均匀射线。在自车历史轨迹的每一帧中,搜索每一根射线在已完成多帧拼接的 FOV 范围内的最近点云。由此得到的最近点集合聚类后形成的线段应当与图 7.101 所示方法几乎相同。通过射线获取最近点的方法能够避免在每一帧数据中针对每个探头 FOV 计算最近点的烦琐过程。但是该操作失去了 USS 探头信号与单帧距离的对应关系,对观测帧数少的目标轮廓边界容易使检测性能偏低。

此外,真值数据获取过程中还可能存在一些工程问题需要考虑。

(1) 视场差异问题。研发工程车所用 360°旋转激光雷达一般安装在车辆顶部,量产车的 FOV 激光雷达大多安装在前挡玻璃顶上。而 USS 的安装位置在靠近地面的车辆四周。这意味着两种传感器的视场角差异较大,容易出现 6.4.2 节提到的视场差异问题。因此在稠密点云图构建时,需要在不同距离、多个视角、不同环境提前采好点云,然后近处采集 USS 回波信号,最后通过 Ego Motion 拼接。为保证不同距离处采集的信息能得到好的拼接结果,需要提高 Ego Motion 性能。

(2) 环境变化问题。在建图数据采集过程中若环境改变,如有车或人从静止状态到移动状态变化,相应位置一定范围内的数据都将无法再使用。一方面连续帧的真值出现变化,容易给模型带来不好的影响;另一方面 USS 对动态物体会产生异常回波,在实际使用时动态物体回波信号不易剥离,容易产生干扰。

(3) 一致性问题。USS 探头 FOV 的一致性和整车集成的一致性需要严格保证。真值生产过程中如果 FOV 误差较大,将会给真值数据带来较多噪声,并进一步给模型训练结果带来不确定性。在数据采集前需要对每个探头完成 VFOV、HFOV 以及最远探测距离的标定,且尽可能提升标定精度。对于多车之间的一致性,则需要通过探头和整车生产环节来保证。

最后讲解网络结构。根据前面的讲解内容可以判断,USS 检测算法完成的是一个典型的时空多帧检测任务。类比于车载多摄像头的 BEV 感知任务。两者共同点是利用多个传感器在车辆周围的不同视场角采集观测信息,然后通过模型提取特征并完成聚合,最后在 BEV 视角输出检测结果。不同点是两种传感器采集的数据类型和丰富程度有差异。对于时空多帧信息的聚合,相关网络在视觉感知和激光感知相关小节(7.2.4 节和 7.3.4 节)中都有讲解。目前主流的时空多帧信息融合网络都采用了 Attention 机制,如视觉的 BEVFormer、PETRV2、Tesla 的 HydraNet 和 Occupancy Network 以及激光感知的 D-Align 和 MPPNet。

如图 7.102 所示,对 USS 的时空多帧检测模型做构想。网络输入包含 12 张表征 USS 探头 FOV 的 BEV 图,其中 8 张来自 UPA 探头,4 张来自 APA 探头。为关联时序信息,也将车辆的连续位姿作为输入之一。在这些 BEV 图中还需依次增加存放其他信息的通道,具体有首个回波信号,包括波峰抵达时间和持续脉宽;探头工作模式,如自发自收或它发自收;环境信息,如温度等。由于输入数据是 BEV 图的形式,用来提取特征的 Backbone 可以选择经典的 CNN 网络,如 ResNet、RegNet、FPN、BiFPN 等。接下来采用 Cross Attention 机制将空间信息融合,基于多帧对齐的时序信息完成拼接,经过反卷积后得到 BEV 视角的融合特征图,最后通过多个 Head 实现点位置的回归、分类以及置信度预测等任务。网络的输出即为 BEV 视角的自车周围目标物边界组成的多线段。网络中的时序融合部分也可参考 BEVFormer 的思路,在不同时刻特征图之间采取 Self Attention 机制,此外 RNN 相关网络结构也可作为时序融合部分的参考。

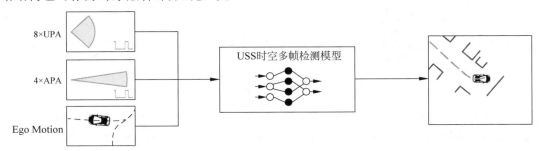

图 7.102 USS 时空多帧检测网络构想

综上所述,仅以当前自动驾驶感知领域的深度学习算法做参考,对 USS 的数据驱动型算法可行性做讲解,最终是否符合量产落地要求,仍需做更进一步的探索和实践。

7.6 多传感器时空融合

量产车的自动驾驶系统架构中一般包含多种传感器,不同类型传感器的感知算法对目标检测的特点和性能不尽相同。为使下游模块获得一个统一、稳定、可靠的环境感知结果,需要使用时空融合技术将多传感器的优点聚合,输出比单传感器性能更高的结果。例如通过摄像头与激光雷达之间的信息互补,可以大幅改善单一传感器算法的检测性能:对视觉感知来说可以利用点云数据提升距离预测精度并降低漏检,如不好识别的异形车辆、异形货物等;对激光感知来说可以利用图像纹理信息降低误检,如对草丛、桥墩、栏杆等物体的误检,且可以利用稠密像素增加检测距离,提升远处目标的召回率。

图 7.103 所示为多传感器融合技术的主流方法,涉及的传感器主要包括摄像头、激光雷达以及毫米波雷达。根据在目标检测流程中做信息融合位置的不同,融合技术大体可以分为三类。

(1)第一类以多传感器目标检测结果为输入,通过使用规则型算法或学习型算法完成目标级融合过程。

(2)第二类以从多传感器数据中提取的特征为输入,通过网络完成特征级融合,之后以融合的特征为基础实现目标检测任务。

(3)第三类以多传感器原始数据为输入,首先在数据层面完成信息融合,然后按照惯用的感知算法流程依次进行特征提取和目标检测。

不同的融合技术方案各有其优缺点。长期来看,前两种方式(目标级融合、特征级融

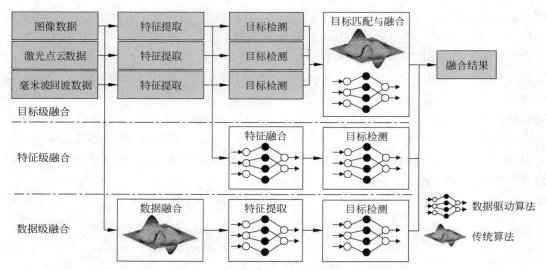

图 7.103 多传感器融合技术的主流方法

合)在融合前都有不可避免的信息损失。当算力限制被解除后,数据级融合是未来发展的方向。在前面四种类型传感器的感知方法讲解中,已涉及单一类型传感器的时空多帧检测相关内容。本节将主要对不同类型传感器的融合(Fusion)方法展开讲解。目前感知融合按照任务类型划分,可以分为空间融合和时序融合。其中空间融合作用是将同一时刻的多模态传感器信息进行融合,使单帧感知结果更可靠。时序融合任务是将一段时间内的信息进行融合,最终得到物体的运动参数(如速度、航向角等)和连续跟踪编号(Track ID),因此也常常将多帧时序融合称为多帧跟踪。

7.6.1 目标级融合

目标级融合方法以多传感器目标检测结果为输入,因其在自动驾驶算法流程中处于感知算法后端,也称为后融合。多传感器的目标检测结果一般包括目标位姿、类别、运动信息、跟踪编号等。其中目标位姿以车辆坐标系下的三维边框或 BEV 视角下的边框表达。

如图 7.104 所示,空间融合的目的是将多个来源目标检测结果聚合成一个,并使聚合结果与真实世界的目标物实际值偏差尽可能小;时序融合则是将连续多帧的检测结果实现稳定跟踪,确保同一个目标物在多帧检测结果中保持相同的跟踪编号,并据此计算目标物各项运动参数。

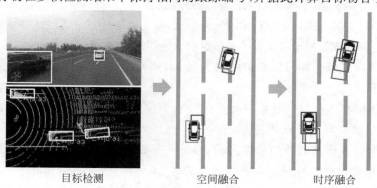

目标检测   空间融合   时序融合

图 7.104 目标级时空融合示意

早期的目标级融合方法以传统规则型算法为主。在空间融合中,首先需要使用匈牙利匹配或 KM 匹配完成相同视场角范围内不同类型传感器检测结果的匹配对应。然后对表征相同目标物的多源检测结果进行聚合。检测结果聚合的实现思路有多种,常见的方法如表 7.3 所示。

表 7.3 传统规则型目标级空间融合方法

名 称	原 理
加权平均法	提前设定不同传感器检测结果的各项参数对应的权值,使用加权平均的方式计算聚合结果。对于更准确、精度更高的传感器参数,设置较高权值,反之则设置较低权值。不同传感器得到的检测结果具备各自的强项。例如激光雷达的目标位姿检测结果、图像的分类结果,以及毫米波雷达的速度检测结果等。这些强项都需要设置较高权值
最小二乘法	将不同传感器的目标观测值进行近似拟合。构建目标函数,使拟合函数针对不同传感器的目标观测值误差的平方和最小
卡尔曼滤波法	通过统计的方式获得不同类型传感器检测结果的概率分布,利用卡尔曼滤波的方法,对多组观测数据建立一个联合概率模型,实现对融合结果的最优估计
贝叶斯估计法	将每一个传感器作为一个贝叶斯估计,把单独物体的关联概率分布合成一个联合的后验概率分布函数。通过使联合分布函数的似然函数最小,得到多传感器信息的聚合结果
D-S(Dempster-Shafer)法	首先合成目标,对来自多个传感器的数据信息进行预处理,计算各数据的基本概率分布函数、可信度、似然度。 然后进行推断,根据 D-S 合成规则计算所有联合作用下的基本概率分配函数、可信度、似然度。 最后是更新,为避免随机误差,在推理和多传感器合成之前,先更新传感器的观测数据

时序融合中的主要思路为以前一帧的目标物位姿检测结果为基础,通过其运动信息构建运动模型,对目标物在后一帧的位姿做预测。再将后一帧的观测信息(即检测结果)与预测信息相比较,进而实现前后帧信息的聚合。与空间融合类似,实现时序融合的方法也包括最小二乘法、卡尔曼滤波等传统规则型算法。

2016 年发表于 ICIP(International Conference on Image Processing)的 SORT(Simple Online and Realtime Tracking)算法是经典的时序融合框架,其实现流程如图 7.105 所示。该框架包含四个基本组成部分:目标检测器、状态估计、目标关联以及跟踪管理。其中目标

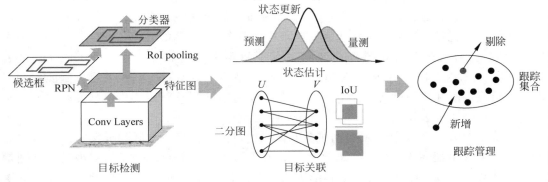

图 7.105 SORT 算法实现流程

检测器采用当时最先进的图像检测算法 Faster RCNN,在其下游使用卡尔曼滤波器对目标检测结果的下一时刻状态进行预测,并使用匈牙利匹配算法将预测的结果和下一帧的检测结果实现匹配,由此完成状态更新。在匈牙利匹配过程中二分图每条边的权重使用交并比定义(Intersection over Union,IoU),通过设置 IoU 最小阈值减少误匹配。末端使用一个跟踪管理器,新增被跟踪目标,去掉连续 N 帧跟踪丢失的目标。

2017 年同样发表于 ICIP 的 DeepSORT 算法在 SORT 基础上进行了改进。算法的主要框架保持不变,主要改进了目标关联方法,如图 7.106 所示。Deep SORT 在匈牙利算法中使用了级联匹配策略:马氏距离(Mahalanobis Distance)和余弦距离(Cosine Distance)。其中马氏距离表征被匹配目标边框之间的距离。余弦距离则来自 ReID 模型的特征向量,用于计算待匹配目标之间的相似度。由于 SORT 对目标的预测采用的是线性等速运动模型,在目标出现剧烈运动时,预测结果容易出现较大偏差,进而导致无法正确匹配。ReID模型的引入有效地缓解了该问题,通过目标间的相似度特征,增强了匹配依据。

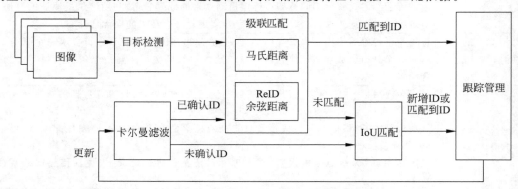

图 7.106　DeepSORT 算法实现流程

虽然 SORT 算法框架是用于做时序融合的 Tracking,但其中卡尔曼滤波和匈牙利匹配的思想与多传感器目标时空融合的思想基本相同。不同之处在于,目标关联匹配过程中,空间融合匹配的是异源传感器检测的目标。基于匹配结果和联合概率模型,即可得到空间融合后的结果。与此同时,不论目标检测结果是否来源于同类型传感器,只要结果形式统一,都可以用相同的方法实现融合。在早期的 1V1R 主动安全产品中,传统规则型的视觉和毫米波雷达目标级融合算法应用较为广泛。

2018 年发表于 Autonomous Vehicles and Machines Conference 的一项 TI 嵌入式处理部门的工作采用了卡尔曼滤波的方式实现了摄像头和毫米波雷达检测结果的融合,如图 7.107 所示。该算法中视觉目标检测和雷达目标检测独立完成,通过建立 3D 空间和 2D 平面图像之间的对应关系,实现两种传感器检测结果在空间和平面的相互投影。在 CRF(Camera Radar Fusion)融合模块中,同时在 3D 空间和 2D 平面中对所有检测到的目标做匹配和跟踪。在目标匹配和状态更新过程中使用了卡尔曼滤波机制,且对距离当前帧发生时刻较早和无序的数据做了剔除。

随着车用激光雷达的出现,针对视觉和激光的目标融合算法也逐渐出现。2020 年发表于 IEEE Access 期刊的一项韩国忠北大学的工作采用了一个跟踪过滤器实现激光和图像的目标及融合。该算法在英伟达公司的嵌入式平台 Xavier 上进行了验证,将激光检测和图像检测用两个并行的线程进行处理,分别输出 3D 的连续跟踪结果和 2D 的分类边框,末端

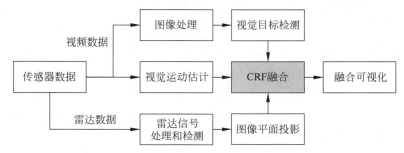

图 7.107 TI 的摄像头和雷达目标级融合算法框架

通过一个跟踪过滤器实现目标级融合。该算法的框架如图 7.108 所示。融合过程中主要是对已聚类的点云簇做分类。首先将 Lidar Track 的质心投影至图像并与 2D 边框的质心求欧氏距离,结合 IoU 完成 3D 和 2D 边框的关联;然后将图像分类结果更新到激光雷达跟踪的关联矩阵;最后对跟踪结果做管理,通过平滑滤波、多次确认等措施实现稳定的目标跟踪。

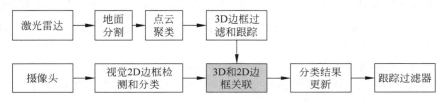

图 7.108 韩国忠北大学的激光雷达和摄像头目标级融合算法框架

传统规则型的目标级融合算法,需根据先验知识来设定传感器的概率分布,或者根据目标属性人为设计对应的运动模型,在面向复杂场景时泛化能力较差,具有一定的局限性。深度学习算法通过数据驱动的方式有机会获得更高的融合性能。

2018 年发表于 CVPR 的 Frustum PointNets 算法巧妙地使用图像的 2D 检测结果融合到激光感知的 3D 检测算法中,使模型运行速度和检测性能同时得到提升,其网络架构如图 7.109 所示。该算法主要分为三部分:首先通过图像检测网络得到 2D 框;然后将 2D 框投影到三维空间形成 3D 视锥体,将落入视锥体中的激光点云分割成候选区域;利用激光检测网络在候选区域中得到 3D 检测结果。候选区域的分割使激光检测网络极大地减少了三维搜索空间,因此显著地提升了运行速度,实验表明其检测性能也略有提升。

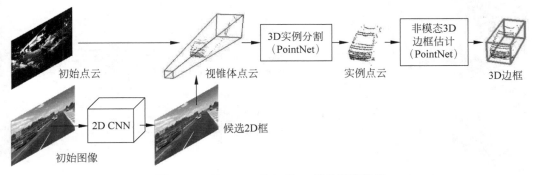

图 7.109 Frustum PointNets 算法网络架构

2020 年发表于 IROS 的 CLOCs 算法通过融合图像和激光的目标检测结果显著提高了单模态检测器的性能。该算法首先分别在图像和激光点云中独立完成 2D 检测和 3D 检测。

接下来将 3D 检测结果投影到图像上，通过计算 IoU 实现集合一致性的量化，并去处无重叠的检测结果。通过分类结果实现语义的一致性。对 2D 框和 3D 框相交的检测结果用 2D CNN 提取特征，通过插空的操作保留原有检测结果的空间结构，最终由最大池化将特征转换为 3D 检测的概率 Score。

总体来看，目标级融合的优势是不同传感器能够独立完成目标检测任务，解耦性好，各传感器可以互为冗余备份。其缺点是各传感器的数据经过目标检测过程后，损失了很多有效信息，且单传感器的检测性能对末端的融合算法影响显著。

7.6.2　特征级融合

特征级融合方法的主要思想：先从不同传感器的原始数据中独立提取特征，然后在特征层级对不同传感器的信息做聚合，最后基于聚合的特征通过目标检测算法完成感知任务。其关键是将异源传感器的特征相互关联。该类方法早期主要用于实现图像和激光点云基于区域的融合(RoI-wise Fusion)，即将激光点云高精度的深度信息输出给图像做特征增强，利用视觉感知算法的思路实现目标检测。融合时直接将一定区域内的特征对齐即可。

2017 年发表于 CVPR 的 MV3D 算法融合了激光点云和图像的信息，同时使用点云 BEV 投影特征、正视图投影特征，以及图像特征，三者融合共同实现目标检测。其中 BEV 图中由高度、强度以及密度组成三个通道。正视图为使点云尽可能稠密，采取了将点云坐标映射到柱面的方式。如图 7.110 所示，目标检测网络采用两阶方案，通过三个 VGG 网络作为 Backbone 获得三个视图的特征。由于在 BEV 视图保持了点云物理尺寸，遮挡问题相对较少，能够获得相对准确的三维边框。因此该算法以 BEV 特征作为输入，采用 RPN 网络生成三维的候选框。接下来将三维候选框分别投影至三个经过卷积后的特征图上，经过维度统一，将特征图融合到一起。最终在融合的特征图上实现目标分类和三维边框回归。该算法证明了多视图、多传感器信息融合的有效性，不同数据来源的特征是互补关系。

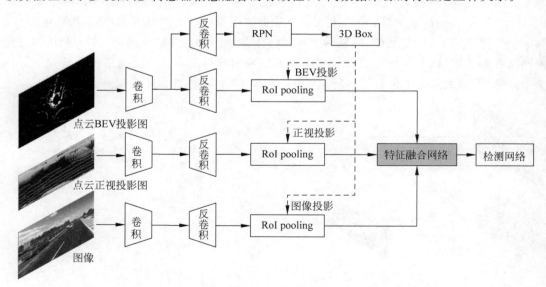

图 7.110　MV3D 算法网络架构

2018 年发表于 IROS 的 AVOD 算法、2019 年发表的 MVF 和发表于 CVPRW(CVPR Workshop)的 LaserNet＋＋也采用了与 MV3D 相似的思想,并在特征提取、目标表达等方面做了改进。除了使用 RoI-wise 融合的思想,一些研究采取逐点特征融合(Point-wise Fusion)的方式完成目标检测。

2018 年发表于 ECCV 的 Deep Continuous Fusion 算法在不同层对图像特征和 BEV 视角的激光点云特征进行了逐点特征的融合,如图 7.111 所示。该算法使用 ResNetBlock 逐层对图像和 BEV 点云图提取特征。在特征融合前,将多尺度图像特征进行融合。然后使用 Continuous Fusion 模块针对各层级的 BEV 点云特征图对每个像素做特征融合,其步骤为:首先通过 KNN 算法检索点云;然后将检索得到的点投影到图像中,利用图像特征图做插值,得到每个点对应的图像特征;再将点的图像特征和几何特征使用 MLP 做进一步的特征提取,得到每个点的融合特征;接下来将所有 KNN 点的融合特征做加和,得到 BEV 特征图中单个像素点的融合特征;最终输出的融合特征形式为 BEV 特征图。网络末端通过检测 Head 完成目标检测,并输出三维边框和分类结果。

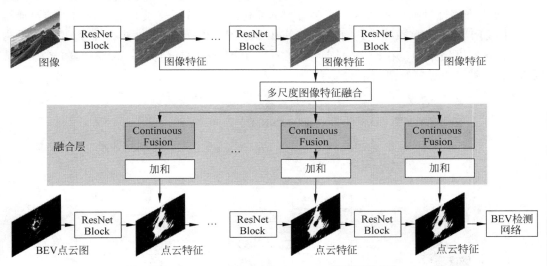

图 7.111　Deep Continuous Fusion 算法网络架构

同年发表于 CVPR 的 Point Fusion 算法同样采取了 Point-wise 的特征级融合方法。既然不同传感器特征的 RoI-wise Fusion 与 Point-wise Fusion 都有效,一些融合算法研究工作很自然地将两者进行结合,并取得了不错的效果。

2019 年发表于 CVPR 的 MMF 算法同时使用 RoI-wise 和 Point-wise 特征融合完成了多任务多传感器的检测任务。如图 7.112 所示,将 BEV 点云图和图像分别进行卷积提取特征,特征融合的详细步骤为:先将独立生成的图像特征图和激光 BEV 特征图在不同的特征图层进行 Point-wise 融合;基于 BEV 融合特征图通过二维卷积实现初始目标检测,并通过 NMS 得到高质量 2D 候选框和 3D 候选框;利用候选框对裁剪出与之对应的图像特征和激光点云 BEV 特征,并进行 RoI-wise 融合,基于融合的特征完成最终的目标检测,得到更精确的 2D 和 3D 检测框。

由于图像有丰富的纹理信息,其特征也可以输出给激光点云做特征增强,利用激光感知算法实现目标检测。在特征融合时同样有 RoI-wise 和 Point-wise 两种形式。

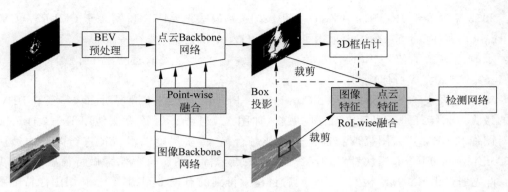

图 7.112　MMF 算法网络核心原理

2019 年发表于 ICRA 的 MVX-Net 算法使用 Point-wise 的方式进行图像和点云的特征融合,用图像特征对点云特征做增强。该算法首先使用预训练的 2D CNN(Faster RCNN)提取图像特征;然后通过传感器外参将 3D 点云投影到图像,并将相应的图像特征附加到点云上;接下来将经过降维的图像特征再与 Voxel 化的点云特征完成 Pointwise 合并,再通过VFE 堆栈网络实现特征编码;网络末端使用 3D RPN 完成目标检测。图 7.113 所示为MVX-Net 的网络架构。在论文中该算法还有一个 Voxel-wise fusion 的变种,将图像特征在 VFE 后端与点云特征进行融合。

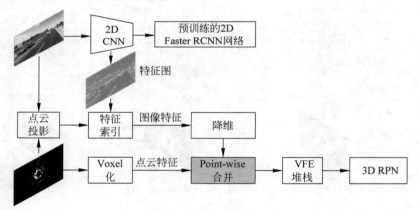

图 7.113　MVX-Net 算法网络架构

2021 年发表于 WACV 的 Cross-Modality 算法使用了与 MMF 类似的思想做融合,但并未做激光点云的 BEV 投影。该算法通过 ResNet50+FPN 和 PointNet++ 直接提取图像和点云的特征,再逐层逐点进行 Point-wise 特征融合。接下来对 2D 和 3D 候选框做一致性约束,并基于约束后的特征实现 RoI-wise 特征融合,融合特征中包含三维点的特征、点坐标、深度、二维区域特征四方面的信息。网络末端通过 PointNet 完成最终的目标检测。

2022 年发表于 CVPR 的 DeepFusion 算法同样使用图像特征对激光点云做特征增强。该算法摒弃了用几何关系做特征关联的方法,取而代之的是 Cross Attention 机制,使视觉和点云的融合感知性能达到了当时的 SOTA 水平,其网络架构如图 7.114 所示。该算法分别采用了 PointPillars 和 ResNet 提取点云和图像的特征,使用 LearnableAlign 模块实现图像特征面向点云特征的匹配。这里的 Cross Attention 机制用来捕获两者之间的相关性。提取到对应的图像特征后再与之前的点云特征做拼接,完成特征融合。实验证明,基于学习的方法做特征关联在使用时更有效,也更健壮。

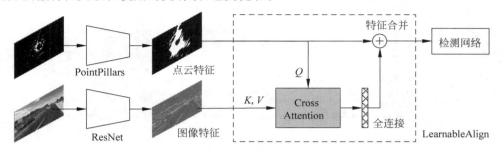

图 7.114 DeepFusion 算法网络架构

在量产车上摄像头和毫米波雷达的组合配置更为常见,也有一些研究专注于视觉和雷达的特征级融合。这类算法的主要思想借鉴于视觉和激光雷达融合的经验,应用雷达中包含的位置信息和速度信息与图像的纹理信息相互增强特征。随着 4D 雷达的日益普及,点云特征更加丰富,雷达和视觉的融合将得到更为广泛的应用。

2021 年发表于 WACV 的 CenterFusion 算法基于 CenterNet 在特征层级将 Radar 信息补充到图像检测网络中,实现了两者的融合,其网络架构如图 7.115 所示。首先图像经过 CenterNet 网络后输出初始的检测结果,与此同时,对雷达数据进行 Pillar Expansion 操作,即将雷达的每个点扩展成相同尺度的 Pillar;然后根据图像检测获得的 2D 边框生成与之对应的空间视锥区域,将该区域内的雷达点云与 2D 边框相关联;接下来提取每个视锥区域雷达的距离和速度信息并拼接到对应的图像特征中;最后再使用检测 Head 对融合后的特征图做目标检测,并将该结果与初始的检测结果进行联合解析,得到最终输出结果。该算法融合后的检测性能比当时所有的单模态图像检测算法都高,且并未使用时序信息即可得到目标物速度。此后的 CenterFusion＋＋算法又在其基础上做了改进。

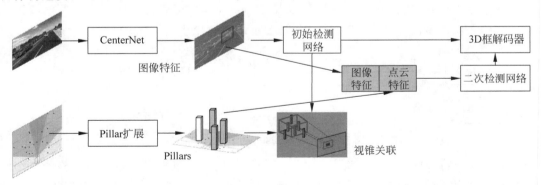

图 7.115 CenterFusion 算法网络架构

除此以外,与 CenterFusion 类似,使用雷达特征给视觉特征做增强的研究还有基于 RetinaNet 的 CRFNet 算法。

发表于 2023 年的 RADIANT 算法则反其道而行之,其网络架构如图 7.116 所示。该算法基于 FCOS3D 网络(Backbone＋FCN)将视觉特征给雷达点云特征做增强,然后将摄像头的检测结果和特征增强后的雷达检测结果送入深度融合(Depth Fusion)中进行融合。其中深度权重网络(Depth Weight Net)用于关联雷达点云和视觉检测结果,并对关联后的每个雷达像素做深度可靠性概率估计。Fusion 模块则利用加权后的雷达像素修正目标的深度。

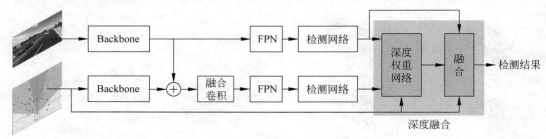

图 7.116　RADIANT 算法网络架构

7.2.4 节讲解了视觉感知 BEV 思想,该思想在多模态传感器融合中同样得到应用。2021 年发表于 CVPR 的 PointAugmenting 算法使用预训练的 CNN 网络提取图像点状特征对激光点云做特征增强,然后在包含图像特征的点云上进行三维物体检测。该算法包含两个阶段:第一阶段将激光点云投影到图像平面,使用 CNN 提取图像特征对点云做特征增强;第二阶段使用经过扩展的 CenterPoint 检测网络,为图像特征增加一个额外的 3D 稀疏卷积 Stream,在 BEV 图中融合不同形态的特征。最终经过 RPN 和 Head 实现分类和三维边框回归。实验表明,与高度抽象的语义分割结果来增强点云特征相比,CNN 提取的特征更能适应物体的外观变化。此外,PointAugmenting 还得益于一种新颖的跨模式数据增强算法,即在网络训练时持续将虚拟物体粘贴到图像和点云对应位置。

2022 年发表于 Neurl IPS 的 BEVFusion 算法使用两个独立的 Stream 分别编码激光雷达和图像 BEV 视角下的特征,并进行了特征层级的融合,其网络架构如图 7.117 所示。视觉感知和激光感知均可采用不同的网络结构独立工作。在融合模块中采取了两步:首先将两种模态的 BEV 特征图直接拼接,对拼接结果进行一层卷积操作,由此实现通道和空间的融合;再通过全局平均池化、一层卷积,以及 Sigmoid 操作得到最终的融合特征。实验证明,该方法在获得多模态融合优势情况下,具备更好的健壮性。

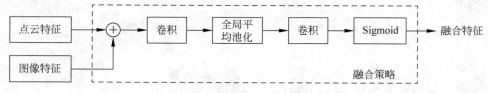

图 7.117　BEVFusion 算法融合策略

总体来看,特征级融合的优势在于通过特征增强提高了单模态传感器目标检测算法的能力,不论是点云增强图像,还是图像增强点云,都实现了不同类型传感器优势的聚合,使模型具备更好的目标检测性能。其劣势是特征转换需要消耗一部分资源,在计算资源不充沛的情况下,算法整体的流程更长,实时性会受到一定影响。

7.6.3　数据级融合

数据级融合是指将多传感器的原始数据通过投影的方式实现空间对齐,并以一定的策略做聚合,再基于聚合后的数据进行目标检测任务,常常也称为前融合。以图像和激光点云为例,两者数据异构且坐标系不同,数据级融合的目标是将点云信息融合至图像,或将图像信息融合至点云。

点云信息融合至图像数据的核心思想:把点云投影至图像平面,通过点云和像素之间的位置关系,给图像中的像素提供深度信息。建模时将投影到图像平面的点云 Pixel 化构成伪图像,同时对图像和伪图像做特征提取。考虑到点云的稀疏性,在完成数据对齐后,还需要采取措施做深度补全。

2019 年发表于 *Robotics and Autonomous Systems* 期刊的 LidCamNet 算法通过将激光点云生成深度图,并将深度信息融合到图像数据中,最终完成道路检测任务,其网络架构如图 7.118 所示。该算法首先将激光点云数据转化为稀疏深度图;然后使用插值和空洞补齐的操作得到稠密的深度图;接下来将稠密深度图和图像一同输入网络;网络整体采用由 FCN 组成的编码器和解码器框架,中间接入卷积层提取上下文信息;融合时在不同的特征层进行交叉融合。

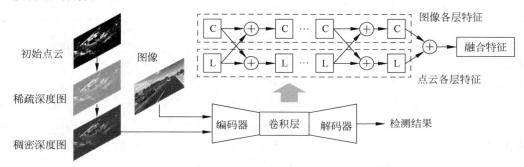

图 7.118 LidCamNet 算法网络架构

图像信息融合至点云数据的核心思想:在点云坐标系里,用图像信息给点云做染色或特征渲染,从而让点云具有更丰富的语义信息。建模时将经过图像特征增强的点云数据送入激光检测网络中。该方法的缺点是,因点云的稀疏性,图像高级特征输入到提取点云局部特征的网络层时,来自图像的高维信息不一定能被有效处理。

2020 年发表于 ICRA 的 SEG-VoxelNet 算法将图像特征融合到点云数据中完成了目标检测,其网络架构如图 7.119 所示。该算法首先使用 SEG Net 完成图像分割;然后通过传感器外参将图像分割特征图与激光点云做空间对齐;接下来将像素特征输出给点云做特征增强;最后使用 VoxelNet 完成激光点云的检测任务。实现思想与之类似的算法还有同年发表于 AAAI 的 PI-RCNN、发表于 CVPR 的 PointPainting,以及发表于 ECCV 的 EPNet 等。

2022 年发表于 ITSC 的 MAFF-Net 算法将升维后的图像数据融合至激光点云中,通过在伪图像特征上做 2D CNN 实现目标检测,有效地减少了误检目标,其网络架构如图 7.120 所示。该算法的融合过程为,首先将原始点云和对应区域的图像特征在 Voxel 维度上进行拼接;接下来使用 Point-wise 的 Attention 机制自动检索初始点云和图像特征中与融合特征相关联的部分;之后再次将初始的点云、图像特征以及 Attention 特征在通道维度上进行拼接;最后通过一个 PFN(Pillar Feature Net)网络得到融合特征图。算法末端使用 2D 卷积和检测头(Detection Head)完成最终的感知任务。

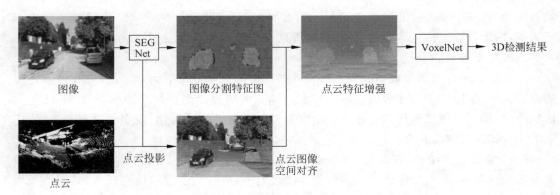

图 7.119　SEG-VoxelNet 算法网络架构

2022 年发表于 CVPR 的 SFD 算法同时在数据层级和特征层级都进行了融合操作,在激光点云的目标检测网络中最大程度上利用了图像信息,检测性能达到了当时的 SOTA 水平,其网络架构如图 7.121 所示。该算法步骤为,首先通过一个 RPN 网络在原始点云中完成 3D 候选区域(RoI)的检测;与此同时,通过像素深度补全的方式将图像转换为稠密的伪点云,由此实现数据级融合;接下来对 RoI 区域通过 CPConvs(Color Point Convolution)和 SparseConv 提取伪点云的特征;网络末端将原始点云和伪点云以网格特征合并方式完成特征级 RoI-wise 融合,并用 Head 完成最终的目标检测。

2023 年发表于 CVPR 的 VirConvNet 算法,通过深度补全将 RGB 图像和激光雷达数据完成无缝融合并生成虚拟点云,然后基于虚拟稀疏卷积算子(VirConv),提出了一种高效提取稠密虚拟点云特征的方法,最终实现虚拟点云的 3D 目标检测,其网络架构如图 7.122 所示。该算法的 VirConv 由三个关键模块组成:StVD 层(随机体素 Drop)、NRConv(抗噪子流形卷积),以及 3D SpConv(三维稀疏卷积)。StVD 通过丢弃大量附近的冗余体素来缓解计算问题。NRConv 通过在 2D 图像和 3D 激光点云空间中编码体素特征来解决噪声问题。3D SpConv 则与激光感知算法所述的稀疏卷机过程相同。作者通过将 VirConv 集成到基于伪点云的数据级融合的模型中,先后构建了高效率 VirConv-L 模型和经过优化的高精度 VirConv-T 模型。该算法在 SFD 这类算法基础上进一步提升了检测性能和运行速度,在 KITTI 数据集的评测结果表明其综合性能达到了 SOTA 水平。

早期也出现过数据级融合的方法实现图像和雷达数据的融合,将雷达输出的点融合到图像上,参与图像的目标检测过程。

2018 年 Guo. X 等提出了图像和雷达数据融合的方法实现行人检测,并发表于 AIPR(Artificial Intelligence and Pattern Recognition)国际会议。该方法首先由雷达完成目标点的提取和过滤,并通过传感器外参投影到图像;然后根据雷达检测结果在图像中生成行人候选框;接下来在候选框范围内提取 HOG 特征,并用 SVM 完成分类。

总体来看数据级融合的方法能够让算法从整体上来处理信息,减少了数据中信息的损失,让数据具备关联性。其劣势是,一方面需要处理的数据量较大,对算力要求较高;另一方面对融合策略要求较高,过程较为复杂。不论是图像融合至点云,亦或是点云融合至图像,都易受到两者数据对齐的影响,使用时需要精准匹配。

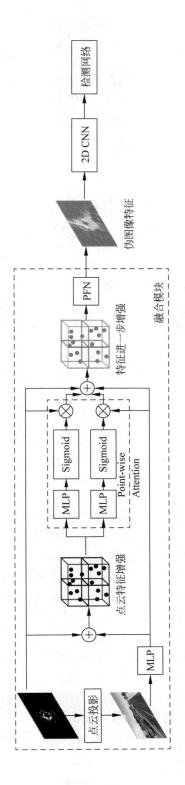

图 7.120 MAFF-Net 算法网络架构

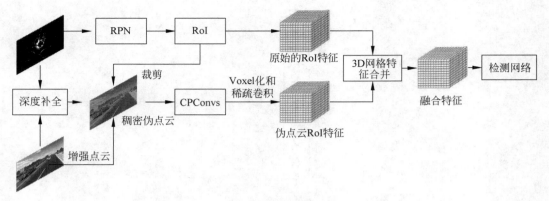

图 7.121　SFD 算法网络架构

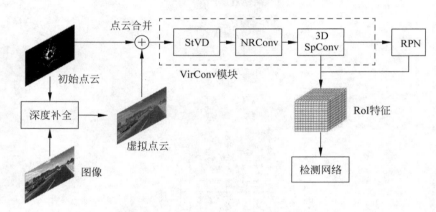

图 7.122　VirConvNet 算法网络架构

7.7　小结

　　为使系统对环境的处理能力更强、产品功能可覆盖的范围更广、系统的稳定性和安全性更高,在现阶段量产解决方案中往往采用多种传感器并存的感知融合方案。总体来看,不同传感器感知方案有其各自优缺点,并影响未来量产自动驾驶感知方案的演进趋势。

　　(1)视觉传感器(摄像头)成本低廉、功耗可控、获取环境信息的速度较快、信息密度极高,且产业链发展成熟。视觉感知技术无论在学术领域还是在工程领域都发展迅猛、应用广泛,是最符合量产要求的技术之一。在当前的自动驾驶解决方案中,视觉感知已成为中流砥柱,并在未来将进一步得到加强。

　　(2)激光雷达成本较高、内嵌机械旋转装置或震动装置、功耗较高、获取信息的速度和信息密度的提升有天然瓶颈,因此其整体性价比不高。虽然短期内其优秀的 3D 探测精度能加快自动驾驶量产落地的进程,长期来看其在量产领域的生命力有限。此外,一些研究表明激光扫描射线在自然环境中对肉眼和感光器件有损伤的风险,其安全性仍有待长期的验证。

　　(3)传统的毫米波雷达在量产道路上已经发展成熟,并在早期的传统 ADAS 相关功能中大放异彩。随着更高级别行/泊车产品的演进,传统毫米波雷达的性能将不再满足要求。新型 4D 毫米波雷达的出现逐步补齐了其性能短板,信息丰富程度得到显著提升,点云密度也得到加强,在不远的未来将有望替代激光雷达成为视觉感知技术的重要补充。

(4) 超声波雷达虽然成本低廉,但其在检测距离、信息丰富程度、环境适应能力等方面的性能都极低。因此长期来看,在自动驾驶系统中,超声波雷达将会被其他技术所覆盖,如近场的视觉感知。

综上所述,随着技术的不断进步,加上量产自动驾驶产品成本要求越来越严苛,在一些中、低端车型中,基于多摄像头的纯视觉感知融合方案将占据绝对主导的地位。在中、高端车型中,视觉感知将继续承担其绝对核心的角色。为了进一步提高自动驾驶系统的场景处理能力和安全性,成本可控性能俱佳的 4D 毫米波雷达将作为视觉感知的重要补充而存在。由于在不同的车型平台中传感器配置有差异,在多传感器时空融合方案中从工程上需要在最大程度上复用跨平台的算法成果,如何实现高效的多传感器能力解耦和关联将成为量产方案中的首要问题。其中目标级融合算法可实现便捷的解耦和关联,特征级和数据级融合算法虽然融合性能更高,但高效的工程方法仍然需要探索。

第8章

建图和定位

本章主要讲解高精度地图和高精度定位依托的基础理论 SLAM（Simultaneous Localization And Mapping）技术，包括高精度地图的制作方案、众包建图的方案，以及室外和室内环境下的高精度定位方案。随着深度学习技术的蓬勃发展，近几年在建图定位方向上也出现了一些数据驱动算法的研究成果，本章末尾对这些成果也将做简要讲解。

8.1 看不见的地方靠记忆

在地图出现以前，人类往往凭借记忆描述某个特定的地理位置。记忆的主要内容为去往该目的地沿途的路标特征。当下一次寻找该地理位置且无法对其形成直接观测时，可凭借记忆中的路标特征来做参考，只要能观测到一些路标则可逐步寻找到目的地，即"看不见的地方靠记忆"。例如下面这段描述便是典型的记忆地图："缘溪行，忘路之远近。忽逢桃花林，夹岸数百步，中无杂树，芳草鲜美，落英缤纷……林尽水源，便得一山，山有小口，仿佛若有光。便舍船，从口入。初极狭，才通人。复行数十步，豁然开朗。土地平旷，屋舍俨然，有良田、美池、桑竹之属……"

在自动驾驶运行的真实世界中，自然场景非常复杂，包罗万象。要实现高级别的自动驾驶功能，除了优秀的感知融合能力，还需要高精度地图和定位做辅助。有了定位结果后，则可获得自车在地图中的位置，并进一步通过地图文件获得自车周围的交通元素，其原理与人类凭借记忆复原周围环境的过程非常相似。自动驾驶系统中地图和定位的运用主要基于以下几方面的考虑。

（1）现阶段行业感知技术尚未发展到可以准确捕捉并构建出自然场景中所有环境信息的程度，高精度地图提供的丰富路面静态信息能有效地弥补感知算法的不足，并作为环境信息冗余，提高自动驾驶功能使用的安全性。

（2）虽然自动驾驶车辆上已经全副武装了多重传感器，但仍然存在视角盲区、视野边界以及被遮挡的情况，高精度地图提供了传感器可探测范围外的信息，弥补传感器硬件上的天然不足，提高自动驾驶功能运行的稳定性和可靠性。

（3）高精度地图中包含丰富的 POI（Point Of Interesting）信息并与道路结构紧密关联，自动驾驶车辆可直接巡航到精确的位置。这些信息绝大多数难以被传感器探测到，如一家路边的面包店、某个停车场特定的私家车位或电梯口等。

在自动驾驶的技术框架中，建图和定位任务一般以 SLAM 技术为基石，经过一系列生产流程后最终形成自动驾驶车辆所使用的高精度地图（High Definition Map，HDMap）。为降低地图数据采集的成本,适应不同的功能场景使用要求,在传统的高精度地图技术基础上又衍生出众包建图和在线建图的解决方案。在高精度地图使用过程中,行车场景一般在室外,而泊车场景中存在大量的室内场景,因此定位的解决方案也因场景差异出现了两个不同的分支,即室内定位和室外定位。随着深度学习技术的兴起,基于数据驱动技术的建图定位算法也成为重要的研究方向。在接下来的几节中,分别对这些技术做详细讲解和分析。

8.2 SLAM 技术

SLAM 技术是指搭载特定传感器的主体(如机器人、车辆),在没有环境先验信息的情况下,在运动过程中建立环境模型,同时估计传感器自身的运动。在自动驾驶系统中,SLAM 技术主要用于自车的位姿估计、地图构建、定位,并延伸至传感器内/外参标定。图 8.1 所示为经典 SLAM 算法框架,包含四个重要组成部分:前端里程计、后端优化、回环检测、建图。由于使用的传感器不同,又分为 VSLAM(Visual SLAM)、LOAM(Lidar Odometry And Mapping)等。

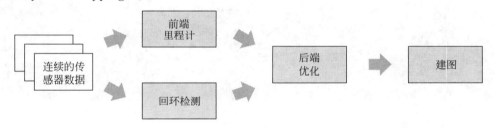

图 8.1 经典 SLAM 算法框架

8.2.1 前端里程计

前端里程计(Odometry)根据传感器配置的不同分为 Visual Odometry(VO)、Visual Inertial Odometry(VIO)、Lidar Odometry(LO),涉及的传感器有摄像头、激光雷达、IMU、轮速计。前端里程计主要用来估算相邻帧图像或激光点云之间传感器的运动,以及沿途环境的关键信息。其中基于图像的视觉前端里程计主要方法有特征点法、光流法和直接法。三种方法的对比如表 8.1 所示。

表 8.1 三种视觉前端里程计技术对比

对比项	特 征 点 法	光 流 法	直 接 法
基本原理	提取图像中的特征点,包含关键点及其描述子。匹配相邻两帧图像之间的特征点。利用对极几何约束、PnP 或 ICP 算法,估计两帧间传感器之间的相对位姿	提取前一帧图像的关键点,不计算描述子,基于相邻帧图像中同一个关键点灰度不变为假设,预测关键点在图像中的位置变化。利用对极几何约束、PnP 或 ICP 算法,估计两帧间传感器之间的相对位姿	提取前一帧图像中有图像梯度的点,可以是关键点,也可以是任意像素。基于图像灰度不变的假设以最小化光度误差的思想构建目标函数,同时优化相机位姿和所提取点在空间的投影

续表

对比项	特 征 点 法	光 流 法	直 接 法
算力需求	较大,主要用于特征点提取和匹配	居中,无描述子计算过程,且光流跟踪算力需求比特征匹配小	较小,同时省去了描述子计算和光流跟踪的计算
适应性	对光线变化、动态物体敏感度低。对纹理少、特征缺失的地方不友好,如大白墙	对光照条件敏感,对图像的连续性要求高	对光照条件变化和曝光参数变化敏感,灰度不变的假设容易被破坏

上述三种方法中,使用特征点法来估计传感器运动在工程项目中应用最广泛。图 8.2 所示为不同场景下,摄像头在不同位置对同一区域采集图像,提取并匹配相关联的特征点。

图 8.2　不同视角的图像特征匹配示意

完成特征点的匹配后需要对传感器的运动进行估计。工程项目中获得的匹配点形式不同,采用的求解方法也不同。

(1) 当仅仅获得两帧图像上的二维特征点且无法获得深度信息时,用对极几何约束来求解,例如求解单个摄像头的连续帧运动。

(2) 当得到的不仅仅是单摄像头的纯二维信息,而是得到一些三维的点和这些点在图像上的投影时,一般归纳为 PnP(Perspective n Point)问题,利用三维到图像二维的投影关系求解,例如从图像上捕捉到高精度地图中对应的点或其他元素,也可以通过前一帧数据三角化或深度相机(RGB-D)获得图像中点的深度。在工程项目中经常使用对极几何约束和三角化初始化出头两帧数据传感器的位姿和特征点深度,之后再使用解 PnP 的思路求解后续数据帧的传感器位姿。

(3) 当得到的是两组三维点时,一般归纳为 ICP(Iterative Closest Point)问题,利用已匹配点的空间关系求解,例如两幅深度相机(RGB-D)图像或者激光雷达数据。这里特别提到激光雷达,由于激光点云数据特征不够丰富,通过特征提取的方法难以获取匹配关系。一般采取的方法是在帧间距很小的情况下,将两帧数据中距离最近的点相匹配,帧间距过大时该方法失效。

图 8.3 所示为对极几何约束,两个时刻摄像头和采集的图像分别有各自的坐标系。空间中的特征点 p 在两张图像中各自成像 p_1 和 p_2,并被特征提取算法捕捉且完成匹配。图中 O_{C1}、O_{C2}、p 三个点形成的平面称为极平面,O_{C1} 和 O_{C2} 连线与两帧图像的交点 e_1 和 e_2

称为极点,图像中极点和特征点的连线 e_1-p_1 和 e_2-p_2 称为极线。

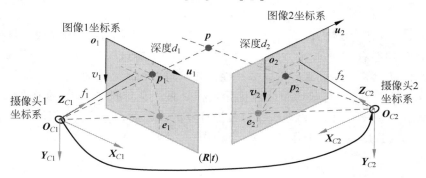

图 8.3 对极几何约束示意

接下来使用对极约束的原理求取有共视关系的两个摄像头的相对位姿。假设空间中的点从摄像头 1 坐标系转换到摄像头 2 坐标系的旋转矩阵和平移矩阵分别为 R 和 t,两个摄像头的内参矩阵分别为 K_1 和 K_2,于是有

$$\begin{cases} p_1 \cong K_1 P \\ p_2 \cong K_2 (RP + t) \end{cases} \tag{8-1}$$

这里略去了 p 点相对两个摄像头的深度 d_1 和 d_2,且不考虑畸变,K_1 和 K_2 中仅包含光轴偏移和焦距。在工程应用时可在获得原始图像后先使用畸变参数将图像去畸变,再进行特征提取和匹配。假设 x_1 和 x_2 分别为特征点在两个摄像头归一化平面中的坐标,于是有

$$\begin{cases} x_1 = K_1^{-1} p_1 \\ x_2 = K_2^{-1} p_2 \end{cases} \tag{8-2}$$

$$x_2 \cong R x_1 + t \tag{8-3}$$

对式(8-3)做一些转换,左右同时乘 t 的反对称矩阵,

$$x_2^{\mathrm{T}} t^{\wedge} x_2 \cong x_2^{\mathrm{T}} t^{\wedge} R x_1 \tag{8-4}$$

由于 $t^{\wedge} x_2$ 是一个与 t 和 x_2 都垂直的向量,因此式(8-4)左侧严格为 0,于是有

$$x_2^{\mathrm{T}} t^{\wedge} R x_1 = 0 \tag{8-5}$$

联立式(8-2)和式(8-5),可得

$$p_2^{\mathrm{T}} K_2^{-\mathrm{T}} t^{\wedge} R K_1^{-1} p_1 = 0 \tag{8-6}$$

$$\begin{cases} E = t^{\wedge} R \\ F = K_2^{-\mathrm{T}} E K_1^{-1} \\ x_2^{\mathrm{T}} E x_1 = p_2^{\mathrm{T}} F p_1 = 0 \end{cases} \tag{8-7}$$

式(8-7)为图 8.3 中的对极约束,其中 F 为其基础矩阵,E 为其本质矩阵。根据像素点云匹配结果求出 E 或者 F,再进一步根据 E 或者 F 求出 $(R|t)$,详细推导过程不详述。注意,上述推导中如果计算两个独立且共视摄像头的相对位姿,则 K_1 和 K_2 不相等,如果计算同一个相机在不同时刻的位姿变化,则 K_1 和 K_2 相等。根据帧间传感器的相对位姿,对已匹配到的特征点做三角化,可得到其深度。将式(8-3)的深度参数补全并做一些变化,可得

$$d_1 \boldsymbol{x}_2 = d_2 \boldsymbol{R} \boldsymbol{x}_1 + \boldsymbol{t} \tag{8-8}$$

$$d_1 \boldsymbol{x}_2^{\wedge} \boldsymbol{x}_2 = d_2 \boldsymbol{x}_2^{\wedge} \boldsymbol{R} \boldsymbol{x}_1 + \boldsymbol{t} = 0 \tag{8-9}$$

根据式(8-9)可求得深度 d_1 和 d_2,为尽可能减少噪声的影响,常见的做法是求最小二乘解。

对于 PnP 问题有多种求解方法:P3P、直接线性变换(DLT)、EPnP(Efficient PnP)、UPnP、非线性优化等。这里简要论述非线性优化求解方法的基本思想。

如图 8.4 所示,PnP 问题的非线性优化目标是最小化重投影误差,在图像 2 坐标系中 $\boldsymbol{p}_{i,2}$ 为根据 $\boldsymbol{p}_i$ 点三维坐标和摄像头相对位姿计算的投影点,$\boldsymbol{p}_{i,2-dt}$ 为提取到的 $\boldsymbol{p}_i$ 点在图像平面中的真实投影位置。于是可知 $\boldsymbol{p}_i$ 点在图像 2 坐标系中的重投影误差 $\boldsymbol{e}_{p_i-2D}$ 为

$$\boldsymbol{e}_{p_i-2D} = \boldsymbol{p}_{i,2-dt} - \boldsymbol{p}_{i,2} = \boldsymbol{p}_{i,2-dt} - \frac{1}{d_{i,1}} \boldsymbol{K}(\boldsymbol{R}\boldsymbol{P}_i + \boldsymbol{t}) \tag{8-10}$$

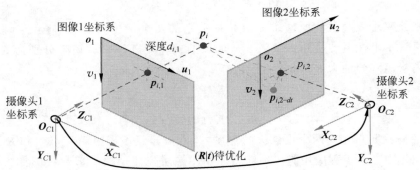

图 8.4　PnP 问题中的位姿优化

在实际应用时往往会有很多已配对的点,为减少噪声的误差,将所有误差求和,并构建最小二乘问题,

$$\underset{\boldsymbol{R},\boldsymbol{t}}{\operatorname{argmin}} \boldsymbol{J}_{PnP} = \underset{\boldsymbol{R},\boldsymbol{t}}{\operatorname{argmin}} \frac{1}{2} \sum_{i=1}^{n} \left\| \boldsymbol{p}_{i,2-dt} - \frac{1}{d_i} \boldsymbol{K}(\boldsymbol{R}\boldsymbol{P}_i + \boldsymbol{t}) \right\|_2^2 \tag{8-11}$$

其中,n 为已匹配的特征点对的数量。梯度计算和优化迭代过程此处不详述。

对于 ICP 问题主要有两种求解方法:用线性代数(SVD)求解和非线性优化求解。下面简要讲解非线性优化求解方法的基本思想。

如图 8.5 所示,ICP 问题的非线性优化目标是最小化两个传感器对空间中同一个坐标点 $\boldsymbol{p}_i$ 的偏差,其中 $\boldsymbol{p}_{i,1}$ 和 $\boldsymbol{p}_{i,2}$ 分别为两个传感器坐标系中的坐标位置,两者偏差 $\boldsymbol{e}_{p_i-3D}$ 为

$$\boldsymbol{e}_{p_i-3D} = \boldsymbol{P}_{i,2} - (\boldsymbol{R}\boldsymbol{P}_{i,1} + \boldsymbol{t}) \tag{8-12}$$

与解 PnP 问题类似,为减少噪声的误差,将所有配对点误差求和,构建最小二乘问题,

$$\underset{\boldsymbol{R},\boldsymbol{t}}{\operatorname{argmin}} \boldsymbol{J}_{ICP} = \underset{\boldsymbol{R},\boldsymbol{t}}{\operatorname{argmin}} \frac{1}{2} \sum_{i=1}^{n} \| \boldsymbol{P}_{i,2} - (\boldsymbol{R}\boldsymbol{P}_{i,1} + \boldsymbol{t}) \|_2^2 \tag{8-13}$$

其中,n 为已匹配的三维点对的数量,梯度计算和优化迭代过程此处不详述。

前面所述的传感器位姿估计使用的都是较低层级的信息来做匹配:特征点法是在特殊点的层级,光流法和直接法则是在像素层级。但在真实环境中有大量可提取到的高层语义信息,这类信息不易受到光照条件和动态物体等环境因素的影响。例如,自动驾驶环境中的车道线、各类路面标识、道路边沿、路侧牌杆类目标等。随着深度学习技术的发展,感知

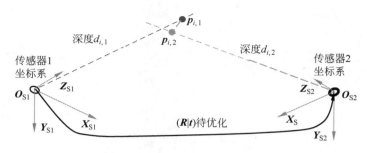

图 8.5 ICP 问题中的位姿优化

能力不断增强,用语义信息来做匹配同样可以取得较好的效果。利用语义信息求解位姿的思想跟前面所述的对极几何约束、PnP 以及 ICP 基本类似,主要区别在于语义信息矢量化后求解元素从点变成了面或空间中的体,此处不再展开论述。

除了视觉和激光的里程计,在自动驾驶系统中常常还有 IMU 和轮速计组合的里程计,如图 8.6 所示。IMU 和轮速计能够带来高频连续的运动估计,弥补自动驾驶车辆高速行驶时摄像头和激光雷达帧间距过大和对动态目标无法处理的弱点。轮速计能够输出车辆四轮的轮速,通过对轮速积分得到四轮位置的速度,进而计算出整车的平移和在 Yaw 角方向的旋转。IMU 能够提供的信息更加丰富,包含三轴的加速度和三轴的角加速度,通过积分可以得到车辆三轴方向的平移和旋转。与视觉和激光里程计不同,IMU 和轮速计里程计没有外部环境观测数据。

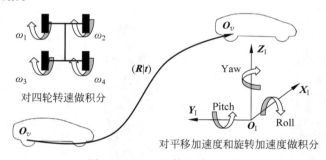

图 8.6 IMU 和轮速计里程计

8.2.2 后端优化

后端优化(Optimization)收集不同时刻的传感器位姿和回环检测(如有)的信息并对它们做优化,解决长时间里程计误差累积的问题,最终得到全局一致的轨迹和地图。

如图 8.7 所示,对于传感器的轨迹(即连续位姿),当没有观测信息作为路标对轨迹进行修正时,随着行进距离的延长,误差逐渐累积起来,误差范围呈发散的趋势。典型的如 IMU 和轮速计组成的里程计系统。当传感器在轨迹的不同位置都可以收到相同的观测信息时,这些观测信息可以作为参考对轨迹点进行修正。由于沿着轨迹处都存在对同一路标的重复观测,随着距离的延长轨迹的误差不会持续累积,误差范围长期保持在一定范围内。在此过程中传感器的运动方程 f 和观测方程 h 如下:

$$\begin{cases} \boldsymbol{x}_k = f(\boldsymbol{x}_{k-1}, \boldsymbol{u}_k) + \boldsymbol{\omega}_k \\ \boldsymbol{z}_{k,j} = h(\boldsymbol{y}_j, \boldsymbol{x}_k) + \boldsymbol{v}_{k,j} \end{cases} \tag{8-14}$$

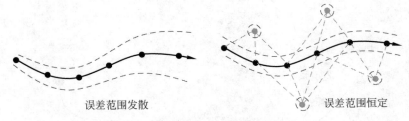

误差范围发散   误差范围恒定

图 8.7　轨迹误差和观测误差示意

其中，$\boldsymbol{x}_k$ 为 k 时刻的传感器位姿，$\boldsymbol{u}_k$ 为此时传感器的运动，$\boldsymbol{\omega}_k$ 为 $k-1$ 时刻到 k 时刻运动过程中的噪声。$\boldsymbol{z}_{k,j}$ 为传感器在 $\boldsymbol{x}_k$ 位置得到的观测数据，$\boldsymbol{y}_j$ 为对应的路标，$\boldsymbol{v}_{k,j}$ 是这次观测的噪声。

　　运动方程和观测方程组成了传感器位姿和路标的状态估计模型。解决长时间状态估计误差累积问题的方法主要有两类：滤波法和非线性优化法。

　　滤波法以马尔可夫性假设为前提，给定一个过程当前状态及历史的所有状态，其未来状态仅依赖于当前状态和运动，与历史状态无关。对于传感器轨迹优化问题来说，其马尔可夫性假设是指传感器下一帧位姿仅跟当前位姿和下一帧的观测有关。主要算法是卡尔曼滤波（Kalman Filter，KF）和扩展卡尔曼滤波（Extended Kalman Filter，EKF）。

　　图 8.8 所示为卡尔曼滤波的基本原理。滤波过程主要分为两步：预测和更新。对于高斯型系统，首先利用上一时刻的状态和运动方程预测当前时刻状态的先验概率：

$$\begin{cases} \check{\boldsymbol{x}}_k = \boldsymbol{A}_k \hat{\boldsymbol{x}}_{k-1} + \boldsymbol{u}_k \\ \check{\boldsymbol{P}}_k = \boldsymbol{A}_k \hat{\boldsymbol{P}}_{k-1} \boldsymbol{A}_k^{\mathrm{T}} + \boldsymbol{R} \end{cases} \tag{8-15}$$

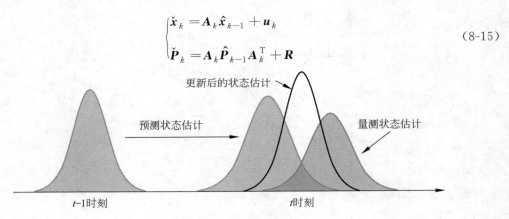

图 8.8　卡尔曼滤波原理

其中，$\check{\boldsymbol{x}}_k$ 和 $\check{\boldsymbol{P}}_k$ 为 k 时刻的先验状态估计和协方差，$\boldsymbol{A}_k$ 为线性运动方程对应的系数矩阵。$\hat{\boldsymbol{x}}_{k-1}$ 和 $\hat{\boldsymbol{P}}_{k-1}$ 为 $k-1$ 时刻的后验状态估计和协方差，$\boldsymbol{R}$ 为运动噪声的协方差。

　　再利用当前时刻的观测信息计算卡尔曼增益 $\boldsymbol{K}$，并进一步更新当前时刻状态的后验概率分布 $N(\hat{\boldsymbol{x}}_k, \hat{\boldsymbol{P}}_k)$：

$$\begin{cases} \boldsymbol{K} = \check{\boldsymbol{P}}_k \boldsymbol{C}_k^{\mathrm{T}} (\boldsymbol{C}_k \check{\boldsymbol{P}}_k \boldsymbol{C}_k^{\mathrm{T}} + \boldsymbol{Q}_k)^{-1} \\ \hat{\boldsymbol{x}}_k = \check{\boldsymbol{x}}_k + \boldsymbol{K}(\boldsymbol{z}_k - \boldsymbol{C}_k \check{\boldsymbol{x}}_k) \\ \hat{\boldsymbol{P}}_k = (\boldsymbol{I} - \boldsymbol{K}\boldsymbol{C}_k) \check{\boldsymbol{P}}_k \end{cases} \tag{8-16}$$

其中,C_k 为线性观测方程对应的系数矩阵,Q_k 为观测噪声的协方差,z_k 为传感器在 x_k 位置得到的观测数据。推导过程不详述。

由于自动驾驶传感器的运动方程和观测方程都是非线性的,因此需要将卡尔曼滤波扩展到非线性系统,即扩展卡尔曼滤波。通常的做法是将运动方程和观测方程进行一阶泰勒展开,保留线性部分,即一阶项。然后按照线性系统推导。其预测和更新过程如下:

$$\begin{cases} \check{x}_k = f(\hat{x}_{k-1}, u_k) \\ \check{P}_k = F\hat{P}_{k-1}F^{\mathrm{T}} + R_k \end{cases} \tag{8-17}$$

$$\begin{cases} K_k = \check{P}_k H^{\mathrm{T}}(H\check{P}_k H^{\mathrm{T}} + Q_k)^{-1} \\ \hat{x}_k = \check{x}_k + K_k(z_k - h(\check{x}_k)) \\ \hat{P}_k = (I - K_k H)\check{P}_k \end{cases} \tag{8-18}$$

计算公式与线性系统有些小的区别,其中 F 为运动方程在 x_{k-1} 位置的偏导数,H 为观测方程在 x_k 位置的偏导数。推导过程不详述。

与滤波法相比,非线性优化具备更高的轨迹精度,并已经成为视觉 SLAM 的主流研究方向。非线性优化主要用于解决光束法平差问题,即 BA(Bundle Adjustment),如图 8.9 所示。BA 具体是指从视觉图像中提炼最优的三维模型和相机内/外部参数,利用自身运动的连续位姿和在多个位姿中看到的同一个或多个路标的关联关系,对连续的位姿做修正。其原理是,从任意路标(立方体上特征点)发射出来的光束最终会在某个或某些时刻的摄像头成像平面上形成投影,不断调整每一个摄像头的相对位姿($(R|t)_{12}$ 和 $(R|t)_{23}$)和路标空间位置的观测结果($p_1 \sim p_8$),在没有预知内部参数的情况下也可同时调整无畸变内参矩阵(K_1、K_2、K_3)和畸变参数($P_{\mathrm{distortion-1}}$、$P_{\mathrm{distortion-2}}$、$P_{\mathrm{distortion-3}}$),最终使所有光束都通过摄像头的光心。图中 O_{C1}、O_{C2} 和 O_{C3} 可以是不同位置的三个摄像头,也可以是同一个摄像头连续运动到三个不同的位置。对同一个摄像头,无畸变内参矩阵和畸变参数保持恒定,即 $K_1 = K_2 = K_3$,$P_{\mathrm{distortion-1}} = P_{\mathrm{distortion-2}} = P_{\mathrm{distortion-3}}$。

用非线性优化的方法解 PnP 问题就是最简单的 BA 过程。与 PnP 问题类似,BA 问题的非线性优化目标是最小化重投影误差,在 BA 问题中也称为观测误差。观测误差和构建的 BA 优化问题如下:

$$e_{2D} = z - h(K, P_{\mathrm{distortion}}, R, t, p) \tag{8-19}$$

$$\arg\min_{K, P_{\mathrm{distortion}}, R, t, p} J_{BA} = \arg\min_{K, P_{\mathrm{distortion}}, R, t, p} \frac{1}{2}\sum_{i=1}^{m}\sum_{j=1}^{n}\|z_{i,j} - h(K_i, P_{\mathrm{distortion-}i}, R_i, t_i, p_j)\|_2^2 \tag{8-20}$$

其中,z 为观测量,即从图像中提取的特征点二维坐标。h 为观测方程,用来计算摄像头在某个特定位姿对某个特征点在图像中的观测值。K、$P_{\mathrm{distortion}}$、R、t 分别为摄像头的内参矩阵、畸变矩阵、外参旋转矩阵、外参平移矩阵。p 为通过三角化等手段得到的特征点三维空间坐标。m 为需要优化的摄像头位姿个数,n 为在某个摄像头位姿处观测到的路标(特征点)个数。

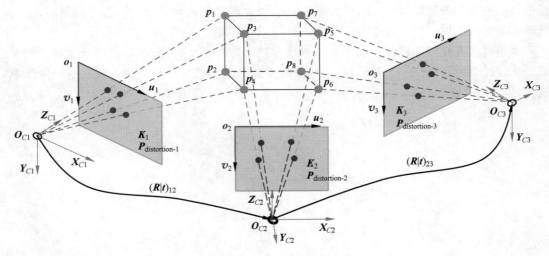

图 8.9 一般 BA 优化示意

与 ICP 问题类似,对于激光雷达误差投影从二维转移到三维。激光雷达运动的观测误差和构建的最小二乘问题如下:

$$e_{3D} = z - h(\boldsymbol{R}, \boldsymbol{t}, \boldsymbol{p}) \tag{8-21}$$

$$\arg\min_{\boldsymbol{R}, \boldsymbol{t}, \boldsymbol{p}} \boldsymbol{J}_{LD} = \arg\min_{\boldsymbol{R}, \boldsymbol{t}, \boldsymbol{p}} \frac{1}{2} \sum_{i=1}^{m} \sum_{j=1}^{n} \| z_{i,j} - h(\boldsymbol{R}_i, \boldsymbol{t}_i, \boldsymbol{p}_j) \|_2^2 \tag{8-22}$$

其中,内部参数在激光雷达中不再出现,其他参数与摄像头的参数相对应。

在很多 SLAM 系统中会同时用到多个摄像头,如自动驾驶车辆。当多个摄像头同时运动时,BA 不但可以优化单摄像头的轨迹和沿途路标,与此同时,还可以利用不同摄像头对相同特征的观测优化摄像头之间的位姿关系,即相对外部参数。对多摄像头相对外部参数优化的过程,即为传感器标定。

如图 8.10 所示,在图 8.9 的基础上增加了一个摄像头,两个摄像头在不同位置采集的图像中对相同特征有重复观测,在优化路标($\boldsymbol{p}_1 \sim \boldsymbol{p}_8$)和每个摄像头的轨迹($(\boldsymbol{R}|\boldsymbol{t})_{12,A}$、$(\boldsymbol{R}|\boldsymbol{t})_{23,A}$ 和 $(\boldsymbol{R}|\boldsymbol{t})_{12,B}$、$(\boldsymbol{R}|\boldsymbol{t})_{23,B}$)、内参($\boldsymbol{K}_A$,$\boldsymbol{K}_B$)、畸变($\boldsymbol{P}_{distortion-A}$,$\boldsymbol{P}_{distortion-B}$)的同时,这些重复观测带来的约束可以在 BA 过程中自动优化两个摄像头之间的相对外参,即 $(\boldsymbol{R}|\boldsymbol{t})_{AB}$。注意,由于摄像头 A 和摄像头 B 之间一般是刚性连接,因此 $(\boldsymbol{R}|\boldsymbol{t})_{AB}$ 在各时刻保持不变。

最小化各路标在各摄像头的各帧图像内的重投影误差,对多摄像头运动的观测误差和构建的 BA 优化问题如下:

$$e_{2D} = z - h(\boldsymbol{K}, \boldsymbol{P}_{distortion}, \boldsymbol{T}_t, \boldsymbol{T}_e, \boldsymbol{p}) \tag{8-23}$$

$$\arg\min_{\boldsymbol{K}, \boldsymbol{P}_{distortion}, \boldsymbol{T}_t, \boldsymbol{T}_e, \boldsymbol{p}} \boldsymbol{J}_{BA} = \arg\min_{\boldsymbol{K}, \boldsymbol{P}_{distortion}, \boldsymbol{T}_t, \boldsymbol{T}_e, \boldsymbol{p}} \frac{1}{2} \sum_{k=1}^{r} \sum_{i=1}^{m} \sum_{j=1}^{n} \| z_{k,i,j} -$$

$$h(\boldsymbol{K}_k, \boldsymbol{P}_{distortion-k}, \boldsymbol{T}_{t,k,i}, \boldsymbol{T}_{e,k}, \boldsymbol{p}_j) \|_2^2 \tag{8-24}$$

其中,$\boldsymbol{T}_t$ 是指摄像头连续运动过程中的位姿变换矩阵,即 $(\boldsymbol{R}|\boldsymbol{t})_{12,A}$、$(\boldsymbol{R}|\boldsymbol{t})_{23,A}$ 和 $(\boldsymbol{R}|\boldsymbol{t})_{12,B}$、$(\boldsymbol{R}|\boldsymbol{t})_{23,B}$。$\boldsymbol{T}_e$ 是指多摄像头两两之间的位姿变换矩阵,即 $(\boldsymbol{R}|\boldsymbol{t})_{AB}$。$r$ 为摄像头个数,m 为单个摄像头需要优化的位姿个数,n 为在某个摄像头位姿处观测到的路标(特

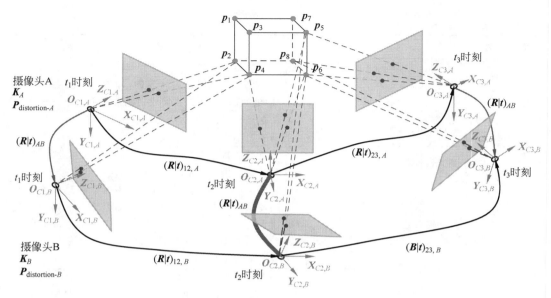

图 8.10 多摄像头运动 BA 优化示意

征点)个数。在多摄像头系统中,摄像头两两之间重复观测越丰富、充分,相关联 T_e 的求解精度越高。当没有重复观测或重复观测很少时,容易使 T_e 无解或解难以收敛。

与多摄像头类似,对于多激光雷达重投影误差从二维转移到三维,多激光雷达运动的观测误差和构建的最小二乘问题如下:

$$e_{3D} = z - h(T_t, T_e, p) \tag{8-25}$$

$$\arg\min_{T_t, T_e, p} J_{LD} = \arg\min_{T_t, T_e, p} \frac{1}{2} \sum_{k=1}^{r} \sum_{i=1}^{m} \sum_{j=1}^{n} \| z_{k,i,j} - h(T_{t,k,i}, T_{e,k}, p_j) \|_2^2 \tag{8-26}$$

其中,内部参数在激光雷达中不再出现,其他参数与摄像头的参数相对应。

对 BA 问题常常利用其增量线性方程中 H 矩阵的稀疏性进行求解,有大量的文献可供参考,此处不详述。

在工程应用过程中,当场景很大时,如果将里程计输出的所有位姿和观测数据都参与优化会严重影响计算效率。在自动驾驶车辆系统中,计算资源往往受限,实时性几乎不可保证。因此 BA 优化过程中需要根据不同的应用场景要求采取不同的策略,以减少实时计算量,快速输出优化结果。主要策略有三类:改变优化参量,改变优化数据,改变优化器,如表 8.2 所示。

表 8.2 BA 优化策略

类 别	策 略	描 述
改变优化参量	全量优化	优化式中所有参数,包含摄像头内部参数、外部参数、位姿以及路标位置
	仅优化位姿和路标	摄像头内部参数和外部参数提前由标定获取,仅优化位姿和路标位置
	仅优化位姿图	针对特征点法三角化路标后就不优化了,仅优化传感器自身位姿。当使用光流法或直接法时也无须三角化路标,直接优化传感器位姿图即可

续表

类　别	策　略	描　述
改变优化数据	批处理(Batch)状态估计	不仅用过去信息,也会用未来的信息更新当前的状态。典型的应用是离线建图,即采完所有数据后再建图。使用所有数据完成优化常常称为全局 BA
	渐进(Incremental)状态估计	系统运行时,仅使用历史信息更新当前状态,适用于有实时输出要求的系统
	关键帧优化	在连续的数据中根据一定的规则抽取关键帧,仅针对关键帧做 BA 优化,非关键帧仅用于做定位
	滑动窗口法	属于渐进状态估计的一种,使用过去信息中离当前时刻最近的那一部分数据。仅优化预设时间窗口范围内的位姿和路标,每次优化在时间轴上滑动更新窗口。与 Global BA 对应,使用局部数据完成优化称为局部 BA
	多摄像头分组	对于多摄像头的系统,当计算资源充足时,所有摄像头、所有关键帧数据、所有已配特征点同时参与 BA;计算资源受限时将摄像头分组,并分时对各组摄像头的所有关键帧数据和所有已配特征点分别进行 BA;最差情况每个摄像头的数据单独进行 BA
改变优化器	Ceres、g2o 等	不同的优化器计算量不一样,求解精度也会有区别,需要根据实际项目需求选择

应用上述方法在减少计算量、提升实时性时,不可避免地会带来优化结果的精度下降。在工程应用中,需要根据系统运行需要和系统环境要求对优化策略做精心设计,同时结合道路测试数据调整设计方案。

在自动驾驶系统中经常配备高精密定位系统(GNSS/RTK)和基于惯性的位姿估计传感器(IMU 和轮速计)。GNSS/RTK 能够带来全局定位信息,IMU 和轮速计能够提高位姿估计的输出频率。针对多传感器融合的里程计优化也有两种不同的策略。

(1) 将 IMU 和轮速计的状态与摄像头和激光雷达的状态合并到一起,共建运动方程和观测方程,然后进行状态估计。

(2) IMU 和轮速计的状态与摄像头和激光雷达的状态各自估计,然后对结果做位姿融合。

8.2.3　回环检测

回环检测(Loop Closure Detection)用于判断传感器是否到达过先前的位置,如果检测到回环则提供给后端优化,通过重复观测提高后端优化精度。其核心思想:设法找到传感器观测数据的相似性。基于特征点的词袋模型是现阶段视觉 SLAM 系统中比较流行的回环检测方法。

词袋模型(Bag-of-words model)原本是自然语言处理和信息检索中用来简化语句的表达模型,它能用较少的信息表达语句的特征。用在图像领域时,该模型的主要目的是用图像中的特征来描述一幅图像,并据此来度量图像之间的相似性,最终达到回环检测的目的。

用词袋模型的思想来处理图像数据一般有两种方法。一种方法是使用局部特征描述符,例如方向梯度直方图(Histogram of Oriented Gradients,HOG)和局部二值模式(Local Binary Patterns,LBP)。这些描述符将图像分成小的局部区域,并提取每个区域的特征。然后将这些特征转换为向量,并使用这些向量来表示图像,类似于文本中的词袋模型。另一种方法是使用视觉词袋(Visual Bag of Words,BoW)模型。该模型将图像分割成小块,然后提取这些小块的特征表示。这些特征(例如 SIFT、SURF 等)可以被看作是图像中的"单词"。然后构建一个视觉词汇表,将这些特征聚类成几个视觉词汇。最后使用这些视觉词汇的频率来表示图像。这与文本中的词袋模型类似,其中频率表示文本中词汇的重要性。需要注意的是,上述方法并不能捕捉到图像中的空间关系和上下文信息,因此在一些复杂的图像场景中存在一定的局限性。

如图 8.11 所示,基于词袋模型的回环检测工作过程主要分为三步:构建字典、图像的向量表示、计算图像相似性。

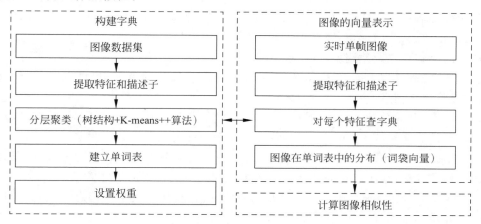

图 8.11　词袋模型工作过程

在构建字典时首先需要准备图像数据集。该数据集应当尽可能包含系统运行环境中的所有场景。然后提取数据集中图像的特征和描述子,并对这些特征和描述子分层聚类,一般采用树结构和 K-means＋＋算法。接下来将特征点聚类结果中的每个类别形成一个单词,如此得到一个含有若干单词的单词表。根据单词在数据集中出现的频率给每个单词设置权重,常用的加权方法是 TF-IDF(Tern Frequency-Inverse Document Frequency)。单词在一幅图像中出现的频率越高,在整个字典中出现频率越低,则认为该单词区分度越高,权重也更高。反之则权重越低。至此完成字典的构建。

在图像向量表示时,首先提取实时单帧图像中的特征和描述子,并将之用来查找字典中对应的单词,即与之对应的特征点类别。所有特征点完成字典查找后可得到图像在单词表中的分布,该分布即为图像的词袋向量。

计算相似度一般用 L1 范数形式:

$$s(\boldsymbol{v}_A - \boldsymbol{v}_B) = 2\sum_{i=1}^{n} |\boldsymbol{v}_{Ai}| + |\boldsymbol{v}_{Bi}| - |\boldsymbol{v}_{Ai} - \boldsymbol{v}_{Bi}| \tag{8-27}$$

其中,$\boldsymbol{v}_A$ 和 $\boldsymbol{v}_B$ 为两张比较相似的图像,n 为向量的单词个数,即维度。

在得到相似度评分后直接判断回环容易遇到工程上的问题,如相邻关键帧选取距离过近、相似度过高、容易对回环误判、需要调整关键帧选取策略等。对于回环的误判也可增加验证机制来提高准确率。如基于时间一致性设置回环的缓存机制,或者对回环帧做进一步的特征匹配估计位姿等。

除了词袋模型,业内也出现一些基于深度学习的方法来评估图像之间的相似性。该类方法还在研究中,工程上应用较少。深度学习在图像领域已取得了诸多成功,相信在不远的将来,其强大的能力在回环检测上的性能可以在现有基础上大幅度提升。

此外高精密定位系统(GNSS/RTK)通过全局定位结果同样可以检测到回环,但是仅限于 GPS 信号良好和 RTK 覆盖的环境,如室内、阴雨天、高楼林立的城区都容易出现定位误差过大或定位不成功的情况。

8.2.4 建图

建图(Mapping)通过轨迹集合并关联所有的观测元素,最终形成地图文件。观测元素一般为特征提取获得的稀疏点云,也可以是从传感器原始数据中提取出来的语义信息,如车道线、道路边沿、路面标识、牌杆类目标等。

地图内容的选取跟使用要求息息相关。

(1) 定位:用来实现自车的定位,定位元素可以是稀疏的点云,也可以是牌、杆、标线、标识、边缘等语义信息。

(2) 导航:用来实现自车路径规划,导航元素需要表达地图中车辆可行驶的区域,可以是稠密点云的表达形式,也可以是类似道路和车道有拓扑关系的语义信息。

(3) 静态物体避障:跟导航功能类似,需要表达出地图中不可碰撞的区域,可以是以稠密点云的形式表达,也可以是表达障碍物占据空间的矢量化语义信息。

(4) 语义交互:用于完成自动驾驶车辆的特定任务,如泊入某个特定车位,需要根据特定的任务在地图中增加对应的语义信息。

(5) 重建效果:重建跟真实环境视觉效果非常接近的地图,一般依赖稠密建图。在自动驾驶场景中应用较少。

稠密地图由于数据密度太高,在自动驾驶场景中大范围应用容易造成地图文件的所占容量过大,难以满足工程友好的要求。在量产的高精度地图中定位元素、导航元素、用于避障的静态障碍物元素等,绝大多数都是以矢量化语义信息的形式存在于地图文件中。

在工程项目中,为保障系统运行稳定可靠,选取的观测元素需要充分考虑泛化性,一般具备如下特点。

(1) 元素在应用的场景中分布广泛,受环境影响较小,如光照条件、雨雾天气等。

(2) 元素易被矢量化:矢量化后的地图所占容量变小;被观测元素用作定位时更具解释性;不同传感器感知矢量化结果都可用于定位匹配,对工程适配更友好;矢量化信息可被深度学习模型提取,容易获取更高的性能。

讲到建图就不得不提与 SLAM 非常近似的另一种技术 SFM(Structure From Motion),两者在技术上有诸多的共通之处:用到的基本理论都是多视角几何,都可以通过特征提取和特征匹配的方式来获取图像之间的关联关系,在使用特征点法时都需要最小化投影误差优化传感器相对位姿,且都可以用来生成点云地图。

图 8.12 所示对照了 VSLAM 和 SFM 两者的工作流程。VSLAM 对采集到的有序图像做特征提取和匹配,利用里程计获得相邻帧之间的摄像头相对位姿,用回环检测判断重

复场景,采用局部 BA 策略通过在滑窗内做摄像头位姿图和特征点三维坐标的优化,最终可生成用于定位的稀疏点云地图。如果对里程计的结果做极线搜索和块匹配,利用深度滤波器则可以得到稠密点云地图。SFM 对采集到的图像同样先做特征提取和匹配,当图像无序时通过图像关联构建图像连接图和 Tracks(被成功匹配的高质量匹配对),采用全局 BA 策略将所有数据同步进行摄像头位姿和路标优化,最终完成三维重建生成稠密点云地图。必要时稠密点云地图也可转换为八叉树地图和稀疏点云地图。两者主要技术差异如表 8.3 所示。

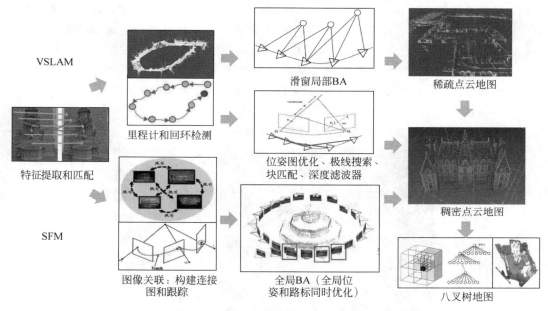

图 8.12　VSLAM 和 SFM 工作流程对照

表 8.3　SLAM 和 SFM 的技术差异

差　　异	SLAM	SFM
目标	实时定位,在线运行	完成三维空间的重建,离线运行
输入数据	有序的传感器数据	无序的传感器数据,需要根据特征匹配结果构建图像之间的连接图和跟踪
位姿估计	连续帧的位姿估计,可使用特征点法、光流法和直接法	无序帧的相对位姿估计,一般使用特征点法
多传感器融合	利用其他传感器做轨迹预测,减小优化压力,提高实时性	不做预测,主要工作量在通过图像匹配建立跟踪上,不要求实时性
优化	截取部分数据做在线优化(局部 BA)	使用所有数据做离线优化(全局 BA)
地图	稀疏点云,主要用于实时定位	稠密点云,尽可能还原真实场景

　　随着技术的发展,基于深度学习的 SLAM 和 SFM 算法不断涌现,长远看两者有融合趋势。

8.3　高精度地图

　　高精度地图广泛应用在自动驾驶领域里涌现的各系统解决方案中。不论是 L2＋级别的量产自动驾驶系统,还是 L4 级别的完全无人驾驶系统,大多数都以高精度地图中的各类元素为依托保障更高的系统性能和更好的安全性。

高精度地图中的元素在自动驾驶系统的感知、定位、决策规划、控制等过程中都发挥重要作用。地图中的元素作为先验信息可以降低感知模块的计算复杂度,例如红绿灯的位置可以直接缩小红绿灯视觉检测的范围。路面元素不再受其他交通参与者遮挡的影响,典型的如车道线,在拥堵路段摄像头完全看不到车道线的情况下,自动驾驶车辆仍然可以保持在车道内居中行驶。在有遮挡的路口区域,高精度地图的信息可以保障自车提前安全减速通行。在隧道等完全没有 GNSS 信号的路段,高精度地图中的定位元素可以保障系统持续保持高精度的定位结果。地图动态图层的实时交通信息又能为自动驾驶车辆更新道路前方视距外的交通情况,使自动驾驶系统能提前采取更加合理的行车策略。在系统因各种原因(软件失效、硬件失效、环境恶劣)造成感知能力下降或失效时,在高精度定位仍能保持有效的时间内,高精度地图作为冗余能保障车辆仍然沿当前车道减速停车。

一般高精度地图中根据功能的不同可划分为三类图层:导航图层、定位图层、动态图层。图 8.13 所示为 HERE 的自动驾驶高精度地图示意。

图 8.13　HERE 的自动驾驶高精度地图

导航图层主要用于动态障碍物轨迹预测和自车轨迹规划。该图层中一般包含两类主要的信息:路网拓扑信息和道路描述信息。

路网拓扑信息用来表达路网中每条道路与其他道路之间的连接关系,并附属对应的位置坐标。在自动驾驶车辆被触发一个从 A 点至 B 点的任务时,系统通过路网拓扑图层检索出从 A 点去往 B 点的最佳路径。该信息与导航地图中的拓扑图层基本一致。在量产车辆上,实际情况往往是用户通过导航地图检索并选择一条从车辆当前位置能够巡航至目的地的路径。自动驾驶功能被激活后,系统软件将导航地图中的路径与高精度地图中道路拓扑信息中的路径进行匹配和关联。

道路描述信息主要包含道路的几何构造、道路附近固定对象的信息,以及它们的各类语义属性。道路几何构造包含道路边界、可行驶区域、车道、各类路口、环岛等元素。道路附近固定对象则包括各类交通标志、交通信号灯、龙门架、下水道口、桩柱类静态物体和其他道路细节,以及高架物体、防护栏、道路边缘、路边地标等基础设施信息。对道路的描述本质上是给下游模块提供交通规则约束和最基础的安全行车约束。这些约束将提供给预测和规划模块,保障预测的他车轨迹和规划的自车轨迹符合日常行车规则。

定位图层主要提供用于确定自车位姿的相关元素。定位元素的类别取决于自动驾驶系统中定位算法采取的策略。如果自动驾驶系统采用激光点云或激光点云特征来定位,高精度地图的定位图层中就需要包含激光点云或激光点云特征,如无人驾驶出租车。如果采用视觉特征来定位,则定位图层中需要包含相同类型的视觉特征。在量产自动驾驶解决方案中,高精度地图的覆盖范围往往比较广。全国高速公路约 177 000km,全国主要城市里程数加起来会更多。在如此大范围的地图中,如果直接使用原始的激光点云特征或视觉特征做定位,地图文件的容量需求会非常大,这对车端存储资源是一个极大的挑战。因此,在量产解决方案中,定位图层中一般采用边缘、线、面等矢量化信息表达定位元素,如车道线、路面喷涂的标识、路侧的牌杆类结构等。定位模块在工作时将实时检测到的路面元素与从高精度地图中读取的元素做匹配,进而得到自车在地图中的相对位姿。不同场景下可用作定位的环境特征有区别,与之对应的定位元素也随之不同。例如,在高速公路中主要的定位元素为车道线、路面标识、虚线段、路侧牌杆等,在城市道路中定位元素还包含人行横道、路沿、隔离带、路侧建筑物等,停车场环境中主要为地面喷涂的标识、车位线、墙面各类纹理、稀疏的图像特征点等。

　　动态图层主要给自动驾驶系统提供实时路况和交通事件。例如道路拥堵情况、施工情况、是否有交通事故、交通管制情况、天气情况等动态交通信息。将这些动态信息反映在高精地图上,以确保自动驾驶车辆能够及时采取更加高效、安全的行车策略。如前方拥堵或交通管制,系统重新规划去往目的地的路径,绕开拥堵和交通管制区域。又如前方出现交通事故,系统可改变行车策略,降低最高车速,并及时切换至更安全的车道。

　　如图 8.14 所示,高精度地图的生产过程可分为五个主要步骤:数据采集、数据预处理、地图元素生产、地图文件制作以及测试验证。其中最主要的工作量集中在数据预处理和地图元素生产两个环节。

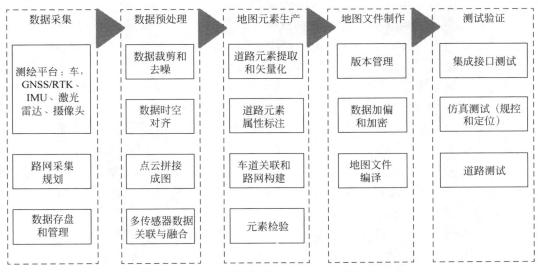

图 8.14　自动驾驶高精度地图生产流程

　　数据采集是生产高精度地图的第一步,需要使用专门的地图数据采集平台,行业通常称为 MMS(Moving Mapping System)。地图数据采集平台一般是经过改装的量产车辆,配备能够实现高精度全球定位的 GNSS(RTK)设备,用于做高频自车位姿估计的精密 IMU,

获取精确深度信息的激光雷达,以及信息密度极高的高清摄像头,如图 8.15 所示。有了采集设备,在正式执行采集任务前需要根据路网做采集路线的规划。其目标是,跑最短的里程,用最少的时间,采集到更大范围的地图数据。地图数据采集平台在路面行驶时各传感器对环境进行高频采样,尤其是激光点云和图像,数据量非常大。面对庞大体量的数据,一套高效的数据存储和管理系统在这个过程中能够发挥巨大的作用。

图 8.15　大同小异的地图数据采集车

在数据采集工作完成后,需要对数据做充分的预处理。这一过程主要目标是生成初始的点云融合地图,为下一步进行地图元素的生产做准备。首先要对数据做必要的裁剪和去噪,仅保留 ROI(Region Of Interseting)内的有效数据,分辨跟路面信息无关的区域或信息,并将之剔除出作业范围,如极远处的探测数据、动态物体探测数据等。去噪流程主要是针对激光点云。路面的水雾、空气中的灰尘、车辆的尾气都容易产生激光点云的噪点,这类信息都将影响地图元素的提取。接下来对所有数据做时间和空间的对齐。时间对齐基于数据采集时的时间同步策略和打下的时间戳,空间对齐则依托对传感器的内/外参标定,相关内容在 11.2 节和 11.3 节详细论述。数据对齐后利用车辆的移动轨迹,先将所有激光点云数据拼接起来构成初始的激光点云地图。在此过程中,主要使用多传感器融合里程计技术获得高精度的自车行驶轨迹,如 8.2.1 节所述,并使用各类点云配准技术拼接点云,如 ICP(Iterative Closest Point)或 NDT(Normal Distributions Transform)算法,此处不详述。最后将激光点云与图像信息和车辆位姿信息相关联,形成包含精确位置信息和丰富纹理信息的点云融合地图,如图 8.16 所示。

地图元素的生产是高精度地图制作的重头戏。该步骤的主要目标是逐步将所有地图元素及其相关属性从初始点云融合地图中提取出来,并构建元素之间的关联关系。

首先根据道路中各类目标元素的特征将与之对应的点云提取出来,并用这些点云完成元素的矢量化。这里的元素可细分为如下几类。

(1) 道路元素:主要由各种车道线、道路边缘、路面标识等组成。

(2) 路口元素:由路口边界、人行横道、停止线、红绿灯等元素组成。

(3) 其他道路对象:主要由路侧杆牌、龙门架、减速带、建筑物、隔离栏等组成。

图 8.16　点云融合地图示意（来源于优案科技官网）

有了矢量化的元素，需要进一步给元素标注属性和语义信息，如车道的类型、方向、长度、限速，路侧交通指示牌的内容，龙门架的限高，隔离栏的类型（绿化带或金属栏），路面文字内涵，等等。然后在矢量化元素和语义属性基础上关联道路并构建路网。在道路关联过程中，需要抽取出车道中心线，关联左右车道、前序后继车道，在无车道线的路口抽象出各方向的虚拟车道。将所有车道关联到道路中后，根据车道的连接关系构建整个路网。元素生产的最后一个步骤是元素质量检验，该过程一般由人工完成。

在元素特征提取和属性及语义标注过程中，一般会采用自动和手动相结合的方法。与感知算法类似，在点云融合地图中可以用算法自动提取特征并对元素完成分类、语义识别以及矢量化。不同之处在于，地图元素提取和标注算法要求高召回率，处理的数据量比实时感知更大，实时性要求则相对不高，计算资源也更加宽裕。通过点云分类结果、点云的强度值，以及融合的图像纹理信息可以自动跟踪并提取车道标线、路面标志、交通标志、护栏、路沿、杆状物、障碍物等路面、路侧、路上的交通设施，以及对自动驾驶有影响的路面附着物。提取的矢量数据将根据识别结果自动赋予属性值。对于部分难以自动化提取和标注的元素，由于在数据预处理时已完成了多传感器信息的融合与关联，标注员可以在点云融合地图和图像的多视角中高效完成标注操作，如图 8.17 所示。

在所有地图元素生产完成后，即可进入地图文件制作阶段。由于地图数据量很大，覆盖的环境复杂多变，因此需要在本环节做好精细的版本管理。在地图文件编译前还需要根据合规要求对 GNSS 数据加偏，对发布的地图数据做加密，其中高程、曲率、坡度等不允许在地图里表述的信息需要剔除。除此之外，与地图数据配套使用的地图应用程序需同步集成偏转插件，并与编译好的地图数据一起过审。地图审核通过后才能合规地在量产车上进行使用。

在编译环节则根据客户需求进行不同格式文件的编译。应用最广泛的格式有两种：OpenDrive 和 NDS。其中 OpenDrive 是德国制定的国际通用标准，百度公司 Apollo 采用的就是这种地图数据规范。NDS（Navigation Data Standard Association）则是面向汽车生态系统的地图数据全球标准。由宝马、大众、戴姆勒等知名国际汽车厂商、系统商以及数据商为主导成立。旨在通过多方的共同努力，制定新的适合汽车制造商、系统供应商以及地图

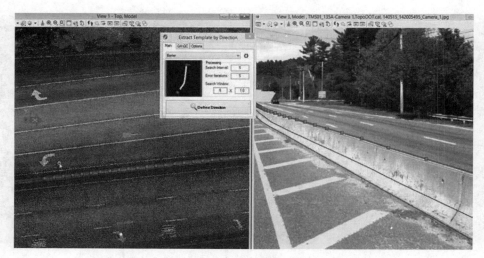

图 8.17　地图元素提取和标注示意（来源于优案科技官网）

供应商未来发展的标准导航电子地图数据格式。图 8.18 所示为不同场景下构建出来的高精度地图样例。

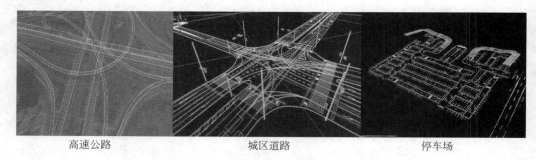

高速公路　　　　　　　　　城区道路　　　　　　　　　停车场

图 8.18　不同场景下的高精度地图示例

　　地图发布前的最后一道工序是测试验证，主要分为三方面：集成接口测试、仿真测试以及最终的道路测试。这里稍微展开讲述仿真测试，对高精度地图的仿真测试主要检验导航图层和定位图层。导航图层主要被规控模块用来做远距离的路径规划和近距离的轨迹生成。因此对导航图层的仿真测试常常结合规控算法模块和简单的车辆动力学仿真模型一起来完成。仿真测试时遍历待仿真地图的所有道路和车道，运行规控算法模块和车辆动力学模型。在此过程中监控车辆运行状态是否有异常，据此判断导航图层的生产质量。对于定位图层的仿真测试则需结合定位算法模块来完成。将地图生产前采集到的原始激光点云数据和图像数据重新导出作为定位算法的输入，在待验证的高精度地图上运行定位模块。在此过程中监控激光和视觉的定位结果是否有异常，与地图生产过程中生成的自车轨迹做对照，据此判断地图定位图层的生产质量。图 8.19 所示为图商做验图的示例。

　　在高精度地图生产过程中不涉及动态图层的内容，地图文件仅预留与动态交通信息交互的接口。在实际使用过程中，车端地图通过车载联网设备实时从云端更新动态交通信息并关联到对应的路网上。

　　高精度地图制作完成后，由于路面的变化需要对地图信息做定期更新。根据 BOSCH 在 2007 年提出的定义，无人驾驶时代所需的局部动态地图（Local Dynamic Map）中的数据

图 8.19 四维图商的高精度地图验证示例

根据更新频率划分为四类：永久静态数据，更新频率约为 1 次/月；半永久静态数据，频率为 1 次/小时；半动态数据，频率为 1 次/分钟；动态数据，频率为 1 次/秒钟。传统导航地图可能只需要前两者。高精地图为了应对各类突发状况，保证自动驾驶的安全，需要更多的半动态数据以及动态数据。这大大提升了地图对数据实时性的要求。传统的地图生产方式在面对高精度地图日级乃至更高频率的需求时显得捉襟见肘。众包建图是目前看起来解决该问题最可行的方法之一。几乎所有的地图供应商和部分自动驾驶技术服务商都在研发自己的众包建图技术。Mobileye 总裁 Shashua 早在 CVPR2016 上介绍的 REM（Road Experience Management）技术就是服务于众包建图，并为之申请了一批专利。

8.4 众包建图

与传统的建图方式相比，众包建图的核心优势为，无须专门花费大量的人力物力到路面采集数据，利用大规模量产车辆上传到云端的数据对高精度地图做更新，实现低成本、高效率的地图更新工作。如图 8.20 所示，在某城市道路中使用众包技术采集数据，在约 30 辆众包车辆正常使用情况下，从零开始构建地图，半个月的时间核心城区主干道数据可采集完成，并覆盖足以完成建图的热度。

图 8.20 众包数据采集速度示意

众包建图技术在工程上面临的几个关键性问题和主要的解决思路如表 8.4 所示。

表 8.4　众包建图关键问题和解决思路

关 键 问 题	解 决 思 路
车端没有像地图数据采集平台那样专门的高精密设备,仅包含量产车搭载的传感器,如摄像头、IMU、轮速计以及普通精度的 GNSS	以视觉为主,通过增加观测次数来提高精度。当同一路段的众包数据包数量足够多时,在云端才激活该路段的建图或底图更新
车端网络带宽和流量有限,车载域控制器内能用于做数据缓存的资源有限,但传感器的数据量极大(单帧图像可到 8MB),通过无线网络回传原始数据极不经济	在车端对路面变化做检测,当车辆行驶区域无地图或与地图中元素不一致时,触发单段建图数据上传任务。单段建图数据包主要包含具备一定精度的车辆行驶轨迹和沿途的地图元素
车端计算资源有限,在实时运行的自动驾驶主功能之外,能分给众包建图的资源需要受控	车端建图数据的生成分两个步骤:类似 SLAM 技术的前端和后端。前端为一个实时运行的融合里程计,后端为闲时运行的优化求解器。通过该方法平衡车端计算资源需求和缓存资源需求
云端建图流程只有尽可能减少人工环节才能提高地图更新频率。在人工质检环节取消后需要有自动化手段保障准确率	云端会收到同一路段数量繁多的众包地图数据,通过相互比较来提高单段地图数据的准确性,并解决多段地图数据与高精度地图之间的匹配问题,保证地图的准确性

图 8.21 所示为量产自动驾驶系统中主流的众包建图车云总体框架。车端生成并优化自车轨迹,与此同时,检测并优化路面地图元素,再根据对路面变化的检测情况触发建图数据的上传。云端则对单段地图做进一步优化,并基于多次观测结果同时优化多段地图,最终完成地图新建和更新。当有新的地图版本发布时,所有众包车辆共享建图成果,同步更新车端高精度地图。

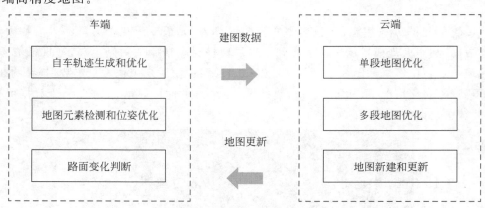

图 8.21　众包建图车云总体框架

8.4.1　车端建图数据生成

车端的众包建图任务主要为利用车载量产传感器生成建图数据并完成上传,在此过程中满足计算资源和数据缓存资源的约束。建图数据主要包含两部分:自车轨迹和轨迹沿途的地图元素,两者组合到一起组成众包的单段地图数据包。

图 8.22 所示为车端众包建图数据生成流程。在工程应用中,为平衡自动驾驶域控制器

的计算资源消耗和缓存资源消耗,整个工作流程分为实时过程和闲时过程。实时过程中使用较少的计算资源,从传感器原始数据中提取建图需要的少量有效信息,并将这些有效信息放到缓存中备用。闲时过程则"以时间换取空间",牺牲时效性,延长总的计算时长。在自动驾驶域控制器计算资源空闲时,完成自车轨迹和地图元素的优化计算,并在网络空闲时上传众包数据。值得一提的是,随着算力密度更高的芯片出现,当自动驾驶域控制器的硬件平台计算资源非常充裕时,部分闲时过程也可逐步并入实时过程当中。

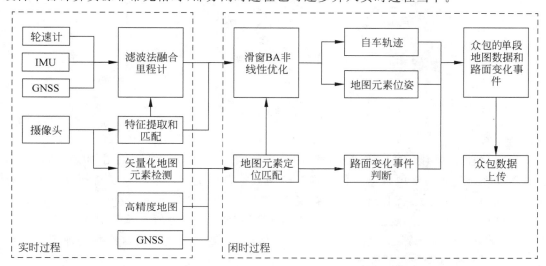

图 8.22　车端众包建图数据生成流程

实时过程要求运行速度快、健壮性强、缓存数据少。其核心思想是,运行一个滤波法多传感器融合里程计来估计自车初始轨迹,与此同时,完成路面地图元素的提取。在工程项目中,可获取的传感器信号种类和质量不确定性较高。例如车辆在道路中行驶时,GNSS 信号由于隧道或楼宇遮挡容易出现时有时无的情况。在一些后装的报警类产品中,往往无法获取轮速计信号。因此该里程计应当对传感器信息的输入接口做灵活设计,可快速适配不同传感器配置,更有利于方案落地和推广。

多传感器融合里程计由视觉里程计和卡尔曼滤波器组成。系统读取图像,提取图像中的自然特征点,并完成连续帧的特征匹配。然后利用对极约束、三角化和解 PnP 问题的方法获得相邻帧的摄像头位姿变化。与此同时,根据传感器配置情况读 IMU、轮速计和 GNSS 的运动信息,在视觉里程计基础上增加这些传感器的多状态约束并进行卡尔曼滤波。视觉里程计算法和滤波算法详见 8.2.1 节和 8.2.2 节,此处不赘述。

图 8.23 所示为滤波法多传感器融合里程计示意。滤波过程中为保障运算效率,仅优化自车位姿,不优化路标(即特征点)的空间坐标。滤波时设置对应的滑窗,滑窗内参与里程计的特征点需要满足一定要求才参与计算。例如,特征点被观测次数足够才做三角化,特征点的连续观测坐标误差需要在阈值范围内。在计算时,剔除车辆静止状态下的无效数据,保持空间上的滑窗大小。将平滑后的 GNSS 位姿和里程计输出的相对位姿做融合,最终得到自车在全局坐标系中的连续位姿。

综合上述步骤,在实时过程中可以得到的数据为,融合里程计输出的一条全局坐标系下较为精准的自车初始轨迹、轨迹上关联的高质量特征点点集,以及通过图像采集到的沿

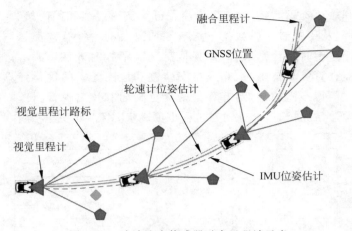

图 8.23　滤波法多传感器融合里程计示意

途地图元素。

　　闲时过程主要用来提高单段众包建图数据的精度,并对路面变化做出准确判断,在需要时触发经过优化的众包数据上传。提升建图数据精度的核心思想:在滑动窗口内进行 BA 非线性优化,优化目标是最小化所有路标的重投影误差。这里的路标包含两部分,其一为实时过程中缓存的轨迹上关联的高质量特征点点集,其二为所有检测到的其他地图元素。BA 的非线性优化算法详见 8.2.2 节后端优化,此处不赘述。实时检测的地图元素与高精度地图匹配过程与定位匹配过程基本一致,在 8.6 节详述。

　　图 8.24 所示为滑动窗口内的 BA 非线性优化过程。由于计算的时效性要求降低,非线性优化过程可以在融合里程计的基础上放大滑动窗口范围,使自车在不同位姿对同一路标的有效重复观测得到最大程度的利用。优化时同时优化自车轨迹和沿途的观测路标,即特征点和地图元素。在此过程中重复观测的特征点和地图元素提供相对坐标系下的约束,GNSS 位置提供绝对坐标系下的约束。

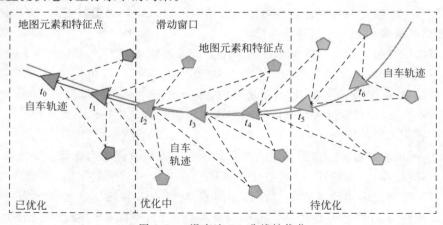

图 8.24　滑窗法 BA 非线性优化

　　通过视觉感知模块检测到的地图元素本身包含矢量化的三维信息,如车道线、路牌、路杆等元素的位置、几何结构等。当通过 GNSS 信号判断自车处于高精度地图范围内时,定位模块通过将矢量化信息与域控制器中当前的高精度地图相匹配,实现高精度定位。矢量化信息进入 BA 非线性优化后,其位置精度将得到进一步提高。

对于普通精度的 GNSS 芯片,在实际工程项目中其位置信号的质量受环境因素影响非常明显。在使用时需要控制 GNSS 输入求解器内的位置信号质量。GNSS 位置信号质量判断与收星数量息息相关,当星数足够多且维持一定时长说明信号质量够好,此时才将对应的全局位置信号加入到约束条件中。如 GNSS 位置信号质量较差,则丢弃该段数据,或增大滑窗范围缓存数据,待滑窗内具备足够数量的高质量 GNSS 位置信号后再优化求解。

实时检测的矢量化地图元素与高精度地图定位匹配结果出现以下情况时,则判定为路面出现变化,并保存对应的事件。

(1)原地图元素变更事件:目标路段在已有高精度地图范围内,路段中地图元素有变更,如元素数量增加或减少,元素类型、语义或位置有明显变化等。

(2)原地图数据补充事件:目标路段在已有高精度地图范围内,路段中原地图构建时数据量过少,为提升该路段地图质量需要持续补充数据。

(3)原地图边界拓展事件:目标路段处于已有高精度地图边界处,一部分与高精度地图重叠,一部分从边界处向外延伸。

(4)原地图范围外拓展事件:目标路段与已有高精度地图没有重叠,完全在高精度地图之外且有建图需求的范围内。

判定路面出现变化后,将优化后的车辆高质量轨迹点、轨迹沿途矢量化地图元素坐标点,以及判定的路面变化事件打包上传。用于参与优化的图像特征点根据需要选择性上传。例如量产的室外高精度地图不需要图像特征点作为地图元素,因此无须上传。有些量产的室内高精度地图中需要特征点在定位图层中做定位辅助,该情况下则需要上传。常见的众包地图元素如图 8.25 所示,包括车道线、路杆、路牌、道路边缘、地面箭头和文字、人行横道、交通信号灯,以及这些元素的属性和语义信息。

图 8.25 常见的众包建图元素

8.4.2 云端自动化建图

从车端上传到云端的每个众包数据都包含一段自车行驶轨迹和轨迹沿途的地图元素。

云端自动化的众包建图主要任务是接收和管理所有的众包数据,对单个众包数据做进一步优化,根据路面变化事件完成多个众包地图数据与现有高精度地图的匹配、位姿优化以及元素融合。

图 8.26 所示为云端众包地图的生成流程,主要分为四部分:单段地图优化、事件校验、地图块匹配与融合、地图生产和发布。

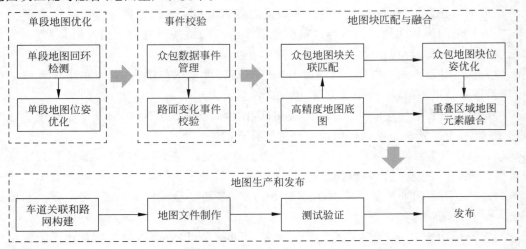

图 8.26　云端众包地图生成流程

单段地图优化是指对每个收到的众包地图数据在云端做进一步优化,优化的基础是回环检测。此处的回环检测与 8.2.3 节所述的词袋模型有所不同。词袋模型依赖图像中提取的特征点来确认相似场景,此处则主要依赖 GNSS 信息和检出的地图元素。当单段地图的轨迹上不同位移处出现 GNSS 位置相近时,使用地图元素匹配的方式确认回环。优化时可采用非线性优化的方法,优化目标是最小化已匹配的地图元素在三维空间中的距离误差。

事件校验是指利用众包的多段地图数据确认事件的真实性。在车端每段地图数据的上传都由一个事件所触发。单个事件在车端有可能因为算法的缺陷被误判,例如感知算法对地图元素的检测可能出现误漏检或较大的位置误差,地图元素定位匹配也有出错的概率等。此时云端众包数据的优势便可以体现出来。当收到相同路段相同类型的多个事件时,该事件被误判的概率可以降到极低,故可以确认事件为真实发生的事件。因此,在事件校验前,先对所有上传的地图数据事件进行管理,对发生位置和类型做统计。事件校验时结合事件类型及其统计结果做最终判断。对原地图元素变更事件需要有多次事件触发才能确认。确认事件真实发生后,则启动地图块的匹配和融合流程。对原地图数据补充事件收到即确认,立即进入后续流程。对原地图边界拓展事件和地图范围外拓展事件同样收到即确认,但考虑后续的建图质量需要积累足够多次数的事件才进入后续流程。

在讲解地图块匹配与融合的流程前先对地图块做定义。根据匹配与融合的需要,将众包地图数据和高精度地图对应的附近区域分别切分出来,切分出来的每个地图数据包定义为地图块。它包含两个组成部分:地图块的独立区域,地图块与其他地图块重叠的区域。因此在切分时需要充分考虑已有的道路拓扑关系和地图块的区域大小,确保后续流程计算高效。表 8.5 所示为不同类型的地图块。

表 8.5　不同类型的地图块

图　　例	描　　述	图　　例	描　　述
（图）	已经在现有地图中固定好的地图块,无须做位姿优化和重叠区域的数据融合	（图）	新增的众包地图块,与现有地图无匹配关系,直接放置到地图上对应的位置区域,无须做位姿优化,也不存在重叠区域的数据融合
（图）	已经在现有地图中固定好的地图块,无须做位姿优化,但与匹配好的重叠区域需要数据融合	（图）	新增的众包地图块,与现有地图边界有匹配关系,需要根据匹配关系做进一步的位姿优化和重叠区域数据融合
（图）	已经在现有地图中固定好的地图块,需要根据匹配关系做进一步的位姿优化和重叠区域数据融合	（图）	新增的众包地图块,与现有地图区域有完整的匹配关系,需要根据匹配关系做进一步的位姿优化和重叠区域数据融合

众包地图块切分好后需要与原有高精度地图做关联匹配。匹配分两步进行:粗匹配和精匹配。

粗匹配时直接使用众包地图块的 GNSS 位置信息(包含经纬度和高程),在原有高精度地图中搜索对应的区域,并取出对应位置包含重叠区域的高精度地图块。注意,对于无 GNSS 信号的室内场景,粗匹配需要用其他方法获得。粗匹配跟定位初始化问题非常类似,在后续室内和室外定位的章节中再详细讲解。

精匹配则需使用重叠区域的地图元素,如矢量化的车道线、路面标识、路牌、路杆等。当地图元素中包含像素点云和激光点云时,也可用这些信息做匹配。粗匹配可以得到众包地图块和原有高精度地图之间的关联关系(即重叠区域),精匹配在确认匹配关系的同时也为下一步的位姿优化做准备。由于众包地图块在车端仅用普通的 GNSS 确认全局位置,其优势主要在地图块范围内各元素的相对精度,在全局坐标系下的绝对精度则不如离线加工的高精度地图,需要根据匹配关系做进一步优化。

图 8.27 所示为不同情况下不同类型的地图块匹配和位姿优化。众包地图块的位姿优化是指将地图块当成一个整体,与传感器的位姿估计非常类似,通过非线性优化的方法确定地图块在原有高精度地图内的旋转和平移,即 $(\boldsymbol{R}|\boldsymbol{t})$。前面已经确认了两者的重叠区域和重叠区域内匹配好的地图元素对,因此可以构建最小二乘问题,目标是最小化所有重叠区域范围内已匹配好的地图元素之间的位置误差。根据约束条件的不同,最终优化得到的结果也会有差异。约束越多,最终完成优化的绝对位姿越接近真值,反之,则其绝对误差越大。

在实际工程项目中,由于众包地图块是依次纳入现有高精度地图内的,前序纳入的地图块约束较少,优化得到的位姿精度可能不够高。当后续纳入地图块时,由于此时约束不断增多,上述匹配和优化过程有可能出现误差无法收敛到目标范围内的情况。该情况下需要根据众包地图块和原有高精度地图的关联关系,在空间上逐级扩大非线性位姿优化范

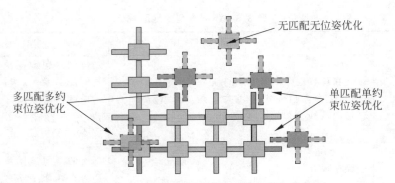

图 8.27　不同类型的地图块匹配和位姿优化

围,如图 8.28 所示。

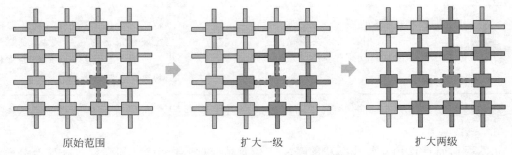

图 8.28　扩大空间范围的地图块位姿优化

优化范围在空间上扩大后,所有参与优化的地图块同时调整位姿。这些被扩大优化的地图块之间存在一些区别。当初在前序纳入高精度地图时,由于约束的丰富程度不同,这些地图块的位置误差大小不一。因此,当再次做联合优化时,应当对这些地图块设置不同的位姿调整权重。权重越高,可调整的范围越大,反之则越低。权重设置基于如下三个原则。

(1) 新增的众包地图块仅在车端使用普通 GNSS 校准过绝对位置,从未做过绝对位姿优化,因此设置最高权重。

(2) 前序优化过程中,地图块约束越丰富,权重越低,反之则权重越高。

(3) 离线构建的高精度地图块认为拥有最高绝对精度,设置最低权重。

在完成多地图块的匹配和位姿优化后,重叠区域同一个地图元素在高精度地图中仍然会有多个投影,如图 8.29 所示。接下来需要对拥有多个投影的地图元素做进一步的位姿融合。

多地图块匹配　　　　　　　多地图块位姿优化　　　　　　地图元素融合

图 8.29　多地图块匹配优化和融合示例

地图元素的融合同样可以归纳为一个最小二乘问题。针对每个地图元素,取多个投影中的一个为目标值的初始值,并设定目标值迭代的范围,构建目标函数最小化所有投影与目标值之间的位姿误差之和,用非线性优化的方法迭代求解。最终得到每个地图元素融合后在高精度地图中的精确位姿。

至此完成了从车端到云端众包地图数据的所有优化工作,从众包数据中提取的高精度地图元素并入现有高精度地图数据中,流程进入地图生产阶段。众包数据的地图生产过程与离线地图的流程非常相似,都是基于地图元素完成车道关联并构建路网,制作地图文件,经过测试验证后最终发布。值得一提的是,这个过程中没出现地图元素的检验过程。这是因为在地图元素融合的步骤中,同一位置的多个众包地图块可以对地图元素做相互校验,不合理的元素会被剔除,例如元素出现概率低,同一元素位姿分布过于离散等。

8.5　在线建图

除8.4节讲述的两种建图方法外,在自动驾驶产品中还有第三种建图方式,那就是5.4节所述记忆泊车功能的在线建图。该建图方式因其过程在车端就能即时完成而得名。用户启动记忆泊车功能的在线建图流程后,在线建图软件开始运行。在用户驾车行进过程中,系统采集沿途的传感器数据,计算并优化地图中的所有元素。用户确认到达建图终点后,系统在后台自动完成地图数据的校验并生成地图。记忆泊车功能使用时,车辆行驶在记忆过的路段,定位初始化自动完成,车辆可根据记忆的轨迹自动跟踪行驶至建图终点。从功能使用场景和要求分析在线建图的需求如表8.6所示。

表 8.6　在线建图需求

需　　求	描　　述
地图元素	车辆行驶轨迹:用于记忆泊车阶段时跟踪行驶,可类比高精度地图的导航图层
	定位元素:用于记忆泊车阶段实时定位,可类比高精度地图的定位图层
建图车速	低速区间:泊车环境中小于 30km/h
实时性	要求较高:用户在建图结束后很可能泊车断电回家,停留时间较短
传感器依赖	IMU、轮速计、环视摄像头、前视摄像头:其中环视摄像头与其他位置安装的摄像头相比最符合停车场场景对近距离环境观测的需求

从上述需求中可以发现,在线建图与众包建图的车端过程非常相似,都需要依赖多传感器估计自车的轨迹并记录沿途的定位元素。相对来说在线建图实时性要求更高,且需要适应停车场环境。如图8.30所示,与结构化道路不同,在停车场环境中没有标准车道线、道

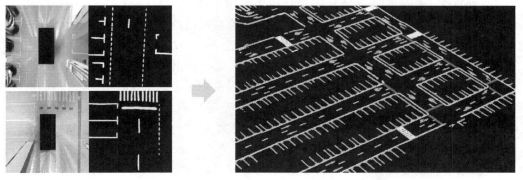

图 8.30　停车场环境的重要地图元素之一:地面标识

路边缘、路牌、路杆,取而代之的是丰富的地面标识,如道路中心线、车位线/框、各类箭头、边界线、减速带等。这些地面标识在业内已经被当作定位元素广泛应用。为保障系统的健壮性和泛化性,避免因地面脏污、漆面磨损等原因造成定位性能下降或失效,定位元素中一般还会增加从图像中提取的特征点。

地图元素生成过程则需要充分考虑实时性。图 8.31 所示为在线建图的工作流程,主要步骤如下。

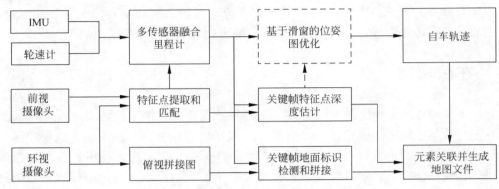

图 8.31　在线建图工作流程

（1）首先实现一个多传感器融合里程计,以此估计车辆行驶过程中传感器的连续位姿变化。其中视觉部分源自对环视摄像头和前视摄像头输出的图像做特征提取和匹配。

（2）当系统计算资源有限时,将传感器连续位姿通过坐标系转换可直接得到自车的轨迹。当系统计算资源比较富余时,可使用滑窗法优化位姿图,据此提高传感器连续帧相对位姿精度。与众包建图的车端轨迹生成采用的 Local BA 优化不同,此处仅优化自车位姿,不优化特征点坐标。减少优化的计算量主要还是出于提高实时性的考虑。

（3）筛选关键帧的特征点,并对筛选出的点进行深度估计。特征点筛选的目的是,当摄像头再次拍摄相同路段或区域时,能再次对相同的点进行有效观测,从而达到支持定位的目的。特征点筛选原则包括特征点在图像平面分布均匀,具备对各类环境的通用性;描述子有足够的区分度,降低误匹配和匹配不成功的发生概率;保持连续帧中对相同高质量特征点的追踪。特征点深度估计的常用方法为,先基于优化后的摄像头帧间相对位姿对特征点进行三角化,然后采用深度滤波器提高其三维坐标的质量。

（4）如图 8.32 所示,将四路环视图像拼接成俯视图,在俯视图上检测地面标识。再基于优化后的摄像头帧间相对位姿,对所有关键帧检测到的地面标识做拼接,由此得到沿途完整的地面标识集合。

（5）最后,将所有地图元素,包括轨迹、特征点、地面标识关联到一起并生成地图文件。

图 8.33 所示为在线建图结果示例,图中可以观察到稀疏的特征点云、丰富的路面标识,以及自车的行进轨迹点。一些产品中希望记忆泊车最后的终点是用户指定的车位。该情况下在地图中轨迹的末端还需记录一个目标停车位。在实际工程项目中,对于稀疏特征点云的建立需要充分考虑空间中点数量的均衡,过密集容易导致特征点的描述子空间拥挤而失去区分度,过少则容易因定位观测不够导致特征点匹配数量过少。与此同时,还需要剔除一些潜在的容易挪移的点,如动态目标上的点、静止车辆上的点等。

图 8.32　基于俯视拼接图的地面标识检测实例

图 8.33　在线建图结果示例（来源于 Momenta）

8.6　高精度定位

定位一般是指确定自车相对于参照物的位姿，根据参照物的选择方式不同分为绝对定位和相对定位。其中绝对定位输出的定位信息是基于统一的定位坐标体系下的位姿，而相对定位输出的是特定区域内的相对位姿信息。图 8.34 所示为几种典型的定位方案。

目前绝对定位方案大多数为基于卫星信号的定位手段，即 GNSS 定位。GNSS 定位是通过多颗 GNSS 卫星的信息解算自车在地球的经纬度和高程，参照物是地球。全球五大卫星导航系统为中国的北斗、美国的 GPS、俄罗斯的 GLONASS、欧盟的 GALILEO、日本的 QZSS。此外在一些室内环境下基于通信基站的定位方案也属于绝对定位，如蓝牙通信定位方法、超带宽（Ultra Wide Band，UWB）通信定位等。

相对定位方案分为两种形式：基于环境观测和基于自身观测。当车辆行驶环境有高精度地图覆盖时，自动驾驶系统通过环境观测提取周围的参照物，再将其与地图中对应的定位元素相匹配，最终可获得自车在高精度地图中的相对位姿。环境观测过程依赖系统的传感器配置。例如常用的基于激光雷达、毫米波雷达、摄像头等传感器的特征匹配定位技术，都是利用传感器提取环境中的特征实现相对定位。当车辆行驶过程中无法对环境进行有效观测，或无高精度地图覆盖时，系统还可以基于对自身的观测获得相对定位结果。此时

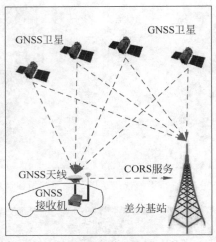

基于GNSS的绝对定位

基于环境观测的相对定位

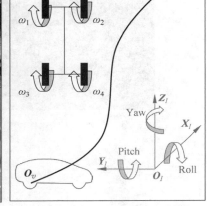

基于自身观测的相对定位

图 8.34　典型的绝对定位和相对定位

被选择的参照物是车辆自身的前序位姿。该过程也称为航位推算,即 Dead Reckoning。例如基于轮速计和 IMU 的 Ego Motion 模块计算的每一帧结果都是自车当前时刻相对前一帧时刻的位姿变化,视觉和激光里程计同样如此,它们都属于相对定位。

高精度定位则是指定位精度可以控制在分米级别或厘米级别。自动驾驶系统中的高精度定位主要用于确定自车在高精度地图中的位姿,并进一步解算出自车与地图中相关元素的相对位姿关系。最终,地图定位模块联合感知模块共同支撑自车按照环境的约束安全高效地完成自动驾驶任务。在量产车辆使用环境中,系统对定位方案的需求主要表现在如下几方面。

(1) 定位精度高。在成本可控的情况下定位精度满足自动驾驶场景使用要求即可。一些研究者提出在满足一定小的事故率下,根据道路几何结构和车辆尺寸,可以推导定位模块纵向、横向以及垂向的误差边界,并提出了 95% 的定位精度要求。考虑到量产的自动驾驶系统实际应用场景复杂多变(高速、城市道路、停车场),尤其是应对一些静态障碍物多且通行空间狭小的区域,对定位精度的要求会更高。通常来看,一般希望定位误差长期保持在 10cm 以内的水平。

（2）实时性好,时延低,更新频率高。一般高速路段车辆最高行驶速度可达 120km/h,在国外的一些不限速路段可能会更高。定位模块的微小时延传递到下游车辆控制模块会出现显著的位置偏差。另外自动驾驶系统对车辆常常会采取高频的横/纵向控制（如50Hz）,控制量的计算依赖对自车位姿误差的观测。定位的输出频率要大于控制模块的工作频率。一般希望定位输出频率高于 100Hz。

（3）可靠性高。定位的失效将直接导致自动驾驶系统不可用,会造成系统对自车位姿误差的错误观测,进而造成车辆出现不符合预期的控制,严重时将发生安全事故。

（4）工程友好。不依赖高精尖设备,仅使用量产的车载低成本传感器即可完成高精度定位。考虑到不同车型传感器配置可能有差异,在方案设计时要实现传感器松耦合、可配置。

（5）环境适应性好。量产自动驾驶车辆使用环境多变,对定位技术来说可总结为两类:室内环境和室外环境。定位方案的设计需要充分考虑不同环境的差异。

图 8.35 所示为可支持量产环境下多场景的定位算法总体框架。该框架涉及的传感器通常为 GNSS、IMU、车辆自带的轮速计、摄像头。此外,市面上高档车型会配置少量成本较高的精密传感器,如 RTK 的差分定位服务和激光雷达。该定位算法框架同样支持这类传感器的接入。图中定位算法处理流程主要分为三部分:航位推算、地图重定位以及多传感器定位融合。

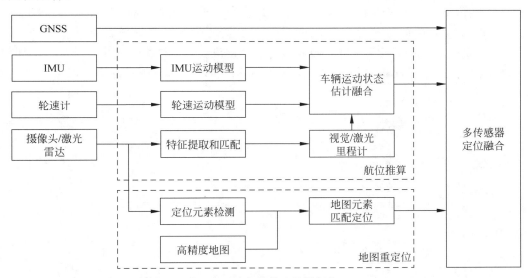

图 8.35　定位算法总体框架

航位推算过程中首先对不同传感器进行运动建模,如利用 IMU 的加速度和角加速度信息建模、利用自车四轮转速建模,以及利用摄像头或激光雷达组成的里程计建模。基于运动建模结果,将 IMU、轮速计以及视觉里程计三者各自对自车相对位姿估计结果融合到一起,形成较高质量的自车航位推算结果。为保证实时性,融合算法一般选用卡尔曼滤波。其中运动方程由 IMU 模型构建,量测方程由其他传感器模型构建。在实际工程项目中,考虑到实时的视觉或激光里程计对计算资源消耗较大,该模块在计算资源受限的系统中也可以省去,不影响总体框架的实施。

地图重定位过程中,首先由感知算法完成对定位元素的检测。例如图像中的车道线、路面标识、路牌以及路杆等,激光点云中的点、线、边缘、面等特征。再通过与高精度地图定位图层内相应元素的匹配,获得自车在地图中的精确位姿,即地图重定位。由于室内和室外场景中定位元素不相同,因此匹配方法也有差异,该部分在后文详述。

多传感器融合定位过程中将航位推算、地图重定位以及 GNSS 模块的输出结果融合到一起,最终形成高频率、高精度的连续定位。由于有 GNSS 的参与,通过绝对定位输出的经/纬度同样可以查询到自车在地图中的位姿。基于实时性的考量,该处的融合算法也常常采用卡尔曼滤波实现。

图 8.36 所示为上述框架中多传感器融合定位的详细过程。从时间轴上很容易看出不同传感器信号输出频率的差异。在定位模块开始工作后,具备最高输出频率的 IMU 首先基于上一帧的定位结果对自车运动开始做积分补偿。当系统接收到轮速信号时,则融合轮速运动建模输出的结果。当接收到视觉或激光里程计的信号时,则融合里程计相对位姿估计结果。在这个过程中高频的 IMU 信号和轮速信号保障了自车定位结果得以高频输出。视觉或激光里程计虽然输出频率较低,但是对于自车运动估计的精度较高。将之与 IMU 和轮速相融合能提高相对定位的精度。在系统长期无地图重定位和 GNSS 绝对定位的场景中,视觉或激光里程计能降低定位误差的放大比例(位姿误差/自车位移)。航位推算过程的误差放大比例在全局坐标系中会使定位误差逐渐放大。随着时间的推移,低频高精度的地图重定位结果和 GNSS 位置信号也先后被系统获取。两者的精度直接反映到定位误差上,此时多种来源的定位结果得以融合。由于重定位的精度一般都很高,GNSS 配置 RTK 时同样可达到厘米级别精度。因此融合后的定位误差会被很快缩小,直到下一周期的航位推算过程来临,再次将其缓慢放大。图 8.37 所示为多传感器融合定位误差变化过程示意。

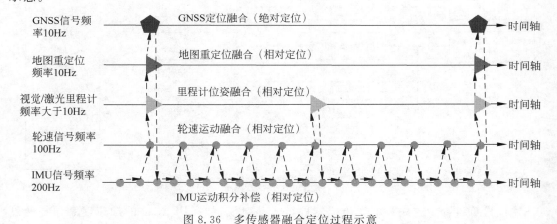

图 8.36　多传感器融合定位过程示意

综上所述,在图 8.35 所示的框架中,定位精度主要依托地图重定位来保障,实时性则通过高频的自车航位推算来保障。由于使用的传感器都是量产传感器,且基于卡尔曼滤波的定位融合是一个松耦合过程,即传感器可以灵活配置而算法框架无须做大的调整,因此该

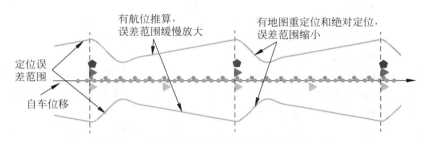

图 8.37 多传感器融合定位误差变化过程示意

方案工程友好。多传感器的使用又给定位模块增加了冗余,其健壮性在一定程度上同样有较好的保障。例如在隧道路段 GNSS 信号消失,地图重定位同样能输出高精度定位结果。当车辆行驶在无高精度地图区域时,地图重定位功能消失,此时车辆运动状态估计模块仍然可输出车辆连续运动过程中的相对位姿,即航位推算过程,也是通常所说的 Ego Motion。

除此以外,实际工程项目中定位精度还会受到其他因素的影响,如系统的时间同步精度、传感器内/外参精度、地图中定位元素的精度和分布密度、感知模块对定位元素检测的精度等。在项目实施时需要综合考虑这些因素才能使系统性能达到最优。

不同的应用环境对定位的需求有差异,上述定位框架需要做相关的适配工作,例如环境中 GNSS 信号接收的稳定性、用于做地图重定位的元素类别和分布情况、视觉/激光里程计对环境的敏感程度等。这些因素都将影响最终的融合定位性能。表 8.7 所示为室外环境和室内环境的定位差异对比。

表 8.7 室外环境和室内环境中定位的对比

对 比 项	室 外 场 景	室 内 场 景
典型场景	高速公路和城市道路的使用场景	室内停车场的使用场景
定位需求	车速较快,大部分时候车辆行驶环境相对宽敞和空旷,对横向定位精度要求较高,对纵向定位精度要求相对略低	车速较慢,车辆行驶环境相对狭小,四周和顶部都有近距离的建筑物包围,对横向和纵向定位要求都较高
定位初始化	多数情况下 GNSS 信号良好,提供绝对定位约束的同时,还能缩小地图重定位的范围	无 GNSS 信号,依赖摄像头/激光雷达的观测信息做定位初始化并提供地图重定位约束
定位元素	室外地图范围大,定位元素一般为包含语义信息的矢量化物体,如车道线、路面标识、路牌、路杆等	单张室内地图范围较小,定位元素除了矢量化的物体(如路面标识),还包括稀疏的特征点云、墙、柱子、管道等点线面特征
传感器	车速快,定位元素分布较远,主要依赖中、远距离探测能力的传感器,如前视摄像头	车速低,定位元素分布较近,主要依赖近距离探测能力的传感器,如环视摄像头

从表 8.7 中可以看出,室内环境和室外环境在自车航位推算上差异较小,都可采用 IMU、轮速、视觉或激光里程计实现。但两者在 GNSS 定位和地图重定位上因环境的差异需要采取不同的技术方案,下面分开讲述。

8.6.1 室外环境定位

室外环境下的定位主要支撑行车相关的自动驾驶功能。在室外环境中,先讲解定位初始化的流程,如图 8.38 所示。其工作流程如下。

（1）系统通过 GNSS 的位置信号确定自车在地图中的大致区域。区域的大小跟 GNSS 的位置精度有关，一般在十几米至几十米的范围不等。当系统配置有 RTK 且信号接收良好的情况下，该范围会缩小到亚米级别甚至更低。

（2）通过车辆运动状态估计的输出获得自车运动规律，并进一步确定所在的具体路段。例如根据车辆速度和航向在几条可能道路中选择出最符合自车运动规律的道路，经过连续帧数据的观测可以逐步收敛并确定自车所匹配到的路段。

（3）确定路段后即可使用定位元素匹配的方法确定车辆精确位姿。该过程中，先通过前序步骤确定的路段信息读取高精度地图中的定位元素。与此同时，由感知模块得到实时检测的路面信息。两者相互匹配并使用优化的方法计算相对位姿。由此得到自车在高精度地图中的精确位姿。

（4）在车辆高速行驶过程中，其真实位姿在不断变化。为减小精确位姿输出的时延，需要对每个位姿优化循环内的优化迭代次数进行限制。步骤（3）经过若干计算循环后，自车位姿会收敛到需要的精度范围（如 10cm）。此时即可完成定位初始化。

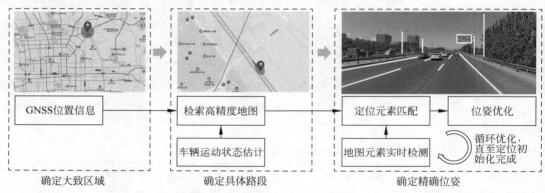

图 8.38　室外定位初始化流程

从上述过程可以看到，自车位姿的精确估计过程与地图重定位相同，都是进行定位元素匹配和位姿优化。地图重定位的整体思想是构建最小二乘问题，目标是最小化实时检测到的定位元素与地图中对应元素之间的三维距离误差或二维重投影误差。在此之前首先要依次完成所有定位元素的相互匹配，如图 8.39 所示。

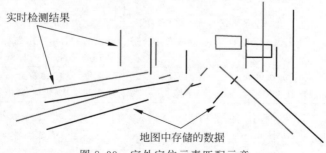

图 8.39　室外定位元素匹配示意

定位元素匹配任务是一个典型的二分图最大匹配问题，很容易想到用匈牙利算法（Hungarian Algorithm）求解。该算法的核心思想是在递归过程中寻找增广路径来求二分图最大匹配。其基本命题是，已知两个集合 A 和 B，集合中的任意一个元素与另一个集合中的元素有 $[0,n]$ 元素可以相匹配。对定位来说，配对与否主要取决于元素之间的相似性、距离、范围等因素。假设两两成功配对的元素为一组,需要找到可能配对成功的最大组数。依次以集合 A 中的元素开始配对,A1 首先与 B1 配对成功,A2 也很自然地与 B2 配对成功,此时形成 A1-B1 和 A2-B2 两组配对关系。A3 配对时问题来了,可能的匹配对象 B1 和 B2 均已完成配对,为保证总的匹配组数最大,需要回溯 A1-B1 和 A2-B2 的配对关系。经过顺序调整发现可以增加配对组数,实现 A1-B2、A2-B3、A3-B1 三组配对关系。A4 配对时又一次出现了目标对象被占用的情况,此时再回溯已有的三组配对关系发现无法再增加配对组数,因此 A4 放弃配对。最终实现 3 组元素成功配对。图 8.40 所示为匈牙利算法的详细过程。

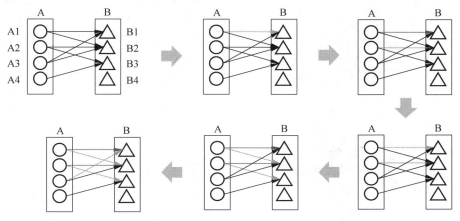

图 8.40 匈牙利算法流程示意

利用匈牙利算法可以将感知模块实时检测到的定位元素与地图中已有的元素实现最大化的配对。实际工程项目中还存在另外一个问题,在同一场景往往会出现多个相同类别的定位元素,如路杆、车道线等。直接使用匈牙利算法很可能出现配对错位的情况,如出现地面有水或脏污,进而导致地面车道线和道路标识提取不完整的情况。该情况下会进一步导致目标函数中定位元素的三维距离误差或二维重投影误差计算出错,最终自车位姿优化求解失败。为避免该问题,实际应用时引入权值的概念,这就是 KM 算法(Kuhn-Munkres Algorithm),它不仅保障配对的数量还同时保障配对质量。

在 KM 算法中,首先对可能的配对关系根据一定规则设置权值,权值越高说明配对后得分越高,配对结果越好。例如在定位元素匹配过程中,某些元素天然更加稳定,应当设置更高权值,如路侧牌杆类目标。某些元素可能稳定性较差,应当设置较低的权值,如被遮挡或损坏的路面标识。为尽可能提高配对准确性,往往还将其他因素一并考虑进来,如定位元素检出的完整度和置信度等,此处不详述。然后将集合 A 中元素的权值初始化为可能的配对关系中的最大值,集合 B 中元素的权值则初始化为 0。接下来从集合 A 中的元素开始配对,遵循的原则是,只匹配相同权值的匹配关系,若无法配对,则将此条路径对应的左边元素权值减一个权值步长,右边元素权值加一个步长(这里步长取 0.1)。由此 A1-B1 和 A2-B3 顺利完成配对。A3 配对时问题来了,权值最大路径上的对象 B1 被占用,而直接给 A1 重新配对也违背配对原则。此时调整 B1 和与 B1 有配对关系的集合 A 中元素的权值,即 B1 加一个步长,A1 和 A3 分别减一个步长。调整结束后 A3 跟 B2 实现配对。A4 配对时由于权值过低,经过几次调整仍然无法配对,所以放弃。最终实现 A1-B1、A2-B3、A3-B2 三组高权值配对。图 8.41 所示为 KM 算法的详细过程。

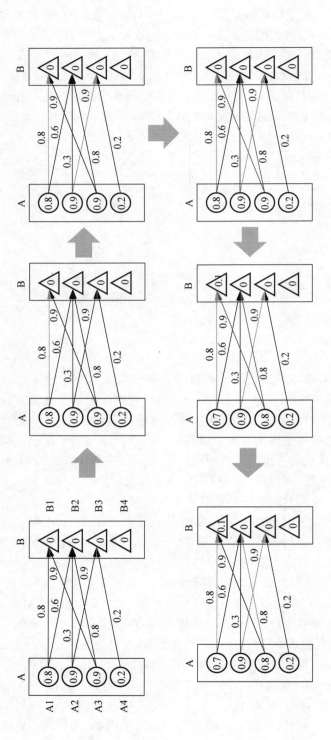

图 8.41　KM 算法流程示意

使用匈牙利算法和 KM 算法主要实现图像检测的矢量化定位元素逐目标依次配对。当使用激光点云的地面、路沿、边缘、面等特征时可用相同的方法逐特征匹配。完成配对后,根据定位元素类别分别构建自车位姿优化目标函数中的误差。例如,对于地面标识,一般将实时检测结果投影到鸟瞰图,考察检测结果与地图中对应元素的交并比(IoU),也可基于像素点云的形式用 ICP 的方法配准。对于路牌/路杆则比较三维空间中的位置误差。为了提高位姿优化求解速度,可采取按照语义或特征类别排序分组优化的方法,即将上一步的优化结果作为下一步优化的初值。经过连续多帧位姿优化,当误差收敛至一定范围则初始化完成。初始化完成后的连续定位过程中,由于初始值误差小,后续优化迭代次数一般较少。为同时保障精度和实时性,优化前还需剔除少量低质量的检测结果。图 8.42 所示为室外场景利用路面矢量化信息实现高精度定位的示例。

图 8.42 室外场景中利用路面矢量化信息定位的示例

8.6.2 室内环境定位

室内环境下的定位主要发生在室内停车场泊车功能中,如记忆泊车和代客泊车。与室外环境不同,室内环境下定位初始化面临的最大挑战之一为,无 GNSS 位置信息的情况下,利用车载传感器对环境的观测,确定自车所在的具体路段,由此才能通过特征匹配的方式实现定位初始化,如图 8.43 所示。其工作流程如下。

(1) 根据系统接收到的最新 GNSS 位置信息确定当前车辆所处的停车场,由此可以下载或调取系统预存的该停车场高精度地图及其相关联的各路段图像特征向量集合。当车辆处于刚上电未启动状态时,则使用最近一次断电前最后的 GNSS 位置。

(2) 采集实时环视图像,利用图像检索的方法在各路段图像特征向量集合中检索与之最佳匹配的索引。由于图像特征向量直接与地图中的位置关联,得到的索引即确定自车在高精度地图中的具体路段。

(3) 接下来的步骤与室外环境的定位流程类似,确定路段后即可使用地图重定位技术确定车辆的精确位姿。该过程中,基于前序步骤确定的路段信息读取高精度地图中的定位元素,通过感知模块实时提取周围特征点和地面标识。然后将两者相互匹配,并使用优化的方法计算相对位姿。优化结果即为自车在高精度地图中的定位结果。

(4) 同样,为减小精确位姿输出的时延,需要对每个位姿优化循环内的优化迭代次数进行限制。步骤(3)经过若干计算循环后,自车位姿会收敛到需要的精度范围(如 10cm)。此时即可完成定位初始化。

上述流程中最关键的环节之一是基于实时图像对预存的图像特征向量集合做检索,据此确定车辆所在的具体路段。该命题与 8.2.3 节中讲解的回环检测非常类似。假如在建图

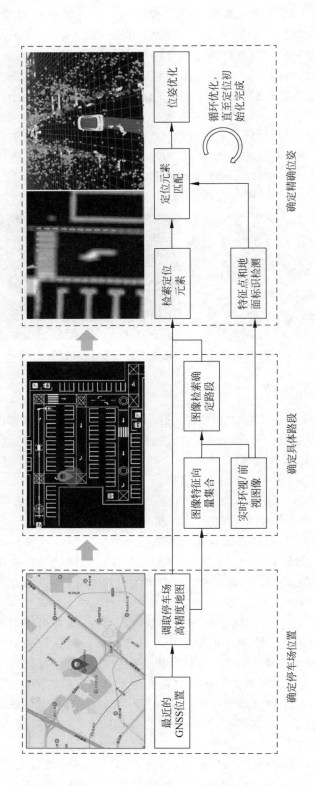

图 8.43 室内定位初始化算法流程

期间同步构建表征周围环境的词袋字典,在定位初始化时通过对实时图像做特征提取和字典检索,可以得到词袋向量。通过词袋向量计算图像相似度的方式可以获得车辆在地图中的具体路段位置。该方法需要构建室内停车场环境中词袋模型的字典,同时保存建图期间各处位置采集图像生成的词袋向量,详细过程不赘述。

除词袋模型,此处介绍另外一种检索方法,即基于KNN(K Nearest Neighbors)算法的图像检索方法,详细流程如图8.44所示。其整体思想是,室内停车场地图构建期间,在建图轨迹的每一个关键帧处采集对应的图像,利用神经网络将图像转化为特征向量,由此得到与地图各处位置相关联的图像特征向量集合;在定位初始化过程中,采集实时图像,用相同的神经网络将其转化为特征向量,并使用KNN算法将之在建图时保存的特征向量集合中完成检索。理论上讲,定位初始化期间车辆观测到的图像与建图时在相同位置附近采集到的图像具备非常高的相似性,两者转化而成的特征向量非常接近。利用这一特性可以检索到地图位置索引,进而确定自车在地图中的具体路段。

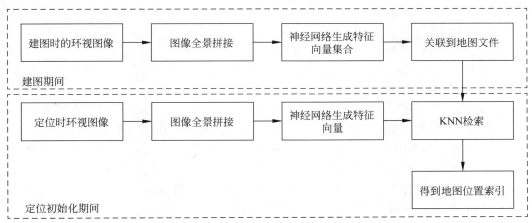

图 8.44　基于KNN算法的图像检索流程

实际工程项目中,车辆定位初始化时,为保障车辆同一位置各航向角下的观测都能在特征向量集合中找到索引,建图期间同一个位置用来生成特征向量的图像需要进行360°的全景拼接,并进一步生成一组表征同一位置不同航向角的特征向量。在定位初始化期间同样需先完成四张环视图像的全景拼接,再生成待检索的特征向量。检索过程则采用KNN算法,其本质是一个分类算法。当预测一个新的点所属类别时,根据与之距离最近的 K 个点的类别来做判断,原理如图8.45所示。

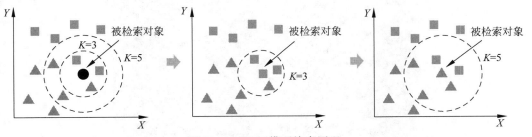

图 8.45　KNN模型检索原理

假设所有对象均为二维点,并由 X 坐标和 Y 坐标表征,通过曼哈顿距离、欧氏距离、汉明距离、余弦距离等方式均可衡量点与点之间的距离。当取被检索对象最近的 3 个点时,正方形类别的点出现的概率更高,被检索对象判定为正方形。当取被检索对象最近的 5 个点时,同理被判定为三角形。可以看到 K 值的选取对最终检索结果影响明显。当 K 比较小时模型较复杂,容易过拟合;K 较大时模型较简单,容易欠拟合。实际使用该算法时,一般根据样本分布先选择一个较小的值,然后通过交叉验证的方法来确定最终值,即将样本数据拆分成训练集和验证集,验证时随着 K 的逐步增大,错误率一般会先下降后上升,取最低点的 K 值使用。在室内环境的定位初始化任务中,KNN 模型需要检索的目标类别即为地图中各路段的位置索引,由此通过索引得到车辆所在的具体路段。

在实际工程应用时,利用图像检索的方式确定车辆具体路段的方法也存在一定的出错概率,例如室内停车场存在相似场景、因停车场改造出现局部环境变化、周围车位内所停车辆的移动给环境带来的不确定性等情况。幸运的是在车辆运动状态下,连续帧的图像检索能大幅度提高成功率。因此室内定位初始化成功率在动态下比静态下要高很多。

室内环境下的定位主要用于泊车场景下的记忆泊车和代客泊车产品。其中记忆泊车的定位初始化流程可以在图 8.44 所示的基础上省去基于图像检索的具体路段确认过程。在调取记忆泊车地图后直接进入定位元素匹配和位姿优化阶段即可。一方面,记忆泊车地图一般路线很短(小于 1km),特征点全图暴力匹配可以在较短的时间内完成。另一方面,支撑记忆泊车功能的在线建图过程没有人工参与,且实时性要求很高,与地图相关联的图像特征向量集合难以在线生产。

室内环境定位过程中的定位元素匹配主要分为两部分:路面标识的匹配和特征点的匹配。路面标识的匹配和室外环境基本一致,特征点的匹配则与 8.2.1 节提到的匹配方式相同,即使用空间距离和描述子匹配,此处不赘述。完成匹配后再根据定位元素的类别分别构建自车位姿优化目标函数中的误差。地面标识本身是通过俯视拼接图获取的,可直接通过与地图中对应元素的交并比(IoU)考察重叠度,也可基于像素点云的形式用 ICP 的方法配准。对于已匹配好的特征点计算其二维重投影误差即可。

特征点的运用主要解决单纯的地面标识定位在某些情况下可能失效的问题,以提高系统健壮性。例如地面脏污、局部区域地面标识分布密度过低等情况。特征点虽然稀疏,但在数据量方面仍然占单张停车场地图数据量的大部分比例。当面对多个大型停车场的地图时,地图的存储会是一个新的挑战。长期来看,特征点应当被矢量化特征信息替代,如室内环境中的墙/柱子边缘、面特征、管道等。

图 8.46 所示为室内环境下自动驾驶车辆的连续定位过程,图中可以观察到参与定位的地面标识、稀疏的特征点云以及自车行进的轨迹。

图 8.46 室内环境下利用特征点和路面标识定位的实例(来源于 Momenta)

8.7　数据驱动建图定位方法

数据驱动的建图定位方法主要集中在三方面：实现重建的新视角合成算法、学习型里程计算法，以及学习型元素匹配方法，接下来进行详细讲解。

8.7.1　重建的新视角合成

三维重建技术在自动驾驶领域被用于做离线建图，并基于建图结果为车辆提供仿真环境和场景，同时也提供部分真值数据。早期基于视觉和激光的重建技术以传统规则型算法为主，重建结果与真实环境差异显著，仿真效果较差。2020年具有超强三维表达能力的辐射神经场（Neural Radiance Fields，NeRF）算法横空出世。它不仅能实现细节丰富、无空洞、无纹理重叠、高分辨率的重建，还可以合成跟真实照片相差无几的新视角图像。

图8.47所示为NeRF在自动驾驶领域的典型应用。英伟达公司基于NeRF实现了虚拟现实数据的融合，能够生产海量高保真度的自动驾驶仿真场景。采集的真实数据和模型生成的数据难分真假，可以在真实数据的基础上对复杂道路情况做模拟。例如，对道路进行雨雪加湿、增加或剔除路面目标等。7.2.4节讲解了Tesla Occupancy Network，该算法中使用了NeRF Status做在线的模型输出质量监控，并使用基于NeRF的离线三维重建结果提供大量自动生成的真值数据，为低成本、高效率的模型迭代做支撑。

|　剔除路面目标物　|　增加仿真车　|　改变天气　|　重建获取真值数据　|

图8.47　基于NeRF的虚拟现实融合场景

初始版本的NeRF发表于2020年的ECCV，如图8.48所示。NeRF以对物体各视角下的观测数据为输入，面向新视角合成任务建模，对于给定的新视角生成与之对应的新数据。首先在视角和对应图像的像素所在射线上进行均匀随机采样，得到表达每个点位置和方向的5维信息；然后通过一个MLP网络预测该像素的颜色和不透明度；最后通过体渲染（Volume Rendering）将3D场景渲染成新的图像。为提升模型的性能，该算法采取位置编码（Positional Encoding）的方法提取图像中像素高频变化的信息，以解决模糊问题，采取分层体采样（Hierarchical Volume Sampling）的方法避免直接高频采样的大计算量压力。

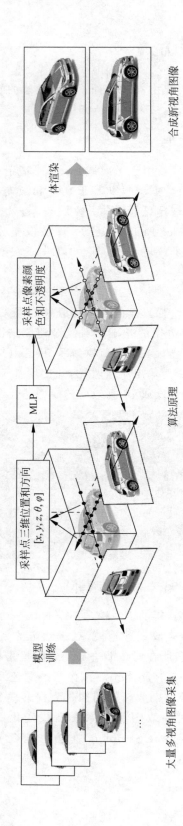

图 8.48　NeRF 算法网络架构

NeRF 一经提出,就被众多研究者跟随,并进行了大量的探索和改进,成为近几年在三维视觉领域的主流研究方向,并推向了一个新的浪潮。该算法虽然渲染效果表现惊艳,但也有几个显著的缺陷:训练和渲染速度慢;只能表示静态物体,无法泛化到其他场景。近几年针对 NeRF 的改进主要分为如下几个方向:渲染性能优化;场景扩展;训练过程优化;推理速度优化。

渲染性能优化:主要改进对于单场景/物体的渲染质量。2020 年发表的 NeRF＋＋提出了一种反球面参数化方法,通过球表面将场景划分为前景和背景,并对其用不同的 NeRF 独立建模,以此应对 360°大规模无界 3D 场景的渲染,取得了良好的效果。2021 年发表于 ICCV 的 Mip-NeRF 算法将原始 NeRF 中用来采样的射线用圆锥做替换,并基于圆锥体构建位置编码特征,解决模糊或低分辨率渲染的问题。2022 年发表于 CVPR 的 Mip-NeRF 360 算法又做了进一步改进,它使用非线性场景参数化、在线蒸馏和一种基于失真的正则器来克服无边界场景带来的挑战,不仅能合成图像而且能输出精准的深度图。除此以外,改善渲染性能的算法还有 SVS、Enhanced SVS,以及增加了语义信息的 Semantic-NeRF 等。

场景扩展:主要从单场景/物体拓展到不同尺度的大场景,对自动驾驶来说重点是城市区域场景的重建。2021 年发表于 CVPR 的 NeRF-W 算法主要实现室外场景重建,可以排除场景中移动的遮挡物(如行人),并具备不同光照条件的渲染能力。2022 年发表于 CVPR 的 Urban-NeRF 算法做了三点创新:引入了激光雷达数据做监督,解决了图像数据之间的曝光变化问题,并利用图像分割结果来监督天空区域光线的体积密度。最终使城市街景的重建性能得到显著提升。2022 年同样在 CVPR 上发表的 Block-NeRF 算法实现了大规模环境的重建,将规模场景划分为多个 Block,允许对环境进行逐个 Block 更新,在推理时可以实现相邻区域的无缝结合,理论上可以将环境扩展到无限大。2022 年发表于 ECCV 的 BungeeNeRF 算法(也称为 CityNeRF),则将 NeRF 引入城市级的规模,处理的视图覆盖卫星级到地面级具有不同细节和空间多尺度的数据。该算法采用渐进的学习方式,从浅的 Base Block 拟合远视图开始,随着训练进行,添加新块以适应在越来越近的视图中出现的细节。此外还有一些改进算法将场景扩展至镜面反射、人脸/动态人体等场景,例如 Human NeRF、Instant Dnerf、Animatable 等,此处不详述。

训练过程优化主要在三方面:减少训练过程需要的数据量;弱化训练数据对传感器位姿的依赖;对训练过程做加速。

初始版本的 NeRF 需要 100 张左右的图像,而 IBRNet、MVSNeRF、GRF、InfoNeRF 等算法仅需少量图像就可以完成高质量重建任务,其本质是提高 NeRF 的泛化能力。2021 年发表于 CVPR 的 PixelNeRF 算法不但将数据集中的图像用于模型训练,也将其信息作为模型的输入参与后续的计算,最终仅采集极少数的图像(3 张),即可得到很好的新视图渲染效果。如图 8.49 所示,该算法首先使用由 CNN 生成的二维图像特征作为 NeRF 的输入,以学习场景的先验知识;然后在采样点的三维位置上查询与之对应的二维特征,根据特征和位姿,通过 MLP 网络求取新视角的颜色和不透明度;最后根据体渲染得到新视角的图片。

BARF、NeRF-SLAM、iNeRF、GNeRF 等算法弱化了对训练数据的传感器位姿的依赖。

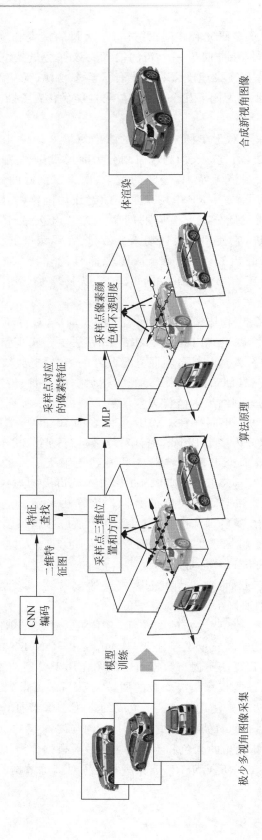

图 8.49 PixelNeRF 算法原理

其中 2021 年收录到 ICCV 做报告的 NeRF-SLAM 算法首次提出将单目稠密 SLAM 和层次化体素 NeRF 相结合的思路,实现了不需要位姿和深度信息作为输入的实时准确辐射场构建。该算法包含跟踪和建图两个并行的线程,其核心思想是,使用一个稠密单目 SLAM 模块估计相机位姿、稠密深度图以及它们的不确定度,再基于这些信息做监督实时训练 NeRF 场景表征。此外 Deblur-NeRF、HDR-NeRF、Raw NeRF 等算法降低了对图像质量的要求。

DSNeRF、VaxNeRF、DirectVoxGO、Plenoxels、NSVF 等算法提升了模型训练速度。其中 2022 年发表于 ACM TOG(Transactions On Graphics)的 Instant-ngp 算法仅需 5s 就可完成一个场景的训练。该算法提出了一种可学习参数的多分辨率哈希编码结构,基于由粗到细的哈希搜索,实现网格到特征向量的分级对应,并用其替换了初始 NeRF 中的 Positional Encoding。由此在保持渲染性能的情况下缩小了 MLP 网络。最终,通过实现更小的模型、多分辨率编码的高效并行以及 Cuda 的原生加速,使得该算法的训练时间从小时级别压缩到分秒级别。

推理速度优化即为提升图片渲染速度。初始版本的 NeRF 渲染图像的速率只有 0.06fps。PlenOctree、SneRG、DONeRF、KiloNeRF、JaxNeRF 等算法采取了不同的措施对推理过程进行加速。其中 2021 年发表于 ICCV 的 FastNeRF 算法采用图启发的分解思想,将 NeRF 分解为两个不同处理维度的 MLP,使渲染速度提高到 200fps。该算法允许在空间中的每个位置紧凑地缓存一个深度辐射图,使用光线方向有效地查询该图,以估计渲染图像中的像素值。FastNeRF 由一个产生深度辐射图的三维位置网络和一个产生权重的二维方向网络组成,权重和深度辐射图的内积对场景中指定位置和指定方向的颜色进行估计。尽管这种将问题一分为二的方法能减少缓存大小,但内存开销仍然很大。2022 年发表于 CVPRW 的 SqueezeNeRF 采用稀疏缓存的方式,使内存效率提高了 60 倍,并仍然保持 150fps 以上的渲染速度。该算法在 FastNeRF 基础上将三维的位置网络分解为三个二维度的位置网络,这种分解计算的方式同样可以进一步减少缓存大小。图 8.50 所示为 NeRF、FastNeRF 以及 SqueezeNeRF 三者网络架构对比。

8.7.2 数据驱动里程计

里程计是 SLAM 的基础,在深度学习技术发展的同时,对数据驱动的里程计算法研究也有了一定的进展,整体来看已经达到了与最好的传统规则型算法水平相当的性能。本节对不同类型的学习型里程计算法展开讲解。

最早基于学习的 VO 是 2017 年发表于 ICRA 的 DeepVO,该算法通过 CNN 提取序列化图像特征,并借助 RNN 输出位姿。其改进版本 ESP-VO 算法于 2018 年同样发表在 ICRA 上,但效果并未超过传统的算法。

2017 年发表于 AAAI 的 VINet 首次尝试用深度学习框架解决 VIO 问题。该网络分为三个主要部分:首先通过一个 FlowNet 来得到相邻帧图像间的光流运动特征(1024 维);与此同时,使用一个常规的小型 LSTM 网络处理 IMU 的原始数据,得到 IMU 数据下的运动特征;最后将视觉运动特征和 IMU 运动特征相结合,送入一个核心的 LSTM 网络进行特征融合,并通过李群李代数中的 SE(3) 流行来建模位姿,用帧间堆叠的 LSTM 网络来预测位姿。实验表明,VINet 算法达到了当时 SOTA 的性能,并对标定误差这样的数据扰动表现出一定的健壮性。VINet 的网络架构如图 8.51 所示。

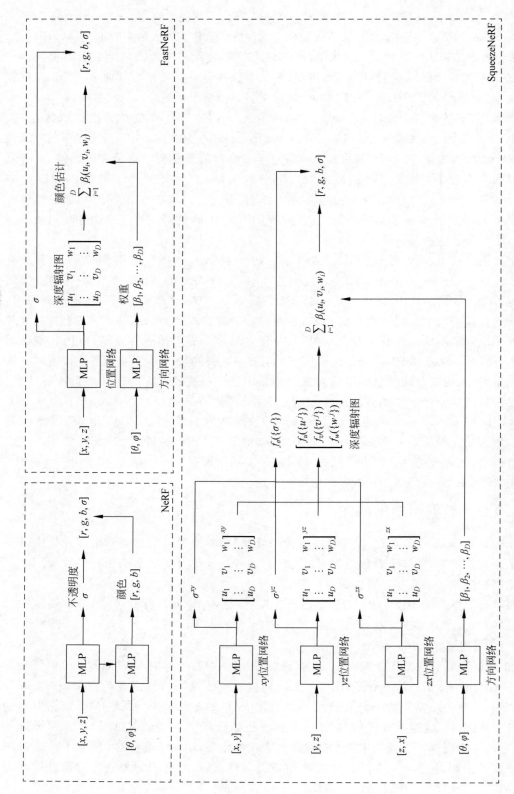

图 8.50 NeRF、FastNeRF、SqueezeNeRF 算法网络架构对比

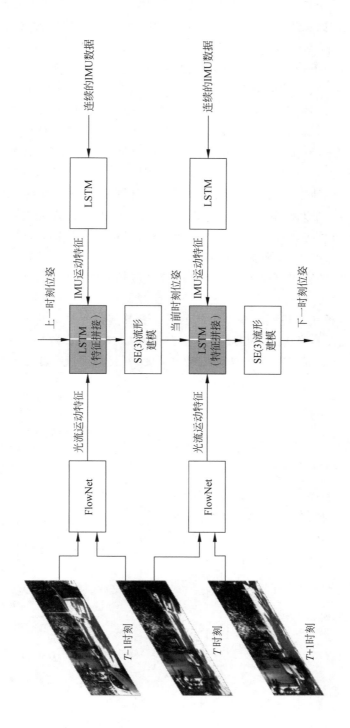

图 8.51 VINet 算法网络架构

2018 年发表于 AAAI 的 IONet 算法使用 RNN 来实现惯性里程计,其输出的轨迹精度高于当时最先进的传统算法。该算法将惯性追踪问题作为顺序学习来处理。首先将原始的 IMU 连续帧数据作为输入;然后使用 LSTM 学习极坐标中的位置变换,并构造惯性里程计;最后通过整合运动位移生成轨迹。2020 年发表于 *IEEE Internet of Things* 期刊的 L-IONet 算法,使用与 IONet 相似的思想采用 WaveNet 实现了更轻量的模型,并用于重建行人轨迹,同时发布了公开数据集 OxIOD。

2019 年发表于 CVPR 的 LO-Net 算法用深度卷积网络实现了实时激光雷达里程计估计,如图 8.52 所示。该算法以两帧连续的点云为输入,由法向量估计(Normal)、动态区域预测(Mask)以及里程计位姿回归(Odometry Regression)三部分组成。其中法向量能够反映出道路的平滑表面和清晰的边缘特征,避免了帧间点云对应点之间距离难以精确衡量的弱点。法向量估计时计算对应点附近四个点分别到该点向量的法向量,然后取均值。动态区域预测网络则将动态区域找出来,降低区域内点云置信度,减少其对里程计精度的影响,与此同时向里程计网络提供点云特征。里程计网络的核心部分则由动态区域网络中的编码部分组成,编码输出的相邻帧点云特征通过相加得到用于里程计相对位姿估计特征图,然后经过四层卷积和三层全连接预测相邻时刻激光雷达的平移量和旋转量。此外,算法末端还有一个将当前帧中平滑且静态区域的点云注册到地图中的模块(Scan to Map)。该模块利用网络中学习到的语义和几何信息来减小累积误差,并将预测的相对位姿根据地图转换为绝对位姿。实验表明,LO-Net 优于当时其他的学习型算法,并与 SOTA 的规则型 LOAM 算法具有相似的精度,其推理速度高于激光雷达 10 Hz 的扫描频率。

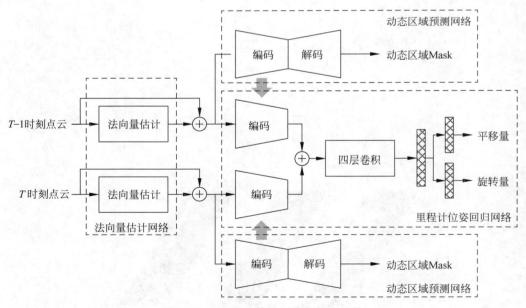

图 8.52　LO-Net 算法网络架构和效果

2019 年发表于 ICRA 的 CL-VO 算法用 IMU 数据做监督训练深度 VO 网络,省去了原有 SLAM 中的深度估计过程。该算法用 FlowNet2-C 和 FlowNet2-S 做连续帧图像的编码网络,在位姿回归时用 LSTM 和 FCN 得到 6 个自由度的位姿。网络训练的真值则直接使用 IMU 输出的平移量 3T 和旋转量 3R。实验表明,CL-VO 的性能达到了当时的 SOTA 水平。

2021 年发表于 *IEEE Sensors* 期刊的 OdoNet 算法以经过清洗的 IMU 数据为输入,用深度学习模型直接估计车辆的前向速度,辅助导航系统起到轮式里程计的作用。该算法取时间滑窗内的 IMU 数据,用一维卷积神经网络实现虚拟的里程计模型。最终通过 EKF 实现组合导航定位。实验表明,IMU 零偏和相对于车辆的安装角会显著影响 OdoNet 的精度。但 IMU 个体差异、车辆负载以及道路情况对其无明显影响。整体来看该模型接近真实轮速计的 Odo 性能。

2023 年发表于 ICRA 的 DytanVO 算法,针对动态目标和人口稠密环境对里程计不友好的问题,基于 2020 年发表于 CoRL 的 TartanVO 算法做了改进,提出了摄像头位姿估计和动态目标分割联合优化的思想,如图 8.53 所示。该算法以连续帧图像为输入,主要框架分为三部分:估计光流的匹配网络(Matching Network)、基于无动态运动光流来估计位姿的位姿网络(Pose Network),以及运动分割网络(Motion Segmotion Network)。其中匹配网络输出动态光流,在利用运动分割网络(轻量级 U-Net)输出的分割 Mask 后,将运动区域的动态光流置 0,消除动态目标物对里程计的影响,并输入至位姿网络。位姿网络的骨干由 ResNet50 组成,通过对平移量和旋转量的估计完成相机运动的预测。该算法最大的创新之处在于,模型推理过程中匹配网络仅向前传播一次,而位姿网络和分割网络通过多次迭代以联合优化位姿估计和运动分割。当相邻两次迭代之间旋转和平移差异小于阈值即可结束优化。该阈值不固定,预先设置一个衰减参数,随着时间的推移逐步降低阈值,防止迭代初期出现不准确的分割 Mask,而在后期使用改进的分割 Mask。实验表明,实际应用中迭代 3 次即可收敛,DytanVO 的性能达到了当时的 SOTA 水平。

除上述讲解的算法,学习型的里程计还有 RNIN-VIO、MotionTransformer 等算法。这些算法主要用于非车用环境,此处不详述。

8.7.3　数据驱动元素匹配

在 SLAM 建图和高精度定位技术中,不论是前端里程计的轨迹生成过程,还是室外/室内定位的自车精确位姿确定过程,都涉及元素的匹配,如特征点的匹配、各类定位元素的匹配等。各类定位元素匹配的结果使自车实现在地图环境中的精确定位。传统的规则型算法根据视觉几何实现,学习型方法则通过神经网络来实现。本节讲解近几年出现的一些研究成果。

最初的一些研究仍然是基于特征提取和特征匹配的整体思路。2018 年发表于 CVPRW 的 SuperPoint 算法使用无监督的方式训练了一个用于提取图像特征和描述子的网络。其特征点位置精度可达到像素级。2020 年发表于 CVPR 的 SuperGlue 算法则通过网络实现了前端里程计中的特征匹配过程,是 SLAM 算法迈向端到端深度学习的重要里程碑。

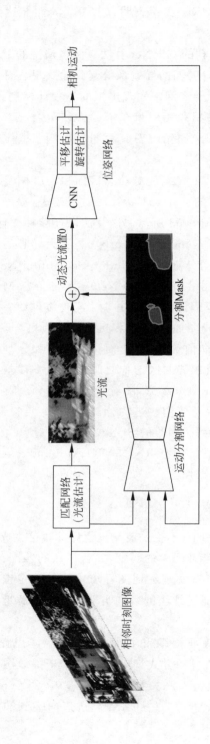

图 8.53　DytanVO 算法网络架构

如图 8.54 所示,SuperPoint 算法包含三个主要部分:共享的 VGG Style 编码器 (Encoder)、关键点解码器 (Interest Point Decoder),以及描述子解码器 (Descriptor Decoder)。其中关键点解码器预测每个像素是关键点的概率,得到关键点概率分布图。描述子解码器则利用类似 UCN 网络得到半稠密描述子,再通过双三次多项式插值得到其余描述,并对其归一化得到统一的长度描述。为获取自动化的真值数据,网络训练过程一共分为三步:首先采用已知特征点的虚拟三维物体数据集,训练网络提取特征点,由此得到特征点提取的基础网络。然后进行特征点自动化标注,即使用真实场景未标注的图像,用第一步得到的基础网络和单应适配 (Homographic Adaptation) 提取特征点并迭代几次,由此得到真实图像的特征点。最后对上一步使用的图像进行几何变换(即单应变换),以获得已知位姿关系的两组数据。通过重投影可以自动获得两组数据之间的配对关系,并把这两组数据导入 SuperPoint 网络,提取关键点和描述子,由此完成该网络的训练过程。

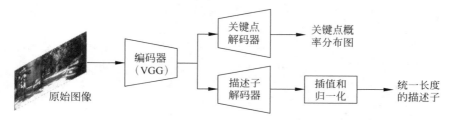

图 8.54 SuperPoint 算法网络架构

如图 8.55 所示,SuperGlue 算法的输入为来自两张图像的特征点和描述子,输出是特征之间的匹配关系。该算法框架的核心部分由两个模块组成:注意力机制的 GNN 和最优匹配层。其中注意力机制的 GNN 先后使用自注意力和交叉注意力来增强两组特征点和描述子之间的匹配性能。在经过多次迭代后,可得到两张图各自的特征匹配向量。在最优匹配层中首先通过计算特征匹配向量的内积得到匹配度分数矩阵,再通过能解决可微分问题的 Sinkhorn 算法迭代 T 次解算最优特征分配矩阵。

2022 年发表于 CVPR 的 OpenGlue 算法借鉴 SuperGlue 的思想开源了基于 GNN 的图像匹配框架,并实现了比 SuperGlue 更快的匹配速度。该研究表明,在位置编码中加入额外的几何信息可以显著提高匹配器的性能,如局部特征尺度、方向以及仿生几何等。OpenGlue 提出将局部描述符与上下文感知描述符结合起来对框架做改进。

不论是传统的规则型方法还是数据驱动的学习型方法,在白墙、地面等纹理弱的区域不可避免地存在难以提取到连续可重复的特征点。2021 发表于 CVPR 的 LoFTR 算法抛弃了顺序完成特征点检测和匹配的思想,而是直接建立并精修逐像素的密集匹配。该算法在弱纹理区域密集匹配效果显著,达到了当时的 SOTA 水平。2022 年发表于 ACCV 的 MatchFormer 算法对 LoFTR 进行了改进,将注意力机制引入分层特征编码阶段。MatchFormer 小模型大幅度提升了特征匹配性能和运行速度,MatchFormer 大模型则在四个不同的基准上达到了 SOTA 水平,包括室内位姿估计 (ScanNet)、室外位姿估计 (MegaDepth)、单应性估计和图像匹配 (HPatch),以及视觉定位 (InLoc)。

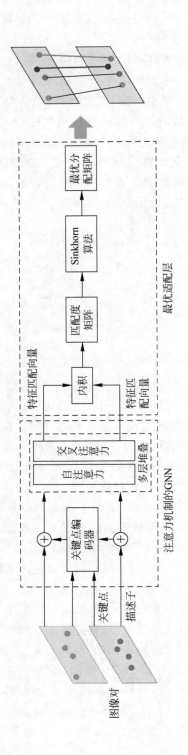

图 8.55　SuperGlue 算法网络架构

如图 8.56 所示,LoFTR 算法主要有四个步骤:首先使用局部特征 CNN 提取图像对的粗粒度和细粒度两种特征图;然后将粗粒度特征图展开成一维向量并增加位置编码,将拼接后的特征送入局部特征提取器 LoFTR Module 中,并完成若干次自注意力和交叉注意力交替过程;接下来用一个可微的匹配模块对上一步骤提取的特征做匹配,得到置信度矩阵,通过置信度阈值和互近邻准则获得粗匹配预测结果;最后对于每个粗匹配结果,从细粒度特征图中裁剪一个窗口,使用一个较小的 LoFTR Module 将粗匹配结果细化到亚像素级别,由此得到最终的匹配结果。

如图 8.57 所示,MatchFormer 算法使用 Transformer 作为骨干网络提取特征,在分层编码器的四个阶段内交错使用自注意力进行特征提取,使用交叉注意力进行特征匹配,并在末端使用特征金字塔(FPN)将各阶段的多尺度特征进行融合,提高匹配的健壮性。实验证明,在低纹理的室内场景,或室外训练数据较少的情况下,MatchFormer 在效率、健壮性和精度上都超过 LoFTR。

接下来再讲解几个以图像为输入直接用深度学习模型完成定位的研究成果。

2021 年发表于 CVPR 的 PixLoc 算法实现了与场景解耦,以查询图像、具有先验位姿的参考图像,以及稀疏的 3D 点云图为输入,端到端的学习从像素到位姿的数据先验,在不同场景下具备较高的泛化能力,其网络架构如图 8.58 所示。该算法首先对查询图像和参考图像构建特征金字塔提取特征。然后将 3D 点同时投影到两张图像中,以最小化特征图中查询图像和参考图像间的差异(残差)为目标,使用 LM(Levenberg-Marquardt)算法逐层优化查询图像位姿。其间通过 CNN 预测每一层查询和参考特征图之间的不确定图(Uncertainties Map,即残差权重)引入视觉先验,并用阻尼因子(damping)对 6 个自由度位姿参数学习运动先验。所有特征图层完成优化后,即可得到较准确的最终定位结果。PixLoc 算法可一次训练适用多个场景且精度较高。但受限于 CNN 的感受野,该算法对于较差的初始位姿模型容易陷入局部最优。

2023 年发表于 CVPR 的 OrienterNet 算法通过将 BEV 图和人类使用的 2D 语义图(导航地图)相匹配来估计查询图像的位置和方向,如图 8.59 所示。该算法输入为经过矫正的图像和从导航地图(OpenStreetMap)中查询得到的地图数据。模型主体分为三部分:首先通过 CNN 从图像提取语义特征,并通过推断场景的 3D 结构将其转换到 BEV 视角;与此同时,导航地图由 Map CNN 编码为嵌入语义和几何信息的局部地图特征图(Neural Map);最后将 BEV 特征图和局部地图特征图进行穷举模板匹配来估计摄像头位姿的概率分布。实验表明,该算法在多视图和连续帧情况下得到了亚米级精度的定位结果,其定位精度和稳定性显著高于普通的 GPS 设备。

近两年,因高精度地图的成本、审图合规、更新效率等问题,各量产自动驾驶产品研发团队正在积极推进无高精度地图或弱高精度地图依赖的技术。OrienterNet 算法的思想将有机会在量产自动驾驶解决方案中得到广泛应用。

除上述讲解的算法,数据驱动的学习型定位匹配算法还有 HF-Net、GN-Net、LM-Net、Hloc、LDSL、VidLoc 等,此处不详述。

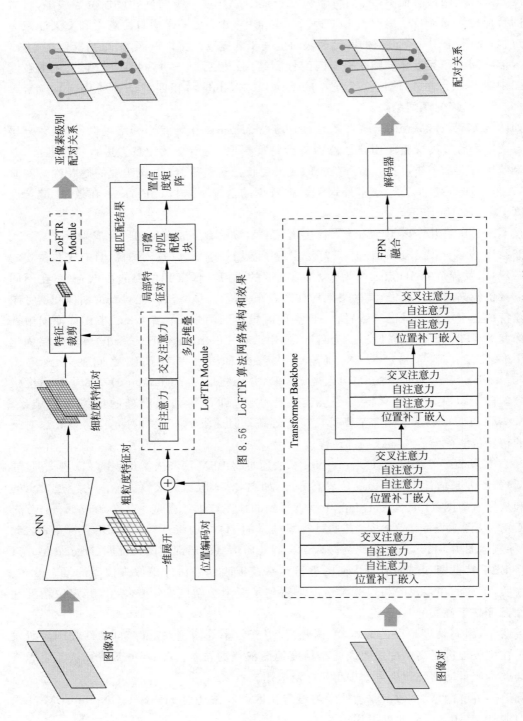

图 8.56 LoFTR 算法网络架构和效果

图 8.57 MatchFormer 算法网络架构和效果

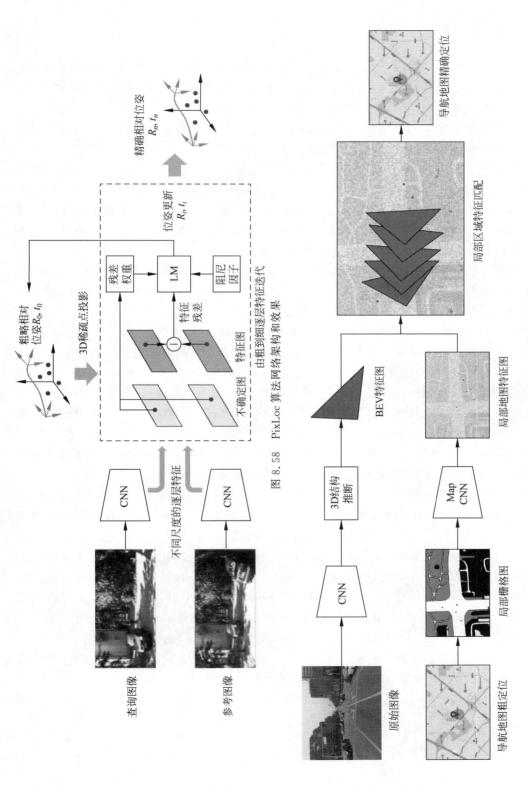

图 8.58 PixLoc 算法网络架构和效果

图 8.59 OrienterNet 算法网络架构和效果

8.8 小结

总体来看,基于传统算法的建图定位技术发展时间长,积累深厚,在量产自动驾驶解决方案中已得到了长足的应用。基于数据驱动的建图定位方法在学术界已出现一些成果,假以时日可实现工程应用,并为自动驾驶能力的泛化提供助力。

在高速高架场景和泊车场景中,已经落地的行/泊车产品形态中均包含了高精度地图和定位模块。然而,在城市道路继续沿用高精度地图方案容易带来如下三方面问题。

(1)建图成本高。城市公路里程数较长,仅一线和新一线城市就达到约 200 000km,超过全国高速公路总里程 177 000km。如果加上二线和三线城市,城市公路里程数将是高速公路总里程的数倍。由于城市高精度地图元素众多,其制作过程比高速公路更加烦琐。城市路段车速受限、路况复杂、路面时有遮挡,因此其地图数据采集的效率也相对较低。总体来看,城市公路的建图成本与高速公路相比将高出至少一个数量级。

(2)审图周期长。在地图测绘过程中,有关部门需要对生产的地图进行细致的审查,防止关键的地理信息泄露,进而造成安全隐患。城市中往往分布了政府机关、军事要地、战略产业基地、交通枢纽、经济圈、密集居民区等众多涉及国家安全和人民安全的区域。因此,与高速公路相比,城市区域的高精度地图审查更为严格和细致,审图周期较长。

(3)鲜度难保证。城市道路日常变化频率较高,一夜之间路面信息发生改变的情况时有发生,具体原因包括道路维修养护、临时封路、不同季节植被变化、交通标识牌的更替、改道等。为保证高精度地图的鲜度,需要非常高频地采集地图数据,并完成地图的更新和发布。利用地图采集车的传统方法,成本过高,难以胜任该任务。众包建图的方法虽然在规模化之后有机会解决数据采集的问题,但地图制作流程中仍然无法避免有人工参与的过程,城市道路规模扩展到一定程度后,制图效率和成本难以下降。此外,数据安全和审图周期长的问题依旧存在。因此,城市公路高精度地图鲜度难以保证。

这里不得不再次提到 Tesla,该公司从一开始便抛弃了高精度地图和高精度定位方案,彻底摆脱高精度地图方案带来的瓶颈。这一方面得益于 Tesla 在视觉感知领域近十年的深耕,其对外发布的感知方案一直是近年来行业发展的风向标。另一方面该公司一直坚持走渐进式的自动驾驶产品策略,其自动驾驶产品长期停留在 L2 级别的功能,待视觉感知算法能力得到进一步大幅度提升后再向高级功能演进。近几年 Tesla 整车产品在全球范围内的成功让同行倍感压力。行业追赶者需要在较短时间内实现 Tesla 同等甚至更高级别的自动驾驶功能,需要采取多种技术相结合的路线。因此为了让高级别自动驾驶功能快速落地并实现商业价值,绝大多数公司和团队仍然选择高精度地图和多种传感器融合的解决方案。纯视觉感知且无高精度地图的解决方案还需要多长时间才能实现真正的高级别自动驾驶功能?Tesla 还在不断探索当中,其他同行也开始尝试,让我们拭目以待。

第 9 章

预测、规划以及控制

本章主要讲解自动驾驶算法中的预测、规划以及控制。目前在可量产的自动驾驶解决方案中,预测模块基本可以使用深度学习技术解决,规划模块和控制模块虽然以传统规则型算法为主,但也有一些基于数据驱动的学习型算法研究成果出现。

9.1 通过预判来博弈

自动驾驶车辆运行的场景之所以复杂多变,主要源自场景中的动态交通参与者。在局部环境中,各时刻下动态目标物的运动与自车的行车策略息息相关,路权实时变化,所有交通参与者时刻处于动态博弈的状态。自车只有对周围动态物体的未来行为做出准确预判,才能在动态博弈中获得最优的行驶决策结果,并进一步完成目标轨迹规划和跟踪控制。

预测、规划以及控制在整个自动驾驶流程中处于中下游位置。如图 6.23 所示,预测模块既可与感知相结合,也可以与规划相结合。本章将其与规划控制算法一同讲解。图 9.1 所示为结构化道路中自动驾驶系统的预测、规划以及控制过程。

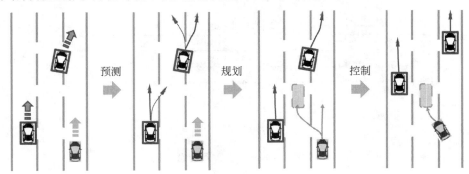

图 9.1 预测、规划以及控制过程示意

首先对动态目标物未来一段时间内的运动轨迹做预测(Prediction)。其主要任务是对目标物做运动建模,并基于建模结果生成可能发生的轨迹。预测的输入是由感知模块提供的各类目标物连续帧的检测结果、地图定位模块提供的道路环境信息、目标物动力学模型和其当前运动状态,以及交通规则和目标物日常行为习惯等。预测的结果往往是多模态的。针对同一个目标物一般包含多条预测轨迹,每一条轨迹发生的概率因场景差异而不同。例如目标物为一辆小汽车,在过去的一小段时间内持续加速。道路为单向三车道,该车在中间车道偏向右侧车道行驶。其前方不远处有其他物体,按照交通规则和车辆日常行为习惯,预测该车较大概率向右加速换道超车,较小概率减速直行跟车。

接下来对自车未来一段时间内的行为做规划(Planning)。其主要任务是对自车行为做决策,并根据决策结果生成目标轨迹。规划的输入与预测非常相似,同样包括日常行车需遵守的交通规则和习惯、实时的交通环境信息,以及自车位姿等。规划输出的最终结果是一条符合安全、舒适等要求的最优目标轨迹。上游动态目标物的预测结果能够确保自车在未来一段时间内与他车的行为没有冲突。为保障输出的轨迹能更好地被自车跟踪,轨迹生成时还需考虑自车动力学参数。此外规划模块还需针对驾驶员的交互指令做响应,如沿导航路径行驶、向目标方向换道、限定最高车速、泊入目标车位等。

最后对自车横/纵向进行闭环控制(Control)。其主要任务是对规划生成的目标轨迹做跟踪,执行符合预期的自车动作。接下来分别对上述三个模块进行讲解。

9.2 目标物轨迹预测

目标物轨迹预测主要解决自动驾驶车辆和周围环境中其他运动物体的协同交互问题,其任务一般由两部分组成:意图判断和轨迹生成。意图判断是指对目标物下一阶段行为意图做估计。例如,针对车辆,其意图有可能是沿车道巡航、左转、右转、跟车、换道超车、减速停车等;针对行人,其意图有可能是停止等待、沿人行横道或人行道通行等。轨迹生成则是在意图判断的基础上,根据目标物的运动交互、运动学、动力学等约束,生成未来一段时间内的轨迹。

预测过程的先验信息主要来源于如图9.2所示的两方面。

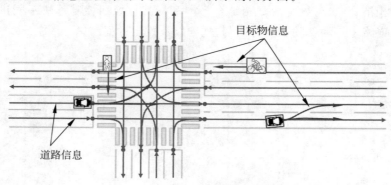

图 9.2　目标物轨迹预测信息依赖

其一为道路信息。道路信息一般由高精度地图提供或通过感知模块提取的路面静态信息组成,具体包括车道序列、车道边界、道路边界、路口形状、停止线位置等。道路信息带来的先验为使路面交通参与者的行为受到道路的约束。绝大多数目标物都会遵守基本的交通规则和日常交通行为习惯。一方面车辆一般都沿车道行驶,车道序列和车道边界决定了每一条车道未来的延伸方向。在常见的右转、左转、环岛、匝道等场景下,车辆的通行方式一般都与车道连接关系密切关联。当判断车辆有换道行为时,对应参照的车道序列随之变更。另一方面道路边界和道路形状又进一步决定了目标物运动的范围。路面正常行驶的目标物不会无缘无故地撞向路沿,或在路口通行时超出路口边界。与车辆类似,人行横道和人行道的信息同样给行人通行场景提供了与之相应的先验。

其二为目标物信息。目标物信息主要包括感知范围内所有已识别目标物的类别及其历史轨迹集合。针对不同类别的目标物,可以根据其运动特征构建与之对应的运动学模型。历史轨迹集合则能反映目标物过去一段时间的运动状态和目标物之间的交互情况。目标物信息带来的先验是其未来轨迹是历史轨迹的延续,其运动规律不会超出运动学模型的约束。例如路上的行人平均速度约 5km/h,车辆一般不会出现横向平移运动等。此外,正常情况下目标物之间不会发生碰撞。如跟车场景下,当前车减速时,后车如无换道意图,在车距缩小的情况下也会随之减速。

如图 9.3 所示,自动驾驶系统中的目标轨迹预测技术发展的第一阶段以传统算法为主。随着深度学习技术的发展,在第二阶段涌现出越来越多的数据驱动算法实现目标轨迹的预测,其性能也得到了飞速的提升,已成为解决预测问题的主流方案。这类方案的核心思想是,将道路信息和目标物信息作为深度学习模型的输入;通过数据驱动的方式学习路面交通参与者之间的交互行为、目标物意图及其运动学约束;模型输出预测轨迹和轨迹的概率分布。具体使用的深度学习网络又分为三种:序列网络、图网络以及生成式网络。本节后续内容将详细讲解这三类网络在预测任务上的应用。

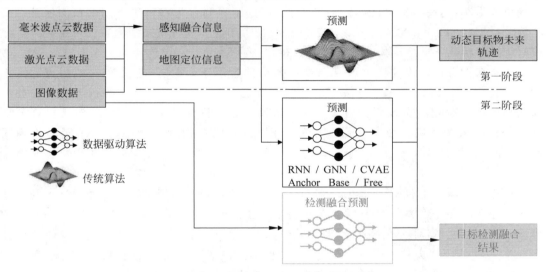

图 9.3 目标轨迹预测的几类技术方案

一些算法直接以传感器数据为输入,用一个模型同时完成目标检测任务和预测任务,7.2.4 节和 7.3.4 节已讲解基于视觉和激光点云的算法,此处不再赘述。预测和规划相结合的数据驱动算法将在 9.3.4 节讲解。此外,学术界也有一些基于强化学习的研究成果出现,包括逆强化学习(Inverse Reinforcement Learning,IRL)、生成对抗模仿学习(Generative Adversarial Imitation Learning,GAIL),以及深度逆强化学习(Deep Inverse Reinforcement Learning,DIRL)。这类方法离量产落地距离尚远,此处不详述。

9.2.1 传统方法

传统的轨迹预测方法核心思想:预定义目标物若干种行为意图,如车道保持、向右换道、向左换道等;通过概率学模型判断目标物的意图;通过运动学模型计算目标物未来的轨迹。

最简单的预测算法为单轨迹法。该类算法仅基于目标物当前状态，根据其运动学模型对未来状态做估计。由于通过感知获得的动态目标物信息有限，在预测任务中一般使用简单的运动学模型。常见的模型包括恒定速度模型、恒加速度模型、恒转弯速度模型、恒转弯加速度模型、恒转向角和速度模型，以及恒转向角和加速度模型等。对于车辆类型的目标物，其运动规律还需符合阿克曼转向的线性自行车模型。该类方法并未考虑道路因素和目标物与其他交通参与者的交互因素。仅能对未来极短时间内的状态做较为准确的估计，对长期状态的预测结果准确性很差，几乎无参考意义。

单轨迹法的建模过程未包含真实环境中可能产生的噪声，因此其预测无法考虑轨迹的不确定性。卡尔曼滤波（Kalman Filtering，KF）是最常用的噪声处理方法之一。常见做法是通过高斯分布对目标物当前状态和物理模型的观测噪声进行建模，利用卡尔曼滤波对目标物状态进行更新。然后将预测和更新步骤组合成一个循环，获得每个未来时间步长的车辆状态平均值和协方差矩阵，由此计算具有相关不确定性的平均轨迹。

目标物未来轨迹具备多模态特点，存在多种可能的未来行为，如高速巡航场景中，目标车辆可能沿车道行驶，也可能向左或向右换道行驶，不同行为将产生不同的预测轨迹。高斯混合模型（Gaussian Mixture Model，GMM）是常用的多模态轨迹预测建模方法之一。建模时统计目标物不同运动模式下的概率分布，并将预测轨迹划分为不同的高斯过程分量。

通常在没有任何线性模型或高斯性质假设的情况下，预测状态分布的解析表达式未知。蒙特卡洛（Monte Carlo）方法可以近似模拟状态分布，从完全已知的状态或通过滤波算法估计的不确定状态预测交通参与者的轨迹。它随机采样输入变量，并应用物理模型生成潜在的未来轨迹。为了确保运动的合理性，一般在物理模型中考虑车辆的物理限制，从而使模型的输入更真实。例如使用低于实际允许的横向加速度来过滤生成的轨迹样本。

动态贝叶斯网络（Dynamic Bayesian Network，DBN）常用于进行被预测目标物与其他交通参与者的交互建模。DBN 的推理和学习方法需要转化为贝叶斯网络才能应用，常用的推理方法包括变量消除法、团树算法和采样算法，学习方法包括最大似然法、贝叶斯估计法、EM 算法等。作为基于策略的方法，DBN 面临从识别策略到生成轨迹的误差问题，由于能判断的策略类型有限，如车道保持和变道，模型的泛化能力不强。

总体来说，传统预测方法模型简单，计算高效，但对复杂场景的处理能力较差，在人工智能蓬勃发展的今天，已经被基于数据驱动的学习型算法所取代。

9.2.2　序列网络预测

轨迹预测任务是一个典型的序列输入/序列输出任务，即 Sequence to Sequence。受启发于自然语言模型，解决序列任务最常见的网络是 RNN，其一般实现框架如图 9.4 所示。整体上看是一个典型的编码器-解码器（Encoder-Decoder）通用架构。其中解码器包含针对目标物（Agent）历史状态（Status）序列（$S_{t-n} \sim S_t$）的编码和道路（Road）相关元素序列（$R_1 \sim R_k$）的编码，两者产生的隐状态信息通过拼接操作（Concat）输出给解码器。解码器则针对目标物的未来状态序列（$Y_{t+1} \sim Y_{t+i}$）做解码，由此得到目标物轨迹预测结果。

在实际应用中，当时间步长数量较大时，原始的 RNN 网络不可避免地容易出现梯度衰

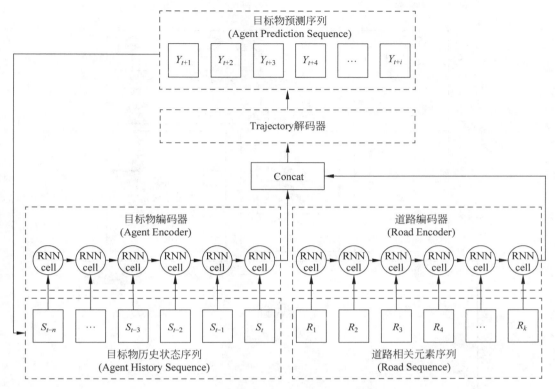

图 9.4　基于序列神经网络的轨迹预测算法框架

减或爆炸等问题。解决该类问题的常见方法是使用 Gated RNN，如图 9.5 所示，包括长短期记忆网络（Long Short Term Memory，LSTM）和门控循环单元（Gated Recurrent Unit，GRU）。此外，注意力（Attention）机制和卷积神经网络（CNN）也能规避这类问题。

2016 年发表于 CVPR 的 Social LSTM 算法首次使用数据驱动的方式建立行人交互过程，较好地实现了行人的轨迹预测，如图 9.6 所示。模型的输入为场景中 BEV 视角的行人历史位置坐标序列，输出为未来位置序列。模型总体采用基于 LSTM 的编码器-解码器架构。其创新之处在于为每个行人的轨迹配置一个独立的 LSTM 网络，通过 S-Pooling 将空间接近的 LSTM 连接，由此达到彼此共享信息的目的。对于单个行人，其对应的 Social Pooling 在每个时间步长中从邻域内的 LSTM 接收隐藏状态信息，然后利用该信息预测下一个时间步长的轨迹位置分布。实验结果表明，该算法能在未来较远距离预测行人间的交互行为，与传统方法相比预测性能得到显著提升。此后 Social Pooling 的思想被很多算法所借鉴。

2018 发表于 CVPRW 的 CS-LSTM 算法提出了一种全新的卷积 Social Pooling 结构，如图 9.7 所示。该算法使用 LSTM 编码每辆车的历史运动，其状态在历史帧中逐帧更新。在卷积 Social Pooling 中，将卷积和池化应用到 LSTM 状态的 Social 张量上。其中两层卷积用于提取 Social 张量内局部有用的特征，maxpool 层增加局部平移不变性。最终完成相邻车辆的历史运动信息的编码，并与待预测目标车辆 LSTM 状态信息完成拼接。LSTM 解码器为目标物预测未来六种行为类别生成未来运动的概率分布，并为每种行为类别预测一个发生概率。六种行为由三个横向行为（左换道、右换道、车道保持）和两个纵向行为（减速行驶、正常行驶）正交产生。

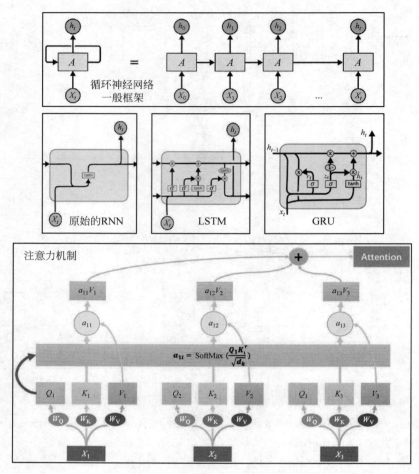

图 9.5 几种序列神经网络结构

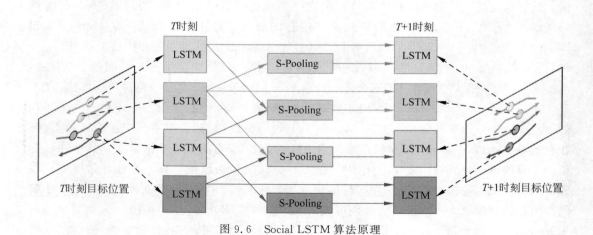

图 9.6 Social LSTM 算法原理

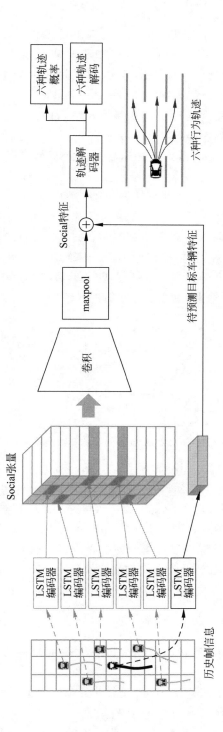

图 9.7 CS-LSTM 算法架构

CS-LSTM 网络训练时最小化负对数似然，

$$-\log\sum_{i} P_{\Theta}(Y \mid m_i, X) P(m_i \mid X) \tag{9-1}$$

其中，X 和 Y 分别为模型输入和输出，m_i 表示对应的行为类别。

2020 年百度自动驾驶开源项目 Apollo 的预测算法发表于 IEEE Intelligent Vehicles Symposium。该算法将目标物行为预测建模为，以车道序列为基础，根据车辆在一段时间内的历史轨迹，预测未来一段时间车辆将要行驶的 Lane 序列。具体实现方式为，把地图上所有未来道路抽象成 Lane 序列。对于任意目标车辆，都可通过位置从地图中获得该车未来行驶的所有可能 Lane 序列，并对这些 Lane 序列进行概率估计。以此预测车辆的未来行为，同时输出车辆行驶方向 Lane 概率和加速度。由此将预测问题变换为二分类问题和回归问题。

图 9.8 所示为百度 Apollo 的预测算法网络架构，其输入包括动态障碍物特征、未来道路特征，以及周围静态障碍物特征。接下来由循环神经网络 LSTM 提取时序特征，并将时序特征输出给后面的 MLP 网络。需要注意的是，由于周围静态目标物为非时序变化的信息，因此无须经过 LSTM 处理，直接输出给 MLP 网络即可。网络的输出分别是目标 Lane 序列的概率和目标 Lane 序列的加速度。最后基于车辆在车道中居中行驶为先验假设，结合简单的车辆运动学模型为约束，生成目标车辆的预测轨迹。

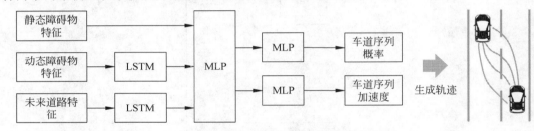

图 9.8　百度 Apollo 的预测算法网络架构

2019 年发表于 CoRL 的 MultiPath 算法以 BEV 视角的场景图为输入，分两阶段提取特征，基于 Anchor 预测目标车辆未来行驶轨迹的多模态分布，如图 9.9 所示。该算法输入的 BEV 图范围较大，包含当前时刻较完整的场景信息。第一阶段通过 CNN 网络提取全图特征。然后以目标车辆为中心从特征图中 Crop 一定范围的局部特征图，并将其输入至第二阶段的 CNN 网络中。该算法以目标车辆为中心，预先设置一组 Anchor 轨迹。这组轨迹通过对训练集进行 K-mean 聚类得到。模型最终输出为每个时刻的高斯混合模型（GMM），即预测每一条 Anchor 轨迹的发生概率和轨迹上每个轨迹点的高斯分布，其形式为

$$p(s \mid x) = \sum_{k=1}^{K} \pi(a^k \mid x) \prod_{t=1}^{T} \phi(s_t \mid a^k, x) \tag{9-2}$$

其中，s 为预测结果，x 为当前状态，$\pi(a^k \mid x)$ 为每条 Anchor 轨迹的发生概率，$\phi(s_t \mid a^k, x)$ 为单个轨迹点的概率分布。

2022 年发表于 ICRA 的 MultiPath＋＋算法在 MultiPath 的基础上进行了三点改进：对于输入，用 RNN 网络替换 CNN 网络，更利于直接对稀疏特征建模；通过 MCG（Multi Context Gating）模块实现 Road 和 Agent 之间的交互建模；用预学习的嵌入 Anchors 代替原有的固化 Anchors。如图 9.10 所示，模型总体结构为编码器-解码器结构，其输入信息包

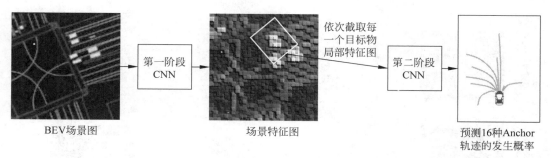

图 9.9　MultiPath 算法架构和效果

括 Agent 和自车历史状态信息，以及路网的多线段表示信息。编码器中对输入信息单独使用 LSTM 编码，再逐级用 MCG 提取交互特征，通过拼接获得固定长度的特征向量。预测部分预学习的 Anchor 嵌入采用类似 DETR 算法（图 7.48）的思想。模型训练时，把学习 Anchor 嵌入作为训练的一部分，并与预测的多模态轨迹依次对应。这些嵌入将作为隐空间中的 anchors 使用。解码器（MCG Predictor）中预测的轨迹满足高斯混合模型（GMM），其表达形式为

$$p(s) = \sum_{i=1}^{M} p_i \prod_{t=1}^{T} \mathcal{N}(s_t - \mu_i^t, \Sigma_i^t) \tag{9-3}$$

其中，p_i 对应网络中的分类 head，为不同模态轨迹的发生概率，$\mathcal{N}(s_t - \mu_i^t, \Sigma_i^t)$ 对应回归 head，为轨迹点的概率分布。MultiPath＋＋算法曾在 Waymo Open Motion Dataset 上排名第一，在 Argoverse Motion Forecasting 上排名第四。

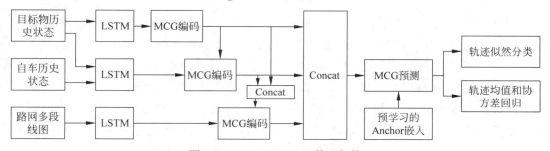

图 9.10　MultiPath＋＋算法架构

2021 发表于 CVPR 的 mmTransformer 算法（图 9.11）采用堆叠式 Transformer 来整合历史轨迹和地图信息，并使用一组候选轨迹对特征级别的多模态进行建模，最终输出多模态的预测轨迹。该算法自底向上对 Transformer 进行堆叠，依次提取目标车辆和周边车辆的历史轨迹特征、地图特征，以及 Social 交互特征，最终得到用于预测目标车辆轨迹的特征。解码器中完成目标车辆多模态未来轨迹和分数的预测。模型训练时采用基于区域的训练策略（Region Training Strategy，RTS）。在目标车辆周围不同区域中设置若干条候选轨迹，通过堆叠 Transformer 学习候选轨迹特征。训练时选择 Ground Truth 轨迹所在区域，解码器生成该区域内所有轨迹和置信度分数，然后为其计算损失。通过训练改善每个区域的预测性能。实验表明 RTS 的使用能显著提升模型能力。

除上述算法，使用序列网络实现目标物轨迹预测的算法还有 STGAT、MHA-JAM、StarNet、MANTRA、Wayformer、Lane-Attention、Spatial-Channel Transformer 等。

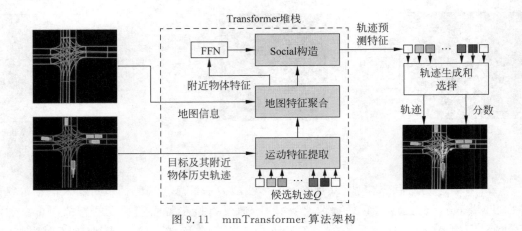

图 9.11　mmTransformer 算法架构

9.2.3　图网络预测

在上述基于序列网络的预测模型中,不论是目标物信息还是道路相关信息,都是以序列形式表达。除此以外,还可以将这些信息用节点和边组成的图(Graph)数据来表达。在考虑交互相关因素的预测问题时,不仅可以将环境中的每个目标物视为节点来形成图,矢量化的道路相关元素同样可以抽象为图的节点。因此使用图卷积网络(Graph Convolutional Network,GCN)和图神经网络(GNN)来求解预测问题成为另一种可行的技术路线。

GCN 将卷积运算从图像数据扩展到图数据,其核心思想是从图的节点及其邻域的特征中提取交互感知特征。该思想与预测问题中提取序列数据特征的思想有共通之处。

2019 年发表于 IEEE ITSC 的 GRIP 算法使用图形来表示近距离目标物之间的交互,如图 9.12 所示。在构建图形时将每个目标物对应至图形中的节点,图形中的边则由时间边缘和空间边缘共同组成。将目标物历史帧信息对应至时间边缘。在空间上,由于被预测目标物仅跟其附近小范围内其他目标物相关,因此将邻域内目标物信息定义为空间边缘。完成图形表示后,该算法首先应用一个 GCN 模型提取时序特征和邻域内目标物交互特征,并在每个图卷积层末尾添加一个图形操作,以在时间和空间上交替处理输入数据。接下来以图卷积特征为输入,使用一个 LSTM 编码器-解码器模型完成未来一定数量时间步长的轨迹预测。在公开数据集 NGSIM I-80 和 US-101 中的实验表明,该算法在当时将预测精度提高了 30%,但面对复杂场景的泛化性仍有待提高。

此后 GRIP 算法被进一步改进为 GRIP++算法,并于 2020 年发表。GRIP++算法的改进之一是在 GCN 做特征提取时将不同层的信息进行堆叠,其好处是扩大卷积过程的感受野。轨迹预测网络则采用由 GRU 组成的 Sequence to Sequence 结构替换原有的 LSTM 网络。GRIP++算法的预测精度在 GRIP 基础上得到了提高,在公开数据集 NGSIM I-80、US-101 以及 ApolloScape 的评测结果达到了当时的 SOTA 水平,在运行速度上提升显著。

2020 年 Rohan 等提出了一种双流(Stream)的 Graph-LSTM 模型来解决目标物轨迹预测问题,并发表于 IROS。该模型的第一个 Stream 使用 LSTM 编码器-解码器预测交通参

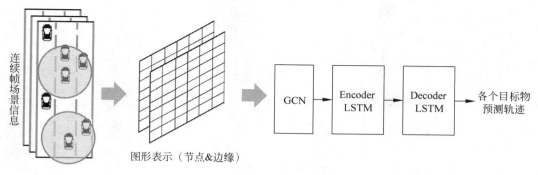

图 9.12 GRIP 网络架构

与者的未来轨迹。第二个 Stream 中将加权动态几何图网络(Dynamic Geometric Graph,DGG)输出的特征向量灌入 LSTM,对交通参与者的交互相关行为进行建模。该算法还提出了一种基于谱聚类的新正则化算法(Spectral Regularization),以减少长期预测(3~5s)中的误差范围,并提高预测轨迹的准确性。图中的频谱在 LSTM 编码器-解码器之后通过特征值的特定正则化来提取,并传递到第一个流的 LSTM 网络中,以帮助完成轨迹预测任务。

基于 GCN 的预测算法还有 GISNet、SGCN、DMRGCN 等。对于道路信息,地图中一般以顶点和多线段的矢量化形式表达,这些信息可以当作 GNN 中的节点。一些研究表明,使用 GNN 来获得车辆间、车辆和地图间的交互特征,可有效提高轨迹预测的准确性。

2020 年发表于 CVPR 的 VectorNet 算法将自动驾驶场景完全用矢量化信息表达,以自动驾驶场景中的车辆和矢量地图为节点,使用 GNN 实现轨迹预测。该算法首先将地图中的道路信息和感知输出的动态目标物信息用向量(Vector)的方式描述,道路由多线段向量组成,目标物则通过时间采样的方式将历史轨迹用向量表示。然后通过从向量中抽取实例特征来构建多段线子图(Polyline Subgraphs)。多段线层级的特征(Polyline Feature)需要考虑线段的拓扑关系,为此借鉴 PointNet 的处理方式,单独编码每一段线,并考虑此段线与整个多线段之间的关联,由此得到的特征向量即为多线段子图的节点。接下来将 Subgraphs 组成全局交互图(Global Interaction Graph),该图是一个基于 Attention 的全连接图,可以让不同实例进行信息交换,例如车和车之间的交互关系、车和车道之间的关系、车道和车道之间的关系等。当行人走上斑马线时,代表斑马线的 Vector 和代表行人的 Vector 之间产生信息交换,引导模型关注两者之间的关联。最终经过一层状态更新后,通过 MLP 网络解码,得到目标物的预测轨迹。图 9.13 所示为 VectorNet 的网络架构。

对 Waymo 私有数据集和公开数据集 Argoverse 的评测结果表明,与采用渲染实现预测的方法相比,VectorNet 具有同等甚至更好的轨迹预测性能。由于模型输入为经过抽象的矢量化数据,模型尺寸节省了 70%,算力需求降低了一个数量级。

2020 年发表于 CoRL 的 TNT 算法是一种 Anchor Base 的方法,其首次将轨迹预测问题转换为预测离散目标状态上的分布,如图 9.14 所示。该算法核心思想是,利用确定的模型生成离散的候选点集,然后基于 Context 信息挑选出高概率的候选点作为目标点,接下来

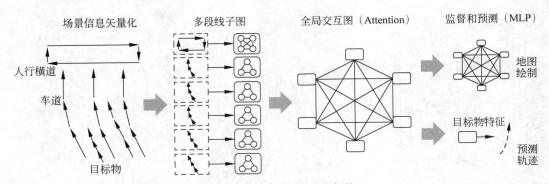

图 9.13　VectorNet 网络架构

建立一个概率模型估计每个候选目标点的轨迹,最后对所有轨迹评分并择优输出。TNT 网络架构中,首先采用 VectorNet 来编码环境的 Context。解码器则分为三个阶段,每个阶段的解码器又由双层的 MLP 网络实现,依次完成目标点预测、轨迹估计以及轨迹评分三个任务。生成候选点时,对于车辆采取在车道中心线上采样候选点的方法,对行人则直接在其周围产生均匀栅格,并以此作为候选点。TNT 算法将连续空间上的预测离散化,降低了问题难度,其性能在当时的 Argoverse 排行榜上达到了最优水平。

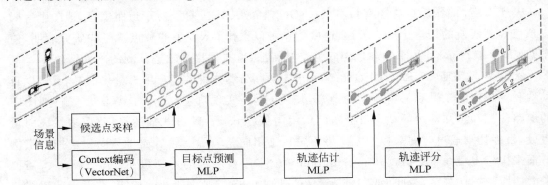

图 9.14　TNT 算法思想和网络架构

2021 年发表于 ICCV 的 DenseTNT 算法在 TNT 的基础上做了改进。该算法避免了候选点的预先采样过程,用稠密概率估计直接预测目标点的概率分布,实现了 Anchor Free,其算法实现流程如图 9.15 所示。与 TNT 处理过程类似,该算法首先将稀疏的 Context 信息用 VectorNet 进行编码。然后使用一个基于 Attention 机制的 Dense Goal Encoder 来对稠密目标点做概率估计,并通过一个双层的 MLP 进行打分,生成 Heatmap (热度图)。接下来使用 Self-Attention 和 Maxpooling 处理 Heatmap,其后端输出 K 个预测得到的目标点。最后的轨迹估计和评分过程与 TNT 类似。DenseTNT 在 TNT 的基础上进一步提升了预测性能,并取得了 2021 年 Waymo Open Motion Prediction Challenge 第一名的成绩。

除上述算法,沿着 VectorNet 和 TNT 算法基于目标点的思路进行轨迹预测的算法还有 HOME、DSP、LaneRCNN,以及百度 Apollo 7.0 的预测算法等。

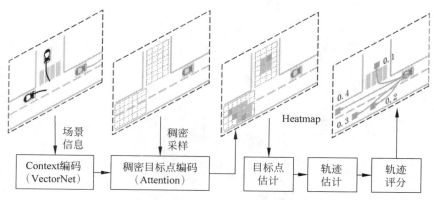

图 9.15 DenseTNT 算法实现流程

9.2.4 生成网络预测

在预测任务中,目标轨迹的多模态带来了预测结果的不确定性。为了解释固有的多模态分布,一些研究工作中使用生成模型来生成多模态轨迹,如生成式对抗网络(Generative Adversarial Network,GAN)和条件变分自动编码器(Conditional Variational Auto Encoder,CVAE)。

GAN 主要由生成器和判别器两部分组成。生成器用于生成接近真实样本的随机样本,判别器用于对随机样本做质量判断。通过生成器和判别器的不断博弈,GAN 可以逐步获得质量更高的生成器和判断能力更强的判别器。当将 GAN 应用于轨迹预测时,生成器用于生成预测轨迹,判别器用于判断预测轨迹是否正确。

2018 年发表于 CVPR 的 Social GAN 首次使用对抗网络完成了行人轨迹预测任务,其算法架构如图 9.16 所示。该算法中生成器使用 LSTM 编码器、池化模块以及 LSTM 解码器。其中编码器为每一个行人编码。池化模块是 Social Pooling,采用的信息是相对位置以及每个行人的隐状态,在 MLP 连接后做 Max Pooling,其目的是同时考虑所有行人的交互并减少计算。解码器则用来生成预测轨迹。判别器由 LSTM 组成,用来确定预测轨迹为真或假。该算法还在对抗损失中通过增加一个多样性损失丰富预测样本之间的多样性,鼓励符合 Social 行为的多样化样本。

2020 年发表的 TPPO 算法,在 Social GAN 的基础上添加了隐变量预测器(Latent Variable Predictor)以估计隐变量,可以更有效地提取交互相关因素,并生成各种可行轨迹,其算法架构如图 9.17 所示。该算法设置两个分布生成器,在训练时将整条轨迹的分布器所生成的分布作为潜码分布,同时训练历史轨迹分布器;预测时则将历史轨迹分布器生成的分布作为潜码分布。该算法的核心思想与 CAVE 几乎一样。

除此以外,使用 GAN 进行轨迹预测的算法还有 Social Convolutional GAN、Social Way、Sophie、MG-GAN 以及 GIGAN 等。

条件变分自动编码器(Conditional Variational Auto Encoder,CVAE)是在自动编码器(Auto Encoder,AE)和变分自动编码器(Variational Auto Encoder,VAE)的基础上发展起

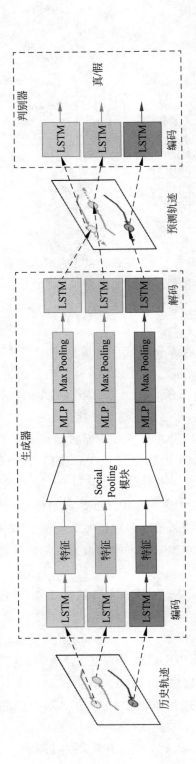

图 9.16 Social GAN 算法架构

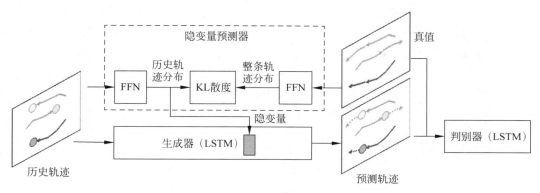

图 9.17 TPPO 算法架构

来的。AE 是指通过编码器将数据压缩为低维矢量表示,并使用解码器对低维矢量进行解码,以获得重构的输出。VAE 将输入映射到概率分布,而不是固定的向量,其好处是在概率分布中采样即可通过解码器生成新的数据。CVAE 则在 VAE 的基础上给模型增加一个条件输入,以使模型的生成数据受控。

在轨迹预测问题中,CVAE 被用来完成以历史信息为条件输入的预测任务。图 9.18 所示为基于 CVAE 思想的轨迹预测框架。其中历史信息 x_p 为道路信息和各目标物历史状态信息,未来轨迹 x_f 则为被预测目标物未来的轨迹,z 为预测轨迹生成的隐向量。模型训练的目标是通过网络实现最大似然估计:

$$\log p\left(x_f \mid x_p\right) \geqslant \mathbb{E}_{q(z|x_f, x_p)}\left[\log p\left(x_f \mid z, x_p\right)\right] - D_{\mathrm{KL}}\left[q\left(z \mid x_f, x_p\right) \mid\mid p\left(z \mid x_p\right)\right]$$

$$(9\text{-}4)$$

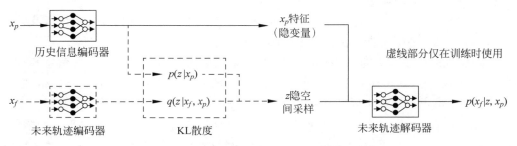

图 9.18 基于 CVAE 思想的轨迹预测算法框架

该类算法的核心思想是通过两个编码器获得一个高斯分布的隐空间 $q(z|x_f, x_p)$ 来近似后验概率 $p(z|x_f, x_p)$,再将 x_p 特征作为条件,和从隐空间采样的 z 反馈至未来轨迹解码器,最终输出目标未来预测轨迹的概率分布 $p(x_f|z, x_p)$。历史信息编码器的意义在于提取当前场景中的特征,例如目标物的运动学约束、道路约束、目标物之间的交互等,同时也可以获得先验概率 $p(z|x_p)$。模型训练过程中,用 KL 散度表达 $q(z|x_f, x_p)$ 和 $p(z|x_f, x_p)$ 之间的误差,并将其最小化。其中 $p(z|x_f, x_p)$ 可以与 $p(z|x_p)$、$p(x_f|z, x_p)$ 相关联,因此可以转换为最小化 $q(z|x_f, x_p)$ 和 $p(z|x_p)$ 的 KL 散度,推导过程不详述。损失函数一般为

$$\mathcal{L}(x_f, x_p) = -\mathbb{E}_{q(z|x_f, x_p)}\left[\log p\left(x_f \mid z, x_p\right)\right] + D_{\mathrm{KL}}\left[q\left(z \mid x_f, x_p\right) \mid\mid p\left(z \mid x_p\right)\right]$$

$$(9\text{-}5)$$

2019 年发表于 CVPR 的 Rules of the Road 算法利用 CVAE 建模混合高斯分布,并验证了热度图方式表达轨迹分布。该算法将历史场景信息渲染至 BEV 图作为网络的输入,具体包括目标障碍物状态信息、环境动态信息、路网信息等。模型输出的预测轨迹点分为两种形式:每个点用二维高斯分布表达,或者使用热度图表达整条轨迹。这里重点关注二维高斯分布表达形式的输出形式。该算法通过最大似然估计来回归未来轨迹点的均值和方差,由多模态的输出结果覆盖车辆可能采取的多个动作,并一次性计算整个预测轨迹。输出轨迹点的多模态概率密度函数为

$$P(Y \mid X) = \sum_{i=1}^{k} \omega^i P(Y \mid \mu^i, \hat{s}^i, \rho^i) \qquad (9\text{-}6)$$

其中,k 即为模态数量,ω、μ、ρ、$\hat{s}$ 为模态对应的权重概率、均值、标准差、自相关系数,X、Y 分别为模型的输入和输出。网络训练时,引入 k 维隐变量 z,X 相当于条件变量,采用高斯混合模型 GMM-CVAE 的方式可得到

$$P(Y \mid X) = \sum_{i=1}^{K} P(z_i \mid X) P(Y \mid \mu^i, s^i, \rho^i, z_i) \qquad (9\text{-}7)$$

2020 年 Ivanovic 等提出了一种基于 CVAE 的多模态行人轨迹预测方法,并发表于 *IEEE Robotics and Automation Letters*。推理过程中,该算法将模型输入量 x 定义为与机器人(这里指自动驾驶车辆)行驶轨迹相关的行人交互历史信息,然后通过编码器输出结果采样多模态隐空间得到隐向量 z,再通过行人轨迹解码器生成多模态的行人未来轨迹 y,该算法的网络架构中编码器和解码器都采用 RNN 网络结构。训练过程中,基于历史信息编码器和未来行人轨迹编码器,获得行人轨迹预测的多模态隐空间。为使未来的行人轨迹上产生多模态分布,使用离散的隐空间来构造多峰分布,即高斯混合模型(Gauss Mixture Model,GMM),隐向量 z 的每个离散 GMM 分量表征一种模态。此后该算法作者及其所在团队,基于 CVAE 的框架进一步提出了 Trajectron 和 Trajectron++算法。

2021 年发表于 ICCV 的 AgentFormer 算法采用了同时学习 Agent 时序信息和社交信息的思路,允许一个 Agent 在某个时刻的状态直接影响另一个 Agent 未来的状态,而不是通过在一个维度上编码的中间特征。

如图 9.19 所示,AgentFormer 算法整体为典型的 CVAE 框架,分为未来轨迹编码、历史轨迹编码以及未来轨迹解码三部分。其中 AgentFormer 编码器和 AgentFormer 解码器采用改造后的 Transformer。算法中模型仿照原生 Transformer 的位置编码进行时间编码,解决时间信息丢失的问题。由于原有的 Attention 机制不区分序列中的目标物,AgentFormer 中提出了 Agent Aware Attention 机制来编码目标物和时间的关系,在序列中保留了目标物身份。在进行轨迹预测任务时,将时间编码结果通过不同的线性变换生成两组 Key 和 Query,其中一组用于计算目标物间 Attention,另一组用于计算目标物自身的 Attention。未来轨迹的解码过程中,采用历史轨迹的隐向量作为 Value 和 Key,根据时序依次生成每个目标物未来不同时刻的轨迹点。CVAE 形式的框架以概率来描述预测结果,确保生成轨迹的多模态性,具体信息包括均值、协方差以及发生概率。

除上述算法,使用 CVAE 或 VAE 思想实现目标轨迹预测的算法还有 R2P2、DisDis、SocialVAE 等算法。

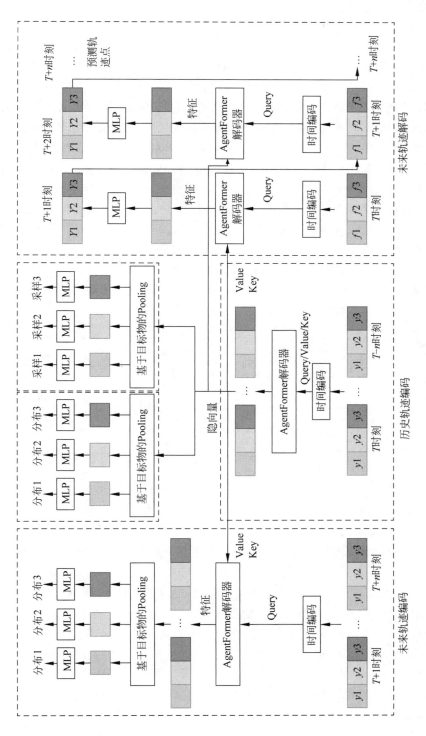

图 9.19　Agentformer 算法架构

9.3 自车轨迹规划

轨迹规划的目标是根据当前交通状况找到自车接下来一段时间内的运动目标。轨迹规划任务可分解为行为决策和轨迹生成两部分。其最终输出可通过多段具有解析解的曲线来表达。因此一般将规划问题转化成求解曲线参数的问题。算法的本质是构建车辆行驶空间和时间多维度下的凸解空间，并把车辆行驶的安全性、舒适性以及用户的交互指令转换成优化问题中的约束条件，然后构建目标函数，在解空间内通过迭代得到最优结果。

自动驾驶系统中，由上游模块构建出来的原始求解空间对轨迹规划任务往往是非凸（Non-Convex）的，求解时易陷入局部最优，或者同时出现多个可行解。对自动驾驶车辆来说模棱两可的行车策略是不可取的，算法需要根据先验知识对车辆的行为进行决策。行为决策过程的数学意义在于对求解空间做裁剪和限定，由此将非凸问题转化为凸（Convex）问题，如图9.20所示。在自车前方道路中出现静止的目标物，此时两侧都有足够的通行空间，自车具备绕行的交通条件，向左或向右绕行都可完成通行任务。该场景就是一个典型的非凸问题。根据"左侧绕行"的日常行车惯例或用户向左打转向灯的指示，算法做出向左绕行的决策，求解空间被压缩至左侧空间范围内，非凸问题被转换为凸问题。

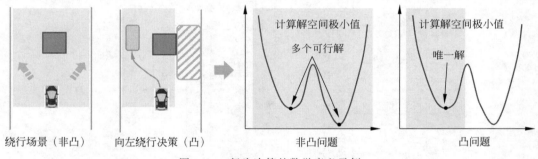

绕行场景（非凸） 向左绕行决策（凸） 非凸问题 凸问题

图 9.20 行为决策的数学意义示例

轨迹生成的本质是在求解空间范围内，基于各类物理约束找到最优解，得到的结果为一定时域和空间域内的自车未来状态空间向量集合，即含速度信息的轨迹点集。上述示例中，最终得到的最优解为向左换道的轨迹。该轨迹应当包含速度信息，并足够平滑，以使乘客乘坐舒适，满足车辆动力学要求，无碰撞风险的安全要求，以及车道居中行驶等行车规范要求。

如图9.21所示，现阶段自动驾驶的轨迹规划方案仍然以传统规则型算法为主。行车功能和泊车功能因场景不同，其地理信息也有区别，地图的表达方式也不同，常常使用不同类型的规划算法。行车功能主要覆盖高速和城区两大场景，车辆行驶区域为结构化道路，其高精度地图对地理信息的表达以车道为基础。功能的实现以大量交通规则为先验，主要采用优化、采样等方法实现轨迹规划。而泊车功能所处的停车场环境常常为非结构化道路，地图对地理信息的表达以平面占用栅格或几何边框为基础。泊车过程中没有车道约束相关的交通规则为先验，一般采用人工势场、随机采样、图搜索等方法完成规划任务。一些高级泊车功能如记忆泊车、代客泊车，包含巡航阶段和泊入/泊出阶段。巡航阶段一般通过虚拟车道作为约束完成规划任务，与行车功能的方法类似。泊入/泊出阶段则不受车道约束。

为避免混淆,本节讲解的泊车轨迹规划技术方案主要讲解泊入/泊出阶段。

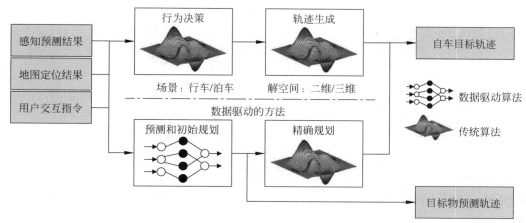

图 9.21 轨迹规划的几类技术方案

除按照功能划分,由于解空间的差异,轨迹规划也分为时空解耦的常规方法和时空联合的方法。常规方法中,将包含时间维度的三维解空间拆解成两个二维空间,先后独立完成路径规划和速度规划,再将两者结合形成最终的轨迹。时空联合规划的方法则直接在包含时间维度的三维解空间完成求解过程。

近年来,一些数据驱动的学习型规划算法也开始得到应用。其基本思想是,将自车与周围环境中其他动态目标物用同样的方法处理,同一个模型输出的他车轨迹为预测结果,输出的自车轨迹为初始规划结果。初始规划更多的是表征各类行为决策的概率,但其轨迹并不完全符合安全、舒适、用户交互指令等要求。因此在其末端还需使用一个规则型精确规划的算法生成最终的目标轨迹。此外,基于蒙特卡洛树搜索的规划算法也在自动驾驶领域得到了实践。

接下来重点讲解上述几类轨迹规划技术方案。

9.3.1 常规的行车规划

行车功能一般运行在以车道为基础的结构化道路中。结构化道路一般是指高速公路、城市干道等结构化较好的公路。这类道路具有清晰的车道标识线,道路的背景环境比较单一,道路的几何特征比较明显。行车过程中车辆需严格遵守以车道为约束的交通规则,轨迹规划同样需以此为先验展开。

先对行车功能中轨迹规划求解空间进行讲解。车辆行驶的交通环境是一个随时间变化的三维空间,因此完整的解空间应当包含 X、Y、Z、T 四个维度。考虑到自动驾驶车辆仅在地平面上行驶,高程方向 Z 可以忽略,实际的求解空间压缩到三维 XYT,其空间示意如图 9.22 所示。将所有交通参与元素投影至 XYT 坐标系中可得解空间为 $S_{\text{cruise-planning}}(X,Y,T,m_i,o_j)$,其中 m_i 和 o_j 分别为自车周围环境中的地图元素和目标物,求解任务就是在该三维空间中找到符合一系列约束条件并表征自车轨迹的最优曲线。

然而,真实交通环境中,道路和地形多变,参与交通的元素众多,$S_{\text{cruise-planning}}$ 空间场景不确定性大,复杂度高。如果直接在三维空间求解,不仅需要消耗大量的计算资源,且求解结果有一定的不确定性。这对系统的实时性和健壮性都是非常大的挑战。因此有必要对

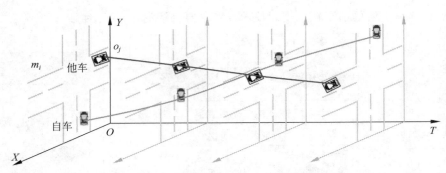

图 9.22　行车功能轨迹规划三维求解空间示意

该三维问题做进一步抽象和分解,主要思想包括基于车道和时距对解空间做范围限定;从笛卡儿坐标系(XY)转换至 Frenet 坐标系(SL);将三维问题(XYT)转换为两个二维问题(SL 和 ST)。

在结构化道路中,车辆的行驶以目标车道为基准,仅需关注目标车道范围内的动态交通条件即可。自车的行为主要集中在沿车道的纵向和垂直于车道的横向。例如纵向加/减速巡航、跟车、停车、横向的车道居中、车道内避让、换道等。如图 9.23(a)所示,自车在路面的行为可抽象为在车道内行驶和换道行驶两类,其中车道内行驶又分为直行和过弯。可行的自车轨迹仅需落在目标车道范围内,轨迹规划解空间横向边界依据车道中心线设定即可。横向边界一般表征自车偏离本车道中心线绕行障碍物的最远横向距离,一般单边小于一个车道宽度。当遇到特殊场景时需要做出调整,如车道不规则变宽或变窄、两侧有花坛路沿限制等。纵向边界则与车速相关,一般先设定一个时间距离(如 6～8s),然后根据自车当前速度计算距离范围,确保最终规划的轨迹能维持车辆运行若干秒。当遇到突发情况时,系统可以及时采取安全措施,如停车、减速、绕行等。这与人类驾驶车辆对前方道路进行预瞄的机制类似,即车速越快,驾驶员需要向前看得越远,当出现紧急情况时能够从容应对,具备更长的应急处理时间。

真实路面环境中,绝大多数的车道并不是笔直的,而是具有一定的曲率。这会带来两方面的影响:一方面,自车为实现车道跟随、车道内避让、停车或换道等行为,需要高频处理自车与目标车道的相对位姿关系;另一方面,环境中其他元素对自车产生交通影响的作用范围也限定在目标车道内,同样需要高频处理所有其他元素与目标车道的相对位姿关系。在笛卡儿坐标系中,交通元素与车道的位姿关系并不直接相关,如车辆行驶了多远、是否偏离车道中心、目标物对目标车道侵占多少等。高频的换算容易造成巨大的计算负担。既然所有的计算都是围绕车道进行,一个朴素的想法是建立表征车道的基准。于是基于车道中心线的 Frenet 坐标系应运而生。如图 9.23(b)所示,Frenet 坐标系的横坐标是沿目标车道中心线的位移距离 S,纵坐标是偏离目标车道中心线的垂直距离 L。该坐标系中直接表达了各类交通参与者距离目标车道的纵/横向位置,能够显著简化轨迹规划问题的求解过程。由此解空间坐标系从 XYT 转换至 SLT。

人类驾驶车辆过程中,常常会根据路面的静态信息选择绕开静态障碍物的行车路径,再针对路径中穿插的动态目标物对自车速度进行调控,采取加速超车或减速让行等措施。自动驾驶系统的轨迹规划与之类似,同样将横向规划和纵向规划进行解耦,将三维解空间 SLT 进一步分解为两个二维解空间 SL 和 ST,如图 9.23(c)所示。在 SL 坐标系下,算法

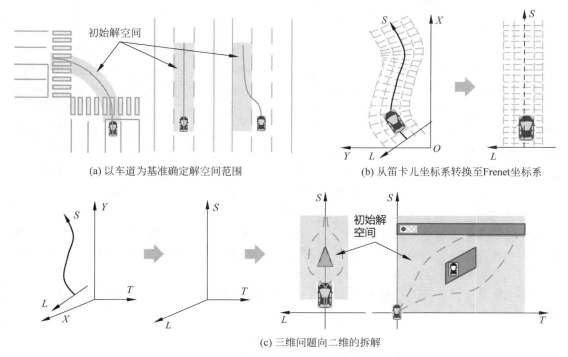

(a) 以车道为基准确定解空间范围　　　　(b) 从笛卡儿坐标系转换至Frenet坐标系

(c) 三维问题向二维的拆解

图 9.23   行车功能轨迹规划三维问题抽象和分解示意

主要完成可绕开静态或低速障碍物的行车路径生成任务。解空间的边界与笛卡儿坐标系下的边界相对应,生成的曲线即为目标路径。在求解前还需将影响行车路径生成的交通元素投影至 SL 坐标系中,例如,所有感知模块或地图模块输出的静态目标物、低速行驶的目标物、不可行驶的低洼区域、车道边界、道路边界等。在 ST 坐标系下,算法主要完成行车路径上的车速生成任务。解空间的 S 边界与 SL 坐标系中 S 边界相同,T 边界则为预先设定的固定时距,生成的曲线对时间求导即为目标速度。值得一提的是,T 边界需要略小于目标物轨迹预测的时长,超过预测时长则无法判断自车与他车未来的交互情况,可能产生碰撞风险。求解前需要将所有影响行车速度的元素投影至 ST 坐标系下,如穿插的动态目标物、路径前方红绿灯信息、斑马线让行路口、八角停和三角让路牌信息等。为使生成的路径和速度能更好地被车辆跟踪,ST 图和 SL 图中曲线应当足够平滑且高阶可导,一般采用螺旋线、样条曲线、高阶多项式曲线、贝塞尔曲线等形式。

通过对上述三维优化问题的抽象和分解,可以总结出行车功能场景中结构化道路的轨迹规划算法流程,如图 9.24 所示。该流程以单个目标车道为基础规划目标轨迹,总体可以分为三部分:首先根据自车位置、导航等相关信息,在地图中检索候选的可行驶车道。图中示例包括直行路段和匝道路段两个场景。在多车道的直行路段中,自车最多可有三条候选车道,即当前车道、左侧车道以及右侧车道。匝道路段中,由于导航的引导,候选车道逐渐减少至仅剩与匝道相连的车道。其他场景中候选车道的检索与之类似,都与实际的行车任务和地图中的车道连接拓扑相关,如路口通行中的直行、左转、右转等。然后针对每一条目标车道并行求解与之对应的最优轨迹。最后设计目标函数,对每条车道做综合评估,完成车道选择。根据评估结果可选出当前状态下的最佳行驶车道,与最佳车道对应的轨迹即为规划模块向下游输出的目标轨迹。当最佳车道不为当前车道时即激活换道行为。评估内容一般至少包括如下几方面。

（1）候选车道长度。正常状态下，候选车道长度为时距计算结果，并随着车辆前行根据地图向前查询不断延伸。前方出现断头路，或出现强制的最晚换道点、车道汇流等情况时，车道无法持续向前延伸，随着车辆的前进，其长度将逐渐缩短。候选车道越长越容易被选中，对候选车道长度的评估可以引导车辆驶向符合预期的车道。

（2）候选车道轨迹的安全性与舒适性。安全性主要基于轨迹沿途其他障碍物与自车的纵/横向距离进行评估。一般来说生成的轨迹能够完全避免碰撞，但行车过程中与障碍物距离越近，越容易给乘客带来恐慌感。因此评估策略是在一定范围内，距离越大越安全。舒适性则与轨迹的曲率和速度强相关，最终转换为由轨迹当中各点的横/纵向加/减速度和冲击度来表征。其评估策略是在一定范围内加/减速度和冲击度越小越舒适。

（3）候选车道轨迹的通行效率。通行效率由车辆在车道内行驶的目标车速表征，车速越快通行效率越高。例如本车道前方有拥堵情况，规划出来的轨迹目标车速较低，而旁侧车道较为空旷，对应的轨迹目标车速则较高。

（4）候选车道期望。这里的期望主要来自驾驶员，当驾驶员发送换道指令时，对应的车道应当优先被选择。

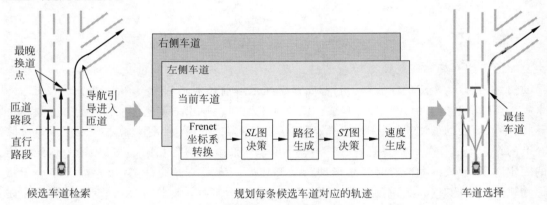

图 9.24　基于优化的轨迹规划算法处理流程示例

单车道目标轨迹的求解过程中，需要依次完成 Frenet 坐标系转换、SL 图决策、路径生成、ST 图决策以及速度生成几个步骤。虽然求解步骤是顺序执行的流程，但 SL 图和 ST 图的决策过程原理相似，路径生成和速度生成中的优化求解则使用几乎一样的方法。

在构建 SL 和 ST 图时，首先需要对交通元素做筛选和投影，即根据场景筛选出跟自车规划相关的目标物，并分别决策投影到 SL 图或 ST 图中。例如在路口通行时，为保证避免与两侧高速行驶的目标物发生碰撞，需要将路口两侧远距离感知结果都投影进来参与计算。非路口区域，仅需考虑道路两侧近距离范围内的感知结果即可。一般来说目标车道附近的所有低速或静止目标都需投影到 SL 图中，用于做进一步的横向决策。有时为实现特定功能，也需要将一些高速行驶的目标进行投影。例如行车功能中，当旁侧车道有大型车辆并驾齐驱时，为减少用户恐慌感，需要将自车在车道内向相反的方向偏离少许。此时就需将大型车辆投影至 SL 图中参与横向决策，以使路径生成时产生远离大型车辆的曲线。

目标物一般采用二维边框的形式表达。如图 9.25 所示，在投影时通常使用的方法是将边框的四个顶点完成投影,在 SL 坐标系下再连线成新的边框。在有弯道的路段,真实的投影与四顶点投影差异明显。这是因为在 Frenet 坐标系创建过程中笛卡儿坐标系中的空间随车道中心线产生了扭曲,弯道外部空间被压缩,弯道内部的空间被拉伸。如果在目标边框范围内散布稠密均匀的点,将所有点完成坐标系转换,可以直观地看到弯道附近目标物真实投影的扭曲形状,弯道曲率越大扭曲程度越严重。四顶点投影法在道路曲率大,且目标物体积较大时,投影结果容易与真实投影产生较大差异,并进一步对行车安全造成影响。例如图中目标 a 靠近中心线部分的投影有缺失,使用时容易造成车辆碰撞,而目标 b 在靠近中心线部分过多,容易造成车辆误制动或无法通行。一个可行的处理措施是针对容易出现投影差异的目标做离散化,切分成若干小目标再分别投影。其他方法此处不详述。

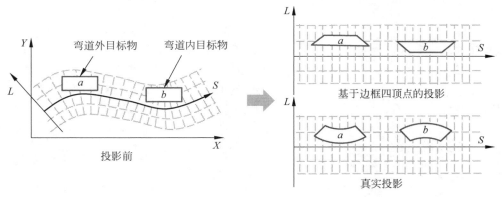

图 9.25 SL 图的目标物投影原理

在路径生成完成后,需要定义 L 方向上与自车路径相干涉的横向范围,将时间边界内任意时刻进入自车路径横向范围的所有目标都投影到 ST 图中,用于做进一步的纵向决策。如图 9.26 所示,在目标路径上,沿 L 方向划定与自车的干涉边界。干涉边界的意义在于当自车和他车的行驶路线在某处相交时,在保持车速不变的情况下,自车和他车的横向距离不会让乘客产生恐慌感,更不会造成碰撞。根据动态目标预测结果,对进入干涉边界的目标物行驶区域进行 ST 图的投影。值得注意的是,此处为了说明真实场景,图 9.26 采用了笛卡儿坐标系的表达方式。而算法进行目标筛选时是在 SL 坐标系中完成,在将动态目标物预测结果进行 SL 投影时,仍然需要考虑弯道路段因空间扭曲带来的投影失真问题。与此同时,预测结果的准确性对目标筛选影响显著,预测误差直接叠加到投影目标筛选结果上,并容易造成进一步的决策失误。经过筛选,最终得到图 9.26 所示的红色边框,这些边框被认为在未来某些时刻会在自车前方一定距离处与自车产生交集。红色边框的 S 和 T 坐标则用于完成目标物向 ST 图的投影过程。

前面提到行为决策的数学本质是裁剪解空间,并将非凸问题转换为凸问题。接下来讲解在数学上如何在 SL 和 ST 图中完成纵/横向决策,以及如何生成表征路径和速度的曲线。

先讲解 SL 图中的决策和求解过程。

(1) 如图 9.27(a)所示,首先对初始解空间做采样。其方法为,在解空间范围内,沿 S 方向设置多个采样层,每个采样层在 L 方向上设置多个采样点。采样层和采样点的设置需要综合考虑车辆速度、目标物位置、道路结构等因素。其数量应当尽可能少,以减少后续算

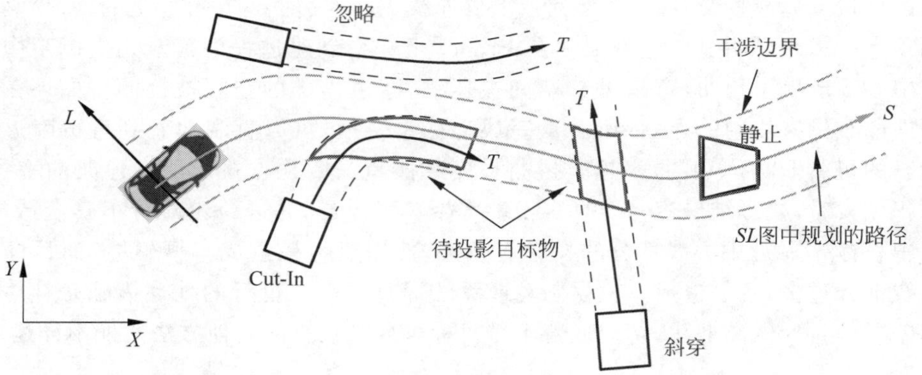

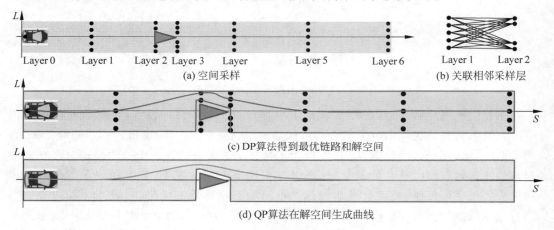

图 9.26 *ST* 图的目标筛选原理

法的计算量。一般来说车辆速度越低，采样层的间距设置得越小，以提升路径的灵活性。而目标物附近或道路狭小处，应当缩小层间距，加大点密度，以支撑更加丰富的障碍物规避动作。道路结构同样影响采样点的布置，例如车道边缘是实线，则采样点应当与之保持一定距离，以保证车辆不会违规压实线。若是虚线则采样点可离边缘较近。

图 9.27 *SL* 图中的决策和求解过程

（2）然后在相邻层构建采样点两两之间的关联，并用曲线将其连接，由此获得从初始层（自车当前位置）到最终层所有可能的贯通路径，如图 9.27（b）所示。连接采样点之间的曲线应当符合车辆动力学的要求，确保每一条贯通路径能够被车辆跟踪，避免后续无效的计算过程。

（3）接下来构建代价函数（Cost Function），评估所有相邻层间每一段路径的成本。如式（9-8）所示，路径的成本主要由三部分加权组成：针对每个障碍物的成本 $C_{\text{obs-sl}}$ 用来防止碰撞，并尽可能远离障碍物，当出现向左或向右绕行的决策时，则在障碍物的相反方向范围设置无穷大值；针对路径平滑程度的成本 $C_{\text{smooth-sl}}$，通过控制路径的曲率来保证舒适度；成本 $C_{\text{guid-sl}}$ 则用来引导车辆轨迹贴近目标路径行驶，默认路线是道路中心线，当出现超宽车道时则做必要的偏置。然后利用动态规划（Dynamic Programing，DP）算法检索出所有可行路径中成本最低的一条，并由此得到更新后的解空间，如图 9.27（c）所示。

$$F_{\text{cost-SL-DP}} = \omega_{\text{obs-sl}} \sum C_{\text{obs-sl}} + \omega_{\text{smooth-sl}} \int_0^S C_{\text{smooth-sl}} \, \mathrm{d}s + \omega_{\text{guid-sl}} \int_0^S C_{\text{guid-sl}} \, \mathrm{d}s \qquad (9\text{-}8)$$

（4）步骤（3）中 DP 算法得到的路径已经是横向规划的可行解，但所有生成的路径必须穿过每一层中的采样点，受稀疏采样点位置的局限。为生成更加平滑且全局最优的目标路径，一般使用二次规划（Quadratic Programing，QP）算法在凸解空间中再次求解曲线，由此得到最终的目标路径，如图 9.27（d）所示。由于此时解空间已经通过决策将障碍物分割出去，因此求解过程中的代价函数仅需包含式（9-8）中的 C_{smooth} 和 C_{guid} 两项即可。

ST 图中的决策和求解过程与 SL 图的原理相同，都是在一个二维平面中根据约束条件，搜索并生成平滑曲线，如图 9.28 所示。该过程也分为空间采样和关联、DP、QP 几个步骤。其中空间采样和关联方法与 SL 有差异。因车辆在实际道路行驶过程中速度变化频率比较高，为保证速度调节足够灵活，需在初始解空间范围内设置稠密均匀的网格。其中 T 方向为不同的采样层，S 方向为离散的采样点。由于足够稠密，DP 过程无须生成平滑曲线，贯通路径仅用直线段连接即可。DP 算法求解过程中加权代价函数如式（9-9）所示。

$$F_{\text{cost-ST-DP}} = \omega_{\text{obs-st}} \sum C_{\text{obs-st}} + \omega_{\text{smooth-st}} \int_0^T C_{\text{smooth-st}} \, \mathrm{d}t + \omega_{\text{guid-st}} \int_0^T C_{\text{guid-st}} \, \mathrm{d}t \qquad (9\text{-}9)$$

其中，$C_{\text{obs-st}}$ 用来控制自车在任何时刻都与障碍物在 S 方向上保持一定的距离差值。$C_{\text{smooth-st}}$ 通过曲线的平滑程度来控制舒适性，具体包括曲线对时间的一阶、二阶、三阶导数，在物理上分别表征速度、加速度以及冲击度。$C_{\text{guid-st}}$ 则用于引导车辆行驶速度尽可能贴近车道的最高限速，以在不超速的情况下保证车辆通行效率。解空间更新后，QP 过程一般仅需考虑式（9-9）中 $C_{\text{smooth-st}}$ 和 $C_{\text{guid-st}}$ 两项。$\omega_{\text{obs-st}}$、$\omega_{\text{smooth-st}}$ 以及 $\omega_{\text{guid-st}}$ 分别为各项代价的权重。

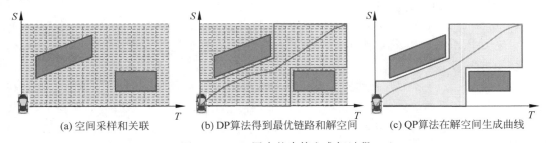

(a) 空间采样和关联　　　(b) DP算法得到最优链路和解空间　　　(c) QP算法在解空间生成曲线

图 9.28　ST 图中的决策和求解过程

在量产产品中，为平衡车辆纵向运动的安全性和舒适性，常常还会在代价函数基础上增加产品体验相关的约束条件。例如，在跟车场景中采取时距分段的速度约束：在极近距离段，强制采用大减速度，必要时激活 AEB；在较近距离段，牺牲舒适性保证安全，距离越近允许减速度越大；在正常距离段，舒适性为主要目标，尽可能不加/减速度，降低对感知误差的敏感度；在较远距离区间，采取快速提速的策略，尽快进入舒适跟车区。

通过上述讲解可知 DP 算法的核心作用是通过对目标物决策更新解空间的边界。为进一步减少计算时间消耗，同时避免因采样密度过小而降低通过性，在近几年使用的规划算法中 DP 过程被逐渐去掉。以 SL 图为例，其核心思想是，在 S 方向上目标物附近位置做稠密分层，每一层中根据决策结果直接确定 L 取值范围；遍历所有层即可确定新的解空间边界；最后使用 QP 算法直接求解最优曲线。ST 图中也可使用与之完全相同的处理措施。

接下来根据如图 9.29 所示的典型场景示例，简要分析不同场景下行为决策对解空间，以及最终规划结果的影响。

图 9.29(a)的场景中,静止的目标物位于车道中央,造成自车前方车道无法通行,因此采取停车决策。停车策略主要面向的是纵向,横向则默认忽略。因此该场景下 SL 中的解空间是凸的,无须裁剪,预期生成的目标路径沿车道中心线延伸即可。

图 9.29(b)的场景中,对于道路中央的静止目标物,自车可采取向左或向右绕行的横向决策。这是一个典型的非凸解空间,需要根据横向决策进行裁剪。图中采取向左绕行的决策,可以看到在目标物附近,解空间向左进行了压缩,转换为凸解空间,预期生成的目标路径在该空间内实现对目标物的绕行。

图 9.29(c)的场景中包含两个低速行驶的目标物。其中一个目标物位于车道左侧,车道右侧尚留有可通行的空间。因此可对其做向右绕行的决策,该处解空间向右压缩。另一个目标物位于车道中间,自车被阻挡无法超越,因此对其采取跟车决策。与停车决策类似,跟车决策主要面向的是纵向,对于横向默认为忽略,该处解空间无须处理。最终预期生成的目标路径能完成绕行和跟车的任务。

图 9.29(d)的场景中包含两个交通元素。其中一个是目标车道前方一定距离处的红色交通灯,在整个速度规划时间段内一直占据车道相同的位置,因此该处采取停车决策。当车辆到达该位移处时车速必须为 0。图 9.29(a)中的停车决策结果体现在图 9.29(d)中静止目标物的表达与红色交通灯完全一致。当需要自动在前方某处临时停车时,工程上常常还采取在 ST 图中临时放置一个静止虚拟目标物的方法来实现。另一个交通元素是目标车道前方同向斜穿的车辆。该目标物在一段时间内动态占用部分位移,自车可采取超车先行或减速让行的决策。两种决策结果会对解空间采取不同方式的裁剪,两种裁剪方式都可以将非凸问题转换为凸问题。图 9.29(d)所示为减速让行决策。

图 9.29(e)的场景中包含三个与目标车道有交集的动态目标物:Cut-In、横穿以及对向斜穿。对 Cut-In 采取跟车决策,对另外两个目标物采取超车先行决策,并由此对解空间做图中所示的裁剪。

综上所述,自动驾驶车辆真实运行环境中参与交通的元素众多,在同一条轨迹中往往涉及多种横向和纵向决策。尤其在城市道路中,解空间的处理比上述示例更加复杂,需要结合实际场景分情况对待。基于优化的 DP 和 QP 算法虽能较好地适应这些复杂场景,但因涉及参数较多,调参过程效率较低,复杂的处理流程也需消耗较多的计算资源。对高速公路这类简单场景,也有更简洁的算法出现,如栅格(Lattice)采样规划算法。

栅格采样规划原理如图 9.30 所示,其核心思想为:已知车辆当前状态,采样轨迹末端纵/横向状态,生成一系列候选轨迹簇,然后根据代价函数选取其中的最优轨迹。接下来讲解该算法的详细实现步骤。

首先构建 SL 图、ST 图以及 VT 图。其中 SL 图和 ST 图分别用于横向采样和纵向采样,其构建过程前文已讲解,此处不赘述。这里的 VT 图能更加直观地表征速度随时间的变化关系,用于巡航状态下规划速度向目标车速靠近的过程。

然后进行横/纵向曲线的末端状态采样,同时根据车辆当前状态确定曲线的初始状态,并完成曲线拟合。其中横向采样示例如图 9.31(a)所示,在 S 方向和 L 方向上确定若干采样间隔,间隔的设定可以根据车辆速度、道路结构进行设计,例如,车辆速度越高 S 方向间隔越大,反之则越小;道路越宽则 L 方向间隔越大,反之则越小。如图 9.31(b)~图 9.31(d)所示,

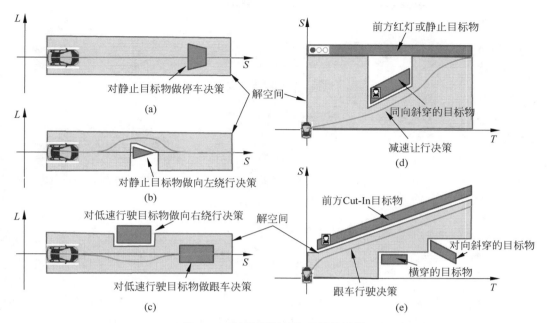

图 9.29　轨迹规划的典型场景示例

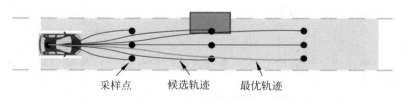

图 9.30　栅格采样规划原理示例

纵向采样则分为三种情况：前方无目标物时的巡航模式、前方需停车的模式，以及有目标物穿行的模式。巡航状态下采样不同时刻速度的增减幅度即可。前方停车模式下，则在靠近停车位置采样速度和加速度同时为 0 的点。有目标物穿行时，针对每个目标物进行采样。采样点需要分布在不同的决策空间，并生成与目标物保持一定距离的曲线。不论纵向还是横向，采样点数量的设定需要平衡计算消耗和算法对场景的处理能力。采样点越多，候选轨迹密度越大，在提升场景处理能力的同时，对计算资源消耗也随之增加；反之则可减少计算需求，但会降低场景处理能力。

接下来进行轨迹聚合。每一条横向规划曲线（路径）和每一条纵向规划曲线（速度）可组合成一条轨迹。注意，针对每一条横向曲线都会生成一组与之对应的纵向曲线，聚合成轨迹时需要统一 SL 图和 ST 图中的 S。遍历完所有的曲线后，得到候选轨迹簇。例如，某场景下横向采样了 12 条曲线，纵向采样了 30 条曲线，那么生成的轨迹簇中包含的轨迹数量为 $12 \times 30 = 360$ 条。

最后使用式(9-10)所示代价函数计算每条轨迹的代价，选取其中代价最低的一条作为最优轨迹输出。其中 $C_{\text{Collision}}$ 用于表征与各障碍物的碰撞风险程度，一定范围内纵/横向距离越近则碰撞风险越高。C_{comfort} 用于表征舒适性，具体包含纵向加速度、冲击度、横向加速度、向心加速度等。C_{guid} 则用于指引轨迹将车辆导向目标状态，且尽可能沿车道中心线行

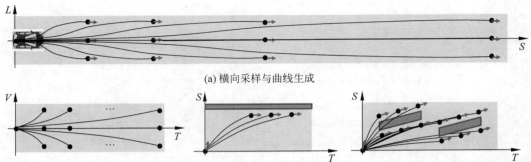

(a) 横向采样与曲线生成

(b) 巡航模式纵向采样与曲线生成　(c) 停车模式纵向采样与曲线生成　(d) 目标物穿行模式纵向采样与曲线生成

图 9.31　栅格规划的采样和曲线生成

驶。$\omega_{\text{Collision}}$、$\omega_{\text{comfort}}$ 以及 ω_{guid} 分别为各项代价的权重。

$$\boldsymbol{F}_{\text{cost-lattice}} = \omega_{\text{Collision}} \sum C_{\text{Collision}} + \omega_{\text{comfort}} \int_0^S \left(\int_0^T C_{\text{comfort}} \, \mathrm{d}t \right) \mathrm{d}s + \omega_{\text{guid}} \int_0^S C_{\text{guid}} \, \mathrm{d}s$$

$$(9\text{-}10)$$

综上所述,栅格规划算法流程简洁,路径和速度曲线同步完成,无须平滑处理,计算消耗低,运行速度快。但由于其轨迹形状固定,灵活度受限,因此难以处理复杂场景。

9.3.2　常规的泊车规划

泊车功能运行环境为开放空间(Open Space)或可行驶空间(Free Space),车辆的行进不受车道约束,地面标线给予的指引更多是目标车位等信息。轨迹规划没有基于车道的交通规则先验,仅需考虑防碰撞、车辆动力学、泊车目的地等约束条件。将泊车功能与行车功能进行场景比较,主要有三点差异。

(1) 泊车环境中有较为密集的目标物,且没有车道线做行车指引。在泊车功能启动时,需要先确定车辆目标停车位置,并以此为指引修正车辆的行进方向。

(2) 泊车过程中自车速度较慢,参与交通的元素以静态目标物为主,如墙、柱子、阻车器、静止的车辆等。偶尔出现的动态目标物(行人、车辆)速度较低。由于缺乏先验信息,目标物未来运动轨迹难以准确预测。

(3) 泊车过程中,大多数时候需要换挡倒车。因此行车轨迹中常常有尖瓣存在,即前进和后退轨迹相互连接。

先对泊车功能中轨迹规划求解空间进行讲解。与行车功能的解空间类似,泊车的解空间同样可以压缩至 XYT 坐标系。如图 9.32 所示,将所有交通参与元素投影至 XYT 坐标系中可得轨迹规划的求解空间为 $S_{\text{Parking-planning}}(X, Y, T, m_i, o_j)$,其中 m_i 和 o_j 分别为自车周围环境中的地图元素和目标物,地图元素中包含静态障碍物和目标停车点信息。轨迹规划求解任务就是在该三维空间中找到符合一系列约束条件并表征自车未来轨迹的最优曲线。

接下来对该三维优化问题做进一步抽象和分解,主要思想包括基于自车位姿和目标停车点位姿对解空间做范围限定;将三维问题(XYT)转换为两个二维问题(XY 和 ST)。

泊车的解空间范围取决于车辆和目标停车点的距离。在不同的功能场景下,需采取不同的限定策略。日常的 APA 功能场景下,由于停车场的遮挡关系,目标车位一般在距离车

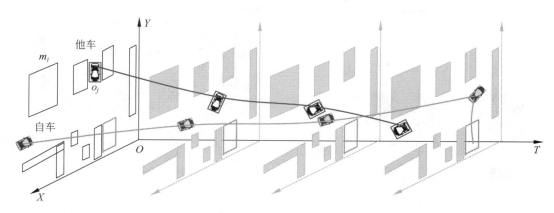

图 9.32 泊车功能轨迹规划三维求解空间示意

辆十几米范围以内才得以识别。因此解空间范围较小，如 $20m \times 20m$。有些 APA 功能允许用户在识别车位后，驶过目标车位几十米后再启动泊入流程。此时解空间需要根据车辆行进位移进行扩展。对于远程召唤的功能，车辆与目标停车点距离较大，一般驾驶员允许激活功能的最远距离范围为几十米。此时解空间范围较大，如 $100m \times 100m$。在实际工程项目中，当场地比较空旷时，为使泊车的路径符合用户预期，可以根据经验对解空间进行裁剪。例如针对垂直车位，目标轨迹可抽象成车位前端的 T 字形。根据几何方法可以框出车位附近的 RoI(Region of Interest)区域。该方式既能缩小解空间范围，提高算法效率，又能使泊车路线更符合人类习惯，提升功能体验。

如图 9.33 所示，XY 图中仅需包含静态环境信息，泊车功能启动前在该图中完成路径的规划。由于泊车场景中没有车道，因此无法将 XY 图转换为行车方案中所述的 SL 图。生成的路径应当与静态环境无干涉，无碰撞风险，并符合车辆动力学、乘坐舒适、泊车快捷等要求。正常状态下，泊车功能启动后，车辆行进过程中路径比较稳定，无须再实时规划，仅需实时截取车辆附近一小段路径用于控制跟踪即可。主要原因有两个：一方面，泊车场景下所有交通参与者速度低，当遇到与动态目标物行驶冲突时，或因静态环境改变出现碰撞风险时，自车完全可以及时安全停车；另一方面，泊车环境中动态障碍物较少，且路面可行驶空间狭小，为降低行车冲突，几乎不对动态障碍物做绕行决策。当路径中出现障碍物阻挡而造成长时间停车等待时，则需更新静态环境，对泊车路径进行重规划。有时为了进一步提高泊车入位的位姿精度，在勉强完成泊车后可尝试重新规划，在目标车位附近小幅度泊出并再次泊入。

与行车方案类似，泊车路径的速度规划同样在 ST 图中完成，如图 9.33 所示。注意此处的 S 不再是车道的长度，而是 XY 图中生成的泊车轨迹积分长度。T 的范围则与产品定义的泊车平均车速相关。泊车路径的两端自车目标速度和加速度都应是 0。在行进过程中，对进入路径干涉范围的动态目标物决策包括超车、让行以及跟车行驶。由于泊车环境下缺乏诸如车道线这类先验信息，对动态目标物的轨迹预测性能较差。为尽可能避免行驶冲突，纵向决策以减速让行、停车让行以及跟车行驶为主。

XY 图是一张典型的非结构化道路地图。非结构化道路中的路径规划方法主要有三类：人工势场法、图搜索方法，以及随机采样法。

人工势场法路径规划最早由 Khatib 提出，其核心思想是将机器人周围的环境建立一个

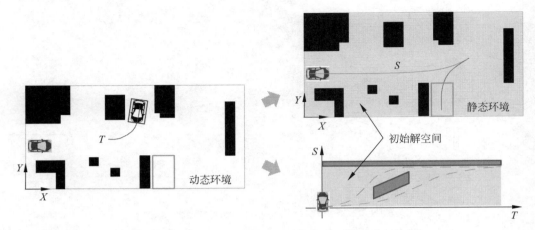

图 9.33　泊车功能轨迹规划三维问题分解示意

抽象的人造引力场，即人工势场。目标点对移动机器人产生"引力"，障碍物对移动机器人产生"斥力"，最后通过求合力来规划移动机器人的运动轨迹。如图 9.34(a)所示，将势场可视化表达，小球从起始点沿着曲面的最大梯度向目标点滑落，途经障碍物时自动绕开。人工势场法规划的路径一般比较平滑，且能够可靠地避免碰撞，但极易陷入局部最优。

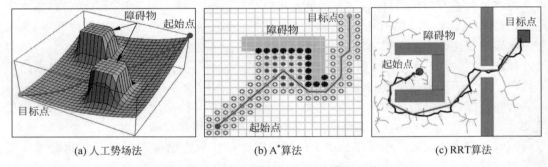

(a) 人工势场法　　　　　　(b) A*算法　　　　　　(c) RRT算法

图 9.34　非结构化道路的几类轨迹规划算法

　　图搜索方法路径规划基于包含节点和连线组成的地图路网实现。其核心思想是，通过利用已有的环境地图路网和障碍物等信息，搜索由起始点至目标点的可行驶路径。一般分为深度最优和广度最优两种搜索方法。前者优先扩展搜索深度较大的节点，更迅速地获得下一段可行路径，获得的第一段路径通常是较长的路径。后者则优先扩展深度较小的节点，呈波形的检索方式，获得的第一段路径通常为最短路径。在机器人和自动驾驶领域，图搜索方法路径规划通常是以搜索最短路径为目标，常见的算法有 Dijkstra、D*、D* lite、A*、Hybrid A* 等。如图 9.34(b)所示，A*算法中将环境地图进行栅格化，以每个栅格中心为节点向四周栅格进行扩展。扩展时距离起始点位移和目标点距离之和最小的节点优先，同时包含障碍物的区域为不可扩展节点。最终可以获得栅格地图中从起始点至目标点的最短路径。图搜索方法主要解决低维度空间的路径规划问题，具有较好的完备性。但应用前需要对环境进行完整的建模，同时在高维度空间中容易出现维数灾难。

　　随机采样法路径规划利用概率的完备性代替搜索的完备性，适用于更高的维度空间。其核心思想是，利用随机采样点在环境地图中建立路网图，将连续空间离散化，在建立的路网中进行路径搜索。采样的方式可以是全图采样,也可以是按照树形结构采样,常见的算法有 PRM(Probabilistic Road Map)、RRT(Rapidly-exploring Random Tree)、双向 RRT、RRT-Connect、RRT*,以及各类变种的 RRT* 等。如图 9.34(c)所示,RRT 算法从起始点开始,通过在地图中的开放空间随机采样,逐渐增加节点形成生长树,当生长树抵达目标点邻域时则回溯节点至起始点,由此完成路径规划。RRT 算法的复杂度不受地图离散程度的影响,在高维空间具有很高的搜索效率,但路径并非最优。RRT* 在 RRT 的基础上进行了优化,为缩小节点至初始点的路径长度,采取了两项措施:更新新增节点的父节点;对新节点邻域内的其他节点进行重连。随机采样法虽具备概率上的完备性,但规划所需的耗时不确定性较大,且较难达到全局最优。

量产车的泊车场景特点比较鲜明:车辆速度低,动态目标物少,工作过程中环境变化可能性较小。因此其路径规划一般采用基于搜索的算法。该类算法的本质是在搜索空间找到起点状态向量到终点状态向量的最优解。上述路径规划算法中,在泊车场景下应用最广泛的是基于图搜索的 Hybrid A*。泊车路径规划的输入是包含自车位姿、环境目标物信息,以及泊车目标位置的 XY 图,输出是泊车行进路径。其实现流程如图 9.35 所示,主要包括四个步骤。

(1) 对解空间(XY 图)进行预处理,包括栅格化和目标物投影等操作。

(2) 在处理后的解空间中使用 Hybrid A* 算法搜索出初始泊车路径。

(3) 根据路径行驶方向(前进或后退)对其进行拆分。针对每一条拆分后的路径在 ST 图中生成速度曲线。

(4) 对初始泊车轨迹进行数值优化,使其路径曲线和速度曲线更加平滑,泊车过程更加高效。

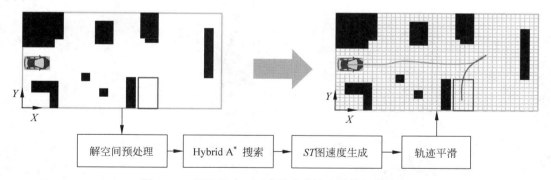

图 9.35　基于 Hybrid A* 算法的泊车轨迹规划流程

在路径搜索前首先需要将 XY 图栅格化,形成基础的二维搜索空间。按照场景需求划定栅格的边界和步长(即密度)。工程上需要综合考虑搜索耗时。一般来说边界越大,步长越小,计算量越大,搜索耗时越久。一些改进的算法中,在障碍物附近采用比其他区域更高分辨率的栅格,而远离障碍物的区域使用较低的分辨率,以平衡计算量和对障碍物的绕行能力。有了栅格之后,还需对障碍物进行栅格的投影。障碍物在栅格中的表达方式有两种:几何法,用多边形表达式描述轮廓边界,该方法具备较高轮廓描述精度,但碰撞分析过程中计算量较大;栅格法,用离散化栅格的占用值表达,轮廓描述精度较低,但计算量显著下降。泊车环境中感知输出的静态目标物一般会在感知误差范围内抖动。投影过程中需要采取多帧融合措施获得较为准确的目标物位置和边框。在一些狭小逼仄的泊车场景下，静态障碍物的感知误差容易导致轨迹规划不成功，或规划成功但泊车时因高碰撞风险无法前进的情况。为了降低碰撞风险，有时会对障碍物边界做膨胀处理。投影时的膨胀系数需要精调，膨胀过大容易规划不成功，膨胀过小在轨迹跟踪阶段也容易导致防碰撞措施失效。此外不同类型的静态障碍物表达方式不一样，投影方式需要特别处理，如地面相接线表达的墙、柱子等。

接下来讲解 Hybrid A* 的路径搜索算法，该算法从 A* 算法改进而来，主要有两点创新：在栅格中做节点扩展时加入了车辆动力学约束，生成更适用于自动驾驶车辆行驶的路径；在搜索过程中，将当前节点与目标点用 ReedShepp 曲线连接，不仅提高了与目标点的连接精度，还能缩短搜索时间。

与 A* 类似，Hybrid A* 算法也采取了基于栅格的节点扩展策略。如图 9.36 所示，A* 算法中节点的位置即为栅格中心，单元路径为相邻栅格中心的连线，当前节点可以向相邻的所有栅格扩展，搜索空间为 XY 两个维度。而 Hybrid A* 算法中，节点的位置并不一定在栅格中心，而是根据单元路径延伸。单元路径为车辆航向两侧一定转弯半径范围内的路径集合，长度统一为预设值。为支持倒车操作，在车辆航向的相反方向设置数量相同的镜像路径。受限于单元路径的形态，节点仅向可达的栅格扩展。由于节点已具备方向性，搜索时除了扩展表征 XY 维度的栅格，还可在每个栅格中针对不同航向 θ 进行扩展，因此 Hybrid A* 算法中搜索的实际是一个三维空间 $XY\theta$。搜索过程中不断向成本最小的方向扩展节点，代价函数包含两部分，如式(9-11)所示：

$$f_{HA^*} = G(\{S_{\text{pas-node}}\}) + \max(H_1(S_{\text{cur-node}}, S_{\text{tgt-node}}), H_2(S_{\text{cur-node}}, S_{\text{tgt-node}}))$$

$$(9\text{-}11)$$

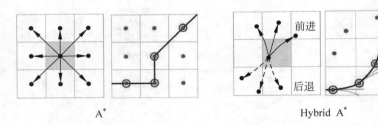

图 9.36　A* 和 Hybrid A* 算法的节点扩展方法对比

其中，G 为路径代价函数，包含已搜索到路径中所有节点的状态 $S_{\text{pas-node}}$，代价中主要包含路径长度、曲率、曲率变化率、与障碍物的距离、路径方向（前进或后退），以及各项代价的权重。H_1 和 H_2 为启发代价（Heuristic），包含当前节点状态 $S_{\text{cur-node}}$ 和目标节点的状态 $S_{\text{tgt-node}}$，表示从当前节点移动到终点的代价。A* 算法中启发代价仅用当前节点和目标节点的二维欧氏距离表达，计算简单，但在复杂场景中对节点扩展方向的引导有限。Hybrid A* 算法中使用了两种启发代价，并取其中较大值作为搜索成本的一部分。H_1 为有障碍物的完整性启发代价，即考虑与障碍物的碰撞关系，用 Dijkstra 算法搜索前节点至目标节点的栅格路径，并将该路径长度作为代价值。H_2 为无障碍物的非完整性约束启发代价，即不考虑与障碍物的碰撞关系，根据前节点至目标节点的位置和航向生成最优 RS（ReedShepp）曲线，将曲线长度作为代价值。

　　RS 曲线最早由 Reed 和 Shepp 二人提出,由几段半径固定的圆弧和一段直线段拼接组成。它与 Dubins 曲线非常类似,两者唯一区别是 RS 既可前进也可后退,而 Dubins 是单向的。RS 曲线生成的核心思想是,平面上任意两个包含方向的点坐标之间都可以用圆弧和直线组合连接,通过带前进或后退方向的左转圆弧(L)、右转圆弧(R)、直行(S)定义 48 种组合方式,取其中最短的一条为最终的 RS 曲线,其生成原理和应用如图 9.37 所示。

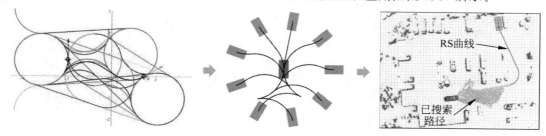

图 9.37　RS 曲线生成原理和应用

　　RS 曲线的意义不仅是作为启发信息指引路径搜索方向,还将作为初始泊车路径的一部分与目标点连接。泊车时不仅需要车辆位置到达目标点,还要求航向与之相同。Hybrid A* 算法搜索时仅依靠遍历节点,很难同时满足 X、Y 以及航向 θ 的要求。因此在节点扩展过程中使用 RS 曲线将当前节点与目标点连接,并对其进行与障碍物的碰撞分析。如果有碰撞,则继续搜索下一个节点。如果无碰撞,则将 RS 曲线与代价最小的历史搜索路径拼接成完整的泊车路径,并结束搜索流程,缩短搜索耗时。

　　接下来讲解泊车轨迹的速度规划。如图 9.38 所示,泊车路径常常由多段包含前进和后退的路径组成,且每一段路径的起始点和终点通常车速都为 0。因此在 ST 图中,速度规划同样根据路径分段完成。

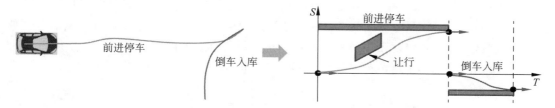

图 9.38　泊车轨迹速度规划

　　速度曲线生成前,先通过对自车行进方向做纵向碰撞分析完成纵向决策。为保障泊车安全,适应确定性较低的动态目标物轨迹预测结果,纵向更多采取减速让行、停车让行、跟车行驶等决策。当目标物由动转静或者由静转动时,容易改变纵向决策结果。为保证泊车过程的平顺性,实际工程项目中需要采取针对目标物动静属性的迟滞策略。速度曲线生成的过程与 9.3.1 节中讲解的方法一致,此处不赘述。

　　基于 Hybrid A* 算法生成的轨迹虽然能满足车辆动力学约束并避免碰撞,但通常其质量较差。轨迹中包含一些不必要的拐弯或者倒车动作,在曲率上表现为突变,进而导致控制算法难以跟踪。其输出结果的意义在于,在泊车路径中完成了决策过程,并得到了初始的可行轨迹。因此在 Hybrid A* 算法下游还需将该路径作为参考的初始值,使用优化算法对其进行平滑。

　　平滑的方法之一为非线性优化,比较有代表性的方法是 OBCA(Optimization-Based

Collision Avoidance)。该算法 2017 年发表于 *IEEE Transaction on Control System Technology*,基于模型预测控制(Model Prediction Control,MPC)建立模型,并用非线性优化算法进行求解。2020 年发表于 *American Control Conference* 上的 TDR-OBC 算法,在 OBCA 的基础上进行了改进,在代价函数中增加了速度规划结果和控制模型 MPC 的一些硬约束,以使 MPC 的求解更加快速和健壮。

OBCA 的 MPC 问题目标函数如式(9-12)所示。

$$J_{\text{OBCA}} = \min_{x,u,\mu,\lambda} \sum_{k=1}^{K} l(x(k), u(k-1)) \tag{9-12}$$

其中,x 表示轨迹的状态量,包括偏离参考路径的位置、路径的曲率、曲率变化、加速度、冲击度等,u 表示 MPC 控制器的控制量,μ 和 λ 共同表征自车与障碍物的碰撞风险。函数内部:K 为轨迹点个数,$l(x(k), u(k-1))$ 展开后如式(9-13)所示。

$$l(x(k), u(k-1)) = a_x \|x(k) - x_{\text{ref}}(k)\|_2^2 + a_u \|u(k-1)\|_2^2 + a_{\tilde{u}} \|u(1) - \tilde{u}\|_2^2 +$$

$$a_{u'} \left\| \frac{u(k-1) - u(k-2)}{t_s} \right\|_2^2 \tag{9-13}$$

上式中每一项的物理含义:第一项引导平滑轨迹应当与参考轨迹尽可能近,这里的参考轨迹即为 Hybrid A* 的输出结果;第二项引导轨迹跟踪时的控制量尽可能小,包括横向前轮转角和纵向加/减速度;第三项引导初始控制量与轨迹初始点尽可能保持一致;第四项引导控制量的变化率尽可能小。式中 a_x、a_u、$a_{\tilde{u}}$、$a_{u'}$ 分别为上述各项代价的权重。此外针对该目标函数的约束条件众多,具体包括初始点和目标点位姿与参考轨迹保持一致,控制状态满足车辆动力学要求和控制模块要求,以及轨迹点需要与障碍物保持一定的安全距离等。优化过程的求解器可选用 IPOPT、SQP、OSQP、QRQP 等。

在工程项目中为提高计算速度,增强轨迹的环境适应性,有时还需要对目标函数做一些调整。如式(9-14)所示,第五项将目标点位姿的约束放宽,把轨迹末端与目标点的差值放入目标函数中,第六项将对不同类型障碍物的安全距离也放入目标函数中。

$$l(x(k), u(k-1)) = a_x \|x(k) - x_{\text{ref}}(k)\|_2^2 + a_u \|u(k-1)\|_2^2 + a_{\tilde{u}} \|u(1) - \tilde{u}\|_2^2 +$$

$$a_{u'} \left\| \frac{u(k-1) - u(k-2)}{t_s} \right\|_2^2 + \alpha_e \|x(K) - x_F\|_2^2 + \beta \sum_{m=1}^{M} \sum_{k=1}^{K} d_m(k) \tag{9-14}$$

虽然 OBCA 算法优化结果能够得到平滑、无碰撞,且方便控制算法跟踪的轨迹,但算法的健壮性与效率较低。随着障碍物数量的增加,求解效率会急剧下降。2020 年发表的 DL-IAPS and PJSO 算法将泊车轨迹纵/横向进行解耦,然后使用 DL-IAPS(Dual Loop Iterative Anchoring Path Smoothing)算法优化路径,PJSO(Piece-wise Jerk Speed Optimization)算法则用于优化速度。

DL-IAPS 算法根据路径的前进后退将其分成若干段,然后进行分段平滑。平滑后的轨迹在规避碰撞的同时满足最大曲率约束。算法运行时分内外两层循环,外循环处理碰撞约束,内循环进行路径平滑,通过构建 QP 问题进行求解,其目标函数如式(9-15)所示:

$$J_{\text{DL-IAPS}} = \min_{P,d} \sum_{k=0}^{n-2} \|2P_k - P_{k-1} - P_{k+1}\|^2 + \mu \sum_{k=0}^{n-1} s_k \tag{9-15}$$

式中第一项为路径中相邻点平滑度的代价,第二项为路径曲率约束的松弛变量。该目标函数的约束条件包括起始点和目标点位姿与参考轨迹保持一致、路径点坐标在外循环更新的防碰撞框内,以及曲率线性变化等。DL-IAPS算法选用了SQP完成优化求解。

PJSO算法在DL-IAPS输出的路径上对位置、速度以及加速度进行采样,通过构建QP问题进行求解,其目标函数如(9-16)所示:

$$J_{\text{PJSO}} = \min_{s,\dot{s},\ddot{s}} \omega_{sf} \sum_{k=0}^{n-1} (s_k - s_{\text{ref}})^2 + \omega_{\dddot{s}} \sum_{k=0}^{n-2} ((\ddot{s}_{k+1} - \ddot{s}_k)/\Delta t)^2 + \omega_{\ddot{s}} \sum_{k=0}^{n-1} \ddot{s}_k^2 \quad (9\text{-}16)$$

其物理含义:第一项引导估计点的速度尽可能与参考轨迹速度接近,保持参考轨迹纵向规划的决策结果;第二项和第三项分别引导冲击度和加速度尽可能小,使行驶过程平缓舒适。此外,s即路径延伸方向上的位移,ω_{sf}、$\omega_{\dddot{s}}$以及$\omega_{\ddot{s}}$分别为上述三项代价的权重。针对该目标函数的约束条件包括轨迹起点的速度和加速度均为0;在弯道区域通过限制纵向速度来限制横向加速度,以及位置、速度、加速度的微分约束。PJSO算法在优化过程选用了OSQP完成求解。

除上述基于搜索的Hybrid A*算法,在自动驾驶泊车领域尝试的轨迹规划方法还有TEB(Timed Elastic Band)算法和DWA(Dynamic Window Approach)算法。TEB算法原理是,连接起始点和目标点,并让路径像皮筋一样可以变形,在路径中间插入N个控制皮筋形状的控制点,设计目标函数通过优化的方式生成平滑、安全,并抵达目标位置的轨迹。DWA算法原理:在速度空间(v,ω)采样多组速度/角速度组合,模拟这些速度在一定时间内的运动轨迹,通过评价函数评选平滑、安全、抵达目标位置的最优轨迹。可以看到,不同的轨迹规划算法生成初始轨迹的思想有区别,但优化目标基本一致。

9.3.3　三维时空联合规划

在9.3.1节和9.3.2节中讲解的行车和泊车轨迹规划方法,都是先将三维解空间拆解成两个二维解空间,使时间和空间规划任务得以解耦,然后再单独规划路径和速度。该想法虽然降低了计算复杂度和场景复杂度,但也存在缺点,难以实现与动态障碍物较复杂的纵/横向联合交互,如超车、动态避让等。

如图9.39所示,在一些较为复杂的场景下,时空解耦规划和时空联合规划结果差异明显,具体如下。

(1)在场景1中,自车旁侧车道前方静止车辆后面有行人横穿,俗称"鬼探头"。时空解耦规划算法的措施是让速不让道,即在横向路径规划的SL图中不针对动态障碍物做处理,在ST图中对横穿目标物采取紧急减速让行的决策。由"鬼探头"场景触发的紧急制动,一方面容易给乘客带来糟糕的体验,另一方面容易因制动不及时造成碰撞事故。时空联合规划的措施是针对动态障碍物同样做绕行处理,在速度上根据实际情况采取加速、匀速,或减速通行的决策,最终结果是小幅度绕行并快速通过。

(2)在场景2中,自车所在车道前方有低速行驶的车辆,旁侧车道较远距离的前方同样存在同向低速行驶的车辆,此时自车需要换道超车至本车道低速驶车辆之前。时空解耦规划算法的措施是在两条车道中各自完成轨迹规划,横向规划中发现两个低速车都无法绕行,纵向规划则同时做跟车决策;通过对比发现旁侧车道通行效率更高,由此激活第一次换道,但跟车速并不高;行驶一段距离后再次比较两条车道的通行效率,存在一定概率激活

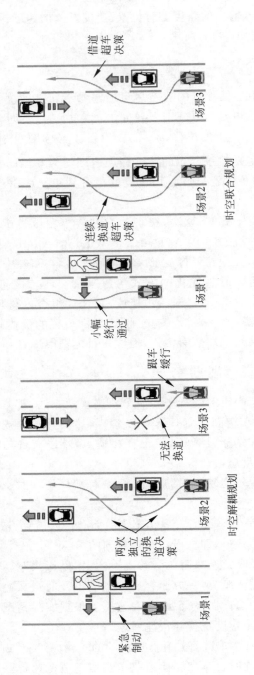

图 9.39　时空解耦规划和联合规划处理复杂场景的对比

第二次换道。针对单条车道的横/纵向规划与旁侧车道行驶的车辆并无联系,两次独立的换道决策结果意味着单次换道都是以平滑过渡为曲线优化目标。时空联合规划算法的措施是,在时空联合的三维解空间中,对两个低速行驶的车辆同时做换道超车的决策,横向规划出来的路径包含两次换道,纵向在保证安全和舒适的前提下加速超车行驶。该场景下时空联合规划超车成功率更高,通行效率也更高。

(3)场景3与场景2的区别是,旁侧车道存在对向行驶的车辆。时空解耦的规划算法没有连续换道超车的指引,会因碰撞风险丢弃旁侧车道的规划结果。时空联合规划在该场景下同样可做出连续换道超车的决策,并生成平滑、安全的可执行轨迹。

通过上述分析可见:时空解耦的规划结果从乘坐体验上看,面对复杂交通情况系统反应优柔寡断,由于环境的动态变化容易导致车辆预期行为不成功,如换道、急停等;三维时空联合规划结果则更符合人类驾驶的习惯,具备更高的性能。与此同时,随着车载自动驾驶域控制的计算资源越来越丰富,该类算法也逐渐具备量产落地的可行性。

三维时空联合规划的方法主要分为三类:基于优化的方法、基于采样的方法、基于搜索的方法。接下来对这三类方法的研究现状进行详细讲解。

先讲解基于优化的方法。在9.3.1节的常规行车规划中,讲解了通过DP和QP算法优化求解路径曲线和速度曲线的方法。在时空联合规划中,优化的解空间从 SL 和 ST 转换到了 SLT 或 XYT 中。在求解三维空间的优化问题过程中,因优化变量较多需要预留足够的计算资源,与此同时,三维解空间中对目标物的决策可能性非常多,需要做针对性的设计和限定。

2014年应用于卡尔斯鲁厄理工学院无人驾驶车(贝莎)的轨迹规划算法在 *IEEE Intelligent Vehicles Symposium* 上发表。该算法通过采样固定步长的时间戳,以与时间戳对应的轨迹点作为优化变量在 XYT 空间进行求解。其目标函数中的代价包括行驶通道距离,与参考速度的偏离,表征舒适性的加速度、冲击度以及角速度。通过轨迹点的位置差分,把泛函积分形式的目标函数转换成差分的有限项的和的形式。此外该算法还采取了如图9.40所示的几项措施:在约束条件中,用若干包络圆表达车体,通过包络圆计算与障碍物的距离;将离散的障碍物用多边形处理成凸包;通过决策确定自车穿行通道,将解空间转换为凸空间。最终该算法选用了SQP求解器完成优化过程。

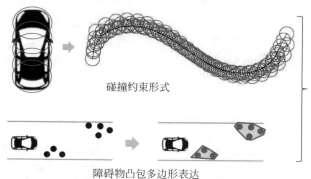

图 9.40 "贝莎"轨迹规划算法的几种措施

2019年,香港科技大学的 Wenchao Ding 等提出了构建时空语义走廊(Spatio-temporal

Semantic Corridor，SSC）表达时空域动态约束的思路，并发表于 *IEEE Robotics and Automation Letters*，如图 9.41 所示。在 *SLT* 坐标系下，SSC 将复杂城市中的各类语义元素统一抽象成相互连接的无碰撞立方体，通过生成和拆分立方体来关联动态约束。基于 SSC 将轨迹规划归结为 QP 问题，通过使用分段贝塞尔曲线参数化的凸包和 Hodograph 特性来保障轨迹安全且满足各项约束。

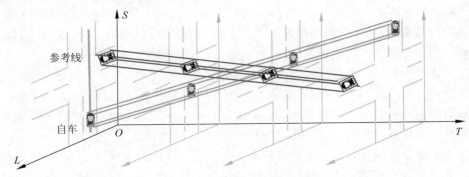

图 9.41 时空语义走廊示意图

2022 年自动驾驶公司轻舟智航公布了其量产城市 NOA(Navigate On Autopilot)解决方案，其中的核心技术之一就是基于优化的三维时空联合规划算法。该算法主要分为两步：时空联合决策和时空三维解空间优化。时空联合决策不做横/纵向划分，也不区分障碍物是动态还是静态，而是统一在三维时空里完成。如图 9.42 所示，时空联合决策主要分为四类：让行跟车、超车行驶、左侧绕行，以及右侧绕行。然后利用决策结果对时空三维解空间进行裁剪形成凸空间，并将其作为时空联合优化的状态安全约束集。由此可以构造一个非线性的时空联合优化问题，其目标函数包含轨迹的舒适性、效率以及对导航路线的跟踪性能等。最终通过非线性优化器对该问题完成求解，得到智能、拟人、舒适的轨迹。在相同的动态场景下，不同的时空联合决策最终得到不同的换道轨迹。

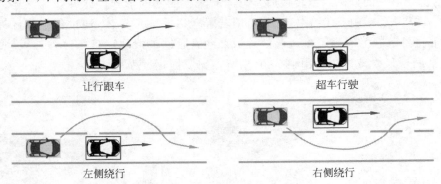

图 9.42 轻舟智航公司提出的四种时空联合决策和轨迹规划示例

接下来讲解基于采样的方法。二维的栅格规划、RRT 系列算法、DWA 算法都是典型的基于采样的方法。基于采样的三维时空联合规划中，采样空间增加了维度，这意味着样本数量将按照数量级的单位增长。其实现过程一般分为三步：首先通过多维度的采样生成轨迹簇；然后对环境风险进行描述和分析；最后通过代价函数对所有轨迹评分，并择优输出。

2009 年卡尔斯鲁厄大学的 Julius Ziegler 和 Christoph Stiller 提出了一种时空联合 Lattices 规划方法，并发表于 IROS。该方法首先在空间上进行稠密采样，在采样点处设定不同的速度约束，并完成时间上的稠密采样。然后通过使用参数化五次多项式连接采样点，分别表示横向和纵向轨迹，并根据端点约束求出采样轨迹簇。最后对所有采样轨迹做评估，从而获得规划轨迹。评估过程综合考虑轨迹长度、离车道中心的横向偏移、碰撞风险、曲率及其变化率、速度、加速度以及冲击度等因素。其过程如图 9.43 所示。

2012 年卡内基-梅隆大学的 Tianyu. Gu 等采用分层的思想来降低时空联合规划的计算量，并发表于 ICIRA。该方法第一层在时空解空间使用 DP 算法搜索，设计代价函数找到一系列符合期望的初始路径。第二层在初始路径周围一定状态空间内采样，使用参数化方程等形式确定一条满足曲率连续、加速度连续的精细轨迹。

2013 年 Tianyu. Gu 对该算法进行了改进，在高速和城区两种场景下统一了分层规划的思想，并发表于 *IEEE Intelligent Vehicles Symposium*。改进的方法主要在第一层规划中添加了非参数优化过程，不仅提升了路径生成的质量，也为第二层规划提供了最大速度空间。初始路径由 DP 算法获得，代价函数包括障碍物碰撞风险、路径长度以及与参考线横向偏移。横向上通过调整路径点的横向偏移量，优化初始路径与参考线整体横向偏移以及路径曲率。纵向上则在最高限速、向心加速度、最大加/减速度三方面进行约束。

2022 年新加坡国立大学的 Shou Sun 等提出了 FISS(Fast Iterative Search and Sampling) 的策略在时空域完成轨迹规划。该算法的创新之处在于对采样的轨迹做最优筛选时采用双循环结构，显著减少了算力消耗。如图 9.44 所示，FISS 的输入为参考路径，输出为轨迹后处理过程。该算法核心思想是：首先在三个维度（速度-横向距离-时间）做时空采样，外循环通过计算采样轨迹终点状态的约束和碰撞情况来估计代价大小分布，内循环采用梯度下降法从采样轨迹向周围代价更低方向移动，直至收敛。如无最优解，则回到外循环未搜索过的轨迹开始重复内循环操作。

最后讲解基于搜索的方法。时空联合规划的搜索空间分为两种：适用于行车场景的 SLT；适用于泊车场景的 XYT。其基本思想都是先通过搜索获得初始轨迹，然后使用优化算法做平滑。该类算法的好处是在路径规划时可以考虑动态障碍物信息，但搜索空间增加了时间维度，需要合理分配计算资源。

2017 年，清华大学 Longxin 等提出了一种在 XYT 空间中搜索的轨迹规划方法，并发表于 *Journal of Automobile Engineering*，如图 9.45 所示。该方法主要分为三步：首先构建时空地图，将自车和带预测信息的动态障碍物状态空间信息映射到等间隔的时序断面二维栅格中，通过拼接构造三维时空有向无环地图（Directed Acyclic Graph，DAG），由此形成三维搜索空间。接下来搜索初始的三维轨迹，过程中使用基于加速度和偏航角扩展的 A* 算法，在代价函数中采用距离、人工势场、与速度期望值的偏离，以及与车道中心线的偏离做评估。最后采用基于凸可行域（Covex Feasible Set，CFS）的方法对轨迹做平滑处理。

2018 年，奥地利虚拟车辆研究中心的 Zlatan 等提出了一种在 SLT 空间搜索的轨迹规划方法，并发表于 IROS。该方法主要分为两步：首先将各类障碍物、限速、红绿灯、车道线等投影到 SLT 空间，由此形成车辆行驶的环境约束，并构成搜索空间。然后采用 A* 算法进行三维空间搜索，在节点纵向扩展时通过限定 S 方向和 T 方向的扩展范围增加限速约束，在横向扩展时对车道线属性做判断以增加实线不可换道的约束。

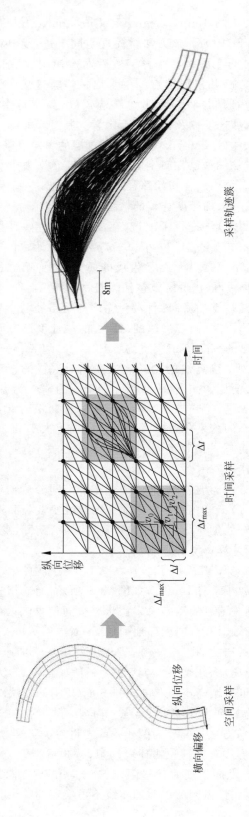

图 9.43　时空联合规划算法

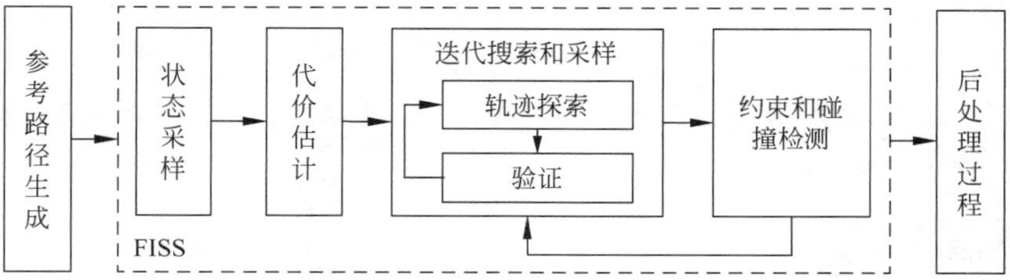

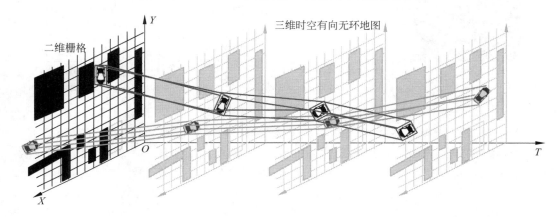

图 9.44 Shou Sun 等提出的 FISS 策略和代价分布示例

图 9.45 基于搜索的方法

综上所述,不论使用哪种类型的方法,时空联合规划都同时将路径和速度曲线作为求解的变量,目标是得到二者的最优组合。自动驾驶系统对复杂场景的处理能力很大程度上受限于规划算法对路径和速度的灵活协调水平。因此,时空联合规划是自动驾驶车辆运动规划技术重要的研究方向之一。

9.3.4 数据驱动规划

前面讲解了常规的行车规划、泊车规划以及三维时空联合规划相关算法,这些基于规则的方法在可落地的自动驾驶系统中已经得到广泛应用。随着自动驾驶系统运行范围逐步扩大,场景越来越复杂,这类方法需要不断补充和完善规则,对其泛化能力和研发迭代效率的提升带来了挑战。随着数据驱动方法在其他算法领域的不断推陈出新,在轨迹规划方面也成为自动驾驶系统中重要的探索方向之一。

2018 年,Waymo 公司公开了基于数据驱动的规划算法 ChauffeurNet,其主要思路是以模仿学习为基础,给人类驾驶数据增加扰动,在训练时通过损失函数惩罚不期望的行为,鼓励期望的行为,使模型输出结果更加健壮,如图 9.46 所示。该算法的输入为表征场景的一系列投影至 BEV 视角的渲染图像,具体包括路网信息、连续的交通信号信息、限速信息、导航信息、自车当前和历史位姿信息,以及连续的周围其他交通参与者信息。输出为自车未来一段时间内的连续位姿,即轨迹。模型的总体架构分为三部分。第一部分通过卷积网络(FeatureNet)提取所有 BEV 图的上下文特征,并被下游网络共享,再通过 AgentRNN 网络逐点规划自车未来轨迹点、车速、航向,以及产生表达自车未来状态的热度图(Heat Map)。第二部分为两个联合训练的网络,其中 RoadMaskNet 网络预测场景环境中可行驶区域,

Perception RNN 预测场景中其他交通参与者的未来位姿,并以热度图形式表达,其本质是对目标物进行轨迹预测。第三部分为模型训练过程中用到的各项损失(Loss)。针对自车轨迹规划的损失包括与模仿学习相关的自车航向、速度、轨迹坐标、边框、轨迹几何形状损失,以及与行车安全相关的 On Road 损失和碰撞损失。

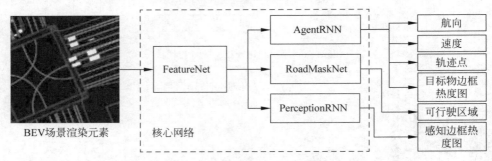

图 9.46　ChauffeurNet 算法架构

ChauffeurNet 采集了人类驾驶的 3000 万样本数据,并通过添加扰动的方式补充了大量的负样本(如碰撞或偏离道路),同时在训练集中增加了大量的仿真数据。实验结果表明,该算法能在真实道路上实现自动驾驶任务,对于一般的场景能输出较好的目标轨迹。虽然 ChauffeurNet 处理复杂场景的能力在当时尚不能与基于规则的规划算法比肩,但作为使用数据驱动方法解决轨迹规划问题的早期研究,该算法对未来研发方向的指引意义非常大。

数据驱动的模型虽然有更强的场景泛化能力、更高的性能天花板,但其输出结果仍然会有一定程度的不确定性。这是因为神经网络天然具备不可解释性、不确定性,且存在对抗攻击的可能。对于数据驱动的轨迹规划算法同样如此。由于场景的复杂多变,网络输出的轨迹存在不符合预期的情况。此外在量产产品中,一些人机交互带来的即时性决策难以被模型很好地学习,例如拨杆换道、最高车速调节、跟车距离调节等。为保证自动驾驶车辆行驶安全、舒适且满足驾驶员的即时性决策需求,有必要在数据驱动算法的基础上引入严格的约束条件,增加驾驶员响应逻辑,采取对应的措施,确保最终输出的轨迹合理。

一种合理的处理思想是分层完成轨迹规划任务。如图 9.47 所示,先用深度学习模型同时完成目标物轨迹预测和自车初始轨迹规划,再使用传统规则算法在初始轨迹基础上完成精确轨迹规划。规划任务与预测任务的本质非常接近,都是以历史场景信息为输入,生成自车或他车的未来轨迹。因此对于分层规划的第一层,可以由感知结果、自车位姿、地图信息以及导航信息来描述场景,并将场景作为模型的输入。模型输出即为所有交通参与者的多模态未来轨迹,以及每条轨迹未来发生的概率。因此,该层可复用 9.2 节中讲解过的一些目标车辆未来轨迹预测模型,如 MultiPath＋＋、VectorNet、Wayformer、AgentFormer 等。事实上前面讲解的 ChauffeurNet 算法在完成自车轨迹规划的同时,也输出了其他交通参与者的预测轨迹。对于分层规划的第二层,其输入已经包含初始规划结果。对照 9.3.1～9.3.3 节中讲解的思想,初始轨迹的核心意义在于完成决策过程,得到确定的解空间。在第二层中主要使用优化的方法,增加平滑、碰撞、导航指引、车辆运动学和动力学等约束条件,生成足够安全和舒适的轨迹,并输出给下游的控制算法。

Tesla AI 团队采用类似的分层规划思想,其规划算法在架构上分为两部分,其中神经

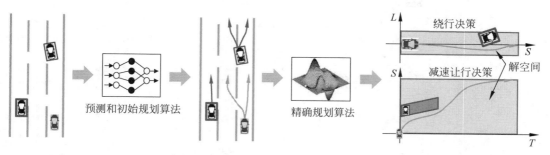

图 9.47 数据驱动和传统规则相结合的分层规划思想

网络规划器（Neural Net Planner）提供更加智能的决策能力，而基于规则的规划和控制（Explicit Planning & Control）则保障生成的轨迹可被执行，并确保行车的安全性和舒适性。该算法以感知输出的矢量空间和中间层特征为输入，在对自车进行轨迹规划的同时，也对他车做多模态的轨迹预测。在复杂场景中，决策规划的执行逻辑与人类驾驶员相似。如图 9.48 所示，自车和他车根据实时交通状态进行博弈，并在博弈过程中根据对他车的预判调整自车的行车策略。博弈的结果是路面通行效率整体提高，自动驾驶车辆更加智能。

图 9.48 Tesla 博弈通行场景示例

在具体实现方式上，2021 年和 2022 年的 Tesla AI Day 都提到了一种基于蒙特卡洛树搜索（Mont Carlo Tree Search，MCTS）实现轨迹规划的方法。研究人员将自动驾驶车辆在 3D 矢量空间的轨迹规划问题类比于棋类和 Atari 类型的游戏，认为可以借鉴 MuZero 中的 MCTS 思想求解，并先后详细讲解了该方法在泊车场景中和复杂路口交互场景中的应用。

这里以围棋对弈为例，先对 MCTS 做个简单的讲解。如图 9.49 所示的搜索树结构中，节点表示对弈局面，节点内的数字表示模拟出来的自己的胜率（分母为总的模拟对弈次数，分子为获胜的对弈次数），节点颜色的变化表示白棋和黑棋交替落子。MCTS 过程主要分为四个步骤：选择、扩展、模拟、回溯。

选择：从根节点往下，每次都检索"最值得看的子节点"，直至遇到"存在未扩展的子节点"的节点，即该局面存在未走过的后续着法。子节点选择时的评分依据为

$$UCT(v_i, v) = \frac{Q(v_i)}{N(v_i)} + c\sqrt{\frac{\log(N(v))}{N(v_i)}} \tag{9-17}$$

其中，v 表示当前节点，v_i 表示当前节点的子节点，N 和 Q 分别表示节点胜率的分母和分子，c 为常数。UCT 函数的第一项发展搜索的深度，指引棋局往胜率高的节点发展。第二项发展搜索的广度，指引棋局往对弈模拟次数少的节点发展。注意，搜索过程需要遵循 Mini-Max 原则，即轮到自己落子时选自己胜率高的节点，轮到对方落子时选择自己胜率低的节点。

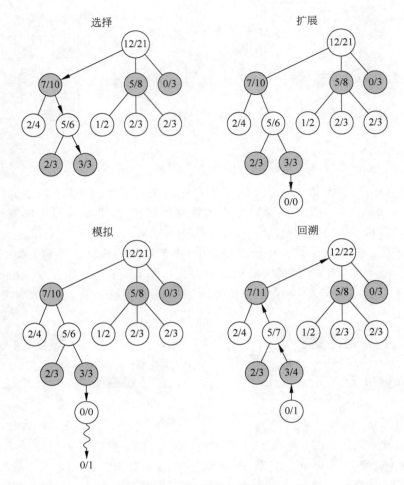

图 9.49　MCTS 原理

扩展：基于上一步搜索到的"未扩展的子节点"对弈局面，通过随机落子，创建一个新节点，并赋值 0/0，表示该对弈局面尚未进行模拟胜率。

模拟：根据当前节点的对弈局面，采样双方交替随机落子的方式，模拟后续完整的对弈过程，直至终局或残局，并判定最终的胜负。图 9.49 所示扩展的节点模拟结果是 0∶1，表示模拟了一次，己方败北。

回溯：从当前被扩展节点逐级向根节点回溯，并对回溯路径中所有节点做胜率参数的更新。被扩展节点是前序节点对弈局面的延伸。因此，更新时直接把被扩展节点胜率的分子和分母直接与前序节点分子和分母分别相加即可。

在实际对弈时，落子前的局面即为根节点，落子过程即为选择下一级子节点的过程。上述 MCTS 四个步骤会沿着搜索树重复千万次。在完成搜索后，最佳落子选项即对应于模拟次数最多的子节点。其背后依托的思想是，越有可能走的节点，获胜概率越大。

Tesla 所借鉴的 MuZero 算法由 DeepMind 开发，于 2019 年公开，2020 年在 Nature 上发表。在没有学习过游戏规则的情况下，MuZero 不仅能下围棋、将棋和国际象棋，还在 30 多款 Atari 游戏中展示出了超出人类的表现。该算法由 2016 年震惊世界的 AlphaGo，又历经 2018 年发布的 AlphaZero 逐步演进迭代而来。这些算法将神经网络和 MCTS 相互结合起来，对其中的选择和模拟过程进行了改进。这里跳过发展过程中的算法版本，直接讲解 MuZero 中神经网络与 MCTS 工作的原理。

图 9.50(a) 所示为 MuZero 算法中的 MCTS 过程，其中，表示函数 h 为编码器，使用预训练模型将场景信息（一般棋局和 Atari 游戏以图像或矢量空间形式表征场景信息）转换为状态向量 s；动态函数 g 为生成器，用于沿着搜索树做状态转移，即基于前一个状态 s^{k-1} 和动作 a^k 对后一个状态 s^k 做估计，并产生对应的奖励值 r^k；预测函数 f 为预测器，MCTS 每次扩展至未探索到的状态都会使用预测器进行一次评估，预测器输出对应状态下的动作策略概率分布 P 和基于当前状态未来的价值 v（如胜率）。接下来根据该框架再看 MCTS 过程的变化。

选择：从根节点向下进行搜索，直至遇到"未扩展的子节点"。子节点选择依据为如下评分函数：

$$a^k = \underset{a}{\mathrm{argmax}} \left[Q(s,a) + P(s,a) \cdot \frac{\sqrt{\sum_b N(s,b)}}{1 + N(s,a)} \left(c_1 + \log\left(\frac{\sum_b N(s,b) + c_2 + 1}{c_2} \right) \right) \right]$$

$$(9\text{-}18)$$

其中，a^k 为与目标子节点对应的动作，c_1、c_2 为常数，$Q(s,a)$ 为状态 s 下选择动作 a 的平均动作价值（价值总数与遍历次数之比，可类比于胜率），$P(s,a)$ 为预测器输出的动作策略概率分布，$N(s,a)$ 为状态 s 下选择动作 a 的次数，$N(s,b)$ 为遇到状态 s 的次数（也可理解为当前节点的父节点被选择的次数）。

扩展：根据选择过程停止时的"未扩展的子节点"状态 s 和选择动作 a，通过生成器 g 判断新节点的隐藏状态，再通过预测器 f 进行新节点的预测，返回该节点下新策略的概率分布 P，由此完成扩展。

在 MuZero 中，MCTS 在扩展时预测器 f 已经输出价值 v，因此不再需要模拟。

回溯：从当前被扩展节点逐级向根节点回溯，经过的节点遍历数量加 1，并更新 Value。当经过的节点玩家和当前节点玩家相同时 Value 求和，否则求差。

图 9.50(b) 为 MuZero 与实际环境交互收集经验数据的过程。在每个状态下都进行 MCTS 过程，搜索策略网络 π_t 采样一个动作 a_{t+1} 并执行，动作策略正比于根节点对每个动作的访问次数。由此环境生成一个新的观察 o_{t+1} 和实际奖励 u_{t+1}。结束时所有轨迹数据存入 Replay Buffer 用于训练。

图 9.50(c) 为 MuZero 训练过程。从 Replay Buffer 中取一组数据，将前序 t 帧场景观察 $(o_0 \sim o_t)$ 编码为隐状态 s^0，将数据中真实动作信息 a_{t+1} 和隐状态 s^t 传入动态函数 g，生成下个状态 s^{t+1}，如此反复 k 次。训练目标是 $p^k \approx \pi_{t+k}$，$v^k \approx z_{t+k}$，$r^k \approx u_{t+k}$，其中 z_{t+k} 表示样本的最终回报，即棋类游戏最终是否胜利或 Atari 游戏进行 n 步后的奖励。

接下来讲解 Tesla 的做法。如图 9.51 所示，其整体是基于 MCTS 的启发式搜索思路实现轨迹规划的过程。这里将 MuZero 中的 MCTS 过程和 Tesla 自动驾驶轨迹规划的 MCTS 过程做对照，如表 9.1 所示。

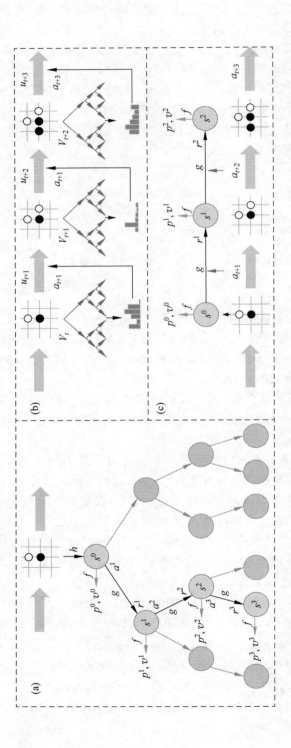

图 9.50　MuZero 算法流程

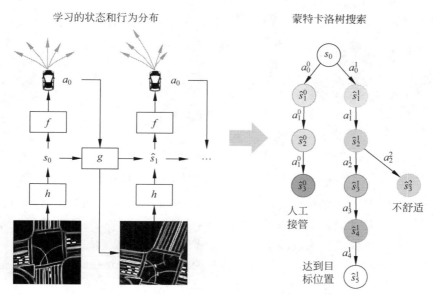

图 9.51 Tesla 使用 MCTS 实现轨迹规划的思想

表 9.1 **MuZero 和自动驾驶轨迹规划基于 MCTS 的对照**

MCTS 要素	MuZero	Tesla 自动驾驶轨迹规划
节点描述	原始数据为棋盘矩阵或 Atari 游戏图像,通过表示函数 h 将场景编码为隐状态向量 s	原始数据为由地图、感知结果、自车位姿组成的矢量空间,可以通过编码器网络 h 生成特征向量 s 或 $\hat{s}$
状态转移	以当前状态和下一步动作,通过动态函数 g 生成下一步状态	以当前状态和下一步控制动作 a 为输入,通过符合车辆动力学和运动学先验的动态函数 g 实现状态转移。动态函数 g 可通过传统规则型算法或神经网络实现
节点评价	通过预测函数 f,预测当前节点的动作策略概率分布 P,并估计基于当前状态的未来价值 v	预测当前状态下自车未来多模态轨迹对应的控制动作概率分布。对于价值的评估类似于启发式搜索中的启发项,包含碰撞风险、舒适程度、抵达目的地的轨迹距离、耗时等。预测函数 f 可通过传统规则型算法或神经网络实现
搜索过程	由评分函数选择下一步动作	可根据自动驾驶任务需求调整评分函数

Tesla AI 团队尝试采取 MCTS 解决泊车场景的问题。首先使用深度学习模型来吸收场景的全局上下文,提供搜索过程中的全局启发信息,并产生价值(Value)函数。然后在其中插入根据传统规则型算法计算的代价函数(Cost),代价具体包括与目标位置的距离、碰撞风险、舒适度、泊车过程时间消耗、安全员接管等方面。由此有效地引导车辆走向全局最小值,而不是陷入局部最小值。

如图 9.52 所示,采用深度学习模型的 MCTS 方法,能使自动驾驶车辆直接朝最有利于抵达目的地的方向前进,极大地减少了对无效空间的搜索。在相同场景中,MCTS 搜索的节点数量比传统算法 A* 小三个数量级,比增加了 Navigation 做引导的 A* 算法仍然小两个数量级。

接下来讲解该团队如何利用 MCTS 处理行车状态下的复杂场景。Tesla 研究人员认

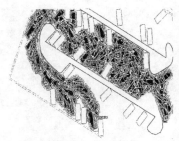 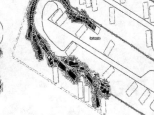 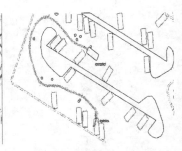

A^* 搜索约40万个节点　　　　A^* + Navigation 搜索约2.2万个节点　　　　MCTS 搜索280个节点

图 9.52　不同启发式搜索算法应对泊车场景的比较

为,在复杂场景中,其他交通参与者(行人、车辆等)的未来行为有不确定性,轨迹规划时需要预测这些交通参与者与自车未来的交互行为,并针对每一种交互行为进行风险评估,由此才能决定采取何种决策。该过程使用了一种被命名为交互搜索的方法。

图 9.53 所示为 Tesla 在 2022 AI Day 公开的交互搜索(Interaction Search)框架的实现步骤如下:

(1) 根据场景信息生成候选目标点集合(Goal Candidates),即($\hat{g}_0^0, \hat{g}_0^1, \hat{g}_0^2, \cdots$)。搜索前需要先确定搜索空间。该框架未采用在三维矢量空间直接搜索的方式,而是用一个神经网络估计未来一段时间后自车可能到达的目标位置,并进行打分,由此得到少量较优的目标点集合。这些目标点即为后续的搜索空间。该网络的输入包括矢量化车道信息、空间占用栅格、各类目标物、导航信息以及红绿灯等交通指示信息。对于结构化道路,目标点一般根据车道连接关系向前延伸。对于无车道的非结构化道路,目标点则以栅格形式表达。

(2) 生成抵达目标点的初始轨迹(Seed Trajectories),即($\hat{T}_1^0, \hat{T}_1^1, \hat{T}_1^2, \cdots$)。为节约运算时间,这些轨迹仅处于较粗的级别,主要划分出轨迹优化的解空间。该步骤对应的传统规则型算法为基于采样的 DP 算法,搜索过程考虑轨迹的曲率变化,9.3.1 节有相关讲解。与目标点生成类似,这里采用神经网络来实现,对多个候选目标点实现并行的规划,其输入为目标点,输出为单条或多条轨迹。

(3) 对轨迹进行评分,并搜索出最优轨迹。首先在初始轨迹上的每个状态,通过神经网络估计交互的概率和重要程度,提取与自车行驶过程中最重要的交互对象,一般为动态障碍物或影响车辆行驶的静态障碍物。然后预测目标物的未来行为,并基于预测结果对自车行为做多种决策。接下来对每种决策结果形成的轨迹进行评分,选择其中最优者进入下一个状态,直至抵达目标点。例如图 9.53 所示的($\hat{s}_2^0, \hat{s}_2^1$)表征对横穿的行人做超车或让行决策,显然让行决策更优;在下一个状态中($\hat{s}_3^0, \hat{s}_3^1, \cdots$)表征对目标车辆的不同决策,用同样的思路择优;最后抵达目标点 $\hat{g}_4^0$。评分时考察碰撞风险、舒适性、接管可能性,以及是否符合人类驾驶习惯,前两个用传统规则型算法实现,后两个用神经网络实现。特别说明:此处评分除考虑自车,还需要考虑其他交通参与者。目的是使在交互博弈时平衡各方利益,所有参与者都在安全、舒适、合理的情况下参与交通行为。

(4) 自动驾驶车辆在复杂场景中运行时,重复进行前序步骤,直至脱离复杂场景。

综上所述,Tesla 提出的轨迹规划方法混合了数据驱动算法和传统规则型算法,根据自车状态和其他交通参与者的状态在考虑交互的情况下实时博弈,并建立满足安全和舒适的

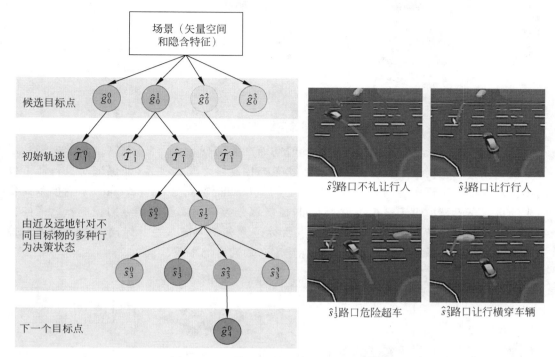

图 9.53 以神经网络构成的交互搜索框架

强约束。当处理城区的高交互、高博弈场景时其优势明显,能有极佳的整体表现。

9.4 车辆控制

自动驾驶系统针对车辆控制的核心任务是对规划模块输出的目标轨迹做精确跟踪。实现轨迹跟踪的模块是一个典型的闭环控制系统,包含以下三个基本要素。

(1)控制目标,即目标轨迹。其表达方式一般为一组离散的轨迹点列。每个轨迹点包含位置坐标、航向、速度、加速度等信息。

(2)误差描述,即系统误差的表达方式。闭环控制过程的本质是车辆行驶状态与目标轨迹之间的偏差不断修正的过程。修正前首先要对误差进行合理的描述。如图 9.54 所示的例子中,自车和目标轨迹的相对位姿一般通过 Ego Motion 输出,基于目标轨迹上的参考点可将车辆控制误差分解为横/纵向的位置误差、航向误差以及速度误差。除此以外还有其他的误差描述方式,此处不详述。

(3)误差修正,即将控制误差作为系统状态量的一部分,通过控制算法计算针对误差修正的控制量,并转换成控制指令发送给执行器。自动驾驶车辆控制指令根据执行器的不同,分为面向转向器的横向控制指令,以及面向动力和制动系统的纵向控制指令,12.2 节和12.3 节会再次详细讲解。

图 9.55 所示为自动驾驶车辆控制的技术方案,主要由三部分组成:车辆模型、横向控制器、纵向控制器。车辆运动学模型和动力学模型的建立和分析是进行控制器设计的基础。运动学从几何学角度研究车辆的运动规律,动力学则从受力角度研究车辆的运动规

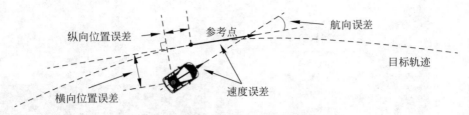

图 9.54 自动驾驶车辆控制误差描述示例

律,具体包括物体在空间的位置、速度等随时间而产生的变化。因此,车辆运动学模型和动力学模型能反映车辆位置、速度、加速度等状态与控制量之间的关系,能保证对执行器下发的控制指令符合车辆模型约束。应用最广泛的是从四轮阿克曼(Acherman)车辆模型简化而来的自行车模型。由于被控对象的不同,控制器分为横向控制器和纵向控制器。横向控制器主要通过控制转向系统实现对轨迹点目标位置和航向的跟踪。纵向控制器则通过控制车辆动力和制动系统实现对轨迹点目标速度和加速度的跟踪。

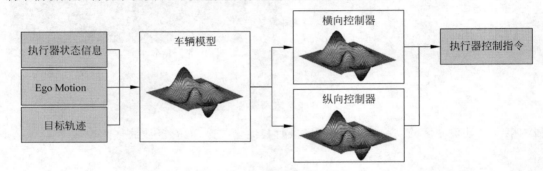

图 9.55 车辆控制的技术方案

横/纵向控制器相辅相成,共同实现对目标轨迹的精确跟踪,并完成自动驾驶任务。例如,泊车多段轨迹跟踪过程中会采取分段切换策略。正常情况下,上一段轨迹跟踪结束才能开启下一段轨迹的跟踪。某些情况下,上一段轨迹末尾自车遇到阻挡,无法跟踪完全,可以决策启动下一段轨迹。此时需要根据经验确保下一段轨迹能够被很快跟踪。该策略能整体提高泊车成功的概率。为提高泊车效率,有些方案中将轨迹切换从瞬态时间点调整为在某个小段时间或者空间中持续进行。具体做法是,在上一条轨迹跟踪快要结束时,纵/横向控制器目标做细微调整。横向控制器可以开始将方向盘复位,车辆表现为提前"回轮"。纵向控制器则继续保持减速制动至停车状态。该方式的好处是,加快轨迹切换的速度,进而节约泊车的整体耗时;泊车过程更加拟人;避免静止转向,减小转向器电机所承担的负荷。

此外车辆控制系统还需要与轨迹规划模块相互配合。当系统控制误差过大时,说明车辆对轨迹跟踪失败。此时一般触发重规划功能,即更新车辆最新的位姿,重新规划目标轨迹,让控制系统重新跟踪偏离更近的轨迹。

接下来详细讲解几种主流的自动驾驶车辆控制算法,具体包括几何路径跟踪、LQR路径跟踪、双闭环PID纵向跟踪,以及MPC轨迹跟踪。在学术领域也有很多基于神经网络的车辆控制相关算法出现,但量产车上尚未出现应用,此处不赘述。

9.4.1 几何路径跟踪

几何路径跟踪（Geometric Path Tracking）控制算法简单直接，控制参数少，使用方便，在机器人和自动驾驶技术发展早期应用广泛，是当时主流的路径跟踪控制方法之一。这类方法以自动驾驶车辆与目标轨迹之间的几何关系为基础，以自行车模型为先验，利用预瞄距离（Look Ahead Distance）描述车辆与目标轨迹之间的误差，由此计算路径跟踪过程中对横向执行器的控制量，如图 9.56 所示。

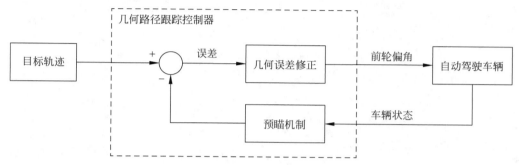

图 9.56　几何路径跟踪控制器框图

几何路径跟踪算法中使用经过简化的自行车模型计算车辆运动过程，满足如式（9-19）所示的几何关系。

$$\tan\delta = L/R = Lk \tag{9-19}$$

其中，δ 为前轮转角，L 为车前后轴之间的轴距，R 为车辆转弯半径，k 为与之对应的圆弧轨迹曲率。

最经典的几何路径跟踪控制方法是纯跟踪（Pure Pursuit）算法和 Stanley 跟踪算法，如图 9.57 所示。

纯跟踪算法最早在 1985 年由卡内基-梅隆大学的 R. Wallace 提出，其核心思想是，设定一个预瞄距离 L_d，通过该距离在车辆前方的目标轨迹上找到预瞄点。此时通过车辆航向和车辆与预瞄点连线的夹角 α，可计算出车辆驶过预瞄点的转弯半径，并根据车辆模型进一步确定前轮转向角 δ。其中车辆位姿一般以后轴中心为基准，通过图 9.57（b）所示的几何关系可得

$$\frac{L_d}{\sin(2\alpha)} = \frac{R}{\sin\left(\frac{\pi}{2} - \alpha\right)} \tag{9-20}$$

$$R = \frac{L_d}{2\sin\alpha} \tag{9-21}$$

$$k = \frac{2\sin\alpha}{L_d} \tag{9-22}$$

其中，R 为车辆转弯半径，k 为与之对应的圆弧轨迹曲率。将式（9-19）和式（9-22）联立可得

$$\delta = \tan^{-1}\left(\frac{2L\sin\alpha}{L_d}\right) = i_{\text{steer}}\theta_{\text{steer}} \tag{9-23}$$

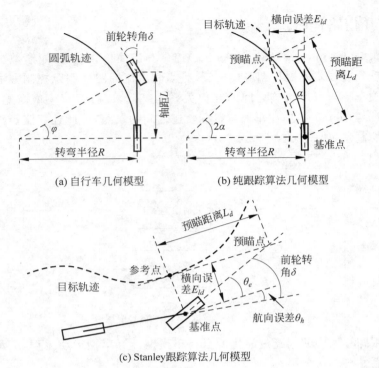

(a) 自行车几何模型　　　　(b) 纯跟踪算法几何模型

(c) Stanley跟踪算法几何模型

图 9.57　典型的几何路径跟踪算法

$$\theta_{\mathrm{steer}} = \tan^{-1}\left(\frac{2L\sin\alpha}{L_d}\right) / i_{\mathrm{steer}} \tag{9-24}$$

由此可以得到每个时刻车辆前轮偏角和车辆与预瞄点航向偏差之间的对应关系。其中车辆前轮偏角根据转向系统的传动比 i_{steer} 又可以换算为方向盘转角 θ_{steer}。θ_{steer} 随时间的导数即为相邻控制周期间需要输出的控制增量。进一步，可以将航向误差 α 转换为横向位置误差 E_{ld}，可得

$$\sin\alpha = \frac{E_{ld}}{L_d} \tag{9-25}$$

$$\theta_{\mathrm{steer}} = \tan^{-1}\left(\frac{2LE_{ld}}{L_d^{\,2}}\right) / i_{\mathrm{steer}} \tag{9-26}$$

由此可见纯跟踪算法的本质是一个关于预瞄横向误差 E_{ld} 的非线性比例控制器。通过调节作为比例参数的预瞄距离 L_d 可实现不同的控制效果。预瞄距离一般与车速有关。从人类的驾驶习惯定性分析来看，车速越大预瞄距离越远，车辆行驶过程越平稳。当道路曲率出现扰动时，纯跟踪算法的输出结果能保持健壮。但过大的预瞄距离会降低近处的路径跟踪精度，且容易使车辆在弯道处出现内切现象。当预瞄距离过低时，容易导致闭环控制系统稳定性下降，并导致车辆出现左右摇摆的现象。因此纯跟踪算法在实际使用时需要在稳定性和控制精度之间做平衡。此外，纯跟踪算法常用于低速和小侧向加速度的场景。原因是在车辆高速运动场景中，因道路曲率变化带来的方向盘转角快速变化易使车辆产生侧滑，车辆运动模型发生改变，并进一步导致跟踪性能恶化。

纯跟踪算法一经提出，由于其高性价比，被广泛用作自动驾驶车辆的控制。DARPA

Grand Challenge 和 DARPA Urban Challenge 赛事的多支队伍都用过纯跟踪算法控制器。此后,对该算法的改进主要集中在预瞄机制上,例如优化预瞄距离与速度的关系式、将预瞄距离同时与车速和道路曲率关联、采用多点预瞄和分段预瞄等机制等。

Stanley 路径跟踪算法是斯坦福大学无人车项目在 2005 DARPA 挑战赛中使用的方法,其核心思想是,以车辆前轴中心为基准点,将目标轨迹与基准点距离最近处确定为参考点,利用基准点和参考点之间的横向距离误差和航向误差计算车辆方向盘转向的控制量。如图 9.57(c)所示,Stanley 算法定义的前轮转角 δ 由如下两部分组成:

$$\delta = \theta_h + \theta_e \tag{9-27}$$

其中,θ_h 为车辆航向偏离参考点切线方向的误差。在没有任何横向误差的情况下,前轮方向与目标点道路方向相同。θ_e 表征修正横向误差需要的前轮偏转角度,在没有任何航向误差的情况下,横向误差 E_{ld} 越大前轮偏角越大,前轮直奔参考点切线方向上的预瞄点行驶。注意,此处的预瞄点与纯跟踪算法中的预瞄点定义有区别。预瞄点由参考点和预瞄距离 L_d 确定,其中预瞄距离与车速 v_{ego} 相关。于是,根据几何关系可得

$$\theta_e = \tan^{-1} \frac{E_{ld}}{L_d} = \tan^{-1} \frac{kE_{ld}}{v_{ego}} \tag{9-28}$$

其中,k 为针对车速的增益参数。联立式(9-27)和式(9-28)可得目标前轮偏角和目标方向盘转角:

$$\delta = \theta_h + \tan^{-1} \frac{kE_{ld}}{v_{ego}} \tag{9-29}$$

$$\theta_{steer} = \left(\theta_h + \tan^{-1} \frac{kE_{ld}}{v_{ego}} \right) / i_{steer} \tag{9-30}$$

由此可见,Stanley 算法是一种非线性反馈控制器,控制器的性能与增益参数 k 强相关。增益越大横向误差修正越快,但容易出现超调。增益越小控制越平稳,但误差修正速度较慢,在较高的车速区间尤为如此。对 Stanley 算法的改进同样集中在预瞄机制上,例如优化预瞄距离与速度的关系式、加入预瞄自适应时间、采用适应道路曲率的动态 k 值等。

纯跟踪与 Stanley 两个算法都是基于对前轮转角进行控制来消除横向误差。两者特点类似,中、低速场景中兼具实现简单和使用可靠的优点,高速场景中容易出现控制不稳定或误差过大的情况,需要在控制精度和稳定性之间做取舍与平衡。其中 Stanley 算法对横向误差的描述除了横向距离,还增加了航向误差,与纯跟踪算法相比,在一定程度上有更高的稳定性和更快的收敛速度。

9.4.2　LQR 路径跟踪

LQR(Linear Quadratic Regulator)即线性二次型调节器,是现代控制理论中发展最早、最为成熟的一种状态空间设计法。该算法可得到状态线性反馈的规律,易于构成闭环最优控制系统,在机器人领域得到了广泛应用,在自动驾驶领域常用于做路径跟踪,即横向控制。针对自动驾驶车辆控制的 LQR 算法的核心思想是,设计状态反馈控制器 K,基于车辆动力学模型使二次型目标函数 J_{LQR} 取得最小值,由此确定系统控制量 u。其系统控制框图如图 9.58 所示,对应的系统状态方程和控制量方程如式(9-31)所示。

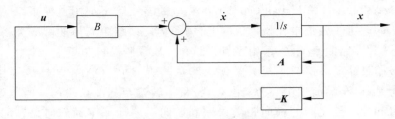

图 9.58　LQR 系统控制框图

$$\begin{cases} \boldsymbol{u} = -\boldsymbol{K}\boldsymbol{x} \\ \dot{\boldsymbol{x}} = \boldsymbol{A}\boldsymbol{x} + \boldsymbol{B}\boldsymbol{u} = (\boldsymbol{A} - \boldsymbol{B}\boldsymbol{K})\boldsymbol{x} \end{cases} \tag{9-31}$$

对于自动驾驶车辆控制来说,系统状态方程即为车辆动力学模型,其意义在于构建车辆控制量和运动状态之间的关联关系。如图 9.59 所示,将车辆模型简化为自行车模型。假设纵向车辆速度单独控制,此处仅关注由侧向力产生的横向运动,根据牛顿第二定律可得

$$F_{yf}\cos\delta - F_{xf}\sin\delta + F_{yr} = m(v_{vy} + v_{vx}r) \tag{9-32}$$

其中,F_{yf}、F_{xf}、F_{yr} 分别为前后轮在不同方向的受力,δ 为前轮偏转角,m 为车辆质量,v_{vx} 和 v_{vy} 为车辆坐标系下质心处在不同方向的速度,r 为车辆横摆角速度。

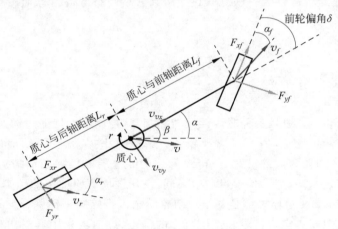

图 9.59　车辆(自行车)动力学模型

由力矩平衡可得

$$L_f F_{yf}\cos\delta - L_r(F_{yr} - F_{xf}\sin\delta) = I_z\dot{r} \tag{9-33}$$

其中,L_f 和 L_r 分别为车辆质心到前后轴中心的距离,I_z 为车辆绕 z 轴的转动惯量。

将轮胎假设为线性模型,且无侧滑,则侧向力 F_{yf} 和 F_{yr} 可根据下式计算:

$$\begin{cases} F_{yf} = -c_f\alpha_f = -c_f\left[\tan^{-1}\left(\dfrac{v_{vy} + L_f r}{v_{vx}}\right) - \delta\right] \\ F_{yr} = -c_r\alpha_r = -c_r\tan^{-1}\left(\dfrac{v_{vy} - L_r r}{v_{vx}}\right) \end{cases} \tag{9-34}$$

其中,α_f 和 α_r 分别为前后轮的侧偏角,c_f 和 c_r 分别为前后轮的侧偏刚度。

联立式(9-32)、式(9-33)以及式(9-34),可得车辆在全局坐标系下的横向动力学模型

$$
\begin{cases}
\dot{v}_{vy} = \dfrac{-c_f\left[\tan^{-1}\left(\dfrac{v_{vy}+L_f r}{v_{vx}}\right)-\delta\right]\cos\delta - c_r\tan^{-1}\left(\dfrac{v_{vy}-L_r r}{v_{vx}}\right)}{m} - v_{vx}r \\[4mm]
\dot{r} = \dfrac{-L_f c_f\left[\tan^{-1}\left(\dfrac{v_{vy}+L_f r}{v_{vx}}\right)-\delta\right]\cos\delta + L_r c_r\tan^{-1}\left(\dfrac{v_{vy}-L_r r}{v_{vx}}\right)}{I_z}
\end{cases}
\tag{9-35}
$$

为方便使用该模型，对式(9-35)进行线性优化处理，将三角函数小角度近似，并转换成矩阵形式，可得

$$
\begin{bmatrix}\dot{v}_y \\ \dot{r}\end{bmatrix}=
\begin{bmatrix}
\dfrac{-(c_f+c_r)}{mv_{vx}} & \dfrac{L_r c_r-L_f c_f}{mv_{vx}}-v_{vx} \\[4mm]
\dfrac{L_r c_r-L_f c_f}{I_z v_{vx}} & \dfrac{-(L_f^2 c_f+L_r^2 c_r)}{I_z v_{vx}}
\end{bmatrix}
\begin{bmatrix}v_{vy} \\ r\end{bmatrix}+
\begin{bmatrix}\dfrac{c_f}{m} \\[3mm] \dfrac{L_f c_f}{I_z}\end{bmatrix}\delta
\tag{9-36}
$$

有了全局坐标系下的车辆动力学模型，还需要跟目标轨迹做关联才能用于自动驾驶车辆的控制算法。如图9.60所示，假设车辆所在位置的道路曲率为k_{path}，可得在该道路上车辆行驶的参考横摆角速度r_{ref}和横向加速度$\dot{v}_{vy\text{-ref}}$：

$$
\begin{cases}
r_{\text{ref}}=k_{\text{path}}v_{vx} \\
\dot{v}_{vy\text{-ref}}=k_{\text{path}}v_{vx}^2
\end{cases}
\tag{9-37}
$$

由此可得车辆横向误差距离E_{lat}的一阶和二阶导数为

$$
\begin{cases}
\dot{E}_{\text{lat}}=v_{vy}+v_{vx}\sin E_\theta \\
\ddot{E}_{\text{lat}}=(\dot{v}_{vy}+v_{vx}r)-\dot{v}_{vy\text{-ref}}=\dot{v}_{vy}+v_{vx}(r-r_{\text{ref}})=\dot{v}_{vy}+v_{vx}\dot{E}_\theta
\end{cases}
\tag{9-38}
$$

其中，$E_\theta=\theta_p-\theta$为车辆与目标轨迹参考点的航向误差。将式(9-38)对式(9-36)中的参量做替换和填充，可得

$$
\frac{\mathrm{d}}{\mathrm{d}t}
\begin{bmatrix}E_{\text{lat}} \\ \dot{E}_{\text{lat}} \\ E_\theta \\ \dot{E}_\theta\end{bmatrix}=
\begin{bmatrix}
0 & 1 & 0 & 0 \\[2mm]
0 & -\dfrac{c_f+c_r}{mv_x} & \dfrac{c_f+c_r}{m} & \dfrac{L_r c_r-L_f c_f}{mv_x} \\[3mm]
0 & 0 & 0 & 1 \\[2mm]
0 & \dfrac{L_r c_r-L_f c_f}{I_z v_{vx}} & \dfrac{L_f c_f-L_r c_r}{I_z} & -\dfrac{L_f^2 c_f+L_r^2 c_r}{I_z v_{vx}}
\end{bmatrix}
\begin{bmatrix}E_{\text{lat}} \\ \dot{E}_{\text{lat}} \\ E_\theta \\ \dot{E}_\theta\end{bmatrix}+
$$

$$
\begin{bmatrix}0 \\[2mm] \dfrac{c_f}{m} \\[3mm] 0 \\[2mm] \dfrac{L_f c_f}{I_z}\end{bmatrix}\delta+
\begin{bmatrix}0 \\[2mm] \dfrac{L_r c_r-L_f c_f}{mv_{vx}}-v_{vx} \\[3mm] 0 \\[2mm] -\dfrac{(L_f^2 c_f+L_r^2 c_r)}{I_z v_{vx}}\end{bmatrix}r_{\text{ref}}
\tag{9-39}
$$

由此得到如式(9-31)所示的系统状态方程和控制量方程

$$
\begin{cases}
\dot{\boldsymbol{x}}=\boldsymbol{A}\boldsymbol{x}+\boldsymbol{B}\delta+\boldsymbol{C}r_{\text{ref}} \\
\delta=-\boldsymbol{K}\boldsymbol{x}
\end{cases}
\tag{9-40}
$$

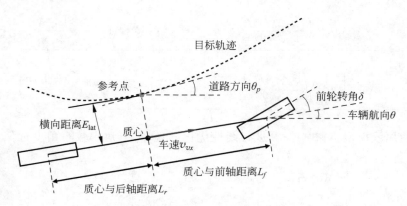

图 9.60 目标轨迹下的车辆运动学模型

其中,x 为控制系统的状态量 $\begin{bmatrix} E_{\text{lat}} & \dot{E}_{\text{lat}} & E_{\theta} & \dot{E}_{\theta} \end{bmatrix}^{\text{T}}$,$A$、$B$、$C$ 分别为状态方程式(9-39)中对应的参数矩阵。δ 为前轮偏转角,也是 LQR 横向控制器对应的控制量。为保证系统逐渐趋向稳定状态,且横向距离误差和航向误差可以收敛到 0,在接下来的讲解中暂时忽略 Cr_{ref} 项。

为使横向误差最小,LQR 控制器定义如下目标函数:

$$J_{\text{LQR}} = \int_0^\infty (x^{\text{T}} Q x + \delta^{\text{T}} R \delta)\,\mathrm{d}t \tag{9-41}$$

其中,Q 和 R 分别为目标函数的状态权重矩阵和控制权重矩阵。通常 Q 阵和 R 阵为单位对角阵,对角阵的元素对应不同状态量和控制量权重大小。权重越大的量,其变化程度希望得到更强的抑制。目标函数是一个二次函数,代价大于 0 并趋于 0,目标是得到一个控制序列,使代价累积最小。此处将控制量 δ 写成矩阵形式 δ,表示控制量从前轮偏角扩展为多个量时,该目标函数同样适用。

接下来问题转换为求解 K,在式(9-40)中状态方程的约束条件下,使目标函数式(9-41)取最小值。这里简要讲解解决该问题的代数 Riccati 方程的推导过程。

将式(9-40)中控制方程代入目标函数右侧,且假设存在一个常量矩阵 P,使得

$$\frac{\mathrm{d}}{\mathrm{d}t}(x^{\text{T}} P x) = -x^{\text{T}}(Q + K^{\text{T}} R K) x \tag{9-42}$$

将该式左侧微分展开可得

$$\frac{\mathrm{d}}{\mathrm{d}t}(x^{\text{T}} P x) = -\dot{x}^{\text{T}} P x + x^{\text{T}} P \dot{x} = -x^{\text{T}}(Q + K^{\text{T}} R K) x \tag{9-43}$$

代入式(9-31)中的 $\dot{x}$,可得

$$A^{\text{T}} P + P A + Q - K^{\text{T}} B^{\text{T}} P - P B K + K^{\text{T}} R K = 0 \tag{9-44}$$

要使目标函数取值最小,K 需要满足式(9-45)。其推导思想来自线性代数中的一种特殊矩阵构造,此处不详述。

$$K = R^{-1} B^{\text{T}} P \tag{9-45}$$

联立式(9-44)和式(9-45),可得连续时间代数 Riccati 方程(Continuous Algebraic Riccati Equation,CARE)

$$P A + A^{\text{T}} P - P B R^{-1} B^{\text{T}} P + Q = 0 \tag{9-46}$$

因此问题转化为,先选择合适的参数矩阵 $\boldsymbol{Q}$ 和 $\boldsymbol{R}$,再通过式(9-46)求解常量矩阵 $\boldsymbol{P}$,并进一步通过式(9-45)得到增益矩阵 $\boldsymbol{K}$,最后通过式(9-40)中的控制方程计算反馈控制量 δ。

为方便进行数值计算,需要将相关方程转换为离散化后的标准形式,

$$\begin{cases} \boldsymbol{x}(k+1)=\boldsymbol{A}_d\boldsymbol{x}(k)+\boldsymbol{B}_d\delta(k) \\[2mm] \boldsymbol{A}_d = \dfrac{\mathrm{e}^{\frac{A\tau}{2}}}{-\mathrm{e}^{\frac{A\tau}{2}}} = \left(\boldsymbol{I}-\dfrac{\boldsymbol{A}\tau}{2}\right)^{-1}\left(\boldsymbol{I}+\dfrac{\boldsymbol{A}\tau}{2}\right) \\[3mm] \boldsymbol{B}_d = \displaystyle\int_0^{\tau}\mathrm{e}^{A\tau}\mathrm{d}t\boldsymbol{B}=\tau\boldsymbol{B} \end{cases} \quad (9\text{-}47)$$

其中,τ 为迭代周期,$\boldsymbol{A}_d$、$\boldsymbol{B}_d$ 分别为离散后的参数矩阵。

目标函数和离散时间的代数 Riccati 方程(DARE)则为

$$\begin{cases} \boldsymbol{J}_{\mathrm{LQR}} = \displaystyle\sum_{k=0}^{\infty}\left[\boldsymbol{x}^{\mathrm{T}}(k)\boldsymbol{Q}\boldsymbol{x}(k)+\boldsymbol{\delta}^{\mathrm{T}}(k)\boldsymbol{R}\delta(k)\right] \\[3mm] \boldsymbol{P}(k-1)=\boldsymbol{Q}+\boldsymbol{A}_d^{\mathrm{T}}\boldsymbol{P}(k)\boldsymbol{A}_d-\boldsymbol{A}_d^{\mathrm{T}}\boldsymbol{P}(k)\boldsymbol{B}_d\left(\boldsymbol{R}+\boldsymbol{B}_d^{\mathrm{T}}\boldsymbol{P}(k+1)\boldsymbol{B}_d\right)^{-1}\boldsymbol{B}_d^{\mathrm{T}}\boldsymbol{P}(k)\boldsymbol{A}_d \end{cases} \quad (9\text{-}48)$$

控制量方程离散化为

$$\begin{cases} \boldsymbol{K}(k)=\left(\boldsymbol{R}+\boldsymbol{B}_d^{\mathrm{T}}\boldsymbol{P}(k+1)\boldsymbol{B}_d\right)^{-1}\boldsymbol{B}_d^{\mathrm{T}}\boldsymbol{P}(k+1)\boldsymbol{A}_d \\[2mm] \delta(k)=-\boldsymbol{K}(k)\boldsymbol{x}(k) \end{cases} \quad (9\text{-}49)$$

离散时间下迭代求解时,首先确定迭代次数 N,初始的 $\boldsymbol{P}$ 阵设定为 $\boldsymbol{Q}$,经过 N 次迭代后得到最终优化的控制量 $\delta(N)$。至此,通过 LQR 算法可以让自动驾驶车辆在路径跟踪过程中的横向误差逐步收敛。

在讲解式(9-40)时还有一个遗留问题,即忽略了状态方程中的 Cr_{ref} 项,这里重新对其展开讲解。该项与目标路径参考点处的曲率有关,无法保证在控制过程中横向误差收敛到0,即存在稳态误差。一般采取的措施为在控制量中加入前馈项,由此系统控制框图、对应的系统状态方程和控制量方程需要做如图 9.61 所示和式(9-50)所示的调整。

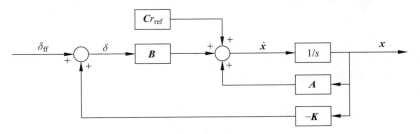

图 9.61 带前馈的 LQR 系统控制框图

$$\begin{cases} \delta=-\boldsymbol{K}\boldsymbol{x}+\delta_{\mathrm{ff}} \\[2mm] \dot{\boldsymbol{x}}=\boldsymbol{A}\boldsymbol{x}+\boldsymbol{B}\varphi+\boldsymbol{C}r_{\mathrm{ref}}=(\boldsymbol{A}-\boldsymbol{B}\boldsymbol{K})\boldsymbol{x}+\boldsymbol{B}\varphi_{\mathrm{ff}}+\boldsymbol{C}r_{\mathrm{ref}} \end{cases} \quad (9\text{-}50)$$

其中,δ_{ff} 为前轮偏角前馈控制量。

将控制方程代入系统状态方程,再进行 Laplace 变换,可得

$$X(s) = \left[sI - (A - BK)\right]^{-1}\left[B\frac{\delta_{ff}}{s} + C\frac{r_{ref}}{s}\right] = \left[sI - (A - BK)\right]^{-1}\left[B\frac{\delta_{ff}}{s} + C\frac{k_{path}v_{vx}}{s}\right]$$

(9-51)

根据终值定理,并将 $K = [k_1, k_2, k_3, k_4]^T$ 展开,可得系统稳态值 x_{ss}

$$x_{ss} = \lim_{t \to \infty} x(t) = \lim_{s \to 0} s X(s) = -(A - BK)^{-1}(B\delta_{ff} + Ck_{path}v_{vx})$$

$$= \begin{bmatrix} \dfrac{\delta_{ff}}{k_1} \\ 0 \\ 0 \\ 0 \end{bmatrix} + \begin{bmatrix} -\dfrac{1}{k_1}\dfrac{k_{path}mv_{vx}^2}{L_f + L_r}\left(\dfrac{L_r}{2c_f} - \dfrac{L_f}{2c_r} + \dfrac{L_f}{2c_r}k_3\right) - \dfrac{k_{path}}{k_1}(L_f + L_r - L_rk_3) \\ 0 \\ \dfrac{k_{path}}{2c_r(L_f + L_r)}(-2c_rL_fL_r - 2c_rL_r^2 + L_fmv_{vx}^2) \\ 0 \end{bmatrix}$$

(9-52)

通过式(9-52)可以看到前馈量 δ_{ff} 仅可能改善第一项中的横向距离误差 E_{cg},对第三项航向误差 θ_e 无影响。其中航向的稳态误差 $\theta_{e\text{-}ss}$ 为

$$\theta_{e\text{-}ss} = \frac{k_{path}}{2c_r(L_f + L_r)}(-2c_rL_fL_r - 2c_rL_r^2 + L_fmv_{vx}^2) = k_{path}\left(\frac{L_fmv_{vx}^2}{2c_rL} - L_r\right)$$

(9-53)

其中,$L = L_f + L_r$ 为车辆轴距。

要使横向距离稳态误差为 0,则有

$$\frac{\delta_{ff}}{k_1} = \frac{1}{k_1}\frac{k_{path}mv_{vx}^2}{L_f + L_r}\left(\frac{L_r}{2c_f} - \frac{L_f}{2c_r} + \frac{L_f}{2c_r}k_3\right) + \frac{k_{path}}{k_1}(L_f + L_r - L_rk_3)$$

(9-54)

经整理可得

$$\begin{cases} \delta_{ff} = Lk_{path} + K_va_y + k_3k_{path}\left(\dfrac{L_fmv_{vx}^2}{2c_rL} - L_r\right) = Lk_{path} + K_va_y + k_3\theta_{e\text{-}ss} \\ K_v = \dfrac{L_rm}{2c_f(L_f + L_r)} - \dfrac{L_fm}{2c_r(L_f + L_r)} \\ a_y = v_{vx}^2k_{path} \end{cases}$$

(9-55)

其中,a_y 为车辆过弯时的横向加速度。

最终兼具前馈和反馈的控制量在进入稳态后为

$$\delta_{ss} = -Kx_{ss} + \delta_{ff} = -k_3\theta_{e\text{-}ss} + \delta_{ff} = Lk_{path} + K_va_y$$

(9-56)

综上所述,LQR 路径跟踪控制器框图如图 9.62 所示,LQR 算法对同一工作时域,在一个控制周期内只优化一次,并将本次最优解发送给执行器。在加入前馈控制量后能消除横向距离稳态误差,但航向稳态误差难以避免。与几何路径跟踪算法相比,LQR 算法建立了系统状态方程,根据车辆动力学模型对误差的描述更加完备,并构建目标函数,通过优化的方式对控制量求解,具备更高的控制精度和更快的响应速度。由于使用了车辆动力学和运动学模型,在实际工程项目中,需要通过状态估计和参数辨识的方法保证模型参数的准确性。

9.4.3　PID 纵向跟踪

几何路径跟踪算法和 LQR 路径跟踪算法仅涉及自动驾驶车辆的横向控制,本节将对

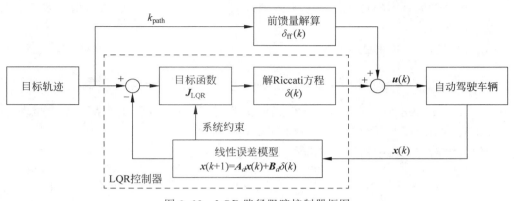

图 9.62 LQR 路径跟踪控制器框图

纵向控制展开详细讲解。自动驾驶车辆的纵向控制是指以后轴中心为基准点的车速控制。其要求是,在车辆行驶过程中,其实际速度与参考的目标速度误差尽可能小,当遇到目标路径前方有障碍物时,保持车距或及时停车。在有轨迹规划的自动驾驶功能中,参考的目标速度来自轨迹点上包含的目标速度。在 ACC 功能或早期的车道跟随功能中,无轨迹规划的过程,目标车速来自道路限速信息或驾驶员设定车速。

最常用的车辆纵向控制算法为经典的 PID 算法。PID 算法是应用最广泛的一种自动控制方法。该方法在控制过程中,按误差的比例(P)、积分(I)和微分(D)进行系统控制。其中 P 参数调节当前值到达目标值的速度,I 参数用来消除稳态误差,D 参数的主要作用是抑制超调。它具有原理简单、易于实现、适用面广、控制参数相互独立、参数的选定简单等优点。量产自动驾驶车辆纵向控制接口一般为目标加速度指令,当目标加速度大于 0 时驱动车辆加速,小于 0 时驱动车辆减速。因此量产方案中纵向控制器的最终输出为加速度指令,控制器内部一般采用双闭环 PID 方案,如图 9.63 所示。

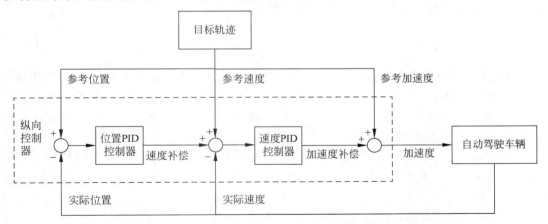

图 9.63 双闭环 PID 纵向控制器框图

双闭环 PID 纵向控制器包含位置 PID 控制器和速度 PID 控制器。其中位置 PID 控制器以车辆实际位置和参考位置的偏差为输入,输出速度补偿量,通过速度补偿减小位置误差。这里的位置是指车辆在目标轨迹上的纵向位移 S。速度 PID 控制器则以速度补偿、车辆实际速度和参考速度的偏差为输入,输出加速度补偿量,通过加速度补偿减小速度误差。

控制器最终以目标轨迹的参考加速度为基础，经过加速度补偿后，向车辆执行器发送最终的加速度指令。

PID 控制器的一般形式为

$$u(k) = K_p e(k) + K_I \sum_{i=1}^{k} e(i) + K_D \left[e(k) - e(k-1) \right] \tag{9-57}$$

其中，K_p、K_I、K_D 分别为控制器的比例调节参数、积分调节参数以及微分调节参数，$e(k)$ 为采样得到的系统误差，$u(k)$ 为控制器输出的控制量。

双闭环纵向控制器中的两个 PID 控制器经过离散化后为

$$\begin{cases} \Delta v(k) = K_{p\text{-}s} E_s(k) + K_{I\text{-}s} \sum_{i=1}^{k} E_s(i) + K_{D\text{-}s} \left[E_s(k) - E_s(k-1) \right] \\ \Delta a(k) = K_{p\text{-}v} \left[E_{v\text{-}vx}(k) + \Delta v(k) \right] + K_{I\text{-}v} \sum_{i=1}^{k} \left[E_{v\text{-}vx}(i) + \Delta v(i) \right] + \\ \qquad\qquad K_{D\text{-}v} \left[E_{v\text{-}vx}(k) + \Delta v(k) - E_{v\text{-}vx}(k-1) - \Delta v(k-1) \right] \end{cases} \tag{9-58}$$

除了 PID 调节参数，其中 $\Delta v(k)$ 和 $\Delta a(k)$ 分别为两个控制器输出的速度补偿和加速度补偿，$E_s(k)$ 和 $E_{v\text{-}vx}(k)$ 分别为两个控制器的输入量，即位置误差和速度误差。可以看到在加速度闭环控制器中，输入量除了速度误差 $E_{v\text{-}vx}(k)$，还包括位置闭环控制器输出的速度补偿量 $\Delta v(k)$。由此可得最终输出的纵向控制指令为

$$a_{\text{com}}(k) = a_{\text{ref}}(k) + \Delta a(k) \tag{9-59}$$

其中，$a_{\text{com}}(k)$ 为向执行器发送的加速度控制指令，$a_{\text{ref}}(k)$ 为目标轨迹参考点上规划的加速度参考值。

接下来还需要对纵向的位置误差 E_s 和速度误差 $E_{v\text{-}vx}$ 进行描述。以车辆后轴中心为车辆基准点，目标轨迹上最近点为轨迹参考点，纵向误差计算原理如图 9.64 所示，推导过程不赘述，直接做离散化处理，通过几何关系可得

$$\begin{bmatrix} E_s(k) \\ E_{v\text{-}vx}(k) \end{bmatrix} = \begin{bmatrix} -\left(\mathrm{d}x(k)\cos\theta_{\text{ref}}(k) + \mathrm{d}y(k)\sin\theta_{\text{ref}}(k) \right) \\ v_{vx\text{-}ref}(k) - v_{vx}(k)\cos(\theta(k) - \theta_{\text{ref}}(k)) \end{bmatrix} \tag{9-60}$$

在一些较早时期的量产车上，纵向控制指令为加速驱动扭矩、制动油缸压力，或加速踏板位置、制动踏板位置，或节气门开度等形式。在实现纵向控制器时，还需提前标定出速度、加速度与控制指令之间的 MAP 表。在控制器运行时，通过当前车速和目标加速度差值查找 MAP 中对应的控制指令值，并向执行器发送。

在实际工程项目中，不同工况下 PID 控制器特性容易出现波动，且控制目标有各自的倾向性。例如高速场景和泊车场景下车辆行驶的车速区间和纵向控制目标差异非常大。高速场景中纵向控制目标更倾向于车速的稳定和跟车距离的控制，泊车场景下则倾向于对停车位置精准控制并满足舒适贴靠阻车器等要求。常用的工程方法是对工况进行分段调参处理，在功能激活时判断系统所处的工况段，切换到与当前工况对应的 PID 参数组。

9.4.4 MPC 轨迹跟踪

模型预测控制（Model Prediction Control，MPC）在 20 世纪被广泛应用于工业领域的各类控制系统中。随着机器人和自动驾驶车辆控制技术的不断发展，MPC 作为一种先进的控

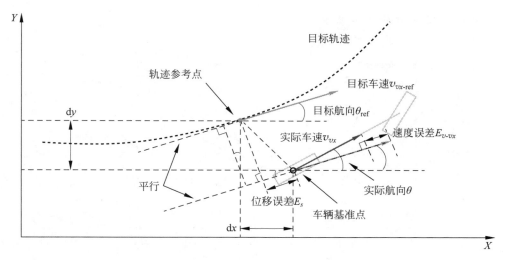

图 9.64　轨迹跟踪纵向误差计算原理

制算法，其应用范围与领域得到了进一步拓展与延伸。针对自动驾驶车辆控制的 MPC 算法工作原理如图 9.65 所示。其核心思想是，首先构建合理的车辆动力学模型，并基于该模型对车辆未来一段时间的状态进行预测；在有限的预测时域内进行滚动优化，通过最小化预测模型输出结果与目标值之差，得到短时间内的最优控制量；通过执行控制量修正系统已经出现的误差，提高控制精度，有效避免因模型失配或外界干扰而导致车辆偏离目标轨迹距离过大的情况。

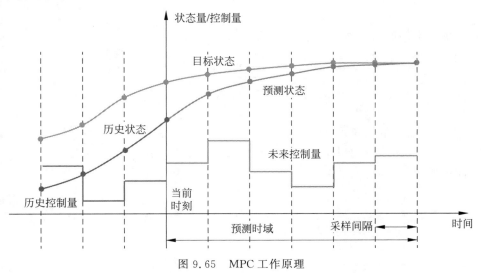

图 9.65　MPC 工作原理

首先讲解用于做状态预测的车辆动力学模型。假设自动驾驶车辆系统以后轴中心为基准点，其简单车辆运动学方程为

$$
\begin{bmatrix} \dot{x} \\ \dot{y} \\ \dot{\theta} \end{bmatrix} = \begin{bmatrix} \cos\theta \\ \sin\theta \\ \tan\dfrac{\delta}{L} \end{bmatrix} v_{vx} \tag{9-61}
$$

其中的各参量如图 9.66 所示。

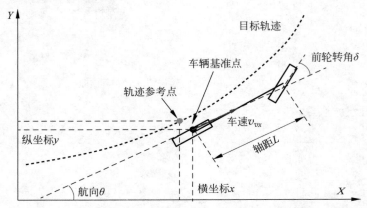

图 9.66　以后轴中心为基准的车辆运动学模型

定义车辆系统的状态量为 $\boldsymbol{x} = \begin{bmatrix} x & y & \theta \end{bmatrix}^{\mathrm{T}}$ 和控制量为 $\boldsymbol{u} = \begin{bmatrix} v_{vx} & \delta \end{bmatrix}^{\mathrm{T}}$，在讲解 LQR 的 9.4.2 节中，仅涉及了车辆动力学模型的横向部分，本节将同时考虑横向 δ 和纵向 v_{vx}。因此其一般形式为

$$\dot{\boldsymbol{x}} = f(\boldsymbol{x}, \boldsymbol{u}) \tag{9-62}$$

显然，该方程为非线性方程。

对于规划模块输出的高阶平滑目标轨迹，同样使用车辆运动学方程：轨迹上参考点对应的状态量 $\boldsymbol{x}_{\mathrm{ref}}$ 和控制量 $\boldsymbol{u}_{\mathrm{ref}}$ 满足

$$\dot{\boldsymbol{x}}_{\mathrm{ref}} = f(\boldsymbol{x}_{\mathrm{ref}}, \boldsymbol{u}_{\mathrm{ref}}) \tag{9-63}$$

对其进行泰勒展开并忽略高阶项，可得

$$\dot{\boldsymbol{x}} = f(\boldsymbol{x}_{\mathrm{ref}}, \boldsymbol{u}_{\mathrm{ref}}) + \frac{\partial f}{\partial \boldsymbol{x}}(\boldsymbol{x} - \boldsymbol{x}_{\mathrm{ref}}) + \frac{\partial f}{\partial \boldsymbol{u}}(\boldsymbol{u} - \boldsymbol{u}_{\mathrm{ref}}) \tag{9-64}$$

将式(9-64)和式(9-62)相减，定义新的状态量和控制量为

$$\tilde{\boldsymbol{x}} = \boldsymbol{x} - \boldsymbol{x}_{\mathrm{ref}} = \begin{bmatrix} E_x \\ E_y \\ E_\theta \end{bmatrix} = \begin{bmatrix} x - x_{\mathrm{ref}} \\ y - y_{\mathrm{ref}} \\ \theta - \theta_{\mathrm{ref}} \end{bmatrix}, \quad \tilde{\boldsymbol{u}} = \boldsymbol{u} - \boldsymbol{u}_{\mathrm{ref}} = \begin{bmatrix} v_{vx} - v_{vx\text{-}ref} \\ \delta - \delta_{\mathrm{ref}} \end{bmatrix} \tag{9-65}$$

由此可得

$$\begin{cases} \dot{\tilde{\boldsymbol{x}}} = \begin{bmatrix} \dot{E_x} \\ \dot{E_y} \\ \dot{E_\theta} \end{bmatrix} = \boldsymbol{A}\tilde{\boldsymbol{x}} + \boldsymbol{B}\tilde{\boldsymbol{u}} \\[2em] \boldsymbol{A} = \begin{bmatrix} 0 & 0 & -v_{vx\text{-}ref}\sin\theta_{\mathrm{ref}} \\ 0 & 0 & v_{vx\text{-}ref}\cos\theta_{\mathrm{ref}} \\ 0 & 0 & 0 \end{bmatrix}, \boldsymbol{B} = \begin{bmatrix} \cos\theta_{\mathrm{ref}} & 0 \\ \sin\theta_{\mathrm{ref}} & 0 \\ \dfrac{\tan\delta_{\mathrm{ref}}}{L} & \dfrac{v_{vx\text{-}ref}}{L\cos^2\delta_{\mathrm{ref}}} \end{bmatrix} \end{cases} \tag{9-66}$$

其中，$\boldsymbol{A}$ 和 $\boldsymbol{B}$ 分别为 $f(\boldsymbol{x}_{\mathrm{ref}}, \boldsymbol{u}_{\mathrm{ref}})$ 对 $\boldsymbol{x}$ 和 $\boldsymbol{u}$ 的雅可比矩阵，由此得到自动驾驶车辆做轨迹跟踪的误差模型，该模型近似为一个连续的线性系统。

前面讲解的过程是针对简单的车辆运动学模型。在实际工程项目中,关注的状态量更多,除涉及车辆运动学模型,还涉及车辆动力学模型。图 9.67 所示为横/纵向误差计算原理,自动驾驶车辆系统的状态量和控制量调整为

$$
\tilde{\boldsymbol{x}} = \begin{bmatrix} E_{\text{lat}} \\ \dot{E}_{\text{lat}} \\ E_{\theta} \\ \dot{E}_{\theta} \\ E_s \\ E_{v\text{-}vx} \end{bmatrix} = \begin{bmatrix} \mathrm{d}y\cos\theta_{\text{ref}} - \mathrm{d}x\sin\theta_{\text{ref}} \\ v_{vx}\sin(\theta - \theta_{\text{ref}}) \\ \theta - \theta_{\text{ref}} \\ \dot{\theta} - \dot{\theta}_{\text{ref}} \\ -(\mathrm{d}x\cos\theta_{\text{ref}} + \mathrm{d}y\sin\theta_{\text{ref}}) \\ v_{vx\text{-}ref} - v_{vx}\cos(\theta - \theta_{\text{ref}}) \end{bmatrix}, \quad \bar{\boldsymbol{u}} = \begin{bmatrix} \delta \\ a \end{bmatrix} \tag{9-67}
$$

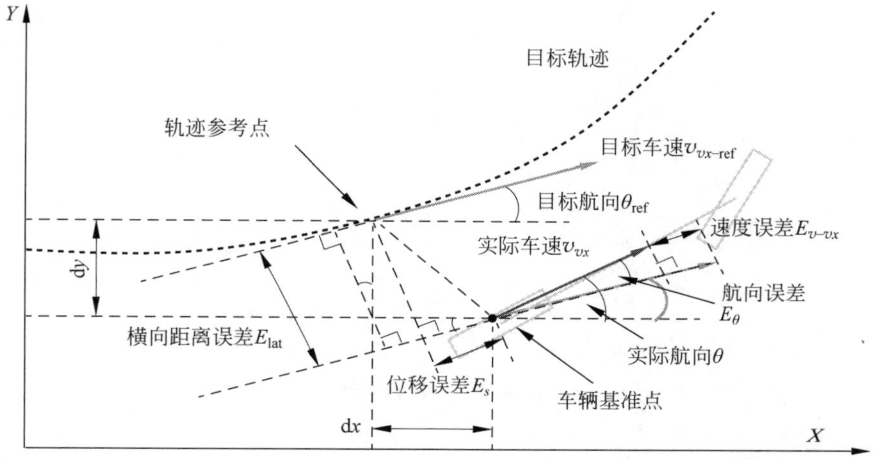

图 9.67 轨迹跟踪横/纵向误差计算原理

式中状态量在 LQR 的式(9-39)基础上,增加了纵向距离误差 E_s 和纵向速度误差 $E_{v\text{-}vx}$。各参量如图 9.75 所示,推导过程不赘述。由此车辆模型可以扩展为

$$
\dot{\boldsymbol{x}} = \frac{\mathrm{d}}{\mathrm{d}t} \begin{bmatrix} E_{\text{lat}} \\ \dot{E}_{\text{lat}} \\ E_{\theta} \\ \dot{E}_{\theta} \\ E_s \\ E_{v\text{-}vx} \end{bmatrix} = \begin{bmatrix} 0 & 1 & 0 & 0 & 0 & 0 \\ 0 & -\dfrac{c_f + c_r}{mv_{vx}} & \dfrac{c_f + c_r}{m} & \dfrac{L_r c_r - L_f c_f}{mv_{vx}} & 0 & 0 \\ 0 & 0 & 0 & 1 & 0 & 0 \\ 0 & \dfrac{L_r c_r - L_f c_f}{I_z v_{vx}} & \dfrac{L_f c_f - L_r c_r}{I_z} & -\dfrac{L_f^2 c_f + L_r^2 c_r}{I_z v_{vx}} & 0 & 0 \\ 0 & 0 & 0 & 0 & 0 & 1 \\ 0 & 0 & 0 & 0 & 0 & 0 \end{bmatrix} \begin{bmatrix} E_{\text{lat}} \\ \dot{E}_{\text{lat}} \\ E_{\theta} \\ \dot{E}_{\theta} \\ E_s \\ E_{v\text{-}vx} \end{bmatrix} +
$$

$$
\begin{bmatrix} 0 & 0 \\ \dfrac{c_f}{m} & 0 \\ 0 & 0 \\ \dfrac{L_f c_f}{I_z} & 0 \\ 0 & 0 \\ 0 & -1 \end{bmatrix} \begin{bmatrix} \delta \\ a \end{bmatrix} + \begin{bmatrix} 0 \\ \dfrac{L_r c_r - L_f c_f}{mv_{vx}} - v_{vx} \\ 0 \\ -\dfrac{(L_f^2 c_f + L_r^2 c_r)}{I_z v_{vx}} \\ 0 \\ 1 \end{bmatrix} r_{\text{ref}} \tag{9-68}
$$

由此可得

$$\begin{cases}
\dot{\tilde{\boldsymbol{x}}} = \boldsymbol{A}\tilde{\boldsymbol{x}} + \boldsymbol{B}\bar{\boldsymbol{u}} + \boldsymbol{C}r_{\text{ref}}
\end{cases}$$

$$\boldsymbol{A} = \begin{bmatrix}
0 & 1 & 0 & 0 & 0 & 0 \\
0 & -\dfrac{c_f + c_r}{m v_{vx}} & \dfrac{c_f + c_r}{m} & \dfrac{L_r c_r - L_f c_f}{m v_{vx}} & 0 & 0 \\
0 & 0 & 0 & 1 & 0 & 0 \\
0 & \dfrac{L_r c_r - L_f c_f}{I_z v_{vx}} & \dfrac{L_f c_f - L_r c_r}{I_z} & -\dfrac{L_f^2 c_f + L_r^2 c_r}{I_z v_{vx}} & 0 & 0 \\
0 & 0 & 0 & 0 & 0 & 1 \\
0 & 0 & 0 & 0 & 0 & 0
\end{bmatrix}$$

(9-69)

$$\boldsymbol{B} = \begin{bmatrix}
0 & 0 \\
\dfrac{c_f}{m} & 0 \\
0 & 0 \\
\dfrac{L_f c_f}{I_z} & 0 \\
0 & 0 \\
0 & -1
\end{bmatrix}, \boldsymbol{C} = \begin{bmatrix}
0 \\
\dfrac{L_r c_r - L_f c_f}{m v_{vx}} - v_{vx} \\
0 \\
-\dfrac{(L_f^2 c_f + L_r^2 c_r)}{I_z v_{vx}} \\
0 \\
1
\end{bmatrix} r_{\text{ref}}$$

为方便进行数值计算,还需对其做离散化处理,即

$$\begin{cases}
\tilde{\boldsymbol{x}}(k+1) = \boldsymbol{A}_d \tilde{\boldsymbol{x}}(k) + \boldsymbol{B}_d \bar{\boldsymbol{u}}(k) + \boldsymbol{C}_d
\end{cases}$$

$$\boldsymbol{A}_d = \boldsymbol{I} + \tau\boldsymbol{A} = \begin{bmatrix}
1 & \tau & 0 & 0 & 0 & 0 \\
0 & 1 - \tau\dfrac{c_f + c_r}{m v_{vx}} & \tau\dfrac{c_f + c_r}{m} & \tau\dfrac{L_r c_r - L_f c_f}{m v_{vx}} & 0 & 0 \\
0 & 0 & 1 & \tau & 0 & 0 \\
0 & \tau\dfrac{L_r c_r - L_f c_f}{I_z v_{vx}} & \tau\dfrac{L_f c_f - L_r c_r}{I_z} & 1 - \tau\dfrac{L_f^2 c_f + L_r^2 c_r}{I_z v_{vx}} & 0 & 0 \\
0 & 0 & 0 & 0 & 1 & \tau \\
0 & 0 & 0 & 0 & 0 & 1
\end{bmatrix}$$

$$\boldsymbol{B}_d = \tau\boldsymbol{B} = \begin{bmatrix}
0 & 0 \\
\dfrac{\tau c_f}{m} & 0 \\
0 & 0 \\
\dfrac{\tau L_f c_f}{I_z} & 0 \\
0 & 0 \\
0 & -\tau
\end{bmatrix}, \boldsymbol{C}_d = \tau\boldsymbol{C} = \begin{bmatrix}
0 \\
\dfrac{\tau L_r c_r - \tau L_f c_f}{m v_{vx}} - \tau v_{vx} \\
0 \\
-\dfrac{\tau(L_f^2 c_f + L_r^2 c_r)}{I_z v_{vx}} \\
0 \\
-\tau
\end{bmatrix} r_{\text{ref}}$$

(9-70)

其中，$k=0,1,2,\cdots,N$，$k=0$ 时即为当前时刻的状态。τ 为 MPC 预测和控制的采样周期，状态量 $\tilde{\boldsymbol{x}}(k)$ 和控制量 $\tilde{\boldsymbol{u}}(k)$ 离散为

$$\tilde{\boldsymbol{x}}(k)=\begin{bmatrix} E_{\text{lat}}(k) \\ \dot{E}_{\text{lat}}(k) \\ E_{\theta}(k) \\ \dot{E}_{\theta}(k) \\ E_{s}(k) \\ E_{v-vx}(k) \end{bmatrix}, \quad \tilde{\boldsymbol{u}}(k)=\begin{bmatrix} \delta(k) \\ a(k) \end{bmatrix} \tag{9-71}$$

接下来根据上述自动驾驶车辆做轨迹跟踪的线性误差模型对未来一段时间的状态做预测。为方便后续方程的表达，定义为

$$\boldsymbol{\xi}(k)=\begin{bmatrix} \tilde{\boldsymbol{x}}(k) \\ \tilde{\boldsymbol{u}}(k-1) \end{bmatrix} \tag{9-72}$$

由此可得一个新的状态空间

$$\begin{cases} \boldsymbol{\xi}(k+1)=\widetilde{\boldsymbol{A}}_d\,\boldsymbol{\xi}(k)+\widetilde{\boldsymbol{B}}_d\,\Delta\tilde{\boldsymbol{u}}(k)+\widetilde{\boldsymbol{C}}_d \\ \boldsymbol{\eta}(k)=\widetilde{\boldsymbol{D}}_d\,\boldsymbol{\xi}(k) \end{cases} \tag{9-73}$$

其中，$\Delta\tilde{\boldsymbol{u}}$ 为控制量的增量，$\boldsymbol{\eta}$ 为系统预测结果。这里引入 $\tilde{\boldsymbol{x}}(k)$ 的输出方程矩阵 $\boldsymbol{D}_d$，$\widetilde{\boldsymbol{A}}_d$、$\widetilde{\boldsymbol{B}}_d$、$\widetilde{\boldsymbol{C}}_d$、$\widetilde{\boldsymbol{D}}_d$ 分别为

$$\widetilde{\boldsymbol{A}}_d=\begin{bmatrix} \boldsymbol{A}_d & \boldsymbol{B}_d \\ \boldsymbol{0}_{m\times n} & \boldsymbol{I}_m \end{bmatrix}, \quad \widetilde{\boldsymbol{B}}_d=\begin{bmatrix} \boldsymbol{B}_d \\ \boldsymbol{I}_m \end{bmatrix}, \quad \widetilde{\boldsymbol{C}}_d=\begin{bmatrix} \boldsymbol{C}_d \\ \boldsymbol{0} \end{bmatrix}, \quad \widetilde{\boldsymbol{D}}_d=\begin{bmatrix} \boldsymbol{D}_d & \boldsymbol{0} \end{bmatrix} \tag{9-74}$$

在实际工程项目中，系统状态的预测时域和控制的预测时域往往不一致。假设两者分别为 N_{pre} 和 N_{ctrl}，由此可得预测时域内的状态量和系统输出量为

$$\begin{cases} \boldsymbol{\xi}(N_{\text{pre}})=\widetilde{\boldsymbol{A}}_d^{N_{\text{pre}}}\,\boldsymbol{\xi}(0)+\widetilde{\boldsymbol{A}}_d^{(N_{\text{pre}}-1)}\,[\widetilde{\boldsymbol{B}}_d\,\Delta\tilde{\boldsymbol{u}}(0)+\widetilde{\boldsymbol{C}}_d]+\cdots+\widetilde{\boldsymbol{A}}_d^{(N_{\text{pre}}-N_{\text{ctrl}}-1)}\,[\widetilde{\boldsymbol{B}}_d\,\Delta\tilde{\boldsymbol{u}}(N_{\text{ctrl}})+\widetilde{\boldsymbol{C}}_d] \\ \boldsymbol{\eta}(N_{\text{pre}})=\widetilde{\boldsymbol{D}}_d\widetilde{\boldsymbol{A}}_d^{N_{\text{pre}}}\,\boldsymbol{\xi}(0)+\widetilde{\boldsymbol{D}}_d\widetilde{\boldsymbol{A}}_d^{(N_{\text{pre}}-1)}\,[\widetilde{\boldsymbol{B}}_d\,\Delta\tilde{\boldsymbol{u}}(0)+\widetilde{\boldsymbol{C}}_d]+\cdots+ \\ \qquad\qquad \widetilde{\boldsymbol{D}}_d\widetilde{\boldsymbol{A}}_d^{(N_{\text{pre}}-N_{\text{ctrl}}-1)}\,[\widetilde{\boldsymbol{B}}_d\,\Delta\tilde{\boldsymbol{u}}(N_{\text{ctrl}})+\widetilde{\boldsymbol{C}}_d] \end{cases}$$
$$\tag{9-75}$$

进一步整理，当前时刻对未来预测时域内的预测方程为

$$\boldsymbol{Y}=\boldsymbol{\varPsi}\boldsymbol{\xi}(0)+\boldsymbol{\varTheta}\Delta\boldsymbol{U}+\boldsymbol{\gamma} \tag{9-76}$$

预测时域内的所有状态预测结果由系统当前状态量 $\boldsymbol{\xi}(0)$ 和未来控制增量 $\Delta\boldsymbol{U}$ 决定。其中，

$$\boldsymbol{Y}=\begin{bmatrix} \boldsymbol{\eta}(1) \\ \boldsymbol{\eta}(2) \\ \cdots \\ \boldsymbol{\eta}(N_{\text{ctrl}}) \\ \cdots \\ \boldsymbol{\eta}(N_{\text{pre}}) \end{bmatrix}, \quad \boldsymbol{\varPsi}=\widetilde{\boldsymbol{D}}_d\begin{bmatrix} \widetilde{\boldsymbol{A}}_d \\ \widetilde{\boldsymbol{A}}_d{}^2 \\ \cdots \\ \widetilde{\boldsymbol{A}}_d{}^{N_{\text{ctrl}}} \\ \cdots \\ \widetilde{\boldsymbol{A}}_d{}^{N_{\text{pre}}} \end{bmatrix}, \quad \Delta\boldsymbol{U}=\begin{bmatrix} \Delta\tilde{\boldsymbol{u}}(0) \\ \Delta\tilde{\boldsymbol{u}}(1) \\ \cdots \\ \Delta\tilde{\boldsymbol{u}}(N_{\text{ctrl}}-1) \end{bmatrix}, \quad \boldsymbol{\gamma}=\widetilde{\boldsymbol{D}}_d\begin{bmatrix} \widetilde{\boldsymbol{C}}_d \\ \widetilde{\boldsymbol{A}}_d\widetilde{\boldsymbol{C}}_d+\widetilde{\boldsymbol{C}}_d \\ \cdots \\ \sum_{i=0}^{N_{\text{ctrl}}-1}\widetilde{\boldsymbol{A}}_d{}^i\widetilde{\boldsymbol{C}}_d \\ \cdots \\ \sum_{i=0}^{N_{\text{pre}}-1}\widetilde{\boldsymbol{A}}_d{}^i\widetilde{\boldsymbol{C}}_d \end{bmatrix},$$

$$\boldsymbol{\Theta} = \widetilde{\boldsymbol{D}}_d \begin{bmatrix} \widetilde{\boldsymbol{B}}_d & \boldsymbol{0} & \boldsymbol{0} & \boldsymbol{0} \\ \widetilde{\boldsymbol{A}}_d \widetilde{\boldsymbol{B}}_d & \widetilde{\boldsymbol{B}}_d & \boldsymbol{0} & \boldsymbol{0} \\ \vdots & \vdots & \ddots & \vdots \\ \widetilde{\boldsymbol{A}}_d^{(N_{\text{ctrl}}-1)} \widetilde{\boldsymbol{B}}_d & \widetilde{\boldsymbol{A}}_d^{(N_{\text{ctrl}}-2)} \widetilde{\boldsymbol{B}}_d & \cdots & \widetilde{\boldsymbol{B}}_d \\ \widetilde{\boldsymbol{A}}_d^{N_{\text{ctrl}}} \widetilde{\boldsymbol{B}}_d & \widetilde{\boldsymbol{A}}_d^{(N_{\text{ctrl}}-1)} \widetilde{\boldsymbol{B}}_d & \cdots & \widetilde{\boldsymbol{A}}_d \widetilde{\boldsymbol{B}}_d \\ \vdots & \vdots & \ddots & \vdots \\ \widetilde{\boldsymbol{A}}_d^{(N_{\text{pre}}-1)} \widetilde{\boldsymbol{B}}_d & \widetilde{\boldsymbol{A}}_d^{(N_{\text{pre}}-2)} \widetilde{\boldsymbol{B}}_d & \cdots & \widetilde{\boldsymbol{A}}_d^{(N_{\text{pre}}-N_{\text{ctrl}}-1)} \widetilde{\boldsymbol{B}}_d \end{bmatrix} \tag{9-77}$$

接下来根据预测结果对控制量做优化。目标函数的构建有多种方法,核心目标是同时最小化预测状态与目标轨迹各目标点状态的误差,以及预测时域内控制增量的幅度。最常见的形式如下:

$$J_{\text{MPC}} = \sum_{i=1}^{N_{\text{pre}}} \| \boldsymbol{\eta}(i) - \boldsymbol{\eta}_{ref}(i) \|_{\boldsymbol{Q}}^2 + \sum_{j=1}^{N_{\text{ctrl}}-1} \| \Delta \tilde{\boldsymbol{u}}(j) \|_{\boldsymbol{R}}^2 + \rho \varepsilon^2 \tag{9-78}$$

其中,$\boldsymbol{Q}$ 和 $\boldsymbol{R}$ 为权重矩阵,ρ 为权重系数,ε 为松弛因子。松弛因子的意义在于,在系统模型时刻变化的情况下,确保迭代优化过程能够得到可行解。

约束条件一般为设计为控制量和控制增量的上下边界。结合式(9-77)和式(9-78),求解前先将目标函数转换为标准二次型形式:

$$\begin{cases} J_{\text{MPC}} = [\Delta \boldsymbol{U}^{\mathrm{T}}, \varepsilon]^{\mathrm{T}} \boldsymbol{H} [\Delta \boldsymbol{U}^{\mathrm{T}}, \varepsilon] + \boldsymbol{G} [\Delta \boldsymbol{U}^{\mathrm{T}}, \varepsilon] + \boldsymbol{P} \\ \Delta \boldsymbol{U}_{\min} \leqslant \Delta \boldsymbol{U}(k) \leqslant \Delta \boldsymbol{U}_{\max} \\ \boldsymbol{U}_{\min} \leqslant \bar{\boldsymbol{u}}(0) + \sum_{i=1}^{N_{\text{ctrl}}} \Delta \boldsymbol{U}(i) \leqslant \boldsymbol{U}_{\max} \\ \boldsymbol{Y}_{\min} \leqslant \boldsymbol{\Psi} \boldsymbol{\xi}(0) + \boldsymbol{\Theta} \Delta \boldsymbol{U} + \boldsymbol{\gamma} \leqslant \boldsymbol{Y}_{\max} \end{cases} \tag{9-79}$$

其中,$\boldsymbol{P}$ 为常量,其他矩阵为

$$\begin{cases} \boldsymbol{H} = \begin{bmatrix} \boldsymbol{\Theta}^{\mathrm{T}} \boldsymbol{Q} \boldsymbol{\Theta} + \boldsymbol{R} & 0 \\ 0 & \rho \end{bmatrix}, \boldsymbol{G} = \begin{bmatrix} 2\boldsymbol{E}^{\mathrm{T}} \boldsymbol{Q} \boldsymbol{\Theta} & 0 \end{bmatrix}, \boldsymbol{P} = \boldsymbol{E}^{\mathrm{T}} \boldsymbol{Q} \boldsymbol{E} \\ \boldsymbol{E} = \boldsymbol{\Psi} \boldsymbol{\xi}(0) - \begin{bmatrix} \boldsymbol{\eta}_{\text{ref}}(1) & \cdots & \boldsymbol{\eta}_{\text{ref}}(N_{\text{pre}}) \end{bmatrix}^{\mathrm{T}} \end{cases} \tag{9-80}$$

$\boldsymbol{E}$ 为当前时刻对未来预测时域内输出量和目标轨迹之间的误差。

标准二次型的 QP 求解过程此处不详述,其结果是得到控制时域内一系列的控制增量最优值:

$$\Delta \boldsymbol{U}^* = \begin{bmatrix} \Delta \tilde{\boldsymbol{u}}^*(0), \Delta \tilde{\boldsymbol{u}}^*(1), \cdots, \Delta \tilde{\boldsymbol{u}}^*(N_{\text{ctrl}}-1) \end{bmatrix}^{\mathrm{T}} \tag{9-81}$$

MPC 控制器的最后一步是,取优化求解结果中控制增量序列的第一个元素,将其作为车辆横/纵向的控制指令增量向执行器输出:

$$\bar{\boldsymbol{u}}_t = \bar{\boldsymbol{u}}_{t-1} + \Delta \tilde{\boldsymbol{u}}^*(0) \tag{9-82}$$

其中,$\bar{\boldsymbol{u}}_{t-1}$ 表示上一时刻产生的控制指令,$\bar{\boldsymbol{u}}_t$ 表示当前时刻得到的控制指令。在新的周期中执行器响应控制指令,修正车辆位姿相对目标轨迹的各项误差。在新的时刻,根据车辆状态信息重新预测下一段时域的输出,并重复前文所述的优化过程,如此循环往复,如图 9.68 所示。

MPC 算法将系统状态估计、预测和控制优化三个过程聚合在一起,采用滚动优化的方

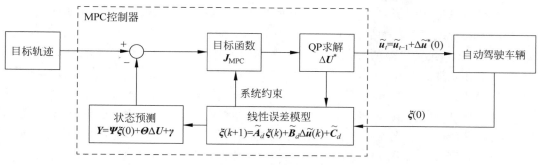

图 9.68 MPC 轨迹跟踪控制器框图

法进行多步骤预测和优化,可以针对系统变化和环境不确定性完成控制量的实时更新和修正,具有很强的适应性和健壮性。

MPC 算法也有其缺点。一方面在实时系统中 MPC 对计算资源依赖程度很高,并且会进一步带来更高的系统物料成本。量产自动驾驶系统设计时一般希望将控制算法集成到安全性更高和实时性更好的 MCU 中。但当前主流域控制器中的 MCU 基本无法满足 MPC 对算力的需求。另一方面 MPC 对模型准确性要求较高。不同工况下单一的车辆模型无法对车辆未来状态做准确的估计,实际使用时往往需要多个车辆模型相互结合使用,实现和维护过程复杂程度较高,例如由于路面起伏、雨雪湿滑等不确定性,因环境造成路面辅助系数变化的情况;不同制动器温度、车速、环境温度、天气等情况下车辆制动性能不一致;不同车速、电池 SOC 等情况下,车辆动力性不一致等。

9.5 小结

通过上述讲解,总体来看高性能的预测结果能使下游的决策规划得到一个更为合理的解空间,而满足舒适性、安全性、符合导航方向的轨迹规划结果又是实现车辆精确控制的基石,最终使得车辆按照符合驾驶员预期的方式行驶。

目标物轨迹预测方法已经从传统规则型算法过渡到数据驱动的学习型算法,根据网络形式的不同又分为序列网络、图网络以及生成网络三种。不同的网络有其各自的特点,在解决预测问题时可相互借鉴,取长补短。例如,总体采用生成网络 CAVE 的框架,在非结构化道路中采用序列网络 LSTM 进行交通参与者信息的编码和特征提取,在结构化道路中采用图网络 VectorNet,同时进行矢量化地图信息和交通参与者信息的编码和特征提取。

对于自车轨迹规划方法,当前量产落地的主流方案仍是将 XYT 三维空间问题分解为两个二维空间问题(LS 和 ST)。随着自动驾驶产品进入城区,场景复杂度快速提升,直接在 XYT 空间进行三维时空联合规划的必要性将越来越显著。当然这也得益于不断攀升的车端计算资源。长期来看,传统规则型的规划算法终将被数据驱动的规划算法所取代。随着量产进程的推进,自动驾驶车辆在路面遇到的挑战将层出不穷。算法上,用一套繁杂的规则覆盖所有场景,不仅在理论上可行性低,在工程上更是事倍功半。长期来看,应当用数据驱动的方法提升轨迹规划算法对场景的适应能力,使自动驾驶车辆在各类场景下做出合理决策,然后通过增加规则来满足行车安全性约束、舒适性约束、交通法规约束,以及驾驶员意志约束,最终输出符合预期的最优轨迹。

在车辆控制算法的研究方向上,基于几何的路径跟踪算法的难点是在高速场景中容易出现控制不稳定或误差过大的情况。LQR 则是一种基于线性动态系统和二次型性能指标的最优控制方法,具备更高的控制精度和更快的响应速度。但该算法只考虑单次优化,不能有效处理非线性、多约束等复杂控制问题,对于系统参数变化和测量噪声敏感。与前面两者相比,MPC 算法优势明显,具备更好的自动驾驶车辆控制性能,对线性和非线性系统都可以处理。在纵向控制上,MPC 相较于经典的 PID 控制器,具有优化和预测的能力,是一种有限时间跨度的最优化控制方法,控制性能更高。针对 MPC 对车辆模型准确性要求高的问题,长期来看,可以采取构建多模态车辆模型、数据驱动的车辆模型等方法来解决。

系　统　篇

　　一个优秀的量产自动驾驶产品除了需要具备性能优越的全栈算法,更需要完备精良的系统软/硬件做支撑。自动驾驶系统是整车电子电器中最复杂的系统之一,不仅涉及自动驾驶域内的传感器和控制器,还与整车几乎所有其他域的零部件息息相关。与此同时,自动驾驶系统相关的技术方案也与其支撑的产品相辅相成。

　　在系统篇中,将串联整车各域与自动驾驶相关的零部件、云端以及用户端,并结合实际的量产项目工程经验,在第 10～14 章深入讲解系统架构、关联系统方案、关联系统零部件需求、系统安全、系统集成与评测等内容。

第10章

系统架构

本章详细介绍自动驾驶系统架构的相关内容,具体包括整车电子电器架构、域控制器内部的软/硬件架构,以及自动驾驶域内的传感器架构。

10.1 自动驾驶系统架构的组成

系统设计的核心思想是解决并优化问题:产品为系统提供目标状态和基本约束;技术能力提供当前状态和更为细致的边界条件;系统设计的任务是基于目标和约束,找到从当前状态到目标状态的最优路径。因此,要设计一个好的自动驾驶系统,一定是以对产品的深刻认知和对各项技术的充分理解为基础,找到产品性能和成本的最佳平衡点。

例如,小鹏汽车 2021 年率先量产了室内停车场记忆泊车产品。综合评估来看,该产品达到了多数用户的预期体验:功能使用流畅度很高,基本未出现无故失效情况。其中几个关键指标达到了较高性能:记忆路线达 1km;建图车速最高为 15km/h(此后又提升至 20km/h);相对定位精度小于 0.3%。室内场景下的建图和定位技术主要依赖视觉 SLAM,受限于图像帧率和计算资源,单纯的视觉 SLAM 要达到上述指标难度较高。经过对其系统分析发现了一个关键传感器,并得到了非常巧妙的应用:系统配置了高精密 IMU (于 2020 年小鹏 P7 的产品发布会发布),在两帧视觉重定位之间用 IMU 和轮速计做基于惯性的位姿估计可达到很高的定位精度。如此不但缓解了图像帧率和计算资源的压力,也让产品达到优秀的性能,给用户带来较好的体验。当然自动驾驶系统不仅仅是几个传感器,还包含很多其他内容。

自动驾驶系统并不是孤立的,其整体性能与整车关联部件息息相关。量产自动驾驶更是如此,底盘的性能直接影响着自动驾驶系统路径跟踪能力和速度控制性能,信息娱乐系统影响着用户交互过程,车云链路影响着自动驾驶需要联网的方方面面。系统设计之初首当其冲的是开展架构设计。系统架构设计流程可总结为四方面的工作,如图 10.1 所示。

图 10.1 量产自动驾驶系统架构设计流程

在所有设计工作开始之前首先需要分析系统需求,例如根据车型校准对应的自动驾驶产品定位,并框定自动驾驶系统成本控制范围,明确需要实现的功能点,要求覆盖的场景范围必须达到的安全冗余程度,以及人在环(Driver in the Loop)要求等。

在需求明确后,结合整车电子电器架构完成自动驾驶域与整车其他域之间的关联设计,以及自动驾驶域内架构的设计,让自动驾驶系统软/硬件与整车融为一体。通过整车相关零部件与自动驾驶域之间的紧密配合,形成一个能支持车型自动驾驶所有功能的完整系统。

然后基于整车电子电器架构设计结果,结合对系统需求的深入分析,分别开展域控制器架构设计和传感器架构设计。域控制器架构和传感器架构在工作时相互配合,两者的设计相辅相成,其设计完成后反过来又要对整车电子电器架构做设计更新,如增/减传感器、优化通信路径、必要时引入备份控制器等。

自动驾驶域控制器是系统的核心大脑。域控制器架构的设计包含两个主要部分:控制器硬件架构和软件架构。控制器硬件架构设计需要完成主要芯片 SoC 和 MCU 的选型,确定各方面资源的配置,如算子、算力、接口、存储、通信等。其中硬件选型和产品的定位息息相关,其成本在整个系统中所占比重较大。因此硬件资源既要满足支撑所有软件高性能运行的要求,又要使资源保持高利用率,防止出现过设计。控制器软件架构的设计则要充分考虑其稳定性、安全性,以及未来的扩展性。软件架构在与硬件架构相互配合的同时要保障功能正确和性能稳定,从安全性方面考虑又要设计软件的冗余和部署方案,并预留可扩展组件接口,为长期通过 OTA 迭代功能打下基础。

传感器是自动驾驶系统理解环境最重要的信息来源,其配置是决定系统能力边界的关键因素之一。传感器类型、规格、安装要求和算法共同支撑了自动驾驶系统可实现的功能场景,以及能达到的性能边界。同时传感器配置又是系统成本另一项重要的组成部分。在设计传感器系统时,需要在充分考虑成本边界的基础上,确定传感器类型、数量、各类传感器的关键参数、整车集成方案等。单个传感器的关键性能指标,如摄像头(Camera)的分辨率、激光雷达(Lidar)的线数和探测距离、雷达(Radar)的分辨率和探测距离、USS 检测距离等,可直接影响系统整体的性能。

接下来对上述三层架构进行详细讲解。

10.2　电子电器架构

电子电器架构(Electronic and Electrical Architecture,EEA)最早由 DELPHI 公司提出,是集合汽车的电子电气系统原理设计、中央电器盒设计、连接器设计、电子电气分配系统等设计为一体的整车电子电气解决方案。包括各种电子控制单元(Electronic Control Unit,ECU)、传感器、执行器、电子总线、通信协议和电气连接等组成部分。方案设计时,需要在功能需求、法规以及设计要求等约束条件下,通过对功能、性能、成本和装配等各方面进行分析,将动力总成、传动系统、信息娱乐系统等信息转换为实际的电源分配的物理布局、信号网络、数据网络、诊断、电源管理等解决方案。EEA 的设计和布局需要考虑各子系统之间的相互通信、协作和互操作性,以确保车辆的正常运行和整车各类功能的实现。同时,整车的电子电器架构还需考虑安全性、可靠性、可维护性和可扩展性等方面的要求,以满足不断增长的车辆在电子电器方面的需求。

对自动驾驶系统来说,电子电器架构的设计需要着重考虑域内架构和域外架构两方面。这里的域是指自动驾驶功能域。域外架构一般主要涉及自动驾驶域和整车其他域之间的关联,域内架构则主要涉及自动驾驶系统零部件之间的关联。不论是域外还是域内,均使用通信矩阵详细描述零部件之间的通信需求。一般放到自动驾驶域内的零部件特点为,域内对其依赖程度更高,其他域使用较少;域内对该零部件信号实时性和时间同步要求较高,其他域没有要求或者要求不高。在讲解域外和域内架构设计方案之前,有必要先了解整车电子电器架构的演进趋势。

10.2.1　整车电子电器架构演进趋势

博世公司在 2017 年提出了极具前瞻性的汽车电子电器架构演进趋势,如图 10.2 所示。整个过程被划分为三大类别六个阶段,总体来看整车功能的实现有趋向于逐级集中的趋势。

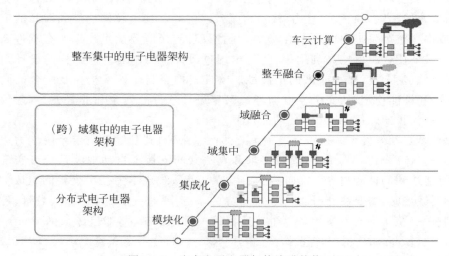

图 10.2　汽车电子电器架构演进趋势

第一大类为分布式电子电器架构,即整车的电子电器分布在各个位置,并通过车载网络互联。该类架构具体又分为模块化和集成化两个发展阶段。

模块化阶段为汽车电子发展初期,汽车的每个功能拥有独立的 ECU。一般情况下,功能复杂程度较低,与功能相关的传感器和执行器与该 ECU 直接相连。实现功能的软件对计算资源需求极少,仅使用传统的单片机即可。集成化阶段中,车辆的设计开始考虑将一些同类型功能集成,功能的种类和复杂程度有了一定程度的增长,不同功能开始复用硬件资源,如传感器、执行器、驱动器、计算芯片、通信网络等。为便于功能的集成,同类型功能相关的控制器开始集成到同一个局域网段中,部分控制器的功能属性开始合并。如图 10.3 所示的架构示例中,以中央网关(Central Gateway)为核心向外拓展多个分布式子网络,具体包括车身网段 Body-CAN、底盘网段 Chassis-CAN、诊断网段 Diagnostics-CAN、信息娱乐网段 Infotainment-CAN、动力传动网段 Powertrain-CAN,以及两个 LIN 总线网段等。

第二大类为(跨)域集中的电子电器架构,即整车所有的电子电器开始趋向于按功能域(Functional Domain)划分,并开始形成域控制器。域内一般包含专用的通信网段,域之间

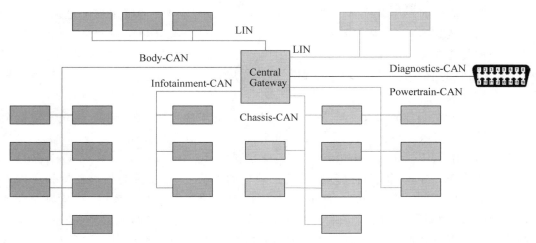

图 10.3 分布式电子电器架构示例

通过中央网关或各功能域的域控制器(Domain Controller)的车载通信网络接口实现互联。该类架构具体又分为域集中和域融合两个阶段。

在域集中阶段,由于车载 ECU 数量越来越多,功能越来越丰富,EEA 开始按照功能域进行划分,在原有的分布式架构的子网段逐步出现域中心控制器,也就是行业通常所说的"域控制器"。通常整车包括五个典型的功能域:动力传动(Powertrain)域、底盘(Chassis)域、车身(Body)域、信息娱乐(Infotainment)域,以及本书重点讲解的自动驾驶(Autonomous Driving)域。在不同的功能域中,集成了某一个大类别功能的软/硬件。例如,底盘域主要涉及转向、制动、悬架、车身稳定等控制功能的软/硬件。自动驾驶域则主要涉及自动驾驶相关功能的软/硬件。域控制器作为域内的总成管理单元,承担了该域的主要功能实现和与其他域的协同交互工作。

如图 10.4 所示的架构中,包含一个中央网关和四个域控制器,即信息娱乐控制器、驾驶辅助系统控制器、车身控制器以及动力系统控制器。

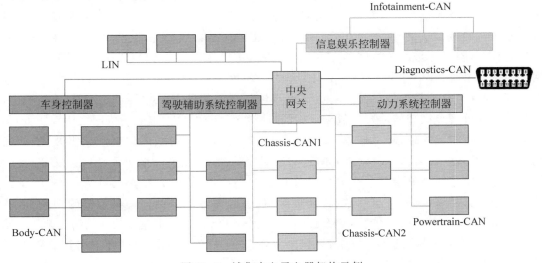

图 10.4 域集中电子电器架构示例

随着芯片能力的逐步提升,车载功能越来越丰富,功能对硬件的复用程度也越来越高。在原有的功能域基础上,为进一步降低成本,增强协同,部分域开始出现融合的趋势,原有的多个域控制器聚合为单个跨域中心控制器。例如将动力域、底盘域、车身域合并为整车控制域,从而将之前的五个功能域过渡到三个功能域,即自动驾驶域、智能座舱域(信息娱乐)、整车控制域。

2017 年上市的 Tesla Model 3 是最早实现量产的跨域融合架构的车型。其电子电器架构中包含的三个跨域中心控制器为中央控制器 CCM(Central Control Module)、左车身控制器 BCM-L(Body Control Unit-Left)、右车身控制器 BCM-R(Body Control Unit-Right)三个模块。CCM 直接整合了自动驾驶和信息娱乐两大功能域,及其与外部连接和车内通信系统相关的功能。BCM-L 和 BCM-R 分别负责剩下的车身与舒适系统、底盘与安全系统,以及部分动力系统的功能。值得一提的是,该架构不仅实现了跨域融合,其左、右车身控制器的设计更是具备下一代按位置区域划分电子电器架构的雏形,与同行相比领先数年。图 10.5 所示为特斯拉 Model 3 的电子电器架构图。

大众汽车公司的 MEB(Modular Electric Toolkit)平台架构同样采取了跨域集中式架构的方案。该平台 EEA 实现了由分布式架构向基于跨域集中架构的过渡,其代表车型是2021 年上市的大众 ID.3。MEB 平台的 EEA 围绕 3 个中央控制器搭建,分别为 ICAS 1、ICAS 2 和 ICAS 3,ICAS 全称为 In Car Application Server。其中 ICAS 1 主要负责车辆控制相关的应用服务,包括车身控制、电动系统、高压驱动、车灯系统、舒适系统等。该控制器同时为域内各 ECU 提供跨网通信能力并保证内部网络的数据安全。其内部用不同的网关区分不同的网络,也为不同的局域网提供不同等级的安全防护。ICAS 2 主要用于支持高级自动驾驶功能,ICAS 3 则主要负责娱乐系统的域控制器,把导航系统、仪表系统、HUB、智能座舱所有的算法和硬件集中于该控制器。

第三大类为整车集中的电子电器架构,即整车功能将集中到中央计算单元,并按位置划分域的控制器。该类架构具体又分为整车融合和车云计算两个发展阶段。

随着域融合的程度逐步加深,功能域控制器逐步升级为更加通用的计算平台,整车电子电器架构将进入整车融合阶段,从功能域跨入位置域(Zonal),如左中域、左前域、右后域等。基于位置域(Zonal)划分的电子电器架构如图 10.6 所示,该阶段的 Zonal 架构中有两种核心控制器,即区域网关控制器(Zonal Gateway ECU)和中央大脑(Central Brain)。区域网关控制器又称为 ZCU(Zonal Control Unit),在整车 EEA 中承担某个局部区域的感知、数据处理、控制与执行等工作单元。它负责连接该区域的传感器、执行器以及 ECU 等硬件,初步计算和处理该区域的传感器数据,以及转换该区域与中央大脑的通信网络协议。Zonal架构实现就近布置线束,降低成本,减少通信接口,更易于实现线束的自动化组装,从而提高效率。传感器、执行器等就近接入附近的区域控制器中,能更好地实现硬件扩展,并且区域控制器的结构管理更容易。中央大脑又称为中央计算平台,是整车的计算中心,将承担绝大部分计算需求,例如自动驾驶、智能座舱、智能底盘等需要处理大量数据的功能,以及运行复杂 AI 算法等相关功能。ZCU 和 Central Brain 组合将保证整车架构的稳定性和功能的扩展性。新增部件可基于 ZCU 接入,Central Brain 硬件的可插拔设计支持算力不断提升,充足的算力支持应用软件的长期迭代升级。当前行业的发展正处于从 Functional Domain

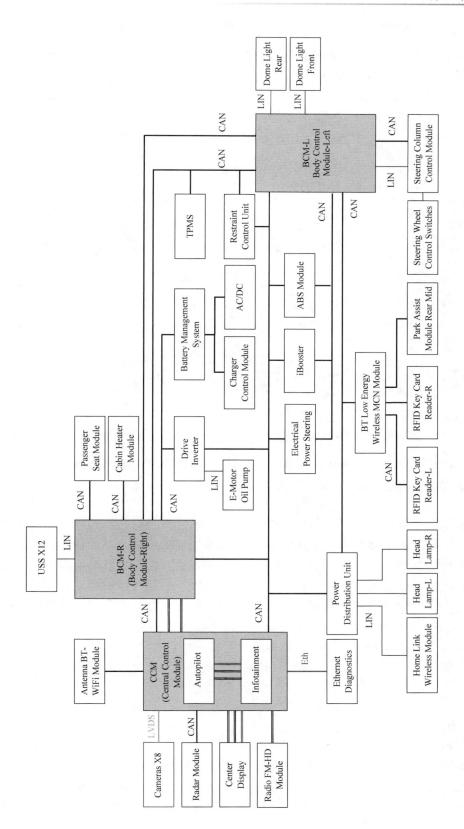

图 10.5 特斯拉 Model 3 电子电器架构

架构到 Zonal 架构的过渡阶段,如图 10.7 所示。其间还会出现一种 Hybrid 架构,即在保留部分 Functional Domain 的同时拓展 Zonal 架构的 Zonal Module 和 Vehicle Computer。例如,暂时保留以往相对复杂的自动驾驶域(ADAS)和智能座舱域(Connectivity＋IVI),但其他功能域重组为分布到整车各位置的 Zonal Module。图 10.5 所示的 Model 3 架构就是一种近似的 Hybrid 架构,其中 BCM-L 和 BCM-R 的属性与 Zonal Module 类似。

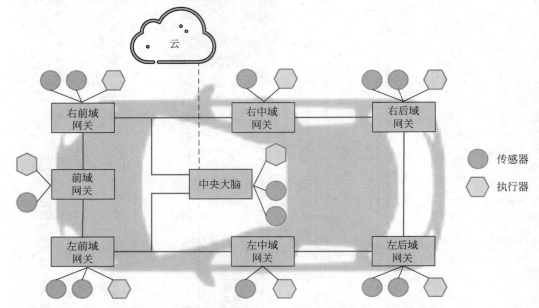

图 10.6　基于位置域(Zonal)划分的电子电器架构示意图

车云计算阶段,车载无线网络的高带宽、低时延通信能力将发展到极高的水平。在该阶段中,把整车部分功能转移至云端,车内架构将得到进一步简化。车载各种传感器和执行器可被软件定义和控制,汽车的零部件逐步变成标准件,彻底实现软件定义汽车功能。

综上所述,随着整车电子电气产品应用的增加,单车 ECU 数量激增,分布式电子电气架构由于算力分散、布线复杂、软/硬件耦合深、通信带宽瓶颈等缺点而无法适应汽车智能化的进一步发展,整车 EEA 正在逐步向中央计算平台迈进。汽车将以少量高性能计算单元替代大量 ECU,为日益复杂的汽车软件提供算力基础。软/硬件解耦和软件分层解耦的设计将使得汽车软件可经 OTA 实现快速迭代。高带宽、低时延的通信架构将更加适应整车日益激增的车载数据传输要求。由于自动驾驶系统在整车 EEA 中涉及的关联零部件数量最多,对计算资源和数据的需求最大,数据驱动的算法更新迭代最快,同时对成本也最敏感。因此,在整车 EEA 演进过程中,自动驾驶系统将成为架构变化的重中之重。

10.2.2　域外架构

一个好的电子电器架构应当能够通过将整车各域之间的能力相互渗透实现优势互补,并最终给用户带来良好的产品体验。

自动驾驶系统作为整车电子电器架构中最重要的组成部分之一,可贡献的能力包括通过各类传感器感知周围环境,获得自车在地图中的精确位置,并构建局部交通环境的世界模型;预测其他交通参与者的未来行为,并对自车未来运动做决策和规划,根据规划结果对

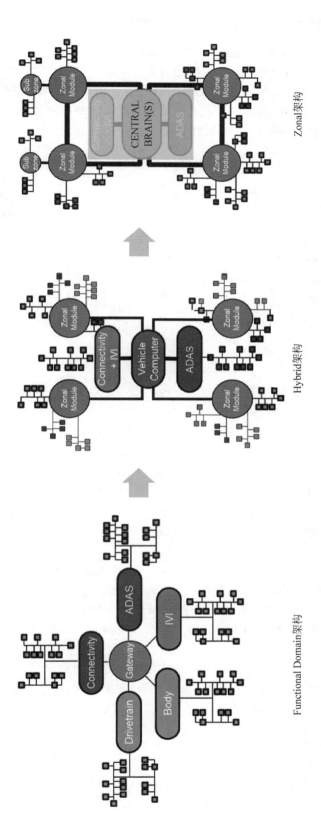

图 10.7 从 Functional Domain 架构过渡 Zonal 架构

车辆的横/纵向运动进行控制；除了正常舒适的完成行车或泊车任务，系统还能对紧急情况做出及时响应，并在必要时采取制动停车或变向等措施，确保车辆时刻处于安全状态。然而，自动驾驶系统无法与用户直接交互，这些能力无法形成可直接被用户感知到的体验。

为将自动驾驶产品最终呈现到用户面前，需将上述自动驾驶能力渗透至与用户具备交互界面的整车其他域。现阶段发展的自动驾驶域和其他域的相互渗透关系如图10.8所示，通过其他域将自动驾驶能力进行转换，最终给用户带来多方面的体验。与此同时，整车其他域的能力同样渗透到自动驾驶域，为自动驾驶产品提供助力。

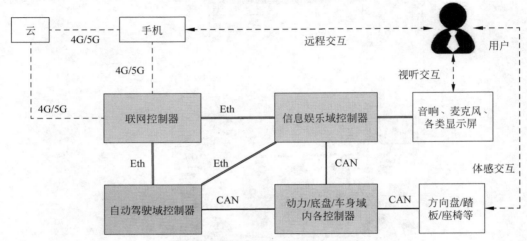

图 10.8　整车各域能力相互渗透示意

这里以自动驾驶产品为例，简单讲解整车各域能力相互渗透的结果，具体如下。

（1）负责车辆控制的动力、底盘、车身系统保障车辆整体运行时具备优秀的加速性、稳定的操控性，以及针对不同路况更好的通过性。这些整车优越的性能可以给自动驾驶产品带来更好的行车或泊车性能指标。例如，高速行驶时自动驾驶换道可以被更快、更平稳地响应，自动泊车时越小的车辆拥有越小转弯半径，窄车位的泊车成功率将更高。自动驾驶操控整车产生的体验则反过来通过动力、底盘以及车身等各处与用户形成体感交互。例如，座椅的推背感、方向盘和制动踏板的力反馈、自适应大灯光线的变化等。

（2）联网控制器支撑的车云通信系统具备高带宽、低时延，以及稳定安全的移动实时网络通信的能力。这些能力渗透到自动驾驶系统中，不仅能为自动驾驶产品提供人离车远程在环的可能性，还能为自动驾驶研发迭代提供车端数据回传的通道，支撑量产数据源源不断地回收。自动驾驶通过远程通信链路又能将车辆现场信息发送到用户端，由此实现远程监控，并与用户通过手机形成远程交互。

（3）信息娱乐域控制器支撑的智能座舱系统提供全方位的舱内交互设施，包括驾驶员智能交互界面、前后排乘客多屏交互界面、分区音频、智能语音、智能推荐系统等能力。通过座舱交互界面，可以向自动驾驶系统发送用户指令，并实现对自动驾驶功能的激活、设置、暂停、关闭等操作。自动驾驶系统可以将构建的虚拟环境、车辆当前的自动驾驶行为，以及将自动驾驶发出的报警提醒，通过座舱交互界面以恰当的方式呈现到车内每个用户面前，与用户形成视听交互。

目前业内主流的整车电子电器架构中，自动驾驶与车辆控制关联的常见架构如图10.9所示。与自动驾驶域控制器关联的零部件主要来自动力传动、底盘、车身三个功能域。动力传动域中的主要参与者是整车控制器(Vehicle Control Unit,VCU),为自动驾驶提供车辆加速的控制接口。在燃油车阶段,该控制器一般为发动机管理系统(Engine Management System,EMS)。底盘域中的主要参与者是负责提供不同工况下制动减速控制接口的 iBooster 和 Electronic Stability Program(ESP),以及负责提供行车和泊车模式下转向控制接口的 Electronic Power Steering(EPS)。车身域中的主要参与者是负责提供各类灯光、门、窗、锁、安全带、雨刷等控制接口的 Body Control Module(BCM)。此外,作为整车信息集散地的 Gateway 也是该架构中的重要环节,某些车型的整车 EEA 中也出现将 Gateway 属性集成到 Body Control Module 或 Vehicle Control Unit 的方案。自动驾驶域内与外界关联的部分除了域控制器,在某些车型中还增加了冗余控制器(Redundancy Controller),或使用可起到冗余作用的功能传感器(Functional Sensor)。这里的功能传感器是指自带一些传统 ADAS 功能软件的传感器,例如自带功能的 1V1R 或 1V5R 的 ADAS 产品。当然这类传感器也自带感知算法,通常情况下给域控制器输出感知结果。当自动驾驶域控制器出现故障时,功能传感器能起到冗余作用,实现安全停车等功能。

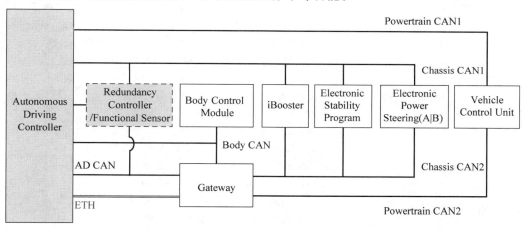

图 10.9 自动驾驶与整车控制关联的常见架构

在图 10.9 所示的架构中,自动驾驶域控制器与其他控制器之间通过车载 CAN 总线通信实现控制指令和状态信息的交互,其详细方案如表 10.1 所示。

表 10.1 自动驾驶与车辆控制的关联方案[①]

相关联域控制器	关 联 方 案
动力/底盘相关控制器:VCU、iBooster、ESP、EPS	自动驾驶域控制器和底盘/动力域控制器之间的通信链路一般采用 CAN BUS 的连接方案,并配置备份 CAN 形成冗余路径,满足线控高安全性的要求。 某些车型的自动驾驶域中包含功能摄像头或冗余控制器,其通信链路分三路 CAN 连接:第一路直连域控制器,第二路连接 Chassis CAN,第三路连接 Gateway

---

① 表中以自动驾驶域控制器为主语,"上行"是指从其他控制器向自动驾驶域控制器传送信息,"下行"是指从自动驾驶域控制器向其他控制器传送信息。

续表

相关联域控制器	关 联 方 案
动力/底盘相关控制器：VCU、iBooster、ESP、EPS	自动驾驶域和底盘/动力域主要通信内容如下： • 上行和下行线控握手信号,各功能域和控制器实时工作状态等。 • 上行和下行线控指令和应答信号,具体包含加/减速度控制、紧急制动控制、转向控制、驻车控制、挡位控制等。 • 上行底盘/动力相关信号,具体包含各执行器工作状态和故障状态、方向盘转角或前轮转角、四轮轮速及其状态、安全气囊状态等。 • 下行自动驾驶包含所有功能状态、工作状态、故障状态、横/纵向控制指令、传感器工作状态等。当自动驾驶域中包含功能传感器或冗余控制器时,还需下行指令仲裁状态等相关信息
	功能传感器或冗余控制器的控制指令仲裁机制如下： • 当域控制器工作正常时,由域控制器对功能传感器或冗余控制器的功能控制信号做仲裁,只有域控制器内功能不启动时才允许功能传感器或冗余控制器的控制指令向底盘和动力域传递。 • 当域控制器工作不正常时(无发送指令),功能传感器或冗余控制器直接向底盘发送相关功能的控制指令,无须仲裁过程。 • 当传统 ADAS 中的紧急控制类功能(如 AEB)集成在功能传感器或冗余控制器中时,紧急制动指令直接下发至底盘域,以确保时延最小,此时由底盘域中的制动系统控制器自行对接收到的指令仲裁
车身控制器：BCM	自动驾驶域控制器和车身域控制器之间的通信链路一般采用 CAN BUS 的连接方案,在有些方案中也采用百兆以太网
	自动驾驶域和车身域主要通信内容如下： • 上行车身各类关联部件工作状态和故障状态信号,如车灯、门、窗、锁、座椅、安全带、四轮、安全气囊、雨刷、方向盘等。上行驾驶员物理控制指令,如拨杆或按键指令。 • 下行车身关联部件控制指令,如车门锁、车窗、雨刷、喇叭、各类灯、安全带预紧、方向盘振动等。 • 当 BCM 集成 Gateway 属性时,需实现诊断协议,通过诊断接口与诊断仪交互

　　自动驾驶域控制器与信息娱乐域控制器、联网控制器的关联方案主要目标为实现产品与用户的舱内视听交互和远程交互。通常自动驾驶域控制器与信息娱乐域控制器和联网控制器之间通过车载以太网(Ethernet)实现交互信息和回流数据的传输,其详细方案如表 10.2 所示。

表 10.2　自动驾驶域控制器与信息娱乐域控制器和联网控制器的关联方案①

相关联域控制器	关 联 方 案
信息娱乐域控制器	自动驾驶域控制器和信息娱乐域控制器之间的通信链路一般采用车载以太网直连,或经过网关互联,其配置包括百兆或千兆以太网,主要满足高带宽的要求

---

　　① 表中以自动驾驶域控制器为主语,"上行"是指从其他控制器向自动驾驶域控制器传送信息,"下行"是指从自动驾驶域控制器向其他控制器传送信息。

相关联域控制器	关 联 方 案
信息娱乐域控制器	自动驾驶域控制器和信息娱乐域控制器主要通信内容如下： • 上行 HMI 交互界面各类功能激活指令、设置状态、导航路径、限速等。 • 下行需要在 HMI 界面显示的数据，如图像、视频流、地图数据（可选）等。 • 下行虚拟世界渲染显示需要的信息，如感知融合结果、自车未来轨迹、各类决策结果、系统功能状态和故障状态等
联网控制器	自动驾驶域控制器和联网控制器之间的通信链路一般采用车载以太网直连，其配置包括百兆、千兆或万兆以太网，主要满足高带宽、低时延的要求。 联网控制器在不同的 EEA 中有不同位置。有的放在车身域中，如大家熟知的T-BOX（Telematics Box），有的放在信息娱乐域中，有的甚至集成在信息娱乐域控制器中。考虑到其对自动驾驶系统的重要性，此处单独列出来
	自动驾驶域控制器和联网控制器主要通信内容如下： • 上行对车端功能的控制指令、配置文件等信息，如打开或关闭数据闭环功能中的数据筛选器、修改筛选器配置、打开或关闭某些功能、修改 license 等。 • 下行自动驾驶相关数据包至云端，如数据闭环数据包、紧急数据记录数据包。包含各传感器原始数据、各算法过程数据、部分车载总线数据等。 • 上、下行各类查询或请求信息并下载数据，如高精度地图相关、OTA 相关、功能License、高精度定位 CORS 服务信息等。 • 上、下行手机端 HMI 界面的信息显示，主要用于远程泊车功能和远程查看功能，与信息娱乐域控制器做功能交互时的上、下行内容类似

上述域外架构设计方案中，自动驾驶域控制器与其他控制器之间的信息交互最终通过通信矩阵来完成详细设计。通信矩阵是车载通信协议的描述文件，最早用于 CAN BUS，通常需要包含目标控制器所接入的每个局域网络通信的所有总线信号、交互过程，以及对应的通信故障确认机制。涉及的总线类型有 CAN/CANFD、Ethernet、LIN 等，涉及的关联零部件为所有与自动驾驶域控制器通过总线通信的零部件。以 CAN BUS 为例，通信矩阵表应至少包含报文名称、信号位置、信号名称、信号描述、信号帧格式、Coding 值及其描述、发送形式（事件/周期）、信号长度、数据类型、信号分辨率、偏移量、信号物理最大值/最小值、总线最大值、正常发送周期、快速周期和次数、发送方和接收方、信号用途、通信保护机制（如握手掉线机制）、Checksum，以及 Rolling Counter 等信息。特别说明，有硬件冗余或通信冗余的零部件需要分开设计其通信矩阵。

对于通信矩阵的设计、开发、维护以及管理等相关工作，一般使用配套的专业工具来完成，如 dSPACE 公司的 Communication Matrix Manager、softing 公司的 VisualXML 等。

10.2.3　域内架构

自动驾驶域内架构主要涉及系统相关的各类传感器与域控制器之间的连接关系。图 10.10 所示为自动驾驶域内常见架构，涉及的传感器包括用于感知周围环境的 Camera、Lidar、Radar、USS、V2X，用于定位的 GNSS-RTK 和 IMU，以及用于对驾驶员进行监控的Driver Monitor System（DMS）和 Hands On Detection（HOD）。

在某些车型的 EEA 中，自动驾驶域内采取备份控制器或多控制器联合工作的方案。一般该类方案主控制器（Master）架构与图 10.10 所示几乎一致，从控制器（Slave）仅接入少

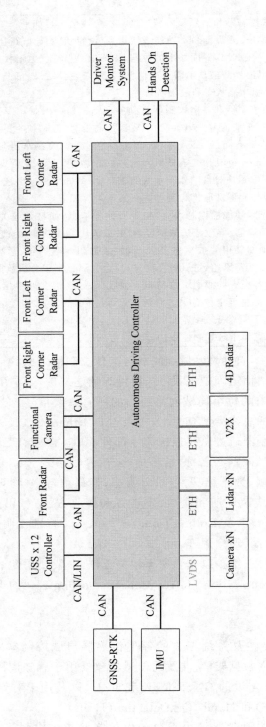

图 10.10　自动驾驶域内常见架构

量保持最基础自动驾驶能力的传感器,此处不赘述。

上述架构中,不同传感器采取不同的通信方式与域控制器实现信息的交互,其详细方案如表 10.3 所示。

表 10.3 自动驾驶域内关联方案[①]

被关联零部件	关 联 方 案
激光雷达	域控制器和激光雷达通过千兆以太网直连,满足高带宽要求
	域控制器和激光雷达通信内容如下: • 下行 GNSS 授时信号和对激光雷达工作模式的控制指令等。 • 上行激光点云 UDP 数据包和激光雷达工作状态、故障状态等信息
摄像头	自动驾驶域控制器和摄像头通过 LVDS(Low Voltage Differential Signaling)同轴电缆传输图像,通过硬线接收同步触发信号
	域控制器和摄像头通信内容如下: • 通过硬线下行摄像头曝光触发信号,确保各摄像头曝光时刻相同。 • 通过 LVDS 上行摄像头采集到的所有图像数据。 • 通过 LVDS 下行摄像头内部参数读取指令,上行内部参数信息
雷达	前雷达和域控制器通过 CAN BUS 直连,另通过一条私有 CAN 为功能摄像头提供雷达感知结果。 前角雷达两个为一组,每一组均通过一条 CAN BUS 与域控制器连接
	域控制器和雷达通信内容如下: • 下行对雷达工作模式的控制指令。 • 上行雷达所有目标检测结果相关信息,以及工作状态和故障状态相关信号。 • 上、下行 CAN BUS 时间同步协议相关信号。实际工程项目时,由于 CAN BUS 报文传输时延一般都在毫秒级别,无须做复杂的时间同步,因此该协议应用较少
4D 雷达	域控制器和 4D 雷达通过千兆以太网直连,满足高带宽要求
	域控制器和 4D 雷达通信内容如下: • 上行雷达点云 UDP 数据包和雷达工作状态、故障状态等信息
超声波雷达(USS)	域控制器和 USS 有两种连接方式: • 通过硬线直连,域控制器直接采集 USS 探头原始数字信号,即 PWM(Pulse Width Modulation)波,该方式意味着 USS 相关的算法全部集成至域控制器中。 • USS 相关算法集成在一个专门的控制器中(USS Controller),再通过 CAN 或 LIN BUS 与域控制器直连
	域控制器和 USS 通信内容如下: • 如果是硬线连接,则下行 USS 探头发波信号,上行回波信号。 • 如果是 CAN/LIN 连接,则下行对 USS 工作模式的控制指令,上行 USS 所有单探头测距、融合测距、空间车位检测结果,以及工作状态和故障状态等信号

---

① 表中以自动驾驶域控制器为主语,“上行”是指从传感器向自动驾驶域控制器传送信息,“下行”是指从自动驾驶域控制器向传感器传送信息。

被关联零部件	关 联 方 案
功能摄像头	功能摄像头是指自带传统 ADAS 功能软件的摄像头,当然该类摄像头也自带视觉感知算法。域控制器和功能摄像头通过 CAN BUS 直连,保障通信稳定性
	域控制器和功能摄像头通信内容如下: • 上行功能摄像头所有 ADAS 功能状态、控制指令、传感器工作状态、故障状态以及所有感知结果等。 • 下行域控制器工作状态和故障状态等信息
GNSS-RTK	域控制器和 GNSS 模块通过百兆或千兆以太网直连
	域控制器和 GNSS 模块通信内容如下: • 上行 GNSS 定位结果,以及工作状态和故障状态等信息。 • 下行 CORS 服务相关信息,用于 GNSS 内部做差分定位
IMU	域控制器和 IMU 有两种连接方式: • 作为独立的传感器通过 CAN BUS 直连。 • 和 GNSS 集成在同一个控制器,通过以太网与域控制器直连
	域控制器和 IMU 通信内容如下: 上行 IMU 的多轴信号,如三轴角加速度、三轴加速度、三轴地磁信号等
驾驶员监控系统(Driver Monitor System,DMS)	域控制器和 DMS 通过 CAN BUS 直连
	域控制器和 DMS 通信内容如下: 上行 DMS 的工作状态和故障状态,以及对驾驶员监控结果等信息,如分心程度、疲劳程度、头部朝向、眼睛张开程度等
脱手检测模块(Hands On Detection,HOD)	域控制器和 HOD 通过 CAN BUS 直连。
	域控制器和 HOD 通信内容如下: 上行 HOD 的工作状态和故障状态,以及驾驶员手握方向盘状态等信息
V2X	域控制器和 V2X 模块通过百兆以太网直连
	域控制器和 V2X 模块通信内容如下: 上行 V2X 模块工作状态信息和故障状态,以及根据 V2X 能力给自动驾驶系统带来价值的其他信息,如路面红绿灯状态、路侧传感器感知结果等

10.3 域控制器架构

自动驾驶域控制器是整个自动驾驶系统的大脑,承载了大脑中的自动驾驶软件,并包含支撑软件运行的相关硬件。其中软件有底层软件、操作系统、硬件抽象层、中间件、应用层软件等。硬件则有计算单元、存储单元、各类通信模块、电源管理、连接器等。域控制器架构的设计主要分为两部分,即硬件架构设计和软件架构设计。

10.3.1 硬件架构

自动驾驶域控制器硬件架构通常以高算力计算芯片为核心,计算资源包含 AI 加速器、CPU、MCU 等。核心芯片的通常形态为 SoC(System on Chip),负责执行各种计算任务,如传感器数据处理、感知融合、地图定位、预测、规划、控制等算法。

为保证计算资源的高效使用,自动驾驶域控制器一般还需配备丰富的数据存储资源、外部设备接口、通信接口。首先,自动驾驶域控制器需要存储大量数据,具体包括传感器实时输出的原始数据、算法处理过程数据、地图数据、软件运行日志、二进制文件,以及巨量的模型参数等。其次,域控制器需要接入 10.2.3 节所述的各类传感器设备,通过外部设备接口接收和解析传感器数据,并将其传递给核心芯片进行后续的处理。同时,为保障 10.2.2 节所述的域外信息交互,域控制器需要配置各类通信接口,具体包括百兆/千兆/万兆以太网、CANFD、CAN、LIN、硬件(GPIO/PWM)、FlexRay、UART 等车载总线。

图 10.11 所示为自动驾驶域控制器的硬件架构,其核心芯片为 SoC 加 MCU 的组合,是当前域控制器的主流设计方案。接下来围绕该硬件架构进行相关方案细节的讲解。

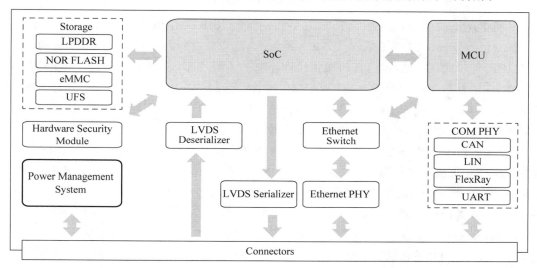

图 10.11 典型的自动驾驶域控制器硬件架构

首先讲解核心芯片 SoC。芯片技术发展到今天,SoC 的集成度越来越高。异构的 SoC 能够提供丰富的 CPU 计算资源和 AI 计算资源,支撑自动驾驶算法软件的高效运行。当前主流芯片厂商纷纷推出针对自动驾驶领域的 SoC 平台,如英伟达公司的 Xavier/Orin/Altran 系列,Tesla 公司的 FSD,Mobileye 公司的 EyeQ 系列,德州仪器(TI)的 TDA 系列,Renesas 公司的 R-Car 系列,高通公司的 Snapdragon Ride,地平线公司的征程系列,华为公司的 Hi1915,黑芝麻公司的华山系列,安霸公司的 CV 系列等。

图 10.12 所示为应用于自动驾驶域控制器的常见 SoC 架构,主要包含 8 个组成部分,以下依次对其进行讲解。

CPU 资源主要用于进行通用的逻辑运算,完成大部分自动驾驶应用软件的运行。逻辑运算一般不适合使用计算密集型的处理器实现,通用的 CPU 处理器成为最佳选择。自动驾驶中的逻辑运算主要包括功能管理以及各种传统规则型算法。例如,系统层面的功能逻辑、诊断策略、影子模式、数据筛选器、基于卡尔曼滤波的感知融合算法、基于滤波或优化的建图定位算法、基于优化和搜索的决策规划算法、车辆控制算法等。

常见的 CPU 架构有 MIPS 和 ARM 两种。自动驾驶 SoC 中以 ARM Core 的 Cortex A 系列为主,如主流的 Cortex A72/A57/A53。通常 A 核具备架构复杂、资源丰富、主频高、

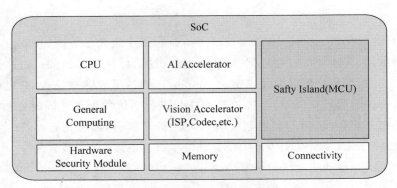

图 10.12　常见的自动驾驶 SoC 架构

Cache 和 RAM 性能好的特点。其算力单位一般使用 KDMIPS（Kilo Dhrystone Million Instructions executed Per Second）。如 Cortex A72 的主频可达 2.0 GHz,算力约为 11 KDMIPS。该类核中一般运行自动驾驶软件环境的主操作系统,如 Linux、QNX、VxWorks 等。在 CPU 核选型时需要满足高算力需求,与 AI Accelerator 相互匹配,避免算力浪费,并部署 AutoSAR AP 或其他同类型软件中间件。当 CPU 满足功能安全要求时（如 ASIL B）,还需关注其外部设备和操作系统的功能安全等级。

AI Accelerator 资源主要用于对常见的神经网络推理过程进行加速,完成大部分的自动驾驶深度学习模型的运算,具体包括视觉、激光、毫米波等感知融合模型,以及基于学习的定位、预测、规划等算法。该类模块的算力单位一般使用 TOPS（Tera Operations Per Second）。该类计算资源一般有一定程度的定制,目标是高效地完成矩阵加乘运算。在对 AI Accelerator 选型时需要充分考虑所用神经网络的特点,使软/硬件的适配度更高,最大化算力利用率,例如英伟达公司的 DLA、德州仪器的 MMA、地平线公司的 BPU、Tesla 公司的 NPU 等。

Vision Accelerator 资源主要用于处理视觉类计算密集型的任务。该类任务有别于运行目标检测深度学习,主要是各类图像相关的操作。自动驾驶系统中图像包含的信息密度最高,在目标检测算法运行前,有大量的图像处理相关操作,具体包括采样/降噪/白平衡等图像信号处理（Image Signal Processor,ISP）、图像编解码（Codec）、图像金字塔（Pyramid）、图像畸变矫正（Rectify）、各类图像投影（Projection）、局部特征提取、光流跟踪、双目视觉深度提取等。这些操作通过专用 Vision Accelerator 硬件可大幅度缩减计算耗时。

General Computing 资源主要用于解决通用的密集型计算任务,以覆盖 AI Accelerator 和 Vision Accelerator 能力之外的需求。常见的 General Computing 有 DSP（Digital Signal Processor）和 GPU（Graphics Processing Unit）。两者都可实现通用算法的并行加速计算,实现神经网络运算加速、视频/图像的编/解码,以及视频流输出等功能。例如德州仪器的 C71 DSP,除支持常见的标量运算和矢量运算,还增加了矩阵乘加速器（MMA）,进一步地提升了其神经网络模型部署能力。GPU 则更适合前后计算步骤无依赖且相互独立的计算场景,例如图形学的计算。这些计算可分解为多个相同的小任务,每个小任务由 GPU 中单个核处理,GPU 通过多核并发方式提高并处理小任务的数量,从而提高计算速度。

Hardware Security Module（HSM）资源主要为 Security 相关任务的控制器和加速器,

如实现片内信息的对称/非对称加密过程的加速。其具体任务包括加密引擎、OTA 软件包安全认证、系统安全启动(Boot)等。当 SoC 内部无 HSM 时,在自动驾驶域控制器中,还可使用图 10.12 所示的片外 HSM 完成这些任务。

Safety Island 为 SoC 中满足高功能安全等级(ASIL D)的区域,一般为片内的 MCU。该 MCU 内部一般进行满足高安全性且算力资源消耗少的逻辑运算,具体包括系统状态管理、诊断策略、控制指令监控等内容。该处一般选择 ARM Core 的 Cortex R/M 系列,如 Cortex R5F/M7。其算力一般使用 KDMIPS,如 Cortex R5F 的算力约为 2 KDMIPS。该类核中一般运行小型的实时操作系统,如 FreeRTOS、SafeRTOS、AutoSAR OS 等。在选型时除了满足高安全等级的要求,还需重点关注总线和外设的隔离性、片内 RAM 的大小,并考虑部署 AutoSAR CP 或其他同类型的软件中间件。

此外,SoC 还需配备一定的片内存储资源(Memory)和充足的片外通信接口(Connectivity)。存储资源用于存储算法的输入、中间值、输出结果,存储介质包括 DDR、eMMC、NOR、NAND 等。当片内资源不够时可使用图 10.11 所示的片外存储资源。片外通信接口则包括 PCIe、CAN、CANFD、SPI、UART、I2C、PWM 等。

值得一提的是,在实际工程项目中,对 SoC 的选型除考虑上述各项硬件资源,为了保障算法的开发和集成,围绕硬件的软件生态也是考量的重要方面,例如工具链、各类库、底层软件等。对软件的友好性主要体现在支持主流深度学习框架,如 Pytorch、Tensor Flow、Caffe 等;支持多种模型文件格式,如 ONNX11;支持卷积、FC、Relu 等常用算子,支持 Open CV 和 STD 相关库;提供量化工具并支持 INT8 和 FP16 混合量化,主流目标检测算法量化前后模型精度降幅可控。

虽然 SoC 提供了丰富的计算资源,但早期的 SoC 内部并未集成专门的 Safety Island,因此在多变的恶劣环境中,SoC 仍然有失效的可能性。图 10.11 所示的域控制器框架内,一般集成一颗 MCU 则提供安全等级 ASIL D 的运行环境。该环境中主要实现自动驾驶系统与车身、底盘、动力等域的稳定交互,一些独立的高安全要求的功能软件也部署其中,如功能降级、安全停车策略等。MCU 跟 SoC 相比发展时间更长,相对比较成熟,在各量产的自动驾驶域控制器方案中,英飞凌公司的 AURIX TC297 和 TC397 被选择较多。SoC 和 MCU 之间一般通过 SPI、GPIO,以及板级以太网进行信息交互。MCU 含有丰富的车载总线接口,通过各类 COM PHY 与车身、底盘、动力等域实现安全交互,包含 CAN、LIN、FlaxRay、UART 等。

随着 SoC 芯片集成化程度不断提高,在 SoC 内部集成 ASIL D 等级的 MCU 作为 Safety Island 成为一种趋势,其主要优势为:降低系统复杂度,缩短通信距离,减少时延;通过片内通信取代片间通信,共享内存得以实现;降低物料成本,缩小域控制器尺寸,提高可集成性;系统 OTA 过程更易管理,无须考虑片间升级;域控制器整体功耗更容易降低;物料减少,供应链管理更容易,抗缺料风险增强。随之而来的挑战是 SoC 内部不同等级的安全分区、隔离策略更复杂;应对高、中、低不同挡位的产品需要采取的域控制器配置策略更复杂。图 10.13 所示为已量产的几款自动驾驶 SoC 芯片架构。

然后讲解自动驾驶域控制器硬件架构中的存储资源。如图 10.11 所示,存储资源一般

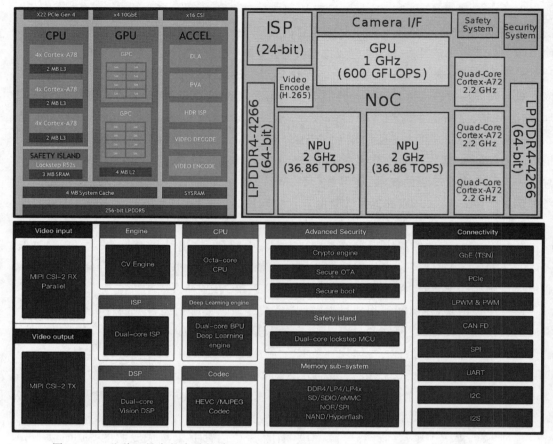

图 10.13 几种已量产的自动驾驶 SoC 架构(左上为 OrinX,右上为 FSD,下为 Journe 5)

包括 LPDDR(Low Power Double Data Rate SDRAM)、NOR FLASH、eMMC(embedded Multi Media Card),以及 UFS(Universal Flash Storage)。自动驾驶系统中,不同存储资源使用方法差异明显,在硬件架构设计时需要根据不同用途设计容量,具体如表 10.4 所示。

表 10.4 不同存储资源容量设计依据

存储资源	特　　点	用　　途	容量设计考虑因素
LPDDR	DDR 功耗低和体积小,一般作为内存单元被 SoC 使用	临时存储算法流程中各阶段的图像或点云	整体受软件运行帧率和处理流程的影响明显,主要考虑软件单帧运行情况下和连续帧运行情况下的容量需求
		存储软件过程参数、变量等	
NOR FLASH	高质量的可擦写存储装置,但价格昂贵且擦写速度慢,主要用来存储程序文件,不作为数据存储介质	存储启动程序,如 Bootloader、Security Boot、OS Boot 等。在没有 HSM 时,域控制器内设置独立的 NOR FLASH 存储密钥和加密算法	主要考虑软件存储的分布,以及启动程序软件的大小

存储资源	特　点	用　途	容量设计考虑因素
eMMC	与 NOR FLASH 相比成本较低；易用性好，无须 Host 做复杂的读写控制过程。但是其稳定擦写次数与 NOR FLASH 相比较少。常被用作数据存储介质，在 eMMC 选型时除了考虑数据存储容量，还需考虑整车全生命周期极端情况下的擦写次数	存储启动程序之外的软件包，以及软件 OTA 更新过程相关的所有过程数据。其中应用软件包含所有功能软件、算法软件、适配软件等；底层软件包含 HAL 软件、操作系统、中间件等；软件更新过程则包含更新包、解压包、用于还原的备份包等	首先需要充分预估整车生命周期内未来软件所需的容量；其次需要详细分析车端软件更新步骤，充分考虑更新过程中各种中间态软件包的存储；再次需要考虑整车全生命周期 OTA 次数对擦写次数的影响
		存储软件运行日志，包含周期性存储和压缩等过程数据	主要考虑该区域整车全生命周期对擦写次数的影响
		存储高精度地图数据，以及地图更新过程相关的所有过程数据。根据功能的释放，具体包含全国高速高架、城市快速路、城市道路、停车场地图、记忆泊车地图等、在地图更新时的更新包，以及解压文件等	主要考虑两方面：地图的扩展和地图的更新。预装全国范围的高速高架地图，预装有限个数的城市路段和停车场地图，为一定数量城市或停车场地图做扩展预留空间。地图更新则需按照更新频率和更新比例做预估
		存储数据闭环所有待上传数据，以及云端下发的数据闭环配置文件。待上传的数据内容与所采用的数据闭环方案直接相关，一般包含车端所有传感器数据、整车运行数据、各功能和算法运行过程数据等	需要详细分析数据上传策略。一般来说该类数据无须实时上传，等候整车网络空闲时上传即可。由于车载网络流量限制，该类数据只有在流量富余时才上传。因此该类数据缓存时长跟网络计费周期需一并考虑
		存储 EDR(Emergency Data Recorder)数据。具体内容需严格根据国家或地区法规要求确定，数据种类一般有整车运行数据、各传感器部分数据等	按照国标机制存储数据、一般包含周期触发数据、事件触发数据、结构化数据等，不同机制保存的数据长度/帧数不同
UFS	与 eMMC 半双工并行传输数据不同，UFS 串行传输数据，支持全双工，读写速度远超 eMMC。其价格相对昂贵，一般为 eMMC 的两倍	与 eMMC 在使用上有较大重叠，更适合即时性要求高的数据存储，例如算法中间态数据，以及来不及处理的传感器原始数据等	主要考虑与 eMMC 的合理分工，以及数据存储的综合性价比

　　硬件加密模块（Hardware Security Module，HSM）的主要作用为，存储安全证书和密钥；对加/解密运算进行加速。自动驾驶系统跟云端交互越来越多，信息安全的重要性不言而喻，作为安全服务发起方，HSM 支撑 SoC 内部所有信息安全相关的功能。当域控制器中

未配备专门的 HSM 芯片时,可设置独立的 NOR FLASH 存储密钥和加密算法。随着芯片技术的演进,硬件加密模块也将像 MCU 一样逐渐转变为嵌入式硬件加密模块(Embedded Hardware Security Module,eHSM)被集成到 SoC 芯片中,如图 10.13 所示。

接下来讲解域控制器硬件架构中的外设接口和通信接口。自动驾驶域内数量最多、输出信息密度最大的传感器为摄像头。对于从摄像头接收到的原始图像数据经过 LVDS Deserializer 后进入到 SoC 中,主要依赖 MIPI 接口的 CSI 协议。部分图像在 SoC 中经过处理后需要发送到 HMI 界面上给用户显示,通过一个 LVDS Serializer 从域控制器向外输出。其时延能控制在微秒级别,如 360°环视功能。图像输出主要由 MIPI 接口 DSI(Display Serial Interface)的带宽决定。对于信息量大的数据传输一般通过以太网完成,SoC 通过以太网 Switch 和 PHY 与整车信息娱乐域控制器、车云通信控制器、Lidar、4D Radar、V2X 等设备进行信息交互。当然以太网 Switch 和 MCU 之间也可以通过 RGMII(Reduced Gigabit Media Independent Interface)接口进行通信。此外,域控制器还支持不同种类不同通道数的车载网络通信接口,如 CAN、CANFD、LIN、FlexRay、UART 等。

最后讲解电源系统(Power System)。与其他车载控制器相同,自动驾驶域控制器的电源系统对其内部的电源进行管理,支持系统进入快速启动模式、低功耗运行模式、展台模式、标定模式、正常运行模式等不同工况。

10.3.2　软件架构

软件架构(Software Architecture,SA)是 20 世纪 90 年代提出的,它对复杂的软件系统进行结构化,并给出高级的系统描述。自动驾驶的软件就是一个非常复杂的系统,其架构在系统运行时负责协调和组织各软件组件,维护自动驾驶功能逻辑,支撑感知、定位、规划和控制等自动驾驶算法,并确保功能使用过程中软件系统的安全性和健壮性,在实现自动驾驶产品方面发挥着重要作用。

在架构设计阶段,需厘清各模块和组件的组织结构,确保各功能模块能够有效地协同工作;明确定义各类软件接口和通信机制,使各模块能够准确地交换信息和数据;充分考虑系统的安全性和健壮性,满足高可靠性和冗余要求,确保自动驾驶系统在各种异常情况下能够正确、安全地响应;采取必要的数据安全和通信安全措施,以保护系统免受潜在的威胁。最终的设计结果能够为实现安全、高效的自动驾驶产品打下坚实的基础。

图 10.14 所示为量产自动驾驶解决方案中,域控制器内常见的系统软件架构。该架构整体分为两部分:SoC 软件和 MCU 软件。两者在架构上保持一致,都符合目前车载嵌入式软件架构的一般特点:从硬件层逐层往上分别为 Boot Loader、硬件抽象层(Hardware Abstraction Layer,HAL)、操作系统(Operating System,OS)、中间件(Middleware)和平台管理(Platform Management)、应用(Application)层。两者架构虽然相同,但分工有别。其中 SoC 软件主要负责正常状态下所有自动驾驶功能的实现。MCU 软件主要负责与整车其他域的信息交互,并在 SoC 发生故障的情况下实现最小安全系统,使车辆尽可能处于安全状态。SoC 软件和 MCU 软件详细对比如表 10.5 所示。

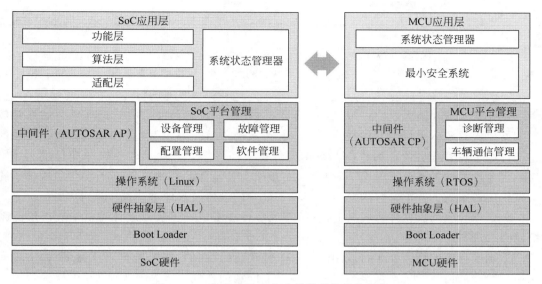

图 10.14 常见的量产自动驾驶系统软件架构

表 10.5 自动驾驶系统软件架构 SoC 和 MCU 对比

硬件层	SoC	MCU
Boot Loader	启动流程相对烦琐，具体包括启动引导程序、初始化硬件设备、配置内存、解压镜像文件、启动操作系统	由于 MCU 硬件和软件与 SoC 相比简单很多，MCU 内的软件系统启动过程相对简洁
硬件抽象层	对所有硬件设备做抽象，如各类板级设备、通信模块、各类存储模块，以及其他 I/O 等	因硬件配置简单，硬件抽象层相对简洁，主要实现各类车载总线、GPIO 的抽象
操作系统	当前主流方案为 Linux 和 QNX。Linux 开源免费，具备很强的定制化开发灵活度，受到很多自动驾驶初创团队的青睐。QNX 相对更加安全可靠，通过了 ASIL D 的安全认证，但高昂的版权费用、兼容性问题，以及开放性不足而导致的生态缺乏使其应用受限	一般为简洁的实时操作系统 RTOS，或无操作系统
中间件	中间件提供应用层各软件模块之间的通信方案及相关工具链。研发阶段常用的有 ROS，量产阶段常用的有 AUTOSAR AP、Motion Wise 等	各软件模块之间信息传递较少，也无复杂操作系统，常见量产中间件为 AUTOSAR CP
平台管理	包含对 SoC 的设备管理、配置管理、故障管理，以及软件管理。 • 设备管理主要对域控制器上的输入/输出设备做检查和监控。 • 配置管理主要管理各类库文件，其中 AI 算子库是其中最重要的库之一。 • 故障管理主要对 SoC 相关联的软/硬件底层做故障检测和诊断。 • 软件管理主要对各软件节点的运行状态做检测和监控	包含对 MCU 内部的诊断管理和车辆通信管理。 • 诊断管理包含自动驾驶域内符合诊断规范的完整协议栈。 • 通信管理包含各类通信总线的完整协议栈，对信号质量做监控，并将信号透传给 SoC

续表

硬件层	SoC	MCU
应用层	实现 SoC 内部软件系统管理、所有功能的逻辑、支撑功能的所有算法,以及对系统关联部件的各类适配	实现对 SoC 以及自身的监控,用最小安全系统保障车辆安全,并完成与整车各类控制器做信息交互

以往的车载功能系统由一级供应商提供软/硬件一体的解决方案。近几年自动驾驶域控制器供应商和软件供应商往往比较独立。在量产项目工程实践过程中,上述软件架构的中间件和平台管理层以下的软件一般由硬件供应商或第三方底层软件服务商提供。应用层软件与产品功能和系统性能关联紧密,一般由 OEM 自动驾驶自研团队或自动驾驶系统软件供应商实现。接下来分别对 SoC 和 MCU 中的应用层软件进行进一步讲解。

SoC 中的应用层软件自底向上包括适配层、算法层、功能层,以及针对整个应用层的系统状态管理器。

适配层存在的意义在于将应用层软件与整车、域控制器、传感器等硬件做解耦,实现底层所有交互的信息与更高层级软件的隔离。当出现硬件变更或新车型适配时,软件适配工作主要集中在适配层,其他部分则影响较小,提高工程适配效率。如图 10.15 所示,适配层主要分为五部分:摄像头适配、激光雷达适配、智能传感器适配、整车交互适配、车云交互适配。特别说明:这里的智能传感器是指自带算法软件,并将感知或定位结果直接通过车载总线输出的传感器。例如,组合定位模块(GNSS-RTK-IMU)、毫米波雷达(Radar)、超声波雷达控制器(USS),以及集成视觉感知能力的功能摄像头(Functional Camera)。

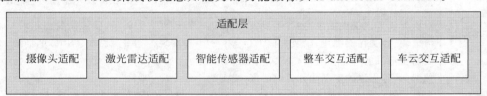

图 10.15　SoC 中适配层软件架构

以下对适配层各组件内容展开详细讲解,如表 10.6 所示。

表 10.6　SoC 中适配层软件详细内容

适配层组件	适配层组件详细内容
摄像头适配	摄像头适配主要包含如下内容: • 读取摄像头内部参数并存储至指定位置,同步触发各摄像头曝光,读取原始图像数据并打上时间戳。 • 对图像帧率做监控,在必要时做补帧处理,确保下游软件正常运行,并及时上报图像质量和摄像头健康状态。 • 完成必要的图像格式转换。例如,为便于存储搬运,将 BGR 原图转换成单帧数据量更小的 JPEG 格式,使用时再将 JPEG 格式解码恢复为 BGR 格式。 • 根据各算法模块要求对图像做预处理,工程上常见的图像预处理操作有色彩转换、生成灰度图、减均值、各类滤波、二值化、膨胀和腐蚀、Resize、去畸变、转柱面图、转 BEV 图、图像拼接等。 • 根据数据采集和存储的要求对图像做压缩处理并发送至指定位置

续表

适配层组件	适配层组件详细内容
激光雷达适配	激光雷达适配主要包含如下内容： • 读取激光雷达内部参数并存储到指定位置。 • 发送激光雷达需要输入的信号,如 GNSS 授时信号。接收点云 UDP 报文并解析协议,读取激光点云数据和对应的时间戳。 • 对点云帧率、数量、反射率等做监控,判断激光雷达当前运行健康状态并及时上报。 • 根据各算法模块要求对点云做预处理,常见的预处理操作有通过内/外参做必要的数据格式转换、去除预设边界外的点、对多激光雷达做点云拼接、统一点云时空坐标系、对点云重叠区域做必要的稀疏化处理等。 • 根据数据采集和存储的要求对点云做压缩处理并发送至指定位置
智能传感器适配	智能传感器适配主要包含如下内容： • 发送传感器需要的信号。例如,对定位设备需要输入 RTK CORS 服务信号,对雷达和 USS 则需要输入车速、轮速等信号。 • 接收传感器发出的以太网报文或 CAN 报文,包含 GPS 位置、各轴加速度和角加速度、雷达目标检测结果、USS 车位框检测结果等,并在接收的第一时间打上系统时间戳,用于后续的时间同步。解析协议获取数据并转换为算法模块需要的格式。 • 对报文帧率、报文中各信号的数值做监控。据此判断智能传感器当前运行健康状态并及时上报。 • 根据数据采集和存储的要求对传感器数据做压缩处理并发送至指定位置
整车交互适配	整车交互适配有线控底盘交互、人机界面交互、车身控制交互等重要组成部分。主要包含如下内容： • 与底盘各线控零部件实现握手协议,接收自动驾驶系统需要的底盘信息,按照相关执行器的逻辑向其发送控制指令。涉及的执行器主要有动力传动系统、制动系统,以及转向系统等。 • 与人机界面相关零部件实现握手协议,接收人机界面的指令、状态以及设置信号。按照预先设计的功能交互逻辑向人机界面零部件发送需要显示的内容和指令响应结果。涉及的关联部件主要在信息娱乐域。 • 与车身交互相关零部件实现握手协议,接收车身状态类信号。按照预先设定的功能逻辑向车身零部件发送控制指令。涉及的关联部件有门锁窗、雨刷器、灯光、喇叭等。 • 接收整车交互相关报文时在第一时间打上系统时间戳,用于后续的时间同步。 • 对报文帧率、报文中各信号的数值做监控。据此判断整车交互相关零部件当前运行健康状态并及时上报。 • 根据数据采集和存储的要求对整车交互数据做压缩处理并发送至指定位置
车云交互适配	车云交互适配主要包含如下内容： • 实现与车云之间的安全认证,并建立安全链接。 • 根据车云通信协议接收云端下发的各类文件或信息并存放到指定位置,如地图文件、OTA 软件包、数据闭环配置文件等。 • 读取指定位置数据,根据通信协议向云端发送各类文件或信息,如数据闭环数据包。 • 对车云链路进行通信质量、链接状态的监控,判断车云链路健康状态并及时上报

算法层是 SoC 中体量最大,消耗资源最多,组件最复杂,也是最重要的自动驾驶软件栈。图 10.16 所示的 SoC 中算法层软件架构是目前行业使用的主流自动驾驶算法框架。

该框架中主要定义了本书"算法篇"中讲解的各算法模块之间的相互关系。

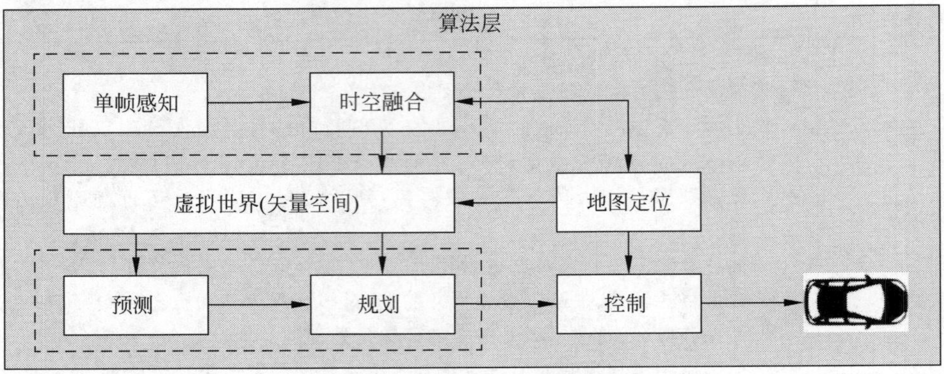

图 10.16 SoC 中算法层软件架构

算法层的总体实现流程如下。

(1) 基于每个传感器的单帧原始数据,对车身周围参与交通的所有目标物做检测。主要包括单帧数据的视觉感知和激光感知,当算法层直接输入原始雷达点云和 USS 探头 PWM 信号时,感知模块也包含单帧雷达和 USS 感知。

(2) 基于自车连续位姿变化,对所有单帧感知结果进行时空融合,形成时空统一的环境信息集合。主要包括多传感器感知融合和多帧感知结果融合,并通过融合不断校准静态物体形状和位姿,优化动态物体的运动参数。在一些算法中,直接通过传感器原始数据即可得到经过时空融合的目标检测结果,省去了单帧感知的过程,如 7.3.4 节和 7.4.4 节所述。

(3) 结合地图信息和定位结果生成由矢量空间表达的虚拟世界。其中地图定位模块主要实现在线的地图构建,地图文件的管理、解析和重组,各类室内和室外环境下的高精度融合定位,以及连续的自车相对位姿估计,即 Ego Motion。矢量空间中则包含自车周围一定范围内所有感知结果和地图中对环境的描述信息。

(4) 在虚拟世界中,进一步对其他交通参与者完成轨迹预测,并对自车完成最优行驶轨迹的规划。在一些算法中将预测和规划问题合并,使用一个模型同时输出预测和规划结果,如 9.3.4 节所述。

(5) 控制模块对自车目标轨迹进行精确跟踪,并根据实时定位结果动态修正自车偏离目标轨迹的误差。

以下对算法层各组件输入/输出接口展开详细讲解,如表 10.7 所示。

表 10.7 SoC 中算法层各组件接口

算法层组件	算法组件输入/输出接口
单帧感知 时空融合	总体输入: • 传感器原始数据及其必要的内外参,传感器种类包含摄像头、激光雷达、雷达、USS。 • 自车连续位姿,即 Ego Motion,用于做连续帧的数据关联。 • 系统对算法模块的调度指令,如启动、关闭、待机等。 总体输出: • 各类动/静态感知目标融合结果,如车、人、锥桶、车道线、路沿等。 • 定位用的元素,以及未来可能组合生成的局部地图。 • 模块故障自诊断结果、工作状态等信息;数据采集触发信号和算法中间态数据

算法层组件	算法组件输入/输出接口
地图定位	总体输入： • 建图定位用的传感器信息，包含 IMU、轮速、GNSS，及其必要的内/外参。 • 导航信息，如导航地图中的全局路径、离关键路标的距离等。 • 自车静态参数，如轮廓尺寸、轴距、轮距、轮径等。 • 云端下载的地图数据。 • 系统对算法模块的调度指令，如启动、关闭、待机等。 总体输出： • 各坐标系下自车实时位姿，如开机坐标系、地图全局坐标系、WGS-84 经纬度坐标系等。 • 自车位置附近一定区域内的地图信息。 • 模块故障自诊断结果、工作状态等信息；数据采集触发信号和算法中间态数据
虚拟世界	总体输入： • 各类动/静态感知目标物，如车、人、车道线、锥桶等，以及目标物的属性、运动状态等信息。 • 自车的实时位姿，即 Ego Pose。 • 自车位置附近一定区域内的地图信息。 • 系统对算法模块的调度指令，如启动、关闭、待机等。 总体输出： • 矢量空间，并根据下游模块需求重组并转换格式输出。 • 模块故障自诊断结果、工作状态等信息；数据采集触发信号和算法中间态数据
预测规划	总体输入： • 虚拟世界中各目标物运动信息和地图信息。 • 自车静态参数，如轮廓尺寸、轴距、轮距等。 • 功能调度指令，如换道、停车、限速、退出自动模式等。 • 系统对算法模块的调度指令，如启动、关闭、待机等。 总体输出： • 目标物未来多模态轨迹及其发生概率。 • 自车目标轨迹及状态，以及各类决策，如停车、让行、超车、换道等。 • 模块故障自诊断结果、工作状态等信息；数据采集触发信号和算法中间态数据
控制	总体输入： • 自车信息：目标轨迹和速度；实时连续位姿；静态参数，如轮廓尺寸、轴距、轮距等。 • 功能调度指令，如进入/退出自动模式等。 • 系统对算法模块的调度指令，如启动、关闭、待机等。 总体输出： • 车辆控制指令，如加/减速度、目标方向盘转角、转向灯等。 • 模块故障自诊断结果、工作状态等信息；数据采集触发信号和算法中间态数据

　　功能层主要定义系统功能框架，是自动驾驶软件框架中实现量产产品的关键环节。近年来量产自动驾驶产品越来越复杂，功能点也越来越丰富，不仅需要囊括全场景（高速、城区、泊车），还需要实现品类繁多的功能形态，如"产品篇"相关章节所述。

　　量产自动驾驶产品的功能软件框架一般需要满足如下要求。

（1）实现模块化设计，将整个系统划分为多个独立的功能模块，保证功能具备良好的可扩展性。自动驾驶产品正在高速发展当中，各类功能相关功能点的增加、裁剪、替换、升级等操作频发。功能软件的模块化和可扩展性能够显著提高产品研发和工程适配过程的效率。

（2）将功能与算法的接口、与整车交互的接口做抽象和隔离，便于将量产功能基于不同类型的算法组合和不同的车辆平台实现快速适配，并进一步有利于产品面向不同市场的快速推广。

（3）软件架构需满足安全性和可靠性要求。为此应当采取多种安全措施，如功能运行时的故障诊断、容错机制、功能降级机制等。当出现单模块失效的状况时，软件仍能够具备一定的健壮性。

量产的功能层软件的演进尚未进入成熟阶段，并无典型的架构形态出现，这里讲解一个参考方案，如图 10.17 所示。

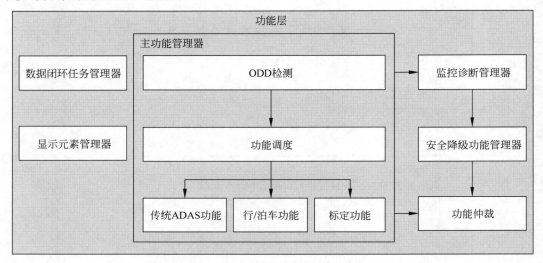

图 10.17　SoC 中功能层软件架构

该功能层总体说明如下。

（1）从安全的角度考虑，SoC 中功能层软件架构参照了 EGAS 架构中第一层和第二层的设计思路，确定主功能管理器、监控诊断管理器、安全降级管理器、功能仲裁这几个模块之间的关联关系。当监控到主功能管理器出现故障时，功能仲裁模块选择安全降级管理器中的功能将车辆维持到一个安全状态，以便用户及时接管。这里的 EGAS 架构会在 13.3.3 节再次详细讲解。

（2）主功能管理器用来实现各类场景下的量产功能，包括传统 ADAS、行车、泊车以及传感器标定等功能。在正式进入具体的功能逻辑前，首先需要对当前的 ODD 进行检测，据此判断当前环境条件是否支持功能运行，包括位置范围、天气条件、场景复杂度等。接下来根据 ODD 检测结果、驾驶员指令，以及系统状态对各自动驾驶子功能进行调度。具体包括各功能的激活和退出、功能之间的指令切换和自动升降级等。最后根据功能调度结果，进入某个特定的功能，执行具体的功能逻辑，包括传统 ADAS 功能、行/泊车功能、标定功能、影子模式、卫兵模式等。这些功能需要进一步细分，此处不详述。

（3）监控诊断管理器根据主功能管理器的状态信号、过程参数、输出结果对其健康状态做监控，并通过一定的策略实现故障诊断。与此同时，也可实时监听系统健康状态，具体包括存储空间占用情况、各计算资源使用率、各软件节点运行状态、线程和进程的运行状态等。

（4）安全降级功能管理器主要通过功能降级的手段实现将车辆调整至尽可能安全状态的目的，例如，车道内减速停车，直行减速至停车，靠最外侧车道减速停车，滑行退出自动模式，各种等级报警，等等。

（5）功能仲裁模块主要实现对多个来源的车辆控制指令做仲裁。一般情况下，主功能和安全降级功能两者的输出结果互斥，当安全降级功能被触发时，则优先输出安全降级功能的结果。在某些自动驾驶系统中，传统 ADAS 功能在功能传感器中实现，此时功能传感器的输出结果进入域控制器中，同样经过此功能仲裁模块。正常情况下，功能优先级顺序为，主功能指令优先，来自功能传感器的指令次之，安全降级功能不被触发。当判定主功能管理器发生故障时，优先级顺序为，安全降级功能指令优先，主功能指令次之，来自功能传感器指令最后。如出现 AEB 被触发，则判断为紧急情况，优先级顺序应当为，来自功能传感器的 AEB 指令优先，主功能指令次之，安全降级功能不被触发。

（6）在功能层软件架构的左侧还有两个模块：数据闭环管理器和显示元素管理器。数据闭环管理器主要管理各类车端数据筛选器和其配置文件，采集本地存储数据，最终完成压缩并上传云端。显示元素管理器主要对需要传输至人机交互界面的信息做必要的平滑、去重、静态物体锁止等操作，以便在显示界面给用户提供一个良好的视觉体验。此处不详述这两个模块的外部接口。

以下对功能层各组件输入/输出接口展开详细讲解，如表 10.8 所示。数据闭环管理器和显示元素管理器根据不同的车型项目，差异较大，此处不详述。

表 10.8　SoC 中功能层各组件接口

功能层组件	功能组件输入/输出接口
主功能管理器	总体输入： • 人机交互信号，如功能激活指令、转向指令、功能设置状态等。 • 人在环监控信号，如 HOD 和 DMS 的输出结果。 • 车身各类状态信号，如门窗锁状态、安全带状态等。 • 各算法模块状态信息和必要的算法输出结果。 总体输出： • 算法调度指令，如启动、关闭、待机等。 • 功能调度指令，如进入/退出自动模式、换道、进 ACC、NOA、APA 等。 • 各子功能当前功能状态信息，由功能触发的视频存储或传输的触发信号。 • 模块故障自诊断结果、工作状态等信息；数据采集触发信号和算法中间态数据
监控诊断管理器	总体输入： • 各层软件的自诊断信息，包含 SoC 平台管理层、适配层、算法层。 • 主功能管理器软件中间信号，用于对其做故障诊断。 总体输出： 系统综合的诊断结果

续表

功能层组件	功能组件输入/输出接口
安全降级功能管理器	总体输入： • 当前主功能工作状态。 • 监控诊断模块输出结果。 • 算法层输出结果，包括感知融合、地图定位、预测规划，以及智能传感器等组件的输出结果。 总体输出： • 算法调度指令，如启动、关闭、待机等。 • 功能调度指令，如停车、退出自动模式、降速等。 • 模块故障自诊断结果、工作状态等信息；数据采集触发信号和算法中间态数据
功能仲裁	总体输入： 多源功能输出结果；主功能管理器输出结果；安全降级功能模块输出结果；功能传感器中传统 ADAS 功能输出结果。 总体输出： 待执行的功能指令

SoC 应用层软件中除了适配层、算法层、功能层，还有一个系统管理模块。该模块主要解决与自动驾驶功能和算法本身不直接相关的问题。其主要职能是管理域控制器整体状态，包括但不限于如下功能。

（1）正常工作模式：全软件栈正常工作，正常激活和运行传统 ADAS、行车、泊车等自动驾驶功能。

（2）休眠唤醒：处于休眠状态，仅唤醒指定的软件模块工作。

（3）低功耗待机：处于待机状态，保持低功耗，在接收到触发信号时可以快速启动 SoC 的全功能。

（4）哨兵模式：实现待机快速启动系统，同时启动摄像头，并向远端输出必要的视频流。

（5）倒车辅助模式：实现待机快速启动系统，同时启动倒车辅助功能，并向舱内交互界面输出报警信息。

（6）产线模式：进入 EOL（End Of Line）模式，启动传感器外参标定程序，11.3.4 节将进一步详述该内容。

（7）OTA 模式：域控制器处于刷写状态，禁用操作系统层以上的软件栈。

MCU 中的应用层软件主要包括两部分：系统状态管理器和最小安全系统。图 10.18 所示为 MCU 中应用层软件架构，该层软件与 SoC 应用层软件的关系参照了 EGAS 架构中第三层的设计思想。当 SoC 出现严重故障时，既无法正常运行自动驾驶功能，又无法完成安全降级相关处理。在此极端情况下，MCU 应用层软件中的最小安全系统可以采取必要的安全措施。表 10.9 所示为 MCU 应用层软件各组件的主要作用。由于 MCU 中的软件复杂度较低，各组件的输入/输出接口此处不详述。

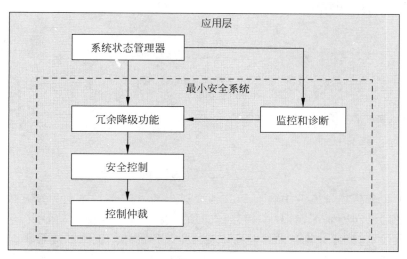

图 10.18　MCU 中应用层软件架构

表 10.9　MCU 应用层软件各组件主要作用

模　　块	主　要　作　用
系统状态管理器	与 SoC 系统状态同步,并对 MCU 内部做系统状态管理
监控和诊断	对 SoC 做状态监控,对 MCU 内部做故障诊断
冗余降级功能	当 SoC 出现故障时促发冗余降级功能,主要依赖智能传感器的感知结果,实现车道内减速停车、直行减速至停车、滑行退出自动模式、各种等级报警等功能
安全控制	根据冗余降级功能的输出结果计算车辆控制指令
控制仲裁	对 MCU 和 SoC 需要往车辆下发的控制指令做仲裁。当功能传感器包含传统 ADAS 功能时,也将该功能输出的控制指令纳入仲裁中。仲裁优先级为,MCU 中安全控制指令优先,SoC 输出的指令次之,功能传感器输出的指令最后。当功能传感器触发 AEB 时,优先采用 AEB 指令

10.4　域内传感器架构

　　好的传感器架构能够在节省成本的同时最大化感知效果,为自动驾驶系统提供稳定可靠的性能,最终让用户得到一个优秀的产品体验。要设计一个好的传感器架构需要依托系统级的方法和流程,有严谨的推导过程。目前市面可选的量产传感器型号有限,供应商也有限。常规的传感器架构设计方法是以 Benchmark 为主,在竞品参考方案的基础上,根据车型的特征和目标成本范围做小幅度的调整,如增减传感器种类、数量,提高或降低硬件指标。创新往往来源于对产品和技术的深度研究,传感器架构设计方法的意义在于解析传感器和系统能力的关系,为精准制定符合产品演进路线的传感器架构提供重要设计依据。

　　图 10.19 所示为传感器架构设计基本流程,在得到最终的传感器架构方案前主要有6 个步骤。

　　场景建模。自动驾驶车辆在路面行驶时有无限的场景,建模时无法直接对所有场景做遍历。因此需要根据产品需求推导出典型场景,并对典型场景做一般化抽象,据此建立描述场景的数学模型,为在后续步骤中找到感知需求边界做准备。

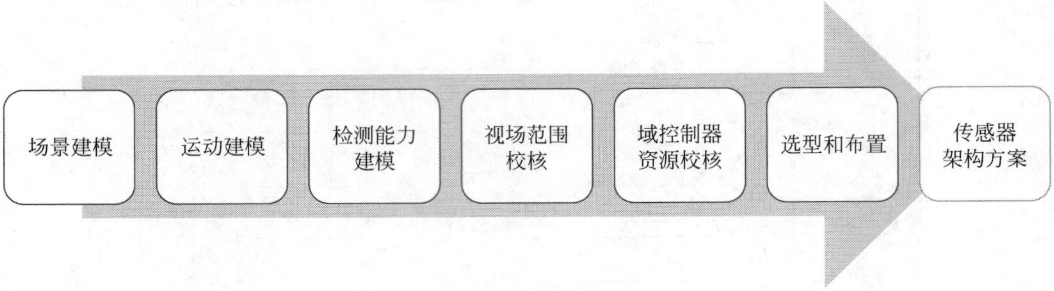

场景建模　运动建模　检测能力建模　视场范围校核　域控制器资源校核　选型和布置　传感器架构方案

图 10.19　传感器架构设计流程

运动建模。分析场景模型中自车和其他交通参与者的相互运动关系。根据不同场景下的预期自动驾驶功能表现,对自车和其他交通参与者做合理的运动假设,对运动模型中的工况做参数设定,据此计算自动驾驶系统对特定目标的感知范围总体需求。

检测能力建模。根据感知算法对各传感器数据的使用流程和方法,结合传感器获取环境信息的基本原理,推导传感器关键参数与算法最远检测距离之间的关联关系,并据此完成对传感器的检测能力建模。对感知来说主要包含摄像头和激光雷达。如果使用 4D 毫米波雷达的点云信息做感知则该传感器也包含在内。

视场范围校核。先根据不同感知算法的能力特性,推导传感器关键参数与算法对被截断目标检出距离的关联关系。再根据传感器的大致视场覆盖范围,将感知范围需求分解到各传感器。最后据此得到各传感器的感知范围需求,具体包含纵向距离极限、横向视场角极限以及垂向高度极限。

域控制器资源校核。分析不同的传感器对域控制器资源的需求,确保硬件资源足够支撑对系统所有传感器的有效应用,具体包含接口资源、计算资源以及存储资源。

选型和布置。基于前序分析结果对传感器规格做选型,选型要求包含功能要求、接口要求、性能要求。结合整车外观和结构的设计结果,确定各传感器的布置位置,最终得到符合产品要求的传感器架构完整方案。

10.4.1　场景建模

场景建模的过程是对产品深入理解的过程。从产品需求推导出典型场景,据此找到感知需求极限的关键场景,并进一步推导感知探测范围需求的极限。

首先需要对产品场景做抽象,即抽象归纳典型场景,但不做细致划分。例如,高速巡航功能中的全速域跟车场景、换道场景,城市巡航功能中的路口场景、逆向车场景,泊车功能中的泊入场景、泊出场景等。

然后对典型场景进行细致的描述,包含功能使用环境、与目标物交互的种类、相互运动关系、速度区间、基本工况和挑战工况要求等。例如,高速结构化道路中,路面平坦,标线清晰,跟车场景中自车速度高于前车,基本工况下自车与前车速度差为 0~60km/h,挑战工况下自车与前车速度差为 60~120km/h。

最后挑选极限场景,在描绘出来的典型场景中挑选对感知能力有极限需求的场景,以此作为传感器要求的边界。示例 1:高速公路换道场景中,从低速车道换道汇流进入高速车道,速度差为 60~120km/h,此时需保障自车看到侧后方车辆,并完成安全的加速换道过程。示例 2：城市道路路口通行场景中,对红绿灯的观测俯仰角要足够大,保障在短小路口仍然能观测到安装位置足够高的红绿灯。

接下来以行车功能为范例展开场景分析。在行车功能中,由于环境、道路、交通参与者的不同容易导致场景复杂多变,所以对该功能做场景抽象后可以得到最典型的三类场景:车道跟随、巡航换道,以及路口通行。

图 10.20 所示为行车功能的车道跟随场景。当前方无其他物体时(车辆、行人、锥桶等)时,自车按照最高限速或设定的最高车速行驶。当前方出现同向行驶的车辆时,自车在限定最高行驶速度的同时需要时刻保持与前车的安全距离。

图 10.20　行车功能的车道跟随场景

图 10.21 所示为行车功能的巡航换道场景。当由于驾驶员打转向灯,或本车道前方车辆慢行,或前方道路合流或分流,或前方有静止障碍物等原因触发换道时,自车向左或向右换道。此过程中,自动驾驶系统在执行换道策略时,需要考虑目标车道后方来车的情况,确保换道过程的行车安全。

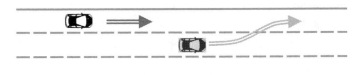

图 10.21　巡航功能的换道场景

图 10.22 所示为行车功能的路口通行场景。一般情况下路口有红绿灯,不同方向的车辆按照红灯停、绿灯行的交通规则通行,不会有碰撞风险。特殊情况下自车在绿灯时直行过路口,他车不遵守交通规则横向高速穿行。此时容易发生交叉方向行驶冲突的情况,自车需要及时采取制动让行措施或加速通过措施。在无红绿灯路口通行时,更容易发生该类交叉方向行驶冲突的情况。

通过对上述三种典型工况的分析,可以发现一个重要问题:道路的形状对自车感知范围需求影响很大。由于道路形状的高度不确定性,几乎不可能基于某种特定场景假设对感知范围需求做全盘的估计。结构化道路有直道也有各种类型的弯道。虽然大部分路口道路是垂直交叉的,但也有很多路口并不垂直。此外,自车在路口有可能选择左转弯车道,也有可能选择右转弯车道。当自车直行时需重点关注前方区域,左转弯时则需重点关注左前方区域。由此可以得出一个结论:由于道路结构的变化,真实场景穷举不尽。庆幸的是这里仍然有规律可循。自动驾驶需要实时关注的区域永远都是基于自车目标行进道路向两侧延伸,该特性与道路形状无直接关联。9.3.1 节讲解的规划算法中应用的 Frenet 坐标系正是解决该问题的方法。用 Frenet 坐标系来做场景抽象建模还有一个好处:场景抽象与规划算法保持一致的基本思想,可以使后续的自车运动模型与实际用的规划策略也保持一致,因此抽象建模过程跟真实场景中自动驾驶系统运行过程将更加接近。

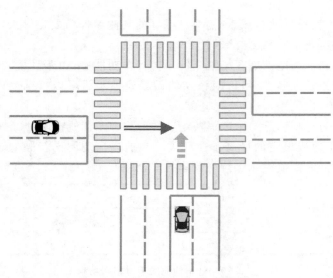

图 10.22　行车功能的路口通行场景

　　图 10.23 所示为笛卡儿坐标系与 Frenet 坐标系的相互关系。从图中可以看到，Frenet 坐标系的横坐标轴代表沿目标路径的自车位移，纵坐标轴是垂直于目标路径的横向距离。在 Frenet 坐标系中，行车功能的车道跟随场景和换道场景均可实现场景抽象。这里暂且将抽象后的场景称为非路口场景，相关的计算都可以在正交的 SL 坐标系中完成。在 Frenet 坐标系内完成计算后，再将结果根据不同的道路曲率半径向笛卡儿坐标系做投影，即可找到 $p(x_p,y_p)$ 和 $p(s_p,l_p)$ 之间的数学关系。图中车辆的行驶路径是点的集合 S。

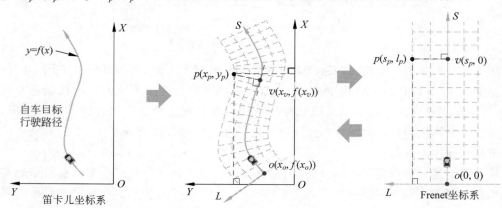

图 10.23　笛卡儿坐标系和 Frenet 坐标系

$$S = \{(x,y) \mid y = f(x)\} \tag{10-1}$$

　　对于集合 S 内的一个随机点 $p(s_p,l_p)$，先找到该点在 S 轴上的垂足 $v(s_p,0)$，于是有

$$s_p = \int_{x_o}^{x_v} \sqrt{1 + \left[f'(x)\right]^2}\, \mathrm{d}x \tag{10-2}$$

而在 XY 坐标系下同时经过 p 点和 v 点的直线表达式为

$$\begin{cases} y = \dfrac{1}{f'(x_v)}(x - x_v) + f(x_v), & f'(x_v) \neq 0 \\ x = x_v, & f'(x_v) = 0 \end{cases} \tag{10-3}$$

再计算 p 点在 XY 两轴上的投影坐标可得

$$\begin{cases} x_p = x_v + l_p \times \sin\{\tan^{-1}[f'(x_v)]\} \\ y_p = f(x_v) + l_p \times \cos\{\tan^{-1}[f'(x_v)]\} \end{cases} \tag{10-4}$$

与式(10-2)联立可得

$$\begin{cases} x_p = x_v - l_p \times \sin\{\tan^{-1}[f'(x_v)]\} \\ y_p = f(x_v) + l_p \times \cos\{\tan^{-1}[f'(x_v)]\} \\ s_p = \int_{x_o}^{x_v} \sqrt{1 + [f'(x)]^2}\, dx \end{cases} \tag{10-5}$$

其中,x_o、s_p、l_p 都为已知量,$y = f(x)$ 为已知函数。通过式(10-2)用数值迭代的方法可以很容易地求得 x_v,进而求得 x_p 和 y_p。

如图 10.24(a)所示,在 SL 坐标系下计算非路口场景的感知范围需求。不论是车道跟随还是换道,感知范围需求在纵向上向车辆正前方和正后方延伸,横向根据车道数量拓宽即可。因此图中 SL 坐标系下感知范围需求是一个矩形框,由图中 $P_0 \sim P_3$ 4 个点表达。

$$P_0 = (s_r, l_w); \quad P_1 = (s_f, l_w); \quad P_2 = (s_f, -l_w); \quad P_3 = (s_r, -l_w) \tag{10-6}$$

图 10.24(b)所示为感知范围从 SL 坐标系投影到 XY 坐标系的结果。注意,此时车辆坐标系采用 ISO 定义的坐标系,其 Y 轴和 Frenet 坐标系的 L 轴完全重合。本书中使用的车辆坐标系都采用 ISO 定义的坐标系,区别于 SAE 和 IMU 车辆坐标系。

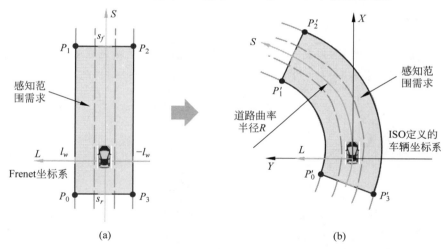

图 10.24 感知区域从 Frenet 坐标系到车辆坐标系的投影示意

通过前文分析可知 L 方向的尺度跟 Y 方向保持一致,S 方向则需要根据目标路径做变换,最终得到 XY 坐标系下的感知范围,并由图中 $P_0' \sim P_3'$ 四个点表达。投影过程即为这四个点坐标计算过程。如图 10.25 所示,假设车辆行驶的道路是理想的圆弧,道路曲率半径为 R,因此可得 SL 坐标系到 XY 坐标系投影的已知条件为

$$y = f(x) = R \pm \sqrt{R^2 - x^2} \tag{10-7}$$

以 P_1' 点为例做投影计算,根据式(10-2)可得 v 点坐标:

$$v = \left(R \times \sin\frac{s_f}{R}, R - R \times \cos\frac{s_f}{R}\right) \tag{10-8}$$

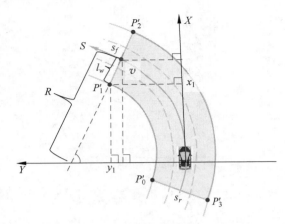

图 10.25　从 Frenet 坐标系到车辆坐标系点的投影计算示例

接下来求解 P'_1 点坐标：

$$P'_1 = [x_1, y_1] \tag{10-9}$$

$$\begin{cases} x_1 = (R - l_w) \times \sin\left(\dfrac{s_f}{R}\right) \\ y_1 = R - R \times \cos\left(\dfrac{s_f}{R}\right) + l_w \times \cos\left(\dfrac{s_f}{R}\right) = R + (l_w - R) \times \cos\left(\dfrac{s_f}{R}\right) \end{cases} \tag{10-10}$$

因此可得

$$P'_1 = \left((R - l_w) \times \sin\left(\frac{s_f}{R}\right), R + (l_w - R) \times \cos\left(\frac{s_f}{R}\right) \right) \tag{10-11}$$

　　需要说明的是，本例中 P'_1 点坐标的求解过程可以简化，无须先求 v 点坐标。但对于一般化的路径，仍需按照式(10-1)～式(10-5)的步骤求解。同理可得其余三个点的坐标：

$$P'_0 = \left((R - l_w) \times \sin\left(\frac{s_r}{R}\right), R + (l_w - R) \times \cos\left(\frac{s_r}{R}\right) \right) \tag{10-12}$$

$$P'_2 = \left((R + l_w) \times \sin\left(\frac{s_f}{R}\right), R - (R + l_w) \times \cos\left(\frac{s_f}{R}\right) \right) \tag{10-13}$$

$$P'_3 = \left((R + l_w) \times \sin\left(\frac{s_r}{R}\right), R - (R + l_w) \times \cos\left(\frac{s_r}{R}\right) \right) \tag{10-14}$$

　　根据上述计算过程可以看到，在理想状态下道路为圆弧时，可以通过换算关系式将 SL 坐标系中得到的感知范围需求投影到 XY 坐标系中。真实世界中道路多种多样，道路曲率半径 R 会根据道路的不同而变化。R 的最小值 R_{min} 可等同于自车的最小转弯半径，其最大值则是无穷大，即直道。当遍历所有的道路曲率半径时，就能将场景完成一般化，得到所有可能的结果。如图 10.26 所示，可以看到曲率半径分别为无穷大、最小转弯半径，以及中间值 R 的示意。将所有情况下的感知区域取并集即可得到非路口场景下的最终感知范围需求。在数值计算上，该范围可以采用多边形将所有轮廓点包络起来的方式求取，各类点集凸包或凹包算法均可实现，如滚球法。然后在包络多边形每个顶点处平滑过渡，即可得到图中绿色曲线划定的区域，记为集合 $\boldsymbol{G}_{\text{no-crossing}}$。

　　当然除了圆弧形状，道路还有可能是 S 形弯道，该类情况感知范围在 XY 坐标系下的投影区域会比圆弧弯道要小，不影响最终感知范围需求的划定，此处不详细展开。读者如感兴趣可尝试用上述方法进行深入分析。

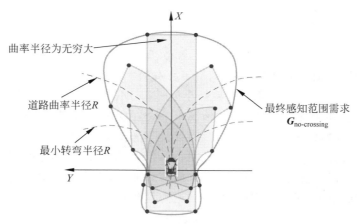

图 10.26　车辆坐标系下非路口场景感知范围场景一般化投影示意

　　根据上述分析可以初步得到结论：对于非路口场景（包含车道跟随和换道），仅需计算出 SL 坐标系下的感知范围需求（即 s_f、s_r、l_w），再通过场景一般化投影得到 XY 坐标系下的最终感知范围需求。要计算出合理的 s_f、s_r、l_w，则需构建非路口场景下的自车和他车运动模型，该内容将在 10.4.2 节做详细论述。

　　对于路口场景其他交通参与者跟自车未来的相互运动关系不像非路口场景那么明确。非路口场景下，其他交通参与者一般都与自车相向或相对行驶，并出现在自车的车道，或相邻车道，或间隔一个车道之外的相邻车道。而路口场景由于路口结构的不同，其他交通参与者与自车的位置关系有极大的不确定性。此时在 Frenet 坐标系下做感知范围求解变得无从下手。因此需要将路口场景直接在 XY 坐标系下进行模型简化。

　　如图 10.27 所示，路口场景下的感知范围是一个三角形，并由图中 $P_4' \sim P_6'$ 三个点表达。其中 d_{ego} 和 d_{obs} 分别为自车和他车距离预期交汇区域的距离，θ 为交叉路口的夹角。当交叉路口为正交的十字路口或丁字路口时，θ 为 $\pi/2$。

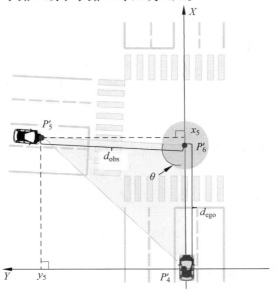

图 10.27　路口通行场景感知范围计算示意

于是,可得到如下结果:

$$P'_4 = (0,0)\ ; \qquad P'_5 = (d_{ego} - d_{obs} \times \cos(\theta)\ , d_{obs} \times \sin(\theta))\ ; \qquad P'_6 = (d_{ego},0)$$

$$(10\text{-}15)$$

由于真实世界中交叉路口多种多样,遍历所有的 θ 将场景一般化,即可得到所有可能的结果。这里对交叉路口夹角的最大值和最小值进行了限制。主要考虑当路口夹角大到一定程度时,则表现为两车相向行驶,正常情况下不会在同车道出现,故不考虑。当交叉路口夹角小到一定程度时,则跟非路口的换道场景比较近似,同样无须重复求解。如图 10.28 所示,将所有情况下的感知区域取并集则可得到路口场景下的最终感知范围需求。同样在数值计算上采用多边形将所有轮廓点包络起来的形式求取,然后在包络多边形每个顶点处平滑过渡,即可得到图中绿色曲线划定的区域,记为集合 $\boldsymbol{G}_{crossing}$。

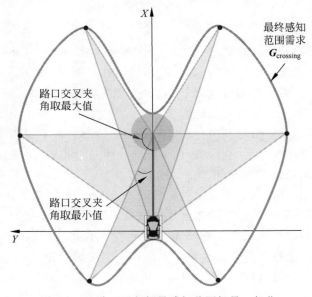

图 10.28　路口通行场景感知范围场景一般化

根据上述分析可以初步得到结论:对于路口通行场景仅需计算出 XY 坐标系下的自车和他车的初始条件,即 d_{ego} 和 d_{obs},再通过场景一般化得到最终感知范围需求。要计算出合理的 d_{ego} 和 d_{obs},需构建路口场景下的自车和他车运动模型,该内容将在 10.4.2 节做详细论述。

综上所述,将行车功能场景最终抽象成非路口场景和路口场景后,再对两者进行建模,通过场景一般化分别计算两类场景下期望的感知范围,将计算输出的两个集合取并集,即 $\boldsymbol{G}_{no\text{-}crossing} \bigcup \boldsymbol{G}_{crossing}$。最终得到的总体感知范围需求如图 10.29 所示。

10.4.2　运动建模

10.4.1 节中对场景进行了抽象,并搭建了场景模型。本节基于场景对自车和他车的运动进行建模。

先看非路口场景情况。非路口场景又分为两个子场景:车道跟随场景和换道场景。

如图 10.30 所示,在车道跟随场景下可以做出如下前提假设。

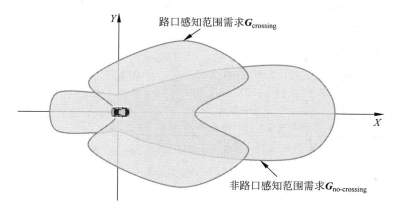

图 10.29 车辆坐标系下总体感知范围需求示意

（1）自车车速为 v_{ego}，他车车速为 v_{obs}。

（2）某一时刻，自车在本车道前方距离 s_f 处，发现低速行驶或静止的他车。

（3）此时自车车速为 v_{ego-0}，他车车速为 v_{obs-0}，假设 $v_{ego-0} > v_{obs-0}$。

（4）为保证行车安全，自车需要制动减速，他车则保持原匀速运动状态不变。

（5）当自车追上他车时，自车车速为 v_{ego-1}，他车车速为 v_{obs-1}，自车车速应当至少不大于他车车速，即 $v_{obs-0} = v_{obs-1} \geqslant v_{ego-1}$，这样才能保证行车安全，即不发生碰撞。

（6）该场景下的工况分析如表 10.10 所示。

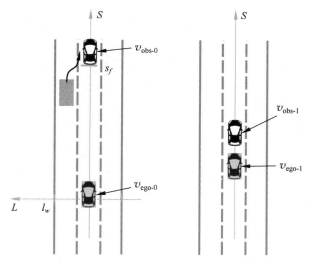

图 10.30 Frenet 坐标系下车道跟随场景示意

表 10.10 车道跟随场景工况分析

项 目	汽 车	摩 托 车	行 人	静态物体（如锥桶）
前方目标速度	0～120km/h	0～100km/h	0～10km/h	0km/h
基础工况	前车缓行，自车与前车速度差为 0～60km/h，正常跟车行驶	前车缓行，自车与前车速度差为 0～60km/h，正常跟车行驶	—	—

续表

项　目	汽　车	摩　托　车	行　人	静态物体（如锥桶）
挑战工况	前车缓行，自车与前车速度差为 60～120km/h，制动保持安全车距	前车缓行，自车与前车速度差为 60～120km/h，制动保持安全车距	自车 0～120km/h，制动安全停车	自车 0～120km/h，制动安全停车
道路情况	结构化道路直道或弯道，标准路面铺装，坡道平缓过渡			

对于表 10.10 所述的基础工况，自车应当采取舒适制动减速，其过程如图 10.31 所示。当自动驾驶系统在前方发现低速运动目标时（汽车或摩托车），在最短的时间内向车辆底盘发送制动指令。在此过程中存在系统时延，车辆在开始减速前有一个匀速运动的过程。因此车道跟随场景中的车辆运动可以抽象成一个简单的追击问题。图中自车和他车阴影部分的面积之差即为在保障安全情况下感知需要探测的距离，即

$$s_f = \int_0^{t_2} (v_{ego} - v_{obs}) \, dt = \frac{1}{2}(t_1 + t_2)(v_{ego\text{-}0} - v_{obs\text{-}0}) \tag{10-16}$$

自车在舒适制动减速过程中，可以假设制动减速度为 $a_{ego\text{-}cmft}$，由此可得

$$t_2 = t_1 + \frac{(v_{obs\text{-}0} - v_{ego\text{-}0})}{a_{ego\text{-}cmft}} \tag{10-17}$$

如图 10.32 所示，上文所述的系统时延一般由三部分组成，以下以视觉感知为例进行说明，其他类型传感器可以类比。

（1）传感器原始数据采集耗时：摄像头感光元件获取像素信息后，经过序列化再通过同轴电缆传输至域控制器，域控制器内解串器对图像完成解串并发送给 SoC。

（2）算法流程耗时：应用层软件拿到原始的传感器数据后，先对其进行预处理，如色彩空间转换、格式转换、Resize、去畸变、投影、拼接等。再经过感知、融合、定位、预测、规划等算法，最终达到控制算法模块得到制动减速控制指令。

（3）执行器响应耗时：域控制器将控制指令通过 CAN 总线向车辆底盘的制动系统控制器发送，制动系统得到指令后通过制动泵建立制动油压，再将油压通过机械结构转换到轮端制动卡钳上，最终使车辆实现减速运动。

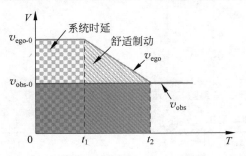

图 10.31　自车舒适制动减速过程

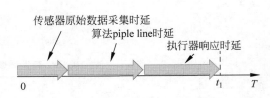

图 10.32　自动驾驶系统时延组成

通过上述过程可以看到，在传感器探测到前方障碍物后，需要经过诸多的工序才能使车辆最终产生减速效果。假设系统整体时延为 $t_{ego\text{-}sys\text{-}latcy}$，则有

$$t_1 = t_{ego\text{-}sys\text{-}latcy} \tag{10-18}$$

联立式(10-16)至式(10-18)可得

$$s_f = t_{\text{ego-sys-latcy}} \times (v_{\text{ego-0}} - v_{\text{obs-0}}) - \frac{1}{2} \frac{(v_{\text{ego-0}} - v_{\text{obs-0}})^2}{a_{\text{ego-cmft}}} \qquad (10\text{-}19)$$

对于基础工况结合经验做如下条件设定：速度差$(v_{\text{ego-0}} - v_{\text{obs-0}})$为60km/h，自车舒适减速度$a_{\text{ego-cmft}}$为$-1.5\text{m/s}^2$，自车系统总体时延$t_{\text{ego-sys-latcy}}$为1s。根据式(10-19)可得此时$s_f$约为109.7m。

对于挑战工况同样做条件设定：速度差$(v_{\text{ego-0}} - v_{\text{obs-0}})$为120km/h，自车舒适减速度$a_{\text{ego-cmft}}$为$-1.5\text{m/s}^2$，自车系统总体时延$t_{\text{ego-sys-latcy}}$为1s。根据式(10-19)可得此时$s_f$约为403m。客观上自动驾驶系统乃至人类都很难感知到前方接近400m处的静止障碍物。重新看假设条件，在挑战工况下自车舒适减速不再满足实际使用要求。对于表10.10中所述挑战工况，自车应当采取紧急制动减速措施，其过程如图10.33所示。

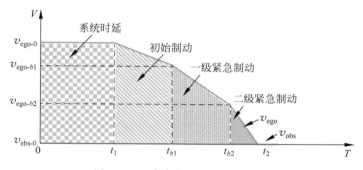

图10.33　自车紧急制动减速过程

自车紧急制动减速过程参考了当前量产的AEB功能制动策略。当自车高速行驶过程中发现前方有极低速或静止目标物，此时两者速度差为60～120km/h，触发紧急制动流程。由于系统的时延，自车在最开始仍然会有一个匀速运动过程。考虑到在高速区间大制动力容易让车辆失控，自车会先进入初始制动阶段，当速度下降到一定程度后再进入紧急制动阶段。紧急制动过程又分为两个级别，即一级和二级。自车速度降低到一个较低的安全车速区间后，在一级制动进一步增加制动力进入二级制动时，让车辆尽快刹停。在挑战工况下增加如下假设。

(1) 初始制动阶段，制动减速度为$a_{\text{ego-init}}$。

(2) 在自车车速降到$v_{\text{ego-b1}}$时开启一级紧急制动，制动减速度为$a_{\text{ego-emgc1}}$。

(3) 在自车车速降到$v_{\text{ego-b2}}$时开始二级紧急制动，制动减速度为$a_{\text{ego-emgc2}}$。

由此可得

$$t_{b1} = t_{\text{ego-sys-latcy}} + \frac{(v_{\text{ego-b1}} - v_{\text{ego-0}})}{a_{\text{ego-init}}} \qquad (10\text{-}20)$$

$$t_{b2} = t_{\text{ego-sys-latcy}} + \frac{(v_{\text{ego-b1}} - v_{\text{ego-0}})}{a_{\text{ego-init}}} + \frac{(v_{\text{ego-b2}} - v_{\text{ego-b1}})}{a_{\text{ego-emgc1}}} \qquad (10\text{-}21)$$

$$t_2 = t_{\text{ego-sys-latcy}} + \frac{(v_{\text{ego-b1}} - v_{\text{ego-0}})}{a_{\text{ego-init}}} + \frac{(v_{\text{ego-b2}} - v_{\text{ego-b1}})}{a_{\text{ego-emgc1}}} + \frac{(v_{\text{obs-0}} - v_{\text{ego-b2}})}{a_{\text{ego-emgc2}}} \qquad (10\text{-}22)$$

$$s_f = \int_0^{t_2} (v_{\text{ego}} - v_{\text{obs}}) \, \mathrm{d}t$$

$$= t_{\text{ego-sys-latcy}} \times (v_{\text{ego-0}} - v_{\text{obs-0}}) + \frac{1}{2}(v_{\text{ego-b1}} + v_{\text{ego-0}} - 2v_{\text{obs-0}}) \times \frac{(v_{\text{ego-b1}} - v_{\text{ego-0}})}{a_{\text{ego-init}}} +$$

$$\frac{1}{2}(v_{\text{ego-b1}} + v_{\text{ego-b2}} - 2v_{\text{obs-0}}) \times \frac{(v_{\text{ego-b2}} - v_{\text{ego-b1}})}{a_{\text{ego-emgc1}}} + \frac{1}{2}(v_{\text{ego-b2}} - v_{\text{obs-0}}) \frac{(v_{\text{obs-0}} - v_{\text{ego-b2}})}{a_{\text{ego-emgc2}}}$$

$$(10\text{-}23)$$

再次对挑战工况做出条件设定：自车初始速度 $v_{\text{ego-0}}$ 为 120km/h，他车初始速度 $v_{\text{obs-0}}$ 为 0km/h，自车系统总体时延 $t_{\text{ego-sys-latcy}}$ 为 1s，自车舒适减速度 $a_{\text{ego-init}}$ 为 -2m/s^2，一级紧急制动开启车速 $v_{\text{ego-b1}}$ 为 80km/h，减速度 $a_{\text{ego-emgc1}}$ 为 -6m/s^2，二级紧急制动开启车速 $v_{\text{ego-b2}}$ 为 50km/h，减速度 $a_{\text{ego-emgc2}}$ 为 -8m/s^2。根据式（10-23）可得此时 s_f 约为 225m。读者可以自行设计初始条件计算其他工况下感知范围的需求，即 s_f 的取值。

在车道跟随场景下除了计算前向感知距离需求范围 s_f，同样可以分析横向感知范围需求 l_w。从图 10.30 所示中可以看到，自车主要关注的区域是本车道前方，从这个角度看 l_w 取值为 0.5 个车道宽度即可。车辆前向远端很可能出现旁侧车道有障碍物切入本车道的情况，此时自车自动驾驶系统需要提前做出预判，并在必要时采取制动措施。因此横向观测范围需要扩展到旁侧至少一条车道，l_w 取值需要不小于 1.5 个车道宽度。我国高速公路标准车道宽度为 3.75m，因此 l_w 取值需要≥5.7m。对于后向感知区域在车道跟随场景下自车无须考虑，因此 s_r 可取值为 0m。综上可得车道跟随场景下 SL 坐标系下的感知范围需求参考值为 $(s_f, s_r, l_w) = (225\text{m}, 0\text{m}, 5.7\text{m})$。

换道场景如图 10.34 所示，可做出如下前提假设。

（1）自车车速为 v_{ego}，他车车速为 v_{obs}

（2）某一时刻，自车准备向左换道，在目标车道后方距离 s_r 处，发现侧后方高速行驶的他车。

（3）此时自车车速为 $v_{\text{ego-0}}$，他车车速为 $v_{\text{obs-0}}$，假设 $v_{\text{ego-0}} < v_{\text{obs-0}}$。

（4）为保证行车安全，自车需要加速换道行驶，他车则保持原运动状态不变。

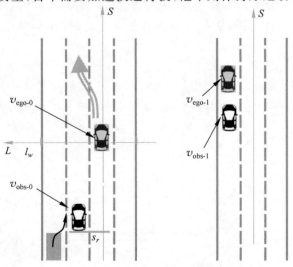

图 10.34　Frenet 坐标系下换道场景示意

（5）当自车完成换道后他车追上自车时，自车车速为 $v_{\text{ego-1}}$，他车车速为 $v_{\text{obs-1}}$，自车车速应当至少不小于他车车速，即 $v_{\text{obs-0}} = v_{\text{obs-1}} \leqslant v_{\text{ego-1}}$，这样才能保证行车安全，即不发生碰撞。

该场景下的工况分析如表 10.11 所示。

表 10.11 换道场景工况分析

工 况	汽 车	摩 托 车
侧后目标速度	0～120km/h	0～100km/h
基础工况	后车快速接近，自车与后车速度差为 0～60km/h，正常加速换道	后车快速接近，自车与后车速度差为 0～60km/h，正常加速换道
挑战工况	后车快速接近，自车与后车速度差为 60～90km/h，让行后再换道	后车快速接近，自车与后车速度差为 60～70km/h，让行后再换道
道路情况	结构化道路直道或弯道，标准路面铺装，坡道平缓过渡	

对于表 10.11 所述基础工况，自车应当采取舒适加速策略，其过程如图 10.35 所示。当自动驾驶系统在目标车道后方发现高速运动目标时（汽车或摩托车），在最短的时间内向车辆底盘发送换道指令。在此过程中存在系统时延，车辆在开始加速前有一个匀速运动的过程。该处的系统时延同样由图 10.32 所示的三部分组成，其中执行器时延为转向系统时延。为保障换道过程的舒适性，换道时同样采用匀速运动，换道完成后自车舒适加速。在加速前还会存在加速时延，该时延主要由动力系统响应时延组成。因此换道场景中的车辆运动同样可以抽象成一个简单的追击问题。图中自车和他车阴影部分的面积之差即为在保障行车安全情况下感知需要探测的后方距离，即

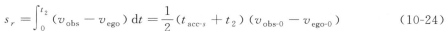

$$s_r = \int_0^{t_2} (v_{\text{obs}} - v_{\text{ego}}) \, \mathrm{d}t = \frac{1}{2}(t_{\text{acc-s}} + t_2)(v_{\text{obs-0}} - v_{\text{ego-0}}) \tag{10-24}$$

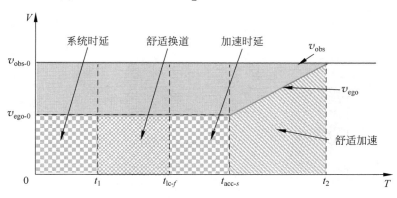

图 10.35 自车舒适换道和加速过程

由于自车是舒适换道和加速过程，可以假设系统整体时延为 $t_{\text{ego-sys-latcy}}$，此处注意区别于车道跟随场景，执行器时延主要为转向系统时延。换道设定时间为 $t_{\text{ego-lc}}$，加速系统时延为 $t_{\text{ego-acc-latcy}}$，舒适加速度为 $a_{\text{ego-cmft}}$，由此可得

$$t_2 = t_{\text{ego-sys-latcy}} + t_{\text{ego-lc}} + t_{\text{ego-acc-latcy}} + \frac{(v_{\text{obs-0}} - v_{\text{ego-0}})}{a_{\text{ego-cmft}}} \tag{10-25}$$

$$s_r = \frac{1}{2}\left[2(t_{\text{ego-sys-latcy}} + t_{\text{ego-lc}} + t_{\text{ego-acc-latcy}}) + \frac{(v_{\text{obs-0}} - v_{\text{ego-0}})}{a_{\text{ego-cmft}}}\right](v_{\text{obs-0}} - v_{\text{ego-0}})$$

$$= \left[t_{\text{ego-sys-latcy}} + t_{\text{ego-lc}} + t_{\text{ego-acc-latcy}} + \frac{1}{2} \frac{(v_{\text{obs-0}} - v_{\text{ego-0}})}{a_{\text{ego-cmft}}} \right] (v_{\text{obs-0}} - v_{\text{ego-0}}) \quad (10\text{-}26)$$

对于基础工况结合经验做如下条件设定：速度差 $(v_{\text{obs-0}} - v_{\text{ego-0}})$ 为 60km/h，自车舒适加速度 $a_{\text{ego-cmft}}$ 为 3m/s^2，自车系统总体时延 $t_{\text{ego-sys-latcy}}$ 为 1s，舒适换道时间 $t_{\text{ego-lc}}$ 为 2s，加速系统时延 $t_{\text{ego-acc-latcy}}$ 为 0.6s。根据式（10-26）可得此时 s_r 约为 106m。对于极限挑战工况速度差 $(v_{\text{obs-0}} - v_{\text{ego-0}})$ 提升至 120km/h，其他条件不变，则可得 s_r 约为 305m。显然 s_r 为 305m 时，不论对人还是对自动驾驶系统的感知能力都是一个极大的挑战。在人类驾驶车辆真实场景中，一旦换道时目标车道后方出现行驶的他车，一般都会采取加速换道的策略，因此有必要对自车运动模型做优化。

如图 10.36 所示，整个过程由四个阶段组成：系统时延自车匀速运动，自车加速舒适换道的匀加速运动，换道完成后再加速前因时延造成的匀加速运动，自车进行有体感的加速过程。此时系统时延阶段的执行器时延为最大值（max）（转向系统时延，动力系统时延），考虑到动力系统时延一般会稍大，因此系统整体时延也会稍大一些。加速换道阶段包含换道时间 $t_{\text{ego-lc}}$ 和加速度变化的时延 $t_{\text{ego-acc-latcy}}$，即动力系统时延。这一过程中采用初始加速度 $a_{\text{ego-init}}$。体感加速阶段则保持较大的加速度 $a_{\text{ego-hard}}$。因此可得

$$t_2 = t_{\text{ego-sys-latcy}} + t_{\text{ego-lc}} + t_{\text{ego-acc-latcy}} + \frac{[v_{\text{obs-0}} - v_{\text{ego-0}} - a_{\text{ego-init}} \times (t_{\text{ego-lc}} + t_{\text{ego-acc-latcy}})]}{a_{\text{ego-hard}}}$$

$$(10\text{-}27)$$

$$s_r = t_{\text{ego-sys-latcy}} \times (v_{\text{obs-0}} - v_{\text{ego-0}}) + \frac{1}{2}(t_{\text{ego-lc}} + t_{\text{ego-acc-latcy}}) \times$$

$$[2v_{\text{obs-0}} - 2v_{\text{ego-0}} - a_{\text{ego-init}} \times (t_{\text{ego-lc}} + t_{\text{ego-acc-latcy}})] +$$

$$\frac{1}{2} \frac{[v_{\text{obs-0}} - v_{\text{ego-0}} - a_{\text{ego-init}} \times (t_{\text{ego-lc}} + t_{\text{ego-acc-latcy}})]^2}{a_{\text{ego-hard}}}$$

$$(10\text{-}28)$$

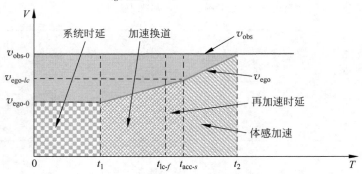

图 10.36 自车加速换道和体感加速过程

再次对基础工况做如下条件设定：速度差 $(v_{\text{obs-0}} - v_{\text{ego-0}})$ 为 60km/h，自车初始加速度 $a_{\text{ego-init}}$ 为 4m/s^2，自车系统总体时延 $t_{\text{ego-sys-latcy}}$ 为 1.2s，舒适换道时间 $t_{\text{ego-lc}}$ 为 2s，加速系统时延 $t_{\text{ego-acc-latcy}}$ 为 0.6s，体感加速度 $a_{\text{ego-hard}}$ 为 6m/s^2。根据式（10-28）可得此时 s_r 约为 53m。对挑战工况速度差 $(v_{\text{obs-0}} - v_{\text{ego-0}})$ 提升至 90km/h，其他条件不变，此时 s_r 约为 99m。读者可以自行设计初始条件计算其他工况下感知范围的需求，即 s_r 的取值。

在换道场景下,除了计算后向感知距离需求范围 s_r,同样可以分析横向感知范围需求 l_w。从图 10.34 中可以看到,自车主要关注的区域是目标车道后方,从这个角度看 l_w 取值为 1.5 个车道宽度即可。但目标车道很可能出现旁侧车道有障碍物切入的情况,该情况下自车自动驾驶系统需要提前做出预判,并在必要时采取加速换道的措施。因此需要扩展到目标车道旁侧至少一条车道,l_w 取值需要不小于 2.5 个车道宽度。我国高速公路标准车道宽度为 3.75m,因此 l_w 取值需要 $\geqslant 9.4$m。对于前向感知区域在换道场景下自车同样需考虑,其计算逻辑与车道跟随场景一致,因此 s_f 可取值为 225m。综上可得,换道场景下 SL 坐标系下的感知范围需求 $(s_f, s_r, l_w) = (225\text{m}, 99\text{m}, 9.4\text{m})$。

至此对于非路口场景的感知范围需求得到了完整的运动模型,在图 10.26 所示的投影过程中对道路的曲率半径做了遍历。不同的道路曲率半径下为保证车辆横向稳定性一般会对车辆行驶速度做约束,如式(10-29)所示。

$$a_{\text{lat}} = \frac{v_{\text{lng}}^2}{R} \leqslant a_{\text{lat-max}} \tag{10-29}$$

其中,a_{lat} 为车辆横向加速度,$a_{\text{lat-max}}$ 为保障车辆平稳行驶的最大横向加速度,v_{lng} 为车辆纵向速度(也就是 v_{ego} 和 v_{obs}),R 为道路曲率半径。

路口通行场景如图 10.37 所示,可做出如下前提假设。

(1)自车车速为 v_{ego},他车车速为 v_{obs}。

(2)某一时刻,自车距离交叉路口 d_{ego} 并准备通行,在路口另一侧距离 d_{obs} 处,观测到同样经过路口的他车。

(3)此时自车车速为 $v_{\text{ego-0}}$,他车车速为 $v_{\text{obs-0}}$。

(4)为保证行车安全,自车需要停车让行或加速通过路口,他车则保持原运动状态不变。

(5)路口通行冲突解除后,自车车速为 $v_{\text{ego-1}}$,他车车速为 $v_{\text{obs-1}}$,自车应当停车让行或加速通行,即 $v_{\text{obs-0}} = v_{\text{obs-1}}$、$v_{\text{ego-1}} = 0$m/s 或 $v_{\text{ego-1}} > v_{\text{ego-0}}$,这样才能保证安全,即不发生碰撞。

(6)该场景下的工况分析如表 10.12 所示。

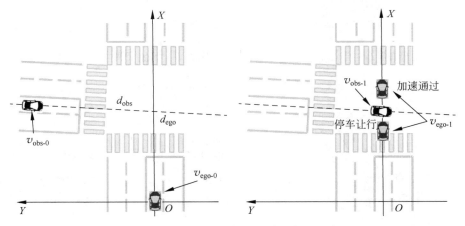

图 10.37 笛卡儿坐标系下路口场景示意

表 10.12　路口通行场景工况分析

工　　况	汽车/摩托车
交叉方向目标速度	0～60km/h
让行工况	交叉方向车由远及近通行，自车与他车有碰撞风险，自车离交汇点时距较大，采取减速停车的让行策略，让他车先行
超车工况	交叉方向车由远及近通行，自车与他车有碰撞风险，自车离交汇点时距较小，采取加速通行的超车策略，自车先行
道路情况	结构化道路交叉路口，标准路面铺设，坡道平缓过渡

对于表 10.2 所示的让行工况，自车应当采取舒适减速让行的策略，其过程如图 10.38 所示。当自动驾驶系统在目标交叉口发现高速穿行的目标时（汽车或摩托车），在最短的时间内向车辆底盘发送制动指令。但在此过程中存在系统时延，车辆在开始减速前有一个匀速运动的过程。该处的系统时延同样由图 10.32 中所示的三部分组成。

分别计算自车和他车在此过程中行驶的位移 d_{ego} 和 d_{obs}：

$$\begin{cases} d_{ego} = \int_0^{t_2} v_{ego} dt = \dfrac{1}{2}(t_1 + t_2) \times v_{ego\text{-}0} \\[2mm] d_{obs} = \int_0^{t_2} v_{obs} dt = t_2 \times v_{obs\text{-}0} \end{cases} \tag{10-30}$$

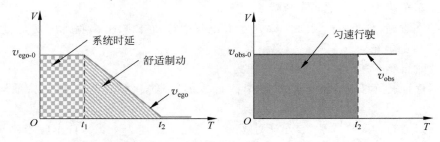

图 10.38　路口场景自车减速让行和他车匀速行驶过程

为使路口让行场景在正常情况下尽可能避免触发 AEB，定义自车为舒适制动减速过程。可以假设制动减速度为 $a_{ego\text{-}cmft}$，由此可得

$$t_2 = t_1 + \dfrac{-v_{ego\text{-}0}}{a_{ego\text{-}cmft}} \tag{10-31}$$

其中，t_1 为系统整体时延 $t_{ego\text{-}sys\text{-}latcy}$，如式（10-18）所示。因此可得

$$\begin{cases} d_{ego} = \dfrac{1}{2}\left(2t_{ego\text{-}sys\text{-}latcy} - \dfrac{v_{ego\text{-}0}}{a_{ego\text{-}cmft}}\right) v_{ego\text{-}0} \\[3mm] d_{obs} = \left(t_{ego\text{-}sys\text{-}latcy} - \dfrac{v_{ego\text{-}0}}{a_{ego\text{-}cmft}}\right) v_{obs\text{-}0} \end{cases} \tag{10-32}$$

为取得 d_{ego} 和 d_{obs} 的边界值，对于让行工况结合经验做如下条件设定：根据一般路口预减速通行策略自车速度 $v_{ego\text{-}0}$ 设定为 40km/h 和他车速度 $v_{obs\text{-}0}$ 为 60km/h，自车让行时减速度 $a_{ego\text{-}cmft}$ 为 $-2m/s^2$，自车系统总体时延 $t_{ego\text{-}sys\text{-}latcy}$ 为 1s。根据式（10-32）可得此时 d_{ego} 约为 42m，d_{obs} 约为 109m。

对于表 10.11 所示的超车工况，自车应当采取舒适加速通行的策略，其过程如图 10.39 所示。当自动驾驶系统在目标交叉口发现穿行目标时，第一时间判断出来得及时加速通过路口。于是在整个过程中自车由系统时延、舒适加速、匀速行驶三部分组成。当自车通过自车和他车行驶路线交叉点后,他车仍需一小段时间才能到达。该处的系统时延同样由图 10.32 所示的三部分组成,其中执行器时延为动力系统时延。因此可得

$$\begin{cases} d_{\text{ego}} = \int_0^{t_2} v_{\text{ego}} \mathrm{d}t = \frac{1}{2}(2t_2 - t_1 - t_{\text{acc-}f})v_{\text{ego-max}} \\ d_{\text{obs}} = \int_0^{t_3} v_{\text{obs}} \mathrm{d}t = t_3 \times v_{\text{obs-0}} \end{cases} \tag{10-33}$$

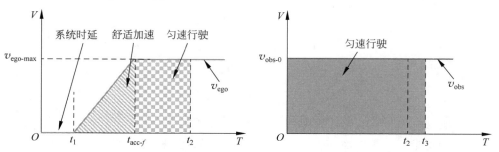

图 10.39 路口场景中自车加速通过和他车匀速行驶过程

自车加速通过路口过程中,自车从静止开始舒适加速,可以假设加速度为 $a_{\text{ego-cmft}}$。t_1 为加速前系统整体时延 $t_{\text{ego-sys-latcy}}$。静止一般是在进入路口前等待,可以设定路口总宽度为 d_{cross},即为 d_{ego}。自车路口通行的最高车速则为 $v_{\text{ego-max}}$。为保障安全,设定自车通过交叉点后他车经过时间 t_{later} 再到达。由此可得

$$t_{\text{acc-}f} = t_{\text{ego-sys-latcy}} + \frac{v_{\text{ego-max}}}{a_{\text{ego-cmft}}} \tag{10-34}$$

$$t_2 = t_{\text{acc-}f} + \frac{d_{\text{cross}} - \frac{1}{2}v_{\text{ego-max}} \times \frac{v_{\text{ego-max}}}{a_{\text{ego-cmft}}}}{v_{\text{ego-max}}} \tag{10-35}$$

$$d_{\text{obs}} = v_{\text{obs-0}}t_3 = v_{\text{obs-0}} \times (t_2 + t_{\text{later}}) \tag{10-36}$$

为取得 d_{ego} 和 d_{obs} 的边界值,结合经验对于超车工况做如下条件设定:根据一般路口通行策略自车最高速度 $v_{\text{ego-max}}$ 设定为 40km/h 和他车速度 $v_{\text{obs-0}}$ 为 60km/h,自车让行时加速度 $a_{\text{ego-cmft}}$ 为 3m/s^2,自车系统总体时延 $t_{\text{ego-sys-latcy}}$ 为 1.2s,路口总宽度 d_{cross} 设定为 80m,他车晚到时间 t_{later} 为 1.5s。根据式(10-33)可得此时 d_{ego} 为 40m,d_{obs} 约为 137m。

综合上述两节介绍的场景模型和运动模型,为保障车辆平稳行驶将式(10-29)中 $a_{\text{lat-max}}$ 设定为 2m/s^2,最终可以得到大致的感知范围需求如图 10.40 所示。

注意,本节中计算的数据仅为参考值,场景的应对逻辑不同计算结果会有差异,使用时应当结合实际产品需要覆盖的工况调整模型和相关条件参数,举一反三灵活应用。

10.4.3 检测能力建模

有了感知范围需求后,需要根据需求对传感器关键参数进行选型,首当其冲的是检测距离,先以图像为例展开分析。

当人们对一张图像中的信息做识别时,往往图像越清晰其中的内容越容易识别准确。

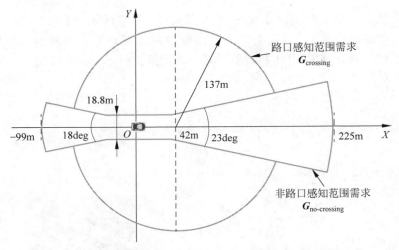

图 10.40 场景建模和运动建模后计算的感知范围需求

图像中物体的清晰程度跟图像中表达物体的像素数量息息相关。如图 10.41 所示,使用不同的像素数量表达同一辆车。三张图的尺寸完全一致,但像素数量从左至右逐步减少。图 10.41(a)能够清晰地分辨出图像中是一辆车,图 10.41(b)也能够看到车的大致轮廓,图 10.41(c)看起来更像是一个卡通头像。感知算法对图像中物体的识别同样如此。

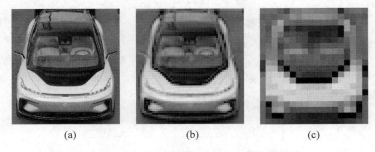

(a)　　　　　　　　(b)　　　　　　　　(c)

图 10.41 不同的像素数量对同一个实景的表达

对于一个给定的摄像头,其分辨率是固定的,即像素总数量是固定的。在距离摄像头不同的距离上采集的图像,随着距离的增加,图像中每个像素能够表达的空间曲面面积逐渐增大。因此距离摄像头越远,表达同一物体的像素数量也会随之减少。如图 10.42 所示,在理想的针孔成像模型中无畸变影响,摄像头的水平视场角 HFOV(XY 平面)和垂向视场角 VFOV(YZ 平面)限定了一个四棱光锥空间。光锥截面上的信息通过四棱光锥中的直射光线投影到成像平面。在相机坐标系中的 Z 轴方向上,由近及远获取三个光锥截面,把成像平面上的每个像素点投影到光锥截面上。由于像素总数量是一样的,而不同光锥截面的面积不同,因此在不同的光锥截面上像素密度会有差异。注意,由于光锥截面上每个点与摄像头光心距离相等,因此光锥截面是一个以光心为球心的球面。从图上我们也看出随着距离的增长,像素从稠密到稀疏的变化过程。对于相同尺寸的车,在 d_1 和 d_2 距离处截取的图像相对比较清晰,而在距离 d_3 处截取的图像比较模糊,只有大致轮廓,已无纹理信息。

在推导摄像头参数和检测距离之间的关系前,先对"像素密度[①]"做定义。在光锥截面

---

① $\rho_{\text{pixel-D-rectangle}}$ 参见式(10-37)。

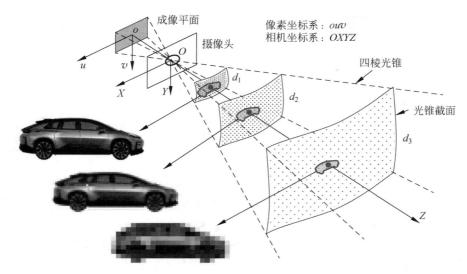

图 10.42 不同距离下从光锥截面中截取的车辆图像

中,像素密度是指单位空间曲面面积在图像上成像后得到的像素数量。因此表达空间曲面信息的像素密度随着距离的增加将逐渐下降。成像平面上的像素密度则如字面意义,即成像平面上单位面积的像素数量。

由于小孔是圆形,通过小孔成像原理可知,在成像平面可以得到一个圆形的成像。但感光传感器一般为矩形,实际上损失掉了一部分成像。在求取光锥截面上的像素分布密度时,为方便对球表面做积分,对光锥截面上的像素密度可以采用等效法计算。

如图 10.43 所示,成像矩形外接圆区域即为等效成像区域,该区域对应的光锥不再是四棱锥而是圆锥,在距离 D 处的光锥截面比原有的截面更大,其边界为完整的圆形。当外接圆等效成像面的像素密度和矩形成像面的像素密度相等时,两者在距离相机相同位置 D 处的光锥截面上投影的像素密度也相等。于是有

$$\begin{cases} \rho_{\text{pixel-image}} = \rho_{\text{pixel-image-rectangle}} = \rho_{\text{pixel-image-circle}} \\ \rho_{\text{pixel-}D} = \rho_{\text{pixel-}D\text{-rectangle}} = \rho_{\text{pixel-}D\text{-circle}} \end{cases} \tag{10-37}$$

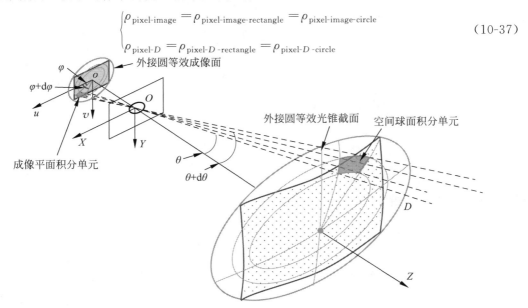

图 10.43 图像等效外接圆成像面及其光锥截面示意

图中空间球面积分单元 dS_D 中的信息投影到成像面后都落在成像平面积分单元 dS_{image} 中,因此有

$$\rho_{\text{pixel-}D\text{-circle}} = \frac{\rho_{\text{pixel-image}} \times dS_{\text{image}}}{dS_D} \tag{10-38}$$

由空间球面积分公式可得

$$dS_D = D \times d\theta \times D \times \sin\theta \times d\varphi, \quad \theta \in \left[0, \frac{\pi}{2}\right], \quad \varphi \in [0, 2\pi] \tag{10-39}$$

由平面圆环积分公式可得

$$dS_{\text{image}} = dr \times r \times d\varphi, \quad \varphi \in [0, 2\pi] \tag{10-40}$$

其中,r 为镜头出射光线在像平面投影点距离主点的距离,θ 为镜头入射光线与 Z 轴的夹角,φ 为投影点和主点连线与 u 轴的夹角。图 10.44 所示为常见的摄像头投影模型,通过入射角 θ 和焦距 f 得到 r。例如,鱼眼摄像头常用等距投影模型,针孔摄像头则使用线性投影模型。读者可以根据工程项目中所用的摄像头类型尝试不同的投影模型进行计算。

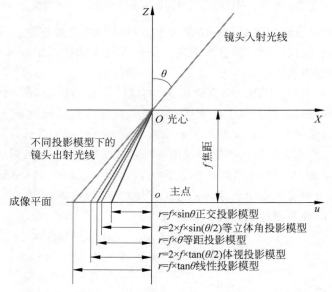

图 10.44　不同的摄像头投影模型

此处选择线性投影模型做计算,因此有

$$r = f \times \tan\theta, \quad \theta \in \left[0, \frac{\pi}{2}\right] \tag{10-41}$$

$$dr = f \times (\cos\theta)^{-2} \times d\theta, \quad \theta \in \left[0, \frac{\pi}{2}\right] \tag{10-42}$$

其中,f 为摄像头焦距。联立式(10-38)至式(10-43)可得

$$\rho_{\text{pixel-}D\text{-circle}} = \frac{\rho_{\text{pixel-image}} \times f \times (\cos\theta)^{-2} \times d\theta \times f \times \tan\theta \times d\varphi}{D \times d\theta \times D \times \sin\theta \times d\varphi}$$

$$= \rho_{\text{pixel-image}} \times f^2 \times D^{-2} \times (\cos\theta)^{-3}, \quad \theta \in \left[0, \frac{\pi}{2}\right], \quad \varphi \in [0, 2\pi] \tag{10-43}$$

设定摄像头分辨率为 $N_{\text{pixel-}l} \times N_{\text{pixel-}w}$（如 1024×768），即矩形成像面上 u 轴和 v 轴的像素数量，摄像头的水平视场角为 θ_{hfov}（XZ 平面），垂向视场角为 θ_{vfov}（YZ 平面），如图 10.45 所示，则有

$$S_{\text{image}} = 2f \times \sin\alpha \times 2 \times f \times \sin\beta = 4f^2 \times \sin\frac{\theta_{\text{vfov}}}{2} \times \sin\frac{\theta_{\text{hfov}}}{2} \tag{10-44}$$

因此可得成像平面像素密度为

$$\rho_{\text{pixel-image-rectangle}} = \frac{N_{\text{pixel-}l} \times N_{\text{pixel-}w}}{S_{\text{image}}} = \frac{N_{\text{pixel-}l} \times N_{\text{pixel-}w}}{4f^2 \times \sin\dfrac{\theta_{\text{vfov}}}{2} \times \sin\dfrac{\theta_{\text{hfov}}}{2}} \tag{10-45}$$

联立式(10-37)、式(10-43)和式(10-45)可得

$$\rho_{\text{pixel-}D\text{-circle}} = \frac{N_{\text{pixel-}l} \times N_{\text{pixel-}w}}{4\sin\dfrac{\theta_{\text{vfov}}}{2} \times \sin\dfrac{\theta_{\text{hfov}}}{2}} \times D^{-2} \times (\cos\theta)^{-3}, \quad \theta \in [0, \gamma] \tag{10-46}$$

$$D = \sqrt{\frac{N_{\text{pixel-}l} \times N_{\text{pixel-}w}}{\sqrt{4\rho_{\text{pixel-}D\text{-circle}} \times \sin\dfrac{\theta_{\text{vfov}}}{2} \times \sin\dfrac{\theta_{\text{hfov}}}{2} \times (\cos\theta)^3}}}, \quad \theta \in [0, \gamma] \tag{10-47}$$

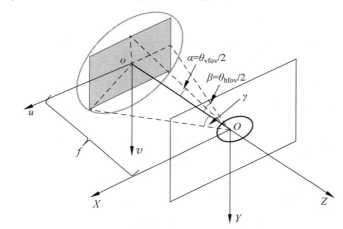

图 10.45　摄像头 FOV 和焦距之间的关系示意

从式(10-46)可以看出，在理想的针孔摄像头模型下，D 越大，Z 轴轴向距离越远，像素密度越小，相同距离下 θ 越大，Z 轴径向距离越远，像素密度越大。注意，由于摄像头成像平面的限制，此时 θ 的取值范围缩小为 0～γ。γ 与摄像头 FOV 的关系为

$$\gamma = \tan^{-1}\sqrt{(\tan\alpha)^2 + (\tan\beta)^2} = \tan^{-1}\sqrt{\left(\tan\frac{\theta_{\text{vfov}}}{2}\right)^2 + \left(\tan\frac{\theta_{\text{hfov}}}{2}\right)^2} \tag{10-48}$$

前文分析到视觉感知算法对图像的要求和人眼一样，在有足够的像素数量表达其轮廓和纹理的情况下才能对物体做准确的识别。假设算法对投影到物体上的像素密度要求是 ρ_{pixel}，从式(10-47)中可以推断 ρ_{pixel} 越小，可检测距离 D 越大。以车辆检测为例，在工程上可以通过统计的方式在评测集中找到算法指标的边界。例如，收集分类概率在某个值附近的所有数据，根据指标边界抓出这类数据中车辆像素分布和车辆的真实尺寸，统计这些数据中车辆在图像中所占的像素密度，如均值和均方根值。当然也可根据经验对二维图像中

车辆的长高或者宽高设定可稳定检出的像素数量。如图 10.46 所示,车辆的长度为 L_{car},高度为 H_{car},设定对能稳定识别的侧面朝摄像头的车辆长边最少像素数量 $N_{pixel\text{-}car\text{-}L}$ 和高边像素数量 $N_{pixel\text{-}car\text{-}W}$。可得

$$
\begin{cases}
AVG(\rho_{pixel\text{-}car}) = \dfrac{\sum\limits_{i=1}^{n}\left(\dfrac{N_{pixel\text{-}car\text{-}L,i} \times N_{pixel\text{-}car\text{-}W,i}}{L_{car,i} \times H_{car,i}}\right)}{n} \\[4mm]
RMS(\rho_{pixel\text{-}car}) = \sqrt{\dfrac{\sum\limits_{i=1}^{n}\left(\dfrac{N_{pixel\text{-}car\text{-}L,i} \times N_{pixel\text{-}car\text{-}W,i}}{L_{car,i} \times H_{car,i}}\right)^2}{n}} \\[4mm]
\rho_{pixel\text{-}car} = \dfrac{N_{pixel\text{-}car\text{-}L} \times N_{pixel\text{-}car\text{-}W}}{L_{car} \times H_{car}}
\end{cases}
\tag{10-49}
$$

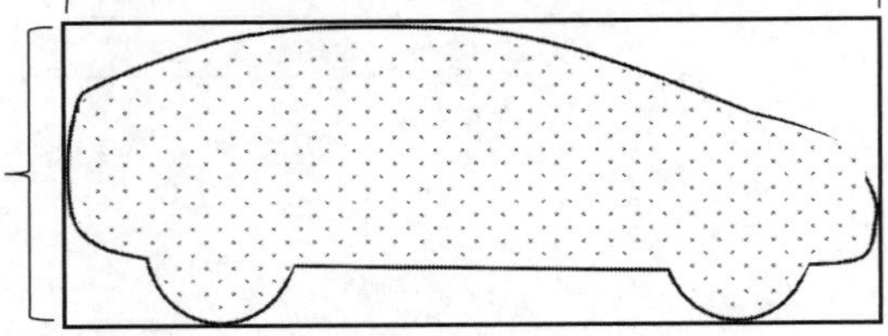

图 10.46　车辆检测的像素密度

在式(10-49)中采用了三种针对车辆检测的像素密度需求计算方法,包括均值、均方根值以及经验值。其中 n 为获取到的样本数量。由于车辆轮廓不规则,故将车辆横截面简化成矩形处理。

联立式(10-47)和式(10-49),可得横向面对摄像头的车辆能够稳定检测的距离为

$$
\begin{cases}
D_{AVG\text{-}\rho} = \sqrt{\dfrac{N_{pixel\text{-}l} \times N_{pixel\text{-}w}}{4 \times \dfrac{\sum\limits_{i=1}^{n}\left(\dfrac{N_{pixel\text{-}car\text{-}L,i} \times N_{pixel\text{-}car\text{-}W,i}}{L_{car,i} \times H_{car,i}}\right)}{n} \times \sin\dfrac{\theta_{vfov}}{2} \times \sin\dfrac{\theta_{hfov}}{2} \times (\cos\theta)^3}} \\[8mm]
D_{RMS\text{-}\rho} = \sqrt{\dfrac{N_{pixel\text{-}l} \times N_{pixel\text{-}w}}{4 \times \sqrt{\dfrac{\sum\limits_{i=1}^{n}\left(\dfrac{N_{pixel\text{-}car\text{-}L,i} \times N_{pixel\text{-}car\text{-}W,i}}{L_{car,i} \times H_{car,i}}\right)^2}{n}} \times \sin\dfrac{\theta_{vfov}}{2} \times \sin\dfrac{\theta_{hfov}}{2} \times (\cos\theta)^3}} \\[8mm]
D_{\rho} = \sqrt{\dfrac{N_{pixel\text{-}l} \times N_{pixel\text{-}w}}{4 \times \dfrac{N_{pixel\text{-}car\text{-}L} \times N_{pixel\text{-}car\text{-}W}}{L_{car} \times H_{car}} \times \sin\dfrac{\theta_{vfov}}{2} \times \sin\dfrac{\theta_{hfov}}{2} \times (\cos\theta)^3}}
\end{cases}
,
$$
$$
\theta \in [0,\gamma]
\tag{10-50}
$$

接下来举例说明计算过程。预先做如下条件设定:目标车辆长 L_{car} 为 5.3m,高 H_{car} 为 1.6m,稳定识别的长边像素数量 $N_{pixel\text{-}car\text{-}L}$ 为 65pixel,高边 $N_{pixel\text{-}car\text{-}W}$ 为 20pixel。这里省略样本统计和均值/均方根值的过程,使用式(10-49)的第三种方法——经验值法,直接计

算可得对于图像中车辆侧面的检测算法需要的像素密度 $\rho_{\text{pixel-car}}$ 约为 153.3pixel/m^2。

对摄像头做如下条件设定：像素数量为 1920×1080，HFOV 为 60deg，HFOV 为 34deg。根据式(10-47)可得该摄像头对图像中车辆侧面的最远检测距离：在 θ 等于 0 处，即图像中心，约为 152m；在 θ 等于 γ 处，即图像角落，约为 198.6m。

除了对车辆检测距离，建议读者根据实际工程项目对其他目标物和摄像头做合理的条件设定，用同样的方法计算摄像头对其他目标物的检测距离边界。

前面的建模都是以理想摄像头投影模型为前提，但实际工程项目中使用的摄像头由于镜头加工工艺的原因图像会有畸变。如图 10.47 所示，一般有两种畸变类型：桶形畸变和枕形畸变。畸变产生的后果是镜头入射光线的光路和出射光线的光路不再满足设计的摄像头投影模型。镜头出射光线的传播角度因畸变产生变化，进而导致真实世界的信息投影到像平面的位置不再准确。不同的理想投影模型往往也会采用不同的畸变模型来拟合。对于鱼眼摄像头常用 Kannala-Brandt 畸变模型拟合，仅考虑径向畸变。对于针孔摄像头则使用 Radtan 畸变模型拟合，同时包含径向畸变和切向畸变。

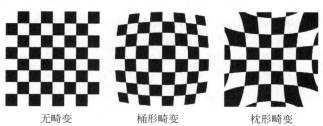

无畸变　　　　　　　桶形畸变　　　　　　　枕形畸变

图 10.47　不同的图像畸变类型

如图 10.48 所示，在摄像头归一化平面中(将三维空间点的坐标都除以深度 Z，则所有空间点坐标都转到了摄像头前单位距离 $z=1$ 处，这个平面就叫归一化平面)，此时使用 Radtan 畸变模型，径向离平面中心越远畸变越严重，其畸变公式为

$$\begin{cases} x_{\text{distortion}} = u \times (1 + k_1 \times r^2 + k_2 \times r^4 + k_3 \times r^6) \\ y_{\text{distortion}} = v \times (1 + k_1 \times r^2 + k_2 \times r^4 + k_3 \times r^6) \\ r^2 = x^2 + y^2 \end{cases} \tag{10-51}$$

其中，(x,y) 为归一化平面中理想投影点坐标，$(x_{\text{distortion}}, y_{\text{distortion}})$ 为畸变后投影点坐标，r 为理想投影模型得到的投影点到中心的距离，k_1、k_2、k_3 为径向畸变参数，可以通过内参标定获得或通过摄像头供应商提供的畸变表拟合获得。

切向畸变公式为

$$\begin{cases} x_{\text{distortion}} = x + [2 \times p_1 \times x \times y + p_2 \times (r^2 + 2 \times x^2)] \\ y_{\text{distortion}} = y + [2 \times p_2 \times x \times y + p_1 \times (r^2 + 2 \times y^2)] \\ r^2 = x^2 + y^2 \end{cases} \tag{10-52}$$

其中，p_1、p_2 为切向畸变参数，可以通过内参标定获得。

假设 $r_{\text{distortion}}$ 为经过径向畸变后投影点到主点的距离，由式(10-51)可得

$$r_{\text{distortion}} = \sqrt{x_{\text{distortion}}^2 + y_{\text{distortion}}^2} = r \times (1 + k_1 \times r^2 + k_2 \times r^4 + k_3 \times r^6) \tag{10-53}$$

与式(10-41)联立可得

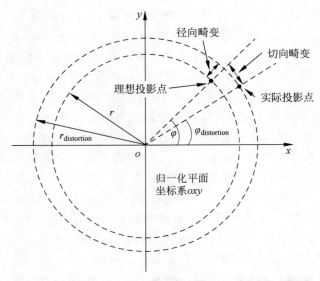

图 10.48 Radtan 畸变模型描述的径向畸变和切向畸变

$$
\begin{aligned}
r_{\text{distortion}} &= F_{r\text{-distortion}}(\theta) \\
&= f \times \tan\theta \times [1 + k_1 \times (f \times \tan\theta)^2 + k_2 \times (f \times \tan\theta)^4 + k_3 \times (f \times \tan\theta)^6] \\
&= f \times \tan\theta + k_1 \times f^3 \times (\tan\theta)^3 + k_2 \times f^5 \times (\tan\theta)^5 + k_3 \times f^7 \times (\tan\theta)^7
\end{aligned}
$$
(10-54)

$$
\begin{aligned}
\mathrm{d}r_{\text{distortion}} &= F'_{r\text{-distortion}}(\theta) \times \mathrm{d}\theta \\
&= f \times (\cos\theta)^{-2} \times [1 + 3 \times k_1 \times f^2 \times (\tan\theta)^2 + 5 \times k_2 \times f^4 \times \\
&\quad (\tan\theta)^4 + 7 \times k_3 \times f^6 \times (\tan\theta)^6] \times \mathrm{d}\theta
\end{aligned}
$$
(10-55)

假设 φ 为理想投影点在成像平面的方位角，$\varphi_{\text{distortion}}$ 为经过切向畸变后的方位角，由式（10-52）可得

$$
\varphi_{\text{distortion}} = \tan^{-1}\frac{v_{\text{distortion}}}{u_{\text{distortion}}} = \tan^{-1}\frac{y + [2 \times p_2 \times x \times y + p_1 \times (r^2 + 2 \times y^2)]}{x + [2 \times p_1 \times x \times y + p_2 \times (r^2 + 2 \times x^2)]}
$$
(10-56)

又由式（10-41）可得

$$
\begin{cases}
x = r \times \cos\varphi = f \times \tan\theta \times \cos\varphi \\
y = r \times \sin\varphi = f \times \tan\theta \times \sin\varphi
\end{cases}
$$
(10-57)

联立式（10-56）和式（10-57）可得

$$
\begin{aligned}
\varphi_{\text{distortion}} &= F_{\varphi\text{-distortion}}(\theta, \varphi) \\
&= \tan^{-1}\left[\frac{\dfrac{1}{f \times \tan\theta} \times \dfrac{\tan\varphi}{\cos\varphi} + 2 \times p_2 \times \tan\varphi + p_1 + 3 \times p_1 \times (\tan\varphi)^2}{\dfrac{1}{f \times \tan\theta} \times \dfrac{1}{\cos\varphi} + 2 \times p_1 \times \tan\varphi + p_2 \times (\tan\varphi)^2 + 3 \times p_2}\right]
\end{aligned}
$$
(10-58)

$$
\mathrm{d}\varphi_{\text{distortion}} = \frac{\partial F_{\varphi\text{-distortion}}(\theta, \varphi)}{\partial \theta} \times \mathrm{d}\theta + \frac{\partial F_{\varphi\text{-distortion}}(\theta, \varphi)}{\partial \varphi} \times \mathrm{d}\varphi
$$
(10-59)

在考虑畸变的情况下,式(10-40)可转换为

$$dS_{\text{image-distortion}} = dr_{\text{distortion}} \times r_{\text{distortion}} \times d\varphi_{\text{distortion}}$$

$$= F'_{r\text{-distortion}}(\theta) \times d\theta \times F_{r\text{-distortion}}(\theta) \times$$

$$\left[\frac{\partial F_{\varphi\text{-distortion}}(\theta,\varphi)}{\partial \theta} \times d\theta + \frac{\partial F_{\varphi\text{-distortion}}(\theta,\varphi)}{\partial \varphi} \times d\varphi \right] \quad (10\text{-}60)$$

联立式(10-37)、式(10-38)和式(10-60)可得

$$\rho_{\text{pixel-}D\text{-circle-distortion}} = \frac{\rho_{\text{pixel-image}} \times dS_{\text{image-distortion}}}{dS_D}$$

$$= \frac{\rho_{\text{pixel-image}} F'_{r\text{-distortion}}(\theta) F_{r\text{-distortion}}(\theta) \left[\dfrac{\partial F_{\varphi\text{-distortion}}(\theta,\varphi)}{\partial \theta} d\theta + \dfrac{\partial F_{\varphi\text{-distortion}}(\theta,\varphi)}{\partial \varphi} d\varphi \right]}{D^2 \sin\theta d\varphi}$$

$$(10\text{-}61)$$

$$D = \sqrt{\frac{\rho_{\text{pixel-image}} F'_{r\text{-distortion}}(\theta) F_{r\text{-distortion}}(\theta) \left[\dfrac{\partial F_{\varphi\text{-distortion}}(\theta,\varphi)}{\partial \theta} d\theta + \dfrac{\partial F_{\varphi\text{-distortion}}(\theta,\varphi)}{\partial \varphi} d\varphi \right]}{\rho_{\text{pixel-}D\text{-circle-distortion}} \sin\theta d\varphi}}$$

$$(10\text{-}62)$$

从式(10-62)中可以看到,在考虑畸变的情况下,对于像素密度和检测距离的计算变得非常复杂。在实际工程项目中的摄像头选型阶段,供应商除了提供样品,同时还会测定不同角度下摄像头入射光线角度和出射光线角度之间的关系,即畸变表。根据畸变表直接计算不同距离下目标物体的像素密度能得到更加准确的结果。因此可以用查表的方式代替式(10-41),后续推导过程近似式(10-42)~式(10-47),此处不详述。

对于激光雷达,可将激光点云类比于像素点的分布,同样只有点云达到一定分布密度才能对目标物做准确的识别。但由于激光点云没有到二维平面投影的过程,其计算方式有较大区别。如图 10.49 所示,将图 10.46 映射到激光雷达的视场内,分析激光雷达检测距离计算模型。

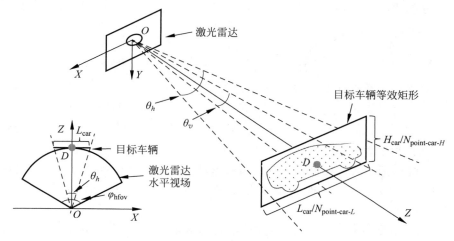

图 10.49　激光雷达目标检测示意

车辆长度 L_{car} 和高度 H_{car}，车辆中心离激光雷达距离为 D，激光雷达的水平视场角为 φ_{hfov}（XZ 平面），垂向视场角为 φ_{vfov}（YZ 平面），分辨率为 $\Delta\varphi_{\mathrm{hfov}}\times\Delta\varphi_{\mathrm{vfov}}$。假设对能稳定识别的侧面朝激光雷达的车辆长边最少点云数量需求为 $N_{\mathrm{point\text{-}car\text{-}L\text{-}req}}$ 和高边最少点云数量需求为 $N_{\mathrm{point\text{-}car\text{-}H\text{-}req}}$。因此只需要确定从车辆身上返回的点云数量满足该条件即可，即

$$N_{\mathrm{point\text{-}car\text{-}L\text{-}req}}\leqslant\frac{\theta_h}{\Delta\varphi_{\mathrm{hfov}}}=\frac{2\tan^{-1}\left(\dfrac{L_{\mathrm{car}}}{2D}\right)}{\Delta\varphi_{\mathrm{hfov}}} \tag{10-63}$$

且

$$N_{\mathrm{point\text{-}car\text{-}H\text{-}req}}\leqslant\frac{\theta_v}{\Delta\varphi_{\mathrm{vfov}}}=\frac{2\times\tan^{-1}\left(\dfrac{H_{\mathrm{car}}}{2\times D}\right)}{\Delta\varphi_{\mathrm{vfov}}} \tag{10-64}$$

因此有

$$D\leqslant\frac{L_{\mathrm{car}}}{2\times\tan\left(\dfrac{N_{\mathrm{point\text{-}car\text{-}L\text{-}req}}\times\Delta\varphi_{\mathrm{hfov}}}{2}\right)} \tag{10-65}$$

且

$$D\leqslant\frac{H_{\mathrm{car}}}{2\times\tan\left(\dfrac{N_{\mathrm{point\text{-}car\text{-}H\text{-}req}}\times\Delta\varphi_{\mathrm{vfov}}}{2}\right)} \tag{10-66}$$

除此之外，也可以同图像的描述方式类似，用点云密度表示

$$\rho_{\mathrm{point\text{-}D\text{-}req}}=\frac{N_{\mathrm{point\text{-}car\text{-}L\text{-}req}}\times N_{\mathrm{point\text{-}car\text{-}H\text{-}req}}}{L_{\mathrm{car}}\times H_{\mathrm{car}}} \tag{10-67}$$

实际情况下的点云密度为

$$\rho_{\mathrm{point\text{-}D\text{-}act}}=\frac{\dfrac{\theta_h}{\Delta\varphi_{\mathrm{hfov}}}\times\dfrac{\theta_v}{\Delta\varphi_{\mathrm{vfov}}}}{L_{\mathrm{car}}\times H_{\mathrm{car}}}=\frac{4\times\tan^{-1}\left(\dfrac{L_{\mathrm{car}}}{2\times D}\right)\times\tan^{-1}\left(\dfrac{H_{\mathrm{car}}}{2\times D}\right)}{L_{\mathrm{car}}\times H_{\mathrm{car}}\times\Delta\varphi_{\mathrm{hfov}}\times\Delta\varphi_{\mathrm{vfov}}} \tag{10-68}$$

这里对光锥横截面面积做了矩形近似处理，并未计算球表面积。为保证算法能稳定地检测车辆，需保障 $\rho_{\mathrm{point\text{-}D\text{-}act}}$ 不小于 $\rho_{\mathrm{point\text{-}D\text{-}req}}$。于是有

$$\tan^{-1}\left(\frac{L_{\mathrm{car}}}{2D}\right)\tan^{-1}\left(\frac{H_{\mathrm{car}}}{2D}\right)\geqslant\frac{1}{4}N_{\mathrm{point\text{-}car\text{-}L\text{-}req}}N_{\mathrm{point\text{-}car\text{-}H\text{-}req}}\Delta\varphi_{\mathrm{hfov}}\Delta\varphi_{\mathrm{vfov}} \tag{10-69}$$

在数值计算中采用迭代的方法可得到 D 的最大值。

超声波雷达和毫米波雷达在传统 ADAS 功能领域应用时间长，硬件中集成了感知算法，目前是标准货架产品。但由于采用了较早期基于传统规则的算法，其性能较低。超声波雷达一般在低速下使用，前向和后向探头探测距离最远为 $2.5\sim3\mathrm{m}$，侧向探测距离为 $4.5\sim5\mathrm{m}$。传统的毫米波雷达最远探测距离可超过 $200\mathrm{m}$，但角分辨率很低。在自动驾驶系统方案中往往作为功能冗余或性能补充使用，不体现系统整体的性能边界，此处不详细展开论述。

根据本节的检测距离建模，可以将传感器关键参数（分辨率和视场角）跟前面分析的感知范围需求关联起来。当检测距离不满足感知范围需求时，则调整对应的传感器参数。例如前视摄像头水平视场角 HFOV 为 $60°$，分辨率为 1920×1080，经计算对车辆的前向检测

距离约为 152m,无法满足前向 225m 的感知范围需求。此时可以通过缩小 HFOV 或提高分辨率的方式提高摄像头的像素密度,进而增加摄像头的前向检测距离,直到满足前向感知范围需求为止。此外,图像在送进模型前经常会做 Resize 的操作,改变图像的分辨率,在此情况下需要使用 Resize 后的分辨率进行计算。

10.4.4 视场范围校核

感知范围需求中的极限距离由 10.4.3 节论述的检测能力模型进行校核,本节主要介绍对视场覆盖范围的校核过程。通过对各功能场景的抽象,很容易分析出不同功能对感知目标类别的需求,以及各类目标物需要依托的传感器类型及其覆盖范围。据此可进一步找到功能和传感器感知需求的映射关系。例如,APA 功能中需要用视觉识别车位框,用超声波雷达或激光雷达识别空间车位。由于摄像头在现阶段的自动驾驶系统中使用最多,性价比高,能采集到的环境信息量最大,因此本节以摄像头为例展开讲解。

通过 10.4.2 节图 10.40 中可以看到,为同时应对多种场景下的需求,感知范围在环绕车身 360° 都有涉及。要覆盖如此广的视场,需要车身周围所有的传感器一起配合。图 10.50 所示为多摄像头的水平视场示意,该组合是目前主流的量产车自动驾驶系统多摄像头配置方案。多摄像头方案的水平视场有如下特点。

(1)摄像头安装位置分布在车身周围,每颗摄像头需要负责一定范围的水平视场角,并覆盖该视场角方位上的检测距离要求。

(2)在车辆近场处前视、侧前视和侧后视摄像头之间有无法覆盖的三角盲区,这些区域由环视摄像头覆盖。

(3)为确保对视场的 360° 无死角覆盖,相邻摄像头之间需要有足够大的重叠区域。

(4)车辆正前方为感知重点区域,多颗前视摄像头的方案能形成冗余,安全性更高。

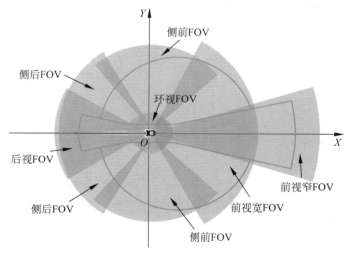

图 10.50 多摄像头水平视场示意

为了确保障碍物经过相邻摄像头的 FOV 边界时,自动驾驶系统对障碍物能够实现连续追踪,对于相邻摄像头的重叠区域大小需要做出要求。当障碍物落进重叠区域时,相邻的两个摄像头都能对障碍物实现有效的检测。如图 10.51 所示,在靠近车身的近距离环视摄像头完成主要的检测任务,超出环视的检测边界(即 $d_{\text{det-fisheye}}$,可由10.4.3节论述的检测距离模型推导获得)则由侧前视和侧后视摄像头完成。假设目标车辆的长度为 L_{car},对车辆做出稳定检测的要求为车辆在图像中出现的比例超过 $R_{\text{car-aperanc-}h}$。该参数也称为截断比例,此处为水平截断比例,如70%。因此可得水平方向上相邻摄像头水平重叠区域的FOV夹角 $\theta_{\text{overlap-}h}$ 需要满足如下条件:

$$\theta_{\text{overlap-}h} \geqslant 2 \times \tan^{-1} \frac{L_{\text{car}} \times R_{\text{car-aperanc-}h}}{2 \times d_{\text{det-fisheye}}} \tag{10-70}$$

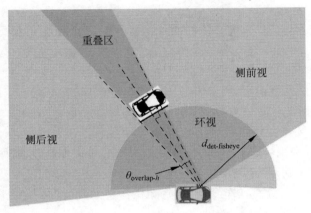

图10.51 相邻摄像头重叠视场示意

为满足式(10-70)所示条件,需要根据候选摄像头的水平FOV在仿真环境中反复校核其安装位置,必要时调整摄像头型号。此外,时空多帧融合的BEV感知模型出现后,上述前提假设还需做与之对应的调整。

除了水平视场覆盖范围的校核,还需要充分考虑垂直视场的覆盖情况。图10.52所示为多传感器垂直视场示意,特点如下。

(1)由于传感器自身的FOV限制和车辆外轮廓的遮挡,在垂直上靠近车辆的位置各传

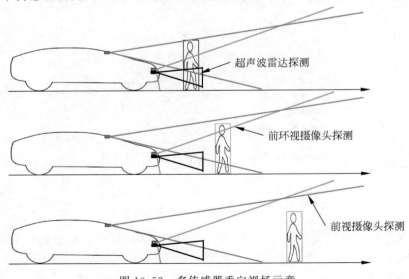

图10.52 多传感器垂直视场示意

感器一般都存在不同大小的三角盲区。

（2）极近距离下环视摄像头对障碍物的探测存在明显的向上截断，而前视摄像头又有不可忽视的向下截断，此情况下以超声波雷达探测为主。

（3）障碍物超出超声波雷达的探测范围后，以环视摄像头为主进行检测，少量的向上截断对检测性能影响较小。注意此时前视摄像头可以看到障碍物上半部分，虽然在一定程度上可以检出障碍物，但由于看不见障碍物与地面的相接位置，缺少这一关键信息对距离的预测难以做到非常准确。

（4）环视摄像头的像素密度有限，当障碍物离自车的距离进一步增加，在更远的距离范围以前视摄像头检测为主。

当目标物处于超声波雷达的检测范围外时，需要由环视摄像头来完成检测任务。因此环视摄像头的安装位置和 VFOV 需要满足一定的要求，如图 10.53 所示。假设目标行人的高度为 $H_{\text{pedestrain}}$，对行人做出稳定检测的要求为行人在图像中出现的垂向比例超过 $R_{\text{ped-aperanc-}v}$，该参数也称为截断比例，此处为垂向截断比例，如 80%。

因此有

$$h_{\text{view}} = H_{\text{pedestrain}} \times R_{\text{ped-aperanc-}v} \tag{10-71}$$

$$\theta_{\text{fisheye-lookup}} \geqslant \tan^{-1} \frac{(h_{\text{view}} - h_{\text{fisheye}})}{d_{\text{det-uss}}} = \tan^{-1} \frac{(H_{\text{pedestrain}} \times R_{\text{ped-aperanc-}v} - h_{\text{fisheye}})}{d_{\text{det-uss}}} \tag{10-72}$$

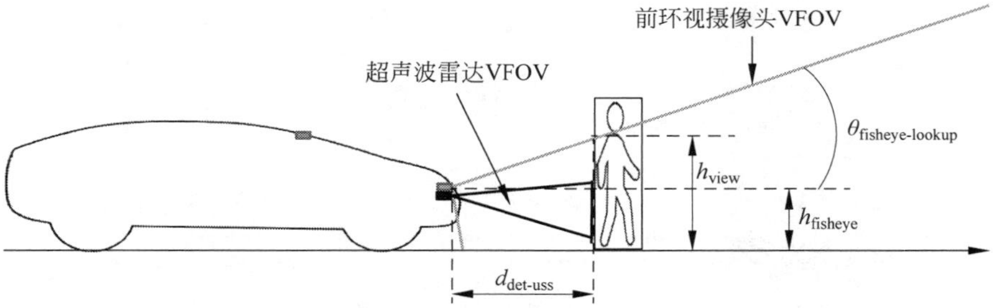

图 10.53 环视摄像头垂向视场覆盖示意

其中，h_{view} 为临界处环视摄像头能观测到的最大高度，$d_{\text{det-uss}}$ 为超声波雷达的检测距离，h_{fisheye} 为环视摄像头的安装高度，$\theta_{\text{fisheye-lookup}}$ 为环视摄像头的最大仰角。

前视摄像头在垂向上需要同时满足两个要求，其垂向视场覆盖示意如图 10.54 所示。其一为前视摄像头最大俯角与地面形成的接地位置需要在环视摄像头最大检测范围内，这样可以确保前视摄像头和环视摄像头对同一目标物能够实现连续跟踪。其二为前视摄像头最大仰角要满足对车辆前方一定高度目标物的检测，如红绿灯。

根据第一个要求可得

$$d_{\text{front-cam-gnd}} \leqslant \Delta x + d_{\text{det-fisheye}} \tag{10-73}$$

其中，$d_{\text{front-cam-gnd}}$ 为前视摄像头垂向视场接地的最近距离，Δx 为前视摄像头和前环视摄像头在自车坐标系 X 轴方向上的距离，$d_{\text{det-fisheye}}$ 为环视摄像头最远的检测距离，可由 10.4.3 节讲解的检测距离模型推导获得。

又因为

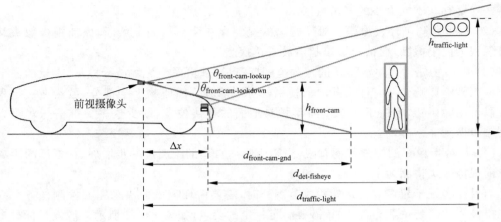

图 10.54 前视摄像头垂向视场覆盖示意

$$d_{\text{front-cam-gnd}} = h_{\text{front-cam}} \times \cot\theta_{\text{front-cam-lookdown}} \tag{10-74}$$

因此有

$$\theta_{\text{front-cam-lookdown}} \geqslant \cot^{-1}\left(\frac{\Delta x + d_{\text{det-fisheye}}}{h_{\text{front-cam}}}\right) \tag{10-75}$$

其中，$h_{\text{front-cam}}$ 为前视摄像头的安装高度，$\theta_{\text{front-cam-lookdown}}$ 为前视摄像头最大俯角。

根据第二个要求可得

$$d_{\text{traffic-light}} \times \tan\theta_{\text{front-cam-lookup}} + h_{\text{front-cam}} \geqslant h_{\text{traffic-light}} \tag{10-76}$$

即

$$\theta_{\text{front-cam-lookup}} \geqslant \tan^{-1}\left(\frac{h_{\text{traffic-light}} - h_{\text{front-cam}}}{d_{\text{traffic-light}}}\right) \tag{10-77}$$

且有

$$\theta_{\text{front-cam-vfov}} = \theta_{\text{front-cam-lookup}} + \theta_{\text{front-cam-lookdown}} \tag{10-78}$$

其中，$h_{\text{traffic-light}}$ 为前方红绿灯的安装高度，$d_{\text{traffic-light}}$ 为前方红绿灯与前视摄像头之间的距离，计算时需要结合真实场景对这两个参数做合理假设。$\theta_{\text{front-cam-lookdown}}$ 为前视摄像头最大仰角，$\theta_{\text{front-cam-vfov}}$ 为前视摄像头垂向 FOV。

上述分析主要对摄像头的安装位置和 FOV 进行校核。在此过程中，需要注意不能直接使用摄像头的原始 FOV 进行计算。这是因为摄像头在使用过程中，采集到的原始图像往往不会直接导入到算法模型中，而是会先做一系列的预处理。预处理的过程伴随着摄像头原始参数的变化。如前文中提到的 Resize 过程会改变图像分辨率。图像去畸变是做机器视觉的常规预处理操作之一，图 10.55 所示为广角摄像头图像去畸变后的 FOV 变化。从图中可以看到图像中真实世界的各类直线不再弯曲，图像横向上被整体拉宽、纵向上出现压缩、在图像中上部出现黑边。为保障图像长宽比例符合算法要求，需要对去畸变后的图像进行截取。如图中蓝色框所示，尽可能保留纵向上的像素，裁掉图像两侧的部分像素。有的算法方案不希望图像中有黑边，因此需要对去畸变后的图像做进一步裁剪，如图中红色框所示。图像经过裁剪后实际使用到的 FOV 跟原始 FOV 相比缩小了。实际使用到的 FOV 可以根据畸变矫正模型结合图 10.44 中的投影模型进行估计，也可采用棋盘格等标准图案拍照的实验方法获得，此处不详细展开论述。

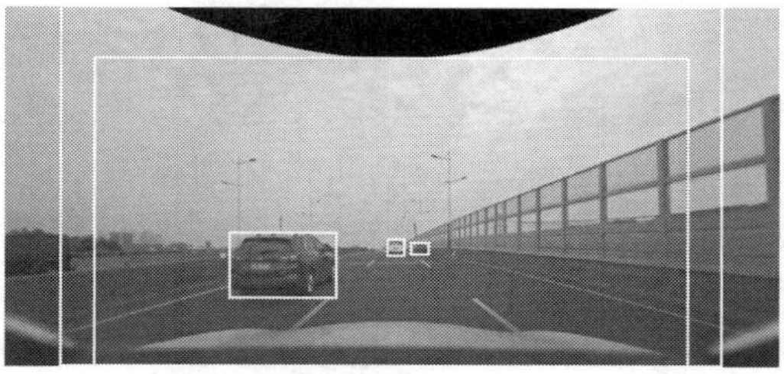

图 10.55 图像去畸变给 FOV 带来的影响

除了去畸变,其他的图像预处理方法同样会对原始图像的 FOV 产生影响,在实际校核时需要厘清算法前段预处理的 Pipeline,确保参与计算的传感器参数是最终算法使用的值,保障校核结果的准确。如图 10.56 所示,环视摄像头图像在使用前对其做柱面投影处理,处理后图像的垂向上 VFOV 损失超过了 50%,水平方向上 HFOV 损失超过了 30%。

原图   柱面投影图

图 10.56 图像柱面投影给 FOV 带来的影响

除了视觉感知,其他需要用到图像数据的算法模块同样对视场有一定的要求。在校核时需要根据这些算法模块将图像的实际使用情况一并考虑进来,例如定位模块一般会先将环视图像转换成鸟瞰图并完成拼接,在拼接图中提取地面的定位元素。由于越靠近自车的地面信息误差越小,因此希望环视摄像头视场靠近自车的三角盲区越小越好。对于在线标定算法模块,其基本原理是利用相邻摄像头的共视关系来校准摄像头之间的相对外参,因此对共视区域有一定的要求,区域太小不利于得到较好的标定精度。

以上是对摄像头视场覆盖范围的校核过程,对于其他类型的传感器方法类似。例如,对于激光雷达同样需要根据功能推导其覆盖范围。为保障最终激光雷达相关算法能得到较好的性能,在计算过程中对障碍物在 FOV 中的截断比例同样需要根据经验做出前提假设。点云的预处理过程跟图像类似,一些去除噪声的操作会损失掉一部分 FOV。当有多个激光雷达同时使用时,还需要重点考虑点云的拼接过程和拼接后算法的使用性能。

10.4.5 域控制器资源校核

不同传感器对于控制器的硬件资源依赖程度不一样。在完成传感器的初步选型后,需要根据系统配置对域控制器资源做校核。考核内容主要分为三方面:接口资源、计算资源、存储资源。

先对接口资源做总体分析。摄像头输入主要依赖 MIPI 接口的 CSI 协议,该协议的带宽受限于 SoC。每款 SoC 总输入带宽为:总带宽=通道组数×通道数×每个通道带宽。需要注意的是,同一个相机只能走一组通道,不同 SoC 的通道配置不一样,例如,单个 Xavier 共有 16 个通道,支持 4×4、6×2、6×1 三种分组配置模式。因此不论单个摄像头需要多少带宽,最大只能支持 6 路摄像头输入。激光雷达输入主要依赖千兆以太网的 UDP 协议,每个激光雷达都需要一个单独的以太网通道。传统的毫米波雷达通过 CAN 总线将信息输入域控制器,前雷达或后雷达均需要单独的通道,角雷达则是两个一组共用一个通道。4D 毫米波雷达除了 CAN 总线,每个雷达还需要一个百兆以太网通道向域控制器输入毫米波点云信息。超声波雷达接口分为两种:当超声波雷达自带控制器时,通过 CAN 总线实现与域控制器的交互;当不带单独的控制器时,每个超声波探头通过硬线之间将 PWM 信号输入域控制器。该内容在 10.3.1 节有详细讲解,此处不赘述。

域控制器中的计算资源主要包括 CPU、GPU、AI Core 等。CPU 资源主要用于逻辑运算,如对图像和点云的前处理、传统非学习类算法的运行(SLAM 算法,规控算法)等。GPU 和 AI Core 等资源则主要用于做硬件加速或者学习类算法的模型运算。对计算资源的校核主要在摄像头和激光雷达。传统毫米波雷达和超声波雷达占用资源较少。

域控制器中各算法通过数据闭环实现长期迭代,往往对传感器数据有采集和存储的要求。在做传感器架构设计和传感器选型时要充分考虑传感器输出数据量和存储方案的匹配策略,如采集帧率、连续帧长度、采集频率等,确保域控制器存储空间足够且数据传输的网络带宽满足要求。具体如表 10.13 所示。

表 10.13 传感器对域控制资源需求分析

类　型	接 口 资 源	计 算 资 源	存 储 资 源
摄像头	为保证传输稳定性,单摄像头带宽必须小于 SoC 单组通道带宽的 80%,即单组通道数量×单通道带宽×80%,其中单摄像头带宽=水平像素数×垂直像素数×帧率×色深。为保证每路摄像头都能接入,摄像头数量(即接入路数)不大于通道组数量,即总体通道数量/单组通道数量	预估图像在 CPU 上等比计算资源需求,即每百万像素每帧所需算力。再根据摄像头数量、分辨率、帧率计算总的 CPU 资源需求。对照 CPU 总算力预估对 CPU 资源的占用率,CPU 总算力＝核型号 DMPIS/MHz×实际运行频率×核数量。预估图像在 GPU/AI Core 上等比计算资源需求,即每百万像素每帧所需算力。再根据摄像头数量、分辨率、帧率计算总 GPU/AI Core 需求。注意,需提前总结出等比算力需求跟像素数量和帧数的关系,最简单的如线性关系	根据数据闭环整体方案制定
激光雷达	每个激光雷达配置一个单独的千兆以太网通道	激光点云处理所需要的计算资源校核方法与摄像头基本一致,需根据工程经验总结等比算力需求与激光点云数量、帧数等参量之间的关系	根据数据闭环整体方案制定
毫米波雷达	传统 5 雷达配置 3 个 CAN 通道;4D 雷达配置 CAN 通道和百兆以太网通道	感知算法在传感器控制器内完成,因此无特殊要求	根据数据闭环整体方案制定
超声波雷达	自带控制器时配置 1 条 CAN/LIN 通道;无控制器时配置 12 条硬线通道	感知算法在传感器控制内完成,即使移植到域控制器中也不太占算力,因此无特殊要求	根据数据闭环整体方案制定

10.4.6　选型和布置

不同传感器应当关注不同的核心规格指标,其布置要求则是根据不同传感器特点和使用方法结合整车总布置的设计而确定。

对摄像头的选型和布置要求如表 10.14 所示。

表 10.14　摄像头选型和布置需求

需求类型	需 求 详 述
功能	满足视场范围和检测距离需求：根据视场范围校核方法对水平 FOV 和垂向 FOV 提出要求，根检测能力模型限定像素密度分布，并进一步对 FOV、分辨率、镜头畸变提出要求。 满足景深范围要求：远距离位置像素数少受清晰度影响较大，因此远景深需要达到无穷远，近景深不做严格要求。 满足不同的使用场景要求：不同 ODD 都能使用，如天气、光线、速度角、速度范围等
接口	采用同轴 LVDS，支持 MIPI 接口 CSI 协议
性能参数	镜头：MTF、RI min、Lateral Color Aberration、IR Filter、FOV、CRA、镜头成像面 Shift、Max Image Circle、IP Rate 等。 总成：分辨率、MTF、景深、坏点、IP Rate、Image Format、Dynamic Range、Axis Precision、Minimum Sense Illumination、Optical Center Offset、LFM、曝光时长、帧率、工作电压、功耗、响应时间、操作温度、EEPROM 参数读写、内参精度、重投影误差等
布置	和车身刚性连接，以自车半载情况下的地面为基准进行校核。 需满足 ISO 16750-4 定义的环境要求，无镜头水雾和成像模糊等成像问题。 要求挡风玻璃或 B 柱玻璃在各种环境下不影响画质。前视相机视野范围要在雨刷覆盖范围内，保障视野可随时清理。 车外安装要求 IP69K，有疏水设计、防脏污、防外部物体冲击。 满足位置精度要求，包含平移和旋转
其他	满足重点区域观测冗余需求，包含摄像头之间的冗余以及摄像头与其他传感器之间的冗余。 满足功能安全等级要求，如 ASIL B

对激光雷达的选型和布置要求如表 10.15 所示。

表 10.15　激光雷达选型和布置要求

需求类型	需 求 详 述
功能	满足视场范围和检测距离需求：根据视场范围校核方法对水平 FOV 和垂向 FOV 提出要求，根检测能力模型限定点云密度分布，并进一步对 FOV、线数、点云分辨率提出要求。 具备 Failsafe 机制：包括但不限于准确检出遮挡、脏污、坏线等类型的故障，在出现脏污情况时自动清洗，刮水时可通过加热去雾/去水滴。 满足时间同步要求：采用 GPTP 同步机制，满足时间同步精度要求和打戳精度要求
接口	采用千兆以太网，支持 UDP 协议
性能参数	基本性能参数：探测距离（10％反射率）、测距精度、时延、FOV、角分辨率、扫描频率、功耗、温度要求、IP 等级、尺寸等。 可靠性参数：丢包率、高温性能、耐久性能、寿命、异常天气适应性（雨雪、强光）等
布置	和车身刚性连接，推荐布置在前保及前栅格处，或车顶篷，在允许的情况下，安装的高度越高越容易获得更好的视场。当配置有多个激光雷达时，布置位置相互配合，尽可能争取更大的视场角。 安装位置前方无任何结构遮挡 FOV，周边无喇叭、气泵、压缩机、发动机等易产生震动的零件，处车身表面以内（如 15mm），碰撞时防损伤。 满足位置精度要求，包含平移和旋转
其他	功能安全等级要求，如 ASIL B

毫米波雷达是自带感知算法的成熟货架产品,一般用来做感知冗余并增加一些传统辅助驾驶功能,布置要求一般按照供应商要求设计,如表 10.16 所示,仅做参考。

表 10.16 毫米波雷达选型和布置要求

需求类型	需求详述
功能	通用目标检测:满足一定数量的动态目标物和静态目标物输出要求,并通过自车未来轨迹由近及远对所有目标做优先级排序。 功能目标提取:从通用目标中提取出来用于执行某一辅助驾驶功能的目标,前雷达需支持 AEB 功能,角雷达需支持 FCTA、FCTB、RCTA、RCTB 等功能。 自标定功能:长期运行过程中传感器姿态角出现小幅度变化,触发自标定功能,对传感器外参及时校准。 具备 Failsafe 机制:包括但不限于准确检出遮挡、损坏等类型的故障,支持诊断协议
接口	采用 CAN 总线
性能参数	基本性能参数:目标物输出数量、FOV、时延、帧率、原始信号更新频率、功率、温度要求、IP 等级、尺寸等。 可靠性参数:高温性能、耐久性能、寿命、异常天气适应性等
布置	与车体间刚性连接,不随车运动造成位置变化。优先推荐开放式安装,如格栅位置。当有覆盖件时,需保持一定间距,且覆盖件材料厚度均匀。连接器防干涉,避免线束长期受力破损。 满足位置精度要求,包含平移和旋转
其他	功能安全等级要求,如 ASIL B。 遵循 AutoSAR 时间同步方案,用 Rolling Count 累加器避免错序问题

超声波雷达是成熟的货架产品,一般自带感知算法用来做低速下的泊车辅助相关功能,布置要求一般按照供应商要求设计,如表 10.17 所示,仅做参考。

表 10.17 超声波雷达选型和布置要求

需求类型	需求详述
功能	障碍物探测:输出障碍物轮廓信息;输出一定数量的目标,类型包含点、直线、射线、线段四种类型,并由近及远排序;输出至少 12 个分区的最近探测距离。 空间车位探测:支持垂直车位、平行车位及斜列车位搜索,支持单边界障碍物组成的车位,对历史车位做记忆,车位信息包含位置、尺寸、可用性、数量等。 支持行车和泊车模式切换。 支持故障诊断功能和诊断协议
接口	采用 CAN 总线或硬线
性能参数	基本性能参数:探测最高车速、时延、探测距离、距离精度、HFOV/VFOV、分辨率等,以及对路沿的探测性能,包含高度、角度、半径、距离。 可靠性参数:高温性能、耐久性能、寿命、抗各类干扰,如同频、热气流、机械声音、喇叭鸣叫、积雪等
布置	与车体间刚性连接,不随车运动造成位置变化。采用开放式安装,无覆盖物。连接器防干涉,避免线束长期受力破损。 满足位置精度要求,包含平移和旋转
其他	功能安全等级要求,如 QM。 遵循 Auto SAR 时间同步方案

前面论述的四种常见传感器均用作环境感知。在自动驾驶域内还有用来做自车位姿估计用的惯导模块(IMU)和全球定位系统(GNSS)。

对 IMU 的选型和布置要求如表 10.18 所示。

表 10.18　IMU 选型和布置要求

需求类型	需 求 详 述
功能	输出 IMU 相关信息,具体包括三轴陀螺仪测量的角速度、三轴加速度计测量的加速度值。实现故障自诊断并输出状态
接口	采用 CAN 总线或以太网
性能参数	基本性能参数:时延、时间同步精度、打戳精度、航位推算能力(参考值 $\geqslant 333\mathrm{m}/3\sigma$)、更新频率、陀螺量程、加速度计量程等。 可靠性参数:工作温度范围、零偏稳定性、零偏温度变化、噪声等
布置	和车体之间刚性连接,尽量远离震动的器件,如发动机。X、Y、Z 三轴和车体坐标系对齐,约束角度偏差,如 1°,并保证一致性
其他	功能安全等级要求,如 ASIL B

对 GNSS 的选型和布置要求如表 10.19 所示。

表 10.19　GNSS 选型和布置要求

需求类型	需 求 详 述
功能	输出 GNSS 定位相关信息,在支持 RTK 的情况下输出经过 CORS 差分服务修正后的定位信息。实现故障自诊断并输出状态
接口	采用 CAN 总线或以太网
性能参数	基本性能参数:时延、时间同步精度、打戳精度、GNSS 频率范围/双频、单点定位精度、冷热启动时间、重捕获时间、速度精度、数据更新频率等。 支持 RTK 时的性能参数:RTK 定位精度、接收机静态测试精度、实车开阔场景下定位精度、RTK 恢复时间、RTK 固定解率等。 可靠性指标:工作温度、存储温度
布置	天线:尽量安装在车外无遮挡位置,如需安装在车内,尽量减少外壳对天线信号的影响,并要求信号强度和稳定性保持和车外一致,远离车内电磁干扰设备,如车窗加热丝、中控设备等。 RTK 板卡:和天线之间连接线不宜过长和弯折,避免影响信号传输
其他	功能安全等级要求,如 QM

10.4.7　典型设计方案

当前量产的自动驾驶产品已经全面覆盖高速公路、城市道路、停车场三大场景。不同的量产车型,因其功能差异、成本差异,其传感器架构不尽相同。在第 2 章讲解的产品方案中提到,不同挡位车型的自动驾驶产品主要分为低、中、高三种配置。本节将沿着该思路,对四种量产传感器的架构设计方案展开三种配置的讲解。多种传感器的组合方案,建议读者可参考市面上的主流车型,并结合本章讲解的内容进行深入分析,此处不再详细讲解。

图 10.57 所示为不同摄像头的配置方案,常见的三种配置有 5V、8V、11V,这里 V 即 Viewer,指代摄像头。不同方案的分析如表 10.20 所示。表中按照从低配到高配的顺序描述,后介绍的方案仅描述增量配置、用法以及支持的功能,同时表中描述的功能往往需要与同等配置的激光雷达、毫米波雷达、USS 一起配合使用,以提高安全性和可靠性。

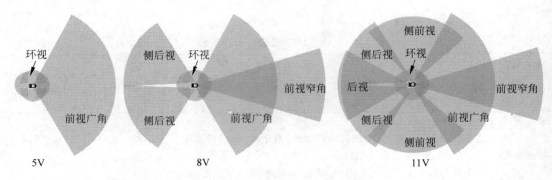

图 10.57　不同的摄像头配置方案

表 10.20　不同的摄像头配置方案分析

类型	配置	用法	支持的功能
5V	4 个环视摄像头：HFOV 190°～200°，2m	安装在前栅格上部、外后视镜下部、后备厢盖下部，用于观测自车近场环境	支持泊车场景相关功能，如 360°环视、APA、记忆泊车、停车场巡航等。支持部分行车场景下的基础功能，如 ACC、LCC 等。
	1 个前视广角摄像头：HFOV 100°～120°，5m/8m	安装在前挡风玻璃中间靠上位置，用于观测正前和侧前方一定范围内的环境	支持传统 ADAS 功能，如 AEB、AES、FCW、LKA、LDW、LSI、MEB、TJA、IHB 等
8V	＋1 个前视窄角摄像头：HFOV 25°～30°，5m/8m	安装在前挡风玻璃中间靠上位置，用于观测正前方远距离的环境	增加高速场景下的换道功能。在高速场景下提前应对更远处的低速目标、静止目标以及小目标，城区场景下提前处理宽阔红绿灯路口的通行任务。
	＋2 个侧后视摄像头：HFOV 60°，2m/5m/8m	安装在前翼子板上，用于观测侧后方的环境	增加部分 ADAS 功能，如 BSD、RCTA、RCTB、DOW
11V	＋2 个侧前视摄像头：HFOV 90°，2m/5m/8m	安装在外后视镜或 B 柱位置，用于观测侧前方和侧方一定范围内的环境	增加路口通行功能，并更好地应对 Cut In 场景。增加对旁侧车道和后方环境的观测冗余，换道过程更加稳定可靠。
	＋1 个后视摄像头：HFOV 60°，2m	安装在后挡风玻璃中间上方，用于观测正后方一定范围内的各类目标	增加部分 ADAS 功能，如 FCTA、FCTB、RCW

图 10.58 所示为不同的激光雷达配置方案，常见的有四种，即 1L、2L、3L、4L，这里 L 指激光雷达。不同方案的分析如表 10.21 所示。表中按照从低配到高配的顺序描述，后介绍的方案仅描述增量配置、用法以及支持的功能。量产激光雷达相比于其他种类的传感器其价格昂贵，主要在关键区域做感知补充，具体优势如下。

（1）在照明较差的情况下仍有良好性能表现，如昏暗的隧道、黑暗的车库、无路灯的路段等。

（2）对普通目标物做到相比于其他传感器更高精度的三维检测，如位置、姿态、速度、加速度等。

（3）对悬空物，能得到准确的高度和距离的检测，如限高基础设施、闸机横杆等。

（4）对于图像难以分类的物体仍能较好地检出，如白墙、柱子、箱子、石块、土堆、树枝等。

（5）与其他传感器冗余互补。

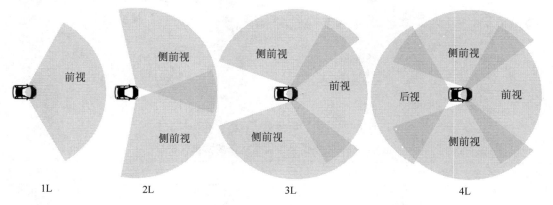

图 10.58　不同的激光雷达配置方案

表 10.21　不同的激光雷达配置方案分析

类型	配　置	用　法	支持的功能
1L	1 个前视瞭望 Lidar：HFOV 120°	安装在前挡风玻璃上方顶篷中间位置，用于观测正前方和侧前方一定范围内的环境	提高行车功能的性能：更好地应对 Cut In，更好地跟车。 提高泊车功能的性能：增强小物体检测能力，补足视觉检测弱点（如白墙），避免碰撞更安全
2L	2 个侧前视雷达：HFOV 120°	安装在前保险杠两侧，用于观测正前方和侧前方一定范围内的环境	提高行车功能的性能：更好地应对 Cut In，更好地换道、掉头以及跟车。 提高泊车功能的性能：窄路通行能力增强，会车性能更稳定，超车安全距离可缩小，空间车位探测能力增强
3L	1 个前视瞭望雷达：HFOV 120°	同 1L 方案	进一步增强应对 Cut In、换道、掉头的能力，并增加城市场景下交叉路口通行功能
	＋2 个侧前视雷达：HFOV 120°	在 2L 方案基础上将朝向往两侧做更多旋转	
4L	＋1 个后视雷达：HFOV 120°	安装在后保险杠中间位置，用于观测正后方和侧后方一定范围内的各类目标	增加行车功能下的环岛通行能力。 增加泊车功能下的倒车能力，更安全、可靠

图 10.59 所示为不同的毫米波雷达配置方案，常见的有三种，即 1R、3R、5R，这里 R 即为毫米波雷达。不同方案的分析如表 10.22 所示。表中按照从低配到高配的顺序描述，后介绍的方案仅描述增量配置、用法以及支持的功能。量产毫米波雷达技术相对摄像头和激光雷达比较成熟，成本相对低廉，因此在中、高端车型上普遍选用 5R 的方案。

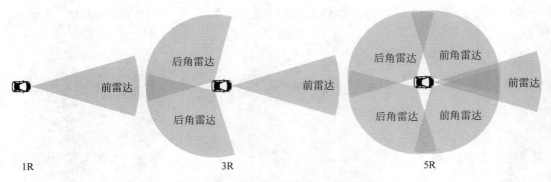

图 10.59　不同的毫米波雷达配置方案

表 10.22　不同的毫米波雷达配置方案分析

类　型	配　　置	用　　法	支持的功能
1R	1 个前雷达	安装在前保险杠中间位置,用于观测正前方环境	一般配合前视广角摄像头使用,实现相关 ADAS 功能为主,如 AEB、AES、FCW、LKA、LDW、TJA 等。 也通过与其他传感器感知融合支持高级功能
3R	+2 个后角雷达	安装在后保险杠两侧位置,用于观测后方和侧后方目标	后角雷达提供依赖侧后向感知的 ADAS 功能,如 BSD、RCTA、RCTB、DOW。 也通过与其他传感器感知融合支持高级功能
5R	+2 个前角雷达	安装在前保险杠两侧位置,用于观测前方和侧前方目标	前角雷达提供依赖侧前向感知的 ADAS 功能,如 FCTA、FCTB。 也通过与其他传感器感知融合支持高级功能

　　图 10.60 所示为不同的超声波雷达配置方案,常见的有三种,即 4USS、8USS、12USS,这里 USS 即为超声波雷达。不同方案的分析如表 10.23 所示。表中按照从低配到高配的顺序描述,后介绍的方案仅描述增量的配置、用法以及支持的功能。量产超声波雷达技术相对摄像头和激光雷达比较成熟,成本非常低廉,因此在一些新车型上普遍选用 12USS 的方案。

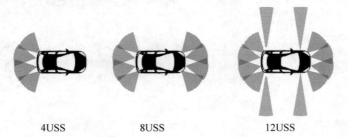

图 10.60　不同的超声波雷达配置方案

表 10.23　不同的超声波雷达配置方案分析

类　型	配　　置	用　　法	支持的功能
4USS	4 个后向探头	安装在后保险杠上,用于观测后方环境	倒车碰撞报警
8USS	+4 个前向探头	安装在前保险杠上,用于观测前方环境	低速行驶前向和后向碰撞报警

类型	配 置	用 法	支持的功能
12USS	＋4 个侧向探头	安装在前后翼子板上,观测侧方环境	空间车位探测、APA、碰撞报警,也可通过与其他传感器感知融合支持高级功能

10.5 小结

　　总体来看,自动驾驶系统架构作为整车电子架构最重要的组成部分之一,在其设计之初首先需要确定整车电子电器架构的总体方案。当前阶段整车电子电器架构正处于按功能域划分和域融合的阶段。在该阶段,自动驾驶域外架构的设计需要充分考虑系统与整车其他域关联零部件之间的关联关系,域内架构的设计则重点考虑自动驾驶系统内零部件之间相互取长补短并使系统整体性能达到最优。部分车企开始在下一代车型中布局按位置域划分的架构,自动驾驶域控制器和智能座舱域控制器有逐步合并为整车计算中心的趋势。在该阶段,将不再有功能域的概念,自动驾驶相关零部件将根据其安装位置分散到各位置域,整车计算中心将承担自动驾驶相关功能软件和算法软件的运行,并通过高带宽、低时延的网络与车身各处必要的传感器、执行器进行信息交互。

　　自动驾驶域控制器架构分为硬件架构和软件架构设计。其中硬件架构主要围绕控制器的主控芯片(即 SoC)来设计,芯片厂商在推广其产品的同时一般都会提供较为详尽的域控制器硬件设计方案。由于目前市面上自动驾驶芯片产品的品类有限,因此域控制器硬件的同质化现象比较严重。长期来看,自动驾驶域控制器应当为基于某款主控芯片的标准产品,其竞争力主要体现在成本优势上。软件架构在系统中间件以上总体分为适配层、算法层和功能层。适配层根据外接关联零部件的不同而不同。功能层则根据系统配置的产品功能而做出相应的部署和设计。算法层是近些年变化最剧烈的软件层。在量产自动驾驶行业发展的进程中,随着数据驱动算法的不断深入,算法层从整体架构到单模块构成都会高频调整。

　　传感器架构方案对自动驾驶功能和性能至关重要,同时直接影响着系统整体物料成本。该内容容易被同行所忽略,常常仅通过竞品对标就完成了方案决策。一个好的传感器架构方案应当结合产品要求充分考虑各类边界场景,揭示传感器与功能场景之间的关联关系,通过合理的假设条件做问题抽象,搭建与之对应的数学模型,再结合自身算法方案的特点,最终完成设计工作。在未来,自动驾驶产品应用范围不断拓展,当新的功能场景类型要求被覆盖时,传感器架构需要随之迭代。

第 11 章

关联系统方案

在第 10 章中详细论述了自动驾驶系统架构相关的内容，系统设计的内容除了层层架构，还包括关联系统的方案，即本章将重点讲解的内容。

11.1　自动驾驶不可独善其身

自动驾驶功能要高性能、高效率地运转起来，单纯靠系统内的控制器和传感器是远远不够的，自动驾驶不可独善其身，还需要域内、外所有相关联的零部件一起协同工作。于是在方案设计时增加了一类重要对象，即关联系统。

为实现某些自动驾驶功能，需要由自动驾驶域和整车其他域，或云端，或手机端，或整车生产线的相关组件一同配合运行，这些组件相互关联而组成的系统即为自动驾驶的关联系统。该类系统的设计以自动驾驶系统架构为基础，以保证系统相关的软/硬件能够高效、经济、顺畅地运转为目标，并充分考虑产品功能的可落地性、完备性以及体验感，具体包含系统相关零部件的时间同步方案，车云链路相关的方案，传感器在产品从研发到售后全生命周期的标定方案，高精度地图的适配方案，泊车远程在线监控方案，数据闭环，以及软件OTA，等等。

接下来对这些重要的关联系统方案进行讲解。

11.2　时间同步

自动驾驶系统工作时，域控制器中的主控芯片会将需要的所有外部信息收集起来，并统一参与计算。为保证每一帧的计算能够体现当前时刻内、外部环境运行的情况，需要确保参与计算的所有信息在同一个时间轴上，并尽可能控制信号与信号之间的时间偏差。关联系统的零部件在各自的主控芯片内都有自己的时钟域，因此需要将各相关的零部件时钟或者收发信号的时间戳关联起来。这一过程就是本节要讲解的时间同步方案。

时间同步对传感器信息的重要性尤为明显。假设域控制器将时间间隔差异显著的传感器信号放到同一帧感知算法或定位算法流程中应用，将极易导致感知或定位无法获得当前时刻真实的环境状态，其后果可想而知。为使传感器采集的数据准确地投影到真实物理世界中，并且将不同传感器的信息进行融合，必须对系统进行精准的时间同步。在完成时间同步的系统内，各传感器、控制器统一在同一个时间域内工作，并且按照特定的规律触发原始信号，在特定的时间点打上时间戳。当传感器信息融合时，可根据时间戳推算各传感器采集元素在真实物理时空中的准确状态。

11.2.1 时间同步需求

自动驾驶域控制器主要的输入信息来自摄像头、激光雷达、毫米波雷达、超声波雷达、惯性单元(IMU)、GNSS,以及整车网络的信号。这些信息绝大部分首先会传输至感知和地图定位模块应用,如果时间同步精度低,容易影响感知和定位的性能。下面针对感知和定位对时间同步的敏感性来分析时间同步需求。

如图 11.1 所示,当多个传感器检测到同一目标物时,不同传感器对目标物的位置检测结果会有差异。感知融合算法综合多传感器的感知特性,融合多个感知结果并形成对某个特定目标的最终检测结果。当自车和目标物体都处于静止状态时,两者相对位姿固定,不同传感器的检测结果仅受到传感器特性和对应感知算法能力的影响,例如传感器原始信号对物体探测的精确度、描述物体的细致程度、探测范围等,但自车和目标物在路面绝大多数时候都处于相对运动状态。在不同时刻,自车和目标物的相对位姿根据运动状态而实时变化。该情况下,不同传感器的检测结果除了感知特性和算法能力带来的误差,时间同步误差同样会给检测结果带来差异。不同传感器采集信息的触发机制有区别,从多源传感器获得的信息往往产生于真实世界的不同时刻,因此观测这些信息的时刻,自车和目标物的相对位姿会有差异。

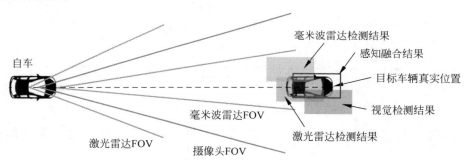

图 11.1 多传感器感知融合示意

如图 11.2 所示,当时间同步性能较好时,融合的结果主要受单一传感器感知特性和算法能力的影响。当时间同步性能一般时,不同传感器的检测结果因目标物相对自车真实位姿的差异变大而变大。当时间同步性能较差时,将会对感知融合结果产生显著影响,严重时将造成目标分裂、无法融合的情况,即单一目标分裂成多个目标。

时间同步性能较好　　　　时间同步性能一般　　　　时间同步性能较差

图 11.2 时间同步性能对感知融合的影响

下面就感知对时间同步性能需求做定量分析。如图 11.3 所示,自车和他车同向行驶,系统对 t_1 时刻的多传感器信息进行融合。此时参与融合的传感器信息来源于激光雷达和前向的摄像头。假设此时用到的传感器信息存在的时间差异如下。

（1）激光点云生成的真实时刻是比 t_1 时刻早 Δt_{lidar} 时间的 t_0 时刻，此时自车和他车所在位置分别为 $x_{\text{ego-0}}$ 和 $x_{\text{obs-0}}$，激光感知算法检测到的自车和他车距离为 $d_{\text{obs-lidar}}$。

（2）系统预期处理融合任务的时刻为 t_1，此时自车和他车所在位置分别为 $x_{\text{ego-1}}$ 和 $x_{\text{obs-1}}$，自车和他车的真实距离为 $d_{\text{obs-GT}}$。

（3）图像生成的真实时刻是比 t_1 时刻晚 Δt_{camera} 时间的 t_2 时刻，此时自车和他车所在位置分别为 $x_{\text{ego-2}}$ 和 $x_{\text{obs-2}}$，视觉感知算法检测到的自车和他车距离为 $d_{\text{obs-camera}}$。

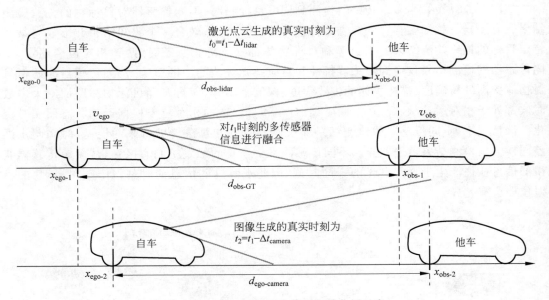

图 11.3　感知时间同步性能定量分析示意

先看一般情况，假设此时感知算法完美，没有误差，单传感器因时间误差带来的检测结果误差 Δd_{time} 为

$$\Delta d_{\text{time}} = |d_{\text{obs-GT}} - d_{\text{obs-detection}}| = |v_{\text{ego}} - v_{\text{obs}}| \times \Delta t_{\text{per-sensor}} \tag{11-1}$$

$$\Delta t_{\text{per-sensor}} \leqslant \frac{\Delta d_{\text{time-max}}}{|v_{\text{ego}} - v_{\text{obs}}|} \tag{11-2}$$

其中，$\Delta t_{\text{per-sensor}}$ 为感知用的传感器信息时间误差，$\Delta d_{\text{time-max}}$ 为可允许的因时间误差带来的最大检测距离误差。

对于图中待融合的激光雷达和摄像头信息，根据场景假设可知，两者因时间误差带来的融合距离偏差为

$$\Delta d_{\text{time-fusion}} = |v_{\text{ego}} - v_{\text{obs}}|(\Delta t_{\text{lidar}} + \Delta t_{\text{camera}}) \tag{11-3}$$

假设对于各传感器信息的时间误差最大值为 Δt_{max}，根据式（11-2）可得

$$\Delta t_{\text{max}} \leqslant \frac{\Delta d_{\text{time-fusion}}}{2|v_{\text{ego}} - v_{\text{obs}}|} \tag{11-4}$$

根据经验，自车和他车的极限车速差为 120km/h，又假设融合允许最大偏差不应超过车辆最大轮廓的量级，因此可以推断时间误差应当控制在毫秒（ms）级别。

在感知任务中除了对目标物位置进行检测，对动态目标还需依赖连续帧的信息估计其

运动速度,即利用连续帧目标物的位置变化和时间变化计算速度。如图 11.4 所示,分别用 t_0 时刻和 t_1 时刻传感器的信息检测到前方行人距离为 d_0 和 d_1。

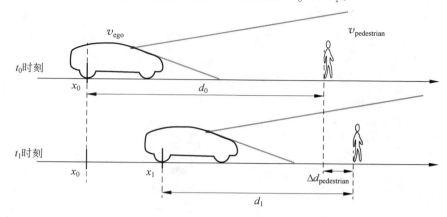

图 11.4 连续帧感知信息处理原理

由此可得

$$v_{\text{pedestrian}} = \frac{\Delta d_{\text{pedestrian}}}{t_1 - t_0} = \frac{d_1 + v_{\text{ego}} \times (t_1 - t_0) - d_0}{t_1 - t_0} = \frac{d_1 - d_0}{t_1 - t_0} + v_{\text{ego}} \tag{11-5}$$

同样假设传感器信息的时间误差最大值为 $\Delta t_{\max}$,且方向具备不确定性。由式(11-4)可知,由时间误差带来的目标速度估计误差百分比 $p_{\Delta v\text{-ped-time}}$ 为

$$p_{\Delta v\text{-ped-time}} = \frac{\dfrac{d_1 - d_0}{t_1 - t_0 + 2\Delta t_{\max}}}{\dfrac{d_1 - d_0}{t_1 - t_0}} - 1 = \frac{t_1 - t_0}{t_1 - t_0 + 2\Delta t_{\max}} - 1 \tag{11-6}$$

因此可得

$$\Delta t_{\max} = \frac{1}{2} \left| \frac{t_1 - t_0}{p_{\Delta v\text{-ped-time}} + 1} - (t_1 - t_0) \right| \tag{11-7}$$

根据经验,图像的帧率一般采用 30fps,因此帧间时间间隔 $t_1 - t_0$ 约为 1000/30ms,又限定因时间误差造成的速度估计误差允许比例为 5%,由式(11-7)可得时间误差要求约为 0.8ms,同样为毫秒(ms)级别。

除了动态目标检测任务,针对静态目标可以按照同样的方法估算。其中用来做视觉定位的地面标识、路侧标示牌,以及路灯杆等物体因视觉感知误差的增加会进一步对定位的性能造成影响。在车辆运动过程中参与定位融合的传感器包括四类,即 GNSS&RTK、摄像头、惯性单元(IMU)、轮速计。图 11.5 所示为多传感器定位融合示意。

融合定位中,视觉感知检测到精准的定位元素位置,通过与地图中存储的对应元素做匹配能实现非常高的定位精度,但视觉定位更新频率受限于图像采集帧率和定位元素检测与匹配的计算速度。GNSS 位置输出频率很低,一般为 1Hz。普通的导航级 GNSS 能给视觉定位过程中的定位元素匹配框定大致的搜索范围,节省定位元素匹配的时间。带 RTK 的 GNSS 则能在 GPS 信号良好的情况下将视觉定位元素匹配的搜索范围进一步缩小到厘米级别。在视觉定位出现质量下降时,RTK 提供较为精确的全局坐标。惯性单元 IMU 能

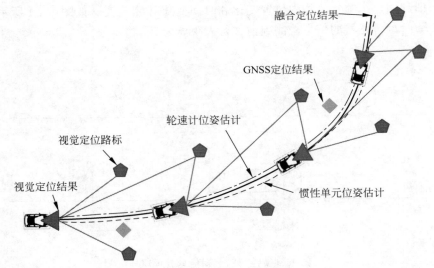

图 11.5　多传感器定位融合示意

实现高于 $100\,\mathrm{Hz}$ 的频率输出。由于下游的控制模块需要高频的自车位姿做闭环控制,一般在视觉定位帧之间利用 IMU 信息计算连续的自车相对位姿。轮速计信号一般通过车载 CAN 总线获取,输出频率一般不高于 $50\,\mathrm{Hz}$,主要给惯性单元做补充,在视觉定位帧之间做自车相对位姿的连续估计。上述四种传感器一起工作,最终可产生一个高频连续输出的高精度位置与速度,但多传感器时间不同步将会对定位质量造成不可忽视的负面影响。以下就时间同步误差对视觉和 IMU 融合定位的影响展开分析。

　　如图 11.6 所示,在路口红灯停车场景中自车由远及近减速行驶,目标是在停止线位置实现舒适停车。在此过程中图像通过观测自车周围路标并与地图中对应元素相匹配实现高精度定位。由于视觉定位帧率较低,因此在视觉定位帧之间通过 IMU 积分推算自车相对前序时刻的自车位姿。当时间同步性能较好时,在某一特定时刻视觉定位结果和 IMU 位姿估计结果与该时刻自车的真实位姿非常接近,下游的规划控制模块能得到离停止线较为准确的距离信息,可以实现舒适停车的目标。当 IMU 时间同步精度较差而图像时间同步正常时,IMU 信息需要参与计算的真实时刻比获取的真实时刻要晚,IMU 的定位结果跟视觉定位结果相比会出现明显的迟滞。一方面在做定位融合时容易将时间误差带进最终

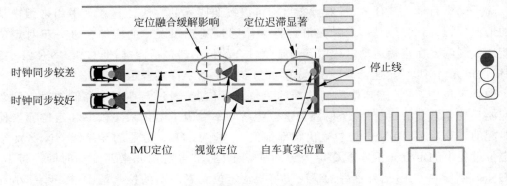

图 11.6　路口红灯停车场景中时间同步对定位的影响

的融合定位结果中,严重时甚至会出现无法融合的情况。另一方面考虑到视觉定位频率较低,在下一帧视觉定位结果带来依赖 IMU 的定位结果,迟滞易导致在停止线附近出现位置误判,车辆继续前进越过停止线并进一步带来闯红灯的险情。

类似问题在过弯道场景中也容易发生。如图 11.7 所示,自车从直道驶入弯道,目标是保持车道并舒适转向。由于 IMU 定位迟滞,自车进入弯道后尚未觉察到需要及时做出航向变化,进而导致转向过晚,车辆向弯道外部飘,严重时容易使自车偏出车道并撞向路沿。

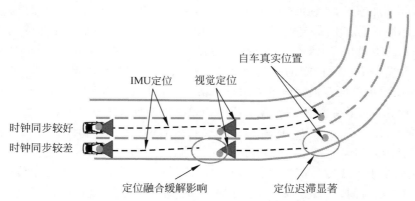

图 11.7 过弯场景中时间同步对定位的影响

下面就定位对时间同步性能需求做定量的计算。时间误差对定位带来的影响跟自车速度呈线性关系,车速越高对定位影响越大,如式(11-8)所示。

$$E_{\text{loc-time}} = v_{\text{ego}} \times \Delta t_{\text{loc-sensor}} \tag{11-8}$$

$$\Delta t_{\text{loc-sensor}} \leqslant \frac{E_{\text{loc-time}}}{v_{\text{ego}}} \tag{11-9}$$

其中,$\Delta t_{\text{loc-sensor}}$ 为定位用的传感器信息时间误差,$E_{\text{loc-time}}$ 为允许的因时间误差带来的定位误差,v_{ego} 为自车车速。根据经验对式(11-9)中的参数做合理假设,此处自车车速可取高速最大值(120km/h),根据定位精度需求(一般为 10cm)设定 $E_{\text{loc-time}}$,可推算出定位传感器信息的时间精度要求在毫秒级别,具体过程此处不详细展开论述。

综上所述,跟感知融合与定位融合的传感器信息时间精度均应该达到毫秒级别,涉及的传感器包括 Camera、Lidar、Radar、USS、IMU、GNSS&RTK、车载轮速计等。如不满足时间精度要求需要慎重使用,在与其他传感器信息融合时需要使用降低优先级。为获取精确的时间,需要根据传感器特点明确定义时间打戳的位置,确保该时间戳位置与捕捉到的真实世界信息时刻相对应。有了精确的时间,系统还需要保障在各信号传输过程中控制时间延迟。太晚拿到信号,算法来不及处理,系统来不及对自车进行正确的控制。自动驾驶系统软件中主要的视觉感知更新频率一般为 10~30Hz,定位模块更新频率则为 100Hz,因此需要传感器以至少相同的频率做更新,传输时延小于更新周期。

11.2.2 时间同步协议

自动驾驶系统架构中一般包含 GNSS 设备,系统中的各控制器主要通过以太网或 CAN 总线完成信息的传输。在设计自动驾驶系统的时间同步方案前,先介绍几种常用的时间同步协议:基于 GNSS 的 PPS(Pulse Per Second,秒脉冲),基于以太网的 PTP(Precision

Time Protocol,精确时间同步协议)和 gPTP(generalized Precision Time Protocol,广义精确时间同步协议),基于 CAN 总线的 CanTsyn 协议。

原子钟是目前最精确的时间测量仪器。原子在不同能级之间跃迁,当由高能级跃迁到低能级时会释放电磁波。对同一种原子来说,这种频率是固定的,且不受温度和压力影响,只与自身能量有关。物理学上称为共振频率。共振频率被用做产生时间信号的基本节拍,即丈量时间的基本单位。绝大多数自动驾驶系统配置了高精度 GNSS 接收机。GNSS 的导航卫星内置高精度原子钟,地面的接收机通过解算导航卫星信号可以获得超高精度的时钟信号。所以 GNSS 除了用来定位,还提供授时功能。当 GNSS 接收机在地球上某处同时接收到 4 颗以上的卫星信号时,通过解算可获得接收机系统时间与卫星原子钟之间的时间差,并通过该时间差校准接收机端的系统时间,完成 GNSS 的授时功能。因此,在自动驾驶系统中,GNSS 接收机是所有关联设备中的时钟精度最高的部件,经常被用做系统的时钟源。

有了时钟源需要将系统中的域控制器时钟跟时钟源同步起来,域控制器作为主时钟节点使用。如图 11.8 所示,在 t_0 时刻 GNSS 接收机向域控制器同时输出两路信号 PPS 和 GPRMC,两者的时间误差极小,在纳秒级别。注意 t_0 时刻为 GNSS 接收机中的整秒时刻。其中 PPS 是同步 PWM 脉冲信号,频率为 1Hz,脉宽为 5~100ms,通过硬线传输。GPRMC 是一条包含 UTC 时间,以及经纬度定位数据等信息的标准格式时间同步报文,通过标准的串口传输。由于 PPS 信号是通过硬件传输,域控制器接收和处理信号的时延极低,在纳秒级别,可以忽略不计。通过串口传输的 GPRMC 报文传输的波特率一般为 9600bit/s,其发送、接收和处理的时延在毫秒级别,不可忽略。因此 GNSS 接收机在 t_0 时刻同时发送 PPS 信号和 GPRMC 报文后,几乎在同一时刻主控制器就可接收到 PPS 信号,但在 t_1 时刻才确认接收到 GPRMC 报文。

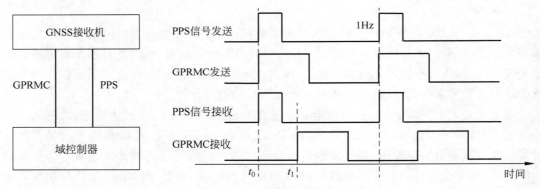

图 11.8 GNSS 和域控制器间的时间同步

在域控制器中,通过 GNSS 授时的时间同步操作如下。

(1)域控制器收到 PPS 信号后开始进行时间同步,将内部以晶振为时钟源的系统时间里的毫秒及以下时间清零。

(2)收到 GPRMC 数据后,提取报文里的 UTC 时间,包含年、月、日、时、分、秒;计算收到 PPS 信号到解析出 GPRMC 中 UTC 时间所用的时间间隔,即图中 t_1-t_0,此为秒以下的时间。

(3)再将秒以下的时间与 UTC 整秒时间相加,由此得到的时间即为本轮完成时间同步的时间。在下一次同步来临前,域控制器内的时间基于该时间用晶帧脉冲信号做累加。

(4) PPS 发送的是 GNSS 接收机内部的整秒信号,因此域控制器的时钟每秒与 GNSS 接收机同步一次。

自动驾驶系统是一个复杂的系统,关联的组件众多。上述通过硬线和串口进行信号传输的方法难以满足同时给多个组件或设备进行时间同步的要求。而以太网在车内的应用使基于以太网的时间同步协议得以大展拳脚。遵循 IEEE 1588 协议的 PTP(Precision Time Protocol)就是其中之一,其同步精度可以达到亚微秒级别。

PTP 是一种主从式的时间同步系统,采用硬件时间戳,可以大幅减少软件处理时间。同时 PTP 可运行在 L2 层(MAC 层)和 L4 层(UDP 层)。当运行在 L2 层网络时,PTP 直接在 MAC 层进行报文解析,不用经过四层 UDP 协议栈,从而大幅减少协议栈驻留时间,进一步提高时间同步精度。设备中运行 PTP 协议的网络端口称为 PTP 端口,PTP 主端口用来发布时间,PTP 从端口用来接收时间。

PTP 通过在主从设备之间交互同步报文,并记录下报文发送时间,从而计算网络传输延迟和主从设备间时钟的偏差。PTP 定义了四条同步报文:Sync、Follow_Up、Delay_Req、Delay_Resp。如图 11.9 所示,其详细的周期性过程如下。

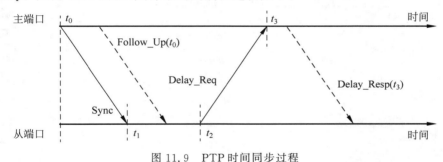

图 11.9　PTP 时间同步过程

(1) t_0 时刻主端口向从端口发送 Sync 报文,从端口在 t_1 时刻收到 Sync 报文后记录时间 t_1。

(2) 在 Sync 报文发送出去后主端口紧接着将 t_0 时间放到 Follow_Up 报文中发送给从端口,从端口收到此报文后得到 t_0,由此可得

$$t_1 = t_0 + t_{\text{net-latency}} + t_{\text{clock-deviation}} \tag{11-10}$$

其中,$t_{\text{net-latency}}$ 为网络传输时延,$t_{\text{clock-deviation}}$ 为主从端口所在设备的时钟偏差。

(3) t_2 时刻从端口向主端口发送 Delay_Req 报文,同步记录下该时刻。

(4) 主端口在 t_3 时刻收到 Delay_Req 报文记录,并立即将 t_3 时间放到 Delay_Resp 报文中发送给从端口,从端口收到 Delay_Resp 报文后得到 t_3,由此可得

$$t_3 = t_2 + t_{\text{net-latency}} - t_{\text{clock-deviation}} \tag{11-11}$$

联立式(11-10)和式(11-11)可得

$$\begin{cases} t_{\text{net-latency}} = \dfrac{1}{2}(t_3 + t_1 - t_2 - t_0) \\ t_{\text{clock-deviation}} = \dfrac{1}{2}(t_1 + t_2 - t_3 - t_0) \end{cases} \tag{11-12}$$

PTP 定义了三种时钟节点。边界时钟节点(Boundary Clock,BC):拥有多个 PTP 端口,其中一个用来同步上游设备时间,其余端口用来向下游设备发送时间。当边界时钟节点的上游时间同步设备是 GNSS 接收机时,此时的边界时钟节点就是一个主时钟节点。普通时钟节点(Ordinary Clock,OC):只有一个 PTP 端口,用来同步上游时钟节点的时间。透明时钟节点(Transparent clock,TC):具有多个 PTP 端口,接收并转发时间,不进行协议解析,内部不参与时间同步。

如图 11.10 所示,在整车网络架构中,与 GNSS 接收机直接连接的控制器即为主时钟节点,一般为自动驾驶系统中的域控制器。中央网关作为边界时钟节点通过车载主干网络向其他域发送时间。在其他域内,如果需要向域内其他网络做 PTP 时间同步,则对应的域控制器也为边界时钟节点,否则作为普通时钟节点即可。一般其他功能域内的通信以 CAN 总线为主,无法实现 PTP,因此各域控制器均为普通时钟节点。

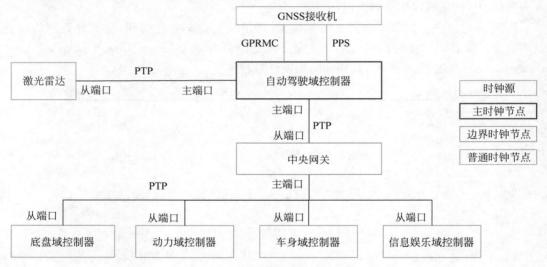

图 11.10　整车网络中的 PTP 时钟节点

PTP 在使用过程中有比较大的灵活性。在透明时钟节点存在的情况下,PTP 可以测量网络中任意两个控制器之间的传输时延。但当链路过长时,时延不再稳定可控,架构的灵活性也受到影响。PTP 除了可以工作在 MAC 子层,还可以工作在传输层。工作在传输层时,报文要经历协议栈缓存,以及操作系统调度的过程,这两个过程都会增加传输延时,且大小不可控。此外,PTP 在同步过程中,图 11.9 中的 Follow_Up 报文也可以省略,将 t_0 的时间信息直接包含在 Sync 报文中。但该方法对硬件有依赖,成本较高,不利于网络扩展和应用普及。

由于 PTP 过于灵活,在量产的车载网络环境下,为了得到更加稳定可靠的时间同步性能,gPTP(generalized Precision Time Protocol)成为更好的选择。gPTP 遵循 IEEE 802.1AS 协议,基于 PTP(IEEE 1588v2)协议进行了一系列优化:仅支持同步相邻节点之间的时钟,只能在 MAC 层工作,且必须包含 Follow up 报文。gPTP 的改进形成了更具有针对性的时间同步机制,可以实现微秒级别的同步精度。

gPTP 定义有两类报文,即事件类型报文(包括 Sync、Pdelay_Req、Pdelay_Resp)和一般类型报文(包括 Follow_UP、Pdelay_Resp_Follow_UP)。当设备 MAC 层接收或发送事件类型报文时,会触发硬件计数器进行采样,从而获得时钟振荡周期计数值,结合时钟振荡频率及基准时间,可获得此时的时间。一般类型报文仅用来携带信息,不会触发内部硬件计数器的采样操作。如图 11.11 所示,其详细的周期性过程如下。

(1)从 t_0 时刻开始主端口向从端口发送 Sync 报文,从端口在 t_1 时刻收到 Sync 报文后记录时间 t_1。

(2)在 Sync 报文发送出去后主端口紧接着将 t_0 时间放到 Follow_Up 报文中发送给从端口,从端口收到此报文后得到时间 t_0。

(3)t_2 时刻从端口向主端口发送 Delay_Req 报文,同步记录下该时刻。

(4)主端口在 t_3 时刻收到 Delay_Req 报文,记录下来并立即将 t_3 时间放到 Delay_Resp 报文中发送给从端口,从端口收到 Delay_Resp 报文后得到时间 t_3,并记录收到该条报文的时刻 t_5。至此前面的过程与 PTP 基本无异,可以通过式(11-12)计算得到主、从之间的时钟偏差和网络传输时延。

(5)主端口在发送 Delay_Resp 报文时记录发送时刻 t_4,并将该时间放到 Delay_Resp_Follow_Up 报文中发送给从端口,从端口收到此报文后得到时间 t_4。

(6)时间是基于晶振的振荡周期进行度量的,但是晶振并非绝对稳定,受温度等因素影响,振荡频率可能发生变化,振荡周期也会变得不准,继续使用原周期计数来计时会带来不可忽视的误差。gPTP 中通过频率同步的方式估算晶振的变化,并动态调整。为实现主、从设备间的频率同步,重复上述步骤(3)~(5)的过程,得到时间 t_6、t_7、t_8、t_9,因此可得频率比例 $R_{\text{timmer-freq}}$ 为

$$R_{\text{timmer-freq}} = \frac{t_8 - t_4}{t_9 - t_5} \tag{11-13}$$

(7)流程末尾对 $R_{\text{timmer-freq}}$ 进行判断,当其为 1 时说明主、从端口频率相同,如果大于 1 说明主端口走得快,如果小于 1 说明主端口走得慢。从端口根据频率比例的计算结果,调整自己的时基,从而获得正确的时间。

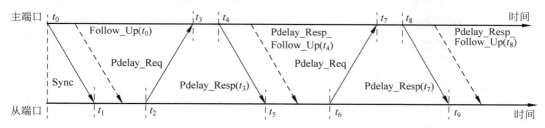

图 11.11　gPTP 时间同步过程

不同于 PTP,gPTP 中只定义了两种时钟节点。

(1)Time-aware end station:这类设备可以是系统内的主时钟,也可以是从时钟。

(2)Time-aware Bridge:它可以是主时钟,也可以仅仅是中转设备,类似传统的交换机连接网络内的其他设备。它需要接收主时钟的时间信息并将该信息转发出去,在转发前精确测量驻留时间,在转发时校正链路传输时延。

基于 gPTP 的整车网络时间同步方案,如图 11.12 所示。

前面讲解的 PTP 和 gPTP 均针对以太网实现时间同步。除了以太网,在车载网络架构

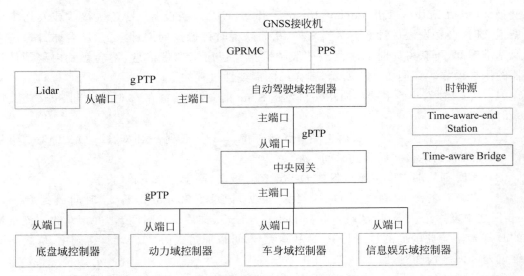

图 11.12 整车网络中的 gPTP 时钟节点

中还包含大量传统的通信总线。在车载控制器软件开放架构 AUTOSAR 中,根据不同的通信总线介质,定义了四种时间同步方案:针对 CAN 总线的 CAN TimeSync、针对 FlexRay 的 FR TimeSync、针对 Ethernet 的 Eth TimeSync,以及针对外设驱动的 CDD TimeSync 模块。这其中与自动驾驶功能域最相关的为车载 CAN 总线。下面对 CAN TimeSync 做简要讲解。CAN TimeSync(CanTSyn)定义了基于车载 CAN 总线的时间同步协议,处理 CAN 总线上的时间信息分发。一方面它以广播的形式将时间信息从 Master 节点(主节点)传输到各 Slave 节点(从节点),另一方面还可通过时间网关将时间同步到其他子网,以解决各 ECU 节点的硬件时钟信号偏差、CAN 总线传输时延等问题。

CanTSyn 协议中规定了两条时间同步报文:SYNC 和 FUP(Follow_up)。如图 11.13 所示,其详细的周期性过程如下。

(1) 从 t_0 时刻开始主节点向从节点发送 SYNC 报文,该报文中包含 t_0(s)的信息,即 t_0 时刻主节点时钟秒的部分。

(2) 从 SYNC 报文开始发送主节点实时监听报文发送状态,并在 t_1 时刻确认报文发送完成。

(3) 紧接着主节点又向从节点发送 FUP 报文,该报文中包含 t_1(ns)和 OVS 信息的信息。其中 t_1(ns)为 t_1 时刻主节点时钟除去秒剩余时间的部分,并以纳秒为单位。其中

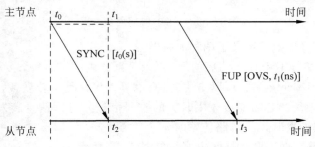

图 11.13 CanTSyn 时间同步过程

OVS 为 Overflow of Seconds，表征为从 t_0 时刻至 t_1 时刻走过的整秒数，如式（11-14）所示。

$$OVS = t_1(s) - t_0(s) \tag{11-14}$$

（4）从节点在 t_2 时刻确认收到 SYNC 报文，在 t_3 时刻确认收到 FUP 报文，在从节点可通过式（11-15）计算全局时间 t_{global}，即同步后的时间：

$$t_{global} = [t_0(s) + OVS + t_1(ns)] + (t_3 - t_2)(s) \tag{11-15}$$

11.2.3　时间同步方案

接下来根据前文对时间同步需求的分析结果，结合主流的时间同步协议，对自动驾驶系统的时间同步方案展开详细讲解。时间同步方案一般要考虑四个要素：统一时钟域、同步触发、精确打戳、时延控制，如图 11.14 所示。

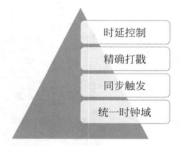

时钟域是指电子电器架构中由同一个时钟信号控制的区域。在一些较为简单的架构中只有一个时钟，所有的模块都从该时钟获取时间信息。当整个系统中各组成部分都包含时钟，且各组件都应用自身的时钟时，则系统包含多个时钟域。自动驾驶系统就是一个典型的多时钟域系统。系统中不同的控制器、传感器，甚至同一控制器中不同芯片都会有各自的时钟。时间同步的目的就是将系统中各组件的时钟域统一，让系统中所有组件在同一个时钟域中工作。

图 11.14　时间同步方案四要素

首先确定时钟源。在 11.2.2 节提到 GNSS 的时钟精度高并且稳定可靠，理所应当是自动驾驶系统中的最佳时钟源。自动驾驶车辆大部分时间运行在高楼林立的城市环境中，并且包含大量的地下停车场环境，因此不可能得到连续稳定的 GNSS 卫星信号。从实际使用环境上看，GNSS 的时钟并不是一个工程友好的选项。为解决这一问题，需要在自动驾驶系统内找到一个开机即启动且稳定可靠的时钟源。域控制器内 MCU 的 RTC（Real Time Clock）成为更好的选择，具体基于如下几方面的考虑。

（1）自动驾驶域控制器休眠唤醒时，MCU 几乎是瞬间启动，SoC 则需要等待一定的时间才能完成唤醒开始工作。

（2）传统车载通总线的信号进入域控制器后基本都连接至 MCU，时间同步链路较短，时延可控。

（3）MCU 配置的外部晶振性能决定了 MCU RTC 时间的性能，在一定时间内可以得到准确的累计时间，相对时间精度可达到 1ms。与此同时，在 GNSS 信号良好时，MCU 可以接收到整车网络中的 GNSS 绝对时间，即 UTC 时间。当系统需要用到绝对时间时，可以将相对时间和绝对时间做映射。

自动驾驶系统时钟域统一方案如图 11.15 所示。MCU 对域内时钟进行统一维护，其频率一般不小于 1Hz。从 MCU 往外延伸，时钟域统一的层级主要分为三个：自动驾驶域控制器内统一、自动驾驶域内统一、自动驾驶域外统一。

在域控制器内部，MCU 作为主端口通过以太网与 SoC 采用 gPTP 实现时间同步。

在自动驾驶域内，以太网链路上的组件都通过 gPTP 实现时间同步，如 GNSS&IMU（其中 IMU 有可能是独立的控制器）、激光雷达。域内通过 CAN 总线通信的组件都通过 CanTSyn 进行同步，如毫米波雷达控制器、USS 控制器，以及通过 CAN 总线接入域控制器的

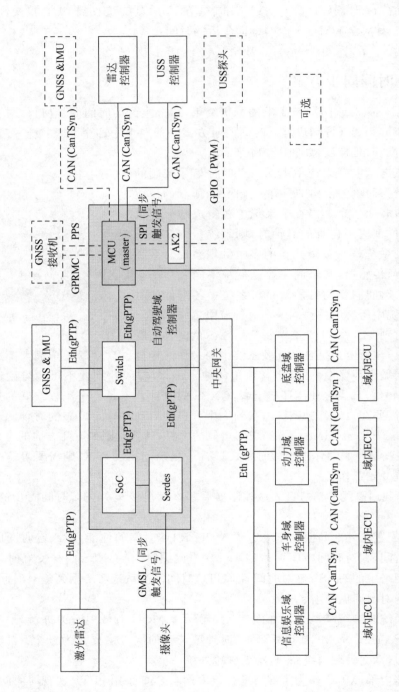

图 11.15 自动驾驶系统时钟域统一方案

GNSS&IMU控制器。当不支持CanTSyn时,则采用在MCU端接收到报文时打上RTC时间戳作为解决方案。部分自动驾驶域架构中,USS探头直接接入域控制器,此时采用在MCU端接收到报文时打上RTC时间戳作为解决方案。

在自动驾驶域外,采用以太网链路通信的组件采用gPTP实现同步,CAN总线通信的组件通过CanTSyn进行同步。当不支持CanTSyn时,则采用在MCU端接收到报文时打上RTC时间戳作为解决方案,如四轮轮速信号。需要特别提及的是,在整车传统的功能域内(如车身域、底盘域、动力域、信息娱乐域),一般因时间同步要求较低,相关CAN网段极少支持CanTSyn。

自动驾驶域控制器出现故障后,MCU无法继续完成对整个系统时钟域的统一管理。各模块(控制器传感器)按照故障前的时间值累计,各自维护。

在域控制器中,自动驾驶软件流程是逐帧完成的。每一帧的计算过程中,系统会根据感知模块和地图定位模块的输出结果构建某一时刻的虚拟世界。为保证虚拟世界的真实性,希望每一帧参与虚拟世界构建的信息产生在相同时刻,尤其是对参与融合的传感器数据。为实现此目标,一般采用同步触发的方法使传感器尽可能在同一时刻产生原始信号。同步触发的类型又分为软件同步触发和硬件同步触发,具体如表11.1所示。

表11.1　传感器同步触发方案

触发类型	应 用	具 体 方 案
软件同步触发	激光雷达	激光雷达可以根据内部时间进行触发,并通过设置偏移量实现触发时间偏移的控制。多激光雷达通过gPTP跟主端口完成时间同步后,在每个激光雷达的软件内,即可根据同步好的时间在某一时刻同步触发激光的发射和点云的采集
	4D毫米波雷达	部分新型的4D雷达目前也是通过以太网接入自动驾驶系统中,跟激光雷达类似,可支持软件同步触发
硬件同步触发	摄像头	摄像头通过LVDS接入域控制器。对于需要同步触发的摄像头,可使用SoC上某一个GPIO输出同步脉冲PWM信号。依据该信号同时触发多个摄像头的曝光
	超声波雷达(USS)	USS通过GPIO接入域控制器时,对于需要同步触发的USS,使用MCU的某一个GPIO输出同步脉冲PWM信号。依据该信号同时触发多个USS探头的声波轮询发射和回波接收。注意,对于带编码的探头可同时发射声波和接收回波

有了统一的系统时钟域并实现同步触发后,需要确定系统中每个组件对外输出信息产生的准确时间。因此,在系统各组件运行过程中,需要选择恰当的时机给信息打上时间戳,详细策略如表11.2所示。

表11.2　自动驾驶系统输入信号时间戳策略

信 号 源	时间打戳策略
摄像头	SoC在硬件同步信号发出的时刻打上初始时间戳,并通过摄像头的基本信息计算图像中心点曝光时刻,作为图像最终的时间戳。基本信息包括像素时钟频率、像素总行数、每行像素数量、触发信号周期、脉宽、极性等
激光雷达	激光雷达内部通过激光器发光时刻、发光时刻偏移量,结合扫描规则可以计算出每个点云的时间戳。将激光扫描中心点时刻作为该帧激光点云数据的时间戳

信　号　源	时间打戳策略
毫米波雷达	当雷达支持 CanTSyn 时,完成时间同步后在雷达内部实现打时间戳,打戳位置为天线发波时刻。当雷达不支持 CanTSyn 时,在 MCU 内部收到雷达报文时打戳
超声波雷达	方案 1:USS 控制器 CAN 总线接入,如支持 CanTSyn,完成时间同步后在 USS 内部实现打时间戳。对于测距功能,打戳位置为探头发波时刻。对于空间车位和障碍物轮廓探测功能,打戳位置为首次确定目标的时刻。如不支持 CanTSyn,则在 MCU 收到 USS CAN 报文时进行时间打戳。 方案 2:USS 通过 GPIO 接入域控制器,则在 MCU 内部完成时间打戳。对于测距功能,打戳位置为同步信号触发探头发波时刻。对于空间车位和障碍物轮廓探测功能打戳位置为首次确定目标的时刻
惯性单元(IMU)	IMU 控制器内对 IMU 信号完成时间打戳,打戳位置为加速度及角速度测量时刻
GNSS&RTK	在 GNSS 接收机内部完成时间打戳,打戳位置为 GNSS 位置解算的起始时刻。此时的时间戳是 UTC 时间,需要与本地时间域(即 MCU 的 RTC)做映射
车载轮速计	该信号一般是底盘域通过 CAN 总线发送到域控制器,不支持 CanTSyn,在 MCU 内部收到轮速 CAN 报文时进行时间打戳
整车其他域信号	一般不支持 CanTSyn,在 MCU 内部收到 CAN 报文时进行时间打戳

有了统一的时间域和准确的时间确定策略后,为保障自动驾驶系统核心软件及时地获取需要的信息,应当尽可能控制信号获取、信号处理,以及传输过程中每个阶段的时间延迟。时延的产生主要来源于几方面:原始信号解算时延、总线传输时延、转发处理时延、软件应用层计算时延。在系统架构设计时需要将信号放到合适的位置解算,避免无效数据的传输,避免重要信号的传输路径过长,并在软件应用层做尽可能多的优化。

11.3　传感器标定

自动驾驶系统中包含了多种类型的传感器。它们为系统软件提供了非常丰富的环境观测信息和自车运行状态信息。在系统应用传感器信息过程中,有一项重要工作就是计算自车位姿,以及自车与周围环境、其他交通参与者的相对位姿和运动关系。为描述这些复杂的时间和空间关系,一般先将所有传感器的信息转换到自车坐标系下,构建出完整的世界模型,以供下游软件使用。坐标系转换过程一般分为两个步骤:将传感器信息转换至用三维直角坐标系表达的传感器坐标系;将所有传感器坐标系统一至以车辆后轴中心为原点的车辆坐标系。

如图 11.16 所示,不同的传感器信息有不同的表达方式,这些信息转换到传感器坐标系过程中使用的参数称为传感器的内部参数,简称“内参”。接下来讲解不同传感器内部的坐标系转换方式。

摄像头工作原理:在摄像头触发曝光的情况下,环境中的光线通过镜头照射到感光元件上产生数字信号,每一帧信号组合成为一张二维图像,像素分布在 ouv 坐标系中。视觉相关的算法主要任务是将目标像素集合或目标框提取出来,然后转换至三维的摄像头坐标系 $O_CX_CY_CZ_C$ 中。例如,将图中 p' 点反投影到 p 点。此过程需要构建摄像头成像模型和

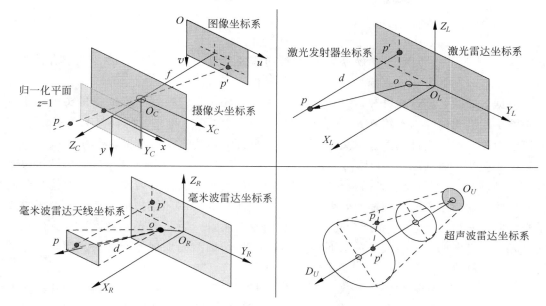

图 11.16　传感器信息转换至三维直角坐标系

畸变模型,精确描述图像坐标系中像素和摄像头坐标系中对应三维空间目标物之间的关系,如式(11-16)所示:

$$
\begin{bmatrix} u_p \\ v_p \\ 1 \end{bmatrix} = \begin{bmatrix} f_x & 0 & c_x \\ 0 & f_y & c_y \\ 0 & 0 & 1 \end{bmatrix} \begin{bmatrix} x_p \\ y_p \\ 1 \end{bmatrix} = \begin{bmatrix} f_x & 0 & c_x \\ 0 & f_y & c_y \\ 0 & 0 & 1 \end{bmatrix} \begin{bmatrix} \dfrac{X_p}{Z_p} \\ \dfrac{Y_p}{Z_p} \\ 1 \end{bmatrix}
\tag{11-16}
$$

其中,f_x、f_y 分别为归一化平面 x 方向和 y 方向焦距的像素表示,(c_x,c_y) 为光轴在图像坐标系中的偏移量,p 点在图像坐标系中的坐标为 (u_p,v_p),在摄像头坐标系中的坐标为 (X_p,Y_p,Z_p),在摄像头归一化平面的坐标为 (x_p,y_p)。

对式(11-16)做个小的变化:

$$
\begin{bmatrix} u_p \\ v_p \\ 1 \end{bmatrix} = \frac{1}{Z_p} \begin{bmatrix} f_x & 0 & c_x \\ 0 & f_y & c_y \\ 0 & 0 & 1 \end{bmatrix} \begin{bmatrix} X_p \\ Y_p \\ Z_p \end{bmatrix} \stackrel{\text{def}}{=} \frac{1}{Z_p} \boldsymbol{K} \boldsymbol{p}_s
\tag{11-17}
$$

其中,$\boldsymbol{K}$ 为摄像头的无畸变内参矩阵,$\boldsymbol{p}_s$ 表示 p 点在摄像头坐标系中的坐标向量。考虑到因为镜头加工工艺和摄像头组装工艺一般会带来畸变,此处加入 Radtan 畸变模型,可得式(11-18)和式(11-19):

$$
\begin{cases}
x_{p\text{-distortion}} = x_p \times (1 + k_1 \times r^2 + k_2 \times r^4 + k_3 \times r^6) + 2 \times p_1 \times x_p \times y_p + p_2 \times (r^2 + 2 \times x_p^2) \\
y_{p\text{-distortion}} = y_p \times (1 + k_1 \times r^2 + k_2 \times r^4 + k_3 \times r^6) + 2 \times p_2 \times x_p \times y_p + p_1 \times (r^2 + 2 \times y_p^2) \\
r^2 = x_p^2 + y_p^2
\end{cases}
$$

$$
\tag{11-18}
$$

$$\begin{cases} u_p = f_x \times x_{p\text{-distortion}} + c_x \\ v_p = f_y \times y_{p\text{-distortion}} + c_y \end{cases} \tag{11-19}$$

其中, k_1、k_2、k_3 为径向畸变参数, p_1、p_2 为切向畸变参数。该处内容在 10.4.3 节有类似的讲解。

根据上面的计算过程可知,将摄像头采集到的图像信息转换到三维的摄像头坐标系过程中除了用到无畸变内参矩阵 $\boldsymbol{K}$,还会用到畸变参数 $P_{\text{distortion}} = [k_1, k_2, k_3, p_1, p_2]$。由于畸变参数跟摄像头组件和工艺相关,工程应用时也常常将其归属到内部参数的类别。

激光雷达工作的原理:利用可见光和近红外光发射一个信号,经目标反射后被接收系统收集,然后通过测量反射光的运行时间确定目标的距离。激光发射器或者反射镜片随时间周期性运动产生激光束扫描的效果,由此激光雷达得到周围环境扫描的点云。由于激光呈直线向外发射(由于空气密度变化产生的折射忽略不计),因此激光发射器采集到的点是在激光发射方向的一维射线坐标系下,如图 11.16 所示的激光发射器坐标系。激光雷达的内部参数要解决的是将特定时刻激光发射器探测到的点从一维射线坐标系转换到三维的激光雷达坐标系。这里的内部参数包括激光发射器的安装位置、朝向、发射器/镜片和激光雷达主体的运动关系等。目前多数激光雷达厂商都是直接将采集的激光点云先转换到三维的激光雷达坐标系下再输出。因此,在自动驾驶系统使用该传感器时,几乎不会用到其内部参数,故此处不详细展开讲述。

毫米波雷达工作的原理:通过内置天线把毫米波发射出去,接收环境中物体的回波,根据收发的时间差测得目标的位置和相对距离,同时利用多普勒效应根据收发信号的频率差得到目标物与雷达的相对运动速度。毫米波雷达对目标位置的识别除了距离,另一个关键参数是方位角。方位角的分辨率受限于天线波束宽度、传感器发射阵元个数、MIMO(Multiple Input Multiple Output)处理策略等因素。因此针对某一个特定单位分辨率的方位角范围,目标点是在波束发射方向的一维坐标系下,如图 11.16 所示的毫米波雷达天线坐标系。毫米波雷达的内部参数要解决的是将特定方位角范围探测到的点从一维射线坐标系转换到三维的毫米波雷达坐标系。这里的内部参数包括天线布置位置、朝向、MIMO 策略等。与激光雷达类似,目前多数毫米波雷达厂商是直接将采集到的信息先转换到三维的毫米波雷达坐标系下再输出。一般直接输出结果为极坐标系,需要转换至直角坐标系下再使用。因此在自动驾驶系统使用该传感器时几乎不会用到其内部参数,故此处不详细展开讲述。

超声波雷达的工作原理:通过探头向周围发射声波,声波在空气中传播,遇到障碍物会折回,传感器通过对回波信号进行处理和分析,通过声波飞行时间计算障碍物距离,利用多探头的信号收发,通过三角定位把不同探头检测到的距离转换为位置坐标。对于单探头而言,检测范围是以探头为起点一定距离内向外扩散的锥桶范围。出现在检测范围内的任何物体仅能得到与探头之间的距离值。因此针对单探头,目标物是在声波发射方向的一维坐标系中,该坐标系即为单探头的超声波雷达坐标系。

各类传感器的信息最终统一至车辆坐标系下,如图 11.17 所示。坐标系统一的过程即是不同传感器下的信息从传感器坐标系向车辆坐标系变换的过程。所有传感器和车辆都为刚体,坐标系之间只有空间位姿的不同。坐标系变换由一个平移和一个旋转组成,一般称为欧氏变换。假设空间中点 p，在某传感器坐标系下的位姿由向量 $\boldsymbol{p}_s$ 表示，在车辆坐标系下的位姿由向量 $\boldsymbol{p}_v$ 表示，则有

$$\boldsymbol{p}_v = \boldsymbol{R}_{vs}\boldsymbol{p}_s + \boldsymbol{t}_{vs} \tag{11-20}$$

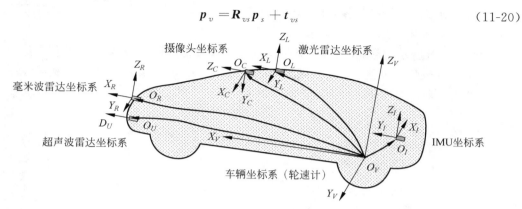

图 11.17 传感器坐标系统一至车辆坐标系

其中，$\boldsymbol{R}_{vs}$ 为从传感器坐标系变换到车辆坐标系的旋转矩阵，$\boldsymbol{t}_{vs}$ 为从传感器坐标系变换到车辆坐标系的平移矩阵。在三维坐标系中，平移矩阵包含 X、Y、Z 三个方向的平行移动距离，有三个自由度。旋转矩阵则包含 3×3 个元素，但由于三个坐标轴相互垂直，只有其中 3 个元素是独立的，一共是三个自由度，其物理意义是绕 X、Y、Z 三个轴的旋转角度。为了在连续坐标系变换过程中更方便，一般在式(11-20)中引入齐次坐标，其中 $\boldsymbol{T}$ 为包含平移和旋转的变换矩阵。

$$\begin{bmatrix} \boldsymbol{p}_v \\ 1 \end{bmatrix} = \begin{bmatrix} \boldsymbol{R}_{vs} & \boldsymbol{t}_{vs} \\ 0^T & 1 \end{bmatrix} \begin{bmatrix} \boldsymbol{p}_s \\ 1 \end{bmatrix} \overset{\text{def}}{=} \boldsymbol{T} \begin{bmatrix} \boldsymbol{p}_s \\ 1 \end{bmatrix} \tag{11-21}$$

根据上面的分析过程可知，将传感器坐标系的信息变换到车辆坐标系过程中用到的外部参数为变换矩阵。该矩阵中一共包含 3 个平移参数和 3 个旋转参数，假设这 6 个参数为 $[t_X, t_Y, t_Z, \text{roll}, \text{pitch}, \text{yaw}]$。于是有

$$\boldsymbol{R}_{vs} = \boldsymbol{R}_{vs-Z}(\text{yaw})\boldsymbol{R}_{vs-Y}(\text{pitch})\boldsymbol{R}_{vs-X}(\text{roll})$$

$$= \begin{bmatrix} \cos(\text{yaw}) & -\sin(\text{yaw}) & 0 \\ \sin(\text{yaw}) & \cos(\text{yaw}) & 0 \\ 0 & 0 & 1 \end{bmatrix} \begin{bmatrix} \cos(\text{pitch}) & 0 & \sin(\text{pitch}) \\ 0 & 1 & 0 \\ -\sin(\text{pitch}) & 0 & \cos(\text{pitch}) \end{bmatrix} \begin{bmatrix} \cos(\text{yaw}) & -\sin(\text{yaw}) & 0 \\ \sin(\text{yaw}) & \cos(\text{yaw}) & 0 \\ 0 & 0 & 1 \end{bmatrix}$$

$$\tag{11-22}$$

$$\boldsymbol{t}_{vs} = \begin{bmatrix} t_X & t_Y & t_Z \end{bmatrix} \tag{11-23}$$

为保障从传感器获取的信息经过多次坐标变换后仍能继续准确地表征其在真实世界的实际位姿，需要以高精度的传感器内部参数和外部参数为前提。因此自动驾驶系统在使用传感器前必须先解决多传感器的标定问题。

11.3.1 标定需求分析

在设计传感器标定方案前，有必要先深入分析标定的需求。标定需求分两方面：标定内容和标定精度。标定内容即内部参数和外部参数。由于摄像头的内部参数在自动驾驶系统软件中用得较多，而对不同传感器外部参数的应用几乎一致。本节主要以摄像头为例

分析内/外参数的精度需求。

在坐标系转换过程中,摄像头内部参数和外部参数的误差最终都会累积到基于车辆坐标系的目标位姿上。以终为始,先分析视觉感知目标检测误差,通过视觉感知目标检测误差需求反向推导内/外参的精度需求。

如图 11.18 所示,根据光线在进入镜头前沿直线传播的特点,视觉感知目标的位置一般用模长 d 和方位角 θ 表达,误差分别为 Δd 和 $\Delta\theta$,其中模长误差经常用比例表示 $r_{\Delta d} = \Delta d/d$,检测结果是在扇环区域内的落点集合 G_s:

$$G_s = \{ p_s \mid p_s = \text{Function}(d,\theta,r_{\Delta d},\Delta\theta) \} \tag{11-24}$$

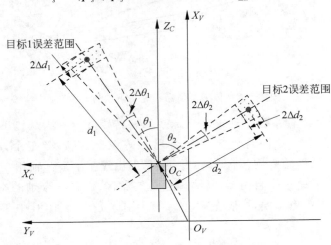

图 11.18 视觉感知目标检测误差表征方式

误差分析的目标是构建误差传播模型,得到无畸变内参矩阵、畸变参数和外部参数与视觉感知目标检测误差的关联关系:

$$\text{Error}(K,T,P_{\text{distortion}}) = \text{Function}(r_{\Delta d},\Delta\theta) \tag{11-25}$$

如图 11.19 所示,将无畸变内参矩阵和畸变参数分别拆开分析。为简化分析过程减去一个维度,忽略 Y 方向,剩下的 Z 方向和 X 方向仍然可以较好地展现摄像头特性。

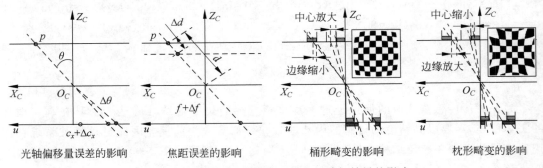

图 11.19 摄像头内部参数和畸变对感知结果的影响

先看光轴偏移量误差的影响。结合式(11-16)可知,光轴偏移量 c_x 出现误差 Δc_x 时影响的是真实世界中目标的 X_C 坐标,同理可以推断出 Δc_y 影响 Y_C 方向坐标。两者进一步使目标方位角产生误差,但不影响目标在真实世界和图像上的投影关系,即影响 $\Delta\theta$,但不影

响 Δd。当 Δc 大于 0 时，感知目标的方位角往摄像头光轴中心偏移，反之则往远离光轴的方向偏移。因此，方位角误差计算方式为

$$\Delta\theta = \arctan r_p - \arctan r_{p\text{-with-error}} \tag{11-26}$$

$$\begin{cases} r_p^2 = x_p^2 + y_p^2 = \left(\dfrac{u_p - c_x}{f_x}\right)^2 + \left(\dfrac{v_p - c_y}{f_y}\right)^2 \\[3mm] r_{p\text{-with-error}}^2 = \left(\dfrac{u_p - c_x - \Delta c_x}{f_x}\right)^2 + \left(\dfrac{v_p - c_y - \Delta c_y}{f_y}\right)^2 \end{cases} \tag{11-27}$$

其中，(x_p, y_p) 为点 p 在摄像头归一化平面的坐标。又联立式(11-26)和式(11-27)，可得

$$\Delta\theta = \arctan\sqrt{\left(\frac{u_p - c_x - \Delta c_x}{f_x}\right)^2 + \left(\frac{v_p - c_y - \Delta c_y}{f_y}\right)^2} - \arctan\sqrt{\left(\frac{u_p - c_x}{f_x}\right)^2 + \left(\frac{v_p - c_y}{f_y}\right)^2}$$

$$\tag{11-28}$$

接下来看焦距误差的影响。同样结合式(11-16)，可知焦距误差 Δf 带来 f_x 和 f_y 的等比例变化，并进一步带来 x_p 和 y_p 的等比例缩放，因此可得式(11-29)，并可判定焦距误差会带来感知目标的模长误差，对方位角则无影响，即影响 $r_{\Delta d}$，不影响 $\Delta\theta$。Δf 大于 0 时，感知目标的模长变长，并往远离摄像头的方向偏移，反之则往靠近摄像头的方向偏移。因此，模长误差比例为

$$r_{\Delta d} = \frac{d \times \dfrac{\Delta f}{f}}{d} = \frac{\Delta f}{f} \tag{11-29}$$

最后看畸变的影响。畸变对感知的影响是一个多因素耦合的过程，拆分畸变参数做分析并无物理意义。此处对 10.4.3 节所述的两种畸变类型分开讲解它们对感知的影响。

桶形畸变的特点：真实世界的元素向图像边缘扩散，图像中心目标物的像素密度与畸变前相比增大了，图像边缘目标物的像素密度则减小了。在不考虑畸变的情况下，将图像边缘的目标物转换到摄像头坐标系，得到的结果会比实际目标要小，即被压缩。图像中心的目标刚好与之相反。因此，桶形畸变下，如无去畸变的操作，图像中各处目标计算得到的位置比实际位置离光轴更远，即目标的方位角 θ 会变大。

枕形畸变的特点：真实世界的元素向图像中心挤压，图像中心目标物的像素密度与畸变前相比减小了，图像边缘目标物的像素密度则增大了。在不考虑畸变的情况下，图像边缘的目标物转换到摄像头坐标系后的结果会比实际目标大，即被拉伸。图像中心的目标刚好与之相反。因此，枕形畸变情况下，如无去畸变的操作，图像中各处目标位置比实际位置离光轴更近，即目标的方位角 θ 会变小。

考虑到视觉感知算法往往会引入不同类别目标物大小的先验信息，根据近大远小的原则，图像中识别到的目标物大小往往也会影响真实世界中对应目标物的模长估计。因此如果畸变模型不准确或不考虑畸变，也可能对目标物检测的模长带来误差。

综上所述，摄像头内部参数对视觉感知结果的影响是，光轴偏移量误差会引入方位角误差；焦距误差会引入模长误差；畸变参数误差则对方位角会产生影响，在某些情况下对模长也可能有影响。其中光轴偏移量误差和焦距误差比较容易关联到最终感知结果误差上，但对畸变参数来说则比较难。一方面各畸变参数对感知结果的影响不正交，误差限值难以合理地分解到各参数中。另一方面畸变参数本身是拟合出来的结果，不可测量。这就

意味着单个畸变参数的误差不可获知。因此需要找到其他的合理方式来衡量畸变参数的精准度。

回归到第一性原理,光轴偏移、焦距以及畸变参数用于计算目标在图像坐标系和摄像头坐标系之间的转换关系。对于某一目标物,直接比较其真实投影结果和计算投影结果的差值,即可得到所有内部参数产生的耦合误差。然后限定该误差范围,即可限定内部参数的精度。该过程一般称为重投影过程,得到的耦合误差为重投影误差。如图11.20所示(为简化分析过程,去掉Y轴),重投影的方法一般有如下两种。

(1) 重投影到图像上:在摄像头坐标系下已知空间中点 $p(X_p, Z_p)$,该点在图像上的真实投影点为 p',与此同时,使用 (X_p, Z_p)、无畸变内参矩阵、畸变参数可以计算得到重投影点 $p'_{\text{reprojection}}$,重投影误差即为 $p'_{\text{reprojection}} - p'$。

(2) 重投影到真实世界:该方法同样使用 (X_p, Z_p)、无畸变内参矩阵和畸变参数,与投影到图像上不同的是,该方式是将 p' 重新投影回摄像头坐标系得到重投影点 $p_{\text{reprojection}}$,重投影误差为 $p_{\text{reprojection}} - p$。

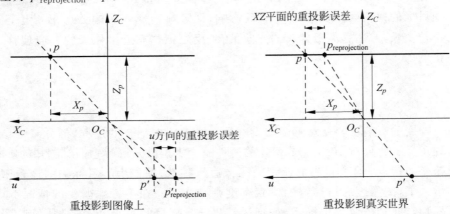

图 11.20　摄像头重投影误差的原理

图像中的点 p' 投影到真实世界过程中,需要对点 p 的深度进行估计。该步骤容易带入深度估计误差。因此,重投影到图像的方法应用更加广泛。接下来对该方法进行定量分析。

重投影误差同时受所有内部参数的影响。对于光轴偏移量来说,其误差直接附加在重投影误差上:

$$\begin{cases} \Delta u_{p-c} = \Delta c_x \\ \Delta v_{p-c} = \Delta c_y \end{cases} \tag{11-30}$$

假设重投影点 $p'_{\text{reprojection}}$ 的坐标是 (u'_p, v'_p),焦距误差对重投影误差的影响根据式(11-16)可得

$$\begin{cases} \Delta u_{p-f} = u'_p - u_p = (f_x + \Delta f_x) \times \dfrac{u_p - c_x}{f_x} + c_x - u_p \\ \Delta v_{p-f} = v'_p - v_p = (f_y + \Delta f_y) \times \dfrac{v_p - c_y}{f_y} + c_y - v_p \end{cases} \tag{11-31}$$

先暂时不考虑畸变,建立重投影误差感知结果中方位角误差的关系。假设重投影误差

实测结果为 Δu_p 和 Δv_p，类比式(11-28)，理论上的方位角偏差 $\Delta\theta$ 为

$$\Delta\theta = \tan^{-1}\sqrt{\left(\frac{u_p + \Delta u_p - c_x}{f_x}\right)^2 + \left(\frac{v_p + \Delta v_p - c_y}{f_y}\right)^2} - \tan^{-1}\sqrt{\left(\frac{u_p - c_x}{f_x}\right)^2 + \left(\frac{v_p - c_y}{f_y}\right)^2}$$

$$(11\text{-}32)$$

此时，在不考虑畸变的情况下，可根据式(11-30)～式(11-32)校核由光轴偏移量误差、焦距误差产生的重投影误差最终是否会导致感知方位角误差超出限制。

接下来讲解畸变因素。在归一化平面中有如下关系：

$$r_p = \sqrt{x_p^2 + y_p^2} = \tan\theta \tag{11-33}$$

其中，r_p 为点 p 和光心的距离，点 p 在归一化平面的坐标为 (x_p, y_p)，θ 为感知方位角。又假设在归一化平面中，点 p 和光心的连线与 X 轴的夹角为 φ_p，参考图 10.48 所示，由此可得

$$\begin{cases} x_p = r_p\cos\varphi_p = \tan\theta\cos\varphi_p \\ y_p = r_p\sin\varphi_p = \tan\theta\sin\varphi_p \end{cases} \tag{11-34}$$

引入畸变模型，联立式(11-18)和(11-34)可得

$$x_{p\text{-distortion}} = \cos\varphi_p\left[\tan\theta + k_1(\tan\theta)^3 + k_2(\tan\theta)^5 + k_3(\tan\theta)^7\right] +$$
$$\left[2p_1\cos\varphi_p\sin\varphi_p + p_2 + 2p_2(\cos\varphi_p)^2\right](\tan\theta)^2 \tag{11-35}$$

$$y_{p\text{-distortion}} = \sin\varphi_p\left[\tan\theta + k_1\times(\tan\theta)^3 + k_2\times(\tan\theta)^5 + k_3\times(\tan\theta)^7\right] +$$
$$\left[2p_2\cos\varphi_p\sin\varphi_p + p_1 + 2p_1(\sin\varphi_p)^2\right](\tan\theta)^2 \tag{11-36}$$

这里设定目标检测方位角误差允许范围为 $\Delta\theta_{\text{req}}$，反向推导重投影误差要求。引入 $\Delta\theta_{\text{req}}$ 后，归一化平面中 p 点的坐标转变为 $(x'_{p\text{-distortion}}, y'_{p\text{-distortion}})$。

于是可得

$$x'_{p\text{-distortion}} = \cos\varphi_p\left\{\tan(\theta + \Delta\theta_{\text{req}}) + k_1\left[\tan(\theta + \Delta\theta_{\text{req}})\right]^3 + k_2\left[\tan(\theta + \Delta\theta_{\text{req}})\right]^5 +$$
$$k_3\left[\tan(\theta + \Delta\theta_{\text{req}})\right]^7\right\} +$$
$$\left[2p_1\cos\varphi_p\sin\varphi_p + p_2 + 2p_2(\cos\varphi_p)^2\right]\left[\tan(\theta + \Delta\theta_{\text{req}})\right]^2 \tag{11-37}$$

$$y'_{p\text{-distortion}} = \sin\varphi_p\left\{\tan(\theta + \Delta\theta_{\text{req}}) + k_1\left[\tan(\theta + \Delta\theta_{\text{req}})\right]^3 + k_2\left[\tan(\theta + \Delta\theta_{\text{req}})\right]^5 +$$
$$k_3\left[\tan(\theta + \Delta\theta_{\text{req}})\right]^7\right\} +$$
$$\left[2p_2\cos\varphi_p\sin\varphi_p + p_1 + 2p_1(\sin\varphi_p)^2\right]\left[\tan(\theta + \Delta\theta_{\text{req}})\right]^2 \tag{11-38}$$

由式(11-19)可得重投影误差要求 $\varepsilon_{\text{reprojection-req}}$，其在 u 和 v 方向的分量分别为 $\Delta u_{p\text{-req}}$ 和 $\Delta v_{p\text{-req}}$。

$$\begin{cases} \varepsilon_{\text{reprojection-req}} = \sqrt{\Delta u_{p\text{-req}}^2 + \Delta_{p\text{-req}}^2} \\ \Delta u_{p\text{-req}} = f_x\left(x'_{p\text{-distortion}} - x_{p\text{-distortion}}\right) \\ \Delta v_{p\text{-req}} = f_y\left(y'_{p\text{-distortion}} - y_{p\text{-distortion}}\right) \end{cases} \tag{11-39}$$

联立式(11-35)～式(11-39)，即可得到 $\varepsilon_{\text{reprojection-req}}$ 与 $\Delta\theta_{\text{req}}$ 的关系式，此处不详细展开讲述。

自此，根据上述分析，得到感知的模长误差和方位角误差与光轴偏移角误差、焦距误差，以及重投影误差之间的数学关系。在工程项目中，结合视觉感知误差要求和摄像头的

规格,可以推导出摄像头所有内部参数的精度需求。其中畸变参数的精度范围无法分解到每一个单独的畸变参数上,需要将畸变参数误差带来的耦合结果转换到重投影误差上才能得以体现。

有了重投影误差的范围要求后,还需通过实验检查摄像头样品是否能满足要求。对重投影误差的测量方法如图 11.21 所示,在摄像头前方特定地点放置测试用图案。该地点需要保证一定的精度来确保在重投影落点计算时尽可能减少 X_p、Y_p、Z_p 的误差。实测时,得到图像后用角点检测算法提取到 p',与此同时,使用 (X_p, Y_p, Z_p)、无畸变内参矩阵、畸变参数计算得到重投影点 $p'_{\text{reprojection}}$,重投影误差即为 $p'_{\text{reprojection}} - p'$。考虑到镜头的畸变并不均匀,为验证畸变参数对图像各处都有准确的描述,在多次测量实验中变化摄像头和图案的相对位置,让图案布满整张图像,并对所有点的重投影误差取均方根 RMSE。

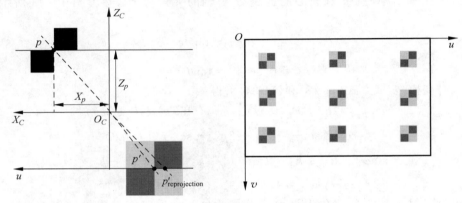

图 11.21　重投影误差测量方法示意

接下来分析外部参数与视觉感知目标检测结果之间的误差传播关系。根据式(11-21)可知,外部参数的误差主要由平移误差和旋转误差组成。如图 11.22 所示,在工程项目中,摄像头坐标系和车辆坐标系之间的变换矩阵同时耦合了两种误差。其中平移误差会对感知结果的模长和方位角同时产生影响,而旋转误差仅影响方位角。由于变化矩阵中的六个自由度相互正交,因此可以假设各轴相同的平移误差为 Δt_{XYZ},各轴相同的旋转误差为 $\Delta \theta_{RPY}$。根据式(11-21)~式(11-23),可得引入误差后点 p 在车辆坐标系的位置 p'_v:

$$
p'_v = \boldsymbol{R}_{vs\text{-}Z}(\text{yaw} + \Delta\theta_{RPY})\boldsymbol{R}_{vs\text{-}Y}(\text{pitch} + \Delta\theta_{RPY})\boldsymbol{R}_{vs\text{-}X}(\text{roll} + \Delta\theta_{RPY})\boldsymbol{p}_s +
$$
$$
\{\boldsymbol{t}_{vs} + [\Delta t_{XYZ} \quad \Delta t_{XYZ} \quad \Delta t_{XYZ}]\} \tag{11-40}
$$

由此可得,传感器外部参数与感知结果的模长误差和方位角误差(以 XY 平面中与 X 轴的夹角为例)的关系如下:

$$
\begin{cases}
r_{\Delta d} = \left| \dfrac{p'_v - p_v}{p_v} \right| \\[4mm]
\Delta\theta_{XY} = \tan^{-1}\dfrac{p'_v \cdot Y_p}{p'_v \cdot X_p} - \tan^{-1}\dfrac{p_v \cdot Y_p}{p_v \cdot X_p}
\end{cases} \tag{11-41}
$$

在数值计算时可以在一定范围内遍历 Δt_{XYZ} 和 $\Delta\theta_{RPY}$,查看 $r_{\Delta d}$ 和 $\Delta\theta_{XY}$ 的变化趋势,并检查是否满足感知结果的预期要求。

在实际工程项目中,做外参误差分析时,单点的评估是不够的,需要在传感器的 FOV

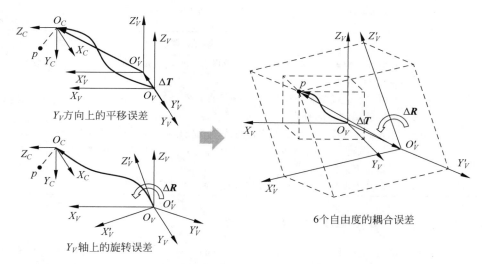

图 11.22 摄像头外部参数对感知结果的影响

范围内均匀采样,布满整个可能的探测空间,综合计算外参误差对最终感知误差的影响。除了理论推导方法,对外参误差的影响也可采用实验方法进行评估。以摄像头为例,用到该传感器数据的算法模块包含视觉感知、视觉在线建图、视觉定位,实现步骤如表 11.3 所示。

表 11.3 摄像头外参误差对不同算法模块影响评估实验步骤

算 法 模 块	实 验 步 骤
视觉感知	(1) 采集若干帧包含摄像头坐标系下的感知结果和摄像头的准真值外参,其中准真值外参可采用高精度标定手段获取。 (2) 使用区间采样的方法设计外部参数的扰动,例如设置平移误差区间为 0~50mm,旋转误差区间为 0°~5°,在区间内各采样 5 个点。 (3) 设计正交实验,针对每个外部参数每次取一个平移误差采样点或一个旋转误差采样点,将误差作为扰动附加在对应的外参上,遍历所有采样点和所有参数可以得到 n 组带扰动的外参组和。 (4) 针对每一帧感知结果,分别应用每一组外参组合完成坐标系转换,并与准真值外参组合的转换结果做对照。查看增加扰动后对最终感知结果的影响,即判断是否符合感知结果中模长误差和方位角误差的要求。 (5) 为节省计算时间,可采用分步采样的方式,即初期将采样密度降低,得到大致变化趋势后,在感兴趣区域再增加采样密度
视觉在线建图	(1) 采集若干组车辆连续行驶过程中的连续图像。 (2) 采用与上述视觉感知模块实验相同的方式对外参误差采样,并设计正交实验完成每一组连续图像数据的地图生成。 (3) 查看地图是否能正常生成,不能生成说明该组外参扰动过大。 (4) 将增加外参扰动后生成的多张地图的自车轨迹起点对齐,查看多张地图中轨迹变化趋势是否雷同,相比于真值(无扰动外参生成的地图),其他地图的轨迹误差放大趋势是否在可接受范围内。 (5) 为节省计算时间,同样可采用分步采样的方式完成所有实验

续表

算 法 模 块	实 验 步 骤
视觉定位	（1）采集若干组车辆行驶过程中的连续图像，每一组数据包含两条重复路段的轨迹，一条用于建图，一条用于定位。 （2）采用与上述视觉感知模块实验相同的方式对外参误差采样，并设计正交实验完成每一组连续图像数据的地图生成和定位过程。 （3）将增加外扰动后生成的定位轨迹切片处理（每隔一小段距离切割一次，如10m），将每个切片数据的定位起点与对应的真值对齐（真值即为无扰动的定位结果），比较扰动前后定位误差的变化趋势。 （4）为节省计算时间，同样可采用分步采样的方式完成所有实验

11.3.2　量产标定总体方案

从自动驾驶系统传感器标定需求上可以看到，标定任务需要覆盖内参标定和外参标定。其中内参标定主要涉及的传感器是摄像头，外参标定则涉及所有的传感器。本节先详细介绍主流的标定方法，再基于量产车的特点讲解量产标定方案。

对于摄像头内参标定，最著名的是张正友标定法，如图11.23所示。该方法既克服了摄影标定法需要的高精度三维标定物的缺点，又解决了自标定法健壮性差的难题，其实现步骤如下。

（1）制作平面棋盘格，将打印出来的棋盘格粘贴到平板上即可。

（2）用摄像头在不同角度下拍摄棋盘格平板，得到多张图像。

（3）检测棋盘格中的角点。

（4）用最大似然法求解并优化无畸变情况下的内/外参。

（5）用最小二乘法求解径向畸变参数。

（6）用最大似然法优化有畸变情况下的所有内/外参。

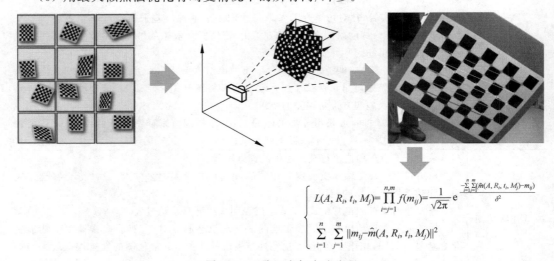

$$\begin{cases} L(A, R_i, t_i, M_j)=\prod_{i=j=1}^{n,m} f(m_{ij})=\frac{1}{\sqrt{2\pi}}\mathrm{e}^{\frac{-\sum\limits_{i}^{n}\sum\limits_{j}^{m}(\hat{m}(A, R_i, t_i, M_j)-m_{ij})}{\delta^2}} \\ \sum\limits_{i=1}^{n}\sum\limits_{j=1}^{m}\|m_{ij}-\hat{m}(A, R_i, t_i, M_j)\|^2 \end{cases}$$

图 11.23　张正友标定法流程

张正友标定法因使用简便，健壮性强，很快在全世界广泛内被采用，极大地促进了三维计算机视觉从实验室走向真实世界的进程。其详细推导过程此处不展开讲解，读者如感兴趣,可在网上找到相关参考资料。

　　自动驾驶系统的外参标定是一个典型的手眼标定问题,主要涉及各类传感器之间以及传感器与车辆坐标系之间的外部参数。如图 11.24 所示,手眼标定分为眼在手和眼在外两种形式。眼在手是指眼和手固定在同一个机器上,标定板则在机器之外。眼在外则是指手和标定板都安装在同一个机器上,眼则放置在机器之外。自动驾驶系统属于眼在手这种形式,接下来对眼在手的手眼标定原理展开讲解。

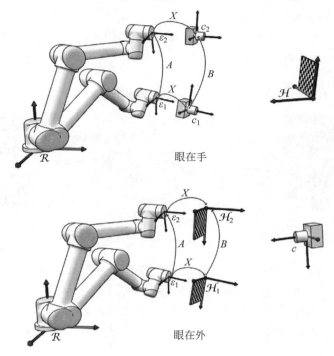

眼在手

眼在外

图 11.24　手眼标定原理

　　眼在手的手眼标定系统中需要求解手和眼的变换关系 $\boldsymbol{X}$,即图 11.24 所示的机械臂 $\boldsymbol{R}$ 末端机械手和摄像头之间的转换关系。假设初始时刻手和眼的位姿分别为 $\boldsymbol{\varepsilon}_1$ 和 $\boldsymbol{c}_1$,此时眼观测到标定板 $\boldsymbol{H}$,因此有

$$\boldsymbol{T}_H^R = \boldsymbol{T}_{\varepsilon_1}^R \times \boldsymbol{X} \times \boldsymbol{T}_H^{c_1} \tag{11-42}$$

其中,$\boldsymbol{T}$ 表示不同位置坐标系之间的变换矩阵。当标定板 $\boldsymbol{H}$ 摆放位姿经过精心设计,即 $\boldsymbol{T}_H^R$ 已知的情况下,由于 $\boldsymbol{T}_{\varepsilon_1}^R$ 和 $\boldsymbol{T}_H^{c_1}$ 为已知量,因此根据式(11-42)可以实现 $\boldsymbol{X}$ 求解。大多数情况下希望减少对标定板摆放位置的要求,也就是 $\boldsymbol{T}_H^R$ 未知。此时需要移动机械臂 $\boldsymbol{R}$,手和眼的位姿随之变化至 $\boldsymbol{\varepsilon}_2$ 和 $\boldsymbol{c}_2$,此时眼在此观测到标定板 $\boldsymbol{H}$,于是有

$$\boldsymbol{T}_H^R = \boldsymbol{T}_{\varepsilon_2}^R \times \boldsymbol{X} \times \boldsymbol{T}_H^{c_2} \tag{11-43}$$

　　联立式(11-42)和式(11-43),可得

$$\boldsymbol{T}_{\varepsilon_1}^R \times \boldsymbol{X} \times \boldsymbol{T}_H^{c_1} = \boldsymbol{T}_{\varepsilon_2}^R \times \boldsymbol{X} \times \boldsymbol{T}_H^{c_2} \tag{11-44}$$

$$\boldsymbol{T}_{\varepsilon_1}^{\varepsilon_2} \times \boldsymbol{X} = \boldsymbol{X} \times \boldsymbol{T}_{c_1}^{c_2} \tag{11-45}$$

$$AX = XB \tag{11-46}$$

其中，A 和 B 分别为手和眼在不同时刻各自的位姿变换关系。理论上机械臂运动一次即可完成 X 的求解。为提高求解精度，使机械臂连续运动，在多个位置得到手眼的位姿以及眼对标定板的观测。通过多次优化收敛误差能得到更高精度的求解结果。当摄像头的内部参数未知时，可在多个位置观测标定板并采用张正友标定法完成解算。

自动驾驶系统用到的传感器种类和数量都很多。其中摄像头和激光雷达的标定尤其复杂。与手眼标定问题类比，自车坐标系为手，传感器坐标系为眼。用类手眼问题的标定方案分为两个大类：有真值的标定方案和无真值的标定方案。有真值的标定方案需要搭建特定环境做支撑，求解过程计算量相对较小。无真值方案使用周围环境的特征即可，但约束条件少，计算量大。

图 11.25 所示为几种特定环境下的传感器标定方案。

高精度地图　　　　　　　精密标定室　　　　　　　精密平台

图 11.25　特定环境下的传感器标定方案

在高精度地图环境中，地图元素可被不同的传感器观测到。例如，激光雷达可以获得用于定位的激光点云以及其他可被激光雷达检测到的目标，摄像头可以获得用于定位的像素点云以及各类地面标识。基于高精度地图的标定步骤如下。

（1）在高精度地图中驾驶车辆行驶一段距离，采集所有传感器的原始数据，并做好时间同步。

（2）式（11-46）中的 A 对应车辆连续位姿，可以通过融合定位技术获得。求解开始前各传感器内/外参都有初始值，使用初始值即可实现自车在高精度地图中的定位。

（3）通过同一时刻对多个目标的观测，或者通过激光点云匹配和像素点云匹配，在车辆连续行进过程中可以解算出每一个感知传感器在地图中的位姿变化，即得到各感知用传感器在式（11-46）中的 B。与此同时，在车辆行进过程中利用 IMU 的输出信号可以对自身做航位推算，据此实现 IMU 的连续位姿估计，即得到 IMU 对应的 B。

（4）构建方程，求解各传感器的外参或者内参加外参。

（5）更新各传感器的内/外参，重复步骤（1）和（2）更新 A，重复步骤（3）和（4）更新传感器内/外参，如此往复，直至得到的结果收敛到一个极小的范围。

在实际工程项目中，应用高精度地图标定时，为保障部分传感器坐标系之间的转换精度，有些方案采取先优化传感器之间的变换矩阵，再统一求解传感器组与车辆坐标系之间的变换矩阵。例如，多个摄像头之间涉及图像拼接需优先保障其相互转换关系，摄像头和激光雷达之间涉及像素级融合需优先保障两者的转换关系。

与高精度地图的方案类似，在精密标定室方案中为满足多传感器的观测要求，在四周墙壁上布满特殊设计的观测目标。当车辆在精密标定室中运动时，可以通过对目标的观测实现自车定位,由此得到式(11-46)中的 A,同时观测本身又可以得到 B。将自车固定到标定室内特定位置时,自车位姿与四周图案的转换关系成为已知量,根据式(11-42),即可求解各传感器坐标系和车辆坐标系的转换关系。图 11.25 所示为多摄像头的观测标靶。

精密平台的标定方案同样与高精度地图的方案有相似之处,四周标定板为被观测对象。车辆固定在精密平台上,平台的精密旋转为已知量,即车辆的位姿变化 A 已知。在自车旋转过程中各传感器对周围标定板进行连续观测得到 B。因此根据式(11-46)即可求解各传感器坐标系和车辆坐标系的转换关系。图 11.25 所示为多摄像头的观测标靶。

通过上述分析可知特定环境下的传感器标定方案需要搭建特殊的标定场地:或是提前建立元素丰富的高精度地图,或是建立精密的标定室,或是准备精密的车辆旋转平台。这些方案对场地和设备的建设维护成本高。标定过程需要车辆在地图环境或精密标定室中行驶一段距离,或是在平台上完成缓慢旋转,标定数据采集的过程耗时明显。由于求解和迭代优化过程对计算资源有一定的需求,因此还需要耗费一定的计算时间才能得到高精度的标定结果。

如图 11.26 所示,第二大类方案为自然环境下的传感器标定。传感器对周围环境中的自然特征进行观测,并用轮速计估计车辆的位姿变化。标定解算的步骤如下。

(1)驾驶车辆在特征丰富的自然环境"绕圈/绕 8 字"连续行驶,中途尽可能不要有停顿,采集行驶过程中所有传感器的原始数据,并做好时间同步。

(2)车辆"绕圈/绕 8 字"的目的是让传感器对周围自然特征得以重复观测,并以此为基础对传感器自身的连续位姿做优化,具体计算过程 8.2 节有详细论述。

(3)通过轮速计对车辆做航位推算,据此获得式(11-46)中车辆的连续位姿 A。

(4)每一个摄像头都以视觉特征提取和匹配的方法实现自身位姿估计,激光雷达则通过应用点云配准算法实现自身位姿估计,IMU 通过对自身做航位推算,由此得到式(11-46)中各自的 B。

(5)从各传感器初始内/外参开始完成多轮迭代,直至内/外参变化收敛至极小的范围。

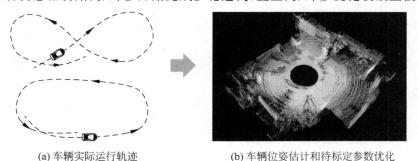

(a) 车辆实际运行轨迹　　　　　　(b) 车辆位姿估计和待标定参数优化

图 11.26　自然环境下"绕圈/绕 8 字"传感器标定

为获取更高的内/外参标定精度,很多研究工作致力于提高摄像头位姿估计的精准度。例如,将激光点云投影到图像参与目标跟踪的过程,或通过点云和图像做匹配来充分利用点云深度信息,或用摄像头实现稠密三维重建过程等。由此可知,自然环境下的标定方案要求周围环境具备丰富显著的静态特征元素,室内如墙面、柱子、各类箱柜等,室外如楼宇、房屋、各类牌杆等。由于环境并未刻意建设,因此难以标准化。在数据采集过程中,需要尽可能避免有动态目标出现。"绕圈/绕 8 字"需要耗费一定的时间。由于采集的数据量较大，数据的存储、传输也都耗时明显。标定参数求解和迭代优化流程比较复杂。以摄像头为例，需要分步实现图像的特征识别、特征跟踪和匹配、观测目标位姿优化、摄像头自身连续位姿优化，以及内/外参求解和优化。这些复杂的计算过程对算力资源需求很大，整个计算过程需要耗费较长时间。

自动驾驶传感器的内/外参标定除了抽象为手眼标定问题，对于摄像头的标定还可用基于灭点的方法来解。摄像头是通过透视投影变换来将 3D 场景转换为 2D 图像。在投影变换过程中，平行线在图像中最终会相交于一点，该点称为灭点（Vanishing Point），也叫消失点。例如，在车辆行驶时，前视摄像头经常拍摄到路面相互平行的车道线，在图像中可以观察到车道线在远处相交成一个点，这个点就是灭点。灭点有如下几个被用作摄像头位姿标定的重要性质，性质的证明过程此处不详述。

灭点性质 1：摄像头光心与灭点的连线与形成该灭点的空间平行线平行。

灭点性质 2：平行于同一平面（非成像平面）的直线形成的所有灭点共线。

灭点性质 3：摄像头坐标系下，与空间三条两两正交直线形成的灭点相关的单位向量也两两正交。

灭点性质 4：空间中三条两两正交直线形成的灭点组成的三角形，其垂心即为摄像头光轴与成像平面的交点，即主点，也叫投影中心。

灭点性质 5：灭点的坐标变换与平移向量无关，仅与旋转矩阵有关。

如图 11.27 所示，在空间中的长方体上构建世界坐标系 $O_W X_W Y_W Z_W$，将长方体三组棱边平行线在图像上投影形成三个灭点：v_1、v_2，以及 v_3。摄像头坐标系为 $O_C X_C Y_C Z_C$，其原点即为光心。假设成像平面的主点为 p，则 O_C 和 p 所在直线为光轴，垂直于成像平面，O_C 和 p 之间的距离即为焦距 f。

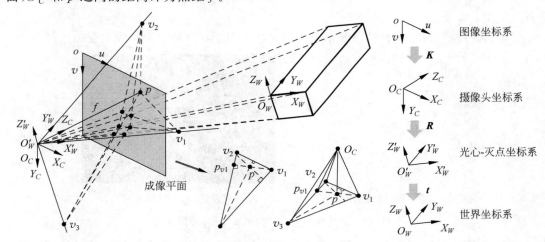

图 11.27　基于灭点（消失点）的摄像头标定原理

根据灭点性质 4 可知，p 为三角形 $v_1 v_2 v_3$ 的垂心。于是通过对长方体顶点做特征提取，并根据空间平行线在成像平面相交的特点，可求得 v_1、v_2、v_3 三个点的坐标。根据平面几何知识已知三角形顶点坐标，可以计算三角形垂心坐标，即图像的主点坐标 (u_0, v_0)。O_C 和三个灭点构成一个四面体，根据立体几何知识可得

$$\|\overrightarrow{O_C p_{v_1}}\|^2 = \|\overrightarrow{v_3 p_{v_1}}\| \times \|\overrightarrow{p_{v_1} v_2}\| \begin{bmatrix} u_p \\ v_p \\ 1 \end{bmatrix} = \frac{1}{Z_p} \begin{bmatrix} f_x & 0 & c_x \\ 0 & f_y & c_y \\ 0 & 0 & 1 \end{bmatrix} \begin{bmatrix} X_p \\ Y_p \\ Z_p \end{bmatrix} \overset{\text{def}}{=} \frac{1}{Z_p} \boldsymbol{K} \boldsymbol{p}_s \quad (11\text{-}47)$$

由毕达哥拉斯定理,可知

$$f^2 = \|\overrightarrow{O_C p_{v_1}}\|^2 + \|\overrightarrow{p p_{v_1}}\|^2 \quad (11\text{-}48)$$

$$f = \sqrt{\|\overrightarrow{v_3 p_{v_1}}\| \times \|\overrightarrow{p_{v_1} v_2}\| + \|\overrightarrow{p p_{v_1}}\|^2} \quad (11\text{-}49)$$

其中,p_{v_1} 为灭点 v_1 所在垂线对应的垂足,p 和 p_{v_1} 之间的长度可由平面几何知识解算。至此通过灭点的性质 1 可以求解摄像头主点坐标和焦距,即内参矩阵 $\boldsymbol{K}$:

$$\boldsymbol{K} = \begin{bmatrix} f & 0 & u_0 \\ 0 & f & v_0 \\ 0 & 0 & 1 \end{bmatrix} \quad (11\text{-}50)$$

由灭点性质 1 可知光心 O_C 和灭点 v_1 的连线 O_C-v_1 与长方体上世界坐标系的 X_W 轴平行,同理可以得到 O_C-v_2 与 Y_W 轴平行、O_C-v_3 与 Z_W 轴平行。在 O_C 处根据灭点和光心的位置建立一个如图 11.27 所示的新坐标系 $O_W' X_W' Y_W' Z_W'$,该坐标系和 $O_W X_W Y_W Z_W$ 与摄像头坐标系 $O_C X_C Y_C Z_C$ 有相同的旋转关系。接下来求解该旋转矩阵 $\boldsymbol{R}$。

根据世界坐标系的定义可知,其坐标轴上无穷远处的点 $\boldsymbol{p}_{W\text{-}\infty}$ 投影到图像上会与对应的灭点 $\boldsymbol{v}$ 重合,于是根据式(11-16)和式(11-20)可知,从图像到世界坐标系的变换关系为

$$Z_C \boldsymbol{v} = \boldsymbol{K} \boldsymbol{R} \boldsymbol{p}_{W\text{-}\infty} = \boldsymbol{K} \begin{bmatrix} \boldsymbol{r}_1 & \boldsymbol{r}_2 & \boldsymbol{r}_3 \end{bmatrix} \boldsymbol{p}_{W\text{-}\infty} \quad (11\text{-}51)$$

这里无须考虑平移,归一化后尺度因子 Z_C 对旋转矩阵无任何影响,$\boldsymbol{p}_{W\text{-}\infty}$ 点在每个坐标轴上分别取单位向量 $(1,0,0)$、$(0,1,0)$、$(0,0,1)$。于是可得

$$\begin{cases} \boldsymbol{r}_1 = \dfrac{\boldsymbol{K}^{-1} \boldsymbol{v}_1}{\|\boldsymbol{K}^{-1} \boldsymbol{v}_1\|} \\[3mm] \boldsymbol{r}_2 = \dfrac{\boldsymbol{K}^{-1} \boldsymbol{v}_2}{\|\boldsymbol{K}^{-1} \boldsymbol{v}_2\|} \\[3mm] \boldsymbol{r}_3 = \boldsymbol{r}_1 \times \boldsymbol{r}_2 = \dfrac{\boldsymbol{K}^{-1} \boldsymbol{v}_3}{\|\boldsymbol{K}^{-1} \boldsymbol{v}_3\|} \end{cases} \quad (11\text{-}52)$$

$$\boldsymbol{R} = \begin{bmatrix} \dfrac{\boldsymbol{K}^{-1} \boldsymbol{v}_1}{\|\boldsymbol{K}^{-1} \boldsymbol{v}_1\|} & \dfrac{\boldsymbol{K}^{-1} \boldsymbol{v}_2}{\|\boldsymbol{K}^{-1} \boldsymbol{v}_2\|} & \boldsymbol{r}_1 \times \boldsymbol{r}_2 \end{bmatrix} \quad (11\text{-}53)$$

$\boldsymbol{K}$ 矩阵和灭点 $\boldsymbol{v}_1$、$\boldsymbol{v}_2$,以及 $\boldsymbol{v}_3$ 的坐标已知,因此很容易得到 $\boldsymbol{R}$ 的解。由于旋转矩阵的正交性,从式(11-52)中可以看到,实际求解 $\boldsymbol{R}$ 时仅需两个灭点即可。

为提高 $\boldsymbol{R}$ 的精度,$\boldsymbol{R}$ 有初始值后根据式(11-51)所示的变换关系,利用在连续帧上使灭点在图像中重投影误差最小的思想做非线性优化。自动驾驶系统中初始值可使用传感器外参设计值,也可在单帧图像中用式(11-51)获得。针对单摄像头的连续帧和多摄像头的系统,表达 $\boldsymbol{p}_{W\text{-}\infty}$ 点的单位向量完全相同,因此可得重投影误差和非线性优化的目标函数为

$$\boldsymbol{e}_{vp} = \boldsymbol{v} - \boldsymbol{K} \boldsymbol{R} \frac{\boldsymbol{p}_{W\text{-}\infty}}{Z_C} \quad (11\text{-}54)$$

$$\underset{\boldsymbol{R}}{\arg\min}\boldsymbol{J}_{vp} = \underset{\boldsymbol{R}}{\arg\min}\frac{1}{2}\sum_{i=1}^{m}\sum_{j=1}^{n}\left\|\boldsymbol{v}_{i,j} - \boldsymbol{K}_i\boldsymbol{R}_i\frac{\boldsymbol{p}_{W\text{-}\infty,i,j}}{\boldsymbol{Z}_{C,i,j}}\right\|_2^2 \tag{11-55}$$

其中,新增的变量 m 表示摄像头个数,n 表示对应摄像头参与优化的图像帧数。$\boldsymbol{v}_{i,j}$ 则表示第 i 个摄像头的第 j 帧图像上计算得到的图像上的灭点位置。所有图像计算灭点时提取空间中方向相同的平行线(如自动驾驶车辆路面行驶时遇到的直线车道线、道路边沿、人行横道、路杆等),并确保各图像对应的世界坐标系与车辆坐标系三轴平行。这里同样无须考虑平移,归一化后尺度因子 $\boldsymbol{Z}_C$ 对旋转矩阵无任何影响,$\boldsymbol{p}_{W\text{-}\infty}$ 点在每个坐标轴上分别取单位向量 $(1,0,0)$、$(0,1,0)$、$(0,0,1)$。因此对于每一帧图像 $\boldsymbol{p}_{W\text{-}\infty,i,j}/\boldsymbol{Z}_{C,i,j}$ 都为三阶单位矩阵。

接下来基于世界坐标系中的重要先验来推导平移矩阵 t。在图像上提取长方体上的多个顶点,得到 O_W 和 p_{XW} 在图像上的投影分别为 $O_{W\text{-}img}$ 和 $p_{XW\text{-}img}$。又将线段 $O_W - p_{XW}$ 平移至 $O_{W\text{-}img} - p_{XW\text{-}img}$ 重合,得到新的端点 p'_{XW} 和交点 q'_{XW},具体如图 11.28 所示。

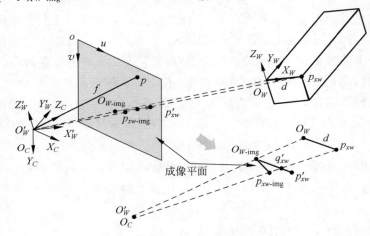

图 11.28　摄像头和世界坐标系的平移

假设长方体上顶点 O_W 和 p_{XW} 之间的距离 d 为先验信息,由于世界坐标系和光心-灭点坐标系仅有平移关系,根据等腰三角形性质可得

$$t = O'_W O_W = \frac{O'_W O_{W\text{-}img}}{\|O'_W O_{W\text{-}img}\|}\frac{d}{\|O_{W\text{-}img}q'_{XW}\|} \tag{11-56}$$

假设提取两个像平面上的投影点坐标,分别为 $O_{W\text{-}img}(u_{OW}, v_{OW})$ 和 $p_{XW\text{-}img}(u_{pXW}, v_{pXW})$,其在摄像头坐标系中的坐标则为

$$\boldsymbol{O}_{W\text{-}img\text{-}C} = (u_{OW} - u_0, v_{OW} - v_0, f); \quad \boldsymbol{p}_{XW\text{-}img\text{-}C} = (u_{pXW} - u_0, v_{pXW} - v_0, f) \tag{11-57}$$

注意在应用时需要将式(11-57)中的像素单位转换为米制单位。应用旋转矩阵 $\boldsymbol{R}$,将坐标从摄像头坐标系转换到光心-灭点坐标系,可得

$$\boldsymbol{O}'_W \boldsymbol{O}_{W\text{-}img} = \boldsymbol{R}\boldsymbol{O}_{W\text{-}img\text{-}C}; \quad \boldsymbol{O}'_W \boldsymbol{p}_{XW\text{-}img} = \boldsymbol{R}\boldsymbol{p}_{XW\text{-}img\text{-}C} \tag{11-58}$$

世界坐标系和光心-灭点坐标系中空间向量等效,于是有

$$\boldsymbol{O}_W \boldsymbol{p}_{XW} = \boldsymbol{O}_{W\text{-}img}\boldsymbol{p}'_{XW} = (d, 0, 0) \tag{11-59}$$

至此可以通过 $O_{W\text{-}img}$ 至 p'_{XW} 的空间向量和 O'_W 至 $p_{XW\text{-}img}$ 的空间向量求得 q'_{XW} 的坐

标,并进一步根据式(11-56)求得平移矩阵 t。

至此,根据上述推导,可利用灭点性质得到不同的传感器标定参数:已知三个灭点情况下,可解算出内参矩阵 K;当获得两个灭点时,可以解算出旋转矩阵 R;此外,利用某些已知的先验信息,如立方体边长、标靶格子尺寸等,可解算出平移矩阵 t。在实际工程项目中,面向图 11.29 所示的不同环境条件,基于灭点的标定方法又有多种实现策略。

(1) 根据空间中的立方体或长方体信息提取三个灭点,如室内箱体、方桌、柜子等,标定摄像头内/外参,并进一步实现三维物体重建。

(2) 在已知内部参数情况下,利用标定板平面的二维信息提取两个灭点,如棋盘格等方形图案,标定摄像头外部参数。

(3) 应用自然场景中的信息提取灭点,如车道线、路面杆牌、楼梯、箱体等,标定摄像头部分内/外参。

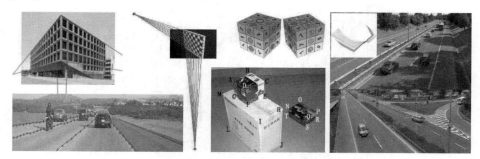

图 11.29 各种场景下基于灭点的摄像头标定

综上所述,前面讲解了类手眼标定法和基于灭点的标定法,两者均能衍生出各类工程方案。在量产车应用场景下,传感器标定方案的选型需要结合量产车全生命周期各环节,充分考虑成本、效率、质量、便捷性等方面的要求,具体内容总结如下。

(1) 完整性要求:整套标定方案应当覆盖整车全生命周期,不但涉及整车生产过程,还需考虑售后过程。

(2) 生产质量要求:整车从生产线下线前必须完成所有传感器的标定,并且通过标定过程确保所有传感器安装正确,无使用异常,确保质量过关。

(3) 场地要求:整车生产线中可以设置独立的标定工位,生产线整体布置紧凑,易于维护,标定工位的场地范围应当尽可能小且规整,并易于编排整车生产工艺流程。售后维护时,则尽可能应用日常行车的环境完成标定。

(4) 时效性要求:整车生产线上的每个流程都需满足整车生产节拍的要求,标定过程耗时如果达不到分钟级别,将极大影响整车的生产效率。售后过程中,由于维修人员可参与标定过程,时间限制可适当放宽。

(5) 标准化要求:涉及生产环节的设备和环境搭建应做到完全标准化,可根据产能要求快速复制。所有人工操作过程做到标准化,以获得稳定的预期结果。

图 11.30 所示为量产车传感器全生命周期,整体分为四个阶段:传感器生产、整车生产、汽车销售维修服务和用户日常用车。接下来对每个阶段的标定任务做详细讲解。

在传感器生产线上,传感器完成组装后即可对其进行内参标定。传感器的内部参数仅跟传感器硬件及其组件的加工工艺相关,其加工精度属于传感器生产质量考核的关键因素之一。

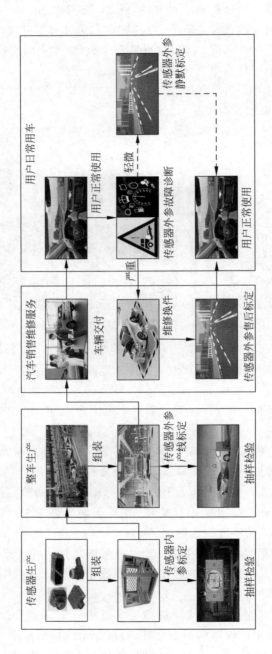

图 11.30　量产车传感器全生命周期标定任务

因此传感器的内部参数更适合在传感器生产线上完成标定,并在出厂前烧录至传感器的存储元件中。其中摄像头的内部参数一般存储在其内部的 EEPROM 中,当自动驾驶系统软件需要使用时,可使用供应商提供的协议进行读取。

传感器被运送到整车生产线后被组装到车上。由于内部参数标定已经在传感器生产线完成,整车生产线仅需标定各传感器的外部参数。为满足量产友好的要求,此处的最佳方案是采用静态标定法,即将车辆放置于特定位置保持静止,并对每个传感器设置可观测的标靶,以车辆和标靶的相对位姿为先验进行外参标定。在静态标定过程中,标定精度通过场地建设保障。完成外参标定后,将各传感器的标定结果写入自动驾驶域控制器内指定的配置文件中,以供自动驾驶软件读取和使用。在整车生产线完成传感器外参标定有两方面好处:一方面,车辆下线后,自动驾驶功能即可开启使用,无须其他准备工作;另一方面,作为整车下线质检环节之一,下线车辆的传感器软/硬件和装配质量必须均合格,当传感器损坏或安装不合格时,标定不可完成。

整车下线后通过汽车销售维修服务中心售卖给最终的车主。车主拿到车后即可开始日常使用。在用户日常用车过程中,自动驾驶软件需要对各传感器状态进行实时故障诊断。诊断的核心内容之一便是传感器外部参数是否符合设计要求。外参的诊断实时进行,并周期性输出结果。每个周期中,标定软件需要在一定行驶里程内检测出故障状态,并根据故障严重程度判断失效等级。功能软件依据外参的失效等级,触发功能禁用、功能降级、静默标定等流程。

当故障诊断模块检测到传感器出现损坏或外部参数出现严重偏移时,系统必须禁用功能,并提醒驾驶员对车辆进行维修。汽车销售维修中心完成传感器维修后,需要由工作人员驾驶车辆在特定路段完成传感器的售后标定,之后再将车交付到用户手中正常使用。售后标定跟产线标定一样仅标定传感器的外部参数。

因振动、活动件形变等原因,车辆结构件长时间使用可能导致传感器外部参数出现轻微偏移。该情况虽然不影响功能正常使用,但容易导致系统性能下降。故障诊断模块检测到该现象后,自动驾驶系统应当尽可能在后台利用路面自然特征完成传感器外部参数的优化。由于该过程可在用户无感的情况下完成,因此也可称为静默标定。

综上所述,量产传感器标定总体方案如表 11.4 所示,后续将分别进行详细讲解。

表 11.4　量产传感器标定方案

应用环节	标定内容	工程要求	技术方案
传感器生产线	内参标定,包括光心偏移、焦距、畸变参数	在传感器生产线完成,精度高,一致性好。使用离线计算资源,标定流程由生产线工作人员发起并确认完成	摄像头:采用张正友标定法,集成所有相关的软/硬件到传感器生产线的内参标定工位
整车生产线	静态外参标定,包括三个旋转和三个平移	在整车生产线完成,整个流程耗时分钟级别,标准化高,质量可控,标定精度依赖场地建设精度。使用域控制器标定模式的计算资源,标定流程由生产线工作人员发起并确认完成	摄像头,激光雷达,毫米波雷达:在整车生产线搭建精密的标定场地,精确固定车辆和各标靶的相对位姿,在静态下通过对标靶特征的识别和匹配构建 PnP 或 ICP 问题,以设计外参做初始值迭代优化传感器外部参数。超声波雷达:在供应商处搭建精密的标定产地,固定车辆,标定和适配传感器 FOV 范围

应用环节	标定内容	工程要求	技术方案
用户日常用车	通过在线估计相对外参,对外参进行故障诊断	在日常用车环境实时监测,准确率高。 使用域控制器正常模式下的计算资源,与自动驾驶功能同时运行,无故障时用户无感	摄像头,激光雷达:在传感器共视区域内,提取自然环境中的特征或目标物,单帧图像与图像之间应用对极几何约束,单帧图像与激光雷达之间或多激光雷达之间用已匹配的语义信息解 PnP 问题或 ICP 问题,最终实现传感器两两之间的相对位姿估计,将估计结果与标定文件的参数比较即可实现诊断。当计算资源受限时,不解算相对位姿结果,直接采用评估重投影误差的方式判断外参的故障情况。 毫米波雷达和超声波雷达:毫米波雷达角分辨率较低,超声波雷达单探头仅做一维的探测,因此小幅度的外参变化对感知性能影响不显著,一般通过回波信号异常状态的判断实现诊断
整车售后维修	在线外参标定,包括三个旋转	在日常用车环境下完成,精度高,单次标定成功率高,有一定时效性要求。 使用域控制器标定模式下的计算资源,标定流程由维修人员发起并确认完成	摄像头:基于自然场景中的信息提取特征并完成匹配,用滑动窗口法实时优化各摄像头位姿图和摄像头之间的相对位姿,同时通过融合轮速计和 IMU 估计车辆的轨迹,最终使用手眼标定的思想实现摄像头和车辆相对位姿的标定。 激光雷达:基本思想和摄像头类似,用点云配准 ICP 算法迭代优化各激光雷达的轨迹和激光雷达之间的相对位姿,使用手眼标定的思想实现激光雷达和摄像头相对外参的标定,通过摄像头和车辆的外参即可得激光雷达和车辆的外参。 毫米波雷达:在路侧布满路灯、护栏等目标物的直线道路上采集数据,提取路侧目标物拟合道路方向,以车辆航向与道路方向相同为先验,求解传感器水平旋转参数即完成标定。 超声波雷达:一般按照维修规范安装即可,无须标定

续表

应用环节	标 定 内 容	工 程 要 求	技 术 方 案
用户日常用车	在线外参标定,包括三个旋转	在日常环境下完成,精度高,无时效性要求。 使用域控制器正常模式下的计算资源,与自动驾驶功能分时运行,过程中用户无感	摄像头和激光雷达:基于重建的思想,录制一段距离的有序数据,在计算单元闲时完成标定过程。对所有图像提取自然场景中的点、线、面特征并完成特征匹配,用全局 BA 做所有路标、单传感器轨迹和多摄像头相对外参的优化。对每个激光雷达分别构建点云地图,通过地图之间的 ICP 配准实现多激光雷达之间相对外参的优化。使用手眼标定的思想实现激光雷达和摄像头相对外参的标定,摄像头和车辆坐标系的标定可用手眼标定思想或灭点标定思想实现。 毫米波雷达和超声波雷达:毫米波雷达角分辨率较低,超声波雷达单探头仅做一维的探测,因此小幅度的外参变化对感知性能影响不显著,无须标定

注:表中所述 SLAM 相关算法在 8.2 节已有论述。

11.3.3　传感器生产线内参标定

摄像头的内部参数在自动驾驶系统软件各模块中都会用到,其他传感器的内部参数都在传感器内部使用。本节主要介绍在摄像头生产线内部参数的标定方案。

车用摄像头装配工艺流程大致分为八个步骤,如图 11.31 所示。在完成 PCBA 与壳体的组装后,需要对点胶部位吹离子风,以增强表面黏着力,让胶水能更好地黏合镜头和壳体,之后完成点胶。接下来进入关键步骤之一:AA(Active Alignment)对焦,让镜头与成像平面自动调整至最佳成像效果,并使用紫外线灯对胶水实现初步固化。经过高温固化,壳体和尾线组装,气密性测试后摄像头基本完成所有组装工作。此时进入关键步骤之二:内参标定,即在特定的工位完成摄像头光轴偏移、焦距,以及畸变参数的标定,并将标定结果写入摄像头内置的 EEPROM 中。最后一道工序主要对摄像头进行综合测试,如白板测试、灰阶、清晰度、视场角和色彩还原、光心的位置等。八个步骤中跟摄像头内部参数相关的步骤主要为 AA 对焦、内参标定及写入。

AA 对焦设备和原理如图 11.32 所示,通过高精度运动结构配合软件算法实时调整镜头和图像传感器的相对位姿,以达到最佳成像效果,即图卡成像清晰,且光心与图卡中心角点重合。调整方法可以是固定镜头调整壳体位置,也可以是固定壳体调整镜头位置。一般推荐后者:产线运转效率高,同时光轴位置准确性要求也更容易达成。

AA 对焦的精度越高,内部参数中光轴偏移量越小,即光心坐标离成像平面中心坐标更近,实际焦距与其设计值误差越小,成像过程中的畸变分布也越均匀,进而使后续标定拟合得到的畸变参数更准确。AA 对焦的精度取决于如下四方面。

PCBA与　　离子活化　　AA对焦与紫　　高温固化　　壳体和尾　　气密性　　内参标定　　综合测试
壳体组装　　与点胶　　外线灯固化　　　　　　　　线组装　　测试　　及写入

图 11.31　车用摄像头装配工艺流程

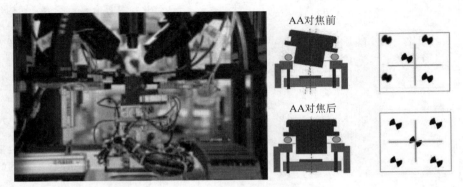

图 11.32　摄像头 AA 对焦设备和原理

（1）六轴运动模块：镜头和壳体的调教过程由六轴运动机构实现，可同时调整三个自由度的平移和三个自由度的旋转。通常该运动机构的重复运动精度可达微米级别，即亚像素级精度，可保证镜头和壳体的相对位姿得到准确调整。

（2）光学环境：采用高均匀度的光源和高精度的图卡，保证成像质量评价的准确性和稳定性。

（3）图像采集系统：应用高速采集系统，实时采集和传输图像，尽可能减少时延，保障 AA 对焦过程的高效完成。

（4）软件算法：采用先进的目标检测算法，实现对图卡上目标的精确识别，设计合理的位姿调整策略，并将对应的调整指令发送给六轴运动模块。

摄像头产线标定工位专门用于内参标定和写入。目前主流的摄像头生产商在其产线标定工位使用的方案基本雷同，其原理几乎都是张正友标定法，如图 11.33 所示。

标定工位的设计需保障图像拍摄的质量，主要考虑如下因素。

（1）标靶一般为棋盘格，其精度直接影响标定精度，需要精良制作，保证较高的清晰度、精确度、平整度。长期使用过程中需要及时维护或更换。

（2）采用高均匀度的光源，确保拍摄到的图像有较好的成像结果。

（3）设计机构移动摄像头或移动标靶，移动过程稳定可靠，无抖动。

（4）预设的摄像头和标靶的多个图像采集位置距离恰当，一般要大于最小景深，确保采集到的图像成像清晰。

（5）采用实时高速采集系统采集和传输图像，尽可能减少时延，预置充足的计算资源，保障标定计算过程快速高效。

最新的摄像头内参标定工位越来越多采用高清显示器投屏虚拟标靶的方案。其好处

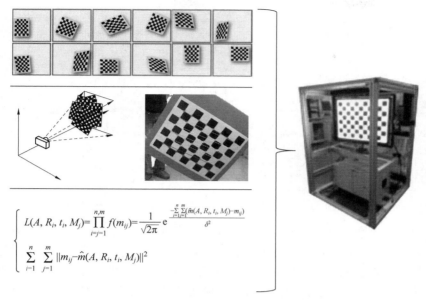

图 11.33　张正友标定法在摄像头产线标定工位的应用

较多：虚拟标靶可大可小，可远可近，因此设备空间范围可在原来基础上缩小；虚拟标靶可以随意调整位姿，摄像头标定时无须任何移动部件；针对不同的摄像头，标靶更换成本低，速度快，仅需在显示器上投屏另一张标靶图片即可；显示器有主动光源，因此对外部光源敏感度降低。

得到一组标靶的拍摄图像后，剩余步骤均通过软件算法实现，有大量的开源代码可以借鉴，此处不详述。

需要特别提及的是，部分摄像头生产厂商的 AA 对焦工艺可以达到极高的水平，对焦完成后的一致性使同一批次的摄像头内部参数可以保持在一个极小的范围内。因此可以省略标定这一道工序，对同一批次摄像头直接使用同一组内部参数即可。当 AA 对焦工艺的一致性无法满足自动驾驶系统要求时，则需要在相机生产线设置专门的标定工位来对每个摄像头标定出专门的一组参数。

11.3.4　整车生产线外参标定

在整车生产线上需要部署专门的工位来完成传感器外部参数的标定工作。一般在整车项目的前半段，生产线建设或改造工程就已经开始展开。整车生产线标定方案的核心思想与图 11.25 所示的精密标定室方案类似。由于不需要再标内部参数，车辆可采用固定的形式进行静态标定，标靶数量可以大幅减少，根据式（11-42）和迭代优化的思想即可完成求解，整个标定时间也能控制在分钟级别。

对自动驾驶系统来说，当传感器架构完成设计且传感器型号确定，即可开展整车生产线标定工位的设计工作。如图 11.34 所示，在进入产线部署和验收前要分别借助仿真工具和临时场地完成设计方案的迭代。标定工位设计方案的迭代主要分为三个阶段：仿真建模、仿真评测，以及临时场地评测。本节接下来仍旧以摄像头为例，详细讲解整车生产线标定方案的设计过程，然后再简要论述其他几种传感器的方案。

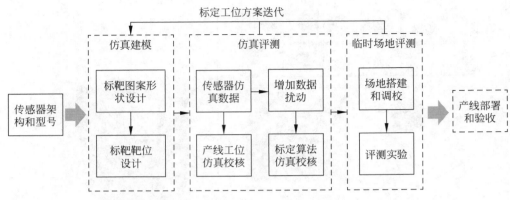

图 11.34　整车产线标定工位设计流程

　　仿真建模阶段主要完成单个标靶方案的设计和标靶布置方案的设计。对摄像头来说，标靶的设计主要是对图案和大小进行选型，如图 11.35 所示。采用不同的图案意味着需要用到不同的特征检测算法提取不同的信息，特征提取的精度直接影响最终的标定精度。方案设计时需要结合标定需求和算法能力选择最合适的图案。对激光雷达、毫米波雷达以及超声波雷达，主要考虑标靶材质和尺寸，此处不详述。

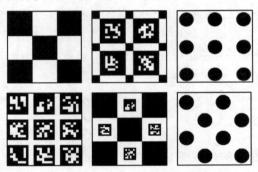

图 11.35　不同类型的标靶图案

　　标靶位置的摆放跟车辆位置强相关，需要借助三维仿真工具完成建模，如图 11.36 所示。通过传感器硬件参数，如 FOV、景深范围等，完成标靶尺寸、数量、位置等初步设计工作。在完成建模后，可以基于三维模型获取到传感器对标靶探测的仿真数据。例如，对摄像头来说是仿真的图像，对激光雷达来说是仿真的激光点云，对毫米波雷达来说是仿真的回波点。有了传感器的仿真数据，则可开展以下两方面的仿真评测。

图 11.36　标定工位仿真模型和图像（来源于 momenta）

对生产线工位做仿真校核：根据传感器数据做对应的视野分析，确保每个标靶都能被对应的传感器有效探测到，最终确定标靶部署的位姿和精度要求。一般来说，视野分析过程中充分考虑标靶之间是否有遮挡，标靶在传感器数据中的位置是否有利于提取特征，是否有利于标定参数的解算。对摄像头来说，为保障图像清晰，标靶距离必须大于最小景深。为使有效图案的分辨率不能过低，同时结合场地大小限制，标靶距离也不能过远。根据经验，在同一张图像中标靶数量越多，在图像中越分散，外部参数标定精度越高。当然标靶越多，特征提取、参数求解，以及迭代优化综合耗时也越长，需要综合权衡。一般在车辆前向影响自动驾驶行车安全的重点区域需设置多个标靶，其他区域可适当减少标靶数量。

增加数据扰动，对标定算法做仿真校核：实测传感器样品的特性，在仿真环境中给传感器仿真数据增加模拟噪声，运行标定算法完成特征提取，使用重投影法评估标靶特征元素的检测精度。关于噪声的模拟，在获得传感器样品前需要根据传感器规格做估计，获得传感器样品后通过实测结果总结规律。以摄像头为例，图像的清晰程度直接影响特征提取精度，而清晰程度与弥散圆相关。弥散圆直径越小，图像越清晰，反之则图像越模糊。估计和测试摄像头在不同距离下成像的弥散圆大小，将该特性转换为噪声，添加至仿真图像中。以激光雷达为例，主要关注激光雷达点云的整齐程度、对高反表面的噪点情况、多通道的拼接错位等情况。在仿真时需将这些特性作为噪声加入仿真数据中。

图 11.37 所示为多摄像头标定工位的设计方案。从图中可以观察到，在前视摄像头的观测区域标靶数量较多，后视摄像头次之，侧视摄像头最少，环视摄像头则依赖地面标靶。标定前，将车辆运送至特定位置，通过四轮卡位固定车辆并对其位姿做精调。标定时整个净空区域不可有行人或其他杂物，保持良好的照明条件，标定程序启动后自动完成标定并给工作人员反馈结果。

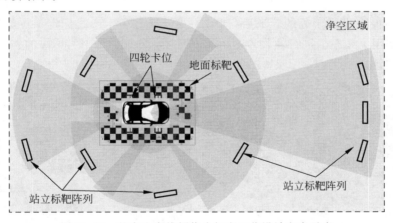

图 11.37 整车生产线摄像头标定工位设计方案示意

分析仿真评测结果，当不满足预期性能时，在三维模型中修改设计方案并重新进行仿真评测，多次迭代直至满足要求，则可进入临时场地评测阶段。临时场地评测最主要的目的是尽最大可能降低整车生产线建设的风险。整车生产线的建设和维护成本很高，生产线不能按时生产或出现问题停产将有可能给企业造成不可估量的损失。

根据设计方案一比一搭建临时标定工位，主要考察两方面：标定工位调校效率和传感器外部参数标定精度。传感器外部参数标定受诸多因素影响，工位装配的机械误差就是其

中最重要的因素之一。这里的机械误差主要是指各标靶和车辆目标位置处四轮卡位的相对位姿实际值与设计值之间的偏差。因此在工位搭建过程中需要用到高精度的测量工具（如全站仪）对各标靶和四轮卡位做调校，调校过程中需要考查效率，效率过低则需要优化流程或变更工位机械精度要求。对传感器外部参数标定精度的考查则用来逐步修正方案中影响标定结果的其他误差源，如标靶清晰度，标靶位姿，场地光源，摄像头画质，特征提取算法，参数求解和迭代算法，车辆胎压、载荷、主动悬架，等等。产线标定方案对摄像头是一个类似 PnP 的问题，已知三维信息和二维信息求摄像头位姿。常用的方法是构建最小化重投影误差的目标函数，选择合理的求解器迭代优化。如图 11.38 所示，算法运行时用畸变参数 $P_{\text{distortion}}$ 对图像去畸变，并完成标靶图案的特征提取 p_i。又根据已知的车辆和标靶的相对位姿 $(R|t)_{V2T}$，摄像头和车辆的相对位姿设计值 $(R|t)_{V2C}$，可以求得理论上 P_i 在图像上的投影点 $p_{i,dt}$。通过不断优化 $(R|t)_{V2C}$，使重投影误差 $|p_i - p_{i,dt}|$ 降到最小。

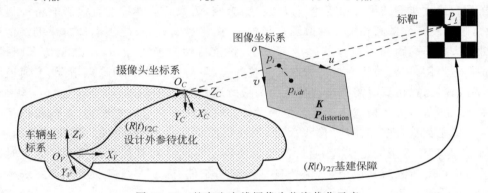

图 11.38　整车生产线摄像头位姿优化示意

在临时场地完成了充分的验证后，即可正式开展整车生产线标定工位的建设和部署，并在完成后使用下线车辆进行验收。图 11.39 所示为小鹏汽车和 Tesla 的整车生产线摄像头标定工位实景。

图 11.39　整车生产线摄像头标定工位实景

接下来讲解其他几种传感器的外部参数标定方案。与摄像头的标定工位类似，激光雷达和毫米波雷达同样采取固定车辆位姿，通过传感器对视场内标靶特征的观测来解算外部参数，整个标定流程基本一致。如图 11.40 所示，激光雷达的标靶有标定箱和高反射率平板两种，其中标定箱有能跟环境较好区分的轮廓特征，标定板则有均匀高反射率的特征。标靶的布置原则跟摄像头类似，数量越多，在视场内分布越分散，最终的标定精度越高。如

图 11.41 所示,毫米波雷达一般使用高反射率平板或角反射器作为标靶。由于毫米波雷达的角分辨率本身不高,因此增加标靶数量对提高标定精度的作用不明显。需要特别注意的是,毫米波雷达对周围环境比较敏感(尤其是金属物),容易有杂乱的点返回。因此,条件允许的情况下,在标定场地的净空区域两侧设置吸波材料,尽可能避免标定板以外的物体被传感器检测到。

图 11.40 和图 11.41 所示方案仅覆盖单前向激光雷达和单前向毫米波雷达的标定需求,当有多个传感器配置时,在其他传感器的视场角内用同样的方法设置标靶即可。

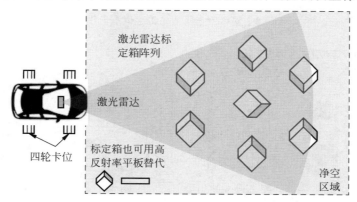

图 11.40 激光雷达标定工位设计方案示意

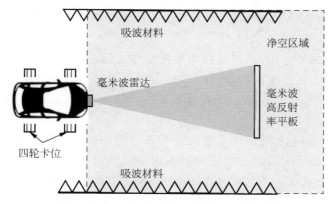

图 11.41 毫米波雷达标定工位设计方案示意

与摄像头标定不同,激光雷达是一个类似 ICP 的问题。如图 11.42 所示,常用的方法是根据已知的车辆和标靶的相对位姿 $(R|t)_{V2T}$,激光雷达和车辆的相对位姿设计值 $(R|t)_{V2L}$,构建最小化三维投影误差 $|P_i - P_{i,dt}|$ 的目标函数,选择实效性高的求解器迭代优化外部参数 $(R|t)_{V2L}$ 即可。毫米波雷达亦是如此,此处不再赘述。

超声波雷达的标定一般不在整车生产线上进行,而是在特定的标定场地完成。主要原因是,超声波雷达的优势在于在一定范围内有厘米级别的测距精度,其 FOV 精度则不高。因此,针对某一款特定车型,一般由超声波雷达供应商完成该车型超声波雷达组的 FOV 标定适配,所有量产下线的车都使用同一组标定适配结果。图 11.43 所示为超声波雷达的 FOV 标定工作,主要分为水平 FOV 标定和垂直 FOV 标定。

对水平 FOV 标定,标定前需要将车辆固定到四轮卡位上。在地面铺设印有 $0.1\times$

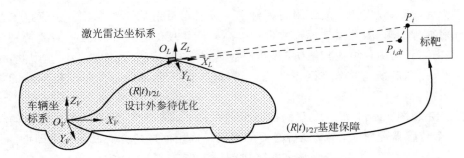

图 11.42　整车生产线激光雷达位姿优化示意

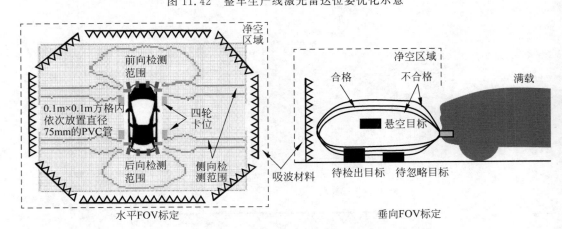

图 11.43　超声波雷达标定方案示意

0.1m 方格的标定布或标定纸,铺设范围需要覆盖所有超声波雷达可能达到的 FOV 边界。标定时将直径为 75mm、长度为 1m 的 PVC 标定杆立在标定布的方格中,查看超声波雷达是否能对标定杆做出有效的检测。遍历所有方格,划定超声波雷达实际有效检测的边界,即可得到其水平 FOV。

对垂向 FOV 的标定,标定前需要在地面准备专门的标定块模拟待检出目标物和待忽略目标物,车辆完成满载配重。标定时车辆由远及近靠近目标物,正常状态下对于待忽略目标物超声波雷达不应有回波响应,对待检出目标物则应当有明确的回波响应。对非地面的垂向区域标定适配要求则相对比较简单,条件允许的情况下,在目标 FOV 范围设置悬空物做检测即可。

跟毫米波雷达类似,超声波雷达的机械波对几乎所有的目标物都有可能产生回波响应。因此,条件允许的情况下,标定时在净空区域需要布置吸波材料,确保标定过程数据的准确性。不论是水平 FOV 还是垂向 FOV,当不满足设计要求时,则需要对超声波雷达的检测算法或安装位姿做对应的调整适配,直至满足设计要求为止。

综上所述,整车生产线上主要完成摄像头、激光雷达,以及毫米波雷达的外部参数标定,为保障整车生产线的紧凑性,提高标定效率。在标靶布置和标定性能允许的情况下,尽可能将多个标定工位合并到一起。在整车生产下线过程中,几种传感器标定时的操作过程基本一致,具体如下。

(1)车辆运送至四轮卡位并固定,通过诊断仪与车辆建立通信,并触发 EOL 产线标定模式,激活产线标定。

（2）标定软件完成车辆标定状态检查和标定环境检查。

（3）启动产线标定软件，完成传感器数据采集、特征提取、外参结算和优化等过程，最终输出标定结果。

（4）当标定结果显示通过，则将标定参数写入域控制器 EMMC 的指定位置，完成 EOL 产线标定。

（5）当标定结果显示不通过时，则对标定异常时的故障状态进行判断，通过诊断仪上报故障码，工作人员根据故障码排查问题。

11.3.5　外参故障诊断

传感器外部参数本质上描述的是传感器和车辆的位姿关系，同时也反映传感器之间的位姿关系。本节主要介绍摄像头和激光雷达的外参故障诊断方法。毫米波雷达和超声波雷探测分辨率和精度都有限，一般由传感器供应商在传感器内部芯片中实现，因此不做详细讲解。

对传感器外参故障的诊断下意识可以采用实时静默标定的方式实现，即通过连续的标定结果判断传感器外参的变化规律，据此得到诊断结果。静默标定需要占用一定的计算资源，自动驾驶功能正常运行容易产生冲突，一般情况下在功能停用状态下运行。外参故障恰恰需要在功能运行时实时诊断，因此需要寻找更加轻量级的诊断方案。

在视觉 SLAM 技术中，常常使用不同时刻两帧图像的特征匹配结果来估计摄像头的运动，即相邻帧之间摄像头的相对位姿。算法运行时，用对极几何约束和三角化完成 3D 信息观测的初始化，再采用解 PnP 问题的手段求解连续相对位姿。该方法中摄像头相对位姿估计的性能取决于特征提取精度和能够正确完成匹配的特征数量。同理，对于有一定共视范围的两个摄像头，在同一时刻分别采集一张图像，提取共视区域的特征并完成匹配，用相同的方法可以估计出两个摄像头的相对位姿。由此，可以形成一种新的传感器外参故障诊断思路：选择有共视区域的两个摄像头，对其做相对位姿估计，通过比较相对位姿估计值和设计值判断是否出现故障，对全车所有共视摄像头完成该操作，即可得到诊断结果。

在传感器架构设计时，一般会要求摄像头之间满足一定大小的共视区域，如 10.4.4 节所述。在选择相邻摄像头时，要考虑共视区域的覆盖范围，范围越大求解精度越高，同时由于需要匹配的点更多，对计算资源的需求也更多。图 11.44 所示为环视摄像头共视区域和区域内特征的示意。

根据对极几何约束，可以求得相邻摄像头的相对位姿，即 $(R|t)$，求解过程在 8.2 节中已讲解。将求解结果与根据标定文件中摄像头设计外参计算出的位姿差异做比较，即可定位到外参出现偏移的传感器。在自然场景中，传感器两两之间的共视区域有效匹配的特征点数量带有不确定性，求得的 $(R|t)$ 精度并不稳定。而标定文件中的传感器外部参数是通过高精度的标定手段获取的。因此单次计算的 $(R|t)$ 难以准确表征传感器外参的绝对偏移量。更加稳妥的做法是，利用连续多次计算结果建立概率模型，通过多组 $(R|t)$ 的落点区域估计出传感器之间相对位姿的高斯分布 $N_{R,t}(\mu,\sigma^2)$。判别传感器外参故障的策略则可根据项目情况做适配。

（1）首先对求解结果做质量判断，查看 1sigma 或 2sigma 的取值范围，范围越大，说明求解结果不收敛，可信度较差，如取值范围较窄，则说明求解结果可信可用。

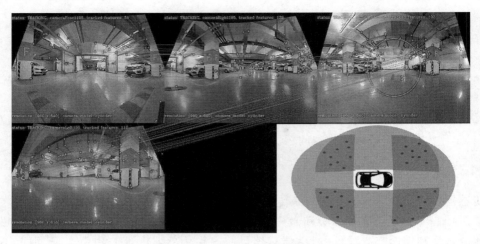

图 11.44　环视摄像头共视区域特征匹配示意

（2）使用$(\boldsymbol{R}|\boldsymbol{t})$的期望值做判别：将该值与用标定文件计算的相对位姿做比较，偏差较大时传感器外参故障越明显，反之则故障不明显。

（3）设置两个位姿偏差阈值，$0 \leqslant (\boldsymbol{R}_{th1}|\boldsymbol{t}_{th1}) \leqslant (\boldsymbol{R}_{th2}|\boldsymbol{t}_{th2})$，当期望值 $(\boldsymbol{R}|\boldsymbol{t}) \leqslant (\boldsymbol{R}_{th1}|\boldsymbol{t}_{th1})$ 时认为无故障，当期望值 $(\boldsymbol{R}_{th1}|\boldsymbol{t}_{th1}) \leqslant (\boldsymbol{R}|\boldsymbol{t}) \leqslant (\boldsymbol{R}_{th2}|\boldsymbol{t}_{th2})$ 时后台自动启动静默标定优化外参，当期望值 $(\boldsymbol{R}|\boldsymbol{t}) \geqslant (\boldsymbol{R}_{th2}|\boldsymbol{t}_{th2})$ 时功能禁用，并提醒驾驶员检修传感器。

与摄像头类似，理论上在有共视关系的多激光雷达自动驾驶系统中，同样可以用解 ICP 问题的手段实现两个临近激光雷达的相对位姿估计。与图像不同的是，激光点云的点特征不够丰富，很难像图像那样直接根据点特征将两个点集的点完成匹配。激光点云的匹配以一个重要的假设为前提：对于 A 点集中的某个点，B 点集中与之欧氏距离最短的点和该点相匹配。有初始值的情况下两组点云偏置很小，最近点匹配的假设成立，正确匹配的点较多；当两组点云偏置很大时，上述假设不再成立，容易出现匹配失误，如图 11.45 所示。在对单颗激光雷达运动过程中的连续位姿估计时，常常使用 IMU 加轮速计组成的里程计获得初始位姿来计算对应关系，最终可以达到比较好的位姿估计效果，如图 11.46 所示。对于两个有共视关系的邻近激光雷达，在求解其相对位姿前，可以用已写入标定文件中的外部参数作为初始值计算点的对应关系。

由于激光雷达成本高昂，即使在一些中、高档的量产车上，大多数情况下也仅配置一个

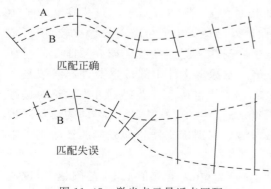

图 11.45　激光点云最近点匹配

前向激光雷达。因此需要借助其他传感器做参照来确定激光雷达的外参失效情况。前向激光雷达和前向摄像头一般都会有非常大的共视区域。由于传感器数据类型不同，无法使用原始信息做匹配。但不论自动驾驶功能激活与否，域控制器中的感知模块一直都在运行。这使得用感知模块输出的矢量化信息做匹配成为可能，并进一步通过匹配结果用解 PnP 问题的方法解算激光雷达和摄像头的相对位姿。部分视觉感知算法能输

图 11.46　激光雷达连续位姿估计

出感知目标高质量的三维信息,该情况下可以用解 ICP 问题的方法求解,如图 11.47 所示。

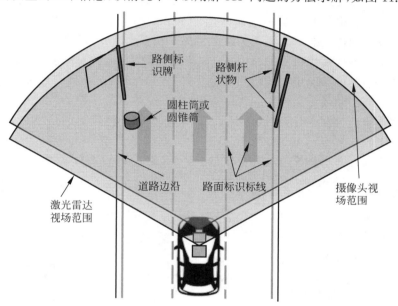

图 11.47　摄像头和激光雷达的目标匹配

上述方法中并不是所有的向量信息都适合做匹配,被匹配元素需要满足如下特点。

(1)用来做匹配的目标物需要同时被两种传感器的感知算法完整检测到,例如视觉对红绿灯做了检测,但激光雷达没有,因此无从匹配。

(2)用来做匹配的目标物路面常见,单帧数据中出现概率和数量都较高,可延长传感器外参故障的有效诊断时长。当目标物经常不出现或密度不够时,目标完成匹配的数量同样很少,感知结果的误差很容易直接叠加在相对位姿估计误差上。完成匹配的目标数量越多,相对位姿结果越接近真值。极端情况下完成匹配的目标只有一个,两个传感器的感知误差即为相对位姿估计误差。

(3)用来做匹配的目标物为非可自行移动类物体。动态目标物的移动容易增加感知误差,并进一步增加匹配误差。

综合上述特点,一般适合挑选出来用作匹配的目标物有路面标识标线、路沿、标识牌、路灯杆、圆柱筒、锥筒等。对于有共视关系的激光雷达之间，同样可以用矢量化信息作匹配，并据此求解其相对位姿。但由于激光感知目标矢量化后信息会有损失，其位置坐标跟单个激光点云相比精度会下降。因此相邻有共视区域的激光雷达之间，仍然更适合采用基于点云匹配的结果求解相对位姿。

在一些低算力平台中计算资源受限，对 $(R|t)$ 的计算耗时会比较长。节省计算的方法主要有如下两种。

（1）固定平移矩阵 t，仅对旋转矩阵 R 求解。一方面，平移矩阵对感知误差影响较小，整车装配精度（误差在 1cm 内）足以满足要求。另一方面，当传感器出现较大平移误差时，不可避免地会同时造成显著的旋转误差。

（2）完全省去 $(R|t)$ 计算过程，直接使用标定文件中的外参计算已匹配点的重投影误差。图像投影到二维成像平面，激光点云或矢量化信息则投影到传感器三维坐标系。根据重投影误差的分布情况判断相邻传感器的相对外参质量。

前面论述的方法都是基于多传感器共视关系来诊断。系统中不可避免地也会出现个别传感器跟所有其他传感器都无共视关系的情况。在自动驾驶系统中，一般都有基于 IMU 和轮速计的自车里程计模块（Ego Motion），如果该模块输出的自车连续位姿比较准确，无共视区域的单传感器可以使用连续帧的信息实现外参自诊断。具体方法如图 11.48 所示：根据自车的位姿变化和标定文件中的传感器外参，将传感器前序帧的特征点 $p_{i,1}$ 或矢量化信息投影到后续帧中，得到帧间重投影点 $p_{i,2}$。在后续帧中将投影的信息 $p_{i,2}$ 与从该帧提取出来与之对应的信息 $p_{i,2-dt}$ 相比较，得到帧间重投影误差 $|p_{i,2}-p_{i,2-dt}|$。根据重投影误差的分布情况判断本传感器的外参质量。

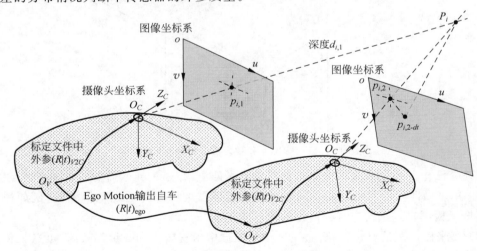

图 11.48　单传感器基于 Ego Motion 的外参自诊断

11.3.6　在线外参标定

在线标定是指车辆在实际道路上行驶时，在线完成各传感器的外参标定。根据图 11.30，对整车生命周期的划分又分为售后标定和静默标定。两者整体标定框架相同，但细节方案上又因使用场景要求不同而产生区别。

售后标定是指在车辆售后维修处进行维修时，不可避免地会涉及换件和拆装，维修完成后传感器需要重新标定外部参数。例如,传感器的拆装更换会导致外参变动,域控制器的更换则会导致外参丢失。售后标定工作人员需要确保传感器正确安装,且通信正常。售后标定时,通过驾驶车辆在建议的自然场景下按照建议的方式行驶,同时应用诊断仪激活售后标定软件,接收到售后标定完成的通知后结束流程。售后标定过程有如下特点。

(1)在售后标定过程中,自动驾驶功能不工作,域控制器中绝大多数的计算资源都可以给标定软件使用。

(2)标定过程有一定的时效性要求,保证售后工作人员标定操作时长可控。

(3)单次标定成功率高,避免售后工作人员重复劳动。

(4)对标定环境有一定的容忍度,可建议工作人员到特定路段行驶,如城市环路、快速路、主干道等。

(5)对外参精度有一定的容忍度,支持自动驾驶功能正常运行即可,确保车辆维修后功能正常使用。

对于售后标定性能的评价主要在如下几方面:标定成功行驶距离/时间;标定完成后外参旋转精度;多次标定一致性;计算资源占用;内存资源占用;运行帧率等。

静默标定是指自动驾驶系统在用户无感的情况下,后台自动完成传感器外参标定的过程。车辆在用户手中正常使用时,传感器外参故障诊断模块有可能发现某些传感器外参出现漂移。外参漂移产生的误差可能会降低系统性能,但不足以影响自动驾驶功能的正常使用。此时运行静默标定软件可恢复外参精度。传感器外参漂移的原因有多种,如长期使用机械结构老化,活动件产生形变,长期震动造成传感器小幅度移位等。为保障自动驾驶系统在整车使用生命周期中长期保持高性能运转,系统根据诊断输出的结果在需要时于后台自动完成传感器的外参标定,整个过程保持静默,用户无感。静默标定过程有如下特点。

(1)标定过程中自动驾驶主功能不可避免地会被激活,此时域控制器资源需优先保障主功能正常运行。因此静默标定可提前采集标定所需要的传感器数据,根据自动驾驶主功能运行状态在域控制器闲时计算静默标定的相关内容。必要时在用户离车后延缓下电,域控制器继续运行完成静默标定过程。

(2)由于自动驾驶功能可正常使用,静默标定过程用户不可感知,因此该过程几乎无实效性要求。可以是几个小时,也可以是几天,仅需确保静默标定相关数据在整车下电重启后仍然可用即可。

(3)标定成功率有一定的容忍度。标定失败仍可用原来的参数支撑功能运行,不影响用户体验。

(4)对环境有一定的容忍度。虽然方案设计时应当尽可能覆盖所有的日常用车环境,但为保障精度,可以在环境条件不允许时暂缓标定。

(5)静默标定本身的意义在于恢复外参精度,因此对标定精度要求理论上越高越好,这也是对静默标定性能评价最重要的一个方面。

整体上看,在线标定中的售后标定和静默标定输入和输出完全相同。输入都是传感器原始数据,输出都是各传感器外部参数。两种标定方案可以复用同一个框架。

图11.49所示为整车传感器在线标定的统一框架,该框架基于以下设计思想。

(1)单类传感器之间可以获得相同类型的匹配特征,利用运动过程中对相同路标的重复观测,同步优化求解各传感器之间的相对外参往往可以达到较高精度。

（2）同步优化求解一般采用非线性优化的方法，对摄像头来说是最小化路标在每张二维图像中的重投影误差，对激光雷达则是最小化不同点云帧中的相同特征或已匹配点在三维空间中的投影误差。

（3）激光雷达和摄像头贡献了自动驾驶系统的主要感知能力，两者的融合需要以较高的相对外参为基础，因此需要在激光雷达和摄像头之间设计直接标定的方案。此处直接标定方案是指，利用从激光点云提取的特征和图像提取的特征，或利用激光雷达轨迹和摄像头轨迹，直接求解两种传感器之间的相对外参。与之相对的间接标定方案是指，利用激光雷达和摄像头相对同一个参照物的外参求解两者之间的外参，例如同时求解激光雷达相对车辆坐标系和摄像头相对车辆坐标系的外参，通过变换关系得到两种传感器的相对外参。

（4）理论上得到激光雷达相对车辆坐标系或摄像头相对车辆坐标系任意一个外参即可，这里选择通过摄像头来求解。主要原因有两点，一是摄像头在自动驾驶系统中更为普遍，而激光雷达由于相对昂贵的成本仅在中、高端系统中配备，选择摄像头能让方案具备更强的继承性；二是摄像头与车辆坐标系的标定有多种可选方案，即手眼标定思想和基于灭点的标定思想，而激光雷达仅能依赖手眼标定思想。

（5）四轮轮速计的信息可以直接转换至后轴中心坐标系，IMU 和轮速计之间通过手眼标定的方式可获得两者的变换关系。考虑到轮速计和非高精密 IMU 输出信息的精度有限，在量产方案中一般直接使用车辆结构的设计参数作为两者的相对外参使用。轮速计和IMU 组合而成的里程计可以组成车辆坐标系的移动轨迹，以此作为其他传感器的外参标定基准，并通过这个基准将其他传感器的信息转换到车辆坐标系下。

（6）毫米波雷达对目标探测的位置精度本身不高，轻微的外参变化对其感知性能影响不显著。因此仅在售后过程中做售后标定，无须做静默标定。在用户使用过程中如果诊断出外参故障，应当直接停用相关的功能，并提醒用户及时维修。

（7）超声波雷达的优势在近距离的测距精度，是一组一维的传感器，对外参精度要求较低，无须在线标定。在售后维修过程中，工作人员根据维修规范完成探头安装即可。

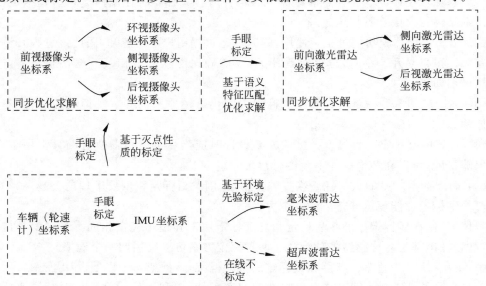

图 11.49　整车传感器在线标定统一框架

由于售后标定和静默标定在时效性、精度、成功率,以及计算资源分配方面要求不同,在上述统一框架下两者在细节方案上有区别。主要区别在单类多传感器的同步优化求解方法上。

图 11.50 和图 11.51 所示分别为售后标定和静默标定针对单类传感器同步优化求解过程,对摄像头和激光雷达的外参标定都适用。此处以摄像头为例展开讲解,两种多摄像头同步优化求解过程对比如表 11.5 所示。

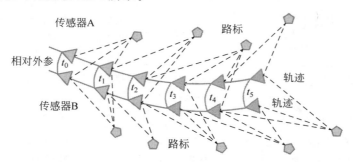

图 11.50 售后标定单类传感器同步优化求解

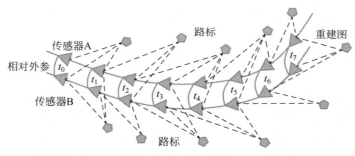

图 11.51 静默标定单类传感器同步优化求解

表 11.5 两种多摄像头同步优化求解过程对比

对 比 项	售后标定的同步优化	静默标定的同步优化
总体思想	实时 SLAM	离线重建
求解策略	实时求解,设置时间滑动窗口,仅对最近一段时间内的相关数据进行计算	在线采集传感器的连续帧数据并保存下来。在域控制器计算资源空闲时对所有数据进行计算
特征提取和匹配	实时提取每一帧图像中的特征点,对滑动窗口内所有摄像头的数据帧进行特征匹配	同时提取所有图像的特征点,对所有采集到的数据帧同时进行特征匹配
初始条件	针对每个摄像头,采用对极几何约束初始化头两帧摄像头相对位姿,并用三角化的方法得到观测路标的三维坐标,接下来的数据帧用解 PnP 问题的方式实时计算帧间相对位姿。 摄像头之间相对位姿初始值使用整车总布置设计值,内参和畸变使用摄像头生产线标定结果	每个摄像头帧间相对初始位姿的计算方法与售后标定相同,不同的是静默标定离线计算。 摄像头之间相对位姿初始值使用整车总布置设计值,内参和畸变使用摄像头生产线标定结果

续表

对 比 项	售后标定的同步优化	静默标定的同步优化
优化参量	优化滑动窗口内每个关键帧中每个摄像头的位姿，包含旋转，不包括平移。利用滑动窗口内的约束同步优化并更新摄像头两两之间的相对位姿，仅优化旋转，不优化平移。在单类多传感器系统中，传感器两两配对需要基于共视区域越大者优先的原则	Global BA，优化采集到的所有数据帧中每个摄像头的位姿，包含旋转，不包括平移。同步优化每个观测路标（特征点）的三维空间坐标，同步优化并更新摄像头两两之间的相对位姿，包含旋转，不包括平移。考虑到同一路标在不同时刻被不同摄像头观测到的概率非常高，因此无须过多考虑摄像头两两之间的共视关系

在一些低算力硬件平台中，并行计算能力较弱，即使在空闲状态下计算资源和内存资源仍然严重受限，在工程上需要采取必要的减少计算需求的方法。

对于实时 SLAM 思想的售后标定，需要减少实时计算的压力，尽可能复用系统中已经在运行中的软件模块相关信息。对于初始条件，可使用 Ego Motion 的输出结果获得车辆的连续位姿，再通过整车总布置中的外参设计值计算各摄像头帧间初始位姿，原理可参考图 11.48。当实时性仍然无法达到要求时，可进一步将非线性优化过程替换为扩展卡尔曼滤波的方法进行求解。实时性提高带来的代价是精度的下降，在实际项目中需要经过详细的评测，再选定最恰当的标定方案。

对于重建思想的静默标定，需要在尽可能减少精度损失下将同步优化问题拆解开，以减少对硬件资源的并行消耗。如图 11.52 所示，保持重建的总体思想不变，将多个摄像头共同参与重建的任务拆解成若干组，每组摄像头各自重建。优化过程中每组摄像头各自优化不同时刻摄像头的位姿和观测路标。对于摄像头两两之间的位姿，则采用将各组摄像头重建图相匹配的方式实现，匹配时通过最小化图与图之间已匹配路标在三维空间中的投影误差进行非线性优化迭代。传感器的分组颗粒度越细，单组的传感器数量越少，极致状态下每组一个传感器。

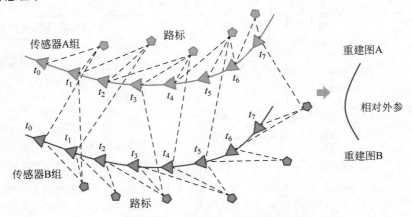

图 11.52　静默标定单类传感器分组重建后求解

上文所述的两种同步优化求解方法和各自重建后的求解方法同时适用于摄像头和激光雷达。两者的区别在于，摄像头求解使用的路标是图像特征点，激光雷达对应的则是激光点云的点、边缘、线、面等特征。在求解所有相邻帧初始位姿关系时，图像一般采用对极几何约束初始化摄像头运动,三角化得到路标位姿,解 PnP 问题的方式得到连续运动。激光点云自带三维信息,主要使用 ICP 的方法求解激光雷达所有相邻帧初始位姿关系。

图 11.49 所示的在线标定统一框架中,不同类型传感器之间的标定可采用如图 11.53 所示的手眼标定思想实现相对外参标定。根据式(11-46)可知,当"手"和"眼"刚性连接时,利用两者的运动轨迹可以求解其相对外参,此处不再赘述。

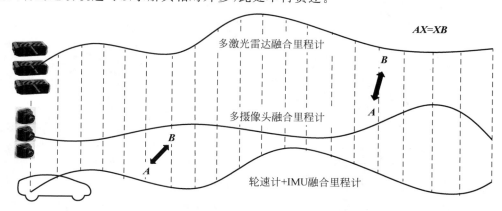

图 11.53 手眼标定思想的多类传感器外参标定

对于激光雷达和摄像头,可以用多摄像头融合里程计和多激光雷达融合里程计产生的运动轨迹求解。但是该思路有一个前提假设,即从激光点云中提取的特征和图像中提取的特征难以匹配或者可匹配特征不够丰富。例如激光点云中的点特征、边缘特征和图像中的特征点性质完全不一样,表达的真实世界中的坐标千差万别,匹配无从谈起。

如果从激光点云中和图像中能分别提取自然环境中的相同特征,则不同类型传感器的特征匹配得以实现。当能够匹配的特征足够丰富时,不再拘泥于传感器类型,可以使用实时 SLAM 思想或离线重建的思想同时优化所有传感器的运动轨迹和相对位姿。当能够匹配的特征丰富程度欠缺时,可以在同类型传感器完成各自的同步优化后,再利用这些匹配的特征作为约束对不同类型的传感器做相对位姿优化。如图 11.47 所示,一些道路语义特征可以同时被激光雷达和摄像头探测到并提取出来,例如车道线、道路边缘、路侧杆牌、静止的圆柱筒或锥筒、路面各类标线和标识等。

对于摄像头和车辆坐标系的相对外参,可以用轮速计和 IMU 融合里程计与多摄像头融合里程计各自产生的运动轨迹计算。手眼标定的方案在售后标定和静默标定中都可以使用。考虑到静默标定对精度要求更高,且在摄像头的同步优化求解过程中已经完成了环境的重建,因此静默标定中也可使用基于灭点性质的方式实现摄像头和车辆坐标系之间的外参标定,如图 11.54 所示。

根据图 11.27 中对灭点标定原理的描述可知,空间中相互正交的三组平行线组成的世界坐标系相对摄像头坐标系的旋转关系可以通过最小化灭点在图像中的投影误差来迭代优化求解。如图 11.54 所示,可以在普通直行路段的结构化道路中找到相互正交的三组平行线:车道线、车道线端点的连线、路杆。这三组平行线的方向与车辆后轴中心坐标系的方向也刚好平行。因此在真实世界中由这三组平行线方向组成的世界坐标系与车辆坐标系之间仅有平移关系,没有旋转关系。各摄像头的灭点光心坐标系与摄像头坐标系之间的旋转即为对应摄像头和车辆坐标系之间的旋转。由于三组平行线两两相交,该方法实际使用

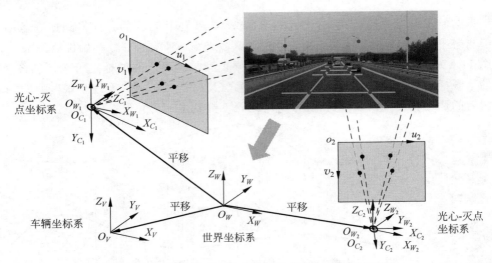

图 11.54　摄像头静默标定基于灭点性质的外参求解原理

时仅需两组平行线生成的两个灭点即可,其标定求解过程如下。

(1) 选取其中一个摄像头作为基准,取该摄像头在整车总布置的设计值作为外参初始值,并构建对应的光心-灭点坐标系。

(2) 根据已标定好的多摄像头相对外参,向所有其他摄像头平移基准摄像头的光心-灭点坐标系。由此得到每一个摄像头的光心-灭点坐标系。

(3) 在多摄像头同步优化前已采集了连续帧的图像。计算采集到的所有图像上的理论灭点。光心-灭点坐标轴与成像平面的交点即为理论灭点。

(4) 在多摄像头同步优化过程中已完成了重建,重建的图中包含图 11.54 所示的特征元素:车道线、车道线端点的连线以及路杆。在计算各图像的实际灭点时无须再提取元素,直接将重建结果投影到每一张图像上即可。三组平行线的交点即为三个投影灭点。如此避开某些图像上观测不足的缺陷。

(5) 在每张图像上,步骤(3)和步骤(4)的理论灭点和投影灭点之间的偏差即为灭点重投影误差。构建最小二乘问题,最小化所有参与重建图像的所有灭点重投影误差最小,迭代优化基准摄像头与车辆坐标系之间的旋转矩阵。

接下来讲解毫米波雷达的在线标定。在毫米波雷达探测范围内,水平方向角分辨率较高,而垂向上分辨率较低,整体对目标物检测的位置精度不如视觉感知和激光雷达感知。因此对毫米波雷达的在线外参标定仅覆盖售后标定的水平方向旋转角度,即 Yaw 偏角,平移参数和其他两个旋转角依托安装结构保障。

如图 11.55 所示,毫米波雷达的售后标定以一个重要的前提条件为基础:车辆行驶的道路平直,路面洁净少车,道路两侧能被毫米波雷达探测到的目标物丰富,目标物排列方向与车道平行,车辆在车道内稳定直行。毫米波雷达售后标定详细步骤如下。

(1) 车辆直行过程中,采集毫米波雷达探测到的目标点集。

(2) 对目标点集做过滤处理,去除不适合参与标定的点,如动态点、横向偏离远的点、不可连续检测到的点等。

(3) 对过滤后的目标点进行直线拟合,理论上道路两侧应当拟合出两条平行的直线,且这两条直线与车道方向平行,即车辆坐标系的 X 轴方向。

（4）计算步骤(3)中拟合出的平行线与毫米波雷达水平 FOV 中心线的夹角,该角度即为毫米波雷达相对车辆坐标系水平方向上的旋转角度。为了保障标定成功率、健壮性和精度,需要对标定时长、里程以及车辆速度做一定的要求,并在各计算环节中采取必要的去噪措施。

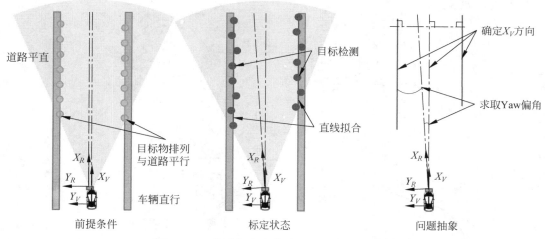

图 11.55　售后标定毫米波雷达外参求解原理

综上所述,为保障人员高效完成售后标定过程,一般对标定环境给出如下建议。

（1）光照条件:白天,光线稳定,避免待标定摄像头视野中出现长时间太阳直射,避免穿行涵洞。

（2）天气条件:保障标定时的天气状况良好,有较高的能见度。如晴天、无雾、无霾、无雨雪等。

（3）行车条件:车辆行驶过程中车速不宜过高(如速度低于 40km/h),车速变化平缓(如纵向不超过 0.3g),转向过弯时动作柔和(如横向加速度不超过 0.2g)包含左转和右转。

（4）道路条件:道路平坦无陡峭起伏,道路四周有丰富的静态物体、易区分的色彩纹理和清晰的路面标识。如图 11.56 所示,对激光雷达和摄像头的标定,包含左右转弯的城市主干道最佳;对毫米波雷达的标定,空旷平直的近郊主干道或环路或高速公路最佳。

摄像头和激光雷达标定适宜路段　　　　　毫米波雷达标定适宜路段

图 11.56　售后标定适宜道路示意

11.4　高精度地图系统适配

在量产的高级别自动驾驶产品中,高精度地图已经成为重要的组成部分。自动驾驶系统方案需要涵盖高精度地图的系统适配相关内容。

图 11.57 所示为高精度地图车云系统总体框架。车内需要使用地图数据的业务方主要有两个,即自动驾驶域控制器和车机控制器。联网控制器则提供车云数据的传输通道,不对数据做额外处理。

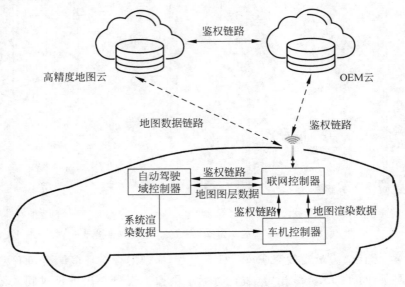

图 11.57　高精度地图车云系统框架

由于地图数据属于国家自然资源的一个组成部分,为保障其安全流转和使用,在自动驾驶域控制器和车机控制器启动地图相关业务时,车端和云端必须先建立起安全的链路。建链请求由业务方发起,通过联网控制器传输至 OEM 云,即汽车制造商云平台。OEM 云在识别并校验请求后,从高精度地图云获取对应签发的鉴权令牌,同时向车端反馈。最终业务方分别得到各自的鉴权令牌并完成鉴权过程。OEM 云在此过程中仅提供车端设备接入地图云服务的鉴权和采集数据回传等业务的许可,不涉及接收或传递任何地图数据。

在自动驾驶域控制器中,需要随时保持高精度地图处于最新状态。相应的自动驾驶功能激活前,地图信息能在最大程度上与真实世界的信息保持一致,确保自动驾驶功能的安全运行。因此,首要的地图任务是实现地图的下载和更新。其次,众包地图的数据采集和上传也由自动驾驶域控制器完成。在建立安全链接后,车端向高精度地图云发起数据传输的请求,并在得到许可后将众包数据完成上传。此外,在导航巡航功能激活使用时,系统同时用到导航地图和高精度地图的信息。当两者来自不同供应商时,需要实现导航巡航路径和高精度地图中路径的匹配映射,最终使车辆准确地按照导航路径完成自动巡航行驶。当两种地图来自同一家供应商时,供应商一般在两种地图中使用相同的路网信息,因此无须匹配过程,直接采用路网编号查询即可。

在自动驾驶功能运行过程中,车机控制器负责对地图信息和自动驾驶功能运行信息进行融合渲染。导航地图和高精度地图因使用目的不同,其组成元素有较大差异。在使用自动驾驶功能时,为增强用户交互过程中的体验,需要分别抽取两种地图中的相关信息进行联合渲染,并显示到车机界面上。在地图渲染的同时,还需叠加自动驾驶域控制器输出的自车轨迹、感知信息、自车行为决策信息等内容。

综上所述,涉及高精度地图系统适配方案的内容主要包括地图车云安全链路、车端地图下载和更新、地图联合渲染、众包建图数据上传,以及导航地图和高精度地图的路径匹配。为实现更加简洁的系统架构,在设计自动驾驶系统方案时,越来越多的厂商选择使用单一供应商的导航地图和高精度地图产品。如高德地图的两种地图已同时在多家车企的车型上得到应用。因此导航路径匹配方案的工程价值越来越低,这里不做详细讲解。车端众包建图数据上传任务中,系统借助车云安全链路将众包建图数据传输至地图云,车端地图数据的脱敏与数据闭环的数据脱敏一并处理。众包建图数据的生产过程在 8.4.1 节中已详细讲解,此处不再赘述。

11.4.1　地图车云安全链路

地图车云安全链路的建立主要依托地图云和车端业务方的鉴权过程,即地图云对业务方做身份验证、权限授予并鉴别其权限。与此同时,业务方对地图云同样进行身份确认,最终建立安全可靠的通信链路。

一般来说,网络端访问权限控制过程包含四个顺序环节:认证、授权、鉴权,以及权限控制。认证是指根据访问者所特有的识别信息确认其身份。授权是指被访问者赋予访问者指定范围内的资源操作权限,或者接收某些特定信息的权限。鉴权则是指访问者在被授权后鉴别其授权信息。访问者得到权限后会附带一个权限列表,该列表的定义过程即为权限控制。常见的鉴权方法有多种,不同的方法适用于不同的应用场景。例如,对于面向内部且安全要求不高的网络一般使用 HTTP,大、中型网站使用 Session-Cookie,企业型网站或服务器使用 Token 或 JWT,单点登录的方法适用于子系统较多的大型企业网站,OAuth 2.0适用于快速注册用户型网站,扫码登录适用于三端已完成部署的企业,一键登录适用于原生 App 等。其中基于 Token 改进的 JWT(Jason Web Token)是业界最为普及的鉴权方法,且适用于地图云和车端业务方的鉴权。

Token 指鉴权令牌。当服务端被访问时,访问端身份验证通过后服务端会为其签发一张令牌。这样访问端就可携带令牌访问服务器内被授权的内容,服务端仅需验证令牌的有效性。一般 Token 由 UID、Time Stamp 以及 Sign 组成,即访问者唯一的身份标识、当前时刻的时间戳以及签名。签名为 Token 的前几位用哈希算法压缩而成的十六进制字符串。

图 11.58 所示为 Token 的鉴权流程。访问端通过发送其身份信息,即用户名和密码,向服务端发起请求;服务端收到请求后验证用户和密码,确认访问端身份,与此同时,签发并返回一个经过加密的 Token;访问端收到后将其保存,当需要向服务端请求数据时,则将Token 通过 HTTP 请求头 Authorization 字段或者其他方式发送给服务端;服务端收到请求后将 Token 解密,并校验 Token 中的签名,验证成功则返回所请求的数据,否则拒绝返回。Token 的主要优点:服务端无状态化、可扩展性好;支持 App 移动端设备;因不需要Cookie,故能有效避免 CSRF 攻击;支持跨程序调用。其主要缺点:需要前后端配合处理;占带宽;Token 加/解密、读取访问端信息和签名,查询数据库完成校验等操作比较耗时,性能较差。此外为防止 Token 被盗用,一般 Token 会设置一个较短的有效期。为避免高频失效,有时还在 Access Token 的基础上另外增加一个有效期更长的 Refresh Token,当Access Token 失效时,则使用 Refresh Token 来获得一个新的 Access Token。

为解决 Token 方案中服务端因查询数据库而耗时过大的问题,JWT 在业界应运而生。

图 11.58　Token 的鉴权流程

其核心思想：在访问端身份校验成功后，将相关用户信息组成 JSON 对象，然后对这个对象进行某种方式的加密，并返回访问端；访问端在下次请求时带上这个 Token；服务端再次收到数据请求时校验 Token 的合法性，即访问端请求的合法性。

JWT 的鉴权流程如图 11.59 所示，与 Token 的流程大同小异。JWT 由三部分组成：Header(头部)、Payload(负载)，以及 Signature(签名)。Head 包含 Token 的类型(JWT)和所使用的哈希算法，如 HMAC SHA256 或 RSA。Payload 则包含一些声明(Claim)，包含七个官方字段：签发人、过期时间、主题、受众、生效时间、签发时间以及编号，当然也包含自定义字段的区域。Signature 则主要是对 Header 和 Payload 签名，防止数据篡改。在服务端会管理指定的密钥(Secret)，使用该密钥和 Header 中指定的算法，调用 Header 和 Payload 的内容产生签名结果，如下所示：

```
HMACSHA256 (base64UrlEncode(Header) + "." + base64UrlEncode(Payload),Secret)
```

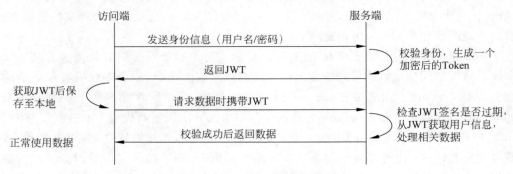

图 11.59　JWT 的鉴权流程

JWT 鉴权流程和 Token 最大的区别是无须频繁查找数据获取用户信息，通过有效地使用 Payload 存储常用信息，可大幅度降低服务端查询数据库的次数，降低时延，提高访问效率。

在车云高精度地图业务中，适合使用 JWT 的鉴权方法来建立安全链路。如图 11.60 所示，参与者不仅是车端业务方和地图云，还包括 OEM 云。一方面，OEM 需要对每一台售出的车辆信息长期追踪和管理，并对面向用户的数据安全负责，所有车云相关的业务需要由 OEM 云统一管理和控制。另一方面，高精度地图数据要满足合规要求，为最大程度保证数据安全，在完成鉴权后地图数据不经过 OEM 云，直接返回给车端业务方。在高精度地图的车云服务中，由 OEM 云对发起请求的车端业务方进行身份校验，验证成功后 OEM 云向地图云发送携带车端业务方信息的 JWT 请求。地图云对 OEM 云身份做验证,根据请求信息加密生成针对车端业务方的 JWT,并反馈给 OEM 云。OEM 云直接透传反馈结果给车端业务方。为控制泄露风险,通常也对 JWT 设置一定的有效期,过期后 JWT 将不可用。接下来的数据请求和返回过程与现有的 JWT 过程相同,在车端业务方和地图云两者之间直接完成。

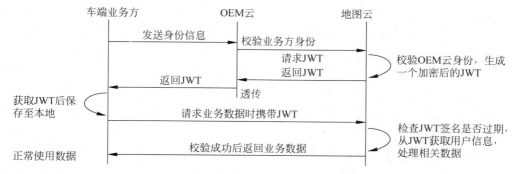

图 11.60 高精度地图车云业务的 JWT 鉴权流程

地图云和安全链路相关的模块主要有三个:安全 Gateway,负责安全通信链路的建立以及 OEM 云身份的校验;认证 Server,负责为车端业务方签发接入地图云服务的 JWT;业务 Server,负责地图数据下发和众包建图数据接收,且数据下发时对地图文件做加密和签名,车端业务方收到后做解密和验证签名。鉴权过程中,认证 Server 在生成 Signature 时一般使用非对称加密签名。认证 Server 使用私钥对 JWT 签名,并根据 Payload 中所绑定的业务范围向相应的业务 Server 发送公钥。当安全 Gateway 收到车端业务方携带 JWT 的数据请求时,将根据 JWT 中定义的业务范围调用指定的业务 Server 接口来对 JWT 进行验证。业务 Server 在收到 JWT 的验证请求时使用认证 Server 发放的公钥验证签名,对 Signature 进行解算得到哈希值,同时对 Header 和 Payload 进行哈希值计算。如果两者哈希值一致,且 Payload 中的业务范围涵盖业务 Server 的服务,则 JWT 验证通过。

鉴权完成后使用 HTTPS 实现地图云与车端的数据传输链路,并使用 TLS(Transport Layer Security)协议保障车云之间传输信息的安全性和可追溯性,防止 DNS 劫持、中间人攻击等。此外业务方也需要对云端身份进行验证,一般采用 TLS 证书的方式,证书由权威第三方签名并配置在地图云网关上。地图云返回数据时将携带此证书,并由车端业务方进行验证。至此车云安全链路完成建立。

11.4.2 地图下载和更新

地图车云安全链路建立后,最重要的业务之一是高精度地图的下载和更新。该业务要解决的核心问题是,保障车端自动驾驶域控制器中使用的地图与云端发布的最新地图版本相同,在功能使用自动驾驶时确保地图最新。当地图鲜度不够时有可能导致自动驾驶状态下发生安全事故,例如道路改道、新增不可通行区域等。地图的下载和更新主要面临两方面的挑战:高精度地图数据量庞大,对存储资源、无线网络带宽和流量资源都会带来挑战;车端地图的下载和更新容易影响用户体验和自动驾驶功能的安全运行,因此下载时机的选择成为另外一个挑战。

先讲解高精度地图数据量带来的挑战。近年来全国高速公路建设里程约为 177 000km，一、二线城市的高架快速路大约为 30 000km，根据行业经验估计高精度地图的总体数据量约 10GB。随着城市高精度地图的逐步开放，城市高精度地图也将逐步应用到自动驾驶高级功能中。截至 2022 年底，深圳、广州、上海已先后开放了部分区域的高精度地图审核。全国一线和新一线城市道路总里程约为 200 000km，高精度地图数据总量为 15～20GB。根据城市规模不同，单个城市地图数据量为几十至几百兆字节，如上海大约为 300MB。停车场地图同样跟其规模强相关，因其室内定位图层常包含像素点云，数据密度比室外结构化道路地图要大，典型的商场停车场单个地图数据量在几十兆字节。

面对如此庞大的地图数据量，一方面域控制器内的本地存储资源远远不够，另一方面完全依赖 4G/5G 网络实现所有地图的远程下载，不仅带宽无法满足要求，且超长的下载耗时也无法被用户接收。因此高精度地图下载和更新的总体思路与传统的导航地图类似，在整车出厂前域控制器内预装最新的地图，在车辆日常使用过程中再选择合适的时机做地图更新。与此同时，在产品层面根据用户的使用频率，采取不同的存储策略，具体如下。

（1）高速高架地图：高速高架里程数和地图数据量有限，且这些区域一般是自动驾驶行车功能高频使用和运行较为理想的区域，因此一般在自动驾驶域控制器中维护全量的高速高架地图，并配备一定比例的存储空间为将来高速高架路段的拓展做预留。例如预置 15GB 全国高速高架地图存储空间。

（2）城市道路地图：全国全量的城市道路里程太长地图数据量太大，对单个车辆用户来讲经常会驾车前往的城市非常有限，因此一般在整车售出前的门店内根据用户要求预下载所在城市周边少数几个城市地图即可，并配备一定的存储空间，为用户抵达新的城市后下载并存储当地地图，例如预置满足 10 个左右城市的存储空间。

（3）停车场地图：虽然停车场地图数据密度高，所幸一般用户常去的停车场数量有限，且单一停车场地图数据量整体不大，因此一般在整车售出前的门店内根据用户要求预下载所在城市内少数几个停车场地图即可，并配备一定的存储空间，为用户抵达支持高级泊车功能的停车场后下载并存储目标停车场地图，例如预置满足 10 个左右的停车场存储空间。

再讲解另一个挑战，地图下载更新时机的选择。图 11.61 所示为不同条件下的地图下载更新方案。

整车下线前需要对约 10GB 数据量的全国高速高架地图完成预装。在该量级的数据量下，地图的下载过程耗时较长，如果在整车生产线上完成该操作，势必对整车生产节奏产生显著影响。因此地图的下载和预装一般选择在自动驾驶域控制器生产线上完成，而整车生产线上直接集成安装域控制器即可。该方式还有一个好处，在车辆售后过程中往往涉及维修更换零件，用于售后的自动驾驶域控制器已在其生产线完成了地图预装，无须在维修地点重复此操作。

手动查询下载或更新是指在车端，人工查询并触发地图下载或更新的过程。整车售出前需要根据购车用户的要求完成用户感兴趣的城市和停车场地图的下载。不同购车用户的需求不同，因此，该步骤一般在汽车销售服务中心实现，由服务人员询问购车用户后，在车端操作完成。车端交互界面配备感兴趣城市或停车场地图查询和下载功能，除了服务人员，也可由购车用户自行操作完成。

上电自动更新是指整车在每次上电后自动查询一次云端地图版本，并与车载地图相比

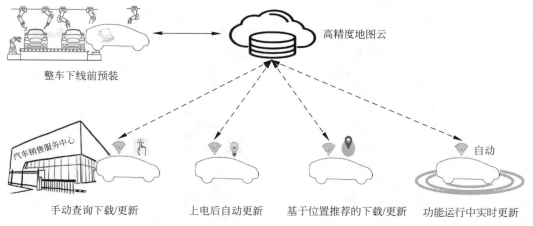

高精度地图云

汽车销售服务中心

自动

手动查询下载/更新　　　上电后自动更新　　基于位置推荐的下载/更新　　功能运行中实时更新

图 11.61　不同条件下的地图下载更新方案

较,当云端地图有更新版本且域控制器计算资源允许时,车端自动完成同步更新。全国高速高架地图采用全量更新的方式,一般情况下差分更新包不大,在用户无感情况下于后台自动完成更新过程即可。当地图有大版本发布时,更新包过大,更新过程会持续几分钟至几十分钟不等。此时需要提醒用户更新所需要的耗时,并告知用户在地图更新完成前禁用高级自动驾驶功能。为提高地图更新时的流量使用效率,对城市道路地图和停车场地图的更新范围需要做一些限定。一般更新范围仅限定在车辆所在城市的区域。单一城市内的车端已有的城市道路地图和停车场地图数据总量有限,差分更新包不大,因此开机后在后台自动完成更新。对于车辆所在城市以外的其他城市道路地图和车端尚未下载过的停车场地图,则采用基于位置推荐的地图下载/更新方法。

　　基于位置推荐的地图下载/更新是指,根据车辆所在位置或车辆导航目的地而触发并向用户推荐的地图下载/更新服务。对于城市道路地图,其策略一般是,当用户驾驶车辆跨城行驶或将导航目的地设置为另一个城市时,查询云端地图版本并与车载地图相比较;在车端无图情况下,提醒用户有可用高精度地图下载;在车端有图的情况下,直接在后台自动更新地图即可。对于停车场地图,其策略则是,当用户导航至某个目的地时,目的地附近如有支持高级泊车功能的地图,则高亮显示该停车场并推荐给用户(图 11.62),用户选为最终目的地后,后台自动完成地图的下载;在无导航情况下,当车辆行驶至某个支持高级功能的停车场附近时,同样在导航界面上可以给予用户推荐下载;在车端有图情况下与城市道路地图类似,直接在后台自动更新地图即可。

　　前面介绍的几种地图下载和更新,能够在很大程度上保持车辆行驶附近区域车端地图版本最新。但用户使用自动驾驶功能的时刻随机性很强,有可能在尝试激活高级功能时地图更新过程未完成,或因域控制器计算资源不足尚未开始更新。因此仍然无法百分之百地保证功能激活前地图刚好最新,进而带来的问题是功能启动不成功并影响用户体验。为确保每一次用户都可以顺利启动高级功能,需要采取额外的地图更新手段,即功能运行中实时更新。

　　功能运行中实时更新是指,在功能启动时即开始对车辆附近区域的高精度地图进行更新,功能运行时,车辆一边前进一边更新前进方向上的地图。前面介绍的几种地图更新方

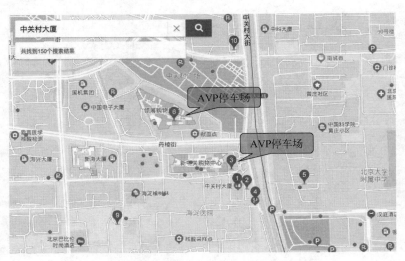

图 11.62 支持高级泊车功能的停车场推荐

案都是直接下载差分更新包,针对全国某些区域、某一个城市或某个停车场的大范围地图更新,由于区域较大地图更新的耗时必然会比较长。要想实现实时更新,需要缩小对地图更新的颗粒度。一种可行的方案是以瓦片(Tile)为单位更新地图数据。瓦片地图的概念最早出现在网络地图服务领域(Web Map Service,WMS),通过缓存经过分级切割的网格化地图,提高 Web 端对地图的访问效率。2005 年 Google 地图上线,率先使用了高效的瓦片地图技术,形成了互联网地图的标杆。图 11.63 所示为不同尺度下瓦片地图组成的金字塔模型,以及单张地图经过解构后的若干地图瓦片。单个地图瓦片可以包含完整地图中的所有属性信息,对高精度地图来说包含导航图层中的路网信息、车道元素,以及定位图层中的定位元素等。相邻瓦片之间的数据具备连贯性,可以实现无缝拼接。

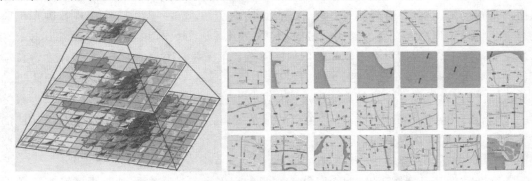

图 11.63 瓦片地图金字塔模型和城市地图切割而成的地图瓦片

在车辆行驶过程中瓦片地图的实时更新具备方向性,针对有导航和无导航两种情况需要采取不同的更新策略,两者最大的区别在于车辆前进方向是否已知。

在有导航的情况下,根据导航路径可由近及远地计算出车辆在地图中预期需要经过的所有瓦片。将导航路径经过的区域设置为“基础更新区域”,在自动驾驶功能启动后由近及远地增量更新该区域内所有的瓦片地图。考虑到车辆行驶过程中由于前方道路拥堵、交通管制、用户个人偏好等原因,用户有可能更换其他的导航路径。为增强自动驾驶功能的连续体验,使导航路径变化时不会因为地图来不及更新而造成功能降级或退出,需要进一步对瓦片地图的更新区域做拓展。针对同一目的地的多条候选导航路径一般不会偏离原路径太远。基于该特点从"基础更新区域"向外拓展若干地图瓦片,并将这些拓展瓦片组成的区域称为"拓展更新区域"。如图 11.64 所示,瓦片拓展数量跟瓦片大小相关,图中以 1 个瓦片的范围向外拓展。

在无导航情况下,车辆前进方向需要根据车辆行驶状态(如车速、航向),以及精确到车道的行驶方向进行估计。例如,高速公路上车辆速度较高并处于最内侧或中间车道时,车辆行驶的方向大概率是沿着高速公路向前延伸,而红绿灯路口的车辆其行驶方向跟所属车道强相关。如图 11.65 所示,根据预测的车辆行进路径可以获得无导航情况下的地图"基础更新区域",并据此向外拓展出"拓展更新区域"。由于车辆行进路径的不确定性较大,在对其进行预测时,距离越远,预测准确性越低。对此采取两方面的措施:以瓦片数量为单位限定行进路径预测长度,图中示意为 3 个;基础区域向外拓展时,与有导航的情况相比拓展范围需要更大,即增加拓展瓦片个数,图中示意为 2 个。

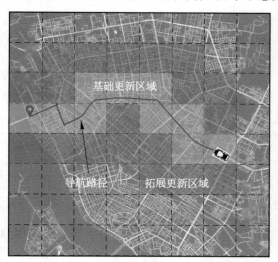

图 11.64　有导航时的瓦片地图更新策略

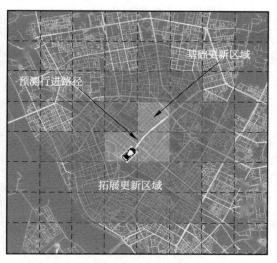

图 11.65　无导航地图时的瓦片地图更新策略

地图瓦片的大小一般设计为几公里范围的尺度,如 2km×2km、3km×3km 或 5km×5km。更新前首先根据瓦片的编号远程查询云端对应瓦片的版本号。然后对照两个版本进行判断,版本相同时无须更新,版本不一致或本地瓦片有缺失时则下载最新的瓦片数据。最后在本地完成地图的覆盖更新。查询时基础区域和拓展区域一并查询,下载更新过程则需要根据网络通信质量做调整。在网络良好的情况下,"拓展更新区域"与"基础更新区域"沿导航路径由近及远同步更新,网络质量较差时优先更新基础区域,再更新拓展区域。在实际工程项目中需根据单个瓦片地图数据量、网络流量、网络带宽等因素综合设计地图实时更新方案细节。

综上所述,以下对三种不同类型的地图下载和更新方案做小结。

如图 11.66 所示,针对全国高速高架道路的高精度地图,在域控制器生产线上完成预装,每次整车上电时查询最新版本并对地图做完整更新,在高级功能运行时实时查询最新版本,并在必要时更新高速高架道路的瓦片地图。

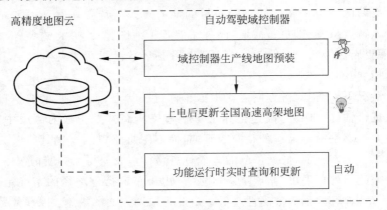

图 11.66　高速高架道路高精度地图下载和更新方案

如图 11.67 所示,针对城市道路的高精度地图,每次整车上电时查询云端版本,并分别对全国支持的城市地图列表和车辆当前所在城市道路地图做更新。支持的城市地图列表用于人工选择,也可根据车辆位置向用户推荐。域控制器根据车机交互界面用户的反馈,对新增城市道路地图完成下载。同时在高级功能运行时实时查询最新版本,并在必要时更新城市道路的瓦片地图。

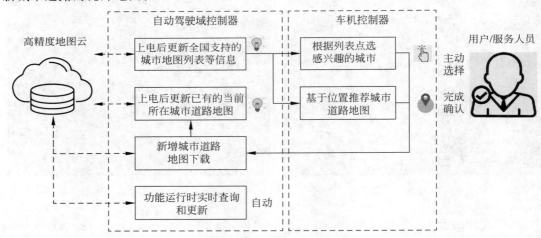

图 11.67　城市道路高精度地图下载和更新方案

如图 11.68 所示,停车场的高精度地图更新一般限定在车辆所在城市范围内。每次整车上电时查询云端版本并分别对当前城市内支持的停车场地图列表和车端已有的当前城市内停车场地图做更新。支持的停车场类别列表用于人工选择,也可根据车辆位置向用户推荐。域控制器根据车机交互界面的反馈对新增城市道路地图完成下载。由于单个停车场地图数据量较小,下载速度很快,因此一般无须对停车场地图进行功能运行时的实时查询和更新。

11.4.3　车端地图渲染显示

在自动驾驶功能运行过程中,为增强用户体验,车机交互界面上需要实时渲染,显示如

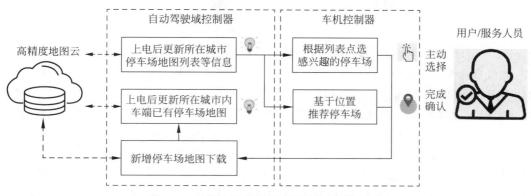

图 11.68　停车场高精度地图下载和更新方案

下三类信息：自动驾驶系统相关信息、车辆导航信息，以及车辆周围环境的地图信息。其中自动驾驶系统信息包括系统运行状态，车辆位姿和速度，针对各类动/静态目标物的实时感知结果，规划的自车轨迹，以及各类目标决策结果，如换道、目标车道、CIPV、让行、绕行等。车辆导航信息即为使用导航地图时应当显示的信息，如导航路径，前方道路名称，目标车道，距离导航目的地和前方道路节点的距离，换道、出入匝道、路口通行等关键位置信息的提醒，等等。地图信息作为虚拟环境的重要信息补充，为用户提供非常丰富的环境参照物，如车道线、各类路面标识、路侧牌杆、周围建筑物、绿化带、桥梁水系等。地图信息的渲染显示能够极大地增强用户主观感受。一般认为渲染效果与真实环境越相似，用户体验越好。

如图 11.69 所示，对比无人驾驶出租车和量产乘用车的自动驾驶交互界面，两者自动驾驶系统状态信息大体相同，导航信息在无人驾驶出租车上做了简化，地图信息区别则比较明显。在无人出租车上显示的地图信息全部来自高精度地图，主要为导航图层和定位图层中的矢量化信息，如路面的各类标线、路侧的道路边缘、牌杆等。量产车中的地图信息更为丰富，除了高精度地图的信息作为前景图层，还包含来自导航地图的周围建筑物、绿化带、桥梁、水系等信息作为背景图层。可以看到高精度地图和导航地图的信息叠加在一起后，交互界面上的直观体验得到了显著增强。在量产自动驾驶解决方案中，车端两种地图的联合渲染已成为发展趋势。由于现阶段停车场环境中暂未出现导航地图相关的产品，地图信息的联合渲染仅在行车功能中讲解，泊车功能中尚不涉及。

"享道"无人出租车显示界面　　　　　　"小鹏"量产车自动驾驶显示界面

图 11.69　典型的无人出租车和量产车自动驾驶显示界面

目前无人驾驶出租车全行业还在研发和局部试点区域试运营中，尚未完成商业化，也未形成量产生态,其显示界面一般采用开源的工具实现,如 ROS(Robot Operation System) 的 Rviz。图 11.70 所示为 Google 无人车项目中早期使用 Rviz 开发的显示界面。

Rviz 是 ROS 针对机器人系统的可视化需求提供给用户的一种可以直观显示多种数据 的三维可视化平台,如图 11.71 所示。它很好地兼容了各种基于 ROS 软件框架的机器人平 台。在 Rviz 中可以使用 XML 对机器人及其周围物体进行尺寸、质量、位置、材质、关节等 属性的描述,并且在界面中呈现出来。同时它还可以通过图形化的方式实时显示机器人传 感器的信息、机器人的运动状态、周围环境的变化等。此外 ROS 中针对地图的可视化还有 一个专门的工具包 Mapviz,主要用来显示二维数据,如车辆在地图中的位置、地平面上的地 图元素等。车端综合信息的实时可视化界面还是以使用 Rviz 为主。Rviz 默认可处理的数 据包含机器人模型、各种坐标系、刚体的运动规划及其轨迹、导航路径、激光点云、原始图 像、SLAM 建图过程。当然其中也包含本节讲解的高精度地图相关信息,如导航图层中的 矢量化元素和定位图层中的定位元素。

图 11.70　Google 无人车早期的显示界面

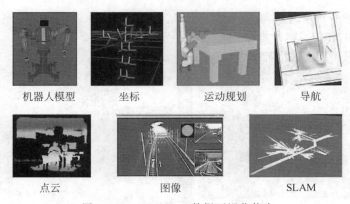

图 11.71　ROS Rviz 数据可视化能力

使用 Rviz 时仅需要在 ROS 中订阅待可视化的数据 Topic,即可完成渲染显示,对于用 户需要的监测信息也可图形化显示,如某些变量的时序变化趋势。开发者可以在 Rviz 的控制界面下,通过 Planning 插件的功能,根据按钮、滑动条、数值等方式控制机器人的行为。Rviz 是基于 C++语言编写的一套工具,在使用时需经过编译、安装、启动等过程,对于无人驾驶出租车的乘客不友好。同时在研发过程中,对于车端远程访问也有更多的软件栈要求。为了使用 Rviz 功能,需要把 ROS 系统的核心部件都安装一遍,重复性的工作使研发过程低效。这一问题的解决办法是使用 Web 技术来跳过编译、安装过程。在网络条件满足的情况下,通过网站端口访问,无须做环境部署,即可提高自由度。基于 Web 的 Rviz 版本实例有自动驾驶公司 Cruise 维护的 WebViz 和 FoxGlove。

与无人驾驶出租车不同,近年来量产自动驾驶产品在各家整车制造商的不同车型上迅猛落地,并逐步形成较为完整的生态。图 11.72 所示为量产自动驾驶交互界面渲染显示架构,有多个参与方共同实现最终的界面。

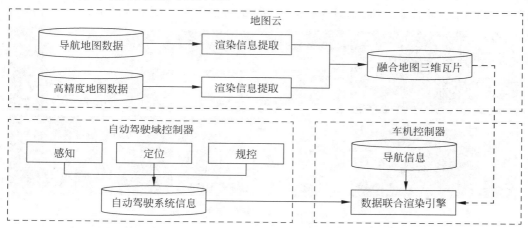

图 11.72 量产自动驾驶交互界面渲染显示架构

车机界面上的渲染显示由集成在车机控制器中的数据融合渲染引擎完成,其数据则来自三方面。自动驾驶系统信息由自动驾驶域控制器内的各模块算法生成,一般通过车载以太网传输至车机控制器。导航信息来自集成在车机控制器中的导航地图,在车机系统内可直接获取,在用户输入导航需求后生成和更新车辆的导航信息。地图信息则由云端通过4G/5G 网络实时下发到本地。与自动驾驶路径规划和定位所用的地图数据格式不同,用于渲染的地图信息以经过地图信息融合的三维瓦片的形式表达。参与融合的信息一部分来源于导航地图数据,主要抽取车辆周围建筑物、绿化带、桥梁、水系等内容,另一部分信息来源于高精度地图数据,主要抽取车辆附近的内容,如车道线、各类路面标识、路侧牌杆等。由于地图数据的抽取和三维瓦片的生成都依赖车辆的实时位置,因此在三维瓦片数据下发前,车机对地图云的请求中需要包含自车全局位置的相关信息。

由于地图数据的保密合规问题,地图数据的使用过程需要受控,数据融合渲染引擎一般由具备资质的地图厂商提供。该引擎工作时,车机系统将自动驾驶系统信息通过引擎对外暴露的 API 灌入,导航信息则来自车机中的导航地图,地图厂商能够便捷地获取,融合后的地图三维瓦片同样在地图厂商的受控范围。在获取三方面数据后,引擎最终完成联合渲染。目前的量产解决方案中,导航地图数据、高精度地图数据,以及车机中的渲染引擎一般来源于同一个地图厂商。例如高德的 SR(Surrounding Reality)产品,旨在支撑自动驾驶功能运行过程中构建与真实环境尽可能接近的交互界面,并基于车载感知能力对自车周边交通参与者、道路设施、环境等进行渲染和可视化展示。该产品目前已在小鹏和理想的多个车型上完成量产落地。

车机用户界面一般基于渲染引擎进行二次开发,应用较为广泛的引擎有 Qt、Unity、UE(Ureal Engine)、Cocos、Kanzi 等。各类引擎的渲染效果如图 11.73 所示,在这些引擎的底层基本会用到一个强大的图形化工具 Open GL(Open Graphics Library)。OpenGL 即开放图形库,是用于渲染 2D/3D 矢量图形的跨语言、跨平台的应用程序编程接口。它由近 350 个不同的函数组成,用来绘制从简单的图形到复杂的三维景象,常用于 CAD、虚拟现实、可视化程序和游戏开发等领域。针对手机、PDA、游戏机等嵌入式设备以及车载嵌入式系统,又形成了 OpenGL 三维图形 API 的子集 OpenGL ES(OpenGL for Embedded Systems)。该 API 由 Khronos 集团定义推广,具体功能实现由各显卡开发厂商根据规范完成。

图 11.73　不同渲染引擎的使用效果示意

OpenGL 渲染的目标是将三维要素转换为投影到显示屏上的二维要素。其原理为将输入的 3D 坐标顶点数据,结合纹理信息和各种渲染状态,绘制屏幕上的 2D 像素片段,由此在屏幕上实现符合预期的显示效果。如图 11.74 所示,其处理过程由图形渲染流程(Graphics Pipeline)管理。顶点着色器作为第一个阶段,将单独的顶点作为输入,顶点着色器对顶点属性进行一些基本处理。图元装配将顶点着色器输出的所有顶点作为输入,并将这些点装配为指定图元的形状。几何着色器将图元的顶点集合作为输入,通过产生新顶点,构造出新的图元来生成其他形状。光栅格化则将图元映射为最终屏幕上相应的像素,生成供片元着色器使用的片元。在片元着色器运行之前会进行裁剪,将超出视图范围外的像素丢弃,以提升效率。片元着色器用于计算每个像素的最终颜色。测试和混合阶段用来检测片元的深度,判断物体的前后位置关系。

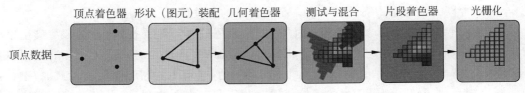

图 11.74　OpenGL 图形渲染流程

综上所述,在量产自动驾驶解决方案中,车端地图的渲染显示需要充分考虑地图厂商的产品和技术状态,详细设计渲染引擎与各数据方之间的通信接口。当自动驾驶系统同时使用不同厂商的导航地图和高精度地图时,即异源地图,整个方案将复杂很多,需要综合考虑数据下发实时性、地图数据安全性、地图元素统一性等问题,并要为此建立涉及多地图云的数据流通道。一般不建议在自动驾驶系统方案中使用异源地图。

11.5　泊车远程在线监控

在 5.6 节中论述了远程监控泊车的产品,要想在 L2 级别的自动驾驶功能中让用户彻底摆脱枯燥无趣的停车场环境,对泊车过程的在线实时监控需要从车端迁移至远端。高带宽、低时延的远程视频传输技术是实现该方案的一种颇具潜力的手段。用户可以在远端通过手机上显示的车辆现场视频对泊车过程监控,或者运营人员在远端的监控中心平台上完成监控,并在必要时对车辆采取制动停车的干预处理。

图 11.75 所示为泊车远程在线监控系统架构,系统的组成部分主要包含自动驾驶车辆、OEM 云(汽车制造商私有云)、信令交换服务器、车和手机附近的 4G/5G 网络通信基站、各级路由器、用户手机监控界面,以及云代驾监控平台。

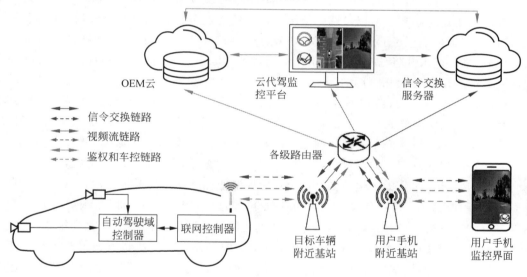

图 11.75　泊车远程在线监控系统架构

自动驾驶车辆在启动远程监控功能时,车端系统采集、编码、压缩多路摄像头的实景视频流,通过联网控制器的 4G/5G 网络向远端监控方发送。在此过程中,车辆实时检测车端与远端(用户手机或云代驾监控平台)的通信质量。当通信质量下降时,采取减速或停车的措施。当车辆接收到远端发送的停车指令时,将以最高优先级立即响应,确保车辆时刻处于安全状态。当面对停车场异常复杂的交通场景时,车辆有可能陷入自动驾驶系统无法处理的困境。例如,自车与前方对向车辆出现路权冲突,互不相让。此时车辆可将控制权交接给远端的云代驾平台,由云代驾平台的安全员通过对车辆的远程控制帮助脱困。

OEM 云的主要作用是在功能使用前对服务发起方(用户手机)和响应方(目标车辆)进行鉴权。当需要使用云代驾平台参与服务时,OEM 云按照就近原则将泊车远程在线监控任务派发给车辆附近的云代驾中心。OEM 云一般是在汽车制造商受控范围内的私有云,具备高安全性。因此,不论是用户手机监控界面还是云代驾监控平台,所有涉及车辆控制相关的指令和响应信息都通过 OEM 云进行转发。

信令交换服务器(Signal Server)是 WebRTC 服务的重要组成部分,一般由专门的云服务商提供。如腾讯云、百度云、阿里云都有类似的服务。在视频流传输过程中,该服务面向用户手机和云代驾监控平台分发,并管理传输质量。在功能使用时,信令交换服务器负责跟视频流传输各方交换信令,建立高带宽、低时延的视频流 P2P(即点对点)传输通道,是泊车远程在线监控方案中最关键的环节。

车和手机通过附近的 4G/5G 网络通信基站与网络实现连接。基站的通信能力、覆盖密度、通信的繁忙程度都影响两者与云的通信质量,并最终影响整个泊车在线远程监控系统的能力。信息经过基站后进入主干网络,通过各级路由器再传输至各处。

泊车远程在线监控功能最先由用户在远端通过手机发起,手机上可以选择使用手机监控或使用云代驾监控服务。当用户选择使用手机监控时,远程泊车请求从手机发出,经过通信基站中继至 OEM 云。OEM 云通过鉴权链路对车辆、手机和视频流服务云完成鉴权后,车端视频即可开始利用视频流服务链路向手机端发送。在此过程中,通过 OEM 云中继的车控链路也建立起来。当用户选择使用云代驾监控服务时,远程泊车请求同样从手机发出,经过通信基站中继至 OEM 云。OEM 云通过鉴权链路对车辆、手机和视频流服务云完成鉴权后,确认请求并将任务派发给附近的云代驾中心。云代驾监控平台的车控链路和视频流服务链路建立后,手机即可退出服务流程。

在功能运行时,手机监控界面和云代驾监控平台对上传的视频流进行解码和渲染,将车辆周围动态实景呈现到用户和云代驾安全员面前。当发现车辆出现碰撞风险时,用户或云代驾安全员可通过界面上的控件向远端的车辆发送停车或恢复自动驾驶的指令。

为保障用户在发现车辆现场出现碰撞风险时及时操控车辆采取制动措施,需要严格控制全链路的时延。时延的产生主要在两方面:数据处理过程和数据传输过程。在车端自动驾驶域,控制器首先完成图像的采集和必要的预处理(如降分辨率、拼接、裁剪等),然后对图像进行编码,打包成网络报文,通过车载以太网传输给联网控制器。接收到视频报文后,联网控制器对报文进行重组,并调用视频推流服务向车外发送。视频流云服务则在传输过程中采取各类技术对传输链路进行优化。监控界面接收到视频流后,需要完成解码和渲染显示等相关过程。至此车端的实景呈现到云代驾安全员或手机用户面前。当需要采取人工干预措施时,控制指令从监控平台发出,通过 OEM 云和车端联网控制器的中继,最终被自动驾驶域控制器接收到。图 11.76 所示为泊车远程在线监控系统的全链路中会产生时延的所有过程。相比视频流的上传,控制指令的下发数据量低、数据处理过程简洁、链路相对成熟。因此对上述链路时延的优化方案聚焦在视频流的上传,并主要体现在三方面:数据生产端、数据传输端,以及数据使用端。

11.5.1 数据生产端

数据生产即车端实景视频数据包的生产过程,主要在自动驾驶域控制器中完成,相关的优化主要集中在三方面:数据总量控制、数据内存零复制、高效的视频编码。式(11-60)所示为待传输数据量,即带宽需求 BW_{req} 的计算公式:

图 11.76　泊车远程在线监控系统时延分析

$$BW_{req} = \frac{P_{length} \times P_{width} \times d_{color\_depth} \times n_{color\_depth} \times R_{frame}}{1024 \times 1024} \times \frac{N_{image}}{R_{compress}} \quad (11\text{-}60)$$

式中的前半部分为单路原始视频的带宽,单张图像的数据＝长(像素数)×宽(像素数)×色深×色域数,再乘以采样帧率 R_{frame},即可得单路原始带宽需求。公式中的 N_{image} 为需要传输的视频路数,$R_{compress}$ 为图像编码压缩比例。

根据产品使用要求,希望用户端或云代驾端能获得 360° 的全景视频、车辆前进方向的视频、车辆渲染模型、车辆全局路径和位置、车辆速度,以及车辆运动方向等信息。360° 全景需要通过四个环视摄像头的输出图像生成,车辆前进方向信息通过前视摄像头的图像获取,车辆未来运动方向则与规划的轨迹强相关。为尽可能控制需要传输的数据总量,一个合理的方案是将需要综合各类信息的计算过程在域控制器中完成,生成最终可以直接解码显示的图片。详细过程如图 11.77 所示,最终需要传输的数据仅为融合多种元素的前视视图和俯视视图,因此式(11-60)中 N_{image} 为两路。

在泊车远程监控数据生产过程中除了逻辑运算,还有非常多的图像操作。如图像预处理中需要完成畸变矫正、噪声去除、白平衡矫正、色彩矫正、Gamma 矫正、色彩空间转换等步骤。预处理后还需要进行图像投影、拼接、元素叠加、图像裁剪、分辨率调整等。图像频繁的搬运过程对 CPU 资源消耗较高,这也是影响数据处理耗时的关键。为减少该处的耗时一般采用数据内存零复制技术。

零复制是 Linux 下的一种常见技术,指在计算机执行操作时 CPU 不需要先将数据从一个内存区域复制到另一个内存区域,从而减少上下文切换以及 CPU 的复制时间。其核心思想是通过将数据地址直接映射到用户空间,减少 CPU 对数据的直接"搬运"次数,达到间接提升内存 I/O 性能和节约 CPU 中断资源的目的。在 Linux 中零复制技术主要有 3 个实现思路。

(1) 用户态直接 I/O:应用程序可以直接访问硬件存储,操作系统内核仅辅助数据传输。这种方式依旧存在用户空间和内核空间的上下文切换,硬件上的数据直接复制至用户空间,不经过内核空间。因此,直接 I/O 不存在内核空间缓冲区和用户空间缓冲区之间的数据复制。

(2) 减少数据复制的次数:在数据传输过程中,避免数据在用户空间缓冲区和系统内核空间缓冲区之间的 CPU 复制,以及数据在系统内核空间内的 CPU 复制。这是当前主流

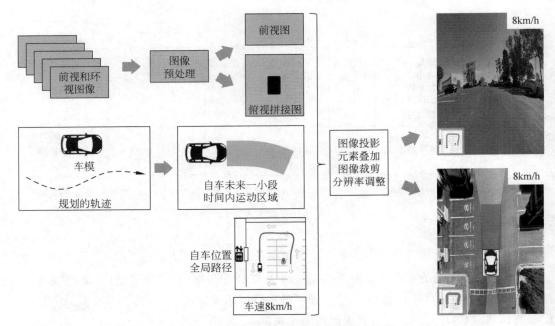

图 11.77　泊车远程监控原始数据生成过程

零复制技术的实现思路。

（3）写时复制技术：写时复制指的是当多个进程共享同一块数据时，如果其中一个进程需要对这份数据进行修改，那么将其复制到自己的进程地址空间中，如果只是数据读取操作则不需要进行复制操作。

零复制技术实现方式通常有 mmap＋write 和 sendfile 两种，相比传统文件 Read 和 Write 的传输方式，从原来的 4 次减少到 2 次上下文切换和数据复制次数，就可以完成文件的传输。这 2 次的数据复制过程都是由 DMA（Direct Memory Access）来搬运，不需要使用 CPU 资源。因此总体来看，零复制技术可以把文件传输的性能提高至少一倍以上。

通过零复制技术完成原始数据生成后，在传输前还需对数据进行编码，以实现压缩过程。图 11.78 所示为各类视频编码标准。一般推荐的图像编码格式为 H.264，其主要优势如下。

（1）低码率，高压缩率：与 MPEG 2、MPEG 4、ASP 等压缩技术相比，在相同画质下 H.264 压缩数据量只有 MPEG 2 的 1/8 或 MPEG 4 的 1/3，式（11-60）中 $R_{compress}$ 可达 100 以上。

（2）高质量的图像：能够提供连续并且平滑的高质量图像。

（3）容错：提供解决不稳定网络环境中容易出错的丢包等问题所需的工具，适用于高误码率无线网络中传输视频数据。

（4）网络适应性强：提供网络抽象层，允许文件在不同网络上轻松传输。例如互联网、CDMA、GPRS、WCDMA 和 CDMA 2000 等。

在 H.264 基础上进一步改进的 H.265 具备更强的压缩能力，理论上压缩效率可以再提高一倍，只需要一半的带宽就能传输和播放相同质量的视频。但 H.265 还处于比较新的阶段，其工程应用还在普及当中，针对不同的应用场景还有大量的工程适配工作需要完成。

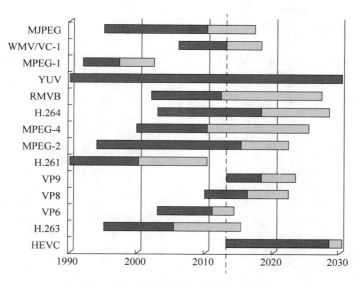

图 11.78　各种各样的视频编码标准

例如,11.5.2 节中要介绍的 WebRTC,现阶段暂时还不支持 H.265。一些厂商也在自研视频编码技术,以充分平衡编码效率和数据压缩率之间的平衡。除了选择较好的编码方式,在实际使用时还需提高编码过程的效率,主要涉及的技术有动态码率和低算力硬件编码。

动态码率(Variable Bits Rate,VBR)与固定码率(Constants Bits Rate,CBR)相对应,是指编/解码器可根据数据量大小自动调节带宽。遇到图像变化快且颜色丰富时分配带宽大,图像变化慢颜色不丰富时分配带宽小。在保证图像质量的同时最大限度节省网络带宽。

图 11.79 所示为常见的动态码率调整策略,在图像编码传输起始时刻便周期性地对网络质量进行检测。初始网络状态较差时,直接丢弃部分原始帧。网络正常时,则保持码率不变正常编码。如果网络质量变得更好,则通过发送测试数据判断是否会丢帧,不丢帧的情况下缓慢提升码率,并进一步提升图像采集帧率和分辨率,即式(11-60)的前半部分。当检测到网络状况恶化,则进行深层次的降码率措施,修改编码参数,必要时降低图像采集帧率,降低单帧图像分辨率。

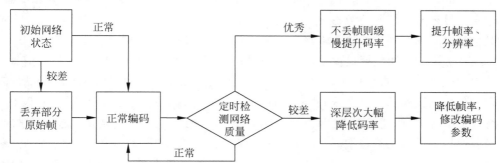

图 11.79　动态码率调整策略

除了动态码率,采用专门的视频编码硬件实现编码过程也能起到加速的效果,如硬件视频流处理器(Video Processing Unit,VPU)。有的 SoC 无专用的 VPU,也可使用 GPU 进行相应的编码工作。

11.5.2　数据传输端

数据生产完成后从自动驾驶域控制器到联网控制器，又通过基站进入主干网，再通过云分发至云代驾平台或用户手机端，全链路都是使用以太网传输。链路各阶段的不同点在于物理层和数据链路层。图 11.80 所示为车载以太网视频传输的七层网络协议。

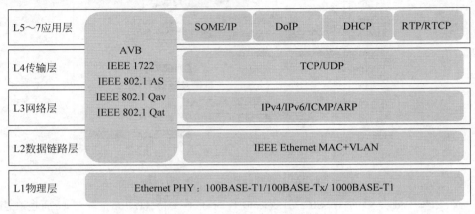

图 11.80　车载以太网视频传输的七层网络协议

目前车载以太网络中流媒体传输在应用层主要采用 RTP/RTCP(Real Time Protocol/Real Time Control Protocol)来实现。应用层往下的协议栈是传输层使用 UDP，网络层使用 IP 协议和基于 IP 的 ICMP，数据链路层采用 IEEE Ethernet MAC＋VLAN，物理层根据控制器的 PHY 种类而定。目前车载网络主干网基本上是百兆或千兆以太网 PHY，少量先进车型甚至已经使用了万兆以太网。

RTP 是专为交互式语音、视频等实时数据而设计的传输协议，通常与 RTCP 协议一同使用。RTP 协议中与实时传输密切相关的字段为序列号和时间戳。序列号为一个 16 位序列空间，其初始值随机产生。发送数据时，每个 RTP 数据将前一个分组的序列号加 1 作为自己的序列号，便于接收方对数据分组的重建和定位。时间戳为 32 位，是 RTP 数据分组的第一个字节的采样瞬间，用来进行不同媒体间的同步控制机制。在泊车环境实景传输时，可通过序列号来进行简单的数据分组重建，也可通过序列号的丢失进行视频抖动、长时间丢帧等检测。时间戳则主要用于多路视频流单独传输时的数据间同步。

RTCP 协议的功能包括提供数据发布质量信息，如丢包率、抖动、时延等基础信息；为每一个 RTP 资源传送永久标识，并且提供绝对时间戳；根据带宽和应用规模确定视频流发送速率。当应用程序开始一个 RTP 会话时，将使用两个端口分别支持 RTP 和 RTCP。一个优秀控制策略的 RTP 服务器可以根据 RTCP 提供的信息动态控制传输速率和载荷类型。目前业界主流做法是将编码好的视频码流直接映射到 RTP 净载荷中。该封装方案以视频对象平面(Video Object Plane，VOP)作为封装的基本单元。VOP 是 VO(Video Object)在某一个时刻的表象，H.264 会对每一个 VOP 进行独立编码，所以将 VOP 作为 RTP 载荷进行封包能提高效率，杜绝大量的分割和合并的操作。当一个 VOP 过大，无法放入一个 RTP 包中时，需要进行 VOP 分割，用多个包发送。

除车载网络，视频流在云端和手机端同样使用 RTP/RTCP 进行传播，主要区别在于其物理层和数据链路层发生了变化。物理层使用不同的接入网,且无线通信使用不同的频点和调试方式。数据链路层的变化主要在于从接入网到核心网之间、核心网本身的结构、通信方式,以及具体封包的结构等与有线传输都有不同。

传统的流媒体传输需要从终端先发送至云服务器,再由云服务器传输到显示终端。网络传输中的主要时延都来源于此。为实现音/视频 P2P 传输,即不经过云服务器的点对点传输,在 RTP 上又出现了名为 WebRTC(Web Real-Time Communication)的 API。该 API 同时支持网页浏览器上的实时视频对话,其最显著的优势如下。

(1) 低延时:以往基于 RTMP、HLS 的方式一般情况下时延达到秒级,而 WebRTC 在不考虑网络链路的情况下时延可降到 $100\sim200\mathrm{ms}$。

(2) 流量少:WebRTC 是基于 UDP 的传输,与 TCP 相比,UDP 的头小,TCP 为了保证传输质量,在网络不好的情况下会产生很多重传包,WebRTC 传输是基于 RTP 和 RTCP,重传策略是基于 NACK 完成。

WebRTC 于 2011 年 6 月开源,并在 Google、Mozilla、Opera 公司的支持下,被纳入万维网联盟的 W3C 推荐标准,是目前主流的 RTP 应用协议,被广泛应用在视频会议、网络直播、在线教育,以及自动驾驶远程在线监控等领域。它有着成熟的供应商渠道和完善的生态,支持几乎市面上所有的操作系统,如 Android、iOS、Linux、Windows 等。在泊车远程在线监控系统各处均可快速适配应用。自动驾驶域控制器和联网控制器操作系统一般采用 Linux,云代驾平台一般采用 Windows,手机端则主要以 Android 和 iOS 为主。百度云、阿里云、腾讯云都有 RTC 相关的服务,其中百度将该服务用到了其 RoboTaxi 和 RoboTruck 项目的远程驾驶中,阿里云则开发了自己的平行驾驶方案,并实现云代驾、云监控以及云引导,腾讯云 RTC 同样进行了远程驾驶的尝试。

图 11.81 所示为 WebRTC 建立 P2P 通信的基本原理。通过 WebRTC 提供的 API 获取各端的媒体信息 SDP(Session Description Protocol)以及网络信息 Candidate,并通过信令服务器(Signal Server)交换信令,进而建立调用者和被调用者两端的直连通道,实现实时视频、语音通话。图 11.81 同样体现了信令服务器和信令交换链路。

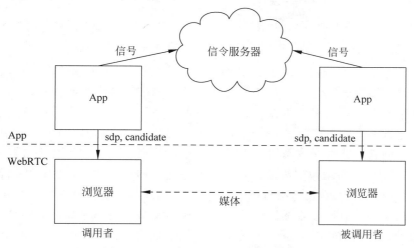

图 11.81　WebRTC 建立 P2P 通信原理

图 11.82 所示为 WebRTC 的总体架构。该架构中除了各类方便开发者使用的 API,还
提供 Video Engine,主要实现对视频本身的处理,如编/解码、抖动缓冲,以及图像增强相关
处理,以保障画质和播放的流畅度。Transport 则是 WebRTC 能够通过实现音/视频 P2P
传输保持低时延的关键模块,包括 SRTP、Multiplexing 和 P2P。其中 SRTP 是基于 UDP
的安全实时传输协议,为 WebRTC 中的音/视频数据提供安全单播和多播功能;
Multiplexing 采用多路复用技术,把多个信号组合在一条物理信道上进行传输,减少对传输
线路的数量消耗;P2P 是端对端传输技术,WebRTC 则集成了 STUN、TURN 和 ICE,这些
都是针对 UDP 的 NAT 防火墙的穿越方法,是连接有效性的保障。

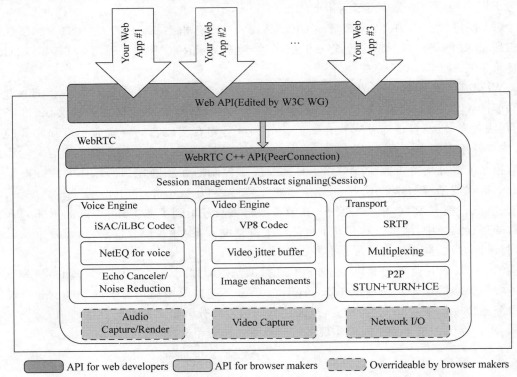

图 11.82　WebRTC 架构

WebRTC 服务使视频流实现了 P2P 的网络传输,为进一步缩短传输路径,还需要对传
输过程中的路由路径做优化。一个 IP 数据包从某个网络节点传输至另一个网络节点,往往
需要经过多个数据链路以及路由器。每个路由器往往又与多个路由器或者主机相连。每
个路由器中包含一个路由控制表(Routing Table),其核心内容是该路由器的 IP 地址和与
该路由器相连的其他路由器或网络节点的网络地址映射表。在工作时路由器根据路由控
制表转发数据包。IP 数据包的头部包含该包的源地址和目标地址,当 IP 数据包到达路由
器时,路由器根据收到的数据包中目标网络节点 IP 地址与路由控制表进行比较,通过路由
控制策略得出下一个应该接收的路由器。路由控制策略分为静态和动态两种。静态路由
是指事先设置好固定的路由路径,并保存在路由器和网络节点中的方法。动态路由则是通
过路由控制算法,让路由协议在运行过程中自动设置路由控制信息的方法。常见的路由控制
算法有两类:第一类为距离-向量(Distance-Vector)算法,根据距离和方向决定下一个网络路

由器或网络节点的位置。另一类为链路-状态算法(Link-State)，根据网络整体连接状态生成路由控制表，选择整体网络状态最优的路径传输数据。百度云 RTC 服务的数据接入点遍布全国的主要城市，能够自动采取最佳路由策略将视频流转发至最近的云代驾监控平台。

车载网络和主干网络中的通信都是在有线网络状态下进行，网络带宽相对可控。车辆和手机与周围环境中的 4G/5G 通信基站的连接通过无线网络实现，受诸多因素的影响容易出现网络带宽不稳定的问题。特别是车辆移动状态下联网基站切换过程中，网络带宽变化问题尤为明显。

如图 11.83 所示，不同的基站与车辆的实际通信带宽不一样，主要受到基站网络接入繁忙程度、车辆与基站通信距离、车辆运行环境信号遮挡情况等因素的影响。一般情况下车辆有可能与多个基站建立连接，根据通信能力的强弱选择其中一个作为主要的通信入口。由于车辆在持续移动，与各基站之间的通信能力会实时动态变化，如何持续保持稳定的网络通信带宽是车端需要解决的问题。

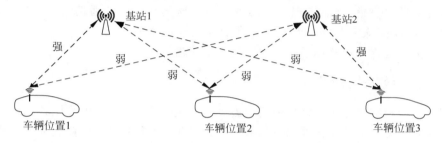

图 11.83　移动车辆无线网络带宽不稳定问题

一般情况下车载的联网控制器会使用某家网络通信运营商的 SIM 卡来与该运营商的基站实现互联，如中国的运营商为三家：移动、联通以及电信。真实道路环境中，移动车辆周边同时存在多家运营商的网络基站，如图 11.84 所示。为实现网络基站资源带宽使用最大化，多载波聚合(Muti Carrier Aggregation)技术成为研究方向之一。该技术最早出现在流媒体实时传输上，如新闻直播、体育赛事直播、应急救援现场视频传输、多画面新闻直播连线等。载波聚合的过程又分为两种：单运营商多基站聚合和不同运营商基站聚合。

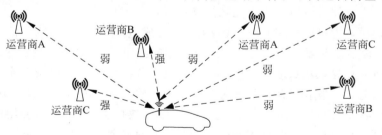

图 11.84　移动车辆周边网络基站资源

通常意义上的载波聚合是指单运营商的多基站聚合。按照载波之间的频段特点，聚合形式又分为频段内连续的载波聚合、频段内不连续的载波聚合，以及频段间的载波聚合。参与聚合的载波可以来自多个不同的基站。该技术最早从 4G 的 LTE-Advanced 协议开始引入，从最初的 5 载波聚合总带宽最高 100MHz，发展到 32 载波聚合总带宽最高可达640MHz。5G 阶段载波数量被控制在 16 个，由于单载波带宽也变宽成 400MHz，总带宽最高可达 6.4GHz。与此同时,为充分利用 4G 和 5G 基站,5G 协议在 NSA(Non Stand Alone)架构下引入了双连接(Dual Connection)技术,实现单个终端设备同时连接 4G 基站和 5G 网站,并将带宽合并到一起,增强下行传输速率。最终的聚合能力还取决于终端设备的基带芯片处理能力。该技术已经在手机上得到了充分的应用。

泊车远程在线监控系统中的手机应用载波聚合技术能显著提高网络带宽,保持网络连接的稳定性。对于联网控制器,除了充分利用单运营商的基站资源,需要配置多张 SIM 卡以增加多个基站的入网概率。如果进一步考虑同时利用多家运营商的资源,就意味着单控制器上需要在物理层实现多链路通信模组,即同时使用多家运营商的 SIM 卡。

除了载波聚合技术,为了保持视频传输的稳定性,常常还需要针对无线网络联网状态的变化做进一步优化。例如,采用弱网快速恢复、抗网络抖动、抗丢包、多通道上传、带宽评估与流控、网络自适应、影子通道等技术措施。此外,运营商的网络带宽根据不同的业务场景会区分优先级,一些定向的流量可以实现更高优先级的入网,并占用固定的网络带宽,避免与其他终端设备争抢,进而实现稳定的视频传输质量和较低的通信时延。例如,一些关注度高的直播、玩家众多的网络游戏等。在商业模式成立的情况下,定向流量的方式同样有助于降低泊车远程在线监控系统中视频流网络传输的时延。

11.5.3 数据使用端

车端发出的视频流经过网络传输后最终到达数据使用端,即手机监控界面或云代驾监控平台。在用户使用端同样需要采取相应的优化措施,对接收到的视频流进行解码并渲染播放,以确保用户或云代驾安全员能够在最短时间内流畅地观察车端的视频信息。

关于视频解码,与编码过程类似,采用专用的 VPU 或 GPU 实现硬件解码。与软件解码方案相比,硬件解码可以显著缩短解码耗时,且对 CPU 资源的消耗极少。虽然采用该方法视频清晰度相对会略低,但在泊车远程在线监控的使用场景下完全够用。解码时,由 CPU 解析视频文件的文件头,将视频 Bit Stream 放入存储器的指定区域后,即可启动硬件解码器。硬件解码器解码出每帧图像的 YUV 数据,并放入存储器另外一段地址进行图像后处理。最终由显示接口电路读取内存中处理过的数据,并显示到屏幕上。视频数据是连续接收的,因此上述硬件解码过程也随之持续进行,直至功能关闭。

对于图像显示,则可以使用 GPU 代替 CPU,完成渲染显示过程,该方法可显著加快渲染速度。GPU 诞生之初就是为了应对图形密集型的应用程序,其原理是在多个数据上跨多个内核运行,将并行处理重点放在一项特定任务上,同时释放 CPU 的资源来处理不同顺序串行的工作。GPU 一张卡拥有数千个内核,与 CPU 的个位数内核相比高出几个数量级。

视频流在监控界面显示出来后,至此完成视频流数据生产、传输和使用的全流程。对泊车在线远程监控来说,整体时延需要严格控制在几百毫秒范围内。如此才能保障用户或者云代驾安全员能及时观察到车端实景,在出现碰撞风险时通过监控界面将控制指令发送到车端,并安全及时地停车。

11.6 数据闭环

自动驾驶系统中算法的迭代需要数据驱动。一方面深度学习算法需要海量数据用于模型训练和模型评测,另一方面自动驾驶功能缺陷的优化和系统性能的提升需要以对车端数据的分析为基础。数据闭环就是数据驱动的实现路径,即生产和使用数据,指在车辆运行过程中,车端自动驾驶系统根据预先设计的策略收集算法和功能所需要的数据,将这些数据上传至云端后,云端研发平台使用这些数据迭代算法软件和功能软件并通过 OTA (Over The Air)更新至车端,如此往复,让数据和软件在车云之间形成闭环的过程。

数据的来源可以是研发过程中所用的工程车,也可以是用户日常使用的量产车。本节仅讲解通过已售量产车回收数据的量产数据闭环方案。量产车辆一经售出,在用户日常使用过程中能回收海量的有价值数据,这一过程依赖车云协同的数据闭环车云系统。

图 11.85 所示为数据闭环车云系统总体框架。数据闭环链路涉及车端、OEM 云和供应商云。在数据闭环系统运转时,OEM 先和需要建链的车辆和供应商云之间完成鉴权认证。其中域控制器通过联网控制器向云端请求证书,云端和域控制器之间做 TLS 双向认证。安全链路建立完成后,即可开始进行数据的传输。

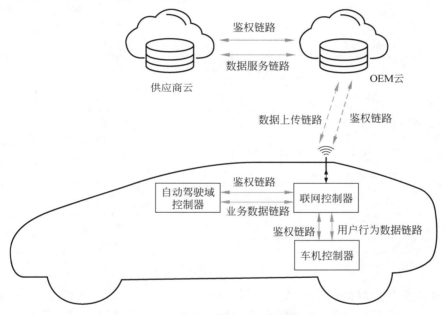

图 11.85 数据闭环车云系统总体框架

数据在车端生产,主要来源于自动驾驶域控制器和车机控制器,并通过联网控制器上传至 OEM 云平台。其中自动驾驶域控制器生产的数据主要为业务数据,即传感器原始数据、车载总线数据,以及系统运行的过程数据。车机控制器则主要生产用户行为数据,即用户操作轨迹、交互习惯等。业务数据主要用于自动驾驶软件迭代,用户行为数据则用于产品分析和用户交互的迭代。本节内容主要讲解自动驾驶业务数据相关的数据闭环。

上传的数据在云端被用于系统软件的迭代,具体应用包含数据管理、数据标注、模型训练,以及模型评测等。一些 OEM 自建全栈的数据闭环能力,所有数据的访问和流转仅在 OEM 云实现即可。另一些 OEM 短期内数据闭环能力不完整,部分云端的任务需要采用供应商的服务,如数据标注、模型搭建和训练等。因此云端的数据闭环业务需要拆分到不同的云上,涉及多云之间的数据访问和流转。

数据闭环最终输出结果是经过迭代的自动驾驶软件,软件在云端完成迭代后再通过OTA(Over The Air)更新至每一个用户的车辆上。OTA的更新过程将在后续章节详述。

11.6.1 车端数据生产

自动驾驶系统中车端业务数据的生产在域控制器中完成,生产流程主要包含数据采集、数据筛选,以及数据脱敏三大步骤,具体如图11.86所示。其中数据筛选依赖的配置文件由本地筛选器配置管理器从云端请求获取和管理。数据脱敏则由数据存储和上传管理器实现数据向云端稳定可靠的上传。

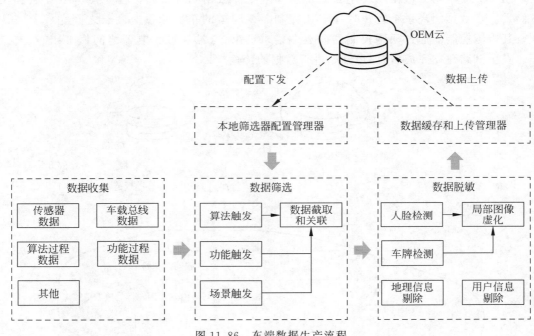

图 11.86 车端数据生产流程

车端需要收集的数据包括传感器数据、车载总线数据、算法过程数据、功能过程数据等。在实际工程项目中,可根据数据闭环的需要和车端软/硬件配置进行待回收数据的选择。表11.6所示为各数据类别的描述,此处并未列出所有常用的数据,仅做示例。

表 11.6 车端收集的数据示例

类　别	数 据 内 容
传感器数据	各摄像头输出的图像
	激光雷达输出的点云
	前/角毫米波雷达目标检测结果
	超声波雷达检测结果
	GNSS&IMU 输出结果
	各传感器的内部参数和外部参数
车载总线数据	四轮轮速和方向
	车辆速度和加速度

续表

类　别	数　据　内　容
车载总线数据	方向盘转角和方向
	方向盘手力矩
算法过程数据	单传感器单帧目标检测结果
	多传感器融合结果
	连续帧融合结果
	目标预测结果
	各类决策结果：换道、超车、绕行、让行等
	自车位姿和规划的自车轨迹
	车身底盘控制指令
功能过程数据	功能进入/退出状态
	功能运行状态
	功能状态跳转条件
其他	系统时间戳
	系统故障状态
	系统运行状态
	软/硬件版本号
	车辆基本几何参数：长、宽、高、轮距、轴距等

　　理论上将车端实时收集到的所有数据上传到云端可以最大限度满足数据闭环中软件迭代的需求。但自动驾驶系统每小时产生的数据量达到太字节（TB）级别。面对如此庞大的数据量，将所有数据完全上传，在工程上几乎是不可能完成的任务，也非常不经济。实现的难点主要在于数据本地存储资源限制、车载网络流量限制，以及数据处理的计算资源限制。为此需要对收集的数据做筛选，根据软件迭代的需求将高价值的数据截取出来。数据的截取由筛选器实现，筛选器根据各种条件被触发，主要分为三类触发方式：算法触发、功能触发、场景触发。

　　算法触发是指以算法模块运行过程中的信息作为触发条件对数据进行筛选。表 11.7 所示为各算法触发条件示例的描述。算法触发筛选出来的数据一般为本算法模块迭代使用，触发条件一般表征算法运行的异常状态或低性能状态。这些被触发场景也正是各软件模块能力有待提升的场景。

表 11.7　算法触发条件示例

算　法　模　块	触　发　条　件
感知	连续帧中相同目标时有时无
	目标物位置/运动参数超出物理边界
	目标物的类别跳变或不同类别概率值较为接近
在线建图	建图不成功
	定位图层元素密度过低
定位	定位初始化失败或持续时间过长
	连续帧中位姿不连续
	连续帧中较长时间未完成绝对定位

续表

算 法 模 块	触 发 条 件
规划	连续帧中决策持续跳变
	连续帧轨迹出现不连续变化
	轨迹生成失败
控制	实际状态量和目标状态量差异较大
	控制量突变

功能触发是指以自动驾驶功能软件运行过程中的信息作为触发条件对数据进行筛选。表 11.8 所示为各功能触发条件的描述。功能信息能够充分表征功能运行的情况。当功能运行时出现影响用户体验的行为或系统性能表现低下,筛选出的数据对功能的进一步提升将非常有价值。

表 11.8　功能触发条件示例

功 能 模 块	触 发 条 件
主动安全功能	FCW/AEB 被触发
行车功能	不舒适的车辆运动状态,如急加速/急减速/急转弯
	换道失败
	用户主动接管
泊车功能	泊车轨迹规划失败或泊车入位失败
	泊车过程中出现较大加/减速度或冲击度
	用户主动接管
系统状态监控	计算资源使用率暴涨到一定阈值
	检测到系统的任何故障

算法触发和功能触发能够筛选出的数据绝大多数都是产品量产前未知的缺陷。除此以外,在每个量产发布的产品版本中总会有一些已知的待提升场景。例如,特定天气、某些特定位置等场景。场景触发条件就是为这类需求而设计的,表 11.9 所示为各场景触发条件示例的描述。

表 11.9　场景触发条件示例

目 标 场 景	触 发 条 件
雨/雪天	视觉模型检测出雨/雪天
	雨量传感器输出结果大于一定阈值
晚上或晨昏	视觉模型检测出低光照
	光照传感器输出结果小于一定阈值
	根据不同时区的世界时间判定晚上或晨昏
高速高架匝道	通过高精度地图和定位判定
	通过导航地图中的导航信息判定
某种特定类别的目标物	利用激光和视觉算法能力的差异交叉触发数据筛选
	利用现有的样本训练找相似数据的检索模型,通过模型直接筛选

当筛选器被触发后需要对系统收集的数据进行截取和关联。将每一次数据筛选的触发过程定义为一个实例。此处举几个例子说明数据截取内容和关联的策略,如表 11.10 所示,不同实例采集的数据用途不同,数据截取内容和关联策略也不尽相同。

表 11.10　数据截取内容和关联策略示例

实　　例	数据用途	数据截取内容	数据关联策略
视觉感知算法触发,连续帧中对某辆车的检测时有时无	提高视觉感知目标检测能力	数据包括连续帧图像组成的视频流;连续帧的视觉感知结果;连续帧车速,四轮轮速,IMU 数据;定位输出的连续帧相对定位结果。 截取实例前后若干秒内的数据,如前后各 10s	时间:系统时间戳关联。 空间:相机内/外参关联
定位算法触发,定位初始化时间持续过长	提高定位算法的定位初始化能力	数据包括连续帧图像组成的视频流;连续帧定位元素检测结果;连续帧车速,四轮轮速,IMU 数据;定位输出的连续帧相对定位结果。 截取定位初始化启动至定位初始化失败全过程的数据	时间:系统时间戳关联。 空间:相机内/外参关联
行车功能触发,换道失败	提高决策规划算法模块的换道通行能力	数据包括连续帧感知结果;连续帧定位结果;连续帧的决策结果和目标轨迹;导航路径(若有)。 截取首次获得换道决策或指令至放弃换道全过程的数据	时间:系统时间戳关联。 空间:地图关联
场景触发,通过视觉模型检测出雨天	提高雨天视觉感知目标检测能力	数据包括间隔帧的图像和与之同步的视觉感知结果,如 1 帧/s;同步帧的激光点云(若有)。 截取实例全过程的数据	空间:相机内/外参关联

　　随着软件迭代任务的不断演变,数据闭环对车端数据的需求也随之变化。这就意味着车端数据筛选触发条件、数据截取内容和管理策略需要不断更新。将这些需要更新的内容放到专门的数据筛选器配置文件中,由车端的本地筛选器配置管理器统一管理,并保持与云端的配置文件同步更新。研发人员仅需在后台更新云端的筛选器配置文件即可。

　　上述三种触发条件描述表中并未列出所有的触发情况,仅做一个示例。在实际工程项目中,需要根据产品的研发现状,选择和设计符合自身迭代需求的触发条件,筛选出符合自身产品迭代实际情况的数据。图 11.87 所示为 Tesla 的车端 Fleet Learning 模型自动筛选出的特定数据,主要用于解决车辆和自行车重叠场景的识别和处理相关问题。

　　经过筛选后的车端数据其数据量大幅减少,但因数据中包含敏感信息,仍然不能直接上传云端。在智能网联汽车发展如火如荼的今天,多样化的车载传感器可以获取大量的路面数据。这些数据上传云端后,如使用不当,不仅容易损害个人利益,甚至对国家安全和社会安全也可能造成威胁。各国纷纷建立自己的车端数据安全相关法规和条例。2021 年 10 月 1 日,由国家互联网信息办公室审议通过,经国家发展和改革委员会、工业和信息化部、公安部以及交通运输部同意,我国开始施行《汽车数据安全管理若干规定(试行)》。该文件对车内上传到云端的信息做了明确限制,并要求敏感信息的处理过程在车内完成。因此车端数据筛选结束后需要完成上传前的最后一个步骤:数据脱敏。

　　数据脱敏的内容包括四部分:人脸脱敏,车牌脱敏,地理信息剔除或加偏,用户信息剔除。人脸和车牌的脱敏要求为检测并虚化图像中人的面部和车牌号码,其效果如图 11.88

图 11.87　Tesla 车端数据筛选示例

所示。人脸和车牌的检测在学术界有众多模型可参考，在工业界有广泛的应用，此处不详述。虚化过程更为简单，主要是对框内像素值做处理，采用各类方法降低邻近像素值之间的梯度。除了虚化，还有其他实现脱敏的方式，如马赛克、描黑、描白等。

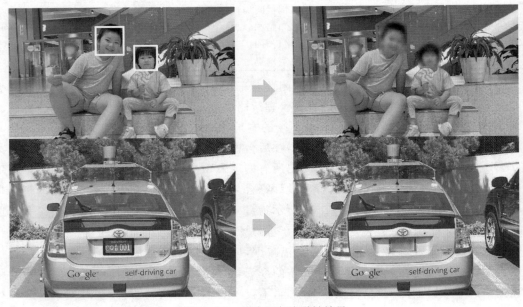

图 11.88　人脸和车牌脱敏效果

在自动驾驶域控制器中人脸和车牌脱敏过程的实现有以下几种方式。

（1）在图像输入后的预处理过程中完成检测和虚化。其优势为，所有进入系统的图像都可以完成脱敏，与感知算法本身可以实现完全隔离。劣势为，增加了图像预处理的耗时，大部分无须回传的数据也进行了脱敏，对算力浪费严重。由于感知模型处理的是脱敏后的数据，因此感知性能还会与脱敏模型的特性相关联。

（2）与感知模型一同检测，之后再虚化。其优势为，脱敏任务在感知模型中完成，无须新增模型,系统复杂度较低。劣势为,虽然脱敏和感知一起共享模型的骨干,并不是所有要做感知的图像都需要脱敏,仅需脱敏需要回传的图即可。整体来看算力还是有浪费。

(3)数据筛选完成后再检测和虚化。其优势为,脱敏任务独立性强、自由度大,可闲时运行或实时运行,可根据数据上传的流程控制启动,不影响其他模块,最大程度节约计算资源。劣势为,系统中需要多维护一个单独的模型,需要新增工程适配和维护的工作量。

三者相比较,很明显最后一种实现方式对工程最友好:需要处理的图片数量与前两种相比更少,筛选出来的图像可暂时保存下来,在域控制器计算资源空闲时再进行脱敏处理,更加高效地利用硬件资源。为进一步减少对计算资源的需求,希望脱敏过程中使用的检测模型越小越好,处理的数据量越少运行速度越快。可行的方法之一如图 11.89 所示,首先降低原始图像的分辨率,利用较小的模型完成人脸检测,再将检测结果投影回原图,并在原图的框内对图像做虚化。尽管该方法得到的人脸框精度不高,但对脱敏任务来说已经足够。此外,在连续图像帧的脱敏过程中,无须对每一张图像做检测。利用连续帧中同一目标跟踪可以预测后几帧图像中目标的大致位置。在预测的位置上直接虚化,隔几帧完成一次人脸或车牌检测即可。

框内
虚化

检测框投
影回原图

降分辨率

人脸
检测

图 11.89 人脸脱敏流程

地理信息和用户信息剔除的过程则相对比较简单。地理信息主要包含在业务数据中,用户信息主要包含在用户行为数据中。在数据筛选完成后,根据一定的策略对这些数据做校验。检测到敏感信息后,可视情况采取删除、加密、转码等策略,直至满足法规要求为止。

数据完成所有脱敏任务后,及时进行压缩打包,在联网控制器的网络空闲期间向云端上传。该过程由数据缓存和上传管理器完成。数据缓存的主要任务是将数据打包(一般为 .bag 文件)并压缩。当数据来不及上传时,则保存在本地指定区域,缓存不够时则丢弃一部分数据,完成上传后再清空对应位置的缓存。数据上传的主要任务是对网络空闲状态做监测,空闲时则启动数据包的上传,上传过程中配备稳定可靠的断点续传策略。

11.6.2 云端数据应用

在接收到车端上传的数据后,云端根据算法迭代的需要对数据进行一系列运用。为保障数据运用过程的高效运转,需要在云端配备大量的自动化工具。图 11.90 所示为云端数据应用流程。车端上传的数据由数据中心统一管理。实例管理器用于提取、分析和使用车端发生的各类实例。云端筛选器配置管理器用于维护所有参与数据闭环的数据筛选器,并将其正确地下发至对应的车辆。算法迭代任务管理器则是云端数据应用的核心内容,主要实现算法的迭代流程。接下来对这几部分进行详细讲解。

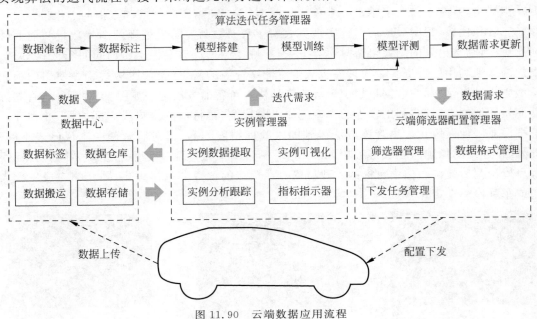

图 11.90 云端数据应用流程

数据中心对数据的管理以数据标签为基础。车端上传的每一个数据包都含有大量的数据标签,表 11.11 所示列举了一些常见的数据标签,包含实例类型、ODD 范围、数据格式以及特定目的四个类别的数据标签。后续海量数据应用时,这些标签对特定数据的快速抓取将起到非常关键的作用。在实际工程项目中,用到的数据标签成百上千,远远不止表中列出的这些,此处仅做示例。

表 11.11 数据标签示例

类别	内 容	类别	内 容
实例类型	感知:正/反例,特定类别等	ODD 范围	时段:早/晚高峰,白天/晚上等
	定位:正/反例,室内/外等		天气:晴/阴/雨/雾/雪天等
	规控:不同场景决策正/反例等		地理位置:高速/城区/停车场地域等
	用户接管/碰撞等		有无地图等
数据格式	图像:不同视场角,分辨率等	其他	功能:行车/泊车等
	激光:不同视场角,线数等		识别:大车/小车/锥桶等
	连续/非连续等		场景:换道/出入匝道等

在数据标签基础上构建若干数据仓库,仓库的建立需要满足高效运维的要求。一个好的数据仓库能够对流入的数据进行标准化,实现数据的高效查询、读取、存入等操作,并自动地生成数据报表和分析报告。量产自动驾驶的海量数据回传到云端后对数据仓库的构建将是一个不小的挑战。国内自动驾驶研发人员主要聚集在北京、上海、广州、深圳几个一线城市,但自动驾驶测试车辆往往分布在全国各地,数据的搬运和存储同样是数据中心需

要面临的挑战。数据的搬运涉及不同云服务器集群间通过专网对数据做安全迁移。数据的存储又分为热存储和冷存储。在数据量达到 PB 级别的情况下,专网和存储的运营费用将达到数百万元/月的级别。数据中心对数据管理的效率将直接影响数据运维成本。

在车端数据生产过程中,数据以实例为单位被筛选出来。云端通过实例管理器对单个实例产生的数据做应用。对于车端的典型实例,往往需要研发团队进行深入分析和持续跟踪。例如,反复出现的换道不成功问题,高速自动巡航频繁被接管问题等。实例数据被提取出来后,实例管理器配置的可视化工具能够将实例发生的过程自动还原到研发用的可视化界面上。产品研发人员通过可视化界面对实例的根因(Root Cause)进行深入分析,并矫正、添加、删减实例数据附带的标签。对于需要持续跟踪的时间,需要进一步关联到产研项目管理工具当中,实现对实例数据进展的跟踪,如常见的 Jira、JAMA 等。最终,对实例的分析结果将转化为需求导入到算法迭代流程。图 11.91 所示为百度公司的 Apollo 数据可视化界面,图中还原的实例为"路口左转通行"的实例。

图 11.91　百度公司的 Apollo 数据可视化界面

在实例管理器中,常常还需要配备一个指标指示器,全方位体现当前版本自动驾驶系统的能力。基本上每个自动驾驶研发团队都有自己的能力指标指示器。指示器根据实例数据包的各类标签从整体上展现功能使用区域的热力图,以及问题实例在不同地域、不同时段、不同迭代版本周期、不同天气条件、不同应用场所的分布和变化情况。据此又可以在系统拆开后,从细节上展现每个模块问题占比、发生概率、变化趋势、改善情况等。进一步又可以将每个模块再往下一级拆解,对每个模块的能力做更深入的分析。

美国加州车辆管理局从 2014 年起就开始针对加州自动驾驶路测车辆的整体指标统计,主要涉及接管或碰撞的次数、里程、原因等。图 11.92 所示为该组织统计的在旧金山和圣何塞地区 2014—2019 年自动驾驶车辆路测发生碰撞的位置。一个好的指标指示器将为算法的不断迭代提供明确的方向,也能为相关法规和政策的导向提供数据基础。当然自动驾驶算法研发迭代的需求不仅限于此,还需根据产品的路线图进行长远规划,逐步拓展其能力边界。针对量产的自动驾驶产品尤为如此。

图 11.92　美国加州车辆管理局统计的自动驾驶路测碰撞点

算法迭代任务管理器是云端数据应用最核心的部分,也是数据闭环实现最大价值的环节。学习类的算法开发过程一般分为三个步骤:数据标注、模型训练、模型评测。在明确算法迭代任务后,首先需要针对该任务准备相应的数据。一些任务的数据准备过程比较简捷,直接通过已有的数据标签在数据中心对应的数据仓库中检索即可。例如,针对雨天的路口行人识别性能提升任务,在数据仓库检索词中包含雨天、路口、行人这些标签即可。另一些任务的数据准备过程比较复杂,数据仓库中可能并不包含这些标签,需要对现存数据在云端做进一步筛选。该情况下,在量产回收的海量数据中做人工筛选不现实,需要开发专门的模型对数据进行挖掘。数据准备完成则可进入数据真值标注环节。不同的感知任务需要做不同类型的真值标注。如图 11.93 所示,一般包含图像上的 2D 框、3D 框、分割,激光点云上的 3D 框,图像和激光点云的关联,连续帧的关联,深度图,等等。

图 11.93　各式各样的数据标注任务

标注一般分为人工标注、半自动化标注,以及完全自动化标注三种方法。自动化程度越高,标注的效率越高,量产项目中标注任务产生的成本越低,产品研发周期越短。而数据和数据标注的质量又决定了训练完成后模型的质量。因此高质量的自动化标注成为自动驾驶业务的重要研发方向之一。经过标注的数据一部分作为训练集用于模型训练,另一部分作为评测集用于模型评测和验证。模型训练过程需要使用大量的数据,消耗巨量的计算资源。例如,Tesla 公司在 2022 年 9 月的 AI DAY 向外界公布的 Occupancy Network 模型,其参与训练的数据量达到 15 亿帧图像。由于该模型需要使用连续帧的数据,这些数据由 30PB 的分段视频数据组成。模型训练过程使用的计算资源达到 1 万张 GPU 卡,单次训练满负荷情况下需要 10 万 GPU 小时。此外为该模型进行自动化数据标注使用了 4000 张 GPU 卡。由此可见,模型训练过程同样依赖标准化可扩展的数据存储、读写服务工具,以及高效、可靠的规模化计算集群管理服务。模型的评测一般是指在评测集的范围内,通过比较模型预测的结果和已标注的真值,判断模型预测的性能。一般评价指标为准确率和召回率(Precision & Recall)。对于自动驾驶系统中的目标识别任务,除了评价分类结果,还需要评价目标物识别的形状精度、位置精度等多方面。

以上过程都是针对学习型算法。对于传统算法的迭代数据闭环同样意义非凡。传统算法的迭代过程一般由模型开发和模型评测两个步骤组成。在传统算法的迭代任务之初,同样需准备数据集并完成标注。与学习型算法不同的是,传统算法没有模型训练的过程,数据集的准备全部用于模型评测阶段。例如,对于视觉定位模块,数据集需要包括绝大多数场景下定位需要输入的图像数据,并重点增加本次迭代新增的场景数据。与此同时,关联 GNSS/RTK 数据或采取其他措施产生准确的定位真值。对于决策模块,数据集则需要包含一段时间内上游模块的所有输出结果。例如,目标物感知、融合、预测结果、自车位姿、地图信息、车辆总线信息等。决策的真值则通过人工方式或其他方式标注获得。

不同的算法模块评测指标不同。表 11.12 所示为各模块评测指标示例。在实际工程项目中,应当根据具体的算法性能提升目标设计合理的指标。云端的算法评测环节应当配备与算法模块相对应的指标计算工具,能根据算法输出结果,快速且准确地统计出评测结果,并直观地呈现到交互界面或评测报告上。

表 11.12 各算法模块评测指标示例

算法模块	任 务	指 标 示 例
感知	目标检测	准确率/召回率,2D 框精度,3D 位置精度,航向精度
	分割	准确率/召回率,交并比(IoU)
定位	定位初始化	不同场景的初始化成功率
	连续定位	视觉/激光定位帧率,绝对定位误差/变化率,相对定位误差/变化率
决策规划	行为决策	正确决策比例
	轨迹规划	安全性(纵横向安全车距),舒适性(纵/横向加/减速度),泊车成功率,泊车路线效率

在算法迭代过程中,当发现数据量或数据质量不满足迭代需求时,应将需求提交给云端数据筛选器管理器。该管理器主要维护和管理所有的数据筛选器、数据格式,以及将筛选器下发到各车辆的任务。当接收到新的数据需求时,研发人员应当根据需求设计和开发数据筛选策略并组装成筛选器,同时将该筛选器关联到与之对应的数据格式。

一方面,场景触发型的数据筛选器可以直接在云端使用,对云端各数据仓库进行检索和筛选,充分利用现存数据,减少数据采集和维护的成本。例如,产品需要覆盖雨天场景,首先应当利用包含雨天场景检测模型的筛选器在现存数据中提取所有雨天场景的数据。

当数据不够时再考虑车端做补充采集。另一方面,云端筛选器管理器可以将对应的配置准确地发送到车端。例如,新增的数据需求是收集华东地区城市道路路口的红绿灯数据。筛选器策略应当是提取路口通行过程中的数据,数据包中应当包含前视和侧前视图像以及相关的车辆总线信息,筛选器下发时则主要针对华东地区运行的车辆。

云端对数据的运用环节众多。OEM 厂商要想使产品快速落地,需要众多供应商一起参与数据闭环的过程。在现阶段的自动产品和技术落地初期更是如此。因此不可避免地涉及多云之间的协同工作。图 11.94 所示为 OEM 云与其他服务商的云之间建立安全链路后即可实现数据的交互,如数据标注、算法的训练和更新,以及专项的数据采集服务等。

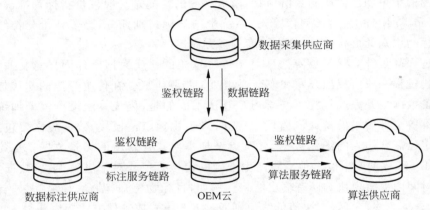

图 11.94　数据闭环中的多云协同

综上所述,数据闭环是自动驾驶技术迭代过程中重要的法宝之一,高效率、高质量的生产和使用数据能够加速产品和技术量产落地的进程。不仅仅是自动驾驶,在人工智能应用的其他领域同样如此。本节主要介绍了量产自动驾驶系统数据闭环的整体架构,并提出了关键技术点,如何构建完善的自动化车端和云端设施希望将来有机会再深入讲解。

11.7　软件 OTA 升级

通过远程 OTA(Over The Air)的方式从云端对车端进行软件、数据、配置文件,以及功能的升级已成为当前车辆软件升级的主流方案。随着数据闭环系统中算法能力的不断增强,量产车的自动驾驶软件远程升级成为不可或缺的环节。因此在量产自动驾驶解决方案设计过程中,有必要较为细致地了解车载软件 OTA 的过程。

OTA 主要分为 FOTA(Firmware Over The Air)和 SOTA(Software Over The Air),二者都是通过无线网络下载实现车辆功能拓展。其中 FOTA 是指不改变车辆原有配件的前提下对固件在线升级,即给车辆下载完整的固件镜像或者修补现有固件,最终实现整车电子电器架构或者局部电子电器功能的升级。而 SOTA 是在操作系统的基础上对应用程序进行升级,一般指那些离用户更近的应用程序,如 UI 界面和车载地图、人机交互界面等功能,局限于信息娱乐系统软件的升级。自动驾驶软件 OTA 升级的过程一般认为是 FOTA 过程,为简化描述过程,后文均用 OTA 代替。

OTA 技术的实现主要分为三个步骤:发起升级服务、升级包下载,以及升级包安装。

如图 11.95 所示，流程参与方主要为 OTA 服务人员、OTA 管理平台以及车载终端。

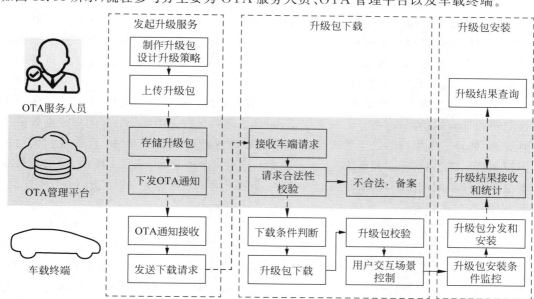

图 11.95　车载软件 OTA 升级总体流程

在发起升级服务的步骤中，首先由 OTA 服务人员完成升级包的制作，并设计对应的升级策略。对于自动驾驶软件的升级，一般服从整车软件总体的发布节奏，将当前阶段对应版本的软件包交付到整车软件升级管理团队中。该团队在收到所有控制器相关联版本的软件升级包后，制作生成整车软件升级包。升级包是用于车端下载和安装部署的文件。常见的升级包制作过程包括文件压缩打包、特定的文件描述信息生成、文件签名和加密等。在升级包制作过程中，常常会使用差分升级包生成工具。生成差分包之前，通过比较软件新旧版本之间的差异生成差分文件，其核心技术是 OTA 差分算法。软件升级策略则是指升级过程中用来描述任务特征和目标设备升级行为的配置，一般包含升级包下载策略、升级包安装的策略、异常情况的处理策略，以及升级包下载前是否需要用户下载确认的配置等。整车软件升级策略往往包括静默升级、常规升级和紧急升级几种形式。在升级任务发布时需要附带对应的升级策略配置文件。

升级包上传至 OTA 管理平台后，即可向目标车辆群发 OTA 通知。升级覆盖的范围需要根据具体的升级任务而定。例如，对于一些现有功能的小幅度升级，如不影响行车安全，与用户体验关联性较小，可采取所有车辆同时升级的方案。对于一些重大升级，如高级别自动驾驶功能，由于与行车安全和用户体验强相关，软件升级范围需要偏保守。一般优先在一些重点区域选择少量种子用户进行第一批升级，根据车端反馈再逐步扩大地理范围和用户数量。车载终端在网络环境良好且整车处于非休眠模式的情况下，能够正常接收升级通知。收到通知后将车端校验信息包含到请求中向 OTA 管理平台发送下载请求。

接下来进入升级包下载阶段。OTA 管理平台接收到车端请求后需要对其合法性做校验，确保软件下载和升级的安全。为保障 OTA 系统网络安全性，需要充分考量升级包在云端管理平台的安全存储、云端到车端的安全加密通信、车端的升级包解密、防火墙和 OTA 管理，以及车内网络基于对称加密的安全通信和安全 Bootloader 等要素，此处不展开详述。

如车端请求不合法,则拒绝升级请求并备案记录,反之则响应车端请求启动升级包下载过程。车端接收整车升级包并做解压分发的控制器称为一级控制器。一般一级控制器的角色由控制中控仪表界面的车机控制器承担。当然也有使用联网控制器或中央网关控制器的方案。随着整车电子电器架构的演变,将来也可能由其他控制器承担一级控制器的角色。本节以车机控制器为例进行讲解。

在整个下载过程中需要对车端下载条件做实时监控。满足升级包下载的条件包括车机控制器处于非休眠模式,整车已经下电落锁,车机继续保持上电状态;当用户提前设置了定时更新,如果车机控制器处于休眠模式则需要在设定的时间点被唤醒;车机控制器通过联网控制器保持 4G 或 5G 网络连接,信号稳定;整车剩余电量 SOC 高于阈值,该阈值视整车电池容量和车机控制器功耗而定;车机控制器存储资源容量满足升级包的下载、解压缩、存储、安装等需求。

升级包下载完成后,在车机控制器内需要对其进行安全校验,确保接收到的升级包合法。车端软件的升级需要有用户介入,校验完成后在车机界面进行用户交互场景控制。用户在车机后台可以设置车辆静默模式下软件自动升级,在非自动升级条件下则可提醒用户选择立即升级或预约定时升级。与此同时,车机可以自动或手动配置历史版本的软件备份,用户需要时可以选择历史版本进行软件回退。

经过用户确认后即进入车端软件升级包分发和安装阶段。升级包分发和安装过程中仍然有必要对车辆软件安装条件做实时监控。满足升级包分发和安装的条件为,已通过车机界面获得用户对升级包安装的许可;车辆处于驻车模式且车速为 0,即 P 挡;动力驱动电(即高压电)已断开;整车剩余电量 SOC 高于阈值,该阈值视整车电池容量和软件升级功耗而定;待升级控制器已处于软件升级模式,且无影响升级包安装的故障码上报。

车端各控制器完成软件升级包安装后,由车机控制器统一向 OTA 管理平台上报升级状态,OTA 管理平台同步升级用户数据并产生统计报表。OTA 服务人员也可在需要时通过 OTA 管理平台查询和下载历次软件远程升级的报表。

以上为车载软件 OTA 升级总体流程。接下来针对车端软件升级包分发和安装过程做进一步拆解,图 11.96 所示为软件升级包在车端的分发流程。

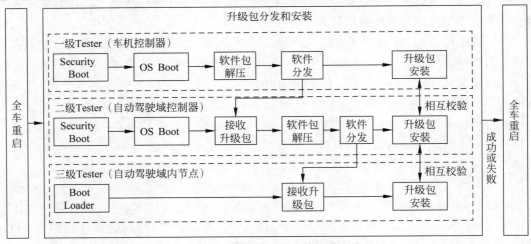

图 11.96 软件升级包在车端的分发流程

当用户在车机界面确认可以进行整车软件升级后全车重新启动。重启后车机控制器和域控制器都通过 Security Boot 进入安全启动模式,然后再启动操作系统(OS Boot)。由于整车软件升级包下载方是车机控制器,因此车机控制器为 OTA 过程中的一级 Tester,软件包首先在该控制器内解压缩。解压后的文件通过车载网络分发给各域控制器,即二级 Tester,图中仅画出自动驾驶域控制器。车机控制器的软件升级文件则进入自身的升级安装流程。以自动驾驶域控制器为例,在接收到本域的升级包后需要对升级包做进一步的解压缩,并将解压后的文件分发到域内的下一级 Tester,即三级 Tester。与车机控制器类似,域控制器内解压完成后同样可以得到自身的升级文件包,该文件包直接进入域控制器的升级安装流程。对于三级 Tester,这些控制器往往不带操作系统,直接通过 Boot Loader 启动即可,在接收到上一级 Tester 分发的升级包后直接进入升级安装流程。

整车所有参与 OTA 升级的控制器在升级包完成安装后需要在相邻级别的 Tester 之间完成相互校验,校验结果最终在车机控制器中汇总。为了安全起见,只有所有参与升级的控制器都成功安装升级包后,本次整车软件升级才算成功,否则升级失败,各控制器集体回退到上一个软件版本。不论升级成功还是失败全车重新启动,各控制器按照正常的流程启动,进入常规工作模式。

接下来以域控制器为例讲解控制器内软件升级安装和回滚的流程,如图 11.97 所示。控制器内解压或接收到自身的升级包后,通过反序列化一般会获得元文件(Meta File)和安装文件(Install File)。元文件主要包含本升级包的版本信息、目标控制器信息、车型信息、安装策略等,主要用于在检查环节判断控制器当前是否满足升级安装条件。为了保证在升级失败的情况下软件可以安全地回滚,控制器内一般配置 A 和 B 两个区域,分别为主备份区和从备份区。在升级包安装时根据历史安装信息在 A、B 两个区域之间交替安装最新的版本。图中所示上一次在 A 区已经完成过升级并备份了当时版本的软件,因此本次升级安装在 B 区执行。当由于内部因素或外部因素(关联部件更新失败)导致本次安装不成功时,从 A 区读取备份的原软件在 B 区中进行还原。当本次安装成功时,则在 B 区删除原软件。此外,在自动驾驶系统设计过程中需要充分考虑各关联的控制器中用于 OTA 升级的 A、B 区存储空间,域控制器与上下级 Tester 之间的升级包传输机制,软件包配套关系,升级顺序,以及升级规则等内容。

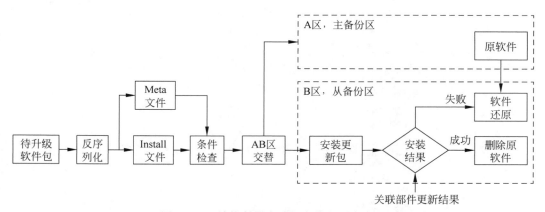

图 11.97 域控制器内升级安装和回流流程

11.8　小结

　　总体来看,自动驾驶关联系统的范围非常广泛,不仅涉及车内其他功能域,还涉及多种车云链路、整车和零部件生产线、车端和云端的工具等关联方。在实际工程项目中,关联系统方案的设计需要以产品功能要求为输入,并充分考虑车辆生产、销售以及使用的全生命周期中的关联方,确保方案的逻辑合理性、完备性、经济性以及工程可落地性。

　　前文所述的时间同步需从整车电子电器架构层级做顶层设计,传感器标定方案涉及传感器生产线、整车生产线,乃至售后等环节,高精度地图的适配需要贯穿地图云、OEM 云,以及车辆整条网络链路,泊车远程在线监控需要通过专属服务云建立点对点链接,数据闭环要求系统打通云端数据应用工具和车端数据采集工具,自动驾驶软件远程更新过程中系统还需符合整车软件 OTA 的流程。

第 12 章

关联零部件需求

本章将对自动驾驶功能域外关联部件的自动驾驶需求做讲解,这里仅描述关联部件需要考虑的各类因素,具体指标因车型和项目而异。

12.1 兄弟齐心,其利断金

自动驾驶产品需要自动驾驶功能域外整车相关零部件与域内零部件之间的紧密配合才能形成合力。正所谓"兄弟齐心,其利断金",关联零部件的性能共同决定了自动驾驶系统的整体性能。

首当其冲的是与自动驾驶系统关联的执行器。执行器是指整车根据控制算法指令执行动作的部件。执行器的性能直接决定自动驾驶系统操控车辆的性能,并进一步影响车内人员的乘车体验,具体包含横向控制系统(即转向系统)、纵向控制系统(即制动系统和驱动系统)、车身系统(即车身相关零部件)。

其次是与驾驶员交互相关的关联零部件。该类关联零部件与驾驶员使用自动驾驶产品的体验息息相关,具体包括显示和操控系统(即车机和仪表)、驾驶员在环监控系统(Driver Mornitor System,Hands On Detection,DMS 和 HOD)。

最后是与车外设备通信的关联零部件。该类关联零部件决定了自动驾驶系统与车外通信的能力,具体包括诊断仪、联网控制器(Telematics Box,TBOX)、车-云-手机整条链路。

12.2 横向控制系统

横向控制系统即转向系统(Electric Power Steering,EPS)。适配自动驾驶功能的线控转向系统分为两种:转角接口和扭矩接口。行业内当前阶段的主流方案是角度接口。两者要求不完全一样,主要区别在于通信协议、握手机制、性能参数表达形式等方面,以下不做区分。详细需求如表 12.1 所示。

表 12.1 自动驾驶对横向控制系统需求

需求类型	详 细 描 述
接口	自动驾驶系统域控制器与转向系统控制器 EPS 通过高速 CAN 总线通信,一般两者双边通信周期均为 20ms。部分功能需要更高的安全性,如脱手/脱眼的行车功能和人不在车的泊车功能。此时要求转向系统具备通信冗余,在域控制器与 EPS 间需要配备两条通信链路:主通信链路和冗余通信链路。 上下行报文需根据链路做区分,如主链路和冗余链路,根据功能做区分,如行车功能和泊车功能

续表

需求类型	详 细 描 述
功能	行/泊车功能共同需求： • 角度跟随控制：满足方向盘角度响应范围和响应分辨率，或满足扭矩相应范围和扭矩分辨率，控制时无抖动、震荡、反向卡死等异常。 • 转向请求安全范围限制：配置各工况最大可响应角度和最大可响应角度梯度，短时间超限按最大值执行，长时间超限则退出线控。 • 驾驶员接管监控：实时监测驾驶员手力矩，扭矩超限时则平滑退出线控。 • 功能降级：具备冗余转向系统时，两套系统任意一套出故障，则平滑切换维持线控，与此同时向域控制器报警，并进入功能降级流程。 • 参数标定：驾驶员手力矩阈值和持续时间，各类安全限制阈值等参数可以标定。 行车功能额外需求： • 人机共驾模式：在行车功能激活情况下，驾驶员可随时接管方向盘，在功能不退出情况下，驾驶员再松开方向盘可平滑进入受控模式。 • 脱手检测：对驾驶员手力矩做周期性检测，据此判断当前驾驶员是否脱手。 • 方向盘震动：报警类功能激活情况下（如 LDW），通过施加往复扭矩增加方向盘震动
性能	满足斜坡响应要求：不同车速下发送目标斜坡控制指令，考查 EPS 对转角请求响应性和跟随性。满足正弦响应要求：不同车速下发送目标正弦控制指令，考查 EPS 对转角请求跟随特性和对称性。 斜坡响应和正弦响应中的参数定义如图 12.1 所示。注意行车和泊车工况差异大，指标需要分别提出
其他	具备不同功能对线控接口使用的仲裁机制，尤其是高级自动驾驶功能和传统 ADAS 功能。 有故障确认机制，如节点丢失、响应时延过大或不响应、Checksum/Rolling Counter 错误等

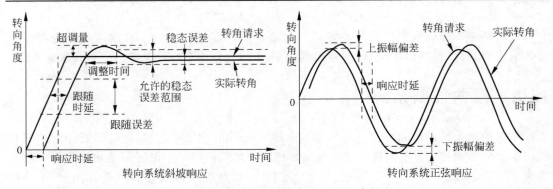

图 12.1　转向系统斜坡响应和正弦响应参数定义

部分豪华车型的转向系统配备后轮转向装置。该装置没有单独给自动驾驶系统的通信控制接口，一般在转向系统内部实现联动控制。后轮转向装置的引入改变了车辆运动学模型和动力学模型。自动驾驶系统中原有的自车位姿估计算法失效，并进一步影响所有要用到的时序信息算法模块。例如，多帧融合、预测、SLAM 建图和定位。因此，自车位姿估计算法需要针对后轮转向的各工况进行适配。与此同时，由于车辆动力学模型改变，规划和控制算法同样需要在各工况下做必要的调整。

12.3 纵向控制系统

纵向控制系统一般包括舒适加/减速控制、紧急制动控制,以及挡位控制。其中舒适加/减速控制包含加速和减速两部分,根据整车电子电器架构的不同,其线控接口分为两种形式。

（1）加/减速合并的线控接口:一般由整车控制器(Vehicle Control Unit,VCU)或制动系统控制器(Electronic Stabilty Program,ESP)与自动驾驶域控制器做交互,通过加/减速指令做纵向闭环。

（2）加/减速分开的线控接口:加速为动力系统扭矩接口,减速为制动系统的制动力接口。

当前行业主流方案是第一种,以下仅介绍该方案的详细需求,如表 12.2 所示。

表 12.2 自动驾驶对纵向控制系统需求示例

需求类型	详 细 描 述
接口	自动驾驶域控制器与 VCU/ESP/挡位控制器通过 CAN 总线通信,双边通信周期均为 20ms。部分功能需要更高的安全性,如脱手/脱眼和人不在车的功能。此时要求纵行控制系统具备通信冗余,在域控制器与 VCU/ESP 间配备两个通信链路:主通信链路和冗余通信链路。上下行报文需根据链路做区分,如主链路和冗余链路,根据功能做区分,如行车功能和泊车功能
功能	响应舒适加/减速控制: • 舒适控制的加速度范围和冲击度范围。 • 冗余系统加速度范围。 响应紧急制动控制: • 在最低车速到最高车速区间可响应多种制动模式请求,包括制动预填充、自适应液压制动辅助、短促制动等。制动系统可选择快/慢退线控多种模式。 • 制动预填充造成加速度变化,建压时间要求,保压时间,连续启动间隔,启动后制动响应时延降幅。 • 紧急制动可在全速域响应并防溜车,一旦紧急制动功能退出控制,制动系统能立即恢复正常工作模式。静止时制动系统静止状态保持一段时间,并能够响应 EPB 拉起。 • 取驾驶员踏板请求和紧急制动线控请求中的最大值响应,刹停后响应保持时间要求。 • 短促制动减速度要求,持续时间要求,车速降幅要求。 • AEB 制动的减速度控制范围,车速降幅要求。 响应挡位请求:P/R/N/D,挡位系统应在要求时间内完成挡位切换的响应
性能	舒适控制斜坡响应要求:在不同车速下,动力系统增加和降低驱动力,制动系统施加和释放制动力,约束纵向控制系统斜坡响应性能,具体如图 12.2 和图 12.3 所示。紧急制动阶跃响应要求:在不同车速下,制动系统施加和释放紧急制动力,约束制动系统阶跃响应性能,具体如图 12.4 所示
其他	具备不同功能对线控接口使用的仲裁机制,尤其是高级自动驾驶功能和传统 ADAS 功能。有故障确认机制,如节点丢失、响应时延过大或不响应、Checksum/Rolling Counter 错误等

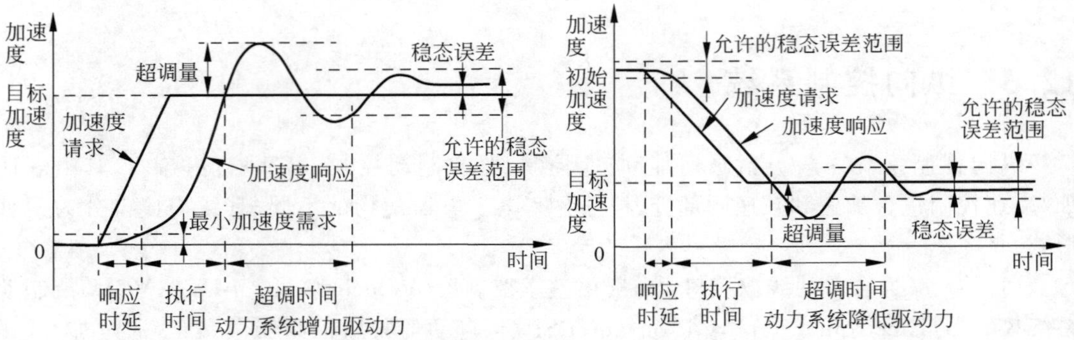

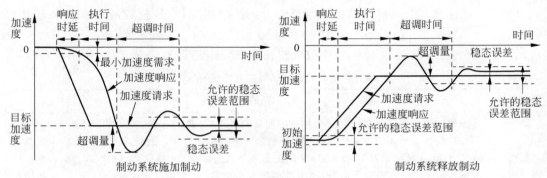

图 12.2　动力系统斜坡响应参数定义

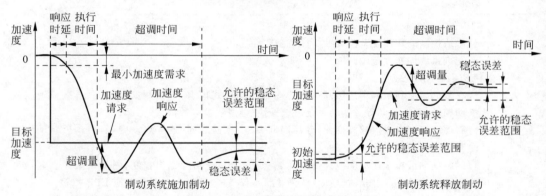

图 12.3　制动系统斜坡响应参数定义

图 12.4　制动系统阶跃响应参数定义

12.4　车身系统

　　车身系统指车身相关的零部件,涉及的控制器主要包括整车控制器 VCU、车身控制器 BCM、网关 Gateway 等。自动驾驶系统除了控制车辆运动,还需要对车身相关零部件进行控制,具体需求如表 12.3 所示。

表 12.3　自动驾驶对车身控制需求示例

需求类型	详 细 描 述
接口	自动驾驶域控制器与 VCU、BCM、网关通过 CAN 总线或车载 Ethernet 通信,双边通信周期、握手协议、指令内容根据具体的控制需求制定

续表

需求类型	详细描述
功能	实现诸多针对车身零部件的控制,具体包括车门锁、车门窗、外后视镜折叠和展开控制;雨刷自动模式、快慢切换;灯光自动模式、远近光切换;喇叭控制;方向盘及其他区域的氛围灯/指示灯控制;转向灯、双闪灯控制;安全带预紧控制;整车上下电控制等。 对车身相关零部件做状态监控,具体包括充电枪状态;系统电源模式;四门两盖、锁、窗状态;胎压状态;安全气囊状态;驾驶员在位状态;所有被控零部件状态等
性能	约束控制响应时延
其他	有故障确认机制,如节点丢失、响应时延过大或不响应、Checksum/Rolling Counter 错误等

12.5 车内交互系统

车内交互系统主要涉及渲染显示、设置按钮,以及对驾驶员的监控。通常来说每个功能要单独对交互系统相关的零部件做对应的需求。不同车型的解决方案根据自身风格的差异对产品形态和交互系统做个性化设计。此处只总结交互系统需求相关内容的条目,不做详细拆分。对车机仪表的详细需求如表 12.4 所示。

表 12.4 自动驾驶对车机仪表需求示例

需求类型	详细描述
接口	自动驾驶域控制器、车机仪表控制器和转向管柱控制器通过 CAN 总线或车载 Ethernet 通信,双边通信周期、握手协议、指令内容根据具体的控制需求制定
功能	硬开关:跟功能联动的硬开关/怀挡,行车类的激活按钮,泊车类的激活按钮。 环境模型显示需求:高精度地图与导航地图联合渲染,动/静态目标显示,自车模型,目标决策结果,如目标车道、最近前车、高碰撞风险车、目标车位等。 功能状态位显示:功能所处状态,车速/限速,自车行为信息,如轨迹、各类决策。 车机端功能界面交互需求:软开关,泊车类的激活按钮,各功能设置按钮,导航中叠加自动驾驶相关信息,导航巡航推荐和激活,以及功能的推荐和激活。如导航巡航、记忆泊车和代客泊车功能,在满足启动条件时,通过交互界面将推荐信息呈现到用户面前
性能	约束控制响应时延
其他	有故障确认机制,如节点丢失、响应时延过大或不响应、Checksum/Rolling Counter 错误等

量产自动驾驶高级别的功能正在往脱手和脱眼的方向探索,因此非常有必要对驾驶员头部是否关注前方的状态和手部是否握住方向盘的状态做出要求。该功能点用于自动驾驶系统进行功能激活条件判断、功能报警提醒、降级处理、退出机制等。通过检测手力矩的方式确认驾驶员是否手扶方向盘,判别成功率过低。目前满足这两个要求的关联部件分别为驾驶员监控系统 DMS 和手扶方向盘检测系统 HOD。对驾驶员监控系统的详细描述如表 12.5 所示。

表 12.5 对驾驶员监控系统的详细描述示例

需求类型	详细描述
接口	自动驾驶域控制器与 DMS 和 HOD 控制器通过 CAN 总线通信,双边通信周期、握手协议、指令内容根据具体的控制需求制定

需求类型	详 细 描 述
功能	驾驶员监控系统 DMS： • 检测有无驾驶员，即驾驶员头部是否被检测到。 • 检测分心状态：根据头部偏转区域和持续时间判断分心状态，并分档为无分心、轻度、中度、重度。 • 检测疲劳状态：通过对眼部及嘴巴状态的判断，输出疲劳等级信息。疲劳检测分为高灵敏度和低灵敏度。高灵敏度场景为易疲劳时间段，如高速区间行车且长时间持续驾驶，其他场景为低灵敏度场景。疲劳程度分档为无疲劳、轻度、中度、重度。 手扶方向盘检测系统 HOD： • 检测驾驶员的手是否在方向盘上，非手的其他物体不能误判。 • 检测出单手/双手握住方向盘，分辨出驾驶员握住的方向盘分区（如左半区、右半区等），方向盘需要有灯带，用于智能驾驶状态相关的 HMI 交互
性能	适用各类场景，满足高准确率要求。约束控制响应时延
其他	有故障确认机制，如节点丢失、响应时延过大或不响应、Checksum/Rolling Counter 错误等。功能安全等级要求 ASIL B

12.6　车外通信系统

自动驾驶系统与车外的通信主要分为两个重要组成部分：一个是与诊断仪交互，另一个是与车-云-手机交互，或车-手机之间直接交互。

自动驾驶系统对诊断仪的需求示例如表 12.6 所示。

表 12.6　自动驾驶系统对诊断仪需求示例

需求类型	详 细 描 述
接口	自动驾驶域控制器与诊断仪通过 CAN 总线或车载 Ethernet 通信，双边通信周期、握手协议、指令内容根据具体的控制需求制定，且满足诊断标准协议
功能	满足整车生产线电检（End Of Line，EOL）应用要求：自动驾驶程序灌装和传感器生产线标定。 满足售后要求：故障码相关操作、读取、删除等，售后标定时协同域控制器实现售后标定全流程
性能	约束控制响应时延
其他	有故障确认机制，如节点丢失、响应时延过大或不响应、Checksum/Rolling Counter 错误等

对于人在车外的自动驾驶功能，需要用户通过手机 App 对车辆状态进行实时监控，建立域控制器-联网控制器-云-手机 App 之间的链路，或车-手机 App 之间的直连链路。例如，RPA 功能的近距离监控、记忆泊车和代客泊车功能的远程监控。在功能运行过程中，链路需要传输做通信质量监控的心跳报文，并向车端下发控制指令，同时向云端/手机端上传环境模型信息和功能状态信息，必要时还需上传实时或非实时视频。车-云-手机交互相关功能的实现在车内主要依赖联网控制器的通信能力。该能力主要体现在带宽、时延以及安全性上。对通信能力的需求因车云链路相关的方案而异，在 11.5～11.7 节均有提及，此处不再赘述。

此外，在自动驾驶系统设计过程中，还需根据功能配置情况对网络信号流量做较为准确的估计,详情如表 12.7 所示。

表 12.7　不同功能的网络信号流量估计示例

功能	流量用途	流量估计考虑因素
数据闭环	数据上传和配置下载	根据单个实例数据量大小、单车数据采集频率、单个配置文件大小,以及配置更新频率来估计。上传的数据原则上在流量允许情况下多多益善。一般新车型上市初期销售数量较少,功能和性能提升空间也较大,单车数据上传的频率可向上调整。销售数量日益攀升,功能和性能逐步得到优化后,单车数据上传的频率可逐步向下调整
软件 OTA 升级	软件升级包下载	根据功能释放计划,明确未来一段时间内小幅度升级频率和大幅度升级频率,同时预估两者升级包的大小
地图下载和更新	下载地图数据包	主要考虑两方面:现有地图数据的更新和新增地图。 现有地图数据的更新需根据地图更新频率和单次更新比例预估车端常态流量需求。新增地图则需根据中、长期的地图发布计划预估不同地区车辆的流量峰值需求。 对于单位面积的地图差分包数据量和全量包数据量需要拆分为高速高架、城市道路、停车场三种场景
泊车远程在线监控	视频流实时传输	对单次泊车时长,泊车远程在线监控服务使用频率做合理估计。根据车端单路视频流传输需要的网络带宽和视频流路数计算流量需求,如式(11-60)所示
EDR（Emergency Data Recorder)	上传数据	上传的数据包含两部分:常态数据和紧急实例数据。常态数据每天发生和上传,单次数据量较小。紧急实例数据偶尔发生,按照每年若干次计算,单次数据量较大

注意:
* 网络信号流量估计可以借鉴域控制器存储资源的估计策略,绝大部分需要更新存储的数据需要通过网络通信进行传输。
* 网络信号流量的估计与自动驾驶功能使用策略相关,不同的策略预估结果差异较大,此处仅供参考

12.7　小结

　　总体来看,车辆纵/横向控制零部件的性能直接影响自动驾驶系统对车辆的操控性能,车身零部件影响自动驾驶产品功能的完整性,车内交互零部件影响自动驾驶功能运行过程中的交互体验,车外通信零部件则影响自动驾驶与整车外部交互信息的能力。一个优秀的自动驾驶产品,其综合水准就像木桶原理一样,系统内的零部件和系统外的关联零部件的任何一个环节都不能成为其中的短板。

第 13 章

系统安全

本章将对系统安全相关内容展开讲解，以功能安全为例，对系统安全的分析方法、实现方案、工程迭代思路做详细论述。

13.1 如何比人更靠谱

自动驾驶车辆运行环境复杂，车速区间大，一旦出现事故，不仅容易造成财产损失，还容易威胁人身安全。自动驾驶系统应当采取必要的措施，尽可能降低功能运行时的安全风险，做到比手动驾驶更靠谱。由于机器在工作过程中不受疲劳、情绪等因素的影响，对于确定性的操作，一般认为机器更加稳定可靠。但机器中的软/硬件可能因老化、损坏、逻辑缺陷等各种原因造成失效。同时面对一些在设计时未考虑到的场景，算法可能无法对其进行有效处理。系统安全相关工作的目标就是尽可能避免该类情况的发生，并在发生该类问题后，采取措施确保车辆和乘客的安全。

系统安全是指在整个自动驾驶产品设计开发过程中系统相关的安全活动。这里的安全主要包含三部分。

（1）功能安全（Function Safety），由 ISO 26262 标准对其做规范定义，是指防止由系统功能性故障导致的不可接受的风险，旨在避免车辆电子电气系统因软/硬件失效导致功能异常而引起的不合理危害。

（2）预期功能安全（Safety Of The Intended Functionality，SOTIF），由 ISO PAS 21448 标准对其做规范定义，是指针对预期功能因功能不足，或功能受限，或者存在可预见的人为误用而造成的危害，对其采取相应的措施控制风险，进而将不确定、不安全的事件变成安全、确定的事件。SOTIF 诞生的主要目的是应对自动驾驶或辅助驾驶领域越来越复杂的系统和工况。

（3）车载信息安全（Cyber Security）由 ISO 21434 或 SAE J3061 标准对其做规范定义，是指防止车辆网络内部传输的数据和车云传输的数据被篡改、窃听、扰乱等一系列恶意行为，并进一步避免行车安全风险和隐私信息泄露风险。在国内已有相关法规向量产车提出网络安全要求，如《智能网联汽车生产企业及产品准入管理指南（试行）》《汽车数据安全管理若干规定》《数据安全法》《网络安全法》等。

自动驾驶系统除了本身包含丰富的软/硬件，还涉及众多与之关联的整车电子电器零部件，如自动驾驶域控制器、各类传感器、底盘车身各执行器等。如此复杂的系统软/硬失效的风险不可忽视，其功能安全开发工作的重要性不言而喻。自动驾驶系统中大量使用的 AI 算法本质是求解概率问题,在面临量产产品运行环境中复杂多变的场景时,AI 算法天然具有非常多的不确定性,极易引发预期功能安全问题。与此同时,自动驾驶系统运行过程中需要使用大量的车云服务,因此不可避免地还需应对各种各样的信息安全问题。

在自动驾驶的系统安全工作中,功能安全是当前量产阶段的工作重点,预期功能安全如何在工程项目中落实仍在探索当中,信息安全的解决方案远远不止考虑自动驾驶系统,而需要从全车层级统一设计。在自动驾驶产品出现之前,整车其他电子电器零部件在功能安全方面已经有了长足的积累,形成了较为成熟的方法。因此本章后续内容主要以功能安全为例,讲解系统安全在量产自动驾驶产品中的工程落地方法。对预期功能安全和信息安全这里暂不做专门讲解。

系统安全中的功能安全 V 模型开发框架如图 13.1 所示,安全相关的分析、开发和测试工作分为三个层级,即功能层级、系统层级以及组件层级。其中组件层级又分为硬件组件和软件组件。图 13.1 的左半部分主要内容如下。

(1) 在功能层级主要根据产品功能定义安全要素(Item Definition),完成功能级的安全分析(HARA)和产品的功能安全概念(FSC)。对于预期功能安全的安全分析同样有 SOTIF HARA,信息安全则有 TARA(Threat Analysis and Risk Assessment)。

(2) 在系统层级需要根据功能分析结果完成系统技术功能安全概念(TSC)和系统方案设计,并对方案设计结果进行系统安全分析。

(3) 在组件层级根据软/硬件组件的特点完成组件安全需求分析和组件方案设计,对方案设计结果进行组件安全分析,最终落实软/硬件的开发。

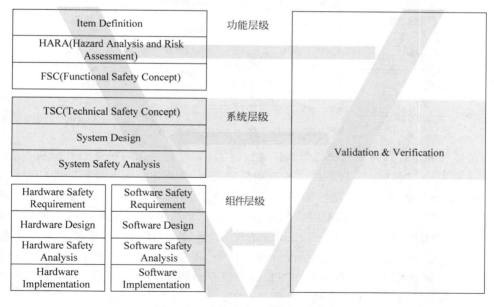

图 13.1 功能安全 V 模型开发框架

图 13.1 的右半边是对不同层级的功能安全开发结果做确认和测试验证(Validation & Verification)。

系统安全的核心工作分为三个步骤。

（1）安全分析，通过专业的分析方法对产品进行全方位的安全需求分析。

（2）安全方案，针对安全分析结果设计满足安全需求的系统安全机制、软件方案，以及硬件方案。

（3）安全测试，系统安全所有测试、验证等工作。其内容包括系统所有软/硬件安全相关的单元测试、集成测试，以验证所有安全方案的有效性，以及诸如故障注入、渗透测试、诊断测试等相关的系统级安全确认试验。

接下来详细讲解安全分析和安全方案，并在最后对数据闭环在系统安全领域的应用做展望。

13.2 安全分析

安全分析的目的是针对要实现的产品在不同的层级找出可能存在的安全风险，并对这些安全风险做综合评估，为系统和组件的安全方案提供充足的设计依据。

13.2.1 产品层级的分析

功能安全在产品层级使用的安全分析方法为 HARA，即危害分析与风险评估，主要输出物是功能安全目标。HARA 的目的是识别因功能故障引起的危害，对危害事件进行分类，并定义与之对应的安全目标，以尽可能降低风险发生的概率。其分析过程如图 13.2 所示，主要分为三个步骤：危害事件分析、事件定级，以及生成安全目标。

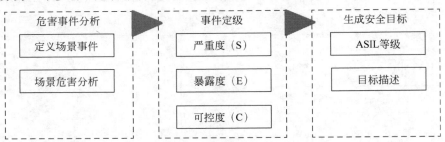

图 13.2 功能安全 HARA 分析过程

危害事件分析过程需要先对场景事件进行定义，然后对定义的场景展开分析。场景事件定义一般基于产品功能规范完成。对自动驾驶产品来说需要深入分析功能的设计运行范围（ODD）、各场景下功能预期性能表现，以及用户在功能运行时的预期状态。场景事件的组成根据功能特点也可由若干维度构成。例如，对于高速高架车道巡航功能的各类场景，可以由以下几个维度来描述：路面环境条件、车辆自动驾驶行为、驾驶员交互状态等。针对每个定义的场景事件进行危害情况分析。例如，高速高架场景的车道巡航功能运行时有可能发生非预期换道，此时存在自车与相邻车道车辆相撞的发生概率，或自车与路沿/隔离带相撞。该事件就是一个典型的危害事件，碰撞发生后，不可避免地会造成车辆损坏，高速行驶情况下还容易造成人员伤亡。

接下来对危害事件进行定级。级别划分的主要目的是对事件的危害程度进行量化，其指标分为三个维度：严重度 S（Severity），即对用户和车辆遭受损失的程度；暴露度 E（Exposure），即事件发生概率；可控度 C（Controllability），即事件发生时用户能够在多大程度上采取主动措施避免或降低损害。每个维度分为 0～3 或 1～4 四个级别,其详细定义如表 13.1 所示。

表 13.1 功能安全 S/E/C 等级划分

严重度 S		暴露度 E		可控度 C	
S0	无伤害	E1	极低概率	C0	完全可控
S1	轻度或中度伤害	E2	低概率	C1	简单可控
S2	严重伤害	E3	中等概率	C2	一般可控
S3	致命伤害	E4	高概率	C3	极难控制或不可控

安全目标由 ASIL(Automotive Saftey Integration Level)和目标描述这两部分组成。ASIL 一般分为 A、B、C、D 四个等级,由 S/E/C 的评级结果综合判断,其依据如表 13.2 所示。表中 QM 为 Quality Management,表示无功能安全等级要求,通过质量控制即可,无须采取额外的安全措施。由于 ASIL 由 S/E/C 值查表确定,因此 S/E/C 等级划分的准确性直接决定了 ASIL 制定的准确性。

表 13.2 功能安全的 ASIL 等级划分矩阵

严重度	暴露度	可控度		
		C1	C1	C3
S1	E1	QM	QM	QM
	E2	QM	QM	QM
	E3	QM	QM	A
	E4	QM	A	B
S2	E1	QM	QM	QM
	E2	QM	QM	A
	E3	QM	A	B
	E4	A	B	C
S3	E1	QM	QM	A
	E2	QM	A	B
	E3	A	B	C
	E4	B	C	D

最终,在功能安全目标描述时,结合上述分析结果对事件做总结。例如,针对高速工况,车道巡航功能中的非预期换道事件,高速车道巡航场景发生概率高 E4,驾驶员很难控制 C3,可能造成自车或其他车辆驾驶员伤亡 S3,ASIL 为 D。

13.2.2 系统和组件层级的分析

在系统层级和组件层级安全分析的主要输出物是由各类分析报告最终形成的技术安全概念(Technical Safety Concept,TSC)、技术安全需求(Technical Safety Requirement,TSR)、软件安全需求(Software Safety Requirement,SSR)、硬件安全需求(Hardware Safety Requirement,HSR)。常用的安全分析方法如表 13.3 所示,表中仅做简要的示例说明,在实际工程项目中的分析过程复杂很多。

表 13.3　几种功能安全分析方法

名　　称	基本原理	主要步骤	示例说明
FMEA(Failure Mode and Effects Analysis)，即失效模式和影响分析	一种自下而上基于归纳思想的分析方法。通过对系统或组件中各种可能的风险点做评估，揭示可能出现的故障，并预测该故障向上对于整体系统和功能产生的影响。一般针对单点失效	标准流程是"七步法"，这里归纳为如下三步： (1) 明确潜在的失效模式，并对失效所产生的后果进行评分。 (2) 客观评估各种失效原因出现的可能性，以及当某种失效原因出现时能检测出该失效原因的可能性。 (3) 计算各种潜在失效模式的风险系数（即 R×P×N，R 为严重度、P 为频度、N 为探测度），当该值超过阈值时，必须识别并加强措施预防风险	针对前视摄像头无图像输出的单点故障，自下而上分析故障影响。该故障进一步造成前向感知、高精度定位失效，进而造成自动驾驶模式中的车辆与前方障碍物相撞
FMEDA(Failure Modes Effects and Diagnostic Analysis，失效模式影响及诊断分析)	在 FMEA 的基础上增加两部分内容做定量分析：底层故障的故障模式失效率和故障模式占比、故障模式的诊断，及诊断覆盖率	(1) 识别组件的每一个故障模式对系统的影响，确定有安全影响的器件及其失效模式。 (2) 确定失效模式的三个值：失效率、故障模式占比，以及诊断覆盖率	延续 FMEA 分析中的示例，确定前视摄像头无图像输出故障的所有失效模式，如供电失效、感光器件损坏等，并进一步确定失效率、故障模式占比，及诊断覆盖率
FTA(Fault Tree Analysis，故障树分析)	一种自顶向下基于演绎思想的分析方法。将故障事件在一定条件下进行逻辑推理，自上而下做层层追踪分析，找到该事件产生的根因，为确定安全对策提供可靠依据，以达到预测与预防事故发生的目的	(1) 选取顶层的危害事件（顶事件），并建立故障树。 (2) 故障树定性分析：简化故障树，进行割集分析。 (3) 故障树定量分析：求顶事件的发生概率（PMHF），并做重要度分析。 (4) 确定设计缺陷：找出单点失效事件并提出安全需求	顶事件：自动驾驶模式下自车追尾前方车辆。 故障树分支 1：制动系统不响应，可能原因是通信丢失或者制动系统执行器故障。 故障树分支 2：无制动控制指令，可能原因是轨迹规划不成功或感知对前车漏检
DFA(Dependent Failure Analysis，相关失效分析)	识别可能会妨碍独立性的故障（共因故障）和受给定元素（硬件/软件/固件）相互干扰的故障（联级故障），找出安全的弱点，为 ASIL 分解和共存提供依据	(1) 分析系统架构并评估每一个元素或者一组元素之间的相关性。 (2) 整理关联失效故障，证明其完整性。 (3) 创建相关失效的安全需求，定义其安全措施，证明措施的完整性。 (4) 结合 FMEA 和 FTA 评估安全措施的有效性	联机故障：前视摄像头故障，导致视觉感知模块和定位模块故障，进而造成路径规划失败。 共因故障：整车电源失效导致自动驾驶域控制器、域内传感器以及其他使用同一个电源的零部件同时失效

续表

名 称	基 本 原 理	主 要 步 骤	示 例 说 明
STPA（Systems Theoretic Process Analysis，系统理论过程分析）	通过对系统工作原理过程的分析，将故障模型从组件故障扩展到更复杂的工作流程和系统组件之间，找到复杂系统控制中的安全漏洞	（1）定义分析目的，确认风险事件的损失，以及系统级危险和系统级约束。 （2）构建控制结构，确定系统的控制层次结构及其接口环境，针对控制器命令和周围环境分析受控过程。 （3）确定非安全控制行为，一般分为四种情况，即未提供控制、提供控制、控制执行时机不正确、控制执行过程不正确。 （4）确定致因场景，找到根因并提出安全需求	自动驾驶系统的控制结构可参考硬件架构和软件架构，通过对架构的分析找到其中的安全漏洞。例如前向感知只有单个摄像头时，该处就成了一个潜在的安全漏洞，需要增加冗余传感器，降低前向感知的失效概率，提高安全性

功能安全分析的主干思想是分层分析。以 FMEA 为例，在系统层级、子系统层级、组件层级都涉及分析过程。如图 13.3 所示，根据德国汽车工业联合会的定义，不同层级的 FMEA 类型不同：System FMEA（SFMEA）、Design FMEA（DFMEA）和 Process FMEA（PFMEA）分别在产品开发和生产的不同阶段使用。

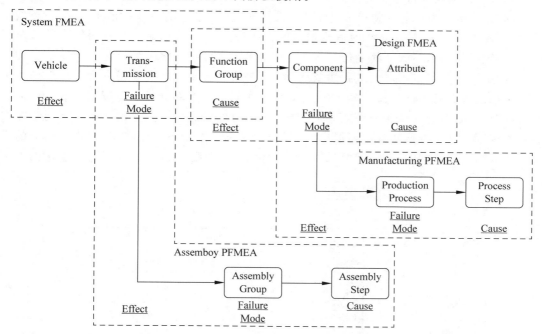

图 13.3 不同层级、不同阶段的 FMEA

此外，针对预期功能安全（SOTIF），常常在其安全分析过程中增加算法局限性和功能触发条件的分析，以及驾驶员误用分析。在系统设计之初，充分挖掘产品边界和系统能力边界处容易造成安全危害的因素。在软/硬件方案设计时，采取必要的降低安全风险的措施。例如，在雨天感知系统工作性能大幅度下降，此场景下需要采取安全措施，在雨天禁用自动驾驶功能,并及时给予驾驶员提醒。

13.3 安全方案

所有的安全分析结果最终都将转化为安全需求。在系统软/硬件方案设计过程中,需要针对这些需求采取对应的措施,并最终体现和落实到功能实现,以及系统硬件开发和软件开发上。否则再详尽的安全分析过程对最终交付的量产产品都无任何意义。量产自动驾驶产品的安全方案分为三部分:功能的安全策略、硬件的安全方案、软件的安全方案。

13.3.1 功能的安全策略

功能的安全策略主要用来保障自动驾驶功能在使用全流程中尽可能保持安全状态,主要体现在如下三方面。

(1) 限定功能进入的条件,确保功能激活前车辆处于该功能可安全运行的状态。

(2) 在功能运行过程中,实时监测功能运行状态,通过功能升/降级或提醒驾驶员干预的手段确保当前功能运行过程中的安全。

(3) 当功能因不再满足安全运行条件需要退出时,采取对应的安全退出机制,以尽可能降低功能退出过程中的风险。

本节以自动驾驶行车功能为例论述功能的安全策略设计方法。

图 13.4 所示为自动驾驶行车功能的状态切换逻辑示例。在行车功能中,涉及行车功能的 Passive、Standby、Active,以及安全退出四种状态。Passive 状态是指针对所有的行车子功能,系统当前状态不满足其中任何一个子功能的运行条件,此时整个行车功能处于抑制状态(即不可用状态),用户无法激活或启动行车功能。Standby 状态是指行车功能中至少一个子功能已满足运行条件,行车功能已处于可用状态。当驾驶员通过按钮或拨杆激活行车功能时,则立即进入 Active 状态,即功能正常运行的状态。安全退出状态是指当功能因各种原因不满足运行条件时需要退出功能,若此时车辆处于不安全状态,则进入功能的安全退出状态。该状态中,系统需要采取一系列措施使车辆降低风险,直至进入稳定的安全

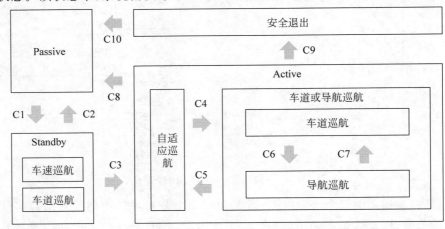

C1~C10分别为各功能状态之间的切换条件

图 13.4　自动驾驶行车功能状态切换逻辑示例

运行阶段。自动驾驶行车功能在上述四种状态间跳转条件的设计与功能运行的安全息息相关,状态跳转期间需要尽可能杜绝安全隐患。

在 Active 状态下,功能又根据不同的条件在自适应巡航、车道巡航、导航巡航三个子功能之间切换,即功能升/降级。如产品篇中内容所述,同一个自动驾驶产品往往会包含多个子功能。在同一场景中,常常涉及不同功能状态和不同子功能之间的切换。由于不同功能运行时的能力边界和约束条件不一样,这些功能之间的切换条件除了考虑驾驶员交互和整车信号,往往还需要引入环境信息作为重要的判断依据。

状态和子功能之间的切换条件详细情况如表 13.4 所示。从表中可以看到不同功能依赖的软/硬件模块和可支持的 ODD 不一样。因此在功能激活时,对这几类条件的判断同样会存在区别。

表 13.4　行车功能状态切换条件示例

编号	当前状态	目标状态	切换条件
C1	Passive	Standby	同时满足如下条件: • 与目标功能相关的系统软件运行正常,且关联零部件无故障,如底盘执行器、各类传感器、车机仪表等。 • 车辆行驶状态正常,如车速和纵/横向加速度在合理范围内,无行车故障,车门/盖关闭,无制动,非充电模式,其他自动驾驶或主动安全类功能未被触发等。 • 驾驶员状态正常,即未脱手/脱眼,主驾在位且安全带为ON 等。 • 周围环境条件在目标功能 ODD 范围内,如前视摄像头能够稳定识别车辆前方目标物,否则认为功能不可用。图 13.5 所示为部分基于图像检测的 ODD 判断示例
C2	Standby	Passive	C1 条件不能完全满足
C3	Standby	Active	C1 条件完全满足,且用户触发了对应功能的激活/启动开关
C4	自适应巡航	车道或导航巡航	同时满足如下条件: • 与车道巡航功能相关的系统软件运行正常,且关联零部件无故障,如前视、侧前视范围的摄像头和毫米波雷达工作正常等。 • 周围环境条件在车道或导航巡航 ODD 范围内,如车辆前方有一定长度的车道线连续稳定检出
C5	车道或导航巡航	自适应巡航	C4 条件不能完全满足
C6	车道巡航	导航巡航	同时满足如下条件: • 与导航巡航功能相关的系统软件运行正常,且关联零部件无故障,如前视、侧前视、侧后视范围的摄像头和毫米波雷达工作正常等。 • 驾驶员开启了导航功能并已选择导航路径。 • 导航路径中车辆前方一定距离范围内,车端具备最新版本的高精度地图。 • 高精度定位系统(含软件模块和相关硬件)能够正常输出高质量的定位结果

续表

编号	当前状态	目标状态	切换条件
C7	导航巡航	车道巡航	C6 条件不能完全满足
C8	Active	Passive	驾驶员接管车辆,或未接管条件下车辆已达到安全状态,如车辆已静止
C9	Active	安全退出	同时满足如下条件:C1 条件不能完全满足;驾驶员未接管车辆;当前车辆处于不安全状态,如车辆还在以 80km/h 高速行驶
C10	安全退出	Passive	驾驶员接管车辆,或未接管条件下车辆已达到安全状态,如车辆已静止

夜晚暴雨天气   大雾天气

多车道路面无车道线   车道线稳定识别

图 13.5 基于图像检测的 ODD 判断示例

在上述各功能状态中,当出现系统故障或风险时,需要通过使用各类最小风险措施(Minimum Risk Manoeuvre,MRM)使功能保持或进入最小风险状态(Minimal Risk Condition,MRC)。

首先定义各状态下的 MRC。量产自动驾驶功能现阶段被限定为 L2 及 L2 以下的功能,场景覆盖高速公路、城市道路以及停车场,功能使用时的责任主体是用户本身。因此在设计 MRC 时,应遵循的原则或者合理假设为,用户要对车辆的驾驶行为负责,并能够及时接管车辆。例如,用户对车辆完成接管就是其中一种 MRC。表 13.5 所示为自动驾驶行车功能在各状态下的一些 MRC 示例。

表 13.5 自动驾驶行车功能在各状态下的一些 MRC 示例

功能的状态	MRC	说 明
Passive	车辆由驾驶员操控,且驾驶员对功能的使用习惯良好	驾驶员对车辆的安全行驶负责,可认为是安全状态。当驾驶员对功能使用不够规范和严谨时,容易产生安全隐患,例如经常长时间不在环
Standby	车辆由驾驶员操控,只有在发生明确激活指令情况下才能触发功能	对于驾驶员指令的判断如果不清晰,容易导致功能误用。非预期地触发功能,存在安全隐患
Active	车辆处于自动驾驶状态下,驾驶员在环状态正常,随时可接管车辆	车辆处于自动驾驶状态时,如果用户不在环(即已经脱手/脱眼),当出现系统失效需要驾驶员接管时,容易存在因接管不及时而导致的安全隐患

续表

功能的状态	MRC	说　明
安全退出	自动驾驶状态下,车辆减速至停车,并尽可能停在最外侧车道、应急车道或本车道内	功能需退出情况下,驾驶员未接管。此时最安全的状态是车辆在路旁停下来。当系统因失效造成能力不足时,则求其次,在车道内减速停车或直接减速停车

为达到 MRC,在功能的各运行状态下采取不同的 MRM 措施,如图 13.6 所示。

图 13.6　自动驾驶行车功能中的 MRM 示例

在 Passive 状态下,针对驾驶员的不良习惯需要采取一定的"惩罚措施"来降低功能使用的风险。典型的不良习惯是,在自动驾驶模式下,即使在各类声光报警情况下,用户也长时间不在环,即手不扶方向盘,或者视线长时间不关注车辆行驶方向。出现该情况后,功能再次进入 Passive 状态后的惩罚措施是,在本次点火周期内功能禁用,并在交互界面上给予用户提醒,进入下一次点火周期后功能的使用再恢复正常。惩罚的结果是促使用户对功能的使用更加规范严谨。

在 Standby 状态下,针对功能在不恰当时机误触发的情况,需要采取一些"防误用措施"。典型的误触发情况是,单次按下按钮,或者拨动拨杆,就直接进入自动驾驶高级功能,如车道巡航或导航巡航。针对该类情况,常见的措施是将高级功能的触发信号定义为连续两次按下按钮,或者两次拨动拨杆,且限定两次操作之间的时间间隔。由此可以显著降低功能被误触发的概率。

Active 状态下,在功能激活时刻和之后的功能自动升/降级过程中,驾驶员对车辆的控制要求会发生变化。例如,从自适应巡航升级至车道巡航,方向盘由驾驶员手动控制切换至系统自动控制,反之则由系统自动控制切换至驾驶员手动控制。在此过程中,需要及时给予驾驶员必要的信息提醒。此外,在 Active 状态下还需要对驾驶员在环状态做实时监控,即驾驶员是否手扶方向盘,是否出现长时间视线不在车辆前进方向上的情况。当判定驾驶员不在环,同样需要给予驾驶员必要的提醒。采取的安全措施可以有"信息申明""弱交互提醒",以及"强交互提醒"。"信息申明"是指通过语音、文字,或图案的方式简明扼要地提醒用户应采取的操作,如手扶方向盘、目视前方、即将驶出当前功能 ODD 范围等,一般只提醒一次。"弱交互提醒"是周期性语音/声音提醒、车机和仪表上弹出醒目提示界面。"强交互提醒"包含大音量警报声、降低限速、拉开与前车距离、点刹、安全带拉紧、方向盘震动等措施。进入 MRC 后,解除报警。

值得一提的是,在用户首次使用自动驾驶功能时,也可以用"信息申明"的方式提高安全性。如图 13.7 所示,小鹏汽车的 NGP 功能在首次使用前用户需在车机界面观看完整的 NGP 安全提示视频,并完成 NGP 用户安全测试。该过程就是"信息申明"的方式之一。

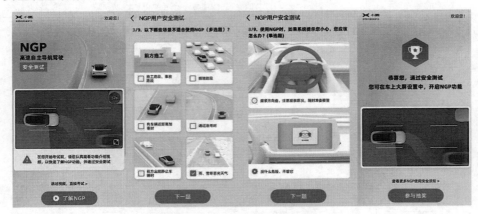

图 13.7　小鹏汽车 NGP 用户安全测试

在安全退出状态下,一般系统认为功能已不可恢复至 Active 状态。例如,系统中出现了零部件失效并影响自动驾驶功能的安全运行,或驾驶员极长时间不在环,为避免车辆一直处于高风险运行状态,需要及时安全地退出自动驾驶功能。该情况下,一般希望驾驶员尽快接管车辆。因此首要的措施是向驾驶员进行"声、光、体感"预警,包含大音量警报声,车内交互界面闪烁警报灯,并通过点刹、安全带拉紧、方向盘震动等措施做体感报警增强。在驾驶员接管前,预警不能解除。除此以外,需要根据当前系统状态对车辆采取"减速停车"、"车道内减速停车"或"靠边减速停车"的措施。例如,当系统并未出现任何失效,具备安全变换车道能力时,则采用变换至最外侧车道或应急停车的措施。当侧向视角的传感器失效时,系统已失去安全换道能力,但前向视角的传感器仍然可以正常工作,则采取车道内减速停车的措施。当前向视角的传感器已失效,则直接减速停车,对方向盘的控制不做处理。采取上述措施后,直至车辆停止,车外打起双闪灯示警,直至驾驶员接管车辆。

综上所述,功能的安全策略应当落实到每个自动驾驶功能的状态跳转条件中,以及 MRC 和 MRM 的方案中,确保功能在运行的全流程中都处于安全状态。当发生潜在风险时采取必要措施在最大程度上降低风险。

13.3.2　硬件的安全方案

在自动驾驶系统设计时,需要根据系统安全需求,结合零部件能达到的功能安全等级,在系统架构中的薄弱环节采取必要的安全措施。硬件相关的安全方案往往包含在架构层级中。在该层级中,自动驾驶系统中硬件的主要安全措施为必要的冗余设计,具体包括传感器冗余、自动驾驶计算单元冗余、执行器冗余、驾驶员监控冗余、通信冗余、电源冗余等。对于单个硬件,常常通过向该零部件提出安全目标需求即可。

现阶段能支持高级别自动驾驶功能的整车电子电器架构安全方案如图 13.8 所示,接下来基于该示例对硬件的安全方案做讲解。

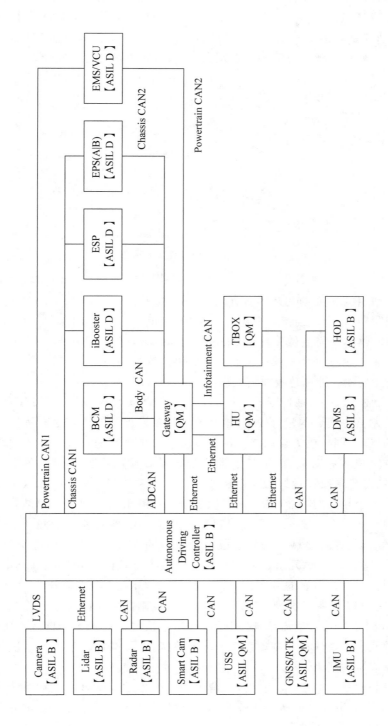

图 13.8　自动驾驶电子电器架构安全方案示例

从图 13.8 中可以看到,现阶段自动驾驶相关的传感器和控制器绝大多数功能安全等级都在 ASIL D 和 ASIL B,少量为 QM。自动驾驶中传感器主要用于环境感知和定位。对于环境感知的任务,往往需要在重点区域部署充分冗余的传感器。例如,车辆行驶前方和侧前方区域,在自动驾驶功能激活后的任何极端情况下,都需要保障有感知信息可以输出。如图 13.9 所示,一些量产解决方案中在近距离和中、远距离都进行了冗余设计。

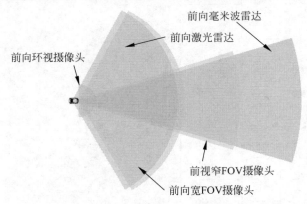

图 13.9　车辆前方重点区域传感器冗余

对于自动驾驶计算单元的冗余主要有以下三种实现方案。

(1) 双域控制器,每个域控制器中包含 1 颗 SoC(如 Orin X)和 1 颗 MCU。

(2) 单域控制器加功能摄像头(Functional Camera),域控制器中包含 1 颗 SoC 和 1 颗 MCU,功能摄像头中一般包含 1 颗用来运行视觉感知模型的 ASIC AI 芯片(如 Eye Q4)和 1 颗运行主动安全功能软件和总线通信处理的 MCU。

(3) 单域控制器双 SoC,域控制器中包含 2 颗及 2 颗以上 SoC 和 1 颗 MCU。

其中双域控制器方案成本相对较高,相互独立的双域控制器能在最大程度上降低因控制器失效带来的风险,同时也为自动驾驶各类算法带来更丰富的计算资源。单域控制器加功能摄像头的方案成本相对较低,域控制器实现自动驾驶的主要功能。在域控制器失效时,功能摄像头结合毫米波雷达组成 1V1R 或 1V5R 的系统(V 指 Vision,R 指 Radar),仍然可以实现主动安全相关的功能,在一定程度上避免或降低碰撞风险。单域控制器双 SoC 的方案成本居中。在单 SoC 失效时仍然可以用另一个 SoC 实现安全措施。单域控制器整体失效时系统无法自行降低风险。此外,域控制器中的 MCU 一般安全等级较高,可达到 ASIL D,因此无须对 MCU 做冗余。在一些对成本敏感度较低的新型高端车型上,也有使用上述方案中两种以上相组合的方案,但出现频率极低,此处不过多讲解。

从图 13.8 中可以看到车身、底盘以及动力系统控制器的功能安全等级基本可以达到 ASIL D。对于车身控制器和动力系统控制器,在失效情况下一般不会造成危害,因此无须备份。执行器的冗余主要体现在制动系统和转向系统,在极端情况下确保车辆仍然具备减速停车和障碍物规避的能力。

典型的冗余制动系统如图 13.10 所示,博世公司推出的 TwoBox 制动系统中,iBooster (也称 IBST)和 ESP(Electronic Stability Program)互为制动冗余。iBooster 的原理是通过传感器与电机的配合替代传统刹车系统中的真空泵,为整车提供制动力。在自动驾驶功能正常运行的状态下,iBooster 提供制动的线控驱动接口并建立制动油压,途经 ESP,最终实现轮端卡钳对整车的制动,并在非自动驾驶模式下响应驾驶员通过电子制动踏板产生的制动需求。ESP 即车身稳定系统,在正常状态下通过平衡四轮轮端制动力保持车身稳定。当 iBooster 出现失效时,ESP 同样可通过线控接口执行整车制动指令。

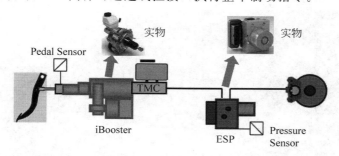

图 13.10　博世公司的 TwoBox 制动系统冗余方案

转向系统(Electronic Power Steering,EPS)的冗余方案主要体现在其内部分为 A、B 两组控制驱动系统。图 13.11 所示为博世公司推出的带冗余的 Servolectric 转向系统。该系统在结构上使用同一套机械结构,同一个控制器总成,同一个驱动电机。但系统中的电机上有 A、B 两组不同的线圈绕组,两个独立的电机位置传感器,控制器总成中配置两个独立的驱动电路。此外,外部供电和外部 CAN 通信模块都分离开来。正常工作状态下,两组线圈同时驱动转向电机进行工作。当其中一组出现 CAN 通信、电源、线圈绕组、驱动电路任意一个环节的故障时,另一组仍然可以提供转向动力。在自动驾驶功能模式下,带冗余的线圈绕组可以让系统在安全停车模式中仍旧实现降性能的线控转向。

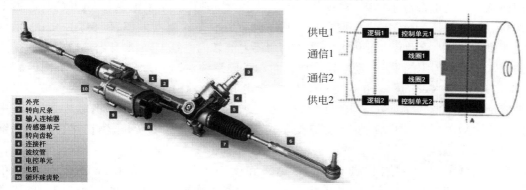

图 13.11　博世公司的 Servolectric 转向系统冗余方案

自动驾驶系统中对于驾驶员的监控通常有如下几种形式。

(1) 基于车内摄像头的驾驶员监控系统(Driver Monitor System,DMS),该系统能够对驾驶员面部朝向、眼睛开闭状态、嘴部动作等信息进行识别,并进一步判断驾驶员当前的状态,如疲劳、吃东西、是否关注车辆行驶方向等。

(2) 基于方向盘手握传感器信号的监控系统 HOD(Hands on Detection),该系统判断驾驶员手部是否握在方向盘上。

(3) 在未配备额外传感器的情况下,一些自动驾驶产品要求驾驶员间歇性地给方向盘施加一定大小的力矩,据此判断驾驶员手扶方向盘状态,并确保能随时接管车辆。

(4) 根据驾驶位置座椅传感器和安全带传感器辅助判断驾驶员是否在主驾位。

现阶段一些具备高级别自动驾驶功能的中、高档车上已经配备上述多种驾驶员监控设施，实现对驾驶员状态监控的冗余。如图 13.12 所示，凯迪拉克 CT6 的驾驶员注意力保持系统中就同时配备了驾驶员注意力摄像头和手握方向盘传感器。

图 13.12　凯迪拉克 CT6 的驾驶员注意力保持系统

电源冗余和通信冗余主要用来应对整车电源和车载通信网络的失效情况。

电源的失效一般是由于电池本身电量不足、电源继电器损坏、供电线缆短路或断路等。越来越多的车辆开始配置 A、B 两组电源，以应对整车电源相关的失效。自动驾驶系统的关联零部件中需要做双电源冗余的零部件包括域控制器、制动系统以及转向系统。域控制器采用两路独立的电源分别输入，在控制器内部的电源管理模块中根据 A、B 电源的状态做电源切换。制动系统中的 iBooster 和 ESP 则分别采用不同的整车电源，例如，iBooster 采用 A 电源供电，ESP 采用 B 电源供电。具备冗余能力的转向系统 EPS 本身内部电源输入是分开的，两组电源分别给两组驱动电路供电。自动驾驶系统对动力系统（Engine Management System，EMS 或 Vehicle Control Unit，VCU）无电源冗余的需求，但整车设计时一般会给动力系统配置双电源。例如在多电机的汽车中，主电机控制器常常采用双电源方案，当其中一路电源失效时，另一路电源能够支撑整车至少一个动力电机运转，车辆仍然可以开往维修地点或安全地点。

车载总线的冗余主要体现在底盘 CAN 和动力 CAN 上。图 13.8 所示的架构中 Chassis CAN1 和 Powertrain CAN1 都直连到自动驾驶域控制器上。在自动驾驶功能正常运行时，通过该链路传输控制指令和执行器状态信息。该链路失效后，自动驾驶域控制器仍然可以通过中央网关（Gateway，GW），途经 Chassis CAN2 和 Powertrain CAN2 与相关联的执行器进行通信。

13.3.3　软件的安全方案

本节主要从两方面讲解自动驾驶软件的安全方案，即软件架构，以及软件中的监控诊断策略。

在汽车电子领域应用最为广泛的安全软件架构方案是 E-GAS 架构，如图 13.13 所示。该架构由奥迪、宝马、戴姆勒、保时捷、大众等汽车公司联合提出，虽然最初只针对发动机管

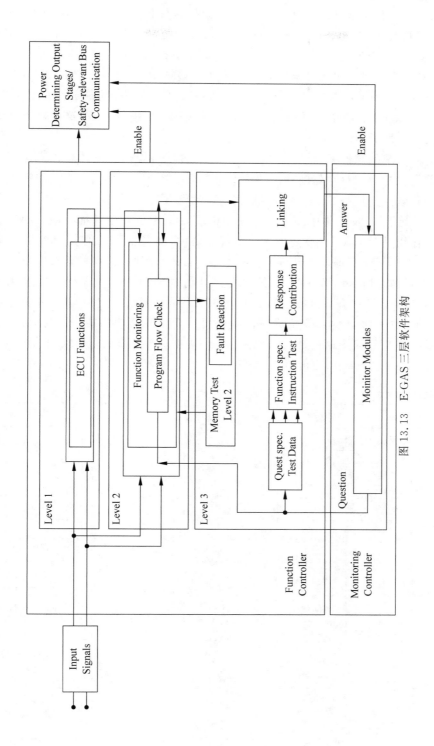

图 13.13 E-GAS 三层软件架构

理系统(Engine Management System,EMS)而设计,但其核心思想可以复用到整车其他域的控制系统中,具有非常好的扩展性。E-GAS架构软件包括Level 1~Level 3,共三层,其中Level 1是功能实现层(Function Level),Level 2是功能监控层(Function Monitoring Level),Level 3是控制器监控层(Controller Monitoring Level)。该架构形成了很好的分层监视框架,并有效实现了功能安全分解。通常采用QM(ASIL X)+ASIL X(ASIL X)的安全分解策略,即将功能实现软件(Level 1)按照QM等级开发,功能冗余软件或安全措施(Level 2、Level 3)按照最高的要求等级ASIL X(ASIL X)进行开发,这样可以有效降低功能软件的安全开发成本。

自动驾驶系统的软件架构同样可以借鉴E-GAS三层架构的设计思想来保障系统的安全性。目前主流的量产自动驾驶软件架构安全方案如图13.14所示,从左到右也是三层分布。自动驾驶软件架构的Level 1同样是实现自动驾驶功能,部署在SoC中,主要包括功能层、算法层、适配层,以及软件中间件和部分操作系统(OS)以及硬件抽象层(HAL)。Level 2软件的主要作用是对Level 1软件的运行情况做监控,部署在SoC的安全岛中,主要包括系统状态管理、SoC平台管理以及部分硬件抽象层(HAL)软件。该层的软件功能安全等级比Level 1软件要高。Level 3软件则部署在域控制器的MCU中,主要作用是利用系统状态管理模块对SoC运行状态做监控。当SoC出现失效时,由该层软件中的最小安全系统做保障,确保自动驾驶系统仍然具备减速停车和退出自动驾驶功能的能力。与此同时,与SoC相比,MCU硬件能达到更高的功能安全等级(ASIL D),与整车底盘总线通信的接口和自动驾驶系统底层控制算法一般也部署在MCU中。

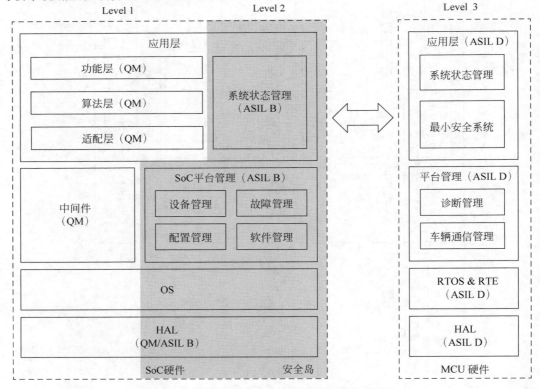

图13.14　量产自动驾驶软件架构安全方案示例

除了软件架构,监控诊断是自动驾驶软件安全策略的另一个重要方面。它是指在系统的运行过程中,对诊断覆盖率之内的软/硬件状态进行监控,获取信息并传递至下游的故障诊断模块。图 13.14 所示的故障管理模块或诊断管理模块常见的流程如图 13.15 所示,主要包含对故障的监控、诊断、通知、处理、记录以及恢复等过程。

图 13.15　常见的监控诊断流程

故障监控的基本原则是,用更健壮的软件监控较不健壮的软件,用硬件监控软件。例如,E-GAS 的三层软件架构中,Level 2 的软件比 Level 1 更健壮,Level 3 的软件比 Level 2 更健壮。此外,"硬件看门狗"常常被集成到芯片中,用来监控软件系统的运行状态。一般来说软件的逻辑越简单,诊断和测试覆盖率越高,所处的硬件环境越可靠,开发流程越规范,软件出故障的概率就可以控制得越低,也越健壮。

故障诊断是指诊断模块对功能和系统运行状态做监控,判断当前是否存在故障,并在故障出现时采取必要措施的过程。诊断依据为对功能表现有明确预期,当预期未达到时则可判别为故障,即某个功能激活时,在每种运行状态下,系统应当有其确定的预期行为。该模块的主要任务执行步骤如下。

(1) 从系统获取所有必要信息,根据被监控对象的特点对所获取的信息进行综合分析,并完成必要的计算。

(2) 根据设计阶段确定的静态配置,结合诊断策略,判定被监控对象是否存在异常。当确定为异常则判定为故障事件(Fault Event),并映射为诊断故障码(Diagnostic Trouble Code,DTC)和功能降级的触发条件。

(3) 收集所有诊断结果对故障进行聚合,并将结果输出至下游模块备用。

故障诊断对象包括系统相关的各软/硬件模块,其主要内容如表 13.6 所示。

表 13.6　自动驾驶系统诊断和监控内容示例

类别	名　称	失效模式示例
硬件	传感器	无数据输出,数据值不在合理范围内,数据变化异常等。 对于图像和点云这类原始数据还包括数据质量下降或不可用。 对于自带控制器的传感器信息还包括传感器自诊断结果
	执行器	响应超时或不响应,响应不符合预期,如响应时延过大、超调过大、误差过大等
	通信模块	握手失败或连接丢失,通信时延过大,收发频率异常等
	电源模块	电压过高或过低,电压飘忽不稳,功率超出设计峰值或长时间处于过高区间等
	存储模块	剩余存储空间异常、过高或过低、位反转等
	时钟	时钟频率过高、过低或不稳定,时钟停止等
	输入/输出端口	端口电平长时间卡在高位或低位,电平漂移超出正常范围等
	计算单元	无程序执行,或执行速度过低,资源消耗率超出设计峰值或长时间处于过高区间等

类别	名　称	失效模式示例
软件	功能层各软件模块	各功能软件输入/输出不符合预期,如在用户接管情况下,功能还处于 Active 模式,无故障情况下功能无法进入等
	算法层各软件模块	各算法模块输入/输出不符合预期,如控制模块输出超出范围的车辆目标加/减速度和方向盘转角,感知或定位模块输出帧率下降等
	适配层各软件模块	各适配组件输入/输出不符合预期,如无图像输入、点云数据量过少等
	操作系统和中间件	系统崩溃、线程池满、中间件不可用、线程切换时间过长、任务切换时间过长,系统调用异常,如调用失败、调用持续时间过长等

故障通知是指,故障被诊断出来之后,故障信息通过传输信道在软件组件之间、SoC 与 MCU 之间的相互传递过程。故障处理则是指,软件的功能层不论是在 SoC 还是 MCU 侧获知故障信息时,相应的功能需要被抑制或降级,系统根据故障信息执行对应的 MRM,以达到对应的 MRC。

总体来说,故障通知和故障处理遵循"分级上报,统一处理"的原则。所谓分级上报是指,各模块对自己诊断业务范围内的故障事件进行诊断,并上报给下游模块。在此过程中,故障会发生聚合,即所有 Fault Event 最终映射为功能降级的触发条件和 DTC。统一处理则是指,整个系统中至少有一个故障信息管理模块可以收集和分析全系统的故障信息。此时它收到的故障信息可以是聚合或抽象后的,并由此使功能层做出最终的处理决策。

例如,某一时刻自动驾驶应用软件的适配层(如图 13.14 所示)发现前视摄像头的图像帧率不稳定,有连续的图像缺失现象。此时在该层级诊断出摄像头帧率异常的故障,生成对应的 DTC,并上报给算法层。算法层接收到故障后,针对该故障做出处理,对使用前视图像的算法模块做保护,如感知模块和定位模块,防止模块工作异常。随之而来的前视感知模块和定位模块均无法输出正确的结果,同样生成对应的 DTC,并上报给功能层。功能层中包含专门的故障信息管理模块。该模块同时接收并聚合所有下游模块的诊断结果。这里包括算法层中的各模块和平台管理中各模块的 DTC。在得到故障聚合结果后,功能层的软件立刻触发功能降级,并根据预先设计的功能逻辑给驾驶员发出接管提醒,以使车辆处于安全行驶的状态。

故障记录是指对已聚合后的 DTC 做存储记录。对于偶发故障,当故障不再复现时,DTC 可以被清除。对影响零部件或功能运行的故障则需进行持久化记录,使其不可删除。该类故障一般称为永久故障码,必须采取维修更换零部件或重新刷写程序的措施,使零部件或功能恢复正常。故障记录用于支持符合基于 UDS(Unified Diagnostic Services)协议的诊断服务,供其他设备通过协议读取 DTC,并进一步为整车和零部件生产线检测、整车售后维修保养和车联网的功能实现打下基础。

故障恢复是指将系统从故障模式恢复至正常工作模式的过程。对自动驾驶系统来说,单域控制器方案下出现故障后需要继续运行功能降级相关软件。此处一般不做在线的故障自动恢复策略,需通过下电后重新上电复位来尝试恢复正常状态。双域控制器方案下的故障恢复,需要在用作故障恢复的域控制器没有控车权时进行,以确保行车安全。故障恢复的手段为相应的域控制器在线重启复位策略。一般包括如下三种情况。

(1) 当应用层软件产生不能支持自动驾驶任务的故障时,通过控制器底层软件接口请求重启复位。

（2）当底层软件产生不能支持自动驾驶任务的故障时，则底层软件直接发起重启复位。

（3）当硬件上发生无法维持域控制器正常运行的故障时，则需等待被动下电重启复位。

13.4 数据闭环在系统安全的应用

13.2节讲解了行业现阶段广泛应用的安全分析过程和方法。这些方法在量产自动驾驶产品的工程项目中落地和长期发展尚存在一些困难。主要表现在以下四方面。

（1）传统的分析方法主观性很强，参与分析的工程师需要对整车、自动驾驶系统，乃至人工智能等相关技术全都有非常深刻的理解。然而，针对近些年才开始发展和落地的自动驾驶产品，行业尚处于起步阶段，对各领域的专业技术均熟悉的从业者少之又少。而且智能化技术的更新迭代速度日新月异。这就容易造成安全分析结果与产品运行实际情况不一致，不同的人群对同一安全事件的理解往往也不一致。例如HARA分析过程中，危害事件的定义和S/E/C的等级划分一般由参与产品开发项目组的功能安全专家根据以往经验完成。不同的专家团队对同一事件的等级划分结果很可能出现差异，进而产生不一样的安全分析结果。

（2）自动驾驶产品跟整车以往其他产品相比，其复杂度已经不可同日而语，关联的零部件涉及整车每个域，软件的丰富程度也大幅提升。完全依赖人工方式从产品到系统、从系统到组件、从硬件到软件进行全方位分析，需要耗费大量的时间和人力，对量产工程落地极不友好。

（3）传统的方法主要是在产品设计之初使用，产品量产落地后的分析则涉及较少。随着软件OTA升级技术的广泛应用，软件的迭代更新频率越来越高，更新范围也越来越广。个别企业甚至已经开始提出并实现硬件OTA升级。这就意味着对产品的安全分析需要在产品量产落地后依旧长期进行，为每一个版本的软件升级和硬件升级提供安全设计依据。

（4）以往针对系统或软/硬件组件的安全测试需要人工设计和编辑大量的测试用例，以通过故障注入、渗透测试、诊断测试完成安全相关的验证。实际车端发生的故障与人工设计的测试用例往往在细节上不尽相同，安全测试无法反映最真实的车端状况。如某些造成故障的信号波动规律、多信号耦合的复杂过程等。

值得庆幸的是，11.6节讲解的数据闭环工具链已开始在量产车上逐渐得到应用。从量产车上源源不断回传的数据不仅可以用于算法迭代，还可尝试利用数据驱动的思想推进车端自动驾驶产品系统安全的相关工作。据了解，部分公司已经在该方向上开展了相关探索。

接下来对数据闭环在系统安全领域的应用做一个展望，如图13.16所示。

数据闭环在系统安全领域应用的可能性之一是在车端触发生产故障实例数据包，并将其上传至云端，后台的工程师对故障实例做根因分析。由于诊断算法的局限性，已知故障会在软件的运行流程中逐渐聚合，车端诊断结果往往不一定反映根因，很可能是前序模块产生了未知的故障。

车端上传的故障实例显示诊断结果是定位异常。经过人工分析得知，定位异常的原因不是定位算法的问题，而是IMU的输出数据出现了异常。基于对故障实例进行人工分析的结果，故障实例数据包可用来生成安全测试用例。当故障根因是以往未知故障时，也可

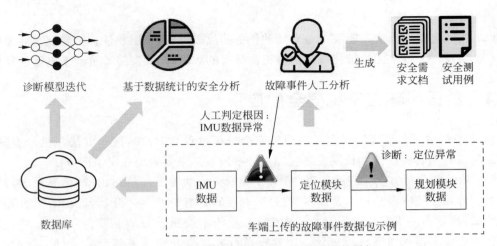

图 13.16 数据闭环在系统安全领域应用的展望

将对该类故障的诊断需求添加到下一个迭代版本的安全需求文档中。

随着越来越多的故障实例数据包通过数据闭环回收到云端数据库,利用这些统计数据进行安全分析将成为可能。相比于专家团队根据经验的分析过程,真实发生的车端实例数据更能在产品层级反映车端客观发生的危害情况和这些实例的严重度、暴露度以及可控度。此处可对比 13.2.1 节讲解的 HARA。通过对这些真实数据的深入分析,同样可以得到系统和组件层级的设计缺陷。除了在 13.2.1 节讲解的 FMEA、FTA、DFA、FMEDA、STPA 等分析方法,利用数据闭环工具,还可以通过数据统计的方式实现自动化的分析过程。例如,FMEA 中的各种失效模式的风险系数(R 为严重度、P 为频度、N 为探测度)可以通过统计和抽样的方式获取。短期内,这些基于数据统计的分析结果可以给部分基于经验的分析结果做很好的补充,中、长期则可更完整地覆盖车端自动驾驶系统相关的各软/硬件环节。

对于一些使用数据驱动的诊断算法,车端回收的数据可以用于诊断算法的迭代。故障诊断的本质是解决一个分类问题,诊断的输入一般为待诊断对象的各类详细信息,当诊断结果仅为有无故障时为二分类问题,当诊断结果有多种故障模式时则为多分类问题。如图 13.17 和图 13.18 所示,传感器的信息除了用作目标检测,还可同时用作故障诊断。如图中对图像过曝、过暗、脏污、水雾等故障,以及超声波雷达脏污故障的诊断都可以用卷积神经网络模型实现。

图 13.17 基于图像的故障诊断示例

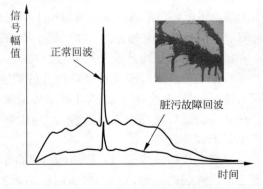

图 13.18 基于 USS 原始信号的故障诊断示例

13.5 小结

总体来看,在产品研发初期依靠专家团队经验对系统进行逐层的安全分析,并根据分析结果完成系统各层级的安全方案设计。长期来看,随着数据闭环的落地量产和规模化应用,利用量产车回传的数据实现安全方案的迭代逐步成为可能。尤其是现阶段软件安全方案的迭代已经可以通过软件 OTA 升级的方式作用到车端,并且在不久的将来,硬件的 OTA 升级也将逐渐成为现实。车端自动驾驶产品系统随着数据闭环的驱动不断进化,不仅使整车能够更加智能,还能够更加安全。

第14章

系统集成与评价

本章详细讲解自动驾驶系统的域控制器集成适配、整车集成适配,以及路测评价相关内容。

14.1　如何集成、如何评价

在系统软/硬件各子模块完成开发后,就进入系统的集成与评价阶段。

系统集成是指自动驾驶产品研发过程中软/硬件集成适配相关的工作。自动驾驶是一个非常复杂的软/硬件一体的系统,与之相关联的软/硬件组件众多。因此,集成过程的核心目标为,把复杂的系统问题进行解耦,分阶段解决单一因素或少量因素的问题,提高软/硬件适配的效率。这里主要包括控制器集成适配和整车集成适配两个阶段。集成时尽可能把隐藏的缺陷截流在上游,能在控制器台架上发现的问题就不应流入车辆适配环节,能在车辆适配时发现的问题就不应流入道路测试环节。

系统集成完成后,再对其进行综合性能评价。对自动驾驶系统软/硬件的评价手段一般分为仿真测试和道路测试两种。仿真的意义在于,理论上可以无限编辑虚拟场景,生产无限的数据。云端的计算集群和存储集群能保障高效率、低成本地完成各算法模块的评价过程。算法软件评测的要求除了成本低、周期短,还对所使用数据的质量和特性有较高要求。参与仿真的数据需要尽可能接近真实场景,具体包括车辆周围环境、交通流场景、自车与其他交通参与者交互过程,以及自车车辆动力学模型等。相比于仿真测试,道路测试虽然运营成本高,也更加耗时,但其评价过程真实且全面。对自动驾驶系统测试的范围,除各算法模块,还包括其他所有软件模块、域控制器、域内传感器、底盘各执行器,以及整车其他相关联的零部件。道路测试过程中,直接输入真实路面的数据,在车载系统软/硬件实时工作情况下,在线评价整个系统的运行效果。

为确保最终的产品性能符合预期,在整个产品研发迭代周期的各环节中都需持续进行系统的软/硬件集成与性能评价的相关工作。

14.2　域控制器集成适配

不同的量产项目、不同的产品使用的域控制器往往不一致。在遇到新项目中的新域控制器时,优秀的算法方案和系统方案应当能快速完成其适配工作,并能高效地解决适配过程中遇到的问题。对新域控制器的适配工作主要包括软件编译环境搭建、软件适配、资源评估、软件异构部署、台架集成测试。

新域控制器需要搭建的开发环境包含软件环境和硬件环境。后续集成调试相关工作都将基于该环境开展，具体工作如下。

（1）构建共享数据库，方便各协同开发方对齐信息和资源，提高集成效率。具体包含集成开发相关的基础软件库、各类工具、各类说明文档等。在集成开发过程中需要及时对数据库进行补充和更新。

（2）搭建域控制器台架，配备包括多个域控制器、供电系统、散热系统、各类车载总线通信网络调试基础工具，以及各类必要的传感器等设施。台架需要配置远程访问通道，能够实现软件的刷写，并建立台架资源调配和访问权限管理机制。

（3）搭建专门的代码仓库，包括各版本的算法软件、中间件、底层驱动、工具软件等，并建立代码访问权限管理机制。

（4）搭建交叉编译环境，编写各类样例工程，可实现协同开发，并确保基线主版本可成功编译和集成。

（5）建立主分支代码 CI 机制，实现日常的自动化编译、下载、运行、测试、打印报告、预警等流程。

有了开发环境后，需要对自动驾驶软件进行域控制器台架的适配。相同算法在不同硬件平台表现不一致。自动驾驶系统软件适配的主要工作是算法的适配，具体内容如下。

（1）完成算子的适配，满足支持训练框架（如 PyTorch、TensorFlow 等），支持特定的模型格式及版本（如 ONNX 11），支持卷积、全连接、ReLU 等常用算子。此外，对不支持的算子需要采取替换或重新开发等措施。

（2）针对模型量化做适配，必要时对模型采取剪枝或压缩等操作，并使用域控制器 SoC 供应商提供的工具做评测，保障模型精度保持应有水平。根据 SoC 能力对模型的矩阵运算加速做适配，例如有的支持 5×5 矩阵运算，有的支持 8×8 矩阵运算。

（3）根据 SoC 的硬件资源情况，调整软件的运行流程。总体原则是充分利用计算资源，可采取如分时复用、多加速器并行计算、多核分布等措施。例如 TDA4 芯片上有多个计算单元，可根据其各自特点分配不同任务：$2 \times$ A72，集成建图定位、感知后处理相关模块；$2 \times$ C66，集成图像预处理、特征提取、其他图像算子等；MMA，集成深度学习模型；R5F，集成融合、规划控制模块；MSC，集成图像缩放裁剪等预处理模块；LDC，集成环视去畸变等模块。

（4）对于非算法类的软件需要关注基础库在域控制器的适配性能。

接下来需要对域控制器内的硬件资源做综合评估，摸清其能力边界，掌握硬件给系统带来的瓶颈。其主要工作集中在分析系统基础能力和性能表现，具体评估内容包括视频编/解码 CPU 资源需求与耗时；图像获取和 ISP 的 CPU 资源需求和耗时；GPU 推理性能，CPU 计算性能；内存访问性能，即内存带宽和访问时延；内存分配性能；各类网络通信能力；磁盘和内存文件系统的读写能力；进程/线程切换性能；系统调度延时，休眠唤醒精度；各类基础库对 CPU 和内存的消耗，如 STL 容器，图像数据复制、内存连续访问、Protocol Buffer、Eigen、Acado、Cere、Rtree、PCL 等。

自动驾驶域控制器一般都是异构平台，涉及软件部署和资源分配两方面工作，两者相辅相成。一般域控制器内至少包含一片 SoC 和一片 MCU，其中 SoC 内部往往又分为安全区域和一般区域。软件的异构部署一般需要遵循以下原则。

（1）高安全等级的软件应部署到 SoC 安全区域或 MCU 中。例如,严重故障下的功能降级软件一般部署到 MCU 中;SoC 和车载总线之间,线控相关信号需要通过 MCU 中继,由 MCU 与其他域完成通信握手、解析、接收、转发、诊断等操作。

（2）当域控制器内置多 SoC 时,若将完整的功能软件拆分至多个 SoC 协同实现,将会提高功能的整体失效概率。该情况下,更合理的部署方式为,将相互独立的功能进行拆分,并分别部署到不同的 SoC 中。

（3）板级芯片间通信需要保证数据稳定性,时延和时序不影响各芯片内软件的协同运转,如 SoC 和 SoC 之间、SoC 和 MCU 之间。

（4）SoC 内部资源需做进一步分配,具体包括磁盘空间分配,各软件模块的 CPU、GPU、内存资源预分配,绑核,优先级,调度策略,等等。

此外,在部署时,对资源消耗过大的软件模块还需做必要的专项优化。

域控制器集成的最后步骤是软/硬件台架集成测试。硬件的基础测试一般都在硬件供应商处完成,集成测试阶段重点考虑软件相关的内容,主要涵盖如下几方面。

（1）数据接口测试:测试域控制器与外部所有通道的数据接口,如 LVDS、CAN、LIN、Ethernet、USB 等;测试域控制器内部芯片间的数据接口,如板级 Ethernet、PCIe、GPIOs、UART 等。

（2）软件接口测试:系统软件各层级内部各模块之间的接口测试,如算法层内部、功能层内部;各层级之间接口测试,如算法层和功能层之间、应用层和中间件之间,以及与底层软件之间的接口。

（3）功能逻辑测试:模拟整车关联部件的交互过程,测试基本的功能逻辑。例如,功能正常进入和退出、功能运行各类状态跳转逻辑,以及系统各类调度策略等。

（4）软件性能测试:单软件模块域控制器性能测试,检查单模块性能指标,如感知的准确率、召回率、精度、资源占用等;系统所有模块域控制器闭环测试,检查系统整体性能指标,如时延、帧率、资源占用等。软件离线性能测试的实现方式一般为,将道路采集的数据离线重放,并通过网络通信输入域控制器,各软件模块获得各自需要的输入以正常运行。离线测试前,还需设计和开发评测逻辑,对各模块的评价指标进行分析和判断。不同算法模块的主要评测指标如表 14.1 所示。

表 14.1　不同算法模块的主要评测指标示例

算法类别	指标类别	指标示例
感知融合	通用指标	• 分类的准确率和召回率。 • 检测范围极限,即有效检测的最远和最近距离。 • 帧率,CPU 资源消耗,GPU/NPU 资源消耗
	目标物边框	• 2D/3D/BEV Box IoU。 • 位姿:中心位置(x,y,z);Yaw 角;4 个角点(x,y)。 • 速度: x_speed 和 y_speed
	车道线/道路边缘	• BEV 上横向距离误差。 • 3D 深度、位置等误差
	地面相接线	• 2D 位置精度。 • 3D 深度、位置等误差

续表

算法类别	指标类别	指标示例
感知融合	车位框	• 2D 位置精度。 • 3D 位置精度：4 个角点精度(x,y)；车位中心点精度(x,y)；中心点朝向角度精度。 • 是否可泊正确率。 • 限位器位置精度
建图定位	在线建图结果	• 轨迹精度。 • 地图尺度
	建图过程	• 地图生成耗时。 • 建图成功率。 • 地图 MB/km
	定位初始化	• 完成初始化时间。 • 初始化行驶距离。 • 初始化成功率。 • 初始化车速范围
	定位位姿	• 位置精度(x,y,z)。 • 航向精度(Roll,Pitch,Yaw)。 • 支持的车速范围。 • 帧率
预测	预测结果	• 轨迹横向距离误差。 • 速度误差。 • 多模态概率。 • 误漏检和连续误漏检。 • 帧率
规划控制	安全性	• 各方向碰撞检测。 • 不同相对速度下自车与其他目标物的最近距离
	舒适性	• 横/纵/垂向加/减速度和冲击度。 • 轨迹抖动。 • 方向盘抖动
	法律法规	• 逆行、压线、超速等违规行为
	任务完成质量	• 终点检测(如泊车)。 • 完成时间(如换道、泊入、泊出等)。 • 帧率

14.3　整车集成适配

　　整车集成适配是指在目标车辆上完成自动驾驶系统的软/硬件联合调试和基本的功能测试,使系统在整车上可以正常运转,并具备进入性能提升阶段的条件。对新车型的适配工作主要包括车辆基本参数适配、通信适配、传感器适配,以及车辆控制适配。

　　在自动驾驶功能实现和算法实现过程中,常常需要用到车辆的一些基本参数。例如,通过车辆的坐标系做位姿换算,通过车辆轮廓做碰撞分析等。一般将车辆的基本参数作为配置写入相关的文件中,具体包括表征车辆精细轮廓的长、宽、高,圆弧角,外后视镜,车身其他凸出端点,车前盖高度和宽度,影响车辆动力学模型的车轮半径,质心到前轴距离,质心到后轴距离,质心离地高度、轮距,底盘高度,最小转弯半径,最大前轮转角,前轮和方向盘转角传动比等。

通信适配是指实现自动驾驶系统与整车所有关联零部件之间的通信协议,具体如下。

(1)车辆控制关联零部件通信适配,一般以 CAN 通信为主,纵向控制涉及制动系统控制器(iBooster、ESP、EPB)、加速系统控制器(EMS、VCU)、挡位控制器等,横向控制涉及转向系统控制器(EPS)。

(2)车身关联零部件通信适配,一般以 CAN 和 Ethernet 通信为主,涉及的零部件包括车门、车窗、车锁、安全带、座椅、雨刷器、喇叭,以及 HMI 组件(按钮、车机、仪表)等。

(3)传感器通信适配,一般有 CAN、LIN、Ethernet 等多种通信方式,涉及的零部件包含毫米波雷达、USS、激光雷达、GNSS、IMU,以及轮速计等。

(4)车云联路通信适配,一般以 Ethernet、4G/5G 网络通信为主,涉及联网控制器、云端的地图云、TSP(Telematics Service Platform)云、数据云、手机终端,以及云代驾后台等。

传感器的适配包含两方面:传感器参数标定和传感器数据适配。其中传感器内/外参标定已在 11.3 节详细讲解,此处不赘述。对传感器数据适配的主要目的为满足算法在使用不同传感器数据时的统一性。一般需要适配的工作有多摄像头图像的时间同步,格式转换,数据分组、压缩、搬运、解压缩,以及 6.5.1 节讲解的各类预处理操作等。

车辆控制参数是指控制算法中描述车辆动力学模型和运动学模型相关的参数。这些参数因车而异,需要做专门的适配,包括如下工作。

(1)车辆纵向模型参数标定,即匹配稳态工况下加/减速度的误差校准系数、零偏值、极限值,动态工况下加/减速度的响应时间、超调、稳态误差等参数。由于加速模型和减速模型特性区别较大,一般分开处理。

(2)车辆横向模型参数标定,即匹配稳态工况下方向盘转向角的误差校准系数、零偏值、极限值,动态工况下的转向响应时间、超调角、稳态误差等参数。一般向左转向和向右转向应当具备良好的对称性。

(3)控制器参数标定,即 PID、LQR、MPC 等控制模型中的其他必要参数标定,在 9.4 节中有详细讲解。一般要求在整车生产线进行离线初值标定,作为在线算法的初值,EOL 工序完成后即可使用在线标定。

整车集成完成后,自动驾驶系统在目标车辆上需要满足如下要求:系统功能可正常启动、退出、符合常用的状态跳转逻辑,且与整车其他关联部件的协同工作正常;软件运行基本稳定,帧率、资源消耗可达到基本的性能要求;系统在小范围区域能够正常运行,各软件模块无缺失、无明显影响道路测试的遗留问题;其他车载设备正常工作,如数据采集设备、显示设备等。

14.4　路测评价

路测评价即通过整车道路测试对每个版本周期的系统整体性能做评价,利用路测评价结果驱动系统版本向前迭代。

图 14.1 所示为路测驱动的系统迭代流程。首先根据项目阶段性目标对产品研发需求

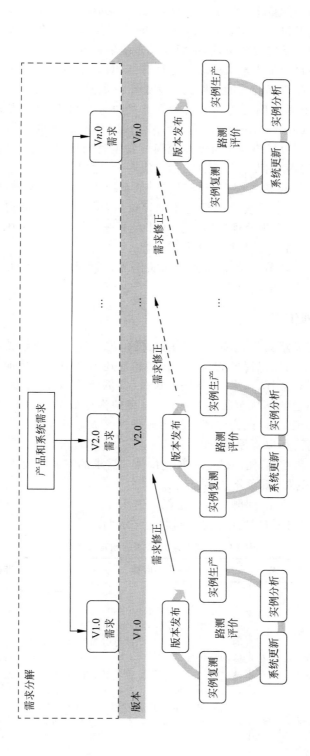

图 14. 1 路测驱动的系统迭代流程

进行分解。将产品和系统需求分解成每一个版本的需求,由此明确每一个迭代版本的目标。一般包括产品的功能范围、各功能需要实现的功能点,以及每一项功能点应该满足的性能指标。其中功能点包括本次发行版本新增的功能点和以往版本的继承性功能点。性能指标则对所有功能点做门限要求,确保版本发布结果符合预期。

路测评价则围绕每个版本定义的需求进行迭代,对每个版本的产品功能需求均需完成迭代循环全流程。串联流程的关键是路测实例数据。虽然11.6节讲解过车端实例数据,为加强印象,这里再次申明实例的含义。实例是路测过程中针对特定现象采集的单个数据包,分为正样本实例(Good Case)和负样本实例(Bad Case)。实例采集完成后将传输至云端,并用于问题分析,其数据应当尽可能体现问题发生时的场景细节。因此,实例数据一般包括实例触发前若干秒和触发后若干秒内的系统内全量数据。

路测评价流程具体包括实例生产、实例分析、系统更新、实例复测,以及最终的版本发布。根据工程经验,每一个系统版本经过路测评价后,或多或少会有遗留的问题。对于不影响该版本发布的问题,常规处理措施是将其并入下一个版本的需求中。通过当前版本的路测分析结果修正下一版本的目标功能点和指标。

将路测评价中的各环节分为实例生产和实例应用两部分,其中实例应用包含实例分析、系统更新、实例复测几个环节。

14.4.1 实例生产

实例生产是指定义路测问题和采集问题数据包的过程。自动驾驶系统路测问题具有多样性和不确定性,不同知识背景的人员对问题的描述差异很大。然而实例的流转链条很长,参与实例相关工作的团队众多,包括路测执行、实例分析、算法开发、系统、产品、项目管理等团队。对路测问题的不规范描述,将造成极高的沟通成本。为了提高研发效率,需要对问题做清晰准确的定义,以此构建统一的沟通背景。

路测问题定义需遵循以下原则。

(1)关联功能点和性能,使问题的分布直接体现需求的完成程度。

(2)简洁客观,只描述现象不描述原因。

(3)对有继承性的功能,问题的定义也保持继承性。

表14.2所示为部分量产功能的路测问题定义示例。

表 14.2　量产功能路测问题定义示例

功　能	功　能　点	接管类问题	非接管类问题
自适应巡航	车速保持,跟车距离保持,停车与启动	碰撞风险:出现与前车、并入车辆、前方行人,以及锥桶等静态目标物的碰撞风险。 被追尾风险:因误制动或低速行车造成追尾风险。 违规风险:超出道路限速,停车与启动时非预期起步和向后溜车	行车效率低:巡航车速过低,跟车距离明显过远,易被其他车频繁并入。 不安全感:跟车距离过近,与并入车辆过近,与行人或静态目标物距离过近,过弯不降速,由此给车内人员造成不安全感。 不舒适感:非预期制动或加速,制动或加速不连续,制动或加速过于强烈,制动或加速过于迟缓,跟车距离不稳定,巡航车速不稳定

续表

功　能	功 能 点	接管类问题	非接管类问题
自适应巡航	路口通行	碰撞风险：出现与车辆、路沿、VRU等其他交通参与者的碰撞风险。 路口通行失败：闯红灯，或绿灯不起步，跟车过路口失败	不安全感：与各类目标物距离过近。 不舒适感：路口通行时车辆横向摇摆，纵向不平顺，红灯刹停未对齐停止线，绿灯起步过晚
	功能交互	功能逻辑出错：无法按照预期进入/退出功能，功能无故退出，目标车速无法调节，显示界面信息与实际不符，驾驶员否决（Override）异常	不舒适感：功能启动时间过长，速度设置不立即生效，功能降级失败
车道巡航		对前序功能（自适应巡航）的继承性功能点，问题定义方法相同。功能点包括车速保持、跟车距离保持、启动与停止、路口通行。问题定义不赘述	
	车道保持	碰撞风险：与路沿、两侧行驶的车辆、侧方行人，以及锥桶等静态目标物的碰撞风险。 违规风险：压实线行驶，偏离当前车道，蛇形行驶，长时间不居中行驶	不安全感：两侧与路沿、车辆、行人，以及其他交通参与者距离过近，非预期换道，车道内误避让或避让幅度过大。 不舒适感：正常车道不居中行驶，超宽车道不按照预定路线行驶，车身晃动，打方向盘不平顺
	换道	碰撞风险：换道过程中与旁侧车道或当前车道的交通参与者有碰撞风险，可细分为换道、换道返回、换道等待三种场景	换道效率低：换道犹豫，频繁返回，换道过程缓慢。 不安全感：非预期换道，换道不执行，换道过程中与其他交通参与者距离过近，转向幅度过大，不正确打转向灯。 不舒适感：换道过急，打方向盘不平顺，车身晃动
	功能交互	除自适应巡航中定义的问题，还包括驾驶员换道指令未响应	除自适应巡航中定义的问题，还包括驾驶员换道指令响应迟钝
导航巡航		完整集成前序功能（车道巡航），同时继承其所有的问题定义	
	自主换道	危险行车：换道过程中无故自动退出，换道失败，换道过程中刹停，有碰撞风险的不合理换道。 违规风险：车道线为实线处换道，不按照导航路径及时换道并线，长时间无法进入目标车道	不舒适感：换道过于频繁，换道过晚
	功能交互	除车道巡航中定义的问题，还包括偏离导航路径，导航路径修改不响应	除车道巡航中定义的问题，还包括导航路径修改响应迟钝

功　　能	功　能　点	接管类问题	非接管类问题
自动泊车辅助	车位搜索	功能无法执行：车位信息错误，如车位入口、占用状态等，选车位后轨迹规划失败，车位选择结果不符合预期	功能效率低：车位漏检，车位误检，空车位误判为被占用
	泊入过程	碰撞风险：与其他交通参与者有碰撞风险，如车、行人、路沿、墙、柱子等。危险泊车：泊车速度过快，猛烈撞击限位器，向后溜车	泊车效率低：无效揉库，泊车速度过低，泊车时间过长。不舒适感：泊车过程不平顺，泊车轨迹不符合预期，撞击限位器回弹或顿挫
	泊入完成	违规风险：压库位边线，车头突出车位，单方向离旁侧障碍物距离过近	不舒适感：车辆位置不居中，朝向侧歪明显，方向盘未回正
	功能交互	功能逻辑出错：非预期进入/退出功能，显示界面与实际不符	不舒适感：泊车启动指令响应慢

实例采集过程中，需要根据不同产品的特点采取与之相应的道路测试策略，表 14.3 所示为行车功能和泊车功能的道路测试策略示例。

表 14.3　行车功能和泊车功能的道路测试策略示例

功能	道路测试策略
行车	研发日常测试：在研发基地附近维护若干条日常研发调试路线，包含高速、城市高架、城市道路，保障场景丰富程度；新版本系统优先在日常研发调试的路段测试稳定后再向更大范围拓展；分天气、分时段完成测试。城市高架场景路测：按照城市优先级划分，优先解决一线城市发现的路测问题，再向二线重点城市逐步拓展；每个城市分区域、分天气、分时段完成测试。全国高速路测：早期跑少数几条主要的干线，量产前要完成全国高速约 180 000km 路段的测试。城市道路路测：按照城市优先级划分，优先解决一线城市发现的路测问题，再向二线重点城市逐步拓展；不重要的城市跑少量热点路线；每个城市分区域、分天气、分时段完成测试。竞品对标：在自测的同时，在一些典型的路段使用竞品车型同步进行相同或相近功能的测试，对标性能差异
泊车	研发调试：在研发基地附近维护若干处日常研发调试停车场，包含室内和室外，保障场景丰富程度；新版本系统优先在日常研发调试的场地测试稳定后，再向更大范围拓展；分天气、分区域、分时段完成测试。重点城市：重点城市一城一测，分片区遍历典型应用场所（商超公共停车场、写字楼、住宅），分时段遍历普通场景和高峰场景，室外分天气遍历各类自然条件。竞品对标：在自测的同时，在一些典型的场地使用竞品车型同步进行相同或相近功能的测试，对标性能差异

在道路测试过程中，问题数据的抓取一般分为三个阶段。

（1）产品研发初期或新版本发布初期，产品稳定性一般较差，问题发生频率高。此时需要有经验丰富的路测专员跟车进行相关测试，并完成路测问题的抓取。

（2）车端自动驾驶系统基础性问题已经基本清除，系统性能相对稳定后，无须路测员跟车。自动驾驶路测车上的驾驶位置通常会配备一个经过培训的特殊驾驶员，俗称安全员。

在自动驾驶模式下车辆出现风险时,安全员根据路面情况,可通过方向盘或制动踏板对车辆实施接管。由此可抓取接管类问题。此外,安全员也可根据乘坐体验,使用特定按钮触发抓取非接管类问题。

(3) 路测问题开始收敛后,自动抓取问题数据。通过路测专员和安全员抓取路测问题的方法不仅效率低,而且容易遗漏。在工程实践中,对于已知类型的问题,可通过对问题现象和发生问题时的数据特性进行分析,开发与之对应的问题数据筛选器,由此实现数据的自动抓取。11.6.1 节中对该内容已进行讲解,此处不再赘述。

在工程项目中,往往很难在某个版本的软件迭代周期中解决出现的所有问题。在整个产品的研发周期中,针对每个系统迭代版本,只要持续解决排在前列的问题,项目中的问题就会整体趋近收敛,系统性能将随着迭代逐步提高。在日常研发测试过程中,路测实例成百上千地产生,种类繁多。因此,在使用前,有必要对路测实例进行归纳,明确当前关键问题,让产品和系统向符合预期的方向迭代,其过程如下。

(1) 路测实例回收后,首先需要有经验的工程师对其做清洗,确保数据标签的正确性。例如,去除误标、修正错标、挑选产品 ODD 范围外的数据等。

(2) 基于正确的标签对当前版本的整体指标和问题分布做统计。例如,路测里程数、路测场景数、接管类问题和非接管类问题的发生频率、各类新问题的占比、老问题的重现次数、按区域、路线或场景划分的问题分布等。

(3) 最后对实例的处理优先级做划分。一般需要考虑路测问题的发生频率、安全风险的严重程度,以及与当前版本研发目标的贴合程度等。

通过上述过程,从所有采集的实例中挑选出能够体现关键问题的高价值实例,以备在后续流程中使用。

14.4.2　实例应用

实例生产出来后需要被有效地利用起来,主要分为两方面:一方面对有效实例中反映的关键问题做根因分析,并根据分析结果总结解决路测问题的方案;另一方面对于高价值实例可归纳进离线评测集,在后续所有版本发布前通过评测集的验证,有效避免老问题再次出现。

路测问题发生的原因往往耦合了自动驾驶系统中多个软/硬件模块的缺陷。分析过程中需要深入挖掘其根因,至少深入至二级模块,并对各类原因做占比统计。针对同一问题的分析结果,其解决方案常常有多种。应当力求从根因上解决问题,尽可能不做短期打补丁的工作。设计解决方案时,必须对问题的解决程度、完成时间、新增研发投入有足够的预判。对于解决方案成本高的模块,基于原因占比综合考虑该模块对问题的影响程度,避免做事倍功半的工作。例如,针对数据驱动模块的优化,一般需要增加定向的场景数据。这里就涉及需要新增的场景数据是否好获取、真值是否能自动化,以及训练周期、离线评测等问题。对路测问题分析和解决方案设计过程如表 14.4～表 14.6 所示。

表 14.4　路测问题描述

功　能	功　能　点	问　题　现　象	问　题　占　比
车道巡航	跟车距离保持	前向低速或静止车辆,车距保持时,制动不及时造成车内人员不安全感或直接接管车辆	本次迭代周期内,在功能的所有问题中占比 32%

表 14.5　路测问题原因分析

一级模块	二级模块	分析过程	原因占比
感知融合	车辆检测	夜间路灯光线不足时,在自车大灯光线范围外,前方车辆在较远距离出现漏检	在本类问题中,由该原因触发的实例占比18%
	融合跟踪	由于单帧检测不稳定,跟踪容易出现丢失,即连续跟踪不稳定	在本类问题中,由该原因触发的实例占比13%
预测规划控制	预测	对前方车辆急减速过程中车速估计不准确,有明显的迟滞	在本类问题中,由该原因触发的实例占比3%
	规划	在车距保持的目标车选取逻辑中,向前采样距离稍短,导致对前方目标车采取措施过晚	在本类问题中,由该原因触发的实例占比47%
	控制	部分减速控制区间,车辆实际响应的减速度绝对值小于减速度指令	在本类问题中,由该原因触发的实例占比14%
执行器	制动系统	减速控制指令响应时延过大,自车产生减速度过晚	在本类问题中,由该原因触发的实例占比5%

表 14.6　路测问题解决方案

一级模块	二级模块	优化措施	结论
感知融合	车辆检测	补充弱光线下的场景数据,对模型做 Refine	优化
	融合跟踪	跟车辆检测模块性能相关,车辆检测模块优化后该问题可能消失,待进一步验证	待重新验证
预测规划控制	预测	前序模型较多,对算力依赖过大,迟滞的优化工作投入高产出低	暂不优化
	规划	在车距保持的目标车选取时,延长向前采样距离,确保及时对前方目标车采取措施	优化
	控制	精细标定制动控制曲线,对响应偏差做补偿	优化
执行器	制动系统	需要调整指令下发的传输路径,包括多个域相关控制器的DBC版本修改、测试和验证工作,涉及多部门和多供应商协同,开发周期长	暂不优化

针对关键路测问题的解决方案开发完成后,在新版本发布前应当先完成离线验证工作。一方面,需要将本次迭代周期中的各有效实例做离线回放,复现路测问题发生时的场景,并运行优化后的软件模块,检查优化后的软件对问题的解决程度,对与硬件相关的模块应当尽可能搭建实验台架进行实验。另一方面,在产品开发全生命周期,应当长期维护一个离线评测集,每个即将发布的新版本都应执行至少一遍评测集,确保在新问题解决的同时老问题不会复现。每次迭代周期中,体现关键问题的实例应当并入离线评测集,为后续迭代周期的离线评测所使用。为实现离线评测的自动化,离线评测集除了有效实例,针对每类路测问题中的每个模块,还需设计和实现评测通过与否的判定逻辑。

随着迭代循环的增多,研发时间线的逐步拉长,离线评测集将越来越大,由此带来如何提高离线评测效率的工程问题。可选的方案包含但不限于如下几方面。

(1) 在云端增加评测用的计算资源。该方法治标不治本,数据集扩增至一定程度后,计算资源和存储资源的使用都将造成研发成本的增加。

（2）通过样本抽样控制离线评测总量。具体做法是，从全量评测集中对每类问题随机抽取一定数量的实例，重组成较小数据量的评测集。该过程中，可以设计参数来控制实例样本的分布。由此使得在研发不同阶段评测关注的方向受控。

（3）有选择地抛弃部分评测数据。部分上游算法模块更新后，其输出结果特性产生变化。由此导致部分老的实例对下游模块的评测不再有价值。这部分数据可以封存，不在后续版本迭代中使用。

此外，部分重要的实例数据量不够，需要专项补采，为后续的离线评测集做补充。其主要作用是让该类问题得到充分的暴露，增加场景多样性，为数据驱动算法的迭代积累有效数据。

14.5 小结

总体来看，自动驾驶系统的集成调试是一个非常复杂的问题，集成工作开展前需要对问题进行解耦，其过程可以分阶段进行。本章把系统集成工作拆分为域控制器集成适配和整车集成适配。前者排除了整车关联零部件的干扰，专注于解决软件和控制器硬件的集成问题。后者基于前者的结果，重点解决整车关联零部件的集成问题。自动驾驶路测评价则分为实例生产和实例应用两部分，通过多轮的迭代不断提升系统能力。

展　望　篇

　　自动驾驶的"渐进式"和"跨越式"两条路线之争在近两年已初见分晓。"渐进式"的量产自动驾驶通过规模化商用已受到产业和市场的双重肯定。而"跨越式"的完全无人驾驶则因难以落地而渐露颓势。

　　下一阶段,量产自动驾驶的方向在哪里?本书的最后一章将从产品、技术、商业模式三个维度进行展望。

第 15 章

量产自动驾驶的未来

本章将从产品、技术、商业模式三个维度对量产自动驾驶未来发展方向做展望。

15.1 抬头看路

第 1～14 章详细讲解了量产自动驾驶的赛道、研发体系、产品、算法、系统等内容。在行业快速发展和演变的时期,除了夯实脚下站稳脚跟,还需要多抬头看路。

长期以来,自动驾驶产品和技术的发展路线一直存在"渐进式"和"跨越式"之争。"渐进式"自动驾驶是指以量产车为载体,以 L0、L1、L2 的辅助驾驶为产品形态(如产品篇所述),并逐步向更高级别自动驾驶演进的发展路线。其代表厂家有 Tesla、小鹏、蔚来、理想、Momenta 等公司。"跨越式"自动驾驶是指以面向运营的出租车、卡车、外卖配送车等为载体,以 L4 级以上的完全无人驾驶为产品形态,直接跨越至技术的高维阶段,再降维赋能到其他场景的发展路线。其代表厂家有 Waymo、Argo、小马智行、文远知行、美团、菜鸟等公司。

受限于 L4 级别以上的技术不够成熟、长尾问题难以解决等原因,完全无人驾驶的产品和技术至今为止难以落地商用。不少选择"跨越式"发展路线的公司在近两年渐露颓势,在缩减公司规模和投入的同时相继宣布进入 L2 领域。自动驾驶技术的发展方向已然向量产赛道倾斜。L2 和 L4 两条路线相比较,两者算法方案的思想基本类似,但在工程实现方案上区别显著。算法篇中并未将 L2 和 L4 做刻意的区分。系统篇中详细讲解了基于量产车的 L2 系统的相关解决方案。L4 因产品形态不同,系统运行过程中完全没有人的参与,其系统架构、关联系统方案、关联零部件需求、系统安全、集成与评测等方面与 L2 都有显著的区别,此处不做过多讲解。

抬头看路,主要看量产赛道的产品发展方向、技术发展方向,以及商业模式发展方向。

15.2 产品发展方向

"渐进式"的自动驾驶发展路线已初见成效,并实现了第一阶段目标:量产落地。各家车企在其主打车型上相继推出了 L2＋的自动驾驶产品,如 Tesla、小鹏、蔚来、理想、智己、比亚迪等公司。对于终端用户,自动驾驶不再遥不可及,日常生活中时常可以体验到量产的自动驾驶产品,尤其是高速路段的行车功能和停车场的 APA 泊车功能。截至 2023 年 7 月下旬,理想汽车的高速导航巡航功能(NOA)用户累计里程数已达 200 000 000km,按照此趋势并一直保持,在 2023 年年底突破 500 000 000km。

在下一阶段,量产自动驾驶产品的目标无疑是进一步扩大其规模化商用的范围。具体来说又分为两个发展方向:场景拓展和车型拓展。

先讲解产品发展方向之一:场景拓展。场景拓展即 ODD 拓展,是指基于现有的自动驾驶产品形态,逐步拓展其所覆盖的场景边界,让用户在更广的范围内照常体验到相关的功能。在日常用车期间,最高频发生的场景为城市通勤。在城市通勤场景下,交通繁忙,各类交通参与者众多,道路拥堵、违规行驶、刮蹭事故时有发生,是驾驶员最希望减轻驾驶负担的场景。因此,不论是从商业价值考虑,还是从用户体验和黏性考虑,城市道路都是自动驾驶最应该覆盖的范围。

因城市通勤场景的复杂度太高,对自动驾驶软/硬件技术的成熟度要求也很高。早期量产落地的自动驾驶功能主要集中在场景简洁的高速路段和车速较低的停车场环境。近两年,城市道路的自动驾驶已逐渐成为行业新产品的主题,尤其是城市导航巡航功能,正是当前阶段量产车上自动驾驶产品竞争的关键点。

城市通勤场景的代表性产品为小鹏汽车的城市 NGP(Navigation Guided Pilot),如图 15.1 所示。用户在导航上设置目的地并发起导航后,在所支持的城市道路上即可激活功能。该功能运行过程中,车辆能够完成本车道巡航跟车、导航/超车变道、汇入/汇出道路、红绿灯识别起停、路口/环岛/隧道通行、避让其他交通参与者(行人、骑行者)等动态任务。

图 15.1　小鹏汽车城市 NGP 功能示意

2022 年 9 月,小鹏汽车首次在广州地区向部分 P5 车型的用户推送了该功能,2023 年 3 月开始辐射至 G9 和 P7i MAX 车型,同时针对 P5 系列车型,又在上海开放了该功能。2023 年 7 月,针对 G9 和 P7i MAX 车型,城市 NGP 又扩展到了北京市,并得到了用户的广泛关注,第 1 周总使用里程达到 16 914km,用户渗透率达到 99.31%,里程渗透率达到 98.97%,时长渗透率达到 98.91%,被动接管次数为 3.3 次/1000km。

除小鹏汽车,其他厂家也纷纷布局城市通勤场景的自动驾驶。2022 年 9 月,极狐汽车在深圳向极狐阿尔法 S HI 版用户推送了城区 NCA(Navigation Cruise Assist)功能。同期毫末智行宣布其城市 NOH(Navigation On HPilot)产品将搭载魏牌摩卡 DHT-PHEV 量产。2023 年的上海车展,更多行业信息纷至沓来。华为公司发布其 ADS 2.0 产品,搭载于问界 M5 车型上的城区 NCA 已覆盖深圳、上海、广州三个城市,并在 2003 年扩展至重庆和杭州。理想公司宣布 ADMax 3.0 城市 NOA 在 2023 年的上半年推送内测用户,并预计在

2023 年年底覆盖 100 座国内城市。虽然理想的百城目标最终未达成,但已覆盖的一线城市用户反馈其城市 NOA 功能体验不错。智己公司同样于 2023 年宣布其搭载 Momenta 技术的城市 NOA 功能已开启公测并推送到用户端。百度公司同样发布了面向城市的 Apollo City Driving Max。蔚来汽车于 2023 年年中在上海发布了城市 NOA Beta 版,并用短短半年时间,于当年年底拓展城市 130 多个,总里程接近 20 万公里。表 15.1 所示为已量产或即将量产的城市导航巡航功能的车型配置。

表 15.1　已量产或即将量产的城市导航巡航功能的车型配置

车　　　型	SoC 芯片	算　　力	摄　像　头	激光雷达	超声波雷达
理想 L9、L7Max、L8Max	双 Orin X	508 TOPS	11	1	12
小鹏 P5	Xavier	30 TOPS	12	2	12
小鹏 P7、G9	双 Orin X	508 TOPS	11	2	12
极狐阿尔法 S HI 版	MDC810	400 TOPS	13	3	12
阿维塔 11	MDC810	400 TOPS	13	3	12
问界 M5 智驾版	MDC610	200 TOPS	10	1	12
魏牌摩卡 PHEV、蓝山 PHEV	骁龙 8540＋9000	360 TOPS	12	2	12
蔚来全系车型	4 片 OrinX	1016 TOPS	11	1	12

除了更加复杂的交通场景,城市导航巡航功能的扩展还面临另一个挑战,即高精度地图。在以往的高速路段导航巡航功能中,绝大多数产品采用了基于高精度地图的方案。然而在城市区域,地图的里程是高速公路的数倍,且路面日常信息变化频繁。因此,城市高精度地图的成本相对更高,采集、制作以及合规审图周期更长,鲜度难以保证。这些弱点严重制约了基于高精度地图方案的城市导航巡航功能的推广。为摆脱高精度地图对产品的制约,Tesla 在自研自动驾驶技术之初就完全抛弃了高精度地图的方案。近两年,国内企业也纷纷选择弱/轻高精度地图或无高精度地图的城市导航巡航产品方案。

Momenta 于 2023 年 CVPR 自动驾驶研讨会(WAD)上公开了无高精度地图方案。该方案使用全栈的数据驱动算法,通过识别车道线以及道路标识构建车辆实时行驶地图,由此提供车辆行驶约束。在车辆实时运动过程中,通过融合定位算法输出自车连续位姿,并基于感知结果实现基于实时地图的匹配定位。最终规划模块以导航路径、实时地图信息、车辆运动信息,以及其他道路使用者信息为输入进行车辆行驶轨迹的规划。整个过程完全无高精度地图参与。

无高精度地图的城市 NOA 之后,行业下一个产品的功能竞争点将又会在哪里?从 2024 年上半年的发展状态看,个别场景下让用户从驾驶任务中完全解脱出来的 L3 级别自动驾驶将走到舞台中央。目前国内相关的法规和测试认证标准正在逐渐建立,并已遴选和公布了第一批获得测试资质的企业,渐进式的自动驾驶发展路线将要迈出下一步。

接下来讲解产品发展的另一个方向:车型拓展。车型拓展是指将自动驾驶产品辐射至更多的车型,使更多的用户群体能够使用和熟悉自动驾驶功能,通过增加销量直接提升产品的商业变现能力。

这里重点关注近十年迅猛发展的新能源汽车,对不同价格区间的热门车型销量进行统计,如图 15.2 所示。现阶段的自动驾驶产品主要覆盖">30 万元"价格区间的车型和部分覆盖"20 万～30 万元"价格区间的车型。而销量几乎是其他区间总和的"10 万～20 万元"价格区间车型现阶段尚未普及完整的自动驾驶系统,仅在部分车型上配置了 1V1R 或 1V5R 的传统 ADAS 功能。其主要原因为,量产车对成本比较敏感,现阶段的自动驾驶系统成本高昂,只有售价高的中高档车才能消化其成本。因此,车型拓展的关键是如何在保持高水平产品体验的同时降低硬件成本,充分体现软件技术的附加值。

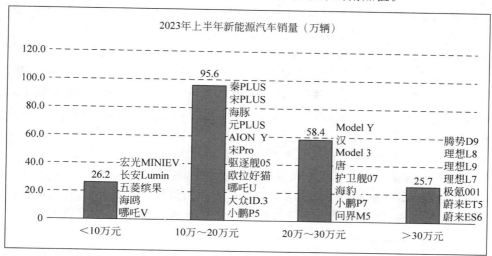

图 15.2　2023 年上半年中国新能源汽车热门车型销量统计

表 15.1 所示的车型中,自动驾驶系统算力充足,传感器丰富,其成本在 2 万～3 万元。这其中域控制器成本最高,占比超过 60%,激光雷达次之,占比约 20%。由此可见,降低自动驾驶产品成本最有效的方法为,通过降低算力需求进而大幅度减少域控制器成本,通过去除对激光雷达的依赖节省传感器成本。

Tesla 在感知方面坚定不移地走纯视觉路线,近几年已经逐步去掉了毫米波雷达和超声波雷达,仅剩 8 颗摄像头作为感知用传感器。与此同时,其域控制器中采用了自研的 FSD 芯片,价格可控。因此,与其他厂商的方案相比,Tesla 的自动驾驶系统成本较低,据同行分析可以控制在 1 万元以内。

在 2023 年 4 月的中国电动汽车百人会智能汽车论坛上,大疆公司提到"量产自动驾驶产品的合理性价比应当是:L2+的自动驾驶系统占整车成本的 3%～5%",并对外发布了其千元级(约 5000 元)自动驾驶产品"7V 传感器方案"和"9V 传感器方案"。为提高性价比,大疆公司采用了纯视觉加低算力域控制器的方案。其中 7V 方案为基础配置,具体包括一组特有的前视惯导立体双目摄像头、一个后视单目摄像头、四个环视摄像头。在算力低至 32TOPS 的情况下,不依赖高精地图,可实现除城区领航驾驶以外的所有功能。如主动安全、行车辅助、泊车辅助、记忆泊车、跨层记忆泊车、高速领航以及记忆行车。值得一提的是,这里的记忆行车功能可以在车端自动生成用户日常通勤路线的地图,通过记忆通勤路线实现该路段的领航。而将算力提升至 80TOPS 的 9V 方案,通过增加两个侧视单目摄像头,提升侧方动态车辆检测能力,能够实现不依赖高精地图的情况下在 7V 方案基础上增加城区领航驾驶功能。

自 2015 年以来,各大汽车厂商提出、认同并拥护了汽车的新四化建设:电动化、互联网化、智能化以及共享化。其中电动化和互联网化已经基本完成,上下游产业链逐渐成熟,为新能源汽车未来的发展打下了坚实的基础。智能化是当前的主题,其中最核心的工作即为自动驾驶产品的大规模落地和推广。前面讲解了自动驾驶产品在下一阶段,即短期的发展方向。中、长期看,自动驾驶产品将继续在汽车新四化建设过程中起到承上启下的重要作用。

一方面,汽车互联网化后,传统的互联网产品和移动互联网产品进入车内,给车内驾驶员和乘客带来海量网络信息和颠覆传统的交互体验。自动驾驶产品逐步演绎至 L3 阶段后,驾驶员在车内的体力和精力将得到大幅度的释放,车内互联网产品形态将随之进入新的变革周期。10.2.1 节讲解到,整车电子电器架构将围绕自动驾驶演变出中心计算平台。届时,自动驾驶产品的角色将从单一领域功能转换为整车智能体,不再拘泥于帮人类开车,更代表一个具备丰富硬件资源和超强 AI 软件的能力域。除自动驾驶,该能力域还能提供很多其他服务。例如,在用户享受车内私密空间时提供安防服务,当车外出现潜在打扰者时及时提醒和记录;提供管家式服务,通过检测车内人员的状态自动调节空调温度、调节自动驾驶行车风格等;与用户实现多模态互动,通过声、光、显示屏、动作等多种方式完成双向交互。

另一方面,未来的汽车共享化旨在将车辆从一个生活工具转化为生产工具。共享化有多种不同的创新形式。例如,Tesla 已经尝试规模化使用车载电池的电量,在用电波峰时期增强局部电网的负载,以此将电动汽车的剩余电量共享出去,并让车主获得盈利。但最重要的共享形式仍然是提供共享的运力。现阶段的运力仍然由驾驶员加车辆组成。自动驾驶产品逐步演进至 L4 阶段后,驾驶员和车辆得以解耦。不论是营运车辆还是私家车辆,其闲置的时间将得到全面释放,通过无人驾驶在需要之时提供运人或运货的服务。例如,私家车在帮助车主完成日常通勤的其他时间里,可以自行外出作为 RoboTaxi 接单,并在需要时自行充电,该过程既能为车主创收,还能节省停车费用。到真正的共享化阶段,车辆使用效率将得到极大提升,汽车保有量将大幅度下降,停车场同样会大面积缩小,人类投入运力上的社会资源将得到极大的优化。

15.3　技术发展方向

对于自动驾驶技术,本书重点讲解了算法和系统两方面,本节将继续对这两方面做展望。

算法是自动驾驶中最重要也最复杂的软件。2017 年,前 Tesla AI 总监 Andrej Karpathy 提出了软件 2.0 的概念。他指出,神经网络不仅是另一种分类器,更是代表人类开发软件发生转变的开始,即软件 2.0。软件 1.0 是由程序员编写,并向计算机发出明确指令的代码组成。例如,用 Python、C++ 等语言编写的代码。通过编写每一行代码并编译成二进制文件,程序员在程序空间中的特定点识别出一些理想的行为。而软件 2.0 是用更抽象、更非人性化的语言编写,其过程通常包括定义理想行为的数据集合;给出代码粗略骨架的神经网络架构;通过训练神经网络将数据集编译成二进制文件,即最终的神经网络模型。软件 2.0 的出现改变了人们进行软件开发和迭代的方式。软件 1.0 正在吞噬着我们这个世界,而软件 2.0 则像病毒一样以极快的速度吞噬 1.0。

在算法篇中,针对每个细分的自动驾驶任务,都讲解和比较了传统的规则型算法(软件 1.0)和数据驱动的学习型算法(软件 2.0)。学习型算法从真实数据中直接获取知识和信息,绕过人类观察、分析、总结、归纳及编码实现的过程,具备更高的性能天花板。从软件构成上看,软件2.0具备计算均匀、易于与硅基芯片结合、运行时间和内存消耗确定、可移植性强、开发敏捷等优点。从各类算法的演进历程中可以明显看到,在过去的短短十年间,算法中的人工设计过程正在飞速地被神经网络所取代。从简单分类任务开始,历经二维边框提取、Anchor Base、Anchor Free、Two Stage、One Stage、三维边框提取、时空融合检测、建图、定位、航位推算、轨迹预测、轨迹规划等任务,自动驾驶相关算法近乎全栈都出现了基于神经网络的研究成果。

在下一个阶段,自动驾驶算法将全面完成神经网络化,并实现规模化量产落地,其具体发展方向主要有两个:任务通用化,网络聚合化。

先讲解算法技术发展方向之一:任务通用化。这里的任务是指某个独立的神经网络预期解决的算法问题。例如,车辆检测网络解决的是从传感器数据中识别和提取所有车辆的问题。针对不同的传感器数据常常采用不同的神经网络。显然,车辆检测是一个解决特定问题的任务。而通用化是指神经网络从解决特定问题逐步演变至解决通用问题,进而完成通用任务。例如,图6.22所示的Free Space模型和Occupancy Network就是典型的通用目标物检测模型,所完成的任务即为通用任务。这里注意区别于共用Backbone的多头网络,如HydraNet。虽然一个网络能同时检测多类目标物,但是针对每一类特定目标物都需要新增数据进行专门学习,否则无法实现对应的检测。与之不同的是,Occupancy Network的先验基础是环境中目标物可用不同大小、不同数量的三维Voxel表达,并不依赖物体的特定类别,对于从未见过的物体同样能完成检测。

神经网络的本质是通过定义网络框架,学习输入数据隐含的特征和规律,最终获得输出数据和输出结果之间的映射关系。当网络的学习目标是完成特定任务时,往往学习到的是数据的高层次特征。这类特征相对具体,易于理解,与特定的目标输出结果关联性很强。网络训练过程中,用较少数据就能使参数得到收敛,但最终得到的模型泛化能力较弱。而当网络的学习目标是通用任务时,往往学习到的是数据的低层次特征。这类特征相对抽象,难以直观理解,但能够揭示某些大类别事物的一般性概念和底层逻辑。该类网络的训练需要大量数据,网络规模和参数数量也以数量级为单位增长。因此,其训练过程更难,但得到的模型泛化能力非常强。例如,尝试回答如下两个问题,就可轻易体会到两者差异。

(1)如何描述一匹马的特征?马是一种哺乳动物,通常有四条长腿和一个修长的身体;头部有一对大而敏感的耳朵,以及一双明亮的眼睛;嘴巴里有一对坚强的前牙,用于咀嚼食物。鼻子有一对柔软而灵活的鼻孔,可以用来呼吸和嗅探;身上的毛茂密,可以是不同的颜色和花纹,常见的有黑色、棕色和白色;尾巴很长,通常会梳理得整洁有序。

(2)如何描述动物的特征?动物是一大类生物,具有许多共同的特征。它们是多细胞生物,具有复杂的组织结构和器官系统;通常有感觉器官,如眼睛、耳朵、鼻子和舌头,用于感知外界环境;通过呼吸系统摄取氧气,并通过消化系统摄取食物来获取能量。动物的身体结构和外形各不相同,有各种大小、形状和颜色,分布在不同的栖息地,如陆地、水域和空中。动物具有繁殖能力,通过生殖系统产生后代。在生态系统中扮演重要角色,与其他物种相互作用并共同维持生态平衡。

针对上述两个问题,答案的篇幅虽然相同,但对马的特征描述明显更加简洁易懂,而对于动物的描述则复杂很多,并且如此短的篇幅还远远不足以把动物特征描述清楚。

2022 年 11 月，OpenAI 公司研发的 ChatGPT 横空出世，极致能力的通用大模型第一次受到了全球范围的热烈关注。ChatGPT 是一个自然语言处理工具，能够通过学习和理解人类语言来进行对话，还能根据聊天的上下文进行互动，真正像人类一样来聊天交流，甚至能完成撰写邮件、视频脚本、文案、代码等任务。上述对马的特征描述和动物的特征描述即为 ChatGPT 的回答结果。

GPT 是一个通用的大语言模型（Large Language Model，LLM），其基本组成结构由图 7.47 所提到的 Transformer 经过多层堆叠而成，旨在找到自然语言上下文之间的关联关系。ChatGPT 是 GPT 技术在对话生成任务上的应用，可以理解为是一种 GPT 助手。

在微软 Build 2023 开发者大会上，Andrej Karpathy 介绍了 ChatGPT 的训练过程，如图 15.3 所示，主要分为四个步骤：

（1）预训练（Pretraining）。该过程占总训练工作量的 99%，使用万亿级别未经处理的文本数据、数以千计的 GPU，花费数月时间，对模型完成预训练，由此得到基础的文本生成器模型。该模型尚无法对话，但可较好地完成文本补充工作。

（2）有监督的微调（Supervised Finetuning）。该过程中，使用经过人工标注的数万条即时问答数据、数十个 GPU，花费数天时间，对模型完成微调。由此得到可以实现基本问答对话的 SFT 模型，但其效果并不够好。

（3）奖励建模（Reward Modeling）。该过程中，数据集转换为比较形式，使用 SFT 模型根据相同的补全提示创建多个文本结果，标注员对这些补全进行排名。由此可训练出一个奖励模型对 SFT 的输出结果进行评分，为下一步的强化学习做准备。奖励模型的训练仅需数十万的数据、数十个 GPU，花费数天时间即可完成。

（4）强化学习（Reinforcement Learning）。通过奖励模型，对 SFT 模型根据任何提示产生的补全结果进行评分，遇到评分高的结果对 SFT 的模型参数进行奖励，反之则惩罚。最终得到一个高水平的 GPT 助手，也就是大家用到的 ChatGPT。

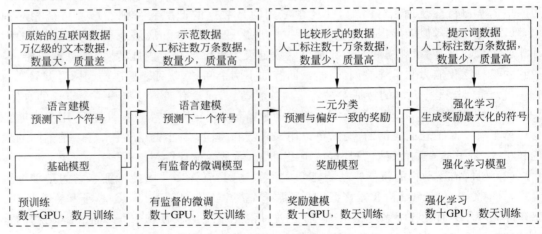

图 15.3　GPT 助手的训练流程

表面上 GPT 学习的是自然语言上下文之间的关联，其本质是学习潜藏在自然语言内部的深层次知识。例如逻辑推理、代码规范、内容抽象和延展等。笔者用文字构建一个简单的自动驾驶场景，通过对话 ChatGPT，能在场景中做出正确的决策，如表 15.2 所示。

表 15.2 与 ChatGPT 对话实例

人类的问题	ChatGPT 的回答
让我们讨论一个驾驶车辆的任务吧	
假设前方道路宽 4m,自车宽 1.8m,前方道路中间靠左的位置有一个 0.5m 宽的障碍物。这种情况下应当选择往哪边通行	在这种情况下,你的车辆宽度为 1.8m,而道路宽度为 4m,中间靠左位置有一个 0.5m 宽的障碍物。 根据道路交通规则,你应该选择往障碍物右侧通行。这样可以确保你与障碍物保持足够的距离,以确保安全通过道路。 请注意,在进行任何通行操作之前,你应该谨慎观察周围的交通情况,并确保你的动作不会危及其他道路使用者的安全。此外,当遇到类似情况时,建议减速行驶,让其他车辆知悉你的意图,并行驶得更加谨慎

GPT 给自动驾驶带来的启示是,通用大模型在自动驾驶场景下,同样有机会发挥巨大能量。除了 Text 数据,其他模态的数据同样蕴涵了海量的信息,如图像、视频流、声音等。一些研究者尝试借助大语言模型(LLM)的能力来解决视觉问题,这正是自动驾驶领域最为常见的数据形式。

2023 年 5 月公开的 VisionLLM 借助大语言模型实现图像中的目标提取。如图 15.4 所示,该算法首先将图像视为一种语言数据,并将视觉任务与语言任务进行对齐,为视觉和语言任务提供统一的视角。然后使用基于 LLM 的解码器对开放式任务进行适当的预测,如图 15.4 所示,对于给定的图像特征和语言指令,使用语言引导的图像标记器对图像标记 (Token)进行编码。这一过程中使用的 RandomQuery 的思想与图 7.48 所示的 DETR 架构非常相似。得到的图像标记输入至基于 LLM 的开放式任务解码器中。最后根据定制的语言指令输出与之对应的任务结果,如目标分类和边框检测任务,以及图像分割任务。实验表明,VisionLLM 可以通过语言指令实现不同级别的任务定制,借助通用型 LLM 框架,在 COCO 上实现了超过 60% 的 mAP,与专门用于目标检测的视觉模型相当。

在机器视觉领域同样有强大的通用大模型研究成果出现。2023 年 4 月,Meta AI Research 公开了其在图像领域的最新研究成果 SAM(Segment Anything Model)。该算法旨在完成通用的图像分割任务,其作者在博客中提到,"SAM 已经学会了关于物体的一般概念,并且它可以为任何图像或视频中的任何物体生成 Mask,甚至包括在训练过程中没有遇到的物体和图像类型。SAM 足够通用,可以涵盖广泛的用例,并且可以在全新的图像数据集上即开即用,无须额外的训练。"

SAM 可以为任何提示(Prompt)返回有效的分割掩码,其中提示可以是前景/背景点、粗框或掩码、自由格式文本,或者能指示图像中要分割内容的任何信息。图 15.5 所示为该算法的网络架构,重量级的图像编码器(Image Encoder)为图像生成一次性嵌入(Embedding),而轻量级的提示编码器(Prompt Encoder)将提示实时转换为嵌入向量。然后将这两个信息源组合在一个预测分割掩码的轻量级解码器(Mask Decoder)中。在完成图像嵌入后,SAM 可在 50ms 内根据可支持的任何提示生成一张图像分割结果。

SAM 训练使用的数据集是使用 SAM 收集的。标注员使用 SAM 交互地标注图像,然后新标注的数据又反过来更新 SAM 的网络参数,两者相辅相成。最终的数据集超过 11 亿个分割掩码,从近 1100 万张合规的图像中收集而来。SAM 的 SA-1B 版本的掩码比任何现

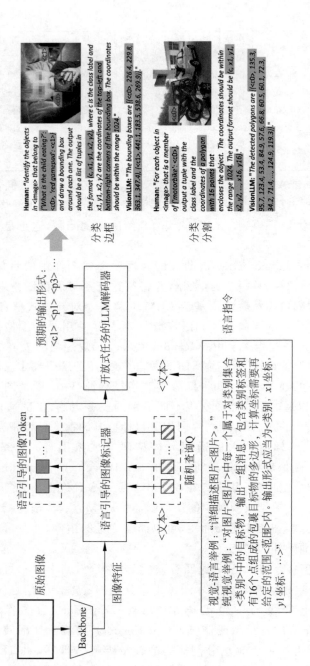

图 15.4 VisionLLM 的网络架构

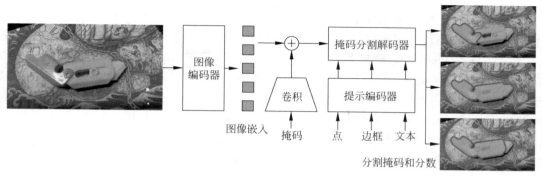

图 15.5　SAM 的网络架构

有的分割数据集多 400 倍。经人工评估研究证实,这些掩码具有高质量和多样性,在某些情况下其质量上可与之前更小、完全手动注释的数据集掩码相媲美。如图 15.6 所示,尝试使用 SAM 网页版对典型的自动驾驶场景图像进行实例分割,自动驾驶系统所需要检测的目标物基本上得到了成功的提取,如车辆、行人、车道线、道路标识、车位框、可行驶区域边界、道路边缘、墙、各类柱子等。

图 15.6　SAM 网页版的实例分割效果

随着上述研究成果的不断涌现,相信在不远的将来,自动驾驶领域将有能力更强、工程更友好、可落地量产的通用模型出现。

接下来讲解算法技术发展的另一个方向:网络聚合化。顾名思义,网络聚合化是指将自动驾驶各子任务采取不同方式聚合到少数几个网络或一个网络来完成的过程。6.5.2 节讲解了网络的横向聚合、纵向聚合以及混合聚合方法,并展示了几种聚合形式。网络聚合的极致结果无疑是端到端(End-to-End),即以传感器的原始信息为输入,用一个网络将输入直接或间接地映射至车辆目标轨迹或横/纵向控制指令,做到真正的"无中间商赚差价"。

端到端方式以最终的自动驾驶性能为目标,主要的网络构建思想有两种:隐式网络和显式网络。其中隐式网络是以传感器数据作为输入,直接输出规划轨迹或者控制指令。其好处是网络结构和训练过程都较为简洁,缺点是缺乏可解释性、难以调试和迭代。一些研究工作表明,由于神经网络天然的不可解释性,端到端网络常常容易输出令人意外的结果,整体性能很难达到预期。显式网络则是将多个子网络囊括在一个网络之中,每个子网络提取各自的特征并输出至下游网络。该类网络规模较大,参数较多,训练时常常采取分段训练的方式,过程较为烦琐。其好处是模型的可解释性较强,丰富的中间结果有助于网络训练过程中的调试和迭代,最终的输出结果在一定程度上可控。

2023 年 CVPR 的最佳论文 UniAD 是业界首个感知决策一体化的自动驾驶大模型,是迄今为止将端到端网络应用于自动驾驶的最佳典范,让人们看到了端到端网络实现量产落地的可能性。这里仅对该算法展开详细讲解。

图 15.7 所示为 UniAD 的网络架构。该算法将感知、预测和规划等三大类主任务、六小类子任务(目标检测、目标跟踪、场景建图、轨迹预测、栅格预测以及路径规划)整合到统一的基于 Transformer 的端到端网络框架下,实现了全栈自动驾驶任务通用模型。在 TrackFormer 中,跟踪查询 Q(Track Query)通过与 BEV 特征以 Attention 的方式进行交互,输出特征 QA。类似地,地图查询 Q(Map Query)经过 MapFormer 的更新后,得到特征 QM。MotionFormer 使用运动查询 Q(Motion Query)与 QA、QM 以及 BEV 特征进行交互,由此得到未来轨迹以及特征 QX。OccFormer 以密集的 BEV 特征为 Q(占据栅格查询 Q)和以 Agent 层级特征作为 K 和 V 构建实例级别的占据栅格。整个网络以最终的 Planner 输出结果为目标。在前面的跟踪查询 Q 中包含一个特定的自车查询 Q(Ego-Vehicle Query)表示自车属性。Planner 将 MotionFormer 更新后的自车查询 Q(Ego-Vehicle Query)与 BEV 特征进行交互。此时自车查询 Q(Ego-Vehicle Query)包含对整个环境的感知与预测信息(即场景层级特征),因此能更好地学习 Planning 任务。为了减少碰撞,利用 OccFormer 的输出对自车轨迹进行优化,避免行驶到未来可能有物体占用的区域。整个过程中,所有模块通过输出特定的特征来帮助实现最终的目标"规划"。实验表明,在 nuScenes 真实场景数据集下,UniAD 的所有子任务均达到 SOTA 性能。其中多目标跟踪准确率提升 20%,车道线预测准确率提升 30%,预测和规划性能远超以往最佳方案,其误差分别降低了 38% 和 28%。

值得一提的是,UniAD 除了具备 SOTA 性能,其最成功之处在于具备充分的可解释性、安全性以及多模块的可持续迭代性,为纯视觉的自动驾驶技术方案提供了全新的研发思路,在节省大量硬件成本的同时,有助于提高系统的安全性与舒适性。因此该算法被认为是目前为止最具希望实现工程部署的 End-to-End 模型,极具规模化量产的潜力。

无论是任务通用化,还是网络聚合化,即使是最优秀的 UniAD 算法,仍然使用分层算法框架来解决自动驾驶问题,即感知、决策、控制等。王建强[1]等认为,L0~L4 阶段的自动驾驶研发基于场景和任务驱动来进行特定场景下的功能开发,使用这种分层的框架可以满足需求。但是对于面向未来的 L5 级自动驾驶,场景驱动可能会带来多类场景叠加难题,任务驱动则会导致自动驾驶车辆进入多任务冲突的局面。为实现满足"自学习、自适应、自超越"的 L5 级自动驾驶,王建强等采用演绎的方式,提出了"大脑-小脑-器官"协调平衡框架,基于"乌鸦推理+鹦鹉学舌"的混合模式,探索"自主学习+先验知识"的研究范式。

在该算法提出的"大脑-小脑-器官"协调平衡框架中,通过感知器官感知外界环境来刺激大脑,同时转录为历史大数据储存到大脑中进行记忆。小脑基于最小作用量原理,通过调用内部状态来完成思考与协调的功能,最后大脑和小脑一起输出激活状态,通过手脚控制器官完成控制过程。"乌鸦推理+鹦鹉学舌"的探究框架中,"鹦鹉学舌"可以通过数据驱动的深度学习方法实现适应性,即先验知识。"乌鸦推理"则体现对交通环境的不适应,即自主学习。两者相互结合,L5 级的自动驾驶系统可随环境的变化实现交互和进化。

前面对算法技术的发展方向进行了探讨,接下来对系统技术发展的未来做展望。

---

[1]　Jianqiang Wang, Hege Huang, Keqiang Li, Jun Li. Towards the Unified Principles for Level 5 Autonomous Vehicles. Engineering,(2020):1455-1467.

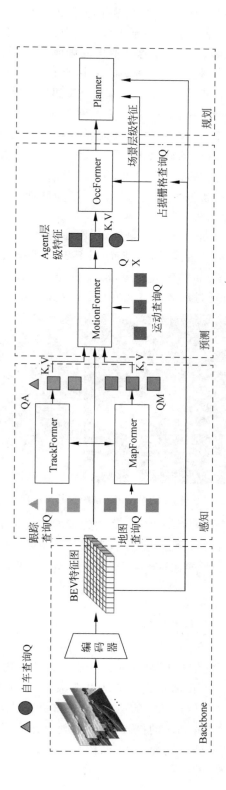

图 15.7 UniAD 的网络架构

量产自动驾驶系统技术演进的核心内容是整车电子电器架构的变化,在 10.2.1 节对该内容进行了详细的讲解,此处不赘述。在不远的将来,量产车中将形成集超高计算资源和全车 AI 算法于一身的中央大脑。单车智能将不再局限于现阶段的云端离线训练和软件 OTA 对车端做更新这种方式。车载软/硬件资源的集中,将使每一台车具备自我训练、自主进化的能力,每一辆车都是一个训练载体,形成量产车的计算集群,最终实现"千车千面"。

长期来看,车端联网通信能力将不断增强。无线网络通信已经进入 5G 时代,通信带宽和时延控制都达到了一个非常高的水平。但由于基站的物理限制,尤其是车用环境下的移动端,受限于基站铺设的区域、环境的遮挡、局部区域网络接入的密度等因素,自动驾驶车辆仍然无法在任何地方、任何时候、任何工况下都可以得到并维持一个非常高性能和高质量的通信结果。例如,当人们乘坐高铁时,手机信号常常时断时续。基于卫星的通信系统将使车端通信实现下一次质的飞跃。

2015 年 SpaceX 公司对外宣布了 Starlink 计划,旨在通过向地球上空发射数万颗通信卫星,在全球范围内提供无线网络通信服务。该计划于 2019 年开始正式实施,截至 2023 年 4 月,经过 23 次发射,已升空 3700 颗星链卫星,覆盖 90 多个国家,其用户数量已突破 150 万。如图 15.8 所示,该系统已通过后装的方式实现了车载商用。

图 15.8 SpaceX 的 Starlink 系统及其车载商用

基于高带宽、低时延、稳定可靠、有安全保障的无线网络传输通道,自动驾驶汽车很多计算任务在未来将得以从车端迁移至云端完成,实现车-云高度融合与协同的实时交互系统。届时,车内架构将得到进一步简化,整车变成一个低成本的标准硬件载体,完全由云端软件来定义汽车功能。

15.4 商业模式的发展方向

自动驾驶产品和技术的研发依赖长期持续的高投入。从国内聚焦量产自动驾驶业务的各自动驾驶团队运营情况来看,团队正式员工基本维持在 1000 人左右,每年资金的投入为 10 亿～20 亿元。Tesla 公司虽然最核心的 AI 团队仅 300 多人,但其背后有近千人的量产工程服务团队做支撑。面对如此高昂的投入,自动驾驶业务需要有一个好的商业模式为基础,才能保证长期可持续的生存和发展。本节将对自动驾驶行业现有的商业模式做分析,对其未来的变化趋势做展望。

自动驾驶行业根据细分领域的不同,有多种商业模式。例如,以车企为轴心的量产自动驾驶、面向出租车运营的完全无人驾驶、具有资源密集型特点的矿山和港口自动驾驶、提供运力服务的卡车干线运输、与市政挂钩的道路清扫车、与电商结合的物流小车等。这里仅对量产自动驾驶的商业模式展开详细讲解。

量产自动驾驶产品的商业模式是指以汽车制造商为核心,通过供应链体系将量产自动驾驶解决方案交付至整车厂(To B 业务),通过销售体系将搭载自动驾驶产品的量产车交付至最终的车主用户手中(To C 业务),如图 15.9 所示。

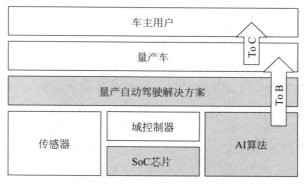

图 15.9 量产自动驾驶产品商业模式

在量产商业模式中,自动驾驶公司的角色为车企的供应商,通过提供完整的自动驾驶解决方案、满足定制化需求、追求效益和性价比实现商业闭环。在 To B 业务的赛道中,核心竞争力的建立主要包含两方面:软件的高性能和硬件的低成本。

软件的高性能主要依赖丰富的 AI 算法。绝大多数的自动驾驶公司都是以算法起家,不断探索 AI 在自动驾驶领域的能力边界,并建立自身的优势。传统的零部件供应商一般向整车厂提供软硬件一体的完整产品。例如,包含机械结构、控制器以及控制器内所有软件的电子助力转向系统。自动驾驶供应商则与之不同,往往仅向车企提供全套的软件,同时对所有硬件提出详细需求,如传感器规格、域控制器算力,整车执行器性能和接口要求等,并为最终交付的系统功能和性能负责。

硬件的低成本主要依赖对计算资源需求的控制。在处理复杂的功能场景时,自动驾驶软件对传感器依赖过重,将需要更多的计算资源来处理各类传感器信息。计算资源主要来自域控制器中的 SoC。SoC 的成本直接决定了域控制器的成本。自动驾驶系统中域控制器成本占比最大,超过 60%。因此,对系统硬件成本控制的关键在于对 SoC 成本的控制,且离不开软件对传感器的依赖。例如,低成本的自动驾驶产品基本选择纯视觉的感知方案,在节省传感器成本的同时,也减少了计算资源的需求。

对于自动驾驶产品供应商来说,要同时满足软件高性能和硬件低成本,还需解决软/硬件高效适配和稳定运行等相关工程问题。目前,国内已经同时在核心软件(AI 算法)与硬件(SoC 芯片)上布局,并已经建立起客户优势的非整车企业包括华为公司、Momenta 公司以及地平线公司。

汽车制造商面向终端的车主用户销售车辆,所搭载的自动驾驶产品为整车核心卖点之一。一些车企选择了全栈自研自动驾驶产品和技术的策略。考虑到短期内在车企之间共享产品和技术的可行性较低,难以像供应商一样凭借高性价比在多家车企推广。车企除了提高产品本身的竞争力,还需在商业模式上进行创新。其目标是在刺激自有品牌整车销量的同时,尽可能提高自动驾驶产品付费的占比。图 15.10 所示为已出现的三种 To C 的商业闭环路径。

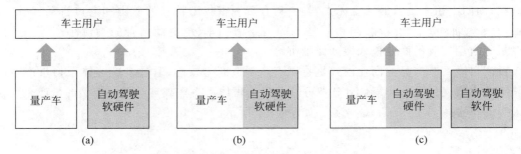

图 15.10　量产自动驾驶产品的多种付费模式

　　早期的自动驾驶软/硬件常常作为独立的选配件与整车一同销售，如图 15.10(a)所示。在用户购买车辆时，根据个人喜好挑选目标车辆搭载的可选配置，并在整车价格之外对自动驾驶软/硬件进行额外付费。该付费模式的好处是，能让车企在车辆形成销售的第一时间实现自动驾驶产品的现金回流。然而，市场证明用户选择自动驾驶配置者极少，其根本原因是，自动驾驶产品在落地初期，产品体验一般，给用户带来的价值较少；因自动驾驶造成的交通事故容易被过度放大，用户对影响行车安全的新事物信心明显不足；自动驾驶套件价格一般在数万元，用户容易对其望而却步。例如，小鹏汽车早期 P7 车型的自动驾驶套件购车选装费用为 2 万元，已购车升级费用为 3.6 万元，其选装率在 2020 年仅为 16%，2021 年提升至 18.8%。对于未预置自动驾驶硬件的已售车辆，后装硬件再升级软件的方式，不仅增加了工程实施的难度，还无形中提高了产品的成本。这意味着，在整车形成销售的同时就已经失去了超过 80% 的存量用户，并且在未来也极难通过售后市场将用户拉回来。因此，自动驾驶软/硬件独立付费的模式很快被各家车企抛弃，纷纷开始尝试其他的策略。

　　现阶段被选择最多的方式为图 15.10(b)所示的付费模式，即自动驾驶软/硬件随车预装，其成本包含在整车价格中，用户无须对其单独付费。例如，小鹏、理想等公司都采取了预装模式。该模式下，每一个购买整车的车主即成为自动驾驶产品的用户，用户数量的增长为自动驾驶产品的迭代提供了丰富的实际使用数据，由此进一步促进了产品性能和体验的提升。该模式的副作用是，自动驾驶软/硬件的预装容易使整车价格偏高，并进一步影响整车销量，对于价格敏感的存量车型尤为明显为减轻价格对销量的影响，一些车企采取了相同车型自动驾驶产品分高、低配的策略。例如，理想公司的 L8 车型，其 Max 版本采用了高性能的双 Orin SoC＋1 个激光雷达的顶配方案，而 Pro 版本则采用了更加经济的地平线 Journey 5 SoC，并取消了激光雷达。小鹏公司的 G9 和 G6 车型同样如此，在顶配方案中采用了双 Orin SoC＋双激光雷达，而经济型方案中采用单 Orin 并去掉了激光雷达。

　　在软件定义汽车的浪潮下，通过 OTA 持续升级的车载软件其价值日益明显，汽车行业将逐渐复刻手机软件的盈利模式。少数车企选择了软/硬件分离的付费模式，如图 15.16(c)所示，其代表企业为 Tesla 和蔚来。该模式下，自动驾驶硬件随车预置，其成本消化到整车价格中，用户购买整车时不需为其单独付费。当用户希望使用自动驾驶功能时，则需要订阅相关的服务，并为此支付对应的费用。2021 年 7 月，在北美 Tesla 开启了 FSD 的付费订阅服务，价格为 199 美金/月。与此同时，该产品也支持一次性买断终生使用权的方式，国内价格为 6.4 万元,美国的价格为 1.5 万美金。蔚来同样在保留一次性买断选项的同时,于 2023 年新增了先期免费使用之后按月付费的策略,订阅价格为数百元/月。软/硬件分离的付费模式使软件付费的自由度更大,既可终生买断,也可按月订阅,用户可根据自己实际的用车情况灵活购买。与此同时,随着自动驾驶软件的不断升级,用户也可在产品性能达到预期后再择机购买,无须承担预期风险。随着自动驾驶产品体验的不断增强,用户基数的不断增长,老百姓的接受程度逐步加深,自动驾驶软件付费的意愿将逐渐增强。中、长期看,该模式将成为自动驾驶产品 To C 业务中较为合理的选择。

上述三种付费模式仍然存在车企和车主之间,即 B2C 业务,其差异在于付费的时间点和付费的范围。Tesla 软硬件分离的方式已将自动驾驶产品从实体逐步转换为服务。沿用互联网和区块链的思维方式,可以预测自动驾驶业务在未来将进一步衍生 C2C 模式。

当产品软硬件在商业价值实现上完成分离后,软件的使用权会成为用户的私有资产。通过类似区块链的确权技术,安全可靠地实现软件的所有权确认机制。自动驾驶软件产品的使用权益将作为商品在市场中自由流通。

以自动驾驶中的导航巡航功能为例,在用户购买该功能的使用权时,通过区块链技术对用户的"导航巡航功能软件使用权益"完成确权,由此生成一个用户专属的 Token。当用户车辆的所有权发生转移时,可将附属导航巡航功能使用权益的牌照提取到虚拟账户中。如此一来,软件的使用权益就不会伴随车辆的折旧、转移而产生变化。当用户有一天不想再持有该使用权时,可以将专属牌照的权益在用户市场或社区进行交易,由此形成 C2C 的业务模式。当权益得以流通并与其他属性绑定时,将产生新的价值链。例如,权益绑定的特定个性化功能点将具备稀有价值,绑定某些社交群体则具备社交价值,甚至当牌照流转自某些名人后还将附属其收藏价值。

除此以外,产品使用权益的流通还有可能带来行业参与者角色的变化。按照图 15.11 所示的商业模式,在 To C 业务中直面车主用户的是汽车制造商。这意味着初始的软件使用权益完全由车企对外发放。注意,这里"初始的"软件使用权益,不是指整车量产之初,而是指软件新功能发布之初。随着软件定义汽车不断深化,自动驾驶软件能力日益增强,新的自动驾驶功能和功能点将随着高频的 OTA 不断推送到用户端。初始的软件使用权益将来有可能直接由软件供应商向用户发放。就像现阶段的手机 App,用户可以直接通过应用市场进行下载,无须手机厂商预装。对自动驾驶产品供应商来说,不再拘泥于面向车企做 To B 业务,还可以以通用的整车硬件为载体,面向车主用户做 To C 业务。在此新阶段,如何保证自动驾驶软件在不同车载硬件上的通用性和安全性将是产品和技术面临的新问题。

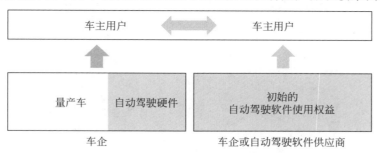

图 15.11　自动驾驶功能权益的付费模式

最后,再畅想一个小例子。15.3节里提到,未来车端自动驾驶系统将具备自我训练、自主进化的能力,并实现"千车千面"。到该阶段,自动驾驶功能权益的付费模式将助力不同风格的自动驾驶功能在用户之间交易流转。一辆长期在北方平原城市运行的自动驾驶车辆,通过长时间的自我进化,已经能够完美地处理北方平原城市的各类复杂场景,用户日常通勤几乎无须对其进行接管。某一天,用户将车开到了山城重庆,此时用户原先的自动驾驶软件不再适应新的环境,无法顺畅地完成自动驾驶任务。用户可到社区平台购买已经适应山城重庆城区环境的自动驾驶软件使用权益,同时还可对外售卖自己拥有的已适应北方平原城市环境的自动驾驶软件使用权益。在整个过程,用户在不同的地方都享受到了极致的自动驾驶产品体验,而且很可能因收支平衡无须再为此新增任何费用,并且伴随着权益的流通自动驾驶软件得到了更高的使用效率。

15.5　小结

量产赛道中产品发展的方向,短期内无疑是城区自动驾驶的量产落地和低成本自动驾驶产品的全面普及,中、长期则是渐进路线逐步从现阶段的L2走向更高级别的L3和L4,让自动驾驶技术和产品推动汽车共享化的进程,为优化社会资源贡献力量。

自动驾驶技术发展的方向,短期内是数据驱动思想在自动驾驶算法栈中的进一步深化,中、长期则是算法能力逐步从"归纳"走向"演绎",车端具备自学习自适应的能力,与此同时,结合车端应用的其他先进技术共同提升整个自动驾驶系统的能力。

在商业模式的发展方向上,相信在不远的将来,我们将会看到自动驾驶软件在量产车上新的付费模式和运营模式,并展现出越来越显著的商业价值。

参 考 文 献